21世纪法学系列教材

刑事法系列

刑法总论

（第二版）

主　编　黄明儒

副主编　王飞跃　蒋兰香　高　巍

撰稿人　（按撰写章节先后为序）

　　　　黄明儒　冷必元　刘期湘

　　　　蒋兰香　付立庆　高　巍

　　　　张永江　王昭武　王　奎

　　　　王飞跃　彭辅顺　邱帅萍

图书在版编目(CIP)数据

刑法总论/黄明儒主编. —2版. —北京:北京大学出版社,2019.9
21世纪法学系列教材. 刑事法系列
ISBN 978-7-301-30730-4

Ⅰ.①刑… Ⅱ.①黄… Ⅲ.①刑法—法学—中国—高等学校—教材 Ⅳ.①D924.01

中国版本图书馆CIP数据核字(2019)第191659号

书　　　名	刑法总论(第二版) XINGFA ZONGLUN(DI-ER BAN)
著作责任者	黄明儒　主编
责 任 编 辑	毕苗苗
标 准 书 号	ISBN 978-7-301-30730-4
出 版 发 行	北京大学出版社
地　　　址	北京市海淀区成府路205号　100871
网　　　址	http://www.pup.cn
电 子 信 箱	law@pup.pku.edu.cn
新 浪 微 博	@北京大学出版社　@北大出版社法律图书
电　　　话	邮购部 010-62752015　发行部 010-62750672　编辑部 010-62752027
印 刷 者	三河市北燕印装有限公司
经 销 者	新华书店
	730毫米×980毫米　16开本　29.5印张　562千字 2014年2月第1版 2019年9月第2版　2019年9月第1次印刷
定　　　价	62.00元

未经许可,不得以任何方式复制或抄袭本书之部分或全部内容。
版权所有,侵权必究
举报电话:010-62752024　电子信箱:fd@pup.pku.edu.cn
图书如有印装质量问题,请与出版部联系,电话:010-62756370

第 二 版 序

在《刑法总论》出版时我曾经说过，我国刑法典的修订主要体现在刑法分则条文方面，因而将《刑法总论》与《刑法分论》作为两本书分开出版最有意义的地方就在于，刑法典修改主要是针对罪名的增减与罪状的变换更替，刑法学教材的修订也主要是对《刑法分论》的修订，这样可以适当节省学生的学习成本。但没有想到的是，由我主编的这本刑法学教材面世不久，我国刑法典总则部分就进行了一次较大的修改（《刑法修正案（九）》）。作为一本适用于本科教学的教材，刑法总论教材讲的是通识性知识，在刑法典发生修改时，或者一些新的研究成果出现后，其修订就必须跟上步伐。我国主要的刑法学教材基本上在2016年后都根据新的立法与研究成果进行了及时的修订，我考虑到出版周期与自己的学术沉淀，因而选择等待一段时间，并观察这本教材是否还有修改的意义与价值。幸运的是，有一些读者来信询问本书什么时候再版，有的还给我发来他们在书中找到的错别字或者有争议的观点供我参考。而且，本书责任编辑毕苗苗先生的督促与鼓励，让我有信心通过本书的适当修订，使其依然可以作为法学院本科生或者其他没有学习过刑法学的学生的入门教材，于是就有了本书的第二版。

当然作为一位学者，我也希望自己的著作（哪怕是主编教材）的生命力能够持久，我想这是每个学者的愿望。

时光荏苒，岁月如梭，从2014年本书出版至今已经整整五年过去了。可以说这五年，刑法学的研究日益成熟，特别是刑法教义学的研究更是成为刑法学研究的核心范式。这种发展现状对于刑法学教材编写的意义就在于，刑法解释理论日益丰富，可以为学者们提供更多的选择空间，也为教材编写的多样性创造了可能。不过，本书的基础内容没有进行根本性的修订，依然坚守第一版中的基本价值观念与基本逻辑体系。这并非缘于我的故步自封，也并非由于我没有关注最新的刑法学理论的发展，而是自己内心对所形成的刑法学体系情有独钟。尽管在这个阶段，除了老一辈的刑法学者外，越来越多的青年学者开始接受并且运用从德日引进的阶层犯罪论体系，似乎有成为我国通说的趋势。但从中国刑事司法实践来看，司法工作人员并没有更多地接受阶层犯罪论体系来定案判决，而且我一直认为犯罪构成四要件理论并非是耦合性的犯罪构成理论，通过适当修正，从司法认知学的角度来理解四要件理论，同样也是符合刑法适用的裁判逻辑，也与我国刑法典的规定相契合。所以，本次修订对本书的框架结构与基本观点没有做实质性的修改，依然将犯罪构成四要件理论作为刑法学的阐释基础。

当然我们并非无视当下犯罪构成四要件理论所存在的一些问题，但有些问题并非是批评者所认为的那样，而是四要件理论还需要更进一步研究以加强论证其合理性与逻辑自洽性。即使是在德日刑法学中占通说地位的三阶层犯罪论体系，也是存在一些问题的。值得一提的是，任何理论的价值在于如何有效适用现行法律规范。我一直认为，最好的路径是如何完善现有犯罪论体系，而不是简单的批评然后另起炉灶建构一套依然存在问题的犯罪论体系。这样对保持刑事司法实践裁判规则的稳定性和一致性，以及司法工作者裁判理念的可接受性均具有现实意义。

编者根据2014年以后我国有关刑法总则的修正条文以及刑法学术观点的最新发展，对本书相关内容进行了增补修改，对所引用的文献也进行了相应的更新。同时，借这次修订再版的机会，将书稿中的错误一一予以更正，当然仍可能还存在一些这样或那样的问题，因而依然希望广大读者在阅读和使用本书时一如既往地关注和支持，及时将对本书的批评建议反馈给我或者出版社，以期本书越做越好。

教材的修订是一件非常烦琐、细致的工作，具体的修订工作我在后记中已经有所交代，非常感谢各位合作者的贡献与宽容，也感谢北京大学出版社与毕苗苗编辑对我们的支持与鼓励。

在本书第二版出版前，再有以上絮絮数语，是为序。

黄明儒
2019年国庆节

第 一 版 序

呈现在诸君面前的这套刑法学教材,是用于法学院本科生或者其他没有学习过刑法学的学生的入门教材,也是供刑法学同人批评指导的对象。按说现在市场上的刑法学教科书已经非常丰富,种类繁多,甚至可以用汗牛充栋来形容。我们作为刑法学的后学原本没有必要为此"添乱",因而有必要在此交代本书的写作缘起。

一

本人从事刑法学教学十余年,时间不长不短,如果加上从本科阶段开始关注并随堂学习刑法课程,接触刑法的时间就更长了,因而积累了较多的教学经验。特别是在教学过程中面对学生提出的各种问题,并为了保持这些问题的解答的一致性,必须依赖自己的阅读、经验与思考,而慢慢养成自己的专业体系。因此,就会出现这样的问题:面对丰富多样的教材,如何选择也是一种难事,每本教科书都有自己的特点与长处,让人难以取舍。特别是目前刑法学中争议最多的犯罪论体系问题在不同的教科书中有不同的选择与表达,如何选择对学生学习最有益的教科书,确实是每次课程开始时的难题。

另外,尽管作为老师,在本科阶段要给学生讲述的主要是刑法学中通识性的观点与知识,但有时一本教材选用后存在与自己观点大相径庭的情形,这对任课老师而言,就是一种煎熬,只能简单给学生解释自己的观点与所使用教科书之间的差别以及理由。于是,为了将自己这些年来研究刑法的心得与教学结合起来,本人欣然接受了北京大学出版社编辑的邀请,着手编写这本教材。

二

在编写大纲的过程中,尽管本人自以为已经形成系统性的刑法观点,但着眼到教科书的编写,还是首先面临一个体系的选择问题。对于刑法总则性问题,我个人认为,以四要件的犯罪论为基础的刑法体系并非一无是处,尽管有这样那样的欠缺,但也并非如批评者认为的那样就仅仅是一个平面的、耦合式的犯罪论体系。处于通说地位的"犯罪客体——犯罪客观方面——犯罪主体——犯罪主观方面"这一四要件犯罪论体系其实是一种以司法认知的过程为基础的体系:在发现某一法益遭受侵害时,司法体系才会开始运作起来。首先需要查明:是否是人的行为(客观要件);如果是人的行为,再继续关注是谁的行为(主体要件);如果是具有责任能力的人的行为,则还需继续查明行为人为什么行为(主观要件),层层递进,从而达到证明犯罪成立的效果。在这一意义上,这一犯罪论体系与大陆法系刑法学中三阶层犯罪论体系的通说不仅并非水火不容,而且相融之处还很多。如果我们多考虑其融通之处,通过对三阶层犯罪论体系合理内容的有益借鉴,科学完善现有的四要件犯罪论体系,而不是全盘否定现有理论,于情于理则更有益于现有刑法体系的发展,也更易被司法实务界接受。因为经过几十年的教育与培训,四要件犯罪论体系在司法实务界已经深入人心,法官在办理相关刑事案件时都会不自觉地运用到这一体系理论。

　　同时,考虑到刑法学的本科教学,还是应当注重通识性的知识传授。因而,尽管我自认为在内心有确认的刑法学体系,但本书还是以在中国取得共识的犯罪论体系作为编写基础,只是在此基础上深化有关内容,并注重观点的说理性。当然,本书在体系上也对通说的观点作了适当修正,重要的修改有这样几点值得说明:一是本书认为"法益"这一概念比"犯罪客体"更合适体现刑法所保护的某种利益或者社会关系,因而,不再使用"犯罪客体",而是使用"法益"作为犯罪的成立要件;二是在刑事责任部分,增加了有关"定罪"的内容,尽管篇幅不大,但"定罪"却是整个司法过程中最重要的一个环节,且又容易被刑法学界忽视,导致学习完刑法学的人去具体办案时不知道定罪的重要性,因而感觉有必要在刑法学教科书中予以交代;三是对刑法分论的体系作了适当调整,在没有大动刑法分则章节的前提下,将分则的排列顺序调整为从侵犯个人法益的犯罪开始,到侵犯国家法益的犯罪结束,而不是按照刑法分则条文的顺序排列。这种分论体系在之前的刑法学教材中也出现过,而且被越来越多的教材所采用。本书认为,既然中国传统的观念与体制更多地关注社会本位与国家本位的保障与维护,对个人本位与个人权利关注过少,甚至原有的法律体系对私人权利更多的是压制与侵害,而目前的法治进程需要并且应当更多地注重对个人权利的保护,那么就应当主张将人的权利回归本位,优先考虑尊重生命、敬畏生命。在刑法领域,则应主张中国刑法观从政治刑法走向市民刑法,这种理论主张与研究趋势将会使刑法学的研究趋于理性。而且在国外,很多国家的刑法教科书按照从侵犯个人法益的犯罪开始,到侵犯社会法益、国家法益的犯罪排列的分则体系,也并非是完全依据该国刑法典分则的排列顺序。因而,本书也将采用这种按照市民刑法的基本思路调整刑法分则结构的主张。当然,本书的分论结构的选择也并非是对刑法分则体系的排序大动干戈的调整,并没有将各章节的有关侵犯个人法益与社会法益或者国家法益的犯罪分割开来重新排序,而只是对章节重新排序。尽管这种分论体系并不彻底,但这种体系不影响刑法分则条文的整体性,也不影响刑法学习者对刑法分则罪名及其地位的理解。因此,作为教科书的编写,也完全可以按同样的思路来展开。

三

尽管一直想有一本自己独立编写的刑法学教材,按理说现在也到了具备独立编写教材的知识储备与积累的年龄,但准备好大纲后,还是意识到自己还不够强大,不能对所有问题都能写出独到见解,而且担心即使写出来也容易变成与刑法通识性理论相去甚远的东西,因而在向出版社提交编写大纲与写作样稿后,经与出版社负责本书的编辑协商,同时为了扩大教材编写的影响力,邀请了一些刑法学界颇有见地也颇有建树的青年才俊参与进来共同编写本书。当然本书的编写大纲也自然提交给大家讨论,并一一征求各位才俊的建议,完善了大纲要目,而使本书体系更加完善合理。通过大家的通力合作与一年多的编写,于2012年6月初全部完稿。但当时由于经验不足,本意想书稿能够彰显每个作者的学术观点与特点,而没有预先约定一些统一的格式、注释与表达之类的东西,结果交来的书稿在这方面并不统一,我也不能因为自己的工作失误而把工作任务退回给各位作者,只能自咽这一苦果。一个人完成这些因为体例与表述上不统一的修改,修改的过程自然漫长,而在这一过程中出现了很多司法解释,需要补充到书稿的相关部分,这样也增加了一些工作量,加上刚回国后所有事情都堆积在一起,直到2013年6月初,我才把整个书稿通读完,并在相应的书稿部分加入了之后所有增添实施的司法解释。同时,也同编辑沟通好,在正式出版前保证适时增加需要增添的司法解释部分内容,以保持教材的適时性,而避免教材一出来就面临较大幅度修改的窘境。当然在整个书稿的整理过程中得到了各位作者特别是几位副主编的大力支持,书稿的顺利完成是与各位作者的通力合作以及北大出版社相关编辑的努力完全分不开的,在此也需要特别感谢诸位对我的支持与信任。

四

由我主编的这套《刑法总论》《刑法分论》尽管有各位刑法学才俊的加盟,也有些自己独到的见地,但肯定也存在这样那样的问题,希望读者诸君或者刑法大家将对本书的批评建议反馈给我或者出版社,以便我们更好地完善本书的观点与体系,而为刑法学的教育与发展做出更有意义的贡献。

以上絮絮数语,是为序。

黄明儒

2014年新年伊始之日

目 录

导言 …………………………………………………………………（1）

第一编 刑法绪论

第一章 刑法的基础概念 ……………………………………（7）
第一节 刑法的概念与性质 ……………………………………（7）
第二节 刑法的制定、完善与体系 ……………………………（12）
第三节 刑法的规范与刑法解释 ………………………………（19）
第四节 刑法的目的与机能 ……………………………………（25）
第五节 刑法理论流派 …………………………………………（26）

第二章 刑法的基本原则 ……………………………………（31）
第一节 刑法基本原则概说 ……………………………………（31）
第二节 罪刑法定原则 …………………………………………（32）
第三节 刑法适用平等原则 ……………………………………（38）
第四节 罪责刑相适应原则 ……………………………………（42）

第三章 刑法的效力范围 ……………………………………（47）
第一节 刑法的效力范围概说 …………………………………（47）
第二节 刑法的空间效力 ………………………………………（47）
第三节 刑法的时间效力 ………………………………………（55）

第二编 犯罪论

第四章 犯罪概说 ……………………………………………（63）
第一节 犯罪的概念 ……………………………………………（63）
第二节 犯罪的特征 ……………………………………………（66）
第三节 犯罪的类型 ……………………………………………（71）

第五章 犯罪构成 ……………………………………………（75）
第一节 犯罪构成的界定 ………………………………………（75）
第二节 犯罪构成的体系 ………………………………………（78）

第三节　犯罪构成的类型 …………………………………… (84)

第六章　法益 ……………………………………………………… (87)
第一节　法益概说 …………………………………………… (88)
第二节　法益的地位与功能 ………………………………… (93)

第七章　犯罪客观要件 …………………………………………… (104)
第一节　犯罪客观要件概说 ………………………………… (104)
第二节　行为 ………………………………………………… (106)
第三节　行为对象 …………………………………………… (129)
第四节　危害结果 …………………………………………… (131)
第五节　刑法上的因果关系 ………………………………… (136)

第八章　犯罪主体要件 …………………………………………… (150)
第一节　犯罪主体要件的概念和特征 ……………………… (150)
第二节　自然人犯罪主体 …………………………………… (151)
第三节　单位犯罪主体 ……………………………………… (181)

第九章　犯罪主观要件 …………………………………………… (189)
第一节　犯罪主观要件概述 ………………………………… (189)
第二节　犯罪故意 …………………………………………… (190)
第三节　犯罪过失 …………………………………………… (199)
第四节　犯罪动机与犯罪目的 ……………………………… (207)
第五节　主观罪过的阻却 …………………………………… (212)
第六节　刑法上的认识错误 ………………………………… (214)

第十章　阻却犯罪性的行为 ……………………………………… (222)
第一节　阻却犯罪性行为概说 ……………………………… (222)
第二节　正当防卫 …………………………………………… (223)
第三节　紧急避险 …………………………………………… (236)
第四节　其他阻却犯罪性的行为 …………………………… (240)

第十一章　犯罪停止形态 ………………………………………… (245)
第一节　犯罪停止形态概说 ………………………………… (245)
第二节　犯罪预备 …………………………………………… (247)
第三节　犯罪未遂 …………………………………………… (251)
第四节　犯罪中止 …………………………………………… (262)

第十二章　共犯形态 ……………………………………………… (275)
第一节　共犯概说 …………………………………………… (275)

第二节　共犯的形式 …………………………………… (281)
　　第三节　共犯的范围 …………………………………… (286)
　　第四节　共犯人的类型及其刑事责任 ………………… (292)
　　第五节　共犯的特殊问题 ……………………………… (300)

第十三章　罪数形态 …………………………………… (311)
　　第一节　罪数概说 ……………………………………… (311)
　　第二节　实质的一罪 …………………………………… (314)
　　第三节　法定的一罪 …………………………………… (324)
　　第四节　并合的一罪 …………………………………… (329)
　　第五节　数罪的认定与类型 …………………………… (336)

第三编　刑事责任论

第十四章　定罪与刑事责任概说 ……………………… (343)
　　第一节　定罪 …………………………………………… (343)
　　第二节　刑事责任 ……………………………………… (347)

第十五章　刑罚的本体 ………………………………… (351)
　　第一节　刑罚的概念和本质 …………………………… (351)
　　第二节　刑罚权 ………………………………………… (359)
　　第三节　刑罚的目的 …………………………………… (360)
　　第四节　刑罚的功能 …………………………………… (361)

第十六章　刑罚与非刑罚刑事责任措施 ……………… (364)
　　第一节　刑罚体系 ……………………………………… (364)
　　第二节　主刑 …………………………………………… (365)
　　第三节　附加刑 ………………………………………… (373)
　　第四节　非刑罚刑事责任措施 ………………………… (382)

第十七章　刑罚的裁量 ………………………………… (385)
　　第一节　刑罚裁量概说 ………………………………… (385)
　　第二节　刑罚裁量情节 ………………………………… (395)
　　第三节　累犯 …………………………………………… (400)
　　第四节　自首、坦白与立功 …………………………… (406)
　　第五节　数罪并罚 ……………………………………… (422)
　　第六节　缓刑 …………………………………………… (428)

第十八章 刑罚的执行 …………………………………………（433）
第一节 刑罚执行概说 ……………………………………（433）
第二节 减刑 ………………………………………………（436）
第三节 假释 ………………………………………………（443）

第十九章 刑罚的消灭 …………………………………………（447）
第一节 刑罚消灭概说 ……………………………………（447）
第二节 时效 ………………………………………………（448）
第三节 赦免 ………………………………………………（453）

第一版后记 ……………………………………………………（456）

第二版后记 ……………………………………………………（458）

导　言

一、刑法与刑法学

犯罪作为一种社会现象,一直不同程度地造成个人、家庭、社会、国家的各种损害与困扰。为了确保社会公共生活秩序的正常运行,减少人民的不安感,统治者历来都重视刑法的制定与运行。汉朝开国皇帝刘邦入关的第一件事就是约法三章:"杀人者死,伤人及盗抵罪"。当然并不是需要将所有危害社会或者侵害法益的行为均视为犯罪从而在刑法上予以规定,正如法国启蒙思想家卢梭所言:"刑法在根本上与其说是一种特别的法律,还不如说是其他一切法律的制裁。"[①] 刑法作为所有法律中最严厉的一种,其基本特性应该是内敛的,应该仅仅对那些被视为犯罪的行为予以规制。

从规范意义上说,所谓刑法,是规定犯罪及是否应该承担、如何承担刑事责任的法律。而刑法学则是以刑法为研究对象,研究有关犯罪、刑事责任与刑罚的一门法学,其应用性非常明显。

二、刑法学与刑事法学

刑法学根据其内涵的不同,存在狭义、广义之分。狭义的刑法学,是指以实体刑法规范为对象,对其进行解释,并阐明解释的哲学基础,以及刑法的发展变化与立法根据的学科。广义的刑法学,又称刑事法学,是指研究包括实体刑法规范、犯罪现象及发生原因与治理对策、刑事诉讼程序、刑事侦查、刑罚执行、刑事政策、刑法历史在内的一切有关犯罪、刑事责任与刑罚的学科。

19世纪以前的刑法学都是从广义上来理解的刑事法学。犯罪学、刑事诉讼法学、刑事侦查学、监狱法学、刑事执行法学、刑事政策学等都是随着社会的发展变迁、科学与法学的发展发达、立法技术的进步,而逐渐演变为独立的刑事学科的。因此,刑法学与这些学科既有联系,也有区别。犯罪学以犯罪现象、犯罪原因及其对策为研究对象,尽管刑法学一般不直接研究犯罪原因,但有关犯罪原因的结论必然影响刑法理论;而刑法学也仅仅研究以刑罚、保安处分为手段的事后的犯罪对策,不像犯罪学广泛而全面地研究犯罪对策。刑事诉讼法学以刑事诉讼法为研究对象,属于程序法学;刑法学属于实体法学。文本的刑法只有通过刑

---

① 〔法〕卢梭:《社会契约论》,何兆武译,商务印书馆2003年版,第70页。

事诉讼法的启动与运行而变为活的法律,刑事诉讼法是实现罪刑法定原则的途径,因而只有刑法学与刑事诉讼法学紧密结合,才能有效地保护法益和保障人权。刑事侦查学是以犯罪侦查的策略和技术为研究对象的学科,研究如何发现已然犯罪,是一种司法认知过程;而刑法学研究的起点也是从法益遭受侵害后认定行为是否构成犯罪以及如何处罚犯罪的问题。监狱法学与刑事执行法学是以监狱法与刑事执行为研究对象的学科,主要探讨犯罪人的刑罚如何执行;而刑法学研究的则是犯罪的认定及认定后如何适用刑罚的问题。刑事政策学是以刑事政策为研究对象,刑事政策学具有超法规的性质,它不受法典的桎梏,其学科体系取决于每个学者对刑事政策的理解,不同理解就会存在不同的刑事政策学的学科体系;而刑法学是以刑法规范为研究客体的规范法学。但刑事政策学的研究成果可以影响刑法学的研究方向。

我们通常所说的刑法学是狭义上的,本书也采取狭义的刑法学概念。

刑法学作为一门以刑法规范为对象的实体法学,既要研究诸如刑法的概念与性质、目的与任务、原则与效力范围等一些规律性、根本性的问题,又要研究刑法规范本身,包括犯罪、刑事责任和刑罚的一般问题以及具体规定。同时在研究刑法规范的理论基础上,考察我国刑事立法与司法适用的规律与经验(包括相关司法解释),并借鉴或者吸收国外以及我国历史上有关刑法方面的科学合理的立法规定与司法经验。但狭义的刑法学不同于外国刑法学或者比较刑法学,也不同于中国刑法史,主要研究的是中国现行刑法的有关问题,其他问题的讨论只是为了更好地分析和解决这些刑事立法与司法实践问题,同时提高我们的理论水平,而不是刑法学本身的主体内容。

三、刑法学的理论体系与研究方法

刑法学的理论体系,是指依据一定的知识原则和原理,将刑法学的具体研究对象加以排列组合所形成的有机统一的刑法理论结构形式。刑法学的内在理论联系与逻辑结构是通过其理论体系而显现的,因而从总体上把握刑法学的体系结构对我们认识和掌握刑法学具有十分重要的意义。

在我国,刑法学的体系是以我国刑法及其所规定的犯罪、刑事责任和刑罚为研究对象而建立起来的,因而刑法学的理论体系不能脱离刑法规范本身的体系而凭空建立,但也不能完全照搬刑法的体系,它还需要考虑自身的内在理论联系与逻辑结构而构建。刑法学一般分为总论与分论(罪刑各论),前者研究刑法总则的规定,主要研究刑法本身的理论、犯罪成立条件、定罪与刑事责任及其承担等内容;后者研究刑法分则的规定,主要根据刑法分则条文的规定逐一讨论每个罪名所涉及的具体问题。

本教材分刑法绪论、犯罪论和刑事责任论三编,主要研究刑法总则的规定。

这三编共分为十九章,第一编刑法绪论(第一章至第三章)主要讨论刑法的概念、性质、制定与体系、目的、理论流派、原则、适用范围、犯罪成立条件(主要讨论犯罪论体系及其相关问题)等基础性问题。第二编犯罪论(第四章至第十三章)主要讨论犯罪概念、犯罪构成、构成要件、阻却犯罪性的行为、犯罪停止形态、共犯形态、罪数形态等问题。第三编刑事责任论(第十四章至第十九章)主要讨论定罪、刑事责任及其承担、刑罚的概念、根据、目的、功能、体系种类、非刑罚处罚措施、刑罚裁量与适用、执行与消灭等内容。

研究刑法学,首先要以辩证唯物主义与历史唯物主义为其根本指导方法。刑法内生于政治制度与文化传统,依此,研究刑法学,必须联系社会制度、社会经济、政治文化条件与历史背景以及社会发展趋势,做出客观的历史分析和评价;同时还应以运用理论联系实际的方法,将刑法现行规定与中国历史情况、未来前景以及刑事立法与司法实践经验结合起来,对研究对象由此及彼、由表及里地进行全面深入的分析;坚持理论联系实际,立足中国国情,放眼世界,使刑法学的研究能够与社会发展相协调,并有效地为司法实践服务。具体而言,刑法学研究方法主要有分析法、比较法、历史法、哲学研究法等几种,但在具体研究中,不能仅仅局限于某一种方法,而是要综合各种方法系统研究,使刑法学研究更加全面深入、科学合理。

所谓分析法,是指通过分析事物矛盾的方式对刑法规定进行阐释使刑法的意义得以明确的一种方法。刑法学研究在很大程度上是对现行刑法的规定进行定性与定量分析而阐明其含义。案例分析法即为一种典型的分析法。所谓案例分析法,是指运用典型刑事疑难案例验证、反思、阐释与发展刑法理论的方法。

所谓比较法,是指对不同国家的刑法和本国不同时期的刑法理论、刑事立法、司法实践同中国刑法现实相比较,评述其优劣利弊,吸取经验教训,以更好地掌握规律性认识的一种方法。该方法本着西为中用、古为今用的原则,有利于提高本国刑法理论水平,改善我国刑事立法与司法实践状况。

所谓历史法,是指对刑法条文从其思想观念、刑事立法与刑法制度的产生与发展演变进行系统研究的一种方法。该法有利于弄清刑法的产生背景,把握现行刑法的立法宗旨,了解刑法的发展动向。

所谓哲学研究法,是指运用包括价值论、存在论、现象论以及法律哲学原理将刑法与刑法理论及其社会作用、效果同社会现象联系起来,充分考察是否符合社会秩序的实质需要、社会伦理的价值观念,从而检验我国司法实践经验的一种方法。它是使刑法理论与社会发展相符合的最佳路径。

第一编

刑法绪论

第一章 刑法的基础概念

第一节 刑法的概念与性质

一、刑法的概念

刑法是规定犯罪及其刑事责任的法律规范的总称。作为刑法的法律规范，它包括两方面内容，一是对犯罪行为类型的描述，二是对犯罪行为相应法律后果的规定。

日常生活中，具体犯罪行为的形式多种多样，立法者对这些行为进行概括，抽象出其共同特征，规定一定种类的犯罪类型。比如社会生活中发生的杀人案件，同是杀人，有的是毒杀，有的是刀杀，有的是烧杀，但不管是以何种形式杀人，这些行为的共同特征都是故意剥夺他人生命。由此，立法者就在法律条文中规定：故意剥夺他人生命的，构成故意杀人罪。

为了防止犯罪发生，同时也是为了安抚被害方、抒发社会正义情感，立法者对特定种类的犯罪类型都规定了特定处理措施，要求罪犯承担特定的不利后果。由于不同犯罪行为对社会所带来的危害各不相同，防止犯罪发生的预防需要也不一样，因此，立法者对不同犯罪规定的处理措施的严厉程度也是不同的。比如，立法者规定，根据不同犯罪情况，可以对触犯故意杀人罪的人处以死刑、无期徒刑或者有期徒刑。

（一）刑法的界定

刑法的界定主要涉及刑法与相关法律的区分问题。

（1）在刑事法与民事法（广义）的分类中，刑法属于刑事法。刑法是调整刑事法律关系，也是关于犯罪的侦查、认定以及刑事责任追究、实现的法律。刑法规定犯罪，其法律后果主要表现为刑罚，故属于刑事法。

（2）在实体法和程序法的分类中，刑法属于实体法。与刑法相对应的程序法是刑事诉讼法。刑法与刑事诉讼法具有共同的行动目标，它们都是为了妥善地对犯罪行为进行权威评价，妥善地安排对犯罪行为的责任。但是，在实现目标的方式上，刑法是直接指向实体权利义务，而刑事诉讼法则负责科学地设置实现实体权利义务的步骤。

（3）刑法也不同于监狱法。在性质上，监狱法也属于刑事法，但是，它是以规制刑事执行为主要内容的法律，因此，又称为行刑法。刑法为犯罪人分配刑罚种类和刑量，而监狱法的任务则在于保证刑罚实施并实现行刑目的。刑法、刑事诉讼法和监狱法是刑事法的三大支柱，它们共同决定着犯罪控制的社会效果。

（4）在公法与私法的划分中，刑法属于公法。刑法调整的是国家与犯罪人之间的关系，它往往由代表国家的公诉机关向法院提起诉讼，追究犯罪人的刑事责任。正因为刑法是公法，它是发动国家机器打击和控制犯罪的法律。在强大的国家机器面前，犯罪人处于弱势地位。为了保障犯罪人的基本人权，为了使犯罪人能得到合理审判，就必须利用成文的刑法法律规范对国家刑罚权进行限制。

（二）刑法的分类

根据不同标准，可以对刑法进行不同分类。

1. 狭义刑法和广义刑法

根据刑法规定范围的大小，可以将刑法分为狭义刑法和广义刑法。

狭义刑法专指刑法典，它是国家以刑法名称颁布的、系统规定犯罪及其处理措施的法律文本，如《法国刑法典》《德国刑法典》等。我国的《中华人民共和国刑法》虽然没有冠以"典"字，但实际上也属于刑法典，也是狭义刑法。

广义刑法是所有规定犯罪及其刑事责任的法律规范的总称，它既包括刑法典，也包括单行刑法、附属刑法。国家对某一类犯罪及其刑事责任或者刑法的某一事项作出规定，以决定、规定、条例等名称颁布的刑事法律，即是单行刑法，如我国《关于惩治骗购外汇、逃汇和非法买卖外汇犯罪的决定》等。在民事法律、行政法律、经济法律等非刑事法律规范当中规定的关于犯罪及其刑事责任的规定，即是附属刑法。

新中国第一部刑法典诞生于1979年7月1日，该法典自1980年1月1日起生效。此后，立法机关陆续颁布了二十多个单行刑法，同时也在刑法以外的某些法律当中规定了某些犯罪行为类型及其刑事责任，即附属刑法。1997年3月14日第八届全国人民代表大会第五次会议对1979年《刑法》（简称"79刑法"）进行了全面修订，形成了修订的刑法典即1997年《刑法》（简称"97刑法"）。"79刑法"制定后所颁布的单行刑法和附属刑法，全部被囊括进了"97刑法"。"97刑法"颁布之后，截至目前，我国颁布了一个单行刑法，即1998年12月29日颁布的《关于惩治骗购外汇、逃汇和非法买卖外汇犯罪的决定》，另外还颁布了十个刑法修正案。

2. 普通刑法和特别刑法

根据刑法适用范围的大小，可以将刑法分为普通刑法和特别刑法。

普通刑法是指效力遍及于一个国家的任何地区和个人的刑法规范。普通刑法不是在特定时间、地点，针对特定事项、特定对象适用的法律，它具有普遍适用的性质。如一个国家的刑法典即是普通刑法。

特别刑法是在特定时间、地点，针对特定事项、特定对象适用的法律，它是国家为了应对某种特殊需要而颁布的刑法规范。具体而言,特别刑法可分为以下几种情况:一是特定时间适用的特别刑法,如战时特别法;二是特定地点适用的特别刑法,如香港、澳门地区的刑法典和我国台湾地区的"刑法";三是针对特定事项适用的特别刑法,如禁毒法;四是针对特定对象适用的特别刑法,如军事刑法典的效力只及于军人。单行刑法和附属刑法一般都是国家为了应对特殊情况而制定,它只在特定时间、地点,针对特定事项、特定对象具有效力,因此可归之为特别刑法。

普通刑法和特别刑法的区分对于刑法适用具有指导意义。一个犯罪行为如果同时符合普通刑法和特别刑法之规定,则须根据特别法优于普通法的原则,选择适用特别刑法;一个犯罪行为如果同时符合两个同等效力的特别刑法的规定,则须根据后法优于前法原则,选择适用在后生效的特别刑法;一个犯罪行为如果同时符合两个不同效力层次的特别刑法,则须根据上位法优于下位法原则,选择适用上位法。

3. 单一刑法和附属刑法

根据刑法规范所归属的法律文本的性质,可将刑法分为单一刑法和附属刑法。

单一刑法是指法律文本所规定的法律规范全部都是或者基本上是刑法规范的情况。《中华人民共和国刑法》文本所规定的内容基本上都是刑法规范,因而可称之为单一刑法。单一刑法中也可能存在非刑法规范,但是非刑法规范所占比例不大,不是法律文本的主体部分。

在附属刑法中,法律文本所规定的法律规范既有刑法规范又有其他法律规范,而且法律文本的主体部分是其他法律规范,而非刑法规范。在我国目前的法律体系当中,尚不存在附属刑法。如某些民事法、行政法、经济法等法律文本规定:"构成犯罪的,依照刑法追究刑事责任",这实际上是一种提示性法律规定,并未为刑法增添任何犯罪行为类型,没有实际内涵。又如刑法以外的某些法律,虽然表面上为刑法增设了某种犯罪行为类型,但是没有对之规定相应的刑事责任,也没有刑事性处理措施,也不是附属刑法。

4. 刑事刑法与行政刑法

根据设定刑法的目的,可以将刑法分为刑事刑法和行政刑法。刑事刑法一般是规定具有反社会伦理性并侵害基本生活秩序的犯罪行为及其刑事责任的刑法;而行政刑法,则是规定严重危害基于维护行政上管理目的需要而形成的但与社会一般伦理道德关系不密切的派生生活秩序的犯罪及其刑事责任的刑法。[①]

[①] 所谓派生生活秩序,是指基于某种特定行政上或政策上的目的,从基本生活秩序外围为确保国家的法律秩序而形成的一种社会生活秩序,这种生活秩序虽然与为维持国家的基本生活构造而形成的基本生活秩序相关联,但又不与其直接结合,而并不为国民的一般道义性意识所认同。参见黄明儒:《行政犯比较研究——以行政犯的立法与性质为视点》,法律出版社2004年版,第121页以下。

5. 形式刑法和实质刑法

形式刑法是从外观或名称上便可知其为刑法的法律，比如《意大利刑法典》。正因为形式刑法具有为人们所直接认知的外观，因此容易被民众所注意，潜意识中逐渐认定它是专门控制和惩罚犯罪的法律。这一方面有利于向民众宣传刑法规范，使民众知晓刑法内容；另一方面也有利于提高刑法对犯罪的威慑效应。因此，常见多发型犯罪、传统性自然犯、严重的犯罪，应当规定在形式刑法中。

实质刑法是从外观或名称上无法直观认定其为刑法，但实际上却规定了某些犯罪行为类型及其刑事责任的法律规范，比较典型的实质刑法是附属刑法。由于实质刑法不具有直观的刑法外形，因此其刑罚属性不易为民众所知悉，实质刑法规范与犯罪的对应关系难以为民众所内在认同。实质刑法的特点决定其不利于国民形成守法意识，且这种刑法对犯罪的威慑力较小。因此，常见多发型犯罪、传统性自然犯、严重犯罪，不应规定在实质刑法当中。

6. 国内刑法和国际刑法

根据刑法适用的区域不同，可将刑法分为国内刑法和国际刑法。

国内刑法是指适用于一国领域内的刑法。它是处理一个国家内部刑事案件时所适用的刑事实体法。首先，它只适用于发生在一个主权国家管辖范围内的刑事案件；其次，它专指刑事实体法，而不包括刑事程序法。

刑法学界一般在三个层面上使用国际刑法这一概念。国际刑法具体可分为以下几种情况：一是国际刑事法或世界刑法，这是一种超国家的、在整个世界范围内生效的刑法，它是刑法全球化的理想状态，目前世界上还不存在这种刑法；二是规定违反国际公法的犯罪行为及其相应刑事责任的刑法；三是国内刑法适用中涉及外国事务时的相关规定，如外国刑事判决的效力、国际刑事司法协助的相关法律等。

不同于国内刑法，国际刑法在内容上既包括刑事实体法，也包括刑事程序法。如国际刑事司法协助的相关法律，原本是实现实体权利过程中的程序安排，属于程序法，但国际刑法也将其包括进来。另外，国内刑法和国际刑法在法律文本上并不是完全分离的，比如说《中华人民共和国刑法》当中既包含有国内刑法的内容，也包含有国际刑法的内容。

二、刑法的性质

刑法的性质是指刑法区别于其他法律的特有属性。

(一) 刑法是独立的国内部门法

自古以来，刑法就作为独立的法律在一个国家发挥着重要的作用。刑法作为独立的国内部门法，其划分标准是独特的。在法律体系中，民法、行政法、军事法等作为独立法律部门,是因为这些法律部门都有自己独特的调整对象,独立的调整对象就成了这些法律部门存在的基本依据。但刑法没有独立调整对象,因为所禁止或处罚的犯罪行为涉及社会生活的方方面面,而不属于某一特定的社会关系。刑法作为一个独立法律部门,划分根据是其独特的制裁手段,即刑事处罚。

正因为刑法的调整对象并不限于某一方面社会关系,这也就意味着所有社会关系都有可能被纳入到刑法的调整范围。比如刑法可以保护人身、财产、经济、社会秩序等各方面法益。但是,与其他部门法相比,刑法只调整具有严重破坏性的违法行为,这种违法行为的严重性要达到成立犯罪的程度,而对于那些情节显著轻微、危害不大的行为,刑法不予调整。

(二)刑法属于强行法

强行法规定的是强行性法律规范,而任意法规定的是任意性法律规范。刑法属于强行法,刑法规范由禁止性规范和命令性规范构成,法律关系参加者不能自行确立权利义务关系,不能自行变更法律规范的内容。但是,刑法当中也规定有部分任意性规范,法律关系参加者有部分自行确立权利义务关系的权利,这就是刑法中规定的"告诉才处理"的情况。

(三)刑法的制裁手段具有严厉性

任何部门法对违法行为都规定有处理措施,如民法的赔偿损失、恢复原状、赔礼道歉等,行政法的警告、罚款、行政拘留等。但是,在部门法中,刑法规定的处理措施具有最为严厉的特性。刑法根据犯罪行为的严重程度,可以对犯罪人处以罚金、没收财产,可以予以终身监禁,甚至也可以剥夺其生命。犯罪是一种恶,刑法则是以恶治恶。

(四)刑法属于补充法

刑法是强行法,它是最严厉地限制国民自由的法律,因此,刑法制定、适用不当,则容易对国民自由构成威胁。必须坚持刑法的补充性原则,在适用其他法律能够达到维持秩序目的的情况下,就必须适用其他法律调整社会关系,刑法只能是在适用其他法律都无法达到目的时才适用。有必要坚持"损害原则",只有在行为已经造成了现实法益损害,或者具有造成现实法益损害的可能性时,才能够将某种行为规定为犯罪,不可能造成法益损害的行为不应当被规定为犯罪。

刑罚是最为严厉的制裁手段,刑罚适用不当,则容易侵害国民的基本人权。必须坚持刑罚的节俭性原则,在应当适用刑罚时坚决适用,但在不需要适用刑罚也能达到维持秩序和实现正义目的时则坚决不用,在用较轻微刑罚能达到目的时则选择适用轻刑,而不适用重刑。

第二节　刑法的制定、完善与体系

一、刑法的制定

刑法的制定是指国家立法机关制定、修改、补充、废止刑事法律规范的活动。

新中国成立初期，中央人民政府曾制定过《惩治反革命条例》《妨害国家货币治罪暂行条例》《惩治贪污条例》等单行刑法，但是，系统的刑法典却长期缺位，法律虚无主义风气一直甚为严重。1962 年 3 月，毛泽东指出："不仅刑法要，民法也需要，现在是无法无天。没有法律不行，刑法、民法一定要搞。不仅要制定法律，还要编案例。"①1978 年 10 月，邓小平也指出："过去'文化大革命'前，曾经搞过刑法草案，经过多次修改，准备公布。'四清'一来，事情就放下了。"②根据邓小平的指示，中央政法小组于 1979 年 7 月 1 日通过中华人民共和国首部刑法典，即"79 刑法"，该刑法典于同年 7 月 6 日公布，1980 年 1 月 1 日起施行。

（一）刑法制定的原则

1. 合理性原则

刑法制定的合理性，是指刑法的制定应当符合惩治犯罪的普遍规律，符合社会民众的基本正义观念。首先，刑事犯罪有其自身的特殊规律，刑法制度必须根据犯罪的特殊规律制定。其次，刑法是为保护法益而制定，没有法益损害就不应当设立刑事惩罚制度，刑事惩罚的分量应当与法益损害的严重程度相对应，刑法的制定不能违背这些基本的公平观念。

2. 科学性原则

刑法制定的科学性，是指创制刑事法律规范时要贯彻科学思想，运用科学技术方法，使刑事法律规范内容全面、系统、明确、协调，富于理性③。首先，刑事法律规范行文应当规范、严谨，讲求立法的艺术性。其次，在一部法典当中，所有刑事法律规范应当构成一个有机整体，前后上下应当呼应一致，浑然一体。应尽量避免刑法规范前后矛盾，比如《刑法》第 13 条"但书"规定了"情节显著轻微危害不大的，不认为是犯罪"，在分则的规定中就应当避免将情节显著轻微的行为也规定为犯罪。最后，刑事法律规范应当结构清楚，层次分明，比如篇、章、节、条、款、项应当合理安排，井然有序。

刑法制定的科学性，还应当包括刑法内容的全面性和前瞻性。刑法必须垂

---

① 转引自《人民日报》1978 年 10 月 29 日第 1 版。
② 高铭暄：《中华人民共和国刑法的孕育诞生和发展完善》，北京大学出版社 2012 年版，前言第 2 页。
③ 李希慧主编：《中国刑事立法研究》，人民日报出版社 2005 年版，第 128 页。

范久远,不能朝令夕改,以满足社会民众行为可预测性和安全性的需要。由此,科学的刑法制定还必须要求刑法规范的内容较为全面并具有适当的超前性。

3. 明确性原则

刑法制定的明确性,是指所创制的刑事法律规范应当简明、准确,清楚地描述什么样的行为属于犯罪行为,具体的犯罪行为应当受到什么样的刑事惩罚。因此,刑法制定的明确性,既包括罪的明确性,也包括刑的明确性。刑法奉行的是罪刑法定原则:"法无明文规定不为罪,法无明文规定不处罚。"刑法规范的明确性是罪刑法定原则的必然要求。刑法的明确规定,其作用首先在于使民众具有行为的预测性,指导令行禁止,能够预测什么样的行为将会得到什么样的刑法评价,从而选择自己的行为方式。刑法的明确规定,其作用还在于限制司法人员的自由裁量权,从而避免司法人员的罪行擅断,随意出罪入罪,从而保障人权。

(二) 刑法制定的程序

刑法制定的程序,是指享有刑事立法权的国家机关在进行刑法的创制活动中所经过的阶段和步骤。一般而言,刑法立法必须经过以下五个阶段。

1. 提出刑法案议案

刑法案议案,是指有权的特定组织和人员向刑事立法机关提出的关于制定、认可、修改、补充、废止刑法的意见和建议。

我国1982年通过的《宪法》规定,全国人民代表大会及其常务委员会行使国家立法权,是中国的立法机关。宪法还规定,修改宪法,制定和修改刑事、民事、国家机构的和其他的基本法律的职权属于全国人民代表大会;制定和修改全国人民代表大会制定的法律以外的其他法律的职权属于全国人民代表大会常务委员会。在全国人民代表大会闭会期间,全国人民代表大会常务委员会有权对全国人民代表大会制定的法律进行部分补充和修改,但是不得同该法律的基本原则相抵触。由此可见,我国接受刑法立法议案的机关应当是全国人民代表大会及其常委会。

有权向全国人民代表大会提出刑法案议案的特定组织和人员有:全国人民代表大会主席团;全国人民代表大会常务委员会;全国人民代表大会各专门委员会;全国人民代表大会会议期间的一个代表团;全国人民代表大会会议期间30名以上的代表联名;国务院;中央军事委员会;最高人民法院;最高人民检察院。

有权向全国人民代表大会常务委员会提出刑法案议案的特定组织和人员有:委员长会议;全国人民代表大会各专门委员会;全国人民代表大会常务委员会会议期间常委会组成人员10人以上联名;国务院;中央军事委员会;最高人民法院;最高人民检察院。

2. 形成刑法草案

刑法草案是指提交审议的刑法草稿和文本。刑法草案文本以条文的形式体现立法目的、指导思想、原则和所要确立的法律规范。起草刑法草案，是刑事立法工作的基础性环节。

根据中央国家机关起草刑法草案的实践，刑法草案的形成过程，一般包括以下几个环节：（1）立项，作出刑法立法决策。（2）组建起草班子，开展起草工作。刑法立法立项后，承担刑法起草任务的机关或部门即着手起草工作的部署和安排，指定专门的起草人员，组成固定或相对固定的起草工作班子。起草班子一般由与立法事项有关的领导、专家和实际工作者组成。（3）进行调查研究。（4）形成刑法草案框架和对主要问题的意见。（5）起草刑法条文。（6）征求各方面意见。（7）形成送审稿并对送审稿进行审查。（8）由提案机关讨论决定，形成正式的刑法案。

3. 审议刑法案议案

刑法案议案的审议是指立法机关对已列入议事日程的刑法草案正式进行审查、讨论或辩论。首先，由提案人将立法理由、起草经过、刑法草案的指导思想等问题向全国人大或其常委会作出说明，各代表团、有关专门委员会、法律委员会在此基础上再对之进行审议。审议的内容包括刑法草案的内容是否符合宪法和国家的方针和政策、刑法草案的内容是否符合我国国情、刑法草案的内容是否与国际条约和协定一致等。

4. 通过刑法案议案

通过刑法案议案是指经立法机关表决，刑法草案得到法定人数同意，从而成为法律。全国人民代表大会通过刑法案议案，须由全国人民代表大会以全体代表的过半数同意，全国人大常务委员会通过刑法案议案，须由常务委员会以全体组成人员的过半数同意。

5. 公布刑法

公布刑法也是一个重要的刑法制定程序，它是指立法机关将通过的刑法公之于众。我国刑法由国家主席公布，公布之后才产生法律效力，才能适用于司法实践。

二、刑法的完善

人的认识能力是有限的，而社会是不断变化发展的，特别是在社会迅速变化时期，已经制定的刑法规范都有可能出现不能满足社会需要的现象，因此，刑法的不断完善就是社会发展的必然。

（一）刑法完善的原则

1. 合法性原则

刑法的完善必须符合宪法和法律的要求。中国特色社会主义法律体系是一个有机整体，上位法和下位法、一般法和特殊法、同级别的法之间，形成了一个协调、统一的系统。因此，为保持法律体系的完整性，维护上位法的权威性，修改完善所形成的刑法规范也必须符合宪法和法律的要求。

2. 合理性原则

刑法的完善必须符合刑法的基本理念。刑法的基本理念是对社会民众基本公正观念的高度概括，是对刑法存在和运行基本规律的高度概括，任何有效的刑法规范都必须建立在不违背刑法基本理念的基础上。刑法的人权保障理念、刑法的法益理念、刑法的罪刑法定原则、罪刑相适应原则等，它们是构建整个刑法体系的基础性观念。为保证刑法的修改朝着正确方向发展，任何刑法修改完善都应当符合这些基本理念。

3. 及时性原则

针对刑法在社会司法实践中出现的问题，应迅速作出反应，对存在问题的刑法规范进行及时调整、修补。刑法完善的及时性具有两方面要求：一是要防止刑法完善的滞后性。"迟到的正义不是正义"，刑法规定的滞后，会造成不必要的社会损失，会带来民众法感情的动摇。二是要防止刑法完善的超前性。不应当在刑法出现问题之前就对刑法做出过分超前的修改。

（二）刑法完善的方法

一般而言，可以采取颁布单行刑法、颁布刑法修正案、颁布刑法立法解释、颁布刑法司法解释、进行刑法学理解释等方法，完善刑法。

1. 颁布单行刑法

国家对某一类犯罪及其刑事责任或者刑法的某一事项作出规定，以决定、规定、条例等名称颁布的刑事法律，即是单行刑法，如我国《关于惩治骗购外汇、逃汇和非法买卖外汇犯罪的决定》。单行刑法可以专门针对某一类或某一种犯罪作出规定，从而有效弥补刑法缺陷并满足实践中打击犯罪的需要。

2. 颁布刑法修正案

刑法修正案是最高立法机关以修正案的形式针对刑法进行补充、修改或者废止所颁布的刑法规范。通过颁布刑法修正案，可以弥补刑法规定与现实社会的不协调之处，从而有利于刑法规范更加完备。我国至今已颁布了十个刑法修正案。

3. 颁布刑法立法解释

刑法立法解释是最高立法机关对刑法作出的专门性解释。通过颁布刑法立法解释，可以对刑法适用过程中所遇到的问题予以补充说明，从而使刑法规范具体化,增强刑法的实用效果。如2004年12月29日第十届全国人民代表大会常务委员会第十三次会议通过的《关于〈中华人民共和国刑法〉有关信用卡规定的解释》对何谓"信用卡"进行了说明。该立法解释认为,所谓"信用卡","是指由商业银行或者其他金融机构发行的具有消费支付、信用贷款、转账结算、存取现金等全部功能或者部分功能的电子支付卡"。

4. 颁布刑法司法解释

中国的刑法司法解释是指由最高人民法院和最高人民检察院根据法律赋予的职权,对刑事审判和检察工作中具体应用刑法所作的具有普遍司法效力的解释。通过颁布司法解释,可以细化刑法条文、明确刑法规范、阐明立法旨意、推动刑法实施。

5. 进行刑法学理解释

刑法学理解释指有关宣传机构、社会组织、教学科研单位或学者、专家、法律工作者等对刑法规范的含义进行的阐述。学理解释是专家学者从法律理论、各家学说的角度对法律所作出的解释,没有法律强制力,不是法官审判案件的依据,不具法律约束力,但是从法律的渊源及将来的发展来看,学理解释是一个很重要的法学发展的推动力量。

三、刑法的渊源与体系

(一)刑法的渊源

一般而言,刑法的渊源是指刑法的表现形式,即刑法是什么国家机关依照什么方式和程序创制出来,并表现为什么形式的法律文件。我国的刑法渊源主要有以下几种:

1. 刑法典

刑法典是国家以刑法名称颁布的、系统规定犯罪及其处理措施的法律文本。我国现行刑法典是1997年3月14日修订的《中华人民共和国刑法》及其修正案。值得注意的是,刑法修正案也是刑法典的组成部分。根据最高人民法院《关于在裁判文书中如何引用刑法修正案的批复》的规定,人民法院在裁判文书中适用刑法修正案的规定时,应当直接引用修正后的刑法条文,表述为"《中华人民共和国刑法》第×××条的规定",或者"《中华人民共和国刑法》第×××条之×的规定"。

2. 单行刑法

单行刑法,是指国家对某一类犯罪及其刑事责任或者刑法的某一事项作出规定,以决定、规定、条例等名称颁布的刑事法律。"97刑法"颁布后,出现了大量危害严重的骗购外汇、逃汇与非法买卖外汇的行为,于是全国人大常委会于1998年12月29日又颁布了《关于惩治骗购外汇、逃汇和非法买卖外汇犯罪的决定》，对新刑法作了补充规定，这个补充规定即是单行刑法。

此外，民族自治地方的省级人民代表大会根据当地民族的政治、经济、文化的特点和刑法典的基本原则制定的变通或补充规定，也属于广义刑法的内容，但这种规定只在特定地域适用，没有普遍效力。这种广义上的刑法，经民族自治地方的省级人民代表大会制定后要报全国人大常委会批准才能生效。

（二）刑法的体系

刑法体系，是指各种刑法规范按照一定的规律有机排列，组成一个统一整体。各国刑法典，一般从总体上分为总则和分则两编，有的国家在两编之外还有一个附则。编之下，再根据法律规范的性质和内容有次序地划分为章、节、条、款、项、句、段等层次，从而构成一个科学的统一整体。

1. 编

编是刑法典的第一级单位。遵循各国刑事立法的基本传统，我国刑法也将总则和分则列为两编："第一编总则"，"第二编分则"。附则不另立一编，但性质上与总则、分则并列，是独立于总则、分则之外的内容。两编把各种刑法规范科学而系统地纳入总则和分则之中，并使两者有机结合起来。

刑法总则规定的基本内容包括：刑法的基本原则、刑法的适用范围、犯罪和刑罚的一般原理等。刑法总则所规定的内容是刑事实体法适用过程中必须共同遵守的基本准则，它不仅适用于刑法分则，而且一般也适用于其他有刑罚规定的法律。对此，我国《刑法》第101条明确规定："本法总则适用于其他有刑罚规定的法律，但是其他法律有特别规定的除外。"这里的有刑罚规定的法律，就是指单行刑法与附属刑法。从理论上说，刑法总则与刑法分则的关系是一般与特殊、抽象与具体的关系。附则是关于刑法内容的附属性规定，一般涉及刑法的施行日期及相关法律的废止或者保留的规定。

2. 章

编下设章，章是总则和分则两编之下的单位。刑法总则和分则各自独立设章。我国刑法总则分设五章，分别规定了"刑法的任务、基本原则和适用范围""犯罪""刑罚""刑罚的具体运用""其他规定"。刑法分则分设十章，分别规定了"危害国家安全罪""危害公共安全罪""破坏社会主义市场经济秩序罪""侵犯公民人身权利、民主权利罪""侵犯财产罪""妨害社会管理秩序罪""危害国防利益罪""贪污贿赂罪""渎职罪""军人违反职责罪"。刑法分则各章基本上是按照所侵犯法益的重要程度进行排列的，重要的排列在前，反之居后。

3. 节

章下设节，性质相同的一小类规范往往被设为一节。我国刑法根据内容决定章下是否设节。当章的内容比较多，而这些内容又易于被划分为若干个类别时，立法者就会在章下设节。如刑法总则中，凡内容较多并且有明确的层次之分的,往往设节,否则就不设节。而在刑法分则中,罪名较多的第三章与第六章下设节,其他章下均未设节。

4. 条

节下设条,条是表达刑法规范的基本单位。刑法规范通常都是以条文形式予以表现的。配置在各编、章、节中的刑法条文,全部用统一的顺序号码进行编号。编号自成系统,不受编、章、节划分的影响。刑法条文采用统一编号,便于检索,引用方便。我国刑法典总共452条,第1条到第101条为总则部分,第102条到第451条为分则部分,附则1条即第452条。我国立法机关在修改刑法时,于刑法修正案中增设了一些刑法规范,标记为"第×××条之一",通过这种修改形式,刑法条文的总体数量并未变化。

5. 款

款是设于某些条文之下的单位。但是有些条文表达的内容简单,就没有必要在条下设款。当条文所要表达的内容比较丰富,又存在着不同层次的意思时,就需要在条下设款。对于款的设置形式,我国刑法典采用的是另起一行的方法。例如,第27条分为两款,第一款规定的是从犯的概念,第二款规定的是从犯的处罚原则。在引用设有款的刑法条文时,应当表述为"刑法第×××条×款"。

6. 项

条与款下有项,项是某些条或款之下设立的单位。刑法典中的项,往往采用基数号码进行编号。一般来说,各项的内容具有并列关系,并共同从属于条或款,项与项之间用分号隔开。例如,我国《刑法》第54条规定:"剥夺政治权利是剥夺下列权利:(一)选举权和被选举权;(二)言论、出版、集会、结社、游行、示威自由的权利;(三)担任国家机关职务的权利;(四)担任国有公司、企业、事业单位和人民团体领导职务的权利。"

7. 句

句是条、款、项中以句号隔开的部分。如我国《刑法》第79条规定:"对于犯罪分子的减刑,由执行机关向中级以上人民法院提出减刑建议书。人民法院应当组成合议庭进行审理,对确有悔改或者立功事实的,裁定予以减刑。非经法定程序不得减刑。"该条包含三个意思,所以用句号隔开。对此三句,为了表述正确,应当分别称之为"刑法第79条第×句"。

8. 段

在款的内部还有段之分。在某些情况下,在同一款里还会包含有两个甚至三个意思。在学理上,对同一款里包含的两个意思,分别称为前段与后段;对同一款里包含的三个意思,分别称为前段、中段与后段;对同一款里包含有三个以上意思的,可以称之为第一段、第二段、第三段、第四段……同一款中的不同段,既可以用分号表示,也可以用句号表示,如以上列举的我国《刑法》第79条即是将同一款中的三个意思用句号分开表示,又如我国《刑法》第 50 条第 1 款规定:"判处死刑缓期执行的,在死刑缓期执行期间,如果没有故意犯罪,2 年期满以后,减为无期徒刑;如果确有重大立功表现,2 年期满以后,减为 25 年有期徒刑;如果故意犯罪,情节恶劣的,报请最高人民法院核准后执行死刑;对于故意犯罪未执行死刑的,死刑缓刑执行的期间重新计算,并报最高人民法院备案。"这一款中,刑法规范表明了四个意思,这四段可分别称之为第一段、第二段、第三、第四段。

9. "但书"

在刑法条文中,往往会使用"但是"一词,"但是"之前的文字学理上一般称之为"本文",之后的文字则称为"但书"。刑法中的"但书"所表示的大致有以下几种情况:

(1) 补充性"但书"

这种"但书"是对"本文"意思的补充,使前段的意思更为明确,例如我国《刑法》第 37 条的"但书"。该条规定,对于犯罪情节轻微不需要判处刑罚的,可以免予刑事处罚,但是可以根据案件的不同情况,对这些罪犯予以训诫或者责令具结悔过、赔礼道歉、赔偿损失,或者由主管部门予以行政处罚或者行政处分。

(2) 例外性"但书"

这种"但书"表示"本文"意思的例外,例如我国《刑法》第 8 条的"但书"规定。该条规定,外国人在中华人民共和国领域外对中华人民共和国国家或者公民犯罪,而按本法的最低刑为 3 年以上有期徒刑的,可以适用本法,但是按照犯罪地的法律不受处罚的除外。

(3) 限制性"但书"

这种"但书"是对"本文"意思的限制,例如我国《刑法》第 20 条第 2 款规定,正当防卫明显超过必要限度造成重大损害的,应当负刑事责任,但是应当减轻或者免除处罚。

(4) 相反性"但书"

这种"但书"表示其内容和"本文"意思相反,例如我国《刑法》第 13 条的"但书"规定,危害社会的行为,依照法律应当受刑事处罚的,都是犯罪,但是情节显著轻微危害不大的,应当不认为是犯罪。

第三节 刑法的规范与刑法解释

一、刑法规范

(一) 刑法规范的概念

刑法规范是指由国家制定或认可的并以国家强制力保证实施的,禁止公民实行侵害行为、命令公民履行刑事义务,同时规定了行为刑事法律效果的法律规范。

刑法条文和刑法规范关系密切。刑法规范是以刑法条文的形式表现出来的,刑法条文是刑法规范的载体,刑法条文实质上要表达的内容即是刑法规范。不过,刑法条文并不等同于刑法规范。有时一个刑法条文表达一个刑法规范,有时一个刑法条文表达数个刑法规范,还有时一个刑法规范被表达于数个刑法条文当中。

(二) 刑法规范的性质

首先,刑法规范是行为规范。行为规范,是社会群体或个人在参与社会活动中所遵循的规则、准则的总称,是社会认可和人们普遍接受的具有一般约束力的行为标准。行为规范具有两种存在形式,一是禁止规范,它要求人们不得做某事;另一是命令规范,它命令人们必须做某事。刑法规范作为行为规范,也包括这两种存在形式。其存在形式之一是禁止规范,如我国《刑法》第232条规定:"故意杀人的,处死刑、无期徒刑或者10年以上有期徒刑;情节较轻的,处3年以上10年以下有期徒刑。"这个条文所表达的刑法规范是要求人们不得杀人。其存在形式之二是命令规范,如我国《刑法》第261条规定:"对于年老、年幼、患病或者其他没有独立生活能力的人,负有扶养义务而拒绝扶养,情节恶劣的,处5年以下有期徒刑、拘役或者管制。"这个条文表达的刑法规范是命令有扶养义务的人必须扶养没有独立生活能力的人。

其次,刑法规范还是裁判规范。在出现纠纷和冲突的时候,司法机关适用已经公布的法律规范居中裁判,解决纠纷和冲突,这个时候规范扮演的角色即是裁判规范。裁判规范包括两个部分,一是假设规范,一是评价规范。就假设规范而言,首先,刑法规范假设了规范发生作用的前提。如我国《刑法》第232条发生作用的前提就是存在故意杀人的行为。其次,刑法规范假设了要适用的法定刑。就评价规范而言,现实中是否发生了故意杀人的行为,对于假定法定刑应如何选择适用,还需要司法人员的价值判断,需要司法人员的评价。

二、刑法解释

(一) 刑法解释的含义

在刑法理论上,关于如何对刑法进行解释,存在主观解释论与客观解释论之争。

主观解释论认为,任何对法律的解释都是对立法者在立法时表达的立法原意的理解,亦即找出立法原意。由于这种法律解释的主张以立法原意为认识目标,企图洞悉立法者的主观状况,因而被称为法律解释上的主观解释理论。主观解释论的根据在于:(1)立法行为是立法者的意思行为,立法者通过立法来表示他们的看法,借助法律追求他们的目的,法律解释应该表现这些目的;(2) 立法者的意思是一种可以借助立法文献加以感知的历史事实,只有以这种能够历史地探知的立法者意思为根据,才不会使判决结论捉摸不定,才不会动摇法的稳定性;(3) 司法机关只应该根据立法者的意思裁判。①

客观解释论认为,法律是社会的产物,法律解释必须符合实际的社会生活。因此,所谓客观,在词义上是指客观的社会现实的需要,以此对应于主观解释理论主张的立法者的主观状况。客观解释论者指出,法律并非死文字,而是具有生命的随时空变化而变化的行为规范。立法者一旦颁布了法律,法律便随着时间的变化逐渐脱离立法者而独立自主地存在,并逐渐失去了立法者赋予它的某些性质,获得了另外一些性质。法律只有在适应社会需要的情况下才能保持活力。②

主观解释论和客观解释论分别揭示了刑法解释的不同方面,主观解释论认为刑法解释是对刑法规范立法含义的说明,而客观解释论则认为刑法解释是根据社会需要对刑法规范的一种补充和拓展。在现实的法律解释中,刑法解释兼具主观解释论和客观解释论所要求的两方面机能。因此,所谓刑法解释,是指说明立法含义,同时也根据社会需要对刑法规范予以适当补充和拓展的活动。

(二) 刑法解释的方法

刑法解释有其自身必须遵循的规则,这就是刑法解释方法。刑法解释方法一般可以分为文理解释和论理解释,论理解释则又可进一步分为扩张解释、缩小解释、当然解释、历史解释等几种。

1. 文理解释

文理解释,又称语义解释,是指根据刑法条文的字义,包括单词、概念、术语以及标点符号及其使用方式,以阐释刑法规定含义的解释方法。

文理解释是以刑法文本为基本素材所进行的解释,对于刑法解释来说,文理解释是首选的解释方法。在一般情况下,通过文理解释可以获得对于刑法条文正确理解的,就不应当再采用其他解释方法。如我国《刑法》第 385 条第 1 款规定:"国家工作人员利用职务上的便利,索取他人财物的,或者非法收受他人财物,为他人谋取利益的,是受贿罪。"从该款中"的"字的使用方式加以分析,由于在"索取他人财物"之后使用了"的"字,并且用逗号与该款前面的内容隔开,所以,"索取他人财物的"与"非法收受他人财物,为他人谋取利益的"是并列关系,是构成受贿罪的两种不同情况。也即是说,国家工作人员利用职务上的便利,"索取他人财物",即使"并非为他人谋取利益",也构成受贿罪。

刑法规范中的用语分为两种形式:一是专业用语;二是日常用语。为了避免

---

① 陈兴良:《本体刑法学》,商务印书馆 2001 年版,第 23 页。
② 陈忠林主编:《刑法总论》,中国人民大学出版社 2003 年版,第 25 页。

日常语言的歧义性而引起对法律的误解,在法律实践中创设了专业语言,即所谓"法言法语"。这种专业语言是法律所特有的,例如刑法中的故意、过失、缓刑等概念,对这些法律专业术语的解释被认为是一种特殊文理解释方法。除此之外,在刑法规范中还规定了大量日常用语。但是,由于日常用语的含糊,仅用文理解释方法来解释这些日常用语具有很大的局限性,科学的刑法解释还有必要利用论理解释方法。

2. 论理解释

论理解释是指按照立法精神,联系刑法产生的原因、制定目的、历史沿革等有关情况,对刑法条文从逻辑上所作的解释。其显著特点在于,对刑法条文的解释不拘泥于刑法条文的字面含义,而是联系与之相关的因素阐释其真实含义。论理解释主要可分为以下几种:

(1) 扩张解释

扩张解释,即扩大解释,是指根据刑法的目的及其所维护的价值,结合社会现实需要,超越日常含义或语法逻辑来解释刑法条文的含义。如我国《刑法》第49条第1款规定:"审判的时候怀孕的妇女,不适用死刑。"从词义上来看,审判是指侦查、起诉相对应的刑事诉讼程序,因而从刑事诉讼法的角度考虑,"审判的时候"并不包括侦查、起诉这两个阶段。但根据有关司法解释的规定,该条款所规定的"审判的时候"是指从羁押到执行的整个诉讼过程,而不是仅指法院审理阶段。所以,司法解释对我国《刑法》第49条第1款所实行的解释方式是比较典型的扩张解释。

但是,扩张解释不应当超出刑法条文用语的可能意思范围。如果超出了这一范围,扩张解释则有可能变成了类推解释。如我国《刑法》第236条中的被强奸的对象只能是"妇女",而不应当被解释为男人,如果解释为也包括男人,则超出了刑法条文用语的可能意思范围,变成了类推解释。

(2) 缩小解释

缩小解释,也称限制解释、严格解释,是指将刑法条文的含义作限制范围的解释,即解释的内容较之刑法条文的词义范围要小一些。之所以要进行限制解释,这是考虑到如果按照刑法条文的字面含义解释刑法,刑法条文的适用就有可能失之宽泛,不尽合理。正因为限制解释主要是基于合理性的考虑,同时它又没有超出法律条文的字面含义,因而不存在违反罪刑法定原则的问题。如按照刑法典的规定,构成伪造货币罪本无伪造数额的要求,但是,根据2000年9月8日最高人民法院《关于审理伪造货币等案件具体应用法律若干问题的解释》的规定,伪造货币的"总面额2000元以上"或者"币量200张(枚)以上"的才构成犯罪。又如,我国《刑法》第29条第1款规定:"教唆不满18周岁的人犯罪的,应当从重处罚。"从自然语言的字义上看,不满18周岁的当然包括不满14周岁的人,但是,按照刑法总则的规定,不满14周岁的人的危害行为不构成犯罪。所以,我国《刑法》第29条第1款规定的"不满18周岁的人"应缩小解释为已满14周岁不满18周岁的人。

(3) 当然解释

当然解释,是指刑法条文表面虽未明确规定,但根据法律规范所用词语或根据众所周知的公理,实际上可推论某意思已包含于法条的意义之中的情况。如我国《刑法》第329条规定了抢夺国有档案罪,但对抢劫国有档案的行为并未予以规定,当出现了行为人抢劫国有档案的情况,应该怎么处理?能否认定为抢夺国有档案罪?根据当然解释的原理,"举轻以明重",比抢劫国有档案轻的行为都可以定抢夺国有档案罪,与其相类似但却更严重的抢劫国有档案的行为,当刑法没有明文规定时,当然就更可以定抢夺国有档案罪。在以上举例中,抢夺行为与抢劫行为存在着行为的相似性以及严重程度上的递进关系,这是这种当然解释得以进行的前提。如果不存在这种关系,就不能适用当然解释。另外,在作这种解释时,不能简单地以案件事实重于刑法规定的犯罪为由,而必须根据案件事实是否符合刑法规定的犯罪成立条件为核心内容。

(4) 历史解释

历史解释,是指根据刑法条文制定时的历史背景以及其因袭与演变的情况,阐明条文含义的解释方法。如"79刑法"将遗弃罪规定在第七章"妨害婚姻、家庭罪"之中,表述为:"对于年老、年幼、患病或者其他没有独立生活能力的人,负有扶养义务而拒绝扶养,情节恶劣的,处5年以下有期徒刑、拘役或者管制。"因此,过去认为遗弃罪侵犯的法益是被害人在家庭中的受扶养权利,将被害人仅限定为家庭成员。但是,"97刑法"取消了"妨害婚姻、家庭罪",将遗弃罪规定在第四章"侵害公民人身权利、民主权利罪"之中,因此,根据历史解释方法,应该认为"97刑法"规定的遗弃罪侵犯的是被害人的生命安全,并且被害人不限于家庭成员,而是所有拥有被扶养权利的人。比如民办养老院,用车将养老院里的痴呆老人运到另一城市后丢弃不管,就可以以遗弃罪追究其刑事责任。

(三) 刑法解释的类型

一般而言,刑法解释的类型可以分为立法解释、司法解释和学理解释这三种形式。

1. 立法解释

立法解释,是指立法机关对刑法规定的含义所作的解释。

在1997年《刑法》颁行以后,我国立法机关开始注重通过立法解释进一步明确立法意旨。迄今已作出的立法解释如下:2000年4月29日第九届全国人民代表大会常务委员会第十五次会议通过的《关于〈中华人民共和国刑法〉第93条第2款的解释》、2001年8月31日第九届全国人民代表大会常务委员会第二十三次会议通过的《关于〈中华人民共和国刑法〉第 228 条、第 342 条、第 410 条的解释》、2002 年 4 月 28 日第九届全国人民代表大会常务委员会第二十七次会议通过的《关于〈中华人民共和国刑法〉第 384 条第 1 款的解释》和《关于〈中华人民共和国刑法〉第 294 条第 1 款的解释》、2002 年 8 月 29 日第九届全国人民代表大会常务委员会第二十九次会议通过的《关于〈中华人民共和国刑法〉第 313 条的解释》、2002 年 12 月 28 日第九届全国人民代表大会常务委员会第三十一次会议通过的《关于〈中华人民共和国刑法〉第九章渎职罪主体适用问题的解释》、2004 年 12 月 29 日第十届全国人民代表大会常务委员会第十三次会议通过的《关于〈中华人民共和国刑法〉有关信用卡规定的解释》、2005 年 12 月 29 日第十届全国人民代表大会常务委员会第十九次会议通过的《关于〈中华人民共和国刑法〉有关文物的规定适用于具有科学价值的古脊椎动物化石、古人类化石的解释》和《关于〈中华人民共和国刑法〉有关出口退税、抵扣税款的其他发票规定的解释》、2014 年 4 月 24 日第十二届全国人民代表大会常务委员会第八次会议通过的《关于〈中华人民共和国刑法〉第三十条的解释》《关于〈中华人民共和国刑法〉第一百五十八条、第一百五十九条的解释》《关于〈中华人民共和国刑法〉第二百六十六条的解释》和《关于〈中华人民共和国刑法〉第三百四十一条、第三百一十二条的解释》。

2. 司法解释

司法解释，是指司法机关对刑法规定的含义所作的解释。在我国，司法解释的权力属于最高人民法院和最高人民检察院。根据 1981 年 6 月 10 日全国人大常委会《关于加强法律解释工作的决议》规定："凡属于法院审判工作中具体应用法律、法令的问题，由最高人民法院进行解释。凡属于检察工作中具体应用法律、法令的问题，由最高人民检察院进行解释。"自 1997 年修订的《刑法》颁行以来，最高人民法院和最高人民检察院就审判和检察工作中具体适用刑法的问题分别出台了大量的司法解释，同时就一些刑法适用的共同性问题，最高人民法院和最高人民检察院联名作出司法解释。

在我国司法解释体系中，还存在一种准司法解释，这即是最高人民法院、最高人民检察院与有关行政部门共同对刑法适用中的问题所进行的解释。

就内容而言，我国的司法解释可以分为规范性解释与个案性解释。规范性解释通常以《规定》《解释》等形式发布，而个案性解释则通常以《批复》《答复》等形式发布。此外，还有以座谈会纪要的形式出现的司法解释性文件，也同样具有司法解释的性质。

3. 学理解释

学理解释，是指国家宣传机构、社会组织、教学科研单位或者专家学者从学术理论角度对刑法规范含义进行的阐明。相对于立法解释和司法解释，学理解释因缺乏法律上的授权,不具有法律约束力,因此亦称为无权解释。

第四节　刑法的目的与机能

一、刑法的目的

我国《刑法》第 1 条规定:"为了惩罚犯罪,保护人民,根据宪法,结合我国同犯罪作斗争的具体经验及实际情况,制定本法。"该规定揭示了我国刑法制定的目的,刑法制定的根本目的就是为了保护法益。"惩罚犯罪"是手段,"保护人民"的法益是目的。《刑法》第 2 条规定了刑法的任务:"中华人民共和国刑法的任务,是用刑罚同一切犯罪行为作斗争,以保卫国家安全,保卫人民民主专政的政权和社会主义制度,保护国有财产和劳动群众集体所有的财产,保护公民私人所有的财产,保护公民的人身权利、民主权利和其他权利,维护社会秩序、经济秩序,保障社会主义建设事业的顺利进行。"无论是"惩罚犯罪"还是"保护人民",其最终落脚点都是为了保护人民的法益。

我国《刑法》第 2 条关于刑法任务的规定明确地指出了刑法要"保护人民"的如下具体法益:一是保护国家法益,即"保卫国家安全,保卫人民民主专政的政权和社会主义制度";二是保护财产法益,即"保护国有财产和劳动群众集体所有的财产,保护公民私人所有的财产";三是保护公民人身、民主和其他个人法益,即"保护公民的人身权利、民主权利和其他权利";四是保护社会法益,即"维护社会秩序、经济秩序、保障社会主义建设事业的顺利进行"。

二、刑法的机能

刑法的机能是指刑法作为一个系统在其运行过程中所产生的作用与功效。刑法的基本机能是人权保障机能、法益保护机能和行为规制机能。

1. 人权保障机能

刑法以惩罚犯罪为手段而意图达到保护法益的目的,刑法的惩罚犯罪是以国家暴力为后盾的。在惩罚犯罪的过程中,刑罚权发动的一方是强大的国家机构,而被惩罚的一方是相对弱小的犯罪嫌疑人、被告人或者犯罪人,为了使犯罪嫌疑人、被告人或者犯罪人能得到公正的审判或者公正的惩罚,就必须对强大的国家刑罚权进行合理限制。因此,"法无明文规定不为罪,法无明文规定不处罚",如果犯罪与刑罚不是由刑法明文规定,任何人无权发动刑罚处罚他人。刑法通过限制国家刑罚权,从而保障公民个人的权利不受非法干涉,它体现了刑法对公民自由权利的保障。

2. 法益保护机能

刑法制定的基本目的就在于保护法益，因此，发生对法益有现实侵害或侵害危险的行为时，对之加以制裁，这即是刑法的法益保护机能。不过，刑法并不保护所有的法益，它只保护国家所关切的重大法益。我国《刑法》第13条的但书规定，情节显著轻微危害不大的社会危害行为，不应当认为是犯罪。对于那些轻微侵害法益的行为，在我国的法律体系中是由行政法、民法等其他法律予以调整。刑法所保护的法益一般可以分为三大类：一是生命、身体、自由、财产、名誉、安宁等个人法益；二是公共安全、市场公共信用与交易安全、社会管理秩序与善良风俗等社会法益；三是国家安全、政体维护等国家法益。

3. 行为规制机能

刑法具有限制公民行动自由，同时引导公民行为合乎规范的机能。刑法将具有较大社会危害性的行为进行概括，抽象出其共同特征，从而表述为一个个特定的构成要件类型，从而将符合这些构成要件类型的行为规定为应受刑罚处罚的行为。在这一概括的过程中，刑法规范对所列举的社会危害性行为表达了一种否定性评价。根据这种构成要件类型，刑法告示民众，所列举的行为是刑法所禁止的行为，是刑法所反对的行为模式，从而使公民明确什么行为是不被允许的，是会受到刑事处罚的，引导公民遵循正确的行为方式。同时，由于刑法明确地规定什么行为是犯罪，这就使民众能够通过刑法明白，何种行为是犯罪实施何种行为会受到刑事制裁，从而能更好地预测自己的行为。

第五节 刑法理论流派

一、刑法理论流派的产生与发展

（一）刑事古典学派的产生与发展

刑事古典学派也即刑法理论通常所说的旧派，它产生于18世纪资产阶级同封建势力斗争时期，主要反映的是资本主义上升时期新兴资产阶级的刑法思想。

这一学派以法国卢梭、孟德斯鸠等人的"天赋人权""理性主义"和个人平等自由等自然法思想为理论基础。代表人物在前期是贝卡利亚（Cesare Beccaria）、费尔巴哈（Anselm V. Feuerboch），在后期是宾丁（Karl Binding）和毕克迈耶（Karl V. Birkmeyer）。贝卡利亚所著的《论犯罪与刑罚》是该学派的代表作，它与费尔巴哈著名的"心理强制说"突出反映了刑事古典学派的理论思想。

刑事古典学派的主要观点有以下几方面：(1) 犯罪人具有自由意志，能够根据自己的自由意志和辨别是非善恶能力，选择实施犯罪行为和不实施犯罪行为。(2) 法律规范的规定是定罪处罚的唯一依据，法官无论以什么借口都不能加重法律对犯罪所规定的刑罚。(3)罪和刑之间应当具有比例性和相应性。犯罪越严重,刑法就应越严厉。(4)刑法面前应人人平等。(5)主张刑罚人道主义,反对残酷刑罚。(6)重视刑罚的心理强制作用。既然人是有自由意志的,他会基于痛苦和欢乐的可能性来选择自己的行为。如果犯罪行为所带来的欢乐大于痛苦,人们就会选择实行犯罪行为,如果带来的痛苦大于欢乐,人们就会选择不实行犯罪行为。因此,对犯罪人所施加的刑罚痛苦应当大于其所实行的犯罪行为带来的欢乐。同时,又必须排除刑罚越重越有效的想法,把刑罚限制在能够发生抑制作用的必要的最小限度以内,只要对一般人具有警告作用即可。古典学派的一些基本理论观点,如罪刑法定主义、罪刑相适应原则、刑罚人道主义等对后来的刑法思想产生了重大的影响。[①]

(二)刑事近代学派的产生与发展

刑事近代学派也即刑法理论所说的新派。19世纪末期,资产阶级工业化革命导致社会失业人数剧增,犯罪率激增,累犯惯犯日益增多,监狱人满为患。原来根据刑事古典学派理论构建的刑罚体系已无法满足变动的社会需要。在这样的背景下,刑事近代学派应运而生。

意大利医生龙勃罗梭(Cesare Lombroso)开创了刑事人类学派,龙勃罗梭利用实证方法对犯罪进行了研究。他认为,刑事古典学派没有揭示出犯罪的原因。犯罪并不是根源于犯罪者个人的意志自由,而是根源于行为人的先天遗传基因和性格,有些人天生就是犯罪人。这就是龙勃罗梭著名的天生犯罪人论。龙勃罗梭进而认为,刑法的目的不是报应而是社会防卫,主张对不同的罪犯处以不同刑罚。意大利刑法学家菲利(Enrico Ferri)继承了龙勃罗梭的思想,并在刑事人类学派的基础上转向刑事社会学派。菲利对刑事古典学派进行了彻底的颠覆,他认为犯罪人所承担的刑事责任不是道义责任而应是社会责任。菲利不认为人有选择是否犯罪的自由意志,犯罪产生不是自由意志的结果,而是由于行为人的人格状态和环境等因素造成的。正因为此,要犯罪人承担道义责任是没有用的,应以社会责任代替道义责任。适用刑罚的时候应当考虑导致行为人实施犯罪行为的诸多要素,因而应该进行刑罚改革。加罗法洛(Raffaele Garofalo)在龙勃罗梭天生犯罪人论的基础上,运用实证和归纳方法,着重对犯罪进行社会心理学分析,从而创立了以自然犯为中心的犯罪理论。他将犯罪分为自然犯与法定犯。对罪犯的处罚,应该区分这两种不同的犯罪人,以犯罪的恶性及社会适应性为标准,从而采取刑罚个别化的处遇方法。

新派刑法思想的集大成者是德国刑法学家李斯特(Von Liszt)。他认为导致行为人实施犯罪的原因除刑事人类学派所论述的个人因素外,还有社会因素。

---

① 孙膺杰、吴振兴主编:《刑事法学大辞典》,延边大学出版社1989年版,第318—319页。

他认为罪刑相适应是以刑事政策作为杠杆发挥作用的。刑罚和刑事政策是密切相关的,"最好的社会政策是最好的刑事政策"。消除犯罪的个人因素是刑事政策固有的个别任务,消除犯罪的社会因素是社会政策的一般任务。刑事社会学派的整体理论是社会防卫论。根据这一理论,保卫社会的公共利益及公民的生命、财产、自由为一般预防,对个人的改造教育为个别预防。它把违法犯罪分子,分为能改善、难改善和机会犯三个类型,均须分别在刑罚规定与刑事政策相协调的情况下加以处理,能改善者予以改善,不能改善者不使为害。

另一位新派的有力代表人物是法国刑法学家安赛尔(Marc Ancel),安赛尔倡导新社会防卫论。安赛尔发起了"刑事政策的人道主义运动",其意思是说,预防新的犯罪发生,把罪犯改造教育成为新人、复归社会是最高的人道主义。在改造罪犯的同时,对罪犯和被告的人格价值应作适当保留与尊重,犯罪应当被称作"被收容者"。对"被收容者"应伸出援救之手,拿出"神之爱心",应把"人的正义转为神的正义",即把"以恶报恶"的正义转为"以善报恶"的神意报应;并主张做"被收容者"的知情人、同情人,以便做有针对性的攻心改造工作。[①]

二、刑法理论流派的基本对立

(一) 思想基础的对立

刑事古典学派与近代学派在理论基础上存在较大差异。

首先,哲学基础不同。刑事古典学派从非决定论出发,认为行为人存在自由意志,能够自由作出判断,选择追求善或恶。而刑事近代学派则从决定论出发,认为人不具有自由意志,人不能够自由选择行为,人的行为是性格、环境和社会等因素所决定的。

其次,两大学派对于"人"的假设不同。刑事古典学派认为每个人都是理性的人,都有自由意志,都能够根据自己的自由意志选择实施或者不实施犯罪行为。而近代学派则认为不存在所谓理性的人,理性人的假设是一个毫无根据的神话,人的行为是受生理、心理等个人和社会原因共同作用的结果,人是根据社会实践经验、内心体验和个人偏好做出相应行为的经验人。

(二) 犯罪论的对立

首先,犯罪原因上的对立。刑事古典学派认为,只要达到一定年龄且精神、智力正常的人都有自由意志,犯罪是具有自由意志和辨别是非善恶能力的人,基于自己的自由意志,在衡量利害得失的基础上自我选择的结果。而刑事近代学派则认为,人不具有自由意志,人的任何行为都是人格与人所处的环境等因素

[①] 杨春洗等主编:《北京大学法学百科全书·刑法学 犯罪学 监狱法学》,北京大学出版社2001年版,第906页。

相互作用的结果。因此,行为人不是基于自由意志实施犯罪行为,犯罪是由行为人的性格和环境等因素共同作用所产生的现象。

其次,评价对象不同。刑事古典学派认为客观上所形成的秩序侵害即法益侵害性是刑法的评价对象,犯罪无非是一种侵害法益的行为,法益侵害的严重性程度可以通过对犯罪行为、犯罪结果等因素综合评估得出。而刑事近代学派则认为,行为人的人身危险性是刑法的评价对象,犯罪是一种表明行为人存在反社会性格的行为。

最后,犯罪分类标准不同。刑事古典学派基本上是以犯罪行为为标准对犯罪进行分类,而刑事近代学派则是以行为人为标准对犯罪进行分类。

(三)责任论的对立

刑事古典学派以意志自由为前提,认为犯罪行为在主观上是犯罪人自由意志的产物,在客观上是有害于社会的。因此,在刑事责任的根据上,旧派主张道义责任,认为具有意志自由的人,不去实施适法行为而竟然实施了违法行为,理当受到伦理或道义的非难。根据道义责任论,旧派主张应以犯罪行为及其实害作为处罚之根据,重视犯罪所表现于外部的行为及其因之所生之事实,也即犯罪的客观部分。而刑事近代学派认为犯罪是由个人的、社会的和环境的诸多方面因素决定的,因此,他们提倡社会责任,反对旧派的道义责任。社会责任论认为,对犯罪人适用刑罚必须考虑导致犯罪人实施犯罪的社会诸条件,从社会环境中寻找犯罪的根源,社会有责任以相应的刑事政策改造教育犯罪人,履行对犯罪人实施拯救的义务,使之回归社会。

(四)刑罚论的对立

刑事古典学派和刑事近代学派在刑罚论上的对立,主要表现在对刑罚正当化根据上的不同认识。刑事古典学派内部可分为报应论和功利论两种刑罚正当化根据思想。报应论者认为,刑罚正当化的根据在于惩罚犯罪,而功利论者则认为刑罚的正当化根据在于预防犯罪。刑事近代学派主张社会防卫论,认为刑罚具有防卫社会的目的,应当针对行为者的反社会性格或人身危险性大小而科处各种防卫处分,以达社会防卫的目的。

三、我国刑法理论的发展

近年来,在借鉴西方刑法学说建构我国刑法基本理论框架的基础上,我国刑法理论也有了较大发展。但是,我国刑法理论迄今尚未形成如西方新派和旧派的刑法学思想之争,在具体的研究思路上还存在着一定提升空间。[①]

其一,在犯罪论方面,我国刑法理论坚持主客观相统一的原则,但事实上却

---

① 参见张明楷:《刑法的基本立场》,中国法制出版社2002年版,第47—53页。

过于注重主观内容,因此比较接近新派的主观主义理论。我国刑法学理论基本认为,罪过决定行为的性质,如果行为人主观上具有杀人的故意,那么,其行为便属于杀人行为;如果行为人主观上具有伤害的故意,其行为便是伤害行为。这显然是以行为人认识到的事实作为判断资料的主观主义的观点。

其二,在刑罚论方面,我国目的刑论占主导地位,这也和新派理论较为接近。我国的刑法理论同时强调刑罚的特殊预防与一般预防目的,人民法院对任何一个犯罪人适用刑罚,都具有对罪犯本人的特殊预防和对社会上的不稳定分子的一般预防两个方面的目的。刑罚的报应目的为学界所漠视。

其三,在理论基础方面,我国的刑法理论还有明显的社会本位色彩。例如,人们一般认为,区分放火罪与以放火为手段的故意杀人罪的界限,关键看放火行为是否危害公共安全。如果危害公共安全,就构成放火罪;没有危害公共安全而只侵犯特定人的生命或者身体健康权利的,则构成故意杀人罪或故意伤害罪。其理由在于,危害公共安全罪比侵犯公民人身权利罪要重,社会法益重于个人法益,所以,只要行为构成放火等侵犯社会法益的犯罪,就不得认定为故意杀人罪等侵犯个人法益的犯罪。

其四,在对待国外理论的态度方面,理性尚稍显缺位。当前我国许多学者关注国外刑法理论上的学派之争,然而,一种令人担忧的现象是,不少人在讨论某个问题时,一方面,往往没有思索旧派与新派背后的理论根基,只是从形式上理解国外学者的观点;另一方面,常常将旧派的所谓缺陷指责一番,再将新派的所谓错误批判一通,进而提出一种调和新旧两派的学说。这种现象值得反思。

其五,在对待刑法的法益保护机能和自由保障机能方面,缺乏统一视角。许多学者过分重视刑法的自由保障机能,但却忽视了刑法的法益保护机能。如何使法益保护机能与自由保障机能协调统一,是我国刑法理论面临的重大课题。

第二章 刑法的基本原则

第一节 刑法基本原则概说

一、刑法基本原则的概念

刑法的基本原则是刑法中的一个根本性问题,它的内容直接体现了刑法的价值和基本精神。刑法的基本原则是指贯穿于全部刑法规范、具有指导和制约刑事立法和司法之作用并体现我国刑事法治精神的准则。其主要特征有三个:

其一,刑法的基本原则应当在符合宪法的前提下与其他部门法的基本原则相区别。宪法是一个国家的根本大法,刑法作为子法,其基本原则不能与宪法相悖。刑法的基本原则应当是刑法所特有的,而不是与其他部门法所共有,它指导的是刑事立法和刑事司法,而非其他的部门法。既然是"刑法"的基本原则,理当有别于其他法律的原则,也有别于所有法律的共同准则。

其二,刑法基本原则必须贯穿于全部刑法规范,并且具有指导和制约刑事立法和司法的作用。刑法基本原则是一个有机联系的整体,它们相互作用,共同指导整个刑法规范,对刑法的适用和解释具有根本性作用,它区别于刑法中某个具体制度的原则和某个问题的原则,如数罪并罚原则和老年人犯罪从轻原则。在整个刑事立法和司法工作中,刑法基本原则作为一种宏观的法律规范应当被立法和司法工作者严格遵守。

其三,刑法基本原则是体现我国刑事法治精神的准则。刑事法治精神的内核是在刑事立法和司法中坚持平等、公平和正义,而刑法基本原则所体现的刑事法治的基本性质和基本精神,是通过协调罪责刑的关系表现出来的。刑法基本原则是刑事法治精神的外在体现和具体化,它作为贯穿于整个刑法并起着指导意义的法律规范对树立刑事法治精神有着重大作用。

二、刑法基本原则的内容

我国旧刑法没有明文规定刑法基本原则,学界和实务工作者经过多年对刑法基本原则的研究和讨论,形成了诸多理论。主要有"两原则说""三原则说""四原则说""五原则说"和"六原则说"等不同的观点。刑法理论界之所以在刑法基本原则的外延上存在如此大的分歧,主要是因为学者们对我国刑法基本原则据以衡量和确立的标准有不同的理解与认识。① 一般认为,除了刑法条文明文规定的原则外,还有罪责自负不株连无辜原则、主客观相统一原则、惩罚与教育相结合原则、法益保护原则与责任主义原则等等。②

我国在 1997 年修订的《刑法》中明文规定了刑法基本原则。纵观世界各国刑法典,它们在规定刑法基本原则时主要有三种模式:援引方式、规定方式和推论方式。而我国采取的是在刑法典中规定的方式,分别在第 3 条、第 4 条、第 5 条明文规定了三个基本原则:罪刑法定原则、刑法适用平等原则、罪责刑相适应原则。

三、刑法基本原则的意义

刑法基本原则贯穿于整个刑法规范,对立法和司法有着重要的作用。首先,它对刑事立法具有先导性意义。我国每一次刑法修正案的提出和通过都要遵循刑法的基本原则,刑事立法不能脱离它而存在。这样才能使我国刑事立法始终体现平等、公平和正义的理念,能使刑事立法更加规范、明确和具体,更具有可操作性,刑法规范不会前后自相矛盾,从而发挥良法的功效。其次,它对刑事司法实践具有指导作用。刑法基本原则强调司法严格依据刑法以及司法在刑法适用上的平等性,司法工作者在实际工作中必须遵循刑法基本原则进行严格司法,做到司法公正、公平,保障无罪的人不受非法追究,不殃及无辜,从而保证案件审判的公正性和准确性。

第二节 罪刑法定原则

一、罪刑法定原则的概念

从地域角度来说,罪刑法定原则既是当今世界各国刑法普遍采用的基本原则,也是我国刑法的基本原则之一。在刑事理论和实务中,它不仅为绝大多数刑法学者所公认,而且已经被我国刑法明文规定。通说认为罪刑法定原则包含什么是犯罪,有哪些犯罪,各种犯罪的构成条件是什么,有哪些刑种,各个刑种如何适用,以及各种具体罪的具体量刑幅度如何等,它们均由刑法加以规定,凡是刑法分则没有明文规定为犯罪行为的,均不得定罪处刑。③ 简而言之就是罪之法定和刑之法定。而我国法条规定的罪刑法定原则是指什么行为是犯罪和犯罪后给予何种刑罚处罚,都必须明文规定在刑法条文中。即"法无明文规定不为罪,

---

① 参见赵秉志主编:《当代刑法学》,中国政法大学出版社 2009 年版,第 22 页。
② 参见张明楷:《刑法学》,法律出版社 2016 年版,第 44 页。
③ 高铭暄、马克昌主编:《刑法学》,北京大学出版社、高等教育出版社 2011 年版,第 25 页。

法无明文规定不处罚"。由此可以看出,罪刑法定原则的本质属性在于限制国家的立法权和司法权,使得国家刑罚权的启动严格限制在刑法规定的范围内,这在一定程度上说明它更加有利于保护被告人的合法权益。正如德国刑法学者李斯特所言:"刑法不仅是善良人的大宪章,也是犯罪人的大宪章。"

二、罪刑法定原则的演变与理论基础

(一)罪刑法定原则的演变

罪刑法定原则最早源于1215年英国约翰王签署的《自由大宪章》第39条的规定,即"对于任何自由人,不依同一身份的适当的裁判或国家的法律,不得逮捕、监禁、剥夺领地、剥夺法的保护或者放逐出境,不得采取任何方法使之破产,不得施加暴力,不得使其入狱"。

近代刑法学鼻祖、德国刑法学家费尔巴哈对罪刑法定真正成为基本原则功不可没。启蒙时期,洛克、孟德斯鸠、贝卡利亚等思想家的三权分立的思想也蕴含着罪刑法定的精神。在资产阶级启蒙思想家的影响下,法国1789年的《人权宣言》(第8条)、1791年的《法国宪法》和1810年的《法国刑法典》体现了这一原则,直接成为现代意义上罪刑法定原则的法律渊源。而在英美法系中,则主要体现在程序法中。

目前,罪刑法定原则不仅已经成为世界各国刑法共同遵循的基本原则之一,而且它所体现的防止罪刑擅断,反对酷刑,尊重人的尊严,保障人的基本权利等内容使其成为国际人权法上的基本原则。《世界人权宣言》《公民权利和政治权利国际公约》和《关于战俘待遇之日内瓦公约》都对此作了相关的规定。

(二)罪刑法定原则的理论基础

罪刑法定原则历史渊源上的理论基础来源于自然法理论,具体表现为费尔巴哈的"心理强制说"和孟德斯鸠的"三权分立说"。心理强制说强调人是理性动物和人的自私性。费尔巴哈认为应事先以法律明文规定犯罪的法律后果,人们便能事先预测犯罪后所受到的刑罚处罚,使人们明白犯罪后所带来的愉快不可能大于犯罪后所带来的受刑罚处罚的痛苦,从而预防犯罪。[①] 所谓三权分立,就是通过法律规定,将立法权、行政权和司法权三种权力分别交给三个不同的国家机关管辖,既保持各自的权限,又要相互制约保持平衡。其中立法机关制定包括刑法在内的法律,司法机关对这些法律的适用负责。

上述两个渊源都不能完全体现罪刑法定原则的精神和实质面貌,随着各国法治的发展,现在一般认为罪刑法定原则的理论基础主要为两个:民主主义和自由主义。民主体现的是大多数人的意志,而在刑法中指的是什么是犯罪,这种罪

---

① 张明楷:《刑法的基本立场》,中国法制出版社2002年版,第4页。

判处何种程度的刑罚同样要体现大多数人的意志,但是每个人不可能都成为立法者,所以只能通过代表公民意志的立法机关来制定刑法,这样就使得罪刑法定原则中的罪和刑的认定直接受到代表着公民意志的立法机关所制定的刑法的约束,从而防止罪刑擅断和刑罚恣意。自由主义体现了对人权的尊重,亦即能使公民对自己的行为在刑法上会产生怎样的法律效果有着事前预见性,从而使公民在符合刑法规范的前提下,能够自由支配自己的行为而不受到阻碍,达到保护公民行为自由的目的。

三、罪刑法定原则的基本内容

罪刑法定原则的具体内容包含形式法治的要求和实质法治的要求两方面。

（一）形式法治的要求

罪刑法定原则形式法治的要求主要包括成文法主义、禁止事后法、禁止不利于被告人的类推解释、禁止绝对不定期刑四个方面。

成文法主义是指法官只能根据立法机关制定的刑法定罪量刑,它又派生出一个原则即排斥习惯法。习惯法不明确、难以预测和多元化的性质决定了它违背自由主义和民主主义,因此罪刑法定原则是排斥习惯法的。

禁止事后法指的是禁止重法溯及既往。刑法是最严苛的一部法律,关系到人的生命、健康和财产权,如果让刑法不加约束而溯及既往,让公民遵守行为时根本不存在的法,那么行为人对自己现在的行为将会发生怎样的后果不具有可预测性,就会使人们不敢做出行为,进而导致行为萎缩。禁止事后法并不是全面禁止,而是有限禁止,如果新法有利于被告人,则可以溯及既往而适用新法。

类推解释是指对于法无明文规定的事项,比附援引与行为性质最相类似的条文而予以处罚。[①] 罪刑法定原则禁止类推解释,是禁止不利于被告人的类推解释,而不是禁止有利于被告人的类推解释。禁止不利于被告人的类推解释是因为刑法中存在一些有利于被告人的规定,但是这些规定由于立法技术问题按照原文字面意思适用违反公正,所以禁止不利于被告人的类推解释。[②]

禁止绝对不定期刑是指刑法在规定刑种和刑期的时候应该考虑到各犯罪的不同情节以及行为人的人身危险等因素适当给予法官自由裁量权,不能一概而论,制定绝对的法定刑。这样有利于保护被告人,也便于体现罪刑均衡的要求。

（二）实质法治的要求

罪刑法定原则实质法治的要求主要包括刑罚法规的明确性原则和刑罚法规内容的适正性两方面。它主要体现在实质公平、限制立法权、尊重公民自由和反

---

① 刘艳红主编:《刑法学总论》(第二版),北京大学出版社2006年版,第15页。
② 参见张明楷:《刑法学》,法律出版社2016年版,第51页。

对恶法方面。

刑罚法规的明确性原则是刑事立法的形式要求,它要求立法工作者在制定刑法的时候杜绝一些含混、不明确的表述以维护刑法的权威性。明确的刑法条文规定有利于公民更好地理解法律和规范自己的行为,从而遵守法律。另外,国家司法机关只能依据明文规定启动刑罚权,避免了司法的恣意性。但是明确性是个相对的概念,犯罪和刑罚的复杂性和多样性决定了刑罚法规不能做到绝对的明确。

刑罚法规内容的适正性包含禁止处罚不当罚的行为和禁止不均衡的、残虐的刑罚两方面。禁止处罚不当罚的行为指立法机关在制定刑法的时候不能随心所欲地把不必要的行为作为刑罚处罚的行为。刑法具有谦抑性,不能把刑罚的触角延伸到各个方面,因此只能依据刑法的基本精神将值得处罚的行为规定为犯罪,从消极方面理解就是要将不值得处罚的行为排除在刑罚之外,这也是刑法补充性的体现。不均衡的、残虐的刑罚是古代原始的复仇形态之一,善恶报复、因果轮回的朴素正义是它的内容。随着社会的发展,这种不均衡的、残虐的刑罚已经被现代文明淘汰,均衡和轻刑化的刑罚成为世界趋势,所以禁止不均衡的、残虐的刑罚已成为立法中对刑罚圈设定的一个基本依据。

四、我国刑法中的罪刑法定原则

我国1979年刑法典没有明确规定罪刑法定原则,相反却在其第79条规定了类推制度。当时在理论上,对于我国刑法是否贯彻了罪刑法定原则,曾存在不同的认识和理解。有人认为,既然规定了有罪类推制度,就不存在罪刑法定原则;有的则认为,当时我国刑法所采用的是不彻底的罪刑法定原则(以罪刑法定为基础、类推为补充或例外)。事实上,在1997年中国修订刑法典之前,中国刑法基本上实行了罪刑法定原则,这一原则可以从刑法对犯罪的概念,罪与非罪、此罪与彼罪的界限,犯罪构成的一般要件和具体犯罪构成要件,以及法定刑等立法内容中得到体现。只不过由于当时中国刑法存在类推制度,此外还存在其他一些不合罪刑法定原则要求之处,因而只能说当时中国刑法对罪刑法定原则的认可、重视和贯彻的程度还存在不足之处,断然否定当时中国存在罪刑法定原则显然是缺乏根据、令人难以接受的。

1997年3月修订的《刑法》,从完善我国刑事法治、保障人权的需要出发,明文规定了罪刑法定原则,并废止类推。修订后的《刑法》第3条规定:"法律明文规定为犯罪行为的,依照法律定罪处刑;法律没有明文规定为犯罪行为的,不得定罪处刑。"这一原则的价值内涵和内在要求,在修订的刑法典和其后的刑法修正案以及单行刑法中得到了以下较为全面、系统的体现。

第一,如同1979年刑法典一样,1997年修订的刑法典和其后的刑法修正案以及单行刑法实现了犯罪法定化和刑罚法定化。

犯罪法定化具体表现是:(1)明确规定了犯罪的概念,认为犯罪是危害社会的、触犯刑法的、应当受到刑罚处罚的行为。(2)明确规定了犯罪构成的共同要件,认为一切犯罪的成立都必须符合犯罪主体、主观方面、客观方面和犯罪客体四个方面的要件。(3)明确规定了各种具体犯罪的构成要件,为司法机关正确定罪提供了具体法律依据。

刑罚法定化具体表现在:(1)明确规定了刑罚的种类,即把刑罚分为主刑和附加刑两大类。(2)明确规定了量刑的原则,即对犯罪人裁量决定刑罚,必须以犯罪事实为根据,以刑事法律为准绳,不许滥用刑罚。(3)明确规定了各种具体犯罪的法定刑,为司法机关正确量刑提供了具体的法定标准。

第二,1997年修订的刑法典取消了1979年刑法典规定的有罪类推制度,这是罪刑法定原则得以真正贯彻的重要前提。

第三,1997年修订的刑法典重申了1979年刑法典关于刑法溯及力问题上的从旧兼从轻的原则,并做了进一步明确、具体的规定。

第四,在罪种的规定方面,1997年修订的刑法典和其后的单行刑法以及刑法修正案已相当详备。1997年修订的刑法典一方面将1979年刑法典及其后由国家最高立法机关制定单行刑法、非刑事法律中刑法规范所涉及的犯罪,经过必要的整理和编纂后纳入其中。另一方面,还根据社会现实需要增设了大量罪种。第九届全国人大常委会第六次会议于1998年12月29日通过的《关于惩治骗购外汇、逃汇和非法买卖外汇犯罪的决定》,以及迄今为止通过的十个刑法修正案,对刑法典中某些罪刑规范作了修改补充。1997年修订的刑法典新增罪种的规定,以及刑法修正案和单行刑法的有关规定,不仅反映了罪刑法定原则规范详备的要求,而且本身也加强了罪刑法定原则在刑事司法实务中的可行性。

第五,在具体犯罪的构成要件或罪状以及各种犯罪的法定刑设置方面,1997年修订的刑法典和其后的刑法修正案以及单行刑法亦增强了法条的可操作性。1979年刑法典在犯罪构成要件、罪状的表述上过于笼统和抽象,以及在法定刑的规定上过简过宽的缺陷,乃是我国刑法学界和司法实务部门的共识。然而,罪刑法定原则的内在要求之一即立法的明确性,唯有立法具体、明确,方能体现刑法的公正、公平性,否则形式上的"法定"实际上也就毫无意义了。1997年修订的刑法典和其后的刑法修正案以及单行刑法在犯罪构成要件、罪状的表述以及法定刑的设置方面,吸收了以往一系列单行刑法的有益经验,立法在细密化、明确化程度上迈进了一步。例如,对于大量新增犯罪,尽量使用叙明罪状,使犯罪构成要素具体化。在犯罪的处罚规定上,注重量刑情节的具体化。这种规定大大增强了刑法规范的可操作性,有利于实现罪和刑的法定化和明确化。①

五、罪刑法定原则的实现

我国已经把罪刑法定原则法定化了,但是立法毕竟不是司法,怎样运用罪刑法定原则并实现好它还有待司法工作人员的努力。在刑事司法实践中,司法工作人员必须准确把握罪刑法定原则的基本内涵,认真贯彻罪刑法定原则在司法中的指导性意义。具体应注意以下几点:

(一) 正确进行司法解释

司法解释对于司法实践具有指导意义,无论是最高司法机关直接作出的司法解释,还是最高司法机关通过转发下级机关或者其他机关的意见或规定而作出的司法解释,都必须遵守罪刑法定原则,不能违背刑法条文的具体规定和立法精神,避免"法官造法"和以司法解释代替刑事立法。

(二) 正确确定罪名

司法人员在处理刑事案件时,必须按照罪刑法定原则正确定罪量刑:

(1) 要坚持实行以事实为根据,以法律为准绳的原则。

以事实为根据,以法律为准绳,是罪刑法定原则的应有之义。显而易见,如果离开事实和法律盲目定罪,罪刑法定原则就成了一句空话。坚持以事实为根据,以法律为准绳,首先必须查明事实,对案件事实的认识必须客观、符合实际,不能主观臆断;其次,要根据确已查明的事实,以刑法总则的规定和分则的具体条文进行衡量,力求作出完全符合刑法规定的结论。

(2) 要坚持依法定罪和疑罪从无的原则。

依法定罪和疑罪从无的原则,皆为罪刑法定原则的应有之义。该原则要求司法人员在认定有罪无罪、此罪彼罪、轻罪重罪、一罪数罪、自然人犯罪或单位犯罪时,都要以刑法的明文规定为准;对存疑之罪依据具体情况按轻罪或无罪认定;一罪与数罪有疑时,按查实的罪数认定。应当强调说明的是,以上所说的疑罪从无,是指的定罪,而不是对疑案的侦查和调查,不能将二者混淆起来。

(3) 要正确确定罪名。

我国刑法分则的所有条文都是只有罪状,没有明确规定罪名,因而,在司法实践中就有一个正确确定罪名的问题。凡最高司法机关通过司法解释已经确定的罪名,各级司法机关即应遵从司法解释使用罪名;未经司法解释确定的罪名,即应以刑法分则条文中关于具体犯罪罪状的规定为根据来表述和使用罪名,绝不可脱离分则条文中规定的罪状,随心所欲地表述和使用罪名。这也是贯彻罪刑法定原则的必然要求。

---

① 赵秉志主编:《刑法学》,北京师范大学出版社2010年版,第39页。

（三）正确适用刑罚

司法人员在处理刑事案件时，必须按照罪刑法定原则正确适用刑罚，无论是刑种的适用还是量刑幅度的选择，以及刑罚的配置，都必须严格依照刑法的规定，对客观存在的情节进行分析，绝不能违背刑法的规定。

第三节 刑法适用平等原则

一、刑法适用平等原则的概念

法律面前人人平等，一般是指全体公民都必须平等地遵守法律，依法平等地享受权利和履行义务，任何人不得凌驾于法律之上。在法律面前人人平等是我国宪法确立的社会主义法治的一般原则，这条原则适用于所有的部门法。把这条原则内化为刑法的规定就是刑法适用平等原则。

刑法适用平等原则的具体含义是：首先，就犯罪者来说，任何人犯罪，都应受到法律的追究，任何人都不得享有超越法律的特权。无论犯罪人的政治面貌、社会地位、家庭情况、教育程度、知识水准、财产状况等如何，对其犯罪行为均得平等地适用刑法，一律依法定罪量刑。其次，就被害人来说，无论何人受到犯罪的侵害，均应依法追究犯罪、保护被害人的合法权益。

对适用刑法平等原则必须作辩证的理解，而不能孤立地、机械地理解。因为它是刑事司法的要求，并不意味着在刑事立法保护上具有平等性。这一原则并不排斥因犯罪人或被害人的特定情况而在立法和司法上区别对待。比如，同为犯罪人，因年龄不同、犯罪情节不同、主观恶性不同，在量刑上会有所区别；同为被害人，也可能因被害人的不同情况，如被奸淫的女性是否满14周岁、被害的人是否有过错等，从而对犯罪人的惩罚产生影响。

二、刑法适用平等原则的演变与理论基础

（一）刑法适用平等原则的演变

我国古代曾有"王子犯法，与庶民同罪"之说，可谓"法律面前人人平等"思想的最早萌芽。在西方，法律面前人人平等思想则萌芽于古希腊、古罗马时期，当时最著名的哲言是："王子不在法律之上，而法律却在王子之上。"刑法适用平等原则的基本思想是平等，而"平等"一词最初来源于近代欧洲启蒙思想家提出"人生而平等"的口号。

18世纪，西方政治法律思想家为了反对封建等级和特权制度，掀起了资产阶级启蒙运动，提出了"天赋人权""人人生而自由""人人生而平等"等主张，赋予了该概念以人与人之间应该具有相同的社会政治法律地位的内涵。各国资产

阶级在掌握国家政权后普遍以法律确定法律面前人人平等原则，由此这一原则成为资产阶级法律的一项重要原则。本原则最早确立于法国1789年《人权宣言》。这一原则的主要内容是：法律对所有的人，无论是施行保护或处罚都是一样的；所有的公民都有按其能力平等地担任一切官职、公共职位和职务的权利。不可否认，在资本主义制度下，由于资产阶级本质上的虚伪性，资本主义国家的法律不可能赋予人民真正的平等权利，无产阶级和资产阶级根本就没有经济上的平等，也就不可能有政治上、法律上的真正平等。但是，资产阶级提出法律面前人人平等，在人类历史上确实具有重大的进步意义，而且后来对于社会主义国家的立法也产生了积极的影响。

我国1954年《宪法》明文规定了公民在法律面前人人平等。这是保证法律实施的一条基本原则。然而，这条原则在"文化大革命"期间无端遭受破坏。1982年《宪法》恢复了这一原则。我国在1997年修订的刑法典中明确规定"对任何人犯罪，在适用法律上一律平等"，"不允许任何人有超越法律的特权"，这个原则要求的基本精神相对平等，或可称为实质平等。它既体现和贯彻了宪法的精神，又具有刑法的特色，成为刑法的基本原则之一，同时也是法治的基本要求。

（二）刑法适用平等原则的理论基础

刑法适用平等原则的理论基础主要包括普遍适用规范、预测可能性理论和保障法益三个方面。

刑法适用平等原则是刑法本身的要求，即刑法作为一种普遍适用规范本身的要求。刑法要作为一种普遍规范，必须平等适用，因为如果司法机关不平等地将其运用于实践，行为人没有得到平等的对待，那意味着它是一种个别规范，就不具普适性，与法律的特征相悖。

预测可能性理论其实质是保障公民的自由，我们不能要求每个公民都对法律进行很好的把握，而公民大多数情况下是根据法院的判决对法律进行理解的。因此，如果法院在适用法律时没有遵循同案同判、类似案件类似处理，适用法律不平等，相同的行为有时被认定为有罪、有时被认定为无罪，相同的案件作出前后不一致甚至相差甚远的判决，公民对法律的理解就会混乱。刑法依靠限制自由的手段以更好地保护自由，但首先得让公民对什么是刑法明文所允许的、什么是刑法明文禁止的有所了解，并且这种明文规定是平等适用的，不会因为法律之外的因素而朝令夕改，这样才能保障公民的自由。"国民绝不可能预见到立法机关在其行为后会制定何种法律，故不能根据行为后的法律安排现在的行为。如果现在的合法行为，会被将来的法律宣告为非法，进而给予制裁，国民就没有丝毫自由可言。"①

法益是刑法中很重要的一个概念,任何法益只要是受刑法保护的,不管法益主体是谁,都应当平等地得到刑法的保护,而不能只保护部分主体的法益。地方保护主义的做法严重违反了刑法适用平等原则。但是人天生的能力是有差别的,人与人之间因受教育程度、生存环境、民族习惯等因素造成的不平等是显而易见的。基于这种客观上的不平等,有些情况中刑法对于不同的主体给予不同的处罚并没有违反平等适用刑法原则,反而是使不同主体之间在实践中更趋于平等,因此需要具体分析。比如盗窃罪的起刑点数额在各省规定不一,这个规定是根据不同地方的经济发展状况来确定的,实际上是一种实质平等,并不违反刑法平等适用原则。刑法某些条文明确规定对某些人员从重或者从轻处罚,如对未成年人犯罪从轻,对国家机关工作人员诬告陷害比一般人加重等,这是依据行为人的年龄心理和身份所做的区别规定。对于这些规定可不视为违背平等原则。

三、我国刑法中的刑法适用平等原则

我国《刑法》第 4 条规定:对任何人犯罪,在适用法律上一律平等。不允许任何人有超越法律的特权。这就是我国关于刑法适用平等原则的具体规定。除此之外,在刑法总则和分则中还有一些规定也体现了刑法适用平等原则。

(一) 刑法适用平等原则在刑法总则中的体现

《刑法》第 6 条第 1 款规定:凡在我国领域内犯罪的,除法律有特别规定的以外,都适用本法。这说明凡在我国领域内犯罪,除了法律有特别规定之外,都平等地适用我国刑法。《刑法》第 7 至 12 条,规定了适用刑法的空间效力和时间效力,也在一定程度上体现了刑法适用平等的原则。另外,《刑法》第 13 条关于犯罪概念的规定和《刑法》第 30 条关于单位犯罪也应当承担刑事责任的规定,实质上也体现了刑法适用上的平等原则。

(二) 刑法适用平等原则在刑法分则中的体现

刑法分则将犯罪划分为十大类,每一类又规定了若干种具体犯罪,同时规定了相应的法定刑,这表明任何犯罪,都要根据刑法规定的罪名和法定刑给予相应的处罚,不允许任何人有超越于法律之上的特权。同时,为了消除人民群众的疑虑和清除某些特殊主体和国家工作人员、军职人员的特权思想,刑法分则还专门规定了贪污贿赂犯罪、渎职犯罪和军人违反职责犯罪,从而把刑法适用平等的原则进一步落到实处。

---

① 参见张明楷:《刑法学》,法律出版社 2016 年版,第 55 页。

四、刑法适用平等原则的实现

刑法适用平等原则作为刑法的基本原则之一,它的实现主要依赖司法实践的遵循,所以在刑事司法中不能因为给极少数的特权人开先例而破坏社会法治的进程,这个原则应得到严格贯彻适用。此外,还要求司法人员在认真执行刑法的同时,认真执行刑事诉讼法,因为诉讼程序对于刑法的实施具有重大影响。比如,如果对公民正当的刑事申诉拒不受理,或者受理后拖延办理,那么,申诉者即使得到一个"迟到的公正",在实际上也是一种不公正。

刑法适用平等原则在司法中的实现主要体现在在定罪上一律平等、在量刑上一律平等和在行刑上一律平等三个方面。

(一) 在定罪上一律平等

在定罪上一律平等指任何人犯罪,无论其身份、地位等如何,应一律平等对待,适用相同的定罪标准。对于刑法明文规定的各种犯罪,必须以事实为依据,以法律为准绳,把握犯罪的本质特征,做到定性准确,不枉不纵。

首先,在定罪上一律平等要求反对特权,任何人都不得自居于法律之上和法律之外。反对特权,本是公正执法的必然要求,但鉴于封建特权观念的根深蒂固,需要对反对特权特别加以强调。我国的法律本来是人民意志的体现,一切国家工作人员均应服从人民的意志,任何人都不得自居于法律之上和法律之外。但是,特权思想在极少数领导干部中至今仍很有市场。因而,有悖于适用刑法人人平等原则的特权现象远未绝迹,在某些案件里还表现得相当严重。因此,在刑事司法活动中应当旗帜鲜明地同特权思想、特权现象作斗争。办理刑事案件必须忠于法律、忠于事实真相,绝不能离开法律和事实而趋炎附势。

其次,在定罪上一律平等坚决反对地方保护主义和部门保护主义。地方保护主义和部门保护主义破坏法制的统一,破坏社会主义市场经济的正常秩序,为了本地区、本部门的利益可以公然违背法律,破坏执法的公正,使本地区、本部门的犯罪得不到及时的打击处理,使别的地区和单位的无辜者错误地受到打击。坚持适用刑法人人平等的原则,应当旗帜鲜明地反对地方保护主义和部门保护主义。

(二) 在量刑上一律平等

在量刑上一律平等就应当根据犯罪的事实、犯罪的情节、对于社会的危害程度以及人身危险性,确定对被告人的刑罚。此时的量刑,必须严格以法定刑和法定情节为依据,而不能随意裁判。

首先,在量刑上一律平等要求严格按照量刑标准掌握量刑情节,并且全面掌握量刑情节。每个案件都不是单一的存在,它们都有着多元的情节,这给司法实践带来了较大的难度。因此在量刑时应当依据已有的犯罪情节和社会危害性进行综合判断,并在各种量刑情节交错并存中确立相对统一的标准。任何片面夸大某一法定从重或者从轻情节的作用,使其孤立地决定处刑轻重的做法,都是与量刑原则和量刑标准相违背的。

其次,在量刑上一律平等坚持无罪不罚、同罪同罚、轻罪轻罚、重罪重罚。无罪不罚是指凡是未构成犯罪的,都不受刑事追究,其合法权益都同等地受到法律的保护。同罪同罚是指犯罪人实施了同样的危害社会的行为,应受同样的刑事处罚;被害人同样的权益,应受到刑法同样的保护。轻罪轻罚、重罪重罚是指刑罚的轻重,应当以行为的社会危害性大小为标准,而不能以犯罪人或被害人的身份、地位、财产状况等为标准。反对因犯罪人或被害人身份、地位等的不同,而在量刑上畸轻畸重及罚不当罪。

(三)在行刑上一律平等

刑罚的目的是通过对犯罪分子适用刑罚使其回归社会。在行刑活动中坚持一律平等,可以更好地实现刑罚适用的公平与公正。

在行刑上一律平等要坚持公正执法,对任何人犯罪,无论贫富贵贱一律平等。公正执法,亦即司法公正,它既是适用刑法人人平等原则的必然要求,也是司法职业道德的必然要求。公正执法,要求对于被判处刑罚的人,应当严格依照刑法规定平等地执行刑罚。特别是在减刑、假释等方面,应以犯罪人的悔改立功表现以及刑法规定为依据,而不能根据其他非相关因素决定减刑与假释。

第四节 罪责刑相适应原则

一、罪责刑相适应原则的概念

罪责刑相适应原则,又称罪刑相适应原则、罪刑等价主义或罪刑均衡原则,是指犯罪的社会危害性程度的大小,是决定刑罚轻重的重要依据,犯多重的罪,就应承担多重的刑事责任,法院也应判处其相应轻重的刑罚,即重罪重罚、轻罪轻罚、罪刑相当、罚当其罪。它的内涵在于刑罚的轻重必须与罪行的轻重以及犯罪人的人身危险性相适应,即刑罚应考虑罪质、犯罪情节和人身危险性。罪责刑相适应原则的实质是指以客观行为的侵害性与主观意识的罪过性相结合的犯罪危害程度,以及犯罪主体本身对于社会的潜在威胁和再次犯罪的危险程度,作为量刑的尺度。

马克思主义刑法学是主张罪责刑相适应原则的。马克思曾指出:"不考虑任何差别的残酷手段,使惩罚毫无效果";"犯罪的概念要有惩罚,那么实际的罪行就要有一定的惩罚尺度";罪犯"受惩罚的界限应该是他的行为的界限"。① 这在一定程度上说明刑罚的目的在于预防犯罪,因为不均衡的刑罚、不考虑犯罪人的情节和人身危险性的刑罚难以对犯罪人达到改造的效果,这时的惩罚就会变得毫无意义。

二、罪责刑相适应原则的演变与理论基础

(一) 罪责刑相适应原则的演变

罪责刑相适应的观点,最早可以追溯到原始社会的同态复仇和等量报复。这种报应主义源于人类的报应观念,"报应是人类根深蒂固的一种情感,它存在于迄今为止的一切社会文化形态中"。罪责刑相适应这一观念的最原始、最粗俗的表现形式就是"以眼还眼、以血还血和以牙还牙"。随后报应刑主义的出现为罪责刑相适应进一步提供了基础。报应刑主义是西方资产阶级学者在反对封建刑法、严刑峻法和司法擅断的斗争中提出来的,它是近代新兴资产阶级法治国家的重要思想。

随着功利主义法学派的出现,基于功利而主张罪刑均衡的观点代替了基于报应而主张罪刑均衡的观点。17、18 世纪,资产阶级的启蒙思想家倡导罪刑相适应主要是出于更有效地遏制犯罪以及防止滥用刑罚权的考虑。孟德斯鸠指出:惩罚应有程度之分,按罪大小,定惩罚轻重。贝卡利亚也提出刑罚与犯罪应当相均衡,并提出了著名的罪刑阶梯论。功利主义法学派主要通过罪责刑相适应来预防犯罪。

19 世纪末,罪责刑相适应思想注重刑罚与犯罪人的主观恶性和人身危险性等个人情况相适应。资产阶级革命胜利后,这一原则在宪法和刑法中得以确认。在资本主义发展过程中,罪责刑相适应原则受到过排挤和挑战,但是它作为刑法基本原则的地位却始终没有动摇过。

从当今世界各国的刑事立法来看,罪责刑相适应原则内容已得到修正:既注意刑罚与犯罪行为相适应,又注意刑罚与犯罪人个人情况(主观恶性和人身危险性)相适应。我国刑法的规定(如累犯、自首、再犯、立功等),也充分体现了这一原则。

(二) 罪责刑相适应原则的理论基础

罪责刑相适应原则作为刑法的基本原则,它历史悠久,有着深厚的理论基础。这一原则是罪刑法定原则派生的原则,它是对罪刑擅断、重刑主义的否定。学者主要把它概括为两个方面:法治和保障公民自由。

法治是现代国家法律建设的重要目标之一,罪责刑相适应原则体现了法治

---

① 《马克思恩格斯全集》(第 1 卷),人民出版社 1956 年版,第 139—141 页。

这样一种刑法精神,限制了国家刑罚权的随意发动。国家发动刑罚权只有在有罪的时候才能给被告人以刑罚,而且刑罚的内容必须和被告人的罪相适应,做到罪刑均衡,保证公平正义。

罪责刑相适应原则在不同的时期由于各学派观点不一样使得内容有所区别,但是保障公民自由是其始终的要求。无论是刑事古典学派的报应主义还是刑事实证学派的功利主义,都强调保障公民自由的权利,不同的只是两者关于定罪量刑的标准不一样。保障公民自由是保障人权的内容之一,也就要求司法机关在司法实践中结合被告人的具体犯罪情节正确适用刑法的规定,同时反对残酷的刑罚。

现今罪责刑相适应原则不仅在中国刑法规范上而且在法治精神上都得到了充分的肯定,但我国刑法的罪责刑相适应原则的萌生、确立和被广泛认同,随着我国法治的从无到有、法律虚无、法制重建和发展历程经历了一个相当漫长且曲折的过程,这个过程客观反映了我国刑法罪责刑相适应的理论基础。

三、我国刑法中的罪责刑相适应原则

在我国,刑法既是专政的武器,同时也是保障民主的工具。故刑法的职能不允许有偏废,既要客观科学地实行专政,又要公平公正地保障民主,这就自然地提出了罪责刑相适应的立法要求。同时,从我国现阶段的基本国情出发,秉承马克思的法律"工具"思想,刑法应当有力护航社会主义经济建设,维护社会和谐,保障群众人权。这也要求刑法以罪责刑相适应为原则,严格依照法律规定,结合犯罪人的罪行定罪量刑。

我国《刑法》第5条规定:"刑罚的轻重,应当与犯罪分子所犯罪行和承担的刑事责任相适应。"作为总则中的条文,这一规定适用于分则的所有条文,是我国刑法的基本原则之一。除了《刑法》第5条对罪责刑相适应的原则作了明确规定之外,我国刑法还针对不同的犯罪种类和犯罪的不同情节,规定了主附结合、轻重有序、上下衔接、科学严密的刑罚体系,以适应各种不同犯罪的处罚。规定了针对犯罪的不同情况区别对待的原则,如对预备犯、未遂犯、主犯、从犯等。并设立了轻重不同的量刑幅度,规定了不同的情节与一系列刑罚制度。

但是罪责刑相适应原则对立法的要求非常高。我国刑法分则的个罪基本采取的是相对确定的法定刑幅度,法官有较大的自由裁量权。实践中因此带来诸多问题,比如法官的权力寻租或者专业能力不足使案件得不到公正处理等。

四、罪责刑相适应原则的实现

从司法的角度来说,案件的复杂性要求办案人员在审理案件的过程中,要本着公正的态度去对待每一起案件。司法人员在维护司法公正的前提下,对法律

的概括性规定予以灵活的运用,正确发挥自由裁量权,根据不同案件不同的具体情况去定罪量刑。因此,这要求司法工作者在实践中贯彻罪责刑相适应原则,树立宽严相济的刑法理念,并着重注意以下几点:

(1) 纠正重定罪轻量刑的错误观念,把量刑与定罪置于同等重要的地位。

我国司法中较为普遍存在的问题是量刑不像定罪那样受到高度重视,具体表现为量刑趋重且量刑偏差较大,这有悖于罪刑均衡的精神,直接影响到司法的公正。其实在我国,大多数情况下,公民评判一个犯罪行为是否得到法律公正的惩罚是直接依据法院对它所判的刑种刑期,而不是罪名。如果法官只重视定罪而忽视量刑,这样的审判结果就难以得到民众的认同。以适用附加刑为例,司法实践者要根据犯罪的不同性质严格遵守法律的规定适用不同的附加刑。比如,对危害国家安全的罪犯应当附加剥夺政治权利;对严重危害社会治安且主观恶性较深的罪犯,一般也应当附加剥夺政治权利;对罪行严重的经济罪犯要并处适量的罚金或没收财产。

(2) 纠正重刑主义的错误思想,罚当其罪,强化量刑公正的执法观念。

量刑趋重是就整体而言的,它基本的表现是,在刑种上倾向于选择相对严厉者,在刑期上倾向于接近上限。裁判者在审判中,似乎有一种潜意识,认为只有徒刑才算刑罚,而拘役、管制的严厉程度不足以惩治犯罪,罚金则与作为行政处罚的罚款无实质差别。此时就导致了偏爱实刑、较少适用缓刑以及裁判者在刑罚裁量中往往在中间点以上选择宣告刑的现象。由于我国刑法分则普遍采用幅度过大的相对确定法定刑立法模式,这就为量刑趋重留存了很大的空间。

所以法官在量刑时要对罪行的轻重作辩证分析,在正确认定犯罪事实、性质、情节和社会危害程度的基础上依法据实确定刑事责任,决定适当的刑罚。认定罪行轻重,不能孤立地片面地只看犯罪后果,必须把客观要件上的犯罪行为、犯罪后果同主观要件上的人身危险程度以及行为人的刑事责任能力统一起来进行分析和认定。比如,同样杀死一个人,后果相同,而具体情况却可能千差万别:有的行为人一贯作恶,杀死无辜;有的行为人一贯遵纪守法,仅是一时义愤,杀死了正在调戏妇女的流氓;有的行为人系精神病人在不能辨认和控制自己的行为的情况下杀了人;还有的行为人是对正在实施抢劫的歹徒实行正当防卫而将歹徒杀死。鉴于此,我国《刑法》第61条规定:"对于犯罪分子决定刑罚的时候,应当根据犯罪的事实、犯罪的性质、情节和对于社会的危害程度,依照本法的有关规定判处。"这一条的规定精神,所体现的正是辩证地积极地实行罪责刑相适应的原则,而不是孤立地、片面地、消极地只看行为的后果。在正确认定犯罪事实、性质、情节和社会危害程度的基础上,再依法据实确定刑事责任,决定适当的刑罚。

(3) 纠正不同法院之间量刑轻重悬殊的现象,实现执法中的平衡和协调统一。

在我国的司法实践中,确实存在着很多相同或类似的案件由于法官的理解不同造成五花八门的判决结果。量刑是很重要的问题,不能误以为只要是在法定刑幅度内量刑就无可指责,因为悬殊的结果会造成公民丧失对判决权威性和稳定性的认同。一方面,对于罪质基本相同的不同个案作出有细微差别的量刑,恰是审判公正的表现,也是法官能力的证明。同种犯罪在不同个案中量刑的偏差相对较少,因为裁判者通常以经验为量刑尺度,会注意到所办案件在量刑上的均衡。量刑偏差最明显的原因是法官之间观念上的差异。但是另一方面,如果这种偏差有时非常明显,在法定刑幅度范围内可以适用轻刑也可以重罚时,这个地方的法院适用轻刑,而另外一个地方的法院则主张重罚,这种截然不同的结果就会对判决的稳定性造成很大的损害,不利于刑法的普遍适用,同时被告人也会不服,根本达不到刑罚的教育作用。比如,一位进城务工而没有找到工作的青年因饥饿而抢劫了 500 元人民币。合议庭评议时,有人认为该被告人因饥饿而抢劫,动机上具有可怜悯性,可从轻处罚,处 3 年有期徒刑,缓刑 4 年;而另一位法官则认为,由于当前进城务工而没有工作的流动人口较多,如果轻判,必然有很多人以此为借口进行抢劫,从而引起社会的不稳定,主张从重处罚,处 5 年有期徒刑。缓刑与 5 年徒刑之别就在法官的一念之间。所以法院应重视量刑问题,规范量刑,尽量实现平衡和协调统一。

第三章　刑法的效力范围

第一节　刑法的效力范围概说

一、刑法效力范围的概念

刑法的效力范围,亦称刑法的适用范围,是指刑法对哪些人、哪些地域、什么时间内以及是否溯及既往的效力。刑法的效力范围由时、地、事、人四维度共同决定,故刑法的适用范围是指刑法在什么时间、什么空间、对什么人和什么事具有效力的问题。它分为刑法的空间效力和时间效力。刑法的效力范围涉及国家主权、民族关系、新旧的法律关系问题,是刑事法律和刑法理论中的一个重要问题。刑法的效力范围明确规定于我国《刑法》第6条至第12条之中。

二、刑法效力范围确定的依据及其意义

（一）刑法效力范围确定的依据

刑法效力范围是依据空间、时间来进行划分的。刑法空间效力也就是刑法在什么地方、对什么人发生效力。刑法时间效力是指刑法的生效、终止以及溯及力问题。

（二）刑法效力范围确定的意义

刑法效力范围涉及国家主权、国际关系、民族关系以及新旧法关系,是任何刑法国家都必须解决的原则性问题。它关系到刑法的目的与任务能否实现。它确定的意义在于它从空间和时间的结合上界定了刑法的适用对象。刑法的效力问题是最基本的问题,只有正确解决了刑法的效力范围,才有可能准确、有效地适用刑法,打击犯罪,保护国家和人民的利益。

第二节　刑法的空间效力

一、刑法空间效力的概念

刑法的空间效力,是指刑法对地和对人的效力。也就是要通过刑事立法解决刑事管辖的原则、方式和范围问题。刑法的空间效力是一个独立自主的国家行使刑事管辖权,建立刑事管辖制度的基本内容和主要形式。它对于维护国家主权,惩治各种犯罪,保证刑法任务的顺利完成具有重大的意义。因此它受到当

今世界各国的普遍重视,各国无不在刑法典中对刑事管辖权亦即刑法的空间效力问题作出规定。不过,在这个问题上,各国的主张及各派学者的学说曾经有所不同,大体有以下几种:

(1) 属地原则。

属地原则又称领土原则,主张以地域(领土)为标准,凡在本国领域内的犯罪,无论是本国人还是外国人,都适用本国刑法,本国均有管辖权;反之,在本国领域外犯罪,都不适用本国刑法。属地原则在具体内容上又有三种情况:一是主观的领土管辖原则。本原则又称行为地主义,这种主张是指凡是在本国领域内发生的犯罪行为,无论其结果发生于何处,均适用本国刑法。二是客观的领土管辖原则。本原则又称结果地主义,这种主张是指无论犯罪行为发生于何处,只要其结果发生于本国领域内,均适用本国刑法。三是行为结果择一原则。本原则又称遍地说,这种主张是指只要犯罪行为和结果有一项发生在本国领域内,就适用本国刑法。

(2) 属人原则。

属人原则又称国籍原则,主张以人的国籍为标准,凡属于本国公民犯罪的,无论是在本国领域内还是领域外,均有管辖权,均适用本国刑法。

(3) 保护原则。

保护原则又称安全原则,主张以保护本国利益为标准,凡侵犯本国国家或公民利益的,不论国籍不论地域,均有管辖权。

(4) 普遍原则。

普遍原则又称结合原则,以保护国际社会的共同利益为标准,只要是违背国际条约规定的侵害国际社会共同利益的犯罪,不论国籍与地域,均有管辖权。

这四种原则各有其优势,同时局限性也是显而易见。比如,单纯实行属地原则,虽直接维护了领土主权,但遇到本国人或外国人在本国领域外侵害本国国家或公民利益的犯罪,就无法适用本国刑法。而单纯实行属人原则,遇到外国人在本国犯罪却不能适用本国刑法,则显然有悖于国家主权原则。若单纯实行保护原则,固然可保护本国利益,但若犯罪人是外国人,犯罪地亦在国外,则势必涉及国际关系和刑事法律的冲突问题,从而使这个原则不可能彻底实行。从历史传统看,英美法系国家多采取属地原则,欧洲大陆法系国家多采取属人原则。但是现在世界大多数国家的刑法都是以属地原则为主,兼采其他原则。我国刑法采取的也是以属地管辖为主,属人管辖、保护管辖、普遍管辖为辅的刑事管辖混合体制。这种结合型的刑事管辖体制,对于维护国家主权和惩处犯罪均较有利,比较符合各国的利益,因而为各国普遍接受。

二、我国刑法的属地管辖权

我国《刑法》第6条第1款规定:"凡在中华人民共和国领域内犯罪的,除法

律有特别规定的以外,都适用本法。"这一条款确立了我国刑事管辖的基本原则是属地原则。这里需要明确以下几个问题:

（一）中华人民共和国领域的含义

中华人民共和国领域,是指中华人民共和国国境以内的全部空间区域,具体包括:

（1）领陆。领陆即国境线以内的陆地、岛屿及其地下层。

（2）领水。领水即国家领有的水域,包括内水(内湖、内河、内海以及与外国之间界水的一部分。界水通常以河流中心线为界,如果是可通航的河道,则以主航道中心线为界)和领海及其以下的地层。根据我国政府1958年9月4日发表的声明,我国的领海宽度为12海里。

（3）领空。领空即领陆、领水的上空,只及于空气空间,不包括外层空间。

（4）拟制领土。拟制领土即领土的延伸部分。包括:

第一,中华人民共和国的船舶、航空器。依照《刑法》第6条第2款的规定,"凡在中华人民共和国船舶或者航空器内犯罪的,也适用本法。"按国际条约和国际惯例,凡航行或飞行在公海或其上空,或者停泊在外国港口或外国机场的悬挂我国国旗、国徽的船舶和航空器,是我国的"流动领土",因而在我国船舶或航空器上发生的犯罪,我国具有刑事管辖权。不过,当我国的船舶、航空器位于他国领域内,在船舶或航空器上发生的犯罪,可能两国都有管辖权,从而导致法律冲突。

第二,中华人民共和国驻外使、领馆。根据1961年4月18日《维也纳外交关系公约》的规定以及按对等原则所确立的国际惯例,各国刑法都把本国驻外使、领馆作为本国领土的延伸,在驻外使、领馆发生的犯罪适用本国刑法,不受驻在国的司法管辖而受本国的司法管辖。

第三,外国人驻华使馆。不宜认为是在中国领域外犯罪。一方面不宜简单排斥属地原则的适用,否认我国刑法对驻华使馆的地域效力。另一方面应当遵循国际法关于外交特权和豁免权的规定解决。在经使馆同意或应使馆邀请、请求的情况下,我国司法部门可以对使馆内发生的案件进行调查,对这样的案件可以适用我国刑法起诉、审判。

依照《刑法》第6条第3款的规定,犯罪的行为或者结果有一项发生在我国领域内的,就认为是在中华人民共和国领域内犯罪。这样规定,有利于打击犯罪,维护国家主权。

（二）"法律有特别规定"的含义

我国刑法在确立属地管辖基本原则的同时,提出了"法律有特别规定"这一例外情况。主要是:

(1) 享有外交特权和豁免权的外国人。

我国《刑法》第 11 条规定:"享有外交特权和豁免权的外国人的刑事责任,通过外交途径解决。"

外交特权和豁免权,是根据国际公约,在国家间互惠的基础上,为使派遣国的外交代表在驻在国有效地执行任务,而由驻在国给予的特别权利和优惠。外交特权与豁免权,是在各国互派使节特别是常驻使节的实践基础上逐步发展起来的国际法原则和规则。1961 年《维也纳外交关系公约》(我国于 1975 年加入该公约),对外交特权和豁免权的法律原则和规则作了规定。主要内容有:使馆馆舍和外交代表的私人寓所不受侵犯;通信自由;外交代表人身不受侵犯,不受任何方式的逮捕或拘留;外交代表享有刑事豁免权等。《中华人民共和国外交特权与豁免条例》详细地规定了给予驻我国的外国外交机构和外交人员的外交特权和豁免权,其中与刑事有关的规定主要有:使馆馆舍不受侵犯,外交代表、外交信使人员不受侵犯,不受逮捕或者拘留。外交代表享有刑事豁免权。非中国公民的外交代表的配偶及未成年子女,非中国公民且非在中国永久居留的使馆行政技术人员及与其共同生活的配偶与未成年子女,来访的外国国家元首、政府首脑、外交部长及其他具有同等身份的官员等,也享有与外交代表相同的特权与豁免权。此外,根据我国已加入的有关国际公约和中国与有关国际组织签订的协议,来中国参加联合国及其专门机构召开的国际会议的外国代表,临时来中国的联合国及其专门机构的官员和专家,联合国及其专门机构的代表机构和人员,也享有外交特权与豁免权。

上述享有外交特权和豁免权的来华人员,不受我国刑事管辖。但是,他们也必须遵守我国的法律,如果他们实施了我国刑法规定为犯罪的行为,可以通过外交途径加以解决。比如,可以通过外交途径要求派遣国政府放弃他们的豁免权,接受我国司法机关的侦讯审理;可以按照国际惯例要求派遣国召回,或者宣布其为"不受欢迎的人"而令其限期离境。

(2) 民族自治地方适用的特别规定。

我国《刑法》第 90 条规定:"民族自治地方不能全部适用本法规定的,可以由自治区或者省的人民代表大会根据当地民族的政治、经济、文化的特点和本法规定的基本原则,制定变通或者补充的规定,报请全国人民代表大会常务委员会批准施行。"

这条规定是考虑到少数民族地区的一些特殊情况而实行的变通措施,目的在于更好地尊重少数民族风俗习惯和文化传统,切实保障民族自治权的行使,巩固多民族国家的团结、稳定和发展。其实,我国刑法典在酝酿、制定过程中即已考虑了多民族国家的实际情况,充分听取了各少数民族代表的意见,因而,刑法典充分反映了全国各族人民的共同意志。在刑法典中又设立了这么一条变通措施,就为民族自治权的行使又增加了一层保障。不过,在制定变通或补充规定时,不得有悖于刑法的基本原则,不得违背法定的程序。

(3) 在香港、澳门特别行政区的效力问题。

我国已于1997年7月1日对香港恢复行使主权,于1999年12月20日恢复对澳门行使主权。依据我国《香港特别行政区基本法》和《澳门特别行政区基本法》的规定,香港、澳门作为中央人民政府直辖下的特别行政区,在一定时期内实行与我国其他地区不同的政治制度、经济制度和法律制度,"实行高度自治,享有行政管理权、立法权、独立的司法权和终审权"。因而,在这个时期里,现行中国刑法不适用于港、澳地区。

三、我国刑法的属人管辖权

凡是中华人民共和国的公民,无论身居何处,都受我国法律的保护,都有义务遵守我国的法律。根据我国《刑法》第7条规定,中国公民在中国领域外犯本法规定之罪的,适用我国刑法,但是按本法规定的最高刑为3年以下有期徒刑的,可以不予追究。中华人民共和国国家工作人员和军人在我国领域外犯本法规定之罪的,适用本法。这就弥补了属地管辖的不足。其具体内容有:

(1) 一般公民在域外犯罪,原则上适用我国刑法。

这是考虑到身居国外的公民所处的社会环境、法制环境与文化教育环境均与国内有很大不同,要完全实现管辖权既脱离实际也没有必要。因此,对于我国公民在国外实施了我国刑法规定为犯罪的行为,但罪行较轻、没有必要追究刑事责任的,可以不予追究。当然,"可以不予追究",并不是不能追究,只是保留了追究的可能性,一般不行使这种追究的权利。

(2) 国家工作人员和军人在域外犯罪的,一律适用我国刑法。

国家工作人员和军人具有特定的身份,国家给了他们不同于一般公民的职责和权利,理所当然地要求他们模范地履行遵纪守法的义务。因此,他们无论在哪里犯罪,都应当追究刑事责任。所谓国家工作人员,是指国家机关中从事公务的人员。国有公司、企业、事业单位、人民团体中从事公务的人员和国家机关、国有公司、企业、事业单位委派到非国有公司、企业、事业单位、社会团体从事公务的人员,以及其他依照法律从事公务的人员,以国家工作人员论。

(3) 在域外犯罪已受过刑罚处罚的,可以免除或者减轻处罚。

《刑法》第10条规定:"凡在中华人民共和国领域外犯罪,依照本法应当负刑事责任的,虽然经过外国审判,仍然可以依照本法追究,但是在外国已经受过刑罚处罚的,可以免除或者减轻处罚。"

我国的外交方针是始终坚持独立自主原则,作为一个主权国家绝对不会让自己受外国审判的制约。但是根据一个行为只能受一次惩罚的原则,不允许重复评价的思想和公平正义的理念,可以在量刑上给予考虑,即在外国已经受过刑罚处罚的,可以免除或者减轻处罚。因此我国采取的方式是消极承认外国法院判决的效力。这样做,既维护了我国的国家主权,又符合罪责刑相适应的原则,而且体现了原则性与灵活性的统一。

四、我国刑法的保护管辖权

保护管辖权又称安全原则,即以保护本国利益为标准,凡侵害本国国家或公民利益的,无论是否本国人,也无论是否发生在本国领域内,均适用本国刑法。

我国《刑法》第 8 条规定:"外国人在中华人民共和国领域外对中华人民共和国国家或者公民犯罪,而按本法规定的最低刑为 3 年以上有期徒刑的,可以适用本法,但是按照犯罪地的法律不受处罚的除外。"

依照这条规定,对外国人在我国领域外对我国和公民实施犯罪的,我国实行有限制的管辖权。限制的条件有三个:一是这种犯罪的对象必须是我们整个国家或者公民;二是所实施的行为依我国刑法必须构成犯罪并且最低刑为 3 年以上有期徒刑的;三是所犯罪行按照犯罪地的法律也必须构成犯罪,即双重犯罪原则。

对于外国人在国外对我国家或公民实施的、最低刑为 3 年以上有期徒刑的犯罪,我国刑法规定的是"可以适用本法",并没有规定"必须"适用本法。这种灵活性的管辖是必要的,也是符合实际的。这种管辖,虽然对上述犯罪不一定全部具体实行管辖权,但保留这种管辖权对于遏制和预防外国人针对我国国家和公民实施犯罪,保护我国国家和公民的利益,是完全必要的。

同时对这种犯罪的惩处,也适用《刑法》第 10 条的规定。即在国外对我国国家或者公民犯罪的外国人,如果在外国已经受到刑罚处罚的,我国可以对其免予处罚或减轻处罚。

五、我国刑法的普遍管辖权

普遍管辖权又称结合原则,即以保护各国的共同利益为标准,凡发生国际条约所规定的侵害各国共同利益的犯罪,无论犯罪者是否本国人,也无论犯罪地是否在本国领域,都适用本国刑法。

我国《刑法》第 9 条规定:"对于中华人民共和国缔结或者参加的国际条约所规定的罪行,中华人民共和国在所承担条约义务的范围内行使刑事管辖权的,适用本法。"这是我国刑法典首次设置关于普遍管辖的规定。由此可看出我国普遍管辖权的行使需具备两个条件:在条约规定的范围内和限于国际犯罪。

20 世纪 60 年代以来,不断加剧的国际恐怖主义活动受到国际社会的日益关注。在有关国际组织的主持下,国际上先后制定了一系列旨在加强国际合作、有效地预防和惩处恐怖主义罪行的国际条约。比如,1970年12月16日在荷兰海牙签订的《关于制止非法劫持航空器的公约》(简称《海牙公约》)、1971年9月23日在加拿大蒙特利尔签订的《关于制止危害民用航空安全的非法行为的公约》(简称《蒙特利尔公约》)、1973年12月14日联合国大会通过的《关于防止和惩处侵害应受国际保护人员包括外交代表的罪行的公约》和1979年12月17日联合国大会通过的《反对劫持人质国际公约》等。这些国际条约规定,各缔约国应将非法劫持航空器、危害国际民用航空安全、侵害应受国际保护人员等行为定为国内法上的罪行,予以惩处;有关缔约国应采取必要措施,无论这类罪行是否发生于其国内,罪犯是否其本国人,均行使管辖权,也就是对这类罪行确立普遍管辖权原则。我国于1980年10月加入《海牙公约》和《蒙特利尔公约》,1987年6月加入《关于防止和惩处侵害应受国际保护人员包括外交代表的罪行的公约》。为解决履行公约义务与1979年《刑法》规定的适用范围不相衔接的问题,全国人大常委会于1987年6月作出我国《对于其缔结或者参加的国际条约所规定的罪行行使刑事管辖权的决定》,该《决定》的内容在1997年修订《刑法》时被吸收成为《刑法》第9条。这样,我国刑法关于空间效力范围的规定,就成为以属地原则为主,兼采属人原则和保护原则,并在一定范围内兼采普遍原则。可以说,我国刑法典在一定程度上已与国际刑法联结起来,这与我国所承担的国际义务是密切相关的。

六、刑法空间效力的冲突及其缓和、协调

(一) 刑法空间效力的冲突

刑法空间效力的冲突就是指不同法域的刑法竞相要求适用于某一涉外犯罪案件而其规定上又存在差异,或均不适用某一涉外犯罪案件,从而导致适用上冲突的现象。刑法空间效力的冲突,是包含在广义的法律冲突概念之中的,它强调的是两个以上不同的表面上似乎同时支配一个法律关系的情况。

刑法效力产生的原因是多方面的,首先,存在独立的数法域且各法域的刑法具有差异性。这是刑法效力产生的前提条件。通常每一法域在调整一定的法律关系时,都有自己独特的法律制度,刑法领域也不例外。各法域在处理涉外刑事案件时,一般只服从本法域刑法。其次,各法域在一定程度上承认外域刑法的域外效力。这是刑法空间效力冲突产生的法律原因。当各法域刑法所调整的刑事法律关系所包含的要素能够超越法域而发生,使各法域刑法在适用的空间范围上具有重叠性时,冲突就成为可能。再次,犯罪事实发生且包含涉外因素,这是其客观因素。犯罪行为屡屡发生,而一旦有这种犯罪事实发生,客观上就为刑法空间效力的冲突由理论转化为现实创造了条件。最后,各法域竞相要求管辖案件以适用本法域刑法或各法域均不管辖案件,这是刑法空间效力冲突产生的动力。但是各法域虽然对案件具有管辖权,可以适用其刑法,却并不一定就实际主张管辖。实践中,考虑到某些因素,存在有管辖权的法域主动放弃管辖的情形。在这种情况下,如果只剩一方主张管辖,刑法空间效力的冲突就仍然只是一种隐性的冲突。只有当各法域竞相要求适用本法域刑法时,刑法空间效力的冲突才由隐存的冲突变为现实的冲突,才需要我们的解决。①

刑法空间效力的冲突主要体现在国家与国家之间的冲突以及国家内部区际之间的冲突两方面。国家之间的冲突由于涉及主权问题而显得更为复杂。例如,中国刑法当然只在中国领域而不在日本领域内适用;同样,日本刑法的效力也应当只及于日本领域,而不得在中国领域内适用。可是,当犯罪行为跨越中国和日本两国时,根据中国刑法和日本刑法各自遵循的属地管辖原则,中国和日本都对案件享有刑事管辖权,此时就涉及刑法空间效力在两个国家间的适用冲突。国家内部的区际冲突也是普遍存在的。比如我国内地与香港地区之间,香港保留原有的法律制度不改变,适用的是香港地区基本法,最典型的案例就是张子强案。

(二) 刑法空间效力冲突的缓和及协调

刑法空间效力的冲突是普遍存在的,而各个国家也在一直致力于更好地解决这个问题。从传统理论看,它们几乎都将国家间刑法空间效力冲突的协调问题上升到了国际层面的高度,希望从制定并适用国际刑法规范的技术角度,明确发生冲突时的管辖和法律适用办法。但是这些都没有起到很好的作用,它的解决还需要进一步探讨,因此学者也提出了一些新的方法。

1. 国家之间的刑法空间效力冲突的缓和

首先,有条件地适用外国刑法。本国依据其刑法对案件主张了管辖,首先使其国家主权地位得到了彰显,而后在具体适用刑法问题上,即使承认可以适用外国刑法,也是国家在深思熟虑后的立法选择。因此,这并不是说一旦有外国刑法的适用,就是国家主权的弱化,对本国来说,它并没有丧失自己在国际社会的独立品格,故主张本国应有外国刑法的适用有理由被本国接受。②

其次,有条件承认外国刑事判决的效力。这里有条件承认外国刑事判决的效力是一种消极承认。消极承认,是指外国确定的刑事判决不制约本国刑法的适用,不管外国确定的是有罪判决还是无罪判决,对同一行为仍然可以由本国进行追诉,但对外国裁判的事实给予考虑。这样在尊重国家主权的基础上又保障了犯罪人的人权。我国《刑法》第10条的规定就体现了这个观点。

---

① 杨彩霞:《刑法空间效力研究》,中国社会科学出版社2007年版,第173—177页。
② 同上书,第194页。

2. 区际的刑法空间效力冲突的缓和

首先,将国际冲突规范类推适用于区际法律冲突的解决。现在国际冲突的协调途径已经存在较久的历史,它已经发展得较为成熟,按国际冲突对待,比较简单。而且各个法域之间像各个国家一样处于平等的地位,不存在相互限制或歧视的问题。

其次,各法域之间通过长期的交流与融合,消除了彼此心理和感情上的隔阂,而且在实践中积累了对跨法域案件如何管辖和适用刑法的成熟经验,此时可以考虑各法域在共同协商的基础上,制订出一部统一的区际刑事冲突规范,对于各种不同类型的案件概括出不同的刑法适用原则,以保证判决结果的一致性和可预见性。①

第三节 刑法的时间效力

一、刑法时间效力的概念

刑法的时间效力,是指刑法从什么时间点到什么时间点能够予以适用的效力。包括刑法的生效与失效时间、溯及力与限时法等内容。其中,刑法的生效和失效时间是刑法时间效力最为基本的内容,而刑法不溯及既往原则则属于罪刑法定原则的应有之义,刑法溯及力的讨论即属于对罪刑法定原则的贯彻。刑法不后及原则也属于罪刑法定原则的题中之意,因而对限时法以及空白刑罚规范之补充规范如何适用则属于对"不教而诛"之抛弃、"有教而诛"之实现的范畴。

二、刑法的生效时间与失效时间

(一)刑法的生效时间

刑法的生效时间,也就是刑法公布后正式施行发生法律效力的时间。从各国的刑事立法情况看,刑法的生效时间不外乎两种情况,一是自刑法公布之日起生效,二是刑法公布一段时间后生效。

我国自 20 世纪 50 年代以来,刑事法律的生效时间也是采用以上两种方式。采用第一种方式的,如 1951 年 4 月 19 日中央人民政府公布的《妨害国家货币治罪暂行条例》第 11 条规定:"本条例自公布之日施行。"以及全国人大常委会 1990 年通过的《关于禁毒的决定》、1995 年通过的《关于惩治违反公司法的犯罪的决定》等,都明确规定自公布之日起施行。包括我国在内的世界各国,在公布刑法典时一般采用第二种方式,即公布一段时间后再施行。如 1979 年 7 月 1 日

---

① 杨彩霞:《刑法空间效力研究》,中国社会科学出版社 2007 年版,第 207—208 页。

经第五届全国人民代表大会第二次会议通过的《中华人民共和国刑法》,于同年7月6日由全国人大常委会委员长令第五号公布,1980年1月1日起施行。1997年3月14日第八届全国人民代表大会第五次会议修订的《中华人民共和国刑法》,则在附则中以第452条第1款明确规定:"本法自1997年10月1日起施行。"刑法典作这样的规定,对于向公民宣传刑法,充分发挥刑法的一般预防功能,对于执法机关培训干部,做好执法准备,都是必要的、有意义的。

（二）刑法的失效时间

刑法的失效时间,也就是刑法效力终止日期。刑法一旦失效,即不再具有法律约束力,不能再作为刑事司法的依据。从世界各国立法情况看,刑法失效的情况,有的是因为立法机关明令宣布废止,有的是因为刑法原先规定的有效期届满,有的是因为法律规定的任务已经完成而自然失效,有的则是因为立法机关制定了新法或修改了旧法。

在我国,刑法效力的终止主要是两种情况:

（1）明示废止。明示废止就是立法机关明确宣布某项法律效力终止,自宣布之日起,或自新法生效之日起不再适用。如全国人大常委会1980年11月24日通过的《关于批准对1978年底以前颁布的法律进行清理的情况和意见的报告的决定》,明确规定1951年颁布的《惩治反革命条例》、1952年颁布的《惩治贪污条例》等若干刑事法规终止生效。这就是立法机关明令终止刑法效力的类型。再如,1997年3月修订的《刑法》,以设置于附则中的第452条第2款明确规定:"列于本附件一的全国人民代表大会常务委员会制定的条例、补充规定和决定,已纳入本法或者已不适用,自本法施行之日起,予以废止。"这也是明令终止刑事法律效力的类型。

（2）自然失效。自然失效,又称默示终止效力,就是由于新法代替了同类内容的旧法,该旧法因而自行失效;或者由于原有的立法特殊条件已经消失,该项法律也就当然失效。例如,1982年我国颁行的《文物保护法》第31条第3款规定:"将私人收藏的珍贵文物私自卖给外国人的,以盗运珍贵文物出口论处。"这是对1979年《刑法》第173条规定的盗运珍贵文物出口罪的扩张解释。但是,1997年修订的《刑法》第325条已经设立了非法向外国人出售、赠送珍贵文物罪,因而,《文物保护法》第31条第3款对盗运珍贵文物出口罪的扩张解释即行失效。这就是自然失效的类型。

三、刑法的溯及力

根据罪刑法定原则,只能依据行为当时有效的法律定罪处罚。以此推断,禁止适用事后法,即禁止法有溯及既往的效力。但是,鉴于适用事后轻法对被告人有利,与罪刑法定原则保障个人权利的宗旨一致,故现代刑法在坚持罪刑法定原则的同时,赞成适用事后轻法,即允许事后轻法有溯及力,只禁止事后重法有溯及力。刑法的溯及力,是指刑法生效后,对它生效前未经审判或者判决尚未确定的行为是否适用的问题。如果能够适用,则具有溯及力;如果不能够适用,则不具有溯及力。

(一) 规定刑法溯及力的四种原则

从世界各国的刑事立法看,对溯及力的主张有所不同,主要有以下四种原则:

(1) 从旧原则。即按照行为时的旧法处理,新法不具有溯及力。

(2) 从新原则。即按照新法处理,新法具有溯及力。

(3) 从新兼从轻原则。即新法原则上具有溯及力,但旧法不认为是犯罪或者处刑较轻的,则依旧法处理。

(4) 从旧兼从轻原则。即新法原则上不具有溯及力,但新法不认为是犯罪或者处刑较轻的,则依新法处理。

对上述几项原则,一般认为,从旧原则对行为人比较公平,但在依旧法构成犯罪而依新法不构成犯罪时,仍依旧法追究刑事责任,则有失司法公平,而且与法治原则相悖。从新原则强调新法的绝对效力,但若依新法处理行为时尚不构成犯罪的行为,则与罪刑法定原则不符,且有事后刑法之嫌。从新兼从轻原则弥补了从新原则的一些不足,但并未消除事后刑法之嫌。从旧兼从轻原则弥补了从旧原则的不足,既以刑法不溯及既往为基础,又适当顾及新法制定时的社会政治情况,符合罪刑法定原则,因而被当今世界多数国家所采纳。苏联在建国初期,为了迅速确立社会主义法律秩序,在1922年颁布第一部《苏俄刑法典》时,曾采取从新原则,规定刑法典有溯及既往的效力。之后,分别在1926年和1960年两次修订刑法典时,均采取从旧兼从轻原则。

(二) 我国刑法关于溯及力的规定

我国《刑法》第12条对刑法的溯及力作了如下的规定:"中华人民共和国成立以后本法施行以前的行为,如果当时的法律不认为是犯罪的,适用当时的法律;如果当时的法律认为是犯罪的,依照本法总则第四章第八节的规定应当追诉的,按照当时的法律追究刑事责任,但是如果本法不认为是犯罪或者处刑较轻的,适用本法。""本法施行以前,依照当时的法律已经作出的生效判决,继续有效。"根据上述规定,对于1949年10月1日中华人民共和国成立到1997年10月1日刑法典施行以前所发生的行为,区别处理如下:

(1) 凡当时的法律不认为是犯罪的,均适用当时的法律,现行法没有溯及力,不能按照现行刑法追究刑事责任,这体现了从旧原则。

例如,现行刑法规定的组织、领导、参加黑社会性质组织罪,非法侵入计算机信息系统罪,洗钱罪以及证券方面的犯罪等,都是新增设的罪名,修订前的刑法没有规定为犯罪。因此,在现行刑法施行之前实施的这类行为,不能依现行刑法追究刑事责任。

(2) 当时的法律认为是犯罪,而现行刑法不认为是犯罪的,只要该行为未经审判或者判决尚未确定,即应适用现行刑法,不认为是犯罪,也就是刑法有溯及力,这体现了从轻原则。

例如,《刑法》第 20 条第 3 款明确规定:"对正在进行行凶、杀人、抢劫、强奸、绑架以及其他严重危及人身安全的暴力犯罪,采取防卫行为,造成不法侵害人伤亡的,不属于防卫过当,不负刑事责任。"这是现行刑法对正当防卫的重要补充和修改。据此规定,凡属对正在进行严重危及人身安全的暴力犯罪进行防卫而造成不法侵害人伤亡的,一概不负刑事责任。现行刑法施行前的这类行为未经审判或判决尚未确定的,一律适用现行刑法,不认为是犯罪。

(3) 当时的法律认为是犯罪,现行刑法也认为是犯罪但处刑较轻的,在依法追诉时应适用现行刑法,这体现了从轻原则。

例如,依照《刑法》第 264 条的规定,犯盗窃罪的,只要不是盗窃金融机构、数额特别巨大的,或者盗窃珍贵文物、情节严重的,即不再适用死刑。因此,现行刑法施行后,凡在现行刑法施行前犯一般盗窃罪(即不是盗窃金融机构或珍贵文物)而依法追诉的,一律适用现行刑法,无论盗窃数额多大,亦不再适用死刑。2011 年 2 月《刑法修正案(八)》彻底取消了盗窃罪的死刑,因此在之后追诉之前的盗窃罪时,即便被告人盗窃金融机构数额特别巨大或者盗窃珍贵文物情节严重,也不再适用死刑。

(4) 如果新旧刑法的规定完全相同,适用旧法。犯罪行为由新法生效以前继续到生效以后,适用新法,也就是适用现行《刑法》。即适用行为时有效的法律,事后没有溯及力。1997 年修订后的《刑法》与修订前的《刑法》有些规定是完全一样的。在规定相同的情况下,如果这个犯罪行为发生在新法生效以前的话,应当适用行为当时的法律,就是旧法。

(5) 现行刑法典施行以前,依照当时的法律已经作出的生效判决,继续有效。也就是说,不能因为现行刑法典对这类行为不再规定为犯罪或者处罚较轻,而变更原来已经生效的刑事判决。适用的对象或者说适用的案件范围,仅限于某刑法"生效以前"发生的"未决案"。这主要是维护人民法院生效判决的严肃性和稳定性。例如李某在 1997 年 9 月 30 日前犯有一个故意杀人罪,这项罪行就属于现行刑法生效以前的罪行。所谓未决案,是指未经审判或已判决而尚未确定的案件。其中包括正处在上诉期的案件,不包括再审案件。再审案件属于已决案件,必须完全适用行为时的法律,也就是旧法或行为时法。

四、限时法

一般认为,限时法是指在一定时期内实施的法律,属于一种特别法。限时法在时间效力上的特殊性表现在,对于在限时法规定的时期内实施的行为,在期限届满后(限时法的效力已终止)才发现时,通常仍应按照该限时法处理。限时刑法,是对为适应一时的或特殊的情事而在一定时期禁止为某一行为或命令为某一行为的刑法规范的总称。当这种一时的或特殊的情事已消灭或变更,对某一行为就不再加以处罚,或者因指定施行有效之期间已终了而失效以后,对于在该法规有效期间实施的违反行为,仍可适用该法规作为处罚的根据。如果限时刑法的施行期间届满,而立法者又未再依法定手续延长施行期间,那么该限时刑法即属当然废止。限时刑法一般都是基于立法理由的消失而失效,而不是基于法律观念的改变而失效。如《德国刑法典》第2条第4款规定:"只适用于特定时期的法律,即使该法律在审判时已经失效,但仍可适用于在有效期间实施的行为。法律另有规定的除外。"该条款即是明文规定了其适用期间的限时刑法。[①] 采取这种做法的理由是,限时法基于特定目的,在一定期限内禁止、处罚特定犯罪行为;如果行为人在此期限内实施了特定犯罪行为,就应该照限时法处理;否则,在临近期限届满时实施犯罪行为,期待裁判时废除限时法因而免受刑罚处罚的案件,会大量增加。

---

① 黄明儒:《限时刑法探究》,载《法商研究》2008年第1期,第55页。

第二编

犯 罪 论

第四章 犯罪概说

第一节 犯罪的概念

本章所谓犯罪,是指各种具体犯罪的概括性总称,反映出各种具体犯罪的共性。人类阶级社会出现之始,犯罪现象也相伴而生。但是,最早意义上的犯罪是指具体的犯罪而非形而上的类型化的犯罪概念。随着人类社会的不断发展,各种犯罪现象不断涌现,有人开始对犯罪进行类型化的研究,立法上也开始将犯罪进行分类。到了近现代,犯罪学、刑法学的研究得到空前发展,研究者从具体犯罪中抽象出共性,最后形成了犯罪概念。"罪名的发展过程是从特殊到一般,即先有奸非、盗贼和反逆等特殊名称,然后才有概括性的名称。"[1]犯罪概念有形式概念和实质概念之分。

一、犯罪的形式概念

最早将犯罪概念分为犯罪形式概念和犯罪实质概念的当属德国刑法学家李斯特。李斯特认为,所谓犯罪的形式概念,是指"通过法制途径使刑罚成为其法律后果的构成事实"[2]。也就是说,犯罪的形式概念在对犯罪定义时仅阐述犯罪的法律特征和责任特征,不描述犯罪的本质特征即犯罪所侵犯的法益。对于犯罪的形式概念还有如下四种表述方式:第一种表述为犯罪就是违反刑事法律的行为,如德国法学家宾丁认为,犯罪是违反刑事制裁法的行为[3];贝林认为犯罪是用法律类型化了的行为[4]。第二种表述为犯罪是指依法应受刑罚处罚的行为,如在英美法中,从行为的应受刑罚处罚方面,大多数人认为,犯罪就是违反刑法的行为,或犯罪是依法应当受到处罚的犯罪行为。[5] 这种表述在外国刑法典中比较普遍。如1810年的《法国刑法典》第1条:"法律以违警刑所处罚之犯罪,称违警罪;法律以惩治刑所处罚之犯罪,称轻罪;法律以身体刑或名誉刑所处罚之犯罪,称重罪。"其他国家如瑞士、印度等国也是采取这种方式界定犯罪。第三种表述是结合犯罪成立的条件来概括犯罪的概念,如日本学者大塚仁认为:

---

[1] 蔡枢衡:《中国刑法史》,广西人民出版社1983年版,第175页。
[2] 〔德〕李斯特:《德国刑法教科书》,徐久生译,法律出版社2006年版,第143页。
[3] 参见徐久生编著:《德国犯罪学研究探要》,中国人民公安大学出版社1995年版,第1页。
[4] 参见高铭暄主编:《刑法学原理》(第1卷),中国人民大学出版社1993年版,第374页。
[5] 参见赵秉志主编:《英美刑法学》,中国人民大学出版社2004年版,第13—14页。

"刑法上的犯罪可以给它下一个定义,就是刑罚法规所规定的可罚行为,但在刑法上如果从成立条件来探讨这一形式概念时,则可以给它下一个定义,即所谓犯罪就是具备犯罪构成条件的、违法的、有责的行为。"[①]第四种表述将刑法与刑事诉讼法结合起来,将犯罪定义为能够引起刑事诉讼程序的违法行为。如英国学者格兰威尔·威廉姆斯在其《刑法教科书》中认为:"犯罪是一种可以提起刑事诉讼并导致刑罚的违法行为。"[②] J. C. 史密斯、B. 霍根也认为,犯罪"是一种能够继之以刑事诉讼并具有作为这些诉讼程序的必然结果中的一种结果的行为"。[③]

犯罪的形式概念是罪刑法定原则的产物,体现了犯罪的法律属性和人权保障机能。从法律上判断什么行为是犯罪既是法治国家的基本要求,也是法官必须遵循的规则。

二、犯罪的实质概念

犯罪的实质概念是指"行为人基于其社会危险性格实施侵害法律所保护的利益的行为,并通过这种侵害行为表现为行为人的责任性格。"[④]犯罪的实质概念强调行为被刑法规定为犯罪的缘由,揭示出犯罪的本质特征——法益侵害性。从目前学界的表述看,主要有两种方式:一种表述方式是在概念中只描述行为的社会危害性或行为的法益侵害性,如李斯特认为,"犯罪是一种特别危险的侵害法益的不法行为"[⑤];意大利著名刑法学家贝卡利亚认为,"衡量犯罪的唯一和真正的标尺,是对国家的损害"[⑥]。刑事实证学派的代表人物加罗法洛也认为:"犯罪一直是一种有害行为,但它同时又是一种伤害某种被某个聚居体共同承认的道德情感的行为。"[⑦]犯罪的实质概念在有些国家的立法上得到了体现,如1919年《苏俄刑法指导原则》第 6 条规定:"犯罪是危害某种社会关系、制度的作为或不作为……"1922 年《苏俄刑法典》第 6 条规定:"威胁苏维埃制度基础及工农政权在向共产主义制度过渡时间所建立的法律秩序的一切危害社会的作为或不作为,都认为是犯罪。"1942 年《蒙古人民共和国刑法典》第 6 条也基本仿效了这一犯罪概念。这种实质概念只规定行为的社会危害性和法益侵害性,没有将违法性纳入其中。最初,这一犯罪的实质概念被认为是社会主义刑法典区别于资本主义刑法典的根本标志。但这一立法模式导致法律虚无主义,在认定犯罪上

---

① 〔日〕福田平、大塚仁:《日本刑法总论讲义》,李乔等译,辽宁人民出版社 1986 年版,第 38—39 页。
② 欧阳涛等:《英美刑法刑事诉讼法概论》,中国社会科学出版社 1984 年版,第 25 页。
③ 〔英〕J. C. 史密斯、B. 霍根:《英国刑法》,李贵方等译,法律出版社 2000 年版,第 26 页。
④ 〔德〕李斯特:《德国刑法教科书》,徐久生译,法律出版社 2006 年版,第 147 页。
⑤ 同上书,第 8 页。
⑥ 〔意〕贝卡利亚:《论犯罪与刑罚》,黄风译,北京大学出版社 2014 年版,第 24 页。
⑦ 〔意〕加罗法洛:《犯罪学》,耿伟、王新译,中国大百科全书出版社 1996 年版,第 21—22 页。

只根据行为的社会危害性,完全忽视了犯罪的刑事违法性。单凭这种表述认定犯罪,显然有其重大弊端,即留给裁判者自由裁量的余地太大,不利于保障人权。

另一种是,基于上述实质概念存在的问题,学界开始考虑将犯罪的形式概念和实质概念相统一,兼顾犯罪的法律特征和危害性特征,提出了一种新的实质概念(很多学者将其称为混合概念),即在犯罪概念中不仅表述行为的刑事违法性,而且描述行为的社会危害性或法益侵害性,将犯罪的形式特征与实质特征相结合,主张犯罪概念的规定应兼顾形式与实质两个层面。最早提出这种概念的是苏联学者 Н. Д. 杜尔曼诺夫,其在自己的博士论文《犯罪概念》中将犯罪概念表述为:社会危害性、违法性、罪过、应受惩罚性和不道德性。1952 年,苏联学者 А. А. 皮昂特科夫斯基在总则教科书中认为:"犯罪乃对社会主义国家或社会主义法律秩序有害的、违法的、有罪过的、应受惩罚的作为或不作为。"[①] 别利亚耶夫认为:"犯罪就是刑事法律所规定的危害社会、侵犯社会主义社会关系并应受惩罚的行为。"[②] 这种概念对原苏联等社会主义国家(包括我国)乃至现在的俄罗斯刑事立法产生了极其深刻的影响。1960 年《苏俄刑法典》第 7 条规定:"凡本法典分则所规定的侵害苏维埃的社会制度和国家制度,侵害社会主义经济体制和社会主义所有制,侵害公民人身权、政治权、劳动权、财产权以及其他权利的危害社会行为(作为或者不作为),以及本法典分则所规定的其他各种侵害社会主义法律秩序的危害社会行为,都认为是犯罪。"1952 年《阿尔巴尼亚刑法典》第 2 条规定:"有罪过地实施的为法律所规定的一切危害社会的行为(作为或者不作为),都是犯罪"。1976 年《南斯拉夫刑法典》第 8 条规定,"犯罪是由法律规定为犯罪构成要件的危害社会的行为"。1997 年起实施的《俄罗斯联邦刑法典》第 14 条第 1 款规定:"本法典以刑罚相威胁所禁止的有罪过地实施的危害社会的行为,被认为是犯罪。"我国《刑法》第 13 条也规定:"一切危害国家主权、领土完整和安全,分裂国家、颠覆人民民主专政的政权和推翻社会主义制度,破坏社会秩序和经济秩序,侵犯国有财产或者劳动群众集体所有的财产,侵犯公民私人所有的财产,侵犯公民的人身权利、民主权利和其他权利,以及其他危害社会的行为,依照法律应当受到刑罚处罚的,都是犯罪。但是,情节显著轻微危害不大的,不认为是犯罪。"

三、犯罪的定义

犯罪的形式概念主张判断犯罪应当以刑事立法为基准,违反刑事法律的行

[①] 〔苏联〕皮昂特科夫斯基等:《苏联刑法科学史》,曹子丹等译,法律出版社 1984 年版,第 19—20 页。

[②] 〔苏联〕Н. А. 别利亚耶夫等:《苏维埃刑法总论》,马改秀等译,群众出版社 1987 年版,第 68 页。

为才构成犯罪,刑法是衡量犯罪成立与否的唯一根据。犯罪的实质概念强调的是犯罪的社会危害性本质,一种观点主张判断犯罪成立与否的根据应当是行为是否具有社会危害性,是否侵犯法律所保护的利益;另一种观点主张认定犯罪不仅需要以社会危害性、法益侵害性为基础,同时还必须以刑事违法性为根据。我国早期的刑法学理论研究由于深受苏联刑法理论的影响,多数学者赞同后一种实质概念,即认为判定犯罪应将危害性与违法性结合起来。但也有学者主张犯罪应是形式概念,因为危害性与违法性结合起来的实质概念存在冲突,使得《刑法》第13条和第3条不协调,不符合罪刑法定原则的基本要求,也难以处理好法的一般公正与个别公正的关系。① 基于我国刑法理论的传统和《刑法》第13条的规定,我们认为,犯罪应当是指严重危害社会的、违反刑法、应受刑罚惩罚的行为。这一概念不仅反映了犯罪的本质特征——社会危害性,而且表述了犯罪的法律特征——刑事违法性及应受刑罚处罚性,符合我国刑法的规定和学界对犯罪概念的认同。

第二节　犯罪的特征

一、犯罪特征概说

犯罪特征是指犯罪行为所固有的、不同于其他违法行为的特质。我国刑法学界通常将其表述为犯罪的基本特征。从世界范围来说,社会危害性和刑事违法性是犯罪具有的共同特征。任何国家都不可能将没有社会危害性的行为认定为犯罪,对于法制健全的国家而言,只有在刑事法律中禁止的行为才可能被认定为犯罪。但是,犯罪也具有阶级性和民族性,不同的国家由于法律背景、法律理念不同,对犯罪的规定也不相同。我国刑法基于我国的法律传统、法律理念和法律背景,在第13条对犯罪进行了专门的规定。

对于我国《刑法》第13条规定的犯罪特征,刑法理论上存在三特征说和两特征说的分歧。三特征说是我国刑法学界的通说,主张犯罪应当具有严重的社会危害性、刑事违法性和应受刑罚处罚性三个特征。② 两特征说又有三种不同的观点:第一种观点认为犯罪具有社会危害性和依照法律应受刑罚处罚性两个特征③;第二种观点认为犯罪是具有双重本质的事务,即社会危害性和应受刑罚

---

① 参见陈兴良、刘树德:《犯罪概念的形式化与实质化辨证》,载《法律科学》1999年第6期。
② 参见高铭暄、马克昌主编:《刑法学》,北京大学出版社、高等教育出版社2011年版,第44—47页;曲新久:《刑法的精神与范畴》,中国政法大学出版社2003年版,第139—146页;等等。
③ 参见张明楷:《刑法学》,法律出版社2016年版,第86页。

惩罚性均是犯罪的本质①,或者认为犯罪的两个特征就是社会危害性与应受刑罚处罚性。② 第三种观点认为犯罪的两个特征包括犯罪的本质特征是行为的严重社会危害性,法律特征是行为的违法性。③ 我们赞同三特征说,即我国刑法规定的犯罪应当具备严重的社会危害性、刑事违法性和应受刑罚处罚性三个特征。两特征说的第一种观点虽然将犯罪的特征概括为两个,但它将"依照法律"的违法性特征与"应受刑罚处罚性"责任特征合二为一,实际与三特征说无本质差异。两特征说的第二种观点将社会危害性和应受刑罚处罚性作为犯罪的特征,忽略了犯罪的刑事违法性,而刑事违法性应当是犯罪最基本的特征,也是罪刑法定原则的基本要求,故这种观点不能受到肯定。两特征说的第三种观点将社会危害性与刑事违法性(或违法性)作为犯罪的特征,但却遗漏了犯罪的责任特征。在我国,刑法中的犯罪不仅有社会危害性这个质的要求,而且有危害性严重这个量(程度)的要求。只有严重危害社会,需要动用刑罚予以制裁的违法行为才被立法者认定为犯罪,否则按《治安管理处罚法》处罚即可。《刑法》第13条后段也明确规定:"……以及其他危害社会的行为,依照法律应当受刑罚处罚的,都是犯罪。"这个表述也明确将应当受刑罚处罚作为犯罪成立的条件。

基于我国的刑事立法,我们认为我国刑法中的犯罪应当具备严重的社会危害性、刑事违法性和应受刑罚处罚性三个特征。其中,严重的社会危害性是犯罪的本质特征,刑事违法性和应受刑罚处罚性是犯罪的法律特征。

二、犯罪的本质特征

对于犯罪的本质特征学界有争议。有一元本质论、二元本质论和三元本质论之分。一元本质论认为只有行为的社会危害性才是犯罪的本质;二元本质论认为社会危害性和应受刑罚处罚性二者都是犯罪的本质;三元本质论认为社会危害性、刑事违法性以及应受刑罚惩罚性三者都是犯罪的本质,其中社会危害性是犯罪的社会本质,刑事违法性以及应受刑罚惩罚性是犯罪的法律本质。④ 本书认为,应当将犯罪的本质特征与犯罪的特征区分开来。本质的基本释义为本身的形体、本来的形体,是指事物本身所固有的根本属性。犯罪的本质应该是犯罪最固有的内涵。从这个意义上来说,犯罪的三个特征中,只有行为的严重社会危害性才是犯罪的本质特征,刑事违法性和应受刑罚处罚性是犯罪的法律特征。

犯罪的本质特征可以从以下几个方面进行把握:

(1)犯罪是行为而不是思想。仅有内心的犯罪思想,但没有外化为犯罪行

---

① 参见冯亚东:《理性主义与刑法模式》,中国政法大学出版社1999年版,第128—130页。
② 参见何秉松:《刑法教科书》,中国法制出版社2000年版,第146页。
③ 参见马克昌主编:《犯罪通论》,武汉大学出版社1999年版,第14页。
④ 详见高铭暄、马克昌主编:《中国刑法解释》(上卷),中国社会科学出版社2005年版,第294页。

为的不能成立犯罪。我国刑法不惩罚思想犯。犯罪这种行为应该理解为能够对法律所保护的权益带来实际损害的各种身体举动和语言文字,包括作为和不作为。

(2) 犯罪是具有社会危害性的行为。没有社会危害性的、有益于社会的行为不构成犯罪。社会危害性是指对国家、社会、公众及公民个人各种合法权益造成的危害。这种危害有些是实实在在已经发生了损害,造成了危害结果,如杀死了人,盗走了公私财物等等;有些行为尚未发生危害结果,但对法律秩序、社会秩序以及国家、社会、公众、他人的利益同样会带来危害,也具有社会危害性。因而不能以是否出现危害结果来判断行为的社会危害性。行为的社会危害性类型化后可以表现为危害国家安全,危害公共安全,破坏社会主义市场经济秩序,侵犯公民的人身权利、民主权利、财产权利,妨害社会秩序,危害国防利益、军事利益,破坏国家机关正常活动等等。社会危害性的本质就是对法益的侵害。有些行为如正当防卫、紧急避险等表面上看是侵犯了他人的、公共的利益,但实际上是有利于社会,应当被容忍、肯定甚至被弘扬的行为,因而不具有社会危害性,不能认定为犯罪。但是如果防卫过当或者避险过当,则对法益造成了不当损害,仍然应当认定为犯罪。

(3) 犯罪必须是严重危害社会的行为。行为具有社会危害性是犯罪得以成立的前提和基础。但由于社会生活中具有社会危害性的行为太多,而刑法、刑罚资源有限,故刑法不可能将但凡具有社会危害性的行为都规定为犯罪。作为用最严厉的刑罚手段处罚的对象,行为的社会危害性必须达到一定程度才可被认定为犯罪。对于危害性程度比较轻微的行为,可以通过其他法律法规如治安管理处罚法、经济法、民法、行政法律法规等予以惩治。这些法律法规中都有专门的法律责任对相应的违法行为予以制裁。《刑法》第 13 条但书所规定的"情节显著轻微危害不大的,不认为是犯罪"正好反映了犯罪的这一量的要求。

(4) 行为的社会危害性取决于多方面的因素。一是取决于行为侵犯的法益的轻重大小。重要的法益较之于一般的法益,前者受到侵犯的社会危害性显然大于后者。如在主观罪过、其他手段大体相同的情况下,生命权受到侵犯的社会危害性显然大于身体健康权受到侵犯;后果相同的情况下国家安全受到侵犯的危害性肯定要大于公共安全;公共安全受到侵犯的危害性肯定也会大于个人安全;等等。刑法正是根据侵犯法益的轻重排列分则条文,将侵犯重要法益的罪名排列在前,表明刑法对重要法益的重点保护。二是取决于主观罪过的不同。在结果和其他条件相同的情况下,罪过不同反映出行为的社会危害性也不一样。如都是造成死亡,故意造成的危害性自然大于过失,即便都是故意造成,由于主观恶性不同,直接故意的危害性也大于间接故意。三是取决于行为的手段、后果、时间、地点以及行为人的自身情况。杀人碎尸给人的直观感觉是手段特别残忍、犯罪人心狠手辣,公众对这种杀人行为的评价较之于一般的杀人行为更为严厉;抢劫5000元与抢劫5万元的危害性显然也不相同;地震期间、战争期间实施的抢劫较之于平时抢劫,评价自然不一样;大庭广众之下实施强奸行为的危害性重于隐秘处实施的相同犯罪行为。另外,就行为人自身的情况看,同一种罪名下初犯的人身危险性小于累犯;成年人盗窃1万元的危害性要大于未成年人盗窃1万元;犯罪人犯罪后若有自首、立功表现,可以帮助司法机关节省诉讼成本,将功补过,危害性也要小于没有自首立功表现的罪犯;等等。

(5) 需要用历史的、地域的眼光考察行为的社会危害性。用历史的眼光考察行为的社会危害性就是对于相同的行为在不同时期对之进行评价,社会危害性大小有无是不同的,认定犯罪时应当注意把握。如非法管制行为,1979年《刑法》将其规定为犯罪,1997年修订的《刑法》就将其非犯罪化,不再按犯罪进行处理;组织残疾人、儿童乞讨的行为,1997年修订的《刑法》没有规定为犯罪,但2006年通过的《刑法修正案(六)》考虑到现实情况将其规定为犯罪,如此等等。造成这种立法变化的缘由主要在于社会历史条件已经发生了变化,或者人们的伦理道德观发生了改变。用地域的眼光考察行为的社会危害性是指基于中国地域范围太广,经济发展水平差异巨大,各民族的风俗习惯也不相同等因素,在不同区域评价相同的一种行为时不宜采用"一刀切"的方法,应当考虑不同区域人群的各种特殊情况。如按目前我国各地的定罪标准,在上海盗窃1000元钱不构成犯罪,在贵州就构成犯罪;对于有抢婚习俗的少数民族而言,抢婚行为是正当合法的行为,而对于汉族而言则可能构成暴力干涉婚姻自由罪。

总之,行为的社会危害性是立法者将该种行为规定为犯罪进行处罚的基点。进而,一种行为只有具有严重的社会危害性,立法者认为必须用刑罚予以惩治时,才可能将其入罪予以惩处。当然,随着历史条件的变化,社会危害性可能由无变有,也可能由有变无,还可能由大变小或由小变大。这种变化不仅可能带来刑事立法上的出入罪的变动,司法者也应因时而变,准确认定罪与非罪。

三、犯罪的法律特征

犯罪的法律特征是指犯罪具有刑事违法性和应受刑罚处罚性。

1. 刑事违法性是犯罪的第一个法律特征

对于有害于社会的行为,法律会通过规范予以禁止、调整、制裁。法律的目的就是调整人的行为,但调整人的行为的法律多种多样,国家一般根据不同的法律关系和行为的社会危害性程度来确立法律调整的类型,如对于平等主体的人身关系和财产关系,一般由民法来进行调整;对于行政管理关系,一般由行政法进行调整;对于婚姻家庭继承法律关系,一般由婚姻家庭继承法进行调整;等等。对于民事违法行为、行政违法行为以及违反婚姻家庭继承法的行为,自然应当由民法、行政法、婚姻家庭继承法予以制裁。但这些法律由于其自身的特性,制裁力度非常有限。尤其对于严重的违法行为,运用民法、行政法进行惩治不可能达到定纷止争的效果,因而需要更为严厉的法律予以惩治,刑事法律便是专门制裁犯罪这种严重危害社会行为的法律。另外,由于犯罪在理论上有刑事犯和行政犯之分,对于行政犯来说则应当具有双重违法性,即同时具有行政违法性和刑事违法性方可构成犯罪。

至于将哪些违法行为确定为刑事违法行为进行刑事制裁,则是立法者的立法权责。一般来说,立法者会根据本国的法律传统、国民的伦理道德水平、社会现实情况以及公众对该种违法行为的容忍度等因素确定犯罪,并对犯罪规定严厉的处罚后果,通过刑事法律规范向国民宣告。由于犯罪可能会带来剥夺财产权利、人身权利、政治权利乃至生命权利的后果,为了保障公民的人权不被司法机关及其工作人员随意侵犯,各国在立法中都会确定罪刑法定原则。某种意义上说,犯罪的刑事违法性特征是罪刑法定原则的必然要求。凡是刑法没有明确规定为犯罪行为的,即便该种行为的社会危害性再大,也不能在司法中确定为犯罪,只能通过其他制裁方式予以惩罚。如我国刑法目前只规定有拐卖妇女、儿童罪,对于拐卖已满14周岁的男子的行为,司法机关就不能确定为拐卖人口罪进行处罚。这种拐卖行为如果构成其他犯罪如非法拘禁罪、故意伤害罪,则应按这些犯罪定罪处罚。犯罪的刑事违法性特征排斥类推定罪量刑。

犯罪具有刑事违法性意味着犯罪行为违反了刑法规范。值得注意的是,法律规范是通过国家的立法机关制定或者认可,用以指导、约束人们为一定行为或不为一定行为的规则。犯罪所违反的多为禁止性规范或义务性规范,而这种禁止性规范或义务性规范大多隐含在法律条文中,直接规定刑事责任的刑法条文应为刑罚规范。以我国《刑法》第232条为例:"故意杀人的,处死刑、无期徒刑或者10年以上有期徒刑;情节较轻的,处3年以上10年以下有期徒刑。"本条隐含的规范是,既然故意杀人要处重刑,意味着国家禁止个人非法实施杀人行为。如果行为人违反了这个规范故意杀了人,则应当被处以本条规定的刑罚。禁止杀人是刑法规范,实施故意杀人后应承担的刑事责任则是刑罚规范。犯罪的刑事违法性主要违反的应是刑罚法规后面所当然蕴含的禁止性规范或义务性规范。

2. 应受刑罚处罚性是犯罪的第二个法律特征

这个特征表明了具有严重社会危害性且违反刑法行为的责任后果。违法必担责,在民法上,侵犯他人民事权利的行为人要承担民事责任;行政法上,违反行政作为义务的行为人要承担行政责任。因此刑法上实施犯罪的行为人当然也要承担刑事责任,应受刑罚处罚。刑罚是所有处罚措施中最为严厉的一种,不仅可以剥夺犯罪人的自由权、财产权、政治权,还可以剥夺犯罪人的生命权。应受刑罚处罚性也是犯罪区别于其他违法行为的一个重要特征。

实践中,应当正确看待应受刑罚处罚性与有些轻微犯罪实际并未受到刑罚处罚的关系。应受刑罚处罚只是刑事立法对犯罪处罚的一种导向,应受刑罚处罚与实际是否需要受刑罚处罚并不冲突。由于犯罪行为的表现千差万别,加之轻微犯罪与一般违法行为危害性差别本来就不大,基于被害人谅解、犯罪人投案自首等因素,对轻微犯罪不一定非得动用刑罚这种最严厉的制裁措施。我国《刑法》第 37 条就明确规定:"对于犯罪情节轻微不需要判处刑罚的,可以免除刑事处罚,但是可以根据案件的不同情况,予以训诫或者责令具结悔过、赔礼道歉、赔偿损失,或者由主管部门予以行政处罚或者行政处分。"刑法条文中还有许多应当或者可以免除处罚的规定,如犯罪中止、犯罪预备、防卫过当、避险过当、胁从犯、自首、重大立功等。

综上,犯罪具有三个特征。严重的社会危害性是犯罪的本质特征,是进行刑罚处罚的前提和基础,行为若没有严重的社会危害性,立法者不会在刑法上予以禁止,也不会用刑罚予以处罚。刑事违法性和应受刑罚处罚性是犯罪的法律特征。刑事违法性是罪刑法定原则的要求,是犯罪违反禁止性、义务性规范的具体体现;应受刑罚处罚性是犯罪的刑事责任后果,也是刑法发挥教育、预防功能之依托。犯罪的这三个特征相互联系,不可分割。

第三节 犯罪的类型

一、犯罪分类的概念

犯罪分类是指根据一定的标准或者犯罪所具有的某些共同属性,将犯罪划分成若干相互对应的类别。将犯罪进行分类有助于人们了解犯罪的属性,掌握犯罪的本质,便于查找犯罪,研究犯罪。犯罪分类有理论上的分类和规范(法律)上的分类两种。

二、理论上的犯罪类型

理论上的犯罪类型是指刑法理论根据不同犯罪所具有的某些共同特点对犯罪进行的分类。从目前学界研究的情况看,大体有如下分类:

(一)重罪与轻罪

有些国家的刑法明确规定了重罪、轻罪与违警罪,如《法国刑法典》。在这些国家重罪与轻罪的分类属于规范上的分类。在我国,刑法并未有这种分类,仅在某些法条中规定有"犯罪较轻"的字眼,因而重罪与轻罪在我国属理论分类。

理论上看,对于重罪与轻罪的划分有不同的标准,有些从反映危害性大小的罪名上进行分类,有些从法定刑的轻重上进行分类,目前学界尚无统一的区分重罪与轻罪的标准。张明楷教授提出,"从刑法的许多相关规定来看(参见《刑法》第7条、第72条),可以考虑将法定最低刑为3年以上有期徒刑的犯罪称为重罪,其他犯罪则为轻罪。"[1]本书认为这种观点有其合理性,值得参考。

(二) 自然犯与法定犯(刑事犯与行政犯)

自然犯又称刑事犯,法定犯又称行政犯。自然犯与行政犯概念的区分,最早源自罗马法的观念,由英国布莱克斯通和意大利加罗法洛等人所倡导。目前较为通行的观点认为,"所谓刑事犯,就是不用等到法律作出评价,该行为本身就具有反道义性和反社会性,而且这种反道义性和反社会性也为一般国民所认识;所谓行政犯,就是该行为本身并不具有反道义性和反社会性,只是由于违反了法律所规定的命令或禁止,才具有反道义性和反社会性。"[2]我国学界对自然犯、行政犯的分类也已经进行了一些研究,尽管个别学者认为自然犯与行政犯的分类方式在刑法学中应当取消,只主张在犯罪学中保持其分类的存在[3],但学界对此种理论分类基本持赞成态度,主张从与伦理道德的关系上区分自然犯与法定犯:"自然犯是指在侵害或者威胁法益的同时明显违反伦理道德的传统型犯罪,法定犯是指侵害或者威胁法益但没有明显违反伦理道德的现代型犯罪。"[4]另有学者认为,在我国刑法典中应以如下方法判断行政犯和自然犯条款:"如果是能够和行政法律中的附属刑法条款对应起来的条款,或者规定以违反行政法规为前提才构成犯罪的条款,则可以认定为属于刑法典中规定行政犯罪刑关系的条款"[5],反之则为自然犯条款。本书认为后面这种观点是合理的,可以比较容易地区分出自然犯与法定犯。

(三) 隔离犯与非隔离犯

隔离犯与非隔离犯又被称为隔隙犯与非隔隙犯,是以实行行为发生的时间和地点与犯罪结果发生的时间和地点是否有间隔为标准而对犯罪进行的分类。有间隔的称为隔离犯,没有间隔的称为非隔离犯。隔离犯又分为隔时犯和隔地犯,实行行为与犯罪结果之间存在时间间隔的称为隔时犯,如有些污染环境的犯罪行为实施后,污染环境的后果可能许多年后才出现;行为实施的地点与犯罪结果发生的地点不同的称为隔地犯。理论上研究隔时犯主要是为了解决犯罪时效

---

[1] 张明楷:《刑法原理》,商务印书馆2011年版,第77页。
[2] 参见黄明儒:《行政犯比较研究》,法律出版社2004年版,第222页。
[3] 张文、杜宇:《自然犯、法定犯分类的理论反思——以正当性为基点的展开》,载《法学评论》2002年第6期,第4页。
[4] 张明楷:《刑法原理》,商务印书馆2011年版,第79页。
[5] 黄明儒:《行政犯比较研究》,法律出版社2004年版,第56页。

的计算起点问题。学界目前的研究多认为隔时犯的犯罪时间应当确定为行为实施时①。从实践中的情况看,这种观点不一定能够完全满足惩治犯罪的需要,如某工厂于2000年实施了向土地排污的行为,但污染后果在2010年才出现,若将实施排污行为的时间2000年确定为犯罪的时间,那么这种污染环境的犯罪行为可能已经过了追诉时效。因此,从追究刑事责任的目的出发,将实行行为实施后、危害结果出现之前的这段时间都认为是犯罪时间似乎更妥。至于隔地犯,理论上对其进行研究的目的在于解决地域管辖权,即犯罪行为属哪个地方的司法机关管辖。

三、规范上的犯罪类型

规范上的犯罪类型又称犯罪的法定分类。不同国家在刑事立法上对犯罪的分类不同。我国刑法根据犯罪行为侵犯法益的性质将犯罪分为十类:危害国家安全罪,危害公共安全罪,破坏社会主义市场经济秩序罪,侵犯公民人身权利、民主权利罪,侵犯财产罪,妨害社会管理秩序罪,危害国防利益罪,贪污贿赂罪,渎职罪,军人违反职责罪。根据刑法对具体犯罪的规定,还可以对犯罪进行如下分类:

(一) 国事犯罪与普通犯罪

这种分类是根据犯罪行为是否会直接危害国家安全为标准进行的划分。危害国家安全罪是国事犯,其余九类犯罪为普通犯。对犯罪这样分类表明危害国家安全罪在所有犯罪中具有最为严重的社会危害性,故刑法分则将其排列在所有犯罪之首,予以最严厉的惩治。

(二) 身份犯与非身份犯

这是根据成立犯罪是否需要特殊身份这个标准进行的分类。身份犯是指某种行为实施后若要成立犯罪,必须具备特定的身份。如贪污罪必须要求具备国家工作人员的身份,徇私枉法罪必须要求具备司法工作人员的身份,强奸罪必须是男子身份,等等。需要注意的是,身份犯的犯罪行为是针对实行行为、单独犯来说的。在共同犯罪的情况下,不具备特殊身份的人也可以构成身份犯的帮助犯或教唆犯。非身份犯是指实施危害行为后只要达到法定的刑事责任年龄、具备刑事责任能力即可构成犯罪的情况。如故意杀人罪、故意伤害罪、盗窃罪、诈骗罪、抢劫罪等。在我国刑法规定的四百多个犯罪中,大多数为非身份犯。在刑法上区分身份犯和非身份犯的意义是便于正确认定犯罪,如利用职权侵吞财物,若具备国家工作人员身份则构成贪污罪,不具备国家工作人员身份但属公司、企业人员或其他单位职工则构成职务侵占罪。

---

① 参见张明楷:《刑法原理》,商务印书馆2011年版,第80页;李希慧主编:《刑法总论》,武汉大学出版社2008年版,第106页;等等。

(三) 亲告罪与非亲告罪

这是以犯罪是否需要被害人一方进行告诉才启动诉讼程序为标准进行的分类。亲告罪①即告诉才处理的犯罪,是指刑法明确规定只有被害人或者其他依法具有告诉权的个人②向人民法院告诉才启动诉讼程序予以追诉的犯罪。这类犯罪我国刑法规定了五种:侮辱罪、诽谤罪、暴力干涉婚姻自由罪、虐待罪以及侵占罪。刑法规定亲告罪的目的在于让被害人一方自己选择是否启动刑事追究程序。因为亲告罪通常发生在亲属、邻里、同事甚至朋友之间,都是侵犯个人利益的犯罪,涉及被害人的人格、名誉或者隐私,提起诉讼有时可能会产生更加负面的后果,所以法律赋予被害人一方自由选择权,这样处理对于化解社会矛盾比较有利。上述五种亲告罪之外的犯罪为非亲告罪。

(四) 基本犯、加重犯与减轻犯

这是以刑法分则规定的犯罪是否具有减轻或者加重情节为标准进行的分类。基本犯是指刑法分则规定不具有减轻或者加重情节的犯罪;加重犯是指刑法分则以基本犯为基准规定了加重法定情节或者较重法定情节的犯罪,又分为结果加重犯与其他情节加重犯;减轻犯是指刑法分则条文以基本犯为基准规定了减轻情节或者较轻法定刑的犯罪。基本犯、减轻犯与加重犯是基于一个罪名的不同情形进行的规定。

---

① 亲告罪不同于刑事自诉案件,前者仅限于刑法规定需告诉才处理的犯罪,后者范围显然大于前者。根据最高人民法院《关于适用〈中华人民共和国刑事诉讼法〉的解释》(自2013年1月1日起施行),自诉案件包括如下三类案件:(1) 告诉才处理的犯罪,即亲告罪。(2) 被害人有证据证明的轻微刑事案件,仅限下列几个罪名的案件:故意伤害案件(轻伤)、重婚案、遗弃案、侵犯通讯自由案、非法侵入住宅案、生产、销售伪劣商品案件(严重危害社会秩序和国家利益的除外)、侵犯知识产权案件(严重危害社会秩序和国家利益的除外),属于刑法分则第四章、第五章规定的,对被告人可以判处3年有期徒刑以下刑罚的其他轻微刑事案件。(3) 被害人有证据证明对被告人侵犯自己人身、财产权利的行为应当依法追究刑事责任,而公安机关或者人民检察院不予追究被告人刑事责任的案件。

② 根据我国《刑法》第98条"如果被害人因受强制、威吓无法告诉的,人民检察院和被害人的近亲属也可以告诉"以及最高人民法院《关于适用〈中华人民共和国刑事诉讼法〉的解释》(自2013年1月1日起施行)第260条"如果被害人死亡、丧失行为能力或者因受强制、威吓等原因无法告诉,或者是限制行为能力人以及因年老、患病、盲、聋、哑等不能亲自告诉,其法定代理人、近亲属告诉或者代为告诉的,人民法院应当依法受理"的规定,其他依法具有告诉权的个人是指被害人的法定代理人、近亲属。但人民检察院代为提出的控告不能认为是亲告。

第五章 犯罪构成

第一节 犯罪构成的界定

一、犯罪构成的概念

(一)犯罪构成理论与犯罪论体系

欲了解犯罪构成理论,需首先理解犯罪构成要件的概念。犯罪构成要件,顾名思义,就是构成犯罪所需要的要件,即成立犯罪所需要的一些主客观要件的总和。而犯罪构成理论,则是关于犯罪构成要件的系统知识。换言之,对于各犯罪类型所共通的犯罪一般的成立要件予以体系化、旨在明确是否是值得科处刑罚的行为,在这基础上的理论总体即是犯罪构成理论。区别于(后文所述的)德日阶层式体系之中的"构成要件",犯罪构成要件由于是成立犯罪所需要的要件的总和,所以具备、充足了犯罪构成要件的行为即可成立犯罪。此外,我国学者也使用"犯罪论体系"这一称谓①,但是却可以说是在不同层面上使用之。"犯罪论体系"一词可以在狭义和广义两种不同意义上使用。狭义上的犯罪论体系是指有关犯罪的成立条件的知识系统,它与通行的犯罪构成理论或者是犯罪成立理论②在外延上相当;而广义上的犯罪论体系是所有的有关犯罪的一般问题的知识体系的集合,它是指刑法上的犯罪论,与刑罚论相对应,除了包括犯罪成立的一般要件及其理论之外,还包括正当化事由、故意犯罪的未完成形态、共同犯罪和罪数形态等理论。

(二)犯罪构成要件体系化的必要性

所谓犯罪,并非像水在化学上是由氢气和氧气构成这样,单纯由几个元素构成的。犯罪构成要件的"体系",是作为对法官的思考予以整理、对其判断予以规制的手段而存在的。将犯罪是由什么样的要素构成的予以明确,对于具体的事实属于何种要素予以检讨,据此,能够区分出与具体的事实相关的各种事情之中哪些是重要的,哪些是不重要的。更进一步,由于对诸要素的关系予以体系性的思考,该种事实所具有的意味就会变得明确。由于预先设立了理论的体系,使

---

① 比如陈兴良教授主编的《犯罪论体系研究》(清华大学出版社2005年版)和梁根林教授主编的《犯罪论体系》(北京大学出版社2007年版),其书名即表明这种态度。

② 例如李立众:《犯罪成立理论研究——一个域外方向的尝试》(法律出版社2006年版)和王志远:《犯罪成立理论原理——前序性研究》(中国方正出版社2005年版)这两本书的书名所示。

得法官在各个事件的处理之时,能够不拘泥于感情和事件的特殊性,作出适当、齐一的判决来。① 由此看来,对犯罪成立条件予以理论的、体系的思考是必要的,对于犯罪构成理论进行比较研究,有助于我们深化对于犯罪成立条件的具体认识。

二、犯罪构成的特征

一般认为,犯罪构成具有如下特征:

(一) 犯罪构成的法定性

行为成立犯罪所需要的构成要件,必须由刑法加以规定或者包含。其中的"规定",是指刑法的明文规定,既包括刑法分则通过罪状描述而明文要求,也包括刑法总则通过概括性规定而延展适用于相应犯罪(如主体要求、主观要件要求)。而所谓的"包含",则是指虽无刑法的明文规定,但可以通过法益保护目的等顺理成章、合乎逻辑地推导而出,即所谓不成文的构成要件要素。② 对于犯罪构成的分析,应当以刑法规定为依据。只有这样,才能在犯罪构成的问题上贯彻罪刑法定原则。

(二) 犯罪构成的规范性

犯罪构成的规范性,"在立法上是指通过立法活动为犯罪所设置的法律规格,在司法上是指在司法过程中认定犯罪的法律标准"。③ 强调犯罪构成的规范性,就是要对犯罪构成本身所具有的对于认定犯罪的准则功能予以充分关注,从而正确地认识犯罪构成所具有的可供反复适用的制度性特征。任何一种犯罪,都包含着许多的事实性信息,但并非每一个事实特征都是犯罪构成的要件。由犯罪构成的规范性决定,只有对行为的法益侵害性及其程度具有决定意义而为该行为成立犯罪所必需的那些事实才是犯罪构成的要件,因此,就必须将犯罪构成要件的事实和其他的事实加以区别。

(三) 犯罪构成的体系性

犯罪构成要件(要素)多种多样,但是这些要件并非杂乱无章地拼凑在一起,而是按照一定规律组合而成,形成一定的外观结构,呈现出体系性的特征。犯罪构成的体系性特征主要体现在两个方面:其一是主客观相统一。成立犯罪必须要同时具备客观要件和主观要件,只根据客观要件或者只根据主观要件定

---

① 〔日〕平野龙一:《刑法总论》,日本有斐阁1972年版,第87页。
② 关于犯罪构成是法律规定还是理论命题,存在着法定说、理论说和折中说的对立。本书同意这样的观点:"犯罪构成的理论性是以刑法规定为前提的,这也是罪刑法定原则的必然要求。因此,法定性是犯罪构成的根本特征。"参见陈兴良:《规范刑法学》(第2版)(上册),中国人民大学出版社2008年版,第91页。
③ 同上。

罪,属于客观归罪或者主观归罪,都为近现代刑法所不容。只有同时具备了客观要件(体现客观的危害)和主观要件(体现主观的恶性)才可能将行为认定为犯罪。其二则是犯罪构成要件之间的逻辑性。各犯罪构成要件之间存在着一定的逻辑关系和先后顺序,不可随意置换,这也体现出犯罪构成的逻辑性以及体系性。比如大陆法系的三阶层犯罪论体系之间,就是先有构成要件该当性的判断,再有违法性的判断,最后是有责性的判断,三阶层次序不可颠倒,体现出明显的阶层性特征。而我国传统的犯罪客体—犯罪客观方面—犯罪主体—犯罪主观方面的四要件体系,虽然在主客观相统一问题上得到了很好的贯彻,但是在犯罪构成要件的逻辑性上,应该说是不够严密的。这也正是该体系近年来广受诟病的原因之一。

三、犯罪构成的功能

我国有学者认为,犯罪构成具有以下两个主要功能,而这又决定了其重要性,也直接影响着建立怎样的体系。

第一个功能是作为定罪的说明书和教科书的功能。犯罪构成是犯罪一般理论之具体知识的系统化、条理化、整体化,因而也就具有刑法典之说明书和教科书的功能。所谓说明书是针对司法官员特别是法官而言的,所谓教科书是针对法科学生而言的。这是因为,从工具上讲,刑法典就像是一部特殊而复杂的机器,作为操作者的司法官员特别是法官,在具体使用时需要说明书;作为学习者的法学院学生,在学习时需要一部入门教科书。犯罪构成理论说明书和教科书的功能又可以区分为两个基本方面:一方面,是对定罪既有知识的系统总结与提炼,将既有的犯罪论知识有机地组合在一起形成犯罪理论系统。犯罪论体系及所包含的内容不是用来解决所有问题,而主要是用来解决典型案件和一般问题的。另一方面,是犯罪论体系与刑法典关于犯罪的规定密切相关而又不是刑法典之犯罪部分的直接拷贝,它总是直接或者间接地体现定罪活动的思维模式与习惯,蕴含着解决特殊问题的逻辑能力和逻辑倾向,为疑难问题的解决提供基本思路和大致方法。也就是说,犯罪论体系虽然并不直接包含或者不能够直接从中得出解决特殊、复杂问题的具体答案,但它却是定罪活动的思维模型和话语模式,是新知识发现与创造的基本思路。

第二个功能是理论探索功能。任何纯粹的理论探索都是"懒蚂蚁"式的、表面上看"毫无用处"但却又十分必要的探索工作,理论探索活动并不是为了直接用以解决眼下的理论或者实践问题的,而是着眼于未来,在某种意义上是为未来服务的,如果现在有人感兴趣,那么其功能和意义在于怀疑、批判从而为目前既有的犯罪论知识进行更科学、合理地改造以及更符合当代人思维习惯的组合与排列,而且,这是次要的,不重要的。①

本书认为,犯罪构成理论(狭义的犯罪论体系)的功能体现为其具有双重属性,既是一个知识系统,也是一个评价系统。作为一个知识系统,其并非各种知识的简单聚合,而是依一定关系组成的有层次、有结构的知识系统,体现出其说明犯罪的功能。同时,犯罪构成理论更是一个评价系统,其作为确定犯罪成立与否的规格和尺度,评价一种行为是否属于刑法上的犯罪,体现出其认定犯罪的功能。

第二节 犯罪构成的体系

一、大陆法系的犯罪构成体系

(一) 基本内容

大陆法系(主要指德、日)迄今为止主流的犯罪构成体系为构成要件该当性(构成要件符合性)、违法性、有责性的三阶层体系。详细说来,判断一种行为是否构成犯罪,需要依据其是否该当于刑法分则所规定的具体犯罪的构成要件、实质上是否具有违法性(法益侵害性)、实质上是否具有有责性(非难可能性)等三个阶层逐一加以检验,全部得出肯定的结论,才能得出有罪的认定;而在任何一个阶层中得出了否定结论,则行为不构成犯罪(无罪)。而且,行为在三个阶层中分别受到了否定评价,虽然在结局上其行为都不成立犯罪,但是,其意义并不完全相同:(1) 不该当构成要件的行为,可以说其在刑法上不作评价,但未必意味着其在刑法上受到了肯定的评价,在刑法上就是合法的。不该当刑法中构成要件的行为,可能是合法的,比如正常的恋爱行为、日常的生活行为,等等。但是还存在着另一种情况,即虽然也不该当构成要件,但其本身是不合法的,只是因为刑法规范的有限性、该行为类型未被刑法规定为犯罪行为,所以从罪刑法定原则出发,只能认为该行为无罪,这是在第一阶层中即被排除的。但是这样两种不该当构成要件的行为,不应该混同。(2) 在违法性阶段,是对于该当了构成要件的行为进行实质判断,考察其是否具备实质违法性的阶层。行为该当了构成要件,原则上就推定为其具有违法性,但在例外的情况下,虽该当了构成要件,但可能由于刑法的规定或者基于法益侵害的实质判断,而不具有实质的违法性,从而在第二阶层中得出否定的评价。基于法律的明确规定而否定违法性评价的情形,称为法定的违法阻却事由(如正当防卫),而基于法益侵害的实质判断认为不具有违法性的具体情形,称为超法规的违法阻却事由。(3) 具有了实质的违法性,则进入责任阶层的检验。若在责任阶层由于法律的规定(如刑事未成年)

---

① 曲新久:《刑法的逻辑与经验》,北京大学出版社2008年版,第122—123页。

或者是实质的判断(如期待不可能)而认为该具有违法性的行为不具有实质上的非难可能性,即在违法性阶层中得出了否定的结论,则仍只能作无罪处理,此两种情形分别被称为法定的或者超法规的责任阻却事由。两种情形下的行为,可以统称为免责行为。对于免责行为,由于其仍属于违法,故可以进行正当防卫,一个犯罪人也可以与免责行为者之间构成共同犯罪。(4) 行为在责任阶层检验中也得出了肯定的结论,则可以就该当构成要件的违法行为追究具体行为人的刑事责任,即得以对之作出有罪判断。

(二) 三阶层犯罪构成体系:要素及其顺序

至此,对于三阶层的犯罪论体系,需要进行进一步的概括总结。第一,犯罪必须是行为。换言之,只有行为才能成为处罚的对象,思想、信条、意思等,因其仅止于行为者的内心,不能成为处罚的对象(但是,行为本身不足以成为一个独立的犯罪阶层,对此,本章后文有述)。第二,要求"构成要件"这样的独自的要件作为犯罪成立条件。这里所说的构成要件,不同于作为犯罪的成立、科刑这样的法之效果的要件的犯罪成立要件的总体,而是一个特殊的法技术的概念,是指根据刑罚法规所设定的犯罪的类型,为了肯定犯罪之成立,该当这种犯罪类型是首先必要的。这正是罪刑法定主义的要求,不该当构成要件的行为不能成立犯罪,构成要件具有这样的排除机能。第三,将违法性与有责性予以区别,各自作为独立的犯罪成立要件。行为所产生的客观的被害、害恶的侧面与做出这样的行为的行为者的内心面予以区别,对此分别予以检讨。换言之,不是将犯罪的实质的成立要件归之于一元的基准(比如,以是否属于值得社会非难的行为为基准决定犯罪的成否的思考方法),而是由违法性以及责任这样的二元的基准来划定犯罪的成否(这是由于违法性以及责任各自立足于不同的政策原理)。这样将违法性与责任加以区别,也就与将法规范理解为命令、只有有责的行为才属于违法、否定违法与责任的区别的见解(主观的违法论)明确划清了界限。第四,就犯罪的成立来说,构成要件该当性→违法性→有责性这样的顺序的判断,就其本身来说,是有意义的。就是说,是否成立犯罪,按照由客观到主观、由事实到评价、由形式到实质这样的顺序进行判断是重要的,因为,这样的话,就赋予了原本困难的犯罪成立与否的判断以安定性。①

如上所述,以上关于"构成要件该当性——违法性——有责性"的犯罪论体系,不但各个要素本身是必要的,而且要素之间的排列顺序也是关键的。对于犯罪成立要素之间的阶层性顺序,日本著名刑法学家平野龙一博士也明确指出,为了防止刑事司法中的这些危险,针对各个要素冷静地予以检讨,这是这一犯罪论体系的目标。而且,不单是将犯罪分成这三个要素,也意味着指引法官按照构成

---

① 〔日〕山口厚:《刑法总论》(第 2 版),日本有斐阁 2007 年版,第 23—25 页。

要件、违法、责任这样的"顺序"进行判断。由于对于是否该当一定的行为的框架之判断是比较明确的,首先将那些不该当这一行为框架的东西予以排除,则违法、有责这样的界限稍微不明确的判断即便带有一些感情的成分在内,处罚的范围也不会出了这个行为的框架。就违法与责任来说也是如此。由于责任这一主观的要件的判断也带有不明确的危险,在此之前首先进行更能够统一判断的客观的违法性有无之判断,一旦将不属违法的行为予以排除,责任判断也就是在违法行为的框架之内进行,也不会出了这个圈子。不仅如此,而且对关于何者的责任这一责任的内容也予以了明确。这样,"构成要件——违法性——有责性"这一体系,其全体就可以说是合乎保证刑法的正确适用这一目的的体系。这一体系现在占据了通说的地位,也正是因为这个原因。[①] 平野博士的弟子西田典之教授也认为,犯罪论的体系,就是对于犯罪的成立要件予以明确,对于法官进而是从事搜查、追诉活动的警察、检察官等的判断予以控制,从而使得刑法的适用得以适正为目的的体系。而且,由构成要件该当性到违法性到有责性这样的判断顺序在维持法官的判断的适正性上也是有意义的。这是因为,是否是该当可罚的行为的类型这样的构成要件该当性的判断在某种程度上是形式的、明确的,那么首先设定了这样的框架的话,之后的违法性和有责性的判断即使是实质的进行,也不会导致扩张处罚范围。此后的违法性判断,虽然属于实质的判断,由于其原则上也是基于客观的要素而为的,从而是可能比较明确地进行的。与此相对,有责性的判断,由于是考虑行为者的主观方面,所以包含着使认定变得不明确的要素。由这样的考虑出发的犯罪论体系,从形式的判断到实质的判断,从客观的要素的判断到主观的要素的判断,根据这样的阶段性的推进而着力担保法官判断的适正。由这样的说明来看,"构成要件该当性—违法性—有责性"这样的犯罪论的体系,可以说是为了控制法官的思考路径、使得刑法的适用停留在适正的范围的有效的体系。[②]

二、英美法系的犯罪构成体系

(一)英美的双层次的犯罪构成模式概说

英美的犯罪构成理论体系,我国学者储槐植教授概括为具有双层级的特征。储老师指出,刑法分则性条款规定的种种犯罪定义,其多种多样的构成要件被抽象为两方面内容——犯罪行为和犯罪心理,这就是犯罪本体要件,它是刑事责任基础,所有犯罪都不得缺乏这两方面内容。要成立犯罪除应具有犯罪本体要件外,还必须排除合法辩护的可能,即具备责任充足条件。在理论结构上,犯罪本

[①] 〔日〕平野龙一:《刑法总论》,日本有斐阁1972年版,第90页。
[②] 〔日〕西田典之:《刑法总论》,日本弘文堂2006年版,第59—60页。

体要件(行为和心态)属于第一层次,责任充足条件为第二层次,这就是美国刑法犯罪构成的双层模式。①

(二) 本体要件

(1) 犯罪行为(actus rens)。从广义上讲,犯罪行为是除犯罪心理之外的一切犯罪要件,也就是犯罪构成的客观要件,包括犯罪行为、犯罪结果和犯罪情节。《模范刑法典》中采取的是狭义的解释,犯罪行为是"有意识的行为"。从狭义上讲,构成"犯罪行为"的要素包括行为(act)和意识(voluntariness)。有意识行为才能作为刑罚的对象,惩罚无意识行为既没有意义,也不人道。就犯罪行为的具体表现形式而言,可以分为作为(action,积极的身体动作)、不作为(omission,消极的身体无动作,和一定的作为义务联系在一起)②和持有(possession)。英国刑法中,与作为和不作为并列的行为形式称"事态"(state of affairs),其主要内容即为持有。③(2) 因果关系。美国刑法因果关系理论就总体而言,其主要特点是注重实用的双层次原因学说。所谓双层次原因,就是把原因分为两层:第一层是"事实原因"(cause in fact),第二层是"法律原因"(cause in law)。"法律原因"就是为了弥补第一层次的缺陷,限定事实原因的范围,从事实原因中筛选出法律所关注的那部分作为刑事责任的客观基础。对于美国刑法中的因果关系论,有日本学者认为,概而言之,其属于以大陆法系因果关系理论中的"条件说"为主轴,并且糅合了"原因说",是一种条件说和原因说的混合理论。这种理论也考虑因果关系的中断等场合。④(3) 犯罪心理(mens rea)。粗略说来,犯罪心理,就是行为人在实施社会危害行为时的应受社会谴责的心理状态。犯罪心理是规范内容和心理内容的统一,缺少任何一层含义,就不能构成犯罪心理。规范内容是犯罪心理(罪过)的客观标准,心理内容是犯罪心理的主观根据。以《模范刑法典》为代表的美国当代刑法中的犯罪心理模式有四种,即蓄意(purpose 或 intention)、明知(knowledge)、轻率(recklessness)和疏忽(negligence)。"明知"这一犯罪心理主要存在于行为犯和结果犯的未遂形态。结果犯的犯罪心理主要有蓄意、轻率、疏忽三种。"蓄意"相当于有些国家刑法中的希望故意(直接故意)。疏忽即无认识过失或称疏忽大意过失。"轻率"犯罪心理存在于对危害结果有一定预见但又并非明确追求或明确排斥此结果的场合,大概涵盖有些国家刑法中的放任故意(间接故意)和轻信过失(有认识过失、过于自信过失)。除了一般

---

① 储槐植:《美国刑法(第3版)》,北京大学出版社2005年版,第35—36页。
② 针对英美刑法中的不作为犯,有日本学者认为,在(英)美刑法中,虽然似乎并没有截然将不作为犯区分为所谓的真正不作为犯与不真正不作为犯,但在概念上恐怕是将两者都包含在不作为犯之中了。所以,单纯的道德义务等等并不产生不作为犯,这与日本刑法中的解释论等并没有什么大的差别。参见〔日〕山下克己:《美国刑法概论》,日本杉山书店1982年版,第16—17页。
③ 参见储槐植:《美国刑法》(第3版),北京大学出版社2005年版,第36—43页。
④ 〔日〕山下克己:《美国刑法概论》,日本杉山书店1982年版,第18—19页。

的犯罪都要求犯罪心理之外,英美法系还特别存在着绝对责任制度,这是大陆法系国家所不具备的。绝对责任(absolute liability),就是法律对某些没有规定犯罪心理即许可对缺乏(无需控方证明)犯罪心理的行为追究刑事责任。绝对责任又可以称为严格责任(strict liability),或者无罪过责任(liability without fault)。考虑到刑事惩罚的严厉性,所以绝对责任条款一般只限于轻罪或违警罪范围。法律上允许惩罚无犯罪心理的行为,既是由于社会的需要,也是出于诉讼的考虑。就犯罪的本体要件而言,除了特殊的严格责任等不特别要求犯罪心理的犯罪类型之外,就一般的犯罪的本体要件而言,美国刑法之中,不仅要求犯罪行为、因果关系(结果犯的场合)与犯罪心理,还要求犯罪行为与犯罪心理的同时存在,即被禁止的行为与同时被禁止的犯意一起构成犯罪的要素,这与大陆法系实际上是一样的,不过是理论展开的具体方式不同而已。

(三)责任充足要件

1. 犯罪构成的双层模式

在满足了犯罪成立的第一层次的要件即犯罪的本体要件(犯罪行为 + 犯罪心理)之后,还不能直接认定行为构成犯罪,还需要具备责任充足要件,那就是要排除合法辩护。合法辩护(legal defense)是英美刑法上的一个概念,内容有未成年、错误、精神病、醉态、被迫行为、警察圈套、安乐死、紧急避险、合法防卫等。刑法理论将这些内容统称为合法辩护,强调刑法的人权保障功能,同时准确地反映了司法中的定罪过程。我国学者储槐植教授认为,形成以上特点的原因要追溯到英国普通法的历史背景。以判例法为基础的英国普通法的历史上,上述内容起初都是刑事诉讼过程中遇到的实际问题,随着司法经验的积累,这些内容逐渐被总结为诉讼法上的原则(辩护原则),直到晚近才被纳入(上升为)实体法范畴。由此,犯罪本体要件和责任充足要件相结合,形成了美国刑法犯罪构成的双层模式。①

2. 正当化事由和可宽恕事由

我国学者对于美国刑法中的辩护事由的研究与关注,集中在正当化事由和可宽恕事由这两种所谓的可罚性辩护事由上。其中的可宽恕事由,即"可得宽恕"(excuse),如未成年、错误、精神病、被迫行为等,相当于大陆刑法的责任阻却;而正当化事由,亦即"正当理由",英文为justification,如正当防卫、紧急避险、警察圈套(也有人认为此项辩护应列为可得宽恕辩护)等,相当于大陆刑法的违法阻却。② 我国学者储槐植教授对于正当化事由与可宽恕事由之间的区别作了

---

① 储槐植:《美国刑法》(第3版),北京大学出版社2005年版,第64页。
② 至于前面提到的"无需开脱罪行的辩护事由",则包括双重危险禁止、外交豁免、证据豁免、辩诉交易豁免、司法(立法、行政)豁免等。

详细分析,储老师认为,这两类合法辩护中行为人的行为都具有不自愿的性质,都是免除刑事责任的根据,两者的主要区别在于:(1) 社会价值不同。可得宽恕行为在客观上有害于社会,只是由于行为人主观上的原因,才得到宽恕;正当理由行为在实际上无害于社会,甚至有利于社会(择小害而避大害),因而这类行为在实质上是正当的。(2) 谁有权利? 正当理由的辩护权利是普遍的,属于任何一个处于这类情况的行为人;而可得宽恕的辩护权利只限于特殊的个人。(3) 是否认识自己的行为性质? 可得宽恕情况下行为人一般对自己的行为性质没有认识,而正当理由情况下行为人通常都认识到自己行为的性质。①

三、我国传统的犯罪构成体系

（一）传统的四要件犯罪构成模式

我国传统的刑法理论,是在犯罪概念之外论述犯罪构成,认为犯罪构成是成立犯罪必须具备的主客观要件的有机整体,具体由四个方面构成:(1) 犯罪客体,是指我国刑法保护而为犯罪行为所侵犯的社会主义社会关系(社会利益)。(2) 犯罪客观方面,是指犯罪活动在客观上的外在表现,其中主要包括危害行为、危害结果、行为与结果之间的因果关系等。(3) 犯罪主体,是指达到刑事责任年龄、具有刑事责任能力、实施危害社会行为的人。单位可以成为部分犯罪的主体。(4) 犯罪主观方面,是指犯罪主体对其所实施的危害行为及危害结果所抱的心理态度,包括故意、过失以及目的等。这种通说的排列顺序,自认为是按照认定犯罪的过程来排列构成要件顺序的。②

（二）变种的犯罪构成模式

不满足于传统的犯罪客体—犯罪客观方面—犯罪主体—犯罪主观方面的典型的犯罪构成模式,学界开始了若干的改进尝试,只是,这种尝试多数是在四要件的框架之内、围绕着四要件的先后排列顺序,出现了若干的变种。第一种主张认为,犯罪构成共同要件应当按照如下顺序排列:犯罪主体—犯罪主观方面—犯罪客观方面—犯罪客体。这种主张在十几年前就曾经出现过③,并且也被至今的部分教材所采纳④,可以说也有一定的影响。这种观点自认为是按照犯罪的发生顺序来进行逻辑排列的。第二种主张,认为犯罪主体和犯罪客体是犯罪构成这个系统结构的两极,犯罪的主观方面和犯罪的客观方面是连接它们的中介,因此构成要件的排列顺序应该是犯罪主体—犯罪客体—犯罪主观方面—犯罪客

---

① 这里只是就正当化事由与可宽恕事由做些简单的介绍,对此的详细分析,请参见〔美〕乔治·弗莱彻:《反思刑法》,邓子滨译,华夏出版社2008年版,第551页以下。
② 高铭暄、马克昌:《刑法学》(上编),中国法制出版社1999年版,第105—106页。
③ 参见赵秉志、吴振兴主编:《刑法学通论》,高等教育出版社1993年版,第84—85页,第91页。
④ 参见冯军、肖中华主编:《刑法总论》,中国人民大学出版社2008年版。

观方面①，这样的主张得到了论者所主持的教材的进一步推广。② 第三种主张是，按照犯罪客体—犯罪主体—犯罪客观方面—犯罪主观方面的顺序排列。③ 第四种主张认为，构成要件的排列顺序不仅应该满足建构犯罪构成理论的要求，还应该满足犯罪构成实践层面的要求，因此我国刑法中构成要件应当按照犯罪的客观要件——犯罪的客体要件——犯罪的主观要件——犯罪的主体要件的顺序排列④。

四、本书所采用的犯罪构成体系

本书采纳什么样的犯罪构成体系加以展开，这需要略作说明。在本书看来，四要件的犯罪构成体系只反映定罪的规格而不反映定罪的过程，较之德、日的三阶层体系甚至是英美的犯罪构成体系可能存在不足（尽管不存在完美无缺的体系，但是应该承认，通过比较会存在相对合理的体系）。但由于司法实务部门大多已经习惯了四要件的犯罪构成模式，骤然改变可能会引起不必要的麻烦，或者反过来说，司法实务部门接受阶层式的犯罪构成体系还需要一个过程。所以本书迁就于中国当下的理论研究现状和实务部门的接受可能，暂且采用传统的四要件理论加以展开。但是，有两点需要说明：（1）犯罪客体的要件本身是空洞的、抽象的，应该被更为规范的法益概念（法规范所保护的利益）所取代。（2）犯罪客观方面、犯罪主体、犯罪主观方面的概念，应该用犯罪客观要件、犯罪主体要件、犯罪主观要件的概念加以规范，因为毕竟犯罪构成体系是各个犯罪构成要件所形成的知识系统。由此，本书就暂且采纳了法益、犯罪客观要件、犯罪主体要件、犯罪主观要件的犯罪构成体系。

第三节　犯罪构成的类型

犯罪构成是一个具有高度概括性的概念。为了深入理解犯罪构成概念，可以从不同角度对之进行分类。

一、基本的犯罪构成与修正的犯罪构成

基本的犯罪构成是指刑法分则就某一犯罪的基本形态所规定的构成要件，是标准的犯罪构成；而修正的犯罪构成，是指以基本的犯罪构成为基础，结合犯罪行为的不同形态而对基本的犯罪构成加以某些修改或变更而成的犯罪构成。

---

① 何秉松：《犯罪构成系统论》，中国法制出版社1995年版，第112—119页。
② 何秉松主编：《刑法学教科书》（上卷），中国法制出版社2000年版，第208页。
③ 曲新久主编：《刑法学》，中国政法大学出版社2008年版。
④ 王充：《从理论向实践的回归——论我国犯罪构成构成要件的排列顺序》，载《法制与社会发展》2003年第3期，第85—90页。

刑法理论上通常认为,刑法分则条文是以单独正犯的既遂形态为样本来规定某一具体犯罪的犯罪构成,因而,基本的犯罪构成实际上就是单独正犯的既遂状态的犯罪构成。与此相对,各种未完成形态的犯罪构成,如预备犯、未遂犯、中止犯等,以及正犯(实行犯)之外的组织、教唆犯、帮助犯等共犯形态的犯罪构成则属于修正的犯罪构成。① 各个具体犯罪的基本的犯罪构成由刑法分则加以明确规定,而与此相对,各个犯罪的修正的犯罪构成则以刑法分则的基本的犯罪构成为基础,结合刑法总则关于预备、未遂、中止或者是共犯形态的规定加以认定。

二、普通的犯罪构成与派生的犯罪构成

普通的犯罪构成,是指刑法条文对具有通常法益侵害程度的行为所规定的犯罪构成。派生的犯罪构成,是指以普通的犯罪构成为基础,由于具有较轻或者较重的法益侵害性而从普通的犯罪构成中衍生出来的犯罪构成。它包括加重的犯罪构成和减轻的犯罪构成。加重的犯罪构成是指在普通的犯罪构成的基础上,由于具有某种加重事由而形成的犯罪构成。加重的犯罪构成,实际上是法定刑升格的条件。根据加重事由不同,加重构成又可以分为地点加重、客体加重、数额加重、结果加重、方法加重等。减轻的犯罪构成是指在普通的犯罪构成的基础上,由于具有某种减轻事由而形成的犯罪构成。减轻的犯罪构成,实际上是法定刑减轻的条件。有些刑法分则条文只规定了普通的犯罪构成,如非法搜查罪、非法侵入住宅罪等;有些刑法分则条文则规定了普通的犯罪构成和加重的犯罪构成,如抢劫罪、强奸罪等;有些刑法分则条文规定了普通的犯罪构成和减轻的犯罪构成,如故意杀人罪;还有的刑法条文除了规定了普通的犯罪构成之外,还同时规定了加重的犯罪构成和减轻的犯罪构成,如绑架罪。

三、简单的犯罪构成与复杂的犯罪构成

简单的犯罪构成,又称单一的犯罪构成,是指刑法条文规定的犯罪构成要件均属于单一的犯罪构成,具体而言,是指出于一个罪过实施一个行为的犯罪构成。当刑法规定的犯罪构成中只包含单一行为、单一主体、单一对象、单一结果时,就是简单的犯罪构成。复杂的犯罪构成,是指刑法条文规定的犯罪构成各个要件具有选择或者复合的性质。复杂的犯罪构成包括选择的犯罪构成和复合的犯罪构成两种②。选择的犯罪构成是指法律规定有可供选择的要件的犯罪构

---

① 也有观点认为:"刑法理论以既遂为模式研究构成要件,并不意味着刑法规定的构成要件也以既遂为模式。与其使用基本的构成要件与修正的构成要件的概念,不如直接使用'既遂犯的构成要件''未遂犯的构成要件''预备犯的构成要件'等概念。"参见张明楷:《刑法学》,法律出版社2016年版,第117页。

② 参见陈兴良:《规范刑法学》(第2版)(上册),中国人民大学出版社2008年版,第110页。

成,包括手段可供选择、客体可供选择、主体可供选择、目的可供选择、时间可供选择、地点可供选择等,比如我国《刑法》第 125 条规定:"非法制造、买卖、运输、邮寄、储存枪支、弹药、爆炸物的,处 3 年以上 10 年以下有期徒刑;情节严重的,处 10 年以上有期徒刑、无期徒刑或者死刑。"在此,就规定了 5 种可供选择的手段和 3 种可供选择的客体,故而属于选择的犯罪构成。复合犯罪构成,即法律规定有复合性质的要件的犯罪构成,包括行为复合、罪过复合等。比如强奸罪、抢劫罪都要求复合行为,即都区分为手段行为和目的行为,在刑法理论上属于复行为犯,是复合的犯罪构成。而在结果加重犯的场合,如果行为人对基本犯罪持故意而对加重结果的发生持过失,就属于罪过复合形式的复合的犯罪构成。

四、完结的犯罪构成与开放的犯罪构成

完结的犯罪构成,又称封闭的犯罪构成、关闭的犯罪构成,是指刑法对所有的构成要件要素都作出了完整表述的情形,此时法官无须另外加以补充而只要依照刑法条文的规定即可。开放的犯罪构成,又称待填充的犯罪构成、敞开的犯罪构成,是指刑法法规只明文规定了部分的构成要件要素,其他的要素则需要法官在适用时加以补充的情形。例如,过失犯以及不真正不作为犯的犯罪构成即是如此[①];又如,刑法分则关于"情节严重"等抽象性规定和关于"其他方法"等概括性规定,都需要法官在具体适用时加以填补,由此形成的犯罪构成就属于开放的犯罪构成。刑法理论发展至今,对于开放的构成要件概念的理解经历了许多变化,现在,比较温和的观点认为,"由于开放的犯罪构成具有对于法官的授权性,为防止司法权的滥用,这种开放的犯罪构成在设置上应当采取慎重的态度"[②]。而更多的人则倾向于否定开放的构成要件概念本身,并认为,"大体上可以说,只存在开放的刑罚法规,不存在开放的构成要件"[③]。在本书看来,如果在德、日的阶层式犯罪构成体系的框架之下讨论的话,基于构成要件本身的违法推定机能、构成要件的定型性等考虑,否定开放的构成要件概念可能是可行的;但在中国的四要件犯罪构成理论之中,既然刑罚法规不可能将犯罪的所有成立条件悉数规定,则开放的(待填充的)犯罪构成的概念就必须予以承认,只是,也确实有必要对此持慎重的态度。

[①] 过失犯中,刑罚法规一般只要求法益侵害的结果,而法律所要求的注意义务内容,则由法官确定。不真正不作为犯中,作为义务的来源、作为义务人的范围等,也要由法官加以判断。
[②] 陈兴良:《规范刑法学》(上册),中国人民大学出版社 2008 年版,第 112 页。
[③] 张明楷:《刑法学》,法律出版社 2016 年版,第 118 页。

第六章 法 益

　　法益是刑法上一个重要的概念，是犯罪构成体系中的第一个要件，也是犯罪成立的一个重要条件。可以说，"刑法本质上是一部法益保护法。无法益保护，就无刑法。"[①]某种特定行为被刑法规定为犯罪，必须是具有社会危害性的行为，这种危害社会的行为表现在刑法上即是使法益受到侵害或有遭受侵害危险的行为。

　　不过，我国刑法理论通说一直是用犯罪客体来表述这一犯罪成立要件的。通说认为行为是否构成犯罪，在于它侵犯了刑法所保护的客体。犯罪客体是犯罪构成不可缺少的要件之一，所谓犯罪客体，是指我国刑法所保护的、为犯罪行为所侵犯的社会关系。[②] 从哲学上讲，客体是指主体实践活动和认识活动的对象，是同认识主体相对的外部世界。[③] 而按照通说，犯罪客体是指犯罪行为侵犯的社会关系，而犯罪对象才是犯罪行为直接作用的具体人或者物，人是社会关系的承担者，物是社会关系的表现形式，犯罪客体通常是通过一定的犯罪对象表现它的存在的，但是并非每个犯罪都有犯罪对象，例如脱逃罪、偷越国（边）境罪即是如此。而"社会关系"的内涵在于：它是"人们在共同活动的过程中彼此间结成的关系。一切社会关系中最主要的是生产关系，即经济关系，其他政治、法律等关系的性质都决定于生产关系"[④]。不难看出，既然是社会关系是人们彼此间结成的关系，为何某些关系却又没有具体的人或者物呢？既然人或者物能够体现某种社会关系，那么一旦缺失某种人或者物，该社会关系的落脚点又在何处？而且犯罪客体这一概念本身也空洞无物。正是由于存在这种无法解决的矛盾与缺陷，通说已经越来越不能适应刑法理论发展的需要。随着国外刑法理论的不断被引入国内，国内的学者也开始逐渐接受大陆刑法中的法益理论，用以替代原有的社会关系学说。大陆法系刑法理论认为，犯罪的本质在于法益侵害，法益已经被普遍认为是特定行为入罪化的实质标准，也是刑罚正当性的前提。从整个世界的刑法发展趋势来看，刑法以保护法益为其主要任务，已经成为主流的见解。

[①] 陈志龙：《法益与刑事立法》，作者自印1997年版，第XIII页。
[②] 参见高铭暄、马克昌主编：《刑法学》，北京大学出版社、高等教育出版社2011年版，第52页；马克昌主编：《刑法》，高等教育出版社2012年版，第45页。
[③] 金炳华等编：《哲学大辞典》，上海辞书出版社2001年版，第2038页以下。
[④] 中国社会科学院语言研究所词典编辑室编：《现代汉语词典》（第5版），商务印书馆2005年版，第1204页。

并且,从我国《刑法》第 2 条与第 13 条的立法规定来看,凡是具有严重社会危害性的行为,都被认为是犯罪,这里的社会危害性,即是指对法益的侵害性,具体表现为个人法益、社会法益与国家法益三大类。在这一意义上,我国的刑事立法与法益理论并不冲突,甚至可以说,我国的刑事立法能够与法益理论很好地融合。因此,本书也采用法益代替通说中的犯罪客体,并将法益作为犯罪构成体系中的第一个要件。

第一节 法益概说

一、法益的概念

尽管法益作为刑法理论中的重要概念逐渐获得共识,但是有关法益的概念却经常以"刑法所保护的利益(或合法利益)"简略带过,这就使得法益的概念变得过于抽象,难以从实质上把握其真正的内涵与外延,这也成为某些学者不认可法益概念的主要原因。因此,必须要对法益的概念进行界定与厘清。

在刑法学发展的历史上,关于对犯罪本质的理解也经过了诸多学说的争论。18 世纪后期,费尔巴哈在启蒙时期自然法思想的影响下,提出了"权利侵害说",认为犯罪的本质是对权利的侵害,刑法规范保护的客体是自然法上的权利,该学说一度成为当时德国刑法理论中占支配地位的学说。但是,由于现实中的犯罪形形色色,还存在着很多难以用权利侵害所涵盖的部分,用权利的观念不可能详尽说明实定法上的犯罪,因此,该学说最终被比恩鲍姆于 19 世纪初提出的财侵害说[①]所取代。"此一概念经由比尔保导入犯罪的实质概念中,并明确地被赋予其作为犯罪客体之地位"。[②] 该说认为犯罪侵害作为权利的对象、由国家所保护的财或者使其遭受危险。[③] 也就是说,犯罪侵害的不是权利本身,而是权利的对象,是与权利保护相关的"财"。在法律上归属于人们的财不论是被夺走或者是减少,人们的权利本身并没有被夺走或者是减少,因此权利侵害本身是不妥当的。"财"作为权利的实体对象具有可受侵害的性质,进而为法益侵害理论铺垫了道路。此后,宾丁、李斯特等继承并发展了该学说,逐步形成了现今的法益侵害说。李斯特认为,制定法律的宗旨就是为了保护人们的生存利益,保护人们的利益是法的本质特征,由法律所保护的利益就称之为"法益(Rechtsgut)"。所有的法益都是生活利益,无论是个人利益还是公共利益,这些利益原本就客观存在

---

① 此处的"财"德文为"Gut",原意为占有物、财产、物品、家当等,"Gut"一词与一种良性的价值直接相关,因此也被译作"益",因此比恩鲍姆的财侵害说也被称为法益侵害说。
② 高志明:《刑法法益概念学说史初探——以德国学说为主》,台北大学 2002 年硕士论文。
③ 参见〔日〕大塚仁:《刑法概说(总论)》,冯军译,中国人民大学出版社 2003 年版,第 91 页。

于社会生活中,是因为法律需要保护某些合法的利益,才将其上升为法益,犯罪就是侵害由法所保护的生活利益的行为。由于法益侵害说可以说明各种具体犯罪的本质,因此成为大陆法系国家刑法理论的通说。

德语中 Rechtsgut 一词以及相对应的理论传入日本后,日本法学家以"法益"一词对应翻译,尽管能够体现出该理论的精髓,但是极易让人产生误解,即将法益中的"益"单纯片面地理解为"利益"。我国有学者认为,界定法益必须要与利益相关联。利益是能够满足人们需要的东西,当某种状态所反映的是人们所需求的一种秩序时,它便是利益。[1] 但也有学者认为,法益的"益"的内涵较为复杂,不能单纯地将"益"等同于"利益",法益应当是"刑法保护的利益和价值"。[2] 法益概念的界定,最终的落脚点就在于如何理解法益中的"益"。从法益理论的发展脉络来看,主要是为了解决犯罪本质的问题。李斯特将"益"解释为"利益",主要是为了规避"权利"概念的含糊不清,从实证主义出发,着眼于"益"存在于实定法之前的现实。但是"益"是否能够完全等同于"利益"呢？实际上,李斯特本人也未将法益中的"益"完全与"利益"等同。他在进一步解释"利益"时,引入了"价值"的概念,将利益解释为一种"特定的变化的发生与不发生对于涉及者的价值"[3]。不难看出,李斯特的这种解释已经无法准确界定法益的概念,如果法益是法所保护的利益,而利益又是某种价值,这样一来,法益就成为价值所针对的对象物,法益就成为某种价值,如果法益中的"益"完全等同于利益的话,就违反了逻辑的同一律。当代刑法学者关于法益的争论与探讨一刻也未停止,很多学者都提出了新的观点,如德国刑法学者罗克辛指出,"法益是在以个人及其自由发展为目标进行建设的社会整体制度范围之内,有益于个人及其自由发展的,或者是有益于这个制度本身功能的一种现实或者目标设定"[4]。这种根据"现实和目标设定"的限制性规定,取代了"利益",还包含了已经被法事先发现的状态以及同样由法才能创设的遵守规范的义务,就与之前法益的内涵有了很大差别。

本书认为,单一的法益概念不能完整地揭示出法益本身的实质,不能满足法益所承担的理论与实践的双重任务,不能简单地将其定义为"法所保护的利益"。法益应当是一个复合的概念,应当从多个层次上去理解。

简言之,所谓法益,是指为刑法所保护的客观上可能受到侵害或者威胁的人的某种社会生活利益。不仅包括个人的生命、身体、自由、安全、名誉、财产以及

---

[1] 参见张明楷:《刑法学》,法律出版社 2016 年版,第 62 页。
[2] 参见杨春洗、苗春明:《论刑法法益》,载《北京大学学报(哲学社会科学版)》1996 年第 6 期。
[3] 参见熊琦:《论法益之"益"》,载赵秉志主编:《刑法论丛》(第 15 卷),法律出版社 2008 年版,第 272 页。
[4] 〔德〕罗克辛:《德国刑法学总论》(第 1 卷),王世洲译,法律出版社 2005 年版,第 15 页。

其他的合理个人利益,也包括建立在此之上并能够还原为这种个人利益的社会利益、国家利益。

二、法益的特征

作为犯罪成立要件之一的法益主要具有以下特征。

一是法益的客观性与可感知性。法益中的"益"是一种客观实质存在的对象物,这种物就是利益,即是能够满足人类生存和发展而产生的客观需求。简单地说,利益就是主体所得到的好处,包括个人利益、公共利益以及国家利益。《牛津法律大辞典》就这样定义"利益":"指那些个人或团体寻求得到满足和保护的权利请求、需求、愿望或要求,而这些必须要结合社会中人们之间关系的秩序来考虑。"① 利益可以是有体利益,同时也可能是无形利益,总之这种对象物是客观存在的,是能够被他人的行为所侵害或者威胁,并能为外界所感知的。

二是法益内容的非权利性与保护的价值选择性。长期以来,学者们都认为权利就等于利益,常说的"合法权益"就包括了权利和利益。实际上,权利是一个法律上的概念,可以说是法产生以后,才有了权利的概念。而利益是先于法律存在的,是由个人、集体或者整个社会依其发展需要而创造或消灭的,无论是道德、政治、经济抑或宗教甚至社会生活的其他方面,都能够产生利益。国家的法律并不创造利益,而只是认可或否认某些利益是否为法律所保护。一旦国家认可某个利益,便通过法律的形式来表示承认,规定某些人或者团体享有某种可以使得他们的利益得到法律保护的法律上的权利。利益不但包括法律认可的所谓合法利益,也包括法律不认可的非法利益,只有为了保护合法利益,某些人或者团体才可能享受到法律赋予的权利。为保护某一特定的利益,法律上可能赋予利益主体享有不同的权利。例如,人自出生后至死亡,为了能够更好地生存,就需要身体的健康与完整,需要不受伤害,这是一个完整的利益。为了保护这一利益,法律就赋予人们不同的权利以进行保护,如规定不受袭击或伤害的权利,在受到袭击或伤害的情况下获得损害赔偿的权利,受到伤害时请求警察保护的权利等等。可以说,权利是以特定的利益为具体内容的,只是保护特定利益的手段和方式。因此,权利为利益而存在,权利的内涵一般都包括利益,除此之外,权利还具有一定的权能。同时,利益的内涵远远超出权利范畴,权利不能解决与利益有关的一切问题。

何种利益能够得到法律的认可而进行保护,需要对利益进行价值判断。利益涉及社会生活的方方面面,为了维护社会正常的发展秩序,立法者必须平衡某些利益,对事关社会稳定、发展的一些重要利益进行法律上的保护。那么何种利

---

① 〔英〕戴维·M. 沃克:《牛津法律大辞典》,李双元等译,法律出版社2003年版,第572页。

益能够被法律所保护，就需要对利益进行分类、辨析、评价。一般而言，对于利益进行价值评判的主体是立法者，但是立法者必须要尊重个人的人格，必须要能够充分体现维持个人人格发展而必需的个人利益。即使是公共利益与国家利益，也是建立在个人利益基础之上，这些利益最终是能够还原与归结到个人利益的。

三是法益的可变性。法益包含了静态与动态两个方面的涵义。静态的涵义即是指法益中的"益"，即个人生活利益，这是先于法律而客观存在的。动态的涵义是指法律对于何种利益进行保护，需要依据社会发展的需要与公众所达成的共识来进行价值评判。随着社会的文明化进程，通过法律来认可和保护越来越多的利益已经成为一种趋势，但是各种利益的重要性在不同的时期会有所不同，某些特定的利益，法律是否予以保护，能够被以及应当被保护到何种程度，也是不断发生变化的。比如我国在计划经济时代，曾在刑法中规定了投机倒把罪，在实行市场经济后，投机倒把罪的某些行为已经成为正常的市场行为，因此，1997年修订《刑法》时，取消了投机倒把罪。1997年《刑法》颁布后，截至2019年1月，又陆续出台了十个刑法修正案和一个单行刑法，对很多罪名进行了修改或者修正，同时还增加了一些新的罪名。不难看出，刑法对于利益保护的选择是与现实需要紧密相连的，一旦对某种利益的价值评判发生变化，那么法益就随之发生变化。而随着社会的不断发展，社会上存在各种各样的风险与危险，对于人们的生活利益也产生了现实的威胁，所以，刑法对于法益的要求也不仅仅再局限于法益在遭受现实侵害时才能产生刑事可罚性，而是将对法益可能产生危险的行为也规定为犯罪。例如，刑法将酒后驾驶行为规定为危险驾驶罪，就是因为社会发展需要扩大法益保护的范围。因此，从某种意义上说，法益动态的含义才是其本身真正的实质。

三、法益的类型

传统刑法理论一般根据刑法分则的层次性规定将法益分为三大类，即一般法益、同类法益和具体法益。这三类法益居于三个不同的层次，它们之间是一般与特殊、共性与个性、抽象与具体的关系。一般法益即是刑法所保护的社会生活利益的整体，它是一个抽象的法益的整体。我国《刑法》第2条关于刑法任务的规定以及第13条关于犯罪概念的规定，说明刑法法益的基本内容。研究犯罪的一般法益有利于揭示犯罪的共性，明确我国刑法的价值取向。一般法益的存在说明只要是犯罪就必然侵害法益，犯罪不止是犯罪人与被害人之间的冲突，而且也是犯罪人与国家、社会和人民大众利益的冲突。

同类法益是指刑法所保护的某一类社会生活利益的整体，即刑法整体法益的某一部分或某一方面。作为法益的某一部分或某一方面，往往具有相同的或者相近的性质，如人的生命权、健康权、名誉权都属于人身权利的范畴，因而侵犯这些合法利益的犯罪行为都属于侵犯人身权利这类法益的犯罪,一般都规定在侵犯人身权利罪中;再如放火罪、爆炸罪、决水罪、投放危险物质罪、交通肇事罪等犯罪行为都侵犯了公共安全这一法益。由于法益在性质上可以进行比较,我国刑法分则就根据犯罪侵犯法益性质的不同,将犯罪分为了十种不同类别的同类加以分章分节规定。当然即使是在同一章节,受立法技术等客观因素的制约,同一章规定的犯罪的保护法益也可能有所不同,如刑法分则第四章"侵犯公民人身权利、民主权利罪"中重婚罪、破坏军婚罪的保护法益则是一夫一妻的婚姻家庭秩序,与人身权利、民主权利没有太大关联。还有,鉴于有的法益包含复杂的子系统,刑法分则有的章下再设节,章所规定的犯罪的保护法益同类,而节下的具体犯罪又侵犯了次级的同类法益。如刑法分则第八章"妨害社会管理秩序罪"下设九节,该章各节犯罪各有同小类的保护法益,但这些不同的保护法益都归属于社会管理秩序这一大类法益。

具体法益,是指刑法所保护的某种具体的社会生活利益。例如,故意杀人罪直接侵害他人的生命权,盗窃罪直接侵害他人的财产权。具体法益是某种犯罪的必要构成要件,它决定着某一具体行为的定性。可以说,正是具体法益揭示了具体犯罪侵害的法益的性质以及该犯罪的社会危害性程度。具体法益遂成为司法实践中区分罪与非罪、此罪与彼罪的重要标准。

根据法益的内容,可将具体法益分为物质性法益和非物质性法益。物质性法益,指能够反映客观的有形事物的法益,其特点是通过能够被实际感知的人或物,来体现法所保护的利益,如人的生命权利、健康权利、财产权利等。非物质性法益,是指不能被感知的非物质法益,如国家安全、社会秩序、人格、声誉等。一般来说,如果某一犯罪具有犯罪对象,该法益则是物质性法益,对法益的侵害可以呈现出物质形态。如盗窃罪的对象是他人财物,对法益侵害的物质形态是通过所有权人对财物失去控制这一结果体现出来的。相反,如果某一犯罪没有具体的行为对象,该法益往往是非物质性法益。如脱逃罪,罪犯从监狱脱逃并没有具体的行为对象,侵犯的法益则是国家对罪犯正常的监管秩序这一非物质性法益。

将具体法益分为物质性法益与非物质性法益,有利于正确认识犯罪的本质特征,也有利于根据侵犯法益的不同形式,正确地定罪与量刑。第一,犯罪的本质并非仅仅对有形的事物造成有形的损害,而是侵犯了刑法所保护的利益。这种利益,不管是有形的还是无形的,只要能够满足人的需要,就可以成为刑法法益。第二,认定某一行为是否成立犯罪,必须要看该行为是否具有严重的社会危害性。对于侵犯物质性法益的,就必须呈现出物质性结果,才能视为完成本罪。如故意杀人罪,必须发生致人死亡的结果,才能成立本罪的既遂。对于侵犯非物质性法益的,不要求呈现出法益被害的物质形态,也可以成立犯罪的既遂。如偷越国边境罪,尽管没有侵犯有形法益,但不影响该罪的成立。第三,对于某一犯罪处以何种刑罚以及处罚到何种程度,都依赖于法益的被侵害程度。侵犯物质性法益的犯罪,可以通过物质性结果认定行为对法益侵犯的程度,如故意伤害罪,可以根据对人的身体伤害后果的不同,认定对身体健康法益的侵犯程度;侵犯非物质性法益的犯罪,对其侵犯法益的程度则应以另外的方法衡量。如受贿罪,侵犯的是国家工作人员职务行为的廉洁性这一非物质性法益。对其侵犯程度,就必须通过对行为实施的程度、受贿的数额、对国家和社会造成的危害等等进行衡量。

根据犯罪所侵犯的法益数量,可将具体法益分为单一法益和复杂法益。单一法益,是指犯罪行为只直接侵害某一具体社会生活利益。如杀人罪只侵害人的生命权。复杂法益,是指一种犯罪行为同时侵害了两种以上的社会生活利益。如生产、销售不符合标准的医用器材罪,同时侵害了不特定或者多数人的生命健康权,国家的医疗器械、医用卫生材料的管理秩序,以及市场经济秩序。复杂法益一般就有主次之分。其中刑法所重点保护的社会生活利益即为主要法益,主要法益对决定犯罪的性质和危害程度起主要作用。刑法非重点保护的法益即为次要法益。次要法益虽然不是决定犯罪性质和危害程度的主要因素,但也是犯罪构成的必要要件,对于定罪量刑也有一定的决定作用。在主要法益相同时,次要客体对辨别此罪与彼罪就具有重要的指导意义。如抢劫罪与抢夺罪的重要区分就在于是否侵害了他人的人身权利这一次要保护法益。

第二节 法益的地位与功能

一、法益的地位

法益在刑法理论中有着重要的作用,国外大陆法系国家刑法理论通说认为,犯罪的本质在于法益侵害,也就是犯罪成立的构成要件的该当性、违法性、有责性三要件中的实质违法性是法益侵害。《德国刑法典》把法益作为一个法律用语置于法条之中以用于界定违法性阻却事由。①

在我国,对法益的地位存在很大论争,通说是以犯罪客体为名称认为其属于犯罪构成的必要要件,没有一个犯罪是没有犯罪客体的。现在越来越多的学者

---

① 《德国刑法典》第34条规定:"为使自己或他人的生命、身体、自由、名誉、财产或其他法益免受正在发生的危险,不得已而采取的紧急避险行为不违法,但所要保护的法益应明显大于所造成危害的法益。"参见《德意志联邦共和国刑法典》,徐久生、庄敬华译,中国方正出版社2004年版,第13页。

反对将犯罪客体或者法益作为犯罪构成要件,而认为这属于犯罪的本质问题。①但本书认为,法益应当仍然视为犯罪构成的必要要件,理由在于:

首先,在我国采取形式构成与实质构成相统一的犯罪构成体系②下,具备犯罪构成意味着犯罪成立,如果缺乏法益这一构成要件,就无法说明行为是否侵害法益这一实质性问题,因而无法将法益排除在犯罪构成之外。法益具有一种规范评价机能,因为犯罪在实质上必须是侵犯法益的行为,而这种实质就是一种价值评价,价值评价只有在实质违法性的背景下讨论才具有意义。日本有学者认为,"违法性的判断,是一种实质的价值判断,对违法性的有无必须以行为是否违反规范为基础进行评价,但违法性又并不是指行为形式上违反规范,而有其实体内容……"③而这种实体的内容,就是行为对法益的侵犯。如果没有法益的存在,而仅仅以行为符合刑法规范中的构成要件,那么就不能很好地解释许多违法性阻却事由,如正当防卫、紧急避险等。因为单纯从刑法规范来看,正当防卫与紧急避险是符合构成要件该当性的,但是因其不具有严重的社会危害性,缺乏实质的违法性,因此不应当作为犯罪。法益的这种价值评价功能是其他构成要件所不具有的,尽管我国的犯罪构成理论不同于大陆法系国家,但是无论哪一种犯罪构成理论,都必须具备规范评价要素。法益在我国的犯罪构成理论中就是规范评价要素,犯罪构成客观方面要件是事实评价要素。法益具有评价犯罪构成客观方面要件的功能。

其次,从司法认知论的角度看,进入刑事司法视野的行为,必须是某种侵害了法益的行为,没有给法益造成侵害或者现实威胁的行为,是无法认定行为构成犯罪的本质的。犯罪是严重侵害各种法益的行为,法益在一定意义上能够反映犯罪的社会危害程度,彰显犯罪的本质特征。离开法益,就难以把握犯罪的本质,对犯罪的危害性缺乏足够的认识。各种犯罪由于所侵害的法益的不同,决定了其犯罪性质的不同,从而使此罪与彼罪得以区分。我国刑法分则把具体犯罪分为十大类,其主要根据就是法益的异同。即使是同一类型的犯罪,侵害的法益也不完全相同。在司法实践当中,对具体行为是否定罪,首先就应当分析该行为是否符合相应犯罪的构成要件,即通过比较案件事实和犯罪构成要件,进而确定是罪还是非罪,是此罪还是彼罪。例如,甲放火意图杀死在家熟睡中的乙,结果不仅引燃乙的住房,还烧毁众多邻居的房屋,烧伤无辜群众数人。从表面上看,

---

① 张明楷:《刑法学》,法律出版社 2016 年版,第 63 页;付立庆:《犯罪构成理论——比较研究与路径选择》,法律出版社 2010 年版,第 48 页以下;等等。

② 即使是对通说持反对态度的学者在这一问题上也是同样的主张:"不言而喻,我国的犯罪构成,就是犯罪成立条件。显而易见,犯罪构成应当是犯罪概念或者犯罪基本特征的具体化。"参见张明楷:《刑法学》,法律出版社 2016 年版,第 98 页。

③ 〔日〕藤木英雄:《刑法讲义总论》,日本弘文堂 1975 年版,第 74 页。

甲放火的目的是要杀死乙,但是从法益上分析,甲的放火行为已经危害到公共安全,对甲应当以放火罪定罪处刑。将法益纳入犯罪构成理论的意义,就在于国家在依自己的意志追究犯罪行为时,允许被告人作各种合法的辩护,而不是由国家一方说了算。在这个定罪过程中,国家的逻辑是对法益的推定,被告人的逻辑是对法益的排除。被告人如果不能排除法益就被推定为具有客观违法性,如果排除了就不承担任何责任。①

再次,如果缺乏法益这一要件,在犯罪构成的主观要件的认定上,也会存在障碍。如行为人是构成故意杀人罪还是构成过失致人死亡罪,就必须通过行为人是针对被害人的生命还是仅仅针对被害人的身体健康或者安全而实施来认定,如果在构成要件中不考虑法益这一因素,就无法认定行为的主观罪过形态。

最后,考察法益的具体内容对于准确量刑也是必不可少的。根据罪责刑相适应原则,评价具体犯罪的社会危害程度的一个重要内容,就是要考察具体法益遭受侵害的情况。关于法益遭受损害的情况,有的直接表现为危害结果的大小,有的表现为犯罪对象受损害的状况,等等。在有的案件中,受到侵害的法益可能还不止一种,即使犯罪行为侵犯的某种法益不属于犯罪客体的内容,也能说明行为的社会危害程度,从而影响量刑,因为对正常法益的侵害就增加了犯罪的社会危害性,或者反映行为人的主观恶性,刑罚的适用就要与之相适应。例如,妇女的性的不可侵犯的权利并非拐卖妇女罪的法益,但如果行为人拐卖妇女时具有奸淫被拐卖妇女的行为的,拐卖妇女罪的处刑就更重一些。我国《刑法》第240条对此作了明确规定。

因此可以说,刑法中的法益不仅是犯罪构成的必要要件,而且是非常重要的构成要件。

二、法益的功能

法益的功能,即法益在刑法或者犯罪构成中所发挥的作用。一般而言,刑法中的法益主要具有如下功能。

(一)立法指导功能

法益的立法功能是指法益在刑事立法过程中所发挥的功能,主要体现在确定犯罪、确定法定刑、划分刑法分则体系三个方面。

第一,刑法法益能够确定犯罪。犯罪的本质是侵害法益,而刑法的目的是保护法益,这就需要在刑法中明确哪些侵犯法益的行为应当受到惩罚,从而规范人们的行为,预防犯罪,避免对法益的侵害。人类社会中的利益范围非常广泛,而

---

① 李希慧、童伟华:《"犯罪客体不要说"之检讨——从比较法的视角考察》,载《法商研究》2005年第3期,第27页。

且随着社会的发展也不断发生变化,同时,不同的群体有着不同的利益需求,甚至有些利益是相互冲突的,某种利益一旦被上升为刑法法益,那么对于该种利益的侵害势必就成为犯罪,需要受到刑罚的处罚。一个国家的刑法典规定多少种类犯罪,设置多少罪名,都是由刑法所要保护的法益决定的。因此,如何在形形色色的利益中确定需要刑法保护的利益,是一个重要的问题。对于立法者而言,一部刑法能否划定合理的犯罪圈,对于整个国家的法治体系至关重要。刑法是其他部门法的保障法,采用国家最为严厉的制裁方法——刑罚,轻则限制人身自由,重则剥夺人身自由甚至生命,因此任何一种行为入罪都需要慎之又慎。刑法所划定的犯罪圈不能过大也不能过小,过大违背刑法的谦抑性,过小又会放纵犯罪,使很多法益不能得到应有的保护。从立法者的角度看,在刑法规范制定之前,需要合理确定所保护法益的范围,使立法活动有据可依。法益不但可以作为评价行为是否是犯罪行为的实质标准,也可以作为评价刑法规范是否具有实质的合法性的标准。法益是一个动态的概念,刑法规范对法益的保护不应当是绝对的、一成不变的,而是应当根据社会发展客观需要而适时变化。因为不同时期人们对于利益的需求不同,社会价值评判不同,对于法益的认识也就不同,这种不同反映在刑法规范中就是入罪与去罪。随着社会的发展,一些之前认为没有必要保护的利益,需要进行保护,那么刑法就应当把侵犯这些法益的行为规定为犯罪,当一些法益丧失了动用刑法保护的必要时,那么侵犯这种法益的行为就不应当再被视为犯罪,需要对其进行去罪化。同时,对于一些侵害微小法益或者侵害法益程度较轻的行为,其危害性不足以上升到刑法保护的高度,就无须将其规定为犯罪。

第二,刑法法益能够确定法定刑。罪刑均衡是刑法中的基本原则,要求对犯罪人所判处的刑罚应当与其犯罪行为的危害性相适应。要为某一犯罪行为配置对应的刑罚,就首先应当衡量该行为所侵害的刑法法益的重要程度以及侵害程度。一般来说,侵害的法益重要程度越高,危害性就越大,所配置的法定刑就越严厉,反之就越轻缓。一般来说,人的生命权利高于一切,所以故意杀人罪的法定刑是从死刑开始列举,而其他的犯罪都是从较轻的法定刑开始列举的,规定有死刑的罪名也仅仅是针对某些特殊情形而言。而侵害同种法益的行为,如果侵害程度较重,配置的法定刑相对就重,而侵害程度较轻,配置的刑罚也随之就轻。如在财产犯罪中,同时侵犯人的生命权或者人身安全、健康的抢劫罪的法定刑远远高于其他财产犯罪,而且数额特别巨大的法定刑就要比数额巨大的重,例如盗窃罪数额巨大的,处3年以上10年以下有期徒刑,并处罚金,而数额特别巨大的,就需要处10年以上有期徒刑或者无期徒刑,并处罚金或者没收财产。另外,实害犯的危害性远远大于危险犯,因此其法定刑也高于危险犯的法定刑,如危害公共安全犯罪中危险犯的法定刑为3年以上10年以下有期徒刑,而实害犯的法定刑为10年以上有期徒刑、无期徒刑或者死刑。也就是说,在刑事立法时,是以法益的重要程度以及侵害法益严重的程度为基础来判断行为的危害性的,并依此配置相应的法定刑,以符合罪刑均衡的要求。

第三,刑法法益能够划分刑法分则体系。一般来说,刑法分则根据犯罪所侵害的刑法法益种类的不同将各种犯罪进行分类,从而将同一类犯罪归为一章,同时根据刑法法益的重要性对各章进行排列。不同国家对法益保护的侧重点不同,也就直接导致刑法分则各章结构的排列也不同。从目前来看,多数国家按照国家、社会与个人法益的顺序构建刑法典,例如德国、意大利、日本等国的刑法典。也有一些国家按照个人、社会和国家法益的顺序来安排刑法分则的结构,例如西班牙、瑞士、瑞典、奥地利以及巴西的刑法典。从刑法理论的发展趋势来看,越来越多的学者主张采取这种立法例,认为一方面能够体现出刑法重视对于个人法益的保护,另一方面也便于刑法的研究和学习,因为针对个人法益的犯罪都属于常见多发的典型犯罪,情况也最为复杂,实践中经常会发生认定上的困难。日本及我国台湾的很多学者在其专著中都采取此种体例来讲解刑法分则。需要指出的是,无论是采取国家法益在前的结构还是个人法益在前的结构,各章下的具体犯罪的划分并不完全根据犯罪所侵犯的法益,而是依据一些其他的标准,例如犯罪主体的身份、犯罪对象类型等等,也就是说,刑事立法首先应当以刑法保护的法益为标准来将刑法分则体系化,在此基础上,再着眼于其他标准来将类罪进行细化,以便做到法定化与明确化。

(二) 对犯罪本质的确认功能

法益的内在功能体现出了犯罪的本质,即侵犯法益的行为具有严重的社会危害性。如前所述,犯罪具有严重的社会危害性,这种社会危害性必须要通过具体的载体体现出来。犯罪本身就受到社会的否定评价与谴责,在价值判断上,法益恰好符合这一点。法益本身就是价值判断后的概念,任何侵犯法益的行为,都应当是受到社会否定与谴责的。一个行为侵犯了何种法益,侵犯的程度如何,便于我们直接感受到社会危害性的大小,更加深了对犯罪本质的理解。因此,法益具有对犯罪本质认识的确定功能。

当然也存在随着立法者对某种犯罪行为的社会危害性本质的深入认识,可能修正刑法规范对法益内容的判断。如我国《刑法》第338条在经《刑法修正案(八)》修正前,所规定的罪名为"重大环境污染事故罪",一般认为其侵犯法益是"国家环境保护秩序、公私财产权与公民健康、生命安全"。但是,生态环境是先于人类就存在的,生态环境是人类生存的基本,它承载着与人类生存发展密切相关的诸多范畴与价值,生态环境一旦受到破坏,直接威胁着人类的生存,所以,生态环境本身就是一种利益,本身需要法律将其上升为法益。在现实中,污染并非都是突发性事件,很多具有累积性的污染行为,对于环境的污染远甚于偶发的某次污染事故，很难合理保护人类赖以生存的生态环境，因而如果刑法关注保护这种生态环境的法益保护，就必须将其纳入刑法惩罚的范畴。因此，《刑法修正案（八）》将该条的犯罪结果由"造成重大环境污染事故，致使公私财产遭受重大损失或者人身伤亡的严重后果"修改为"严重污染环境"，明显就体现出将生态环境视为一种特别的法益。

（三）司法解释性功能

刑法规范不但要求在立法中贯彻罪刑法定原则，同时也对司法提出了很高的要求。法律条文将犯罪构成要件规定的再详细也只能是概括与有限的，法律条文不可能将社会上各种行为都穷尽。在法律规定明确的时候必须依照条文严格适用，但是在法律规定不够明确的时候，就需要在司法实践中对抽象的规定作出符合其实质内涵的解释，从而更好地适用法律。司法实践中对法律条文作出的解释必须要能够符合立法者的本意，而立法者的本意是基于刑法法益的，因此刑法法益在司法实践中是具有解释性功能的。

第一，刑法法益能够在司法实践中认定犯罪。犯罪的本质在于侵害法益，但是并非所有侵害法益的行为都被认为是犯罪，受到刑罚的处罚。许多行为究竟是一般的违法行为还是犯罪行为的认定标准就在于是否侵犯了刑法所保护的法益，或者是侵犯刑法法益的程度是否足够严重。例如，非法经营罪与一般违法经营行为的区别就在于情节是否严重，这就是根据法益侵害程度轻重不同而认定为罪与非罪。因此，刑法法益能够在司法实践中罪与非罪的认定上提供具有可操作性的标准和依据。

犯罪行为侵犯的法益不同，决定了犯罪的性质不同，因此法益也能成为罪与罪之间区分的关键。现实生活中的危害行为形形色色，而刑法关于犯罪的具体规定也是纷繁复杂，按照罪刑法定与罪刑均衡原则的要求，要将某一行为认定为何种犯罪必然需要正确评判。司法实践中，很多犯罪都具有较大的相似性，容易混淆，尤其是当某些犯罪在罪过形式、行为方式和犯罪对象等方面都基本相同之时，法益对犯罪性质的认定及此罪与彼罪界限的区分，就具有实质的、决定性的意义。例如损害商业信誉、商品声誉罪与诽谤罪，两罪都是基于某种目的故意实施了捏造和散布某种事实的情节严重的行为，但二罪的区别在于侵犯的法益不同，前罪侵犯的是竞争对手的商誉，而诽谤罪侵犯的是他人的名誉。在刑事司法过程中，法益能够成为区分此罪与彼罪的标准，避免出现辨别错误的情况。

此外，法益在一罪与数罪、犯罪完成形态的认定上都具有关键性的作用。司法实践中依据法益来对刑法条文中规定的犯罪构成要件进行解释，从而使刑法规定该犯罪、设立该条文的目的得以实现。

第二，刑法法益为解释正当化事由提供了依据。刑法中明确规定了正当防卫、紧急避险等正当化事由，从表面上看，这些行为具有侵害性，与犯罪行为在形式上相似,但由于它实质上不具有社会危害性或者违法性,因此在认定犯罪的过程中需要加以排除。尽管正当化事由的依据在理论上有不同的学说,但是我们认为应当以法益衡量来作为唯一的依据。由于人类的生存与发展离不开对利益的需求,各个社会阶层或者社会个体都希望自己能够得到利益的最大化,就会竭尽所能去追求这种利益最大化。在这种逐利性的具体表现中,就难免会发生社会与个人之间、集体与个体之间、个体与个体之间的利益冲突。因此一个社会的现实秩序必然是通过一定方式分配权利、义务而形成的既定状态。刑法之所以保护法益,也是避免这种利益的冲突,但是由于各种法益的重要性不同,法益之间有时也会发生冲突,而刑法必须要在冲突的法益间进行协调与选择,这种冲突的解决过程就是对各种利益的选择、保护与否以及如何保护的价值再选择、再评价的过程。正当化事由中的各种情形本身就是法益冲突的结果,在这些情况发生时,需要对法益进行权衡,相对较为次要的法益就需要让位给更重要的法益,虽然此时的行为对刑法法益有一定程度的侵害,但是由于侵害此法益是为了保护更为重要的彼法益,那么此种行为始终还是符合刑法保护法益的目的的,因此具有正当性,不具有违法性。在确定罪与非罪时,衡量法益应当从两个方面判断,一是重要法益优先,即为了保护价值大的法益而牺牲价值小的法益,例如紧急避险;另一种是法益缺失,即刑法保护的法益在事实上不存在,那么该行为便是正当的,例如基于被害人承诺的行为。但是需要指出的是,正当防卫虽然包含了侵害法益与保护法益之间的比较衡量,但法律却允许防卫行为超出侵害行为的危害程度,但是不能说这超出了重要法益优先的范围。正当防卫主要保护的是个人的生命与健康,而个人的生命与健康在刑法所保护的所有法益中是最为重要的,是最高法益,尤其是在日益重视人权的现代社会,已经成为刑法发展的趋势,这也就是为什么有些国家刑法分则的第一个罪名就规定了杀人罪。[①] 当人们的生命与健康受到威胁时,进行自卫是与生俱来的本能,在个人遇到不法侵害而公权力无法及时予以保护的时候,国家必须应当对这种自卫权予以提倡与保护,必须要认可它的正当性,这也是保护法益的一种手段。法律在一般情况下要求防卫行为所侵害的法益在价值上应当小于或者等于所保护的法益,但是特殊情况下允许大于所保护的法益,同时还对防卫行为不应明显超过必要限度进行了明确规定,这充分体现了法益的平衡。

(四)理论分类功能

侵犯的法益不同,犯罪的类型就不同,侵犯同类法益的行为就是同类犯罪。为了研究的系统与方便,刑法理论将法益分为个人法益、社会法益与国家法益。

[①] 如《西班牙刑法典》第 138 条杀人罪,为分则第一章的第一个罪名。详见《西班牙刑法典》,潘灯译,中国检察出版社 2015 年版,第 72 页。此外,奥地利、瑞士、瑞典等国刑法均做了如此规定。

贝卡利亚就指出："有些犯罪直接地毁伤社会或社会的代表；有些犯罪从生命、财产或名誉上侵犯公民的个人安全；还有一些犯罪则属于同公共利益要求每个公民应做和不应做的事情相违背的行为。"[①]这种理论上的分类能够准确把握不同法益之间的共性，便于完善刑法理论的体系，而且已经对于刑事立法产生了深远的影响。越来越多的学者研究刑法分则，都是从这样三个大的方面去构建理论体系。目前，随着环境犯罪的日益严重，很多学者还主张在传统的三类法益外划分出生态法益。法益的可变性决定了这种理论划分具有一定的合理性，也符合刑法发展的趋势与实践的需要。因为法益能够将现实中的各种不同的利益进行概括与归纳，所以法益具备理论上的分类功能。

三、法益的确定

尽管法益具有极为重要的功能，但如果在具体犯罪中的法益非常抽象、没有具体的实际内容，那么法益的功能就不能充分发挥，具体犯罪中的法益必须是明确的，也就是说，刑法保护的到底是什么必须要明确。但是一些具体犯罪的法益在理论上还存在争议，需要结合立法者的本意与实际情况进行确定，而一些犯罪往往还会侵害两个或两个以上的法益，如何确定主要的法益与次要的法益也是一个重要的问题。

我国刑法理论对于法定犯，尤其是破坏社会主义市场经济秩序犯罪与妨害社会管理秩序犯罪，都认为是侵害了国家正常的经济或社会管理秩序，例如认为伪造货币罪侵犯的是国家的货币管理制度，理由在于伪造货币罪首先违反了国家货币管理法规，但是这种观点在法益的视野下讨论是极为不妥当的。由于货币是充当一切商品等价物的特殊商品，是价值的一般代表，因此它是人类生存发展中必不可少的重要利益，为了保护这种利益，保证交易的正常进行，国家以法律形式确定货币流通的结构、体系和组织形式，并严禁任何单位与个人伪造货币。如果认为伪造货币罪的法益是国家货币管理制度，很显然可以看出，伪造货币的行为仅仅是形式上违反了相关的货币法律法规。而国家制定这些保护货币制度的目的何在，最终体现的价值是什么，刑法真正保护的法益是什么，根本无法回答。制度的建立是为了更好地保护利益，如果把制度本身也作为法益，是不妥当的。因此，通说认为伪造货币罪的保护法益是国家货币管理制度，明显与法益学说本身并不相符，不能真正体现货币的价值所在。

法益应当被理解为法所保护的社会秩序抽象价值，这些价值的维护对于社会有利益，并且可能被指派给个人或整体作为法益主体。刑法所保护的法益并不仅仅局限于个体法益，在现今社会更加注重对社会法益的保护，即这种法益无

---

① 〔意〕切萨雷·贝卡里亚：《论犯罪与刑罚》，黄风译，中国法制出版社2005年版，第85页。

法归属与分配给个人,但是社会个体却能够从中获取利益,并可以有效利用,与社会个体与整体的发展息息相关。而货币、公文、经济秩序、环境,都是社会法益的典型。如果刑法尝试保护各方面的社会运作或功能,那么从这些复杂的运作或功能中鉴别出的法益必然也是公众的法益;若刑法服务于社会利益,则刑法的特殊法益必然也是社会法益。众所周知,目前流通的纸币本身并没有价值,而要将其作为一般等价物进行商品交换,满足人们日常生产生活的需要,国家就必须赋予货币具有可信赖性。如果货币过量发行,超过了社会生产和商品流通的客观需要,就会发生货币贬值,引起通货膨胀,货币就失去其信用,给社会带来动荡。而这种信用,是一种公共的、社会整体的信用,货币直接体现出了社会法益。

制度是一套彼此相关的规范体系,要求社会个体在这个规范体系中按照定式活动,以便减少意外及风险的发生。对制度的信赖是制度能否顺利运行的重要基础。制度所追求的最终目的,就是社会公众对其信赖,并为之遵守,因为越多人信赖,制度就越稳固。但不能因此而认为制度也是一种法益,因为即使完全遵守规范,制度的理想目标是否能达成,还取决于许多不可预知的风险与变数。而制度所体现出来的公共信用,虽然不属于制度内部的层面,但是意即制度能够被公众所信赖、使用,使其发挥功能。因此,制度本身不能作为法益,其保护的公共信用才是最终本质的法益。因此,伪造货币罪的主要的法益应当是货币的公共信用。

对于具体的犯罪,确定其保护法益一般有以下几种方法:

(1) 根据分则的章、节名直接确定法益。

可以根据具体犯罪所属的类罪确定其保护法益的内容。各种具体的犯罪,总是隶属于某一类罪,而刑法对类罪同类法益的内容都作了明确或提示性规定,明确了具体犯罪所属的类罪,便可以通过同类客体的内容,大体上明确刑法分则具体条文所要保护的直接客体的内容。例如,强制猥亵、侮辱罪属于侵犯人身权利的犯罪,故可以确定该罪的法益是妇女的人格尊严和人身自由权利,而不是社会管理秩序。当刑法规定的某罪的法益是复杂法益时,应当根据其所属类罪的同类法益的内容,确定刑法条文的主要法益。例如,暴力危及飞行安全罪规定在"危害公共安全罪"一章,因而本罪的主要法益是飞行安全,航空器上人员的人身权利则属次要法益。

通过章、节名直接确定法益直接、简便,但是这种方法仅适用于那些罪名较少、所含各罪性质较为接近的章、节,尽管各罪的具体保护法益在性质上有所差异,但是在解释论的机能上并不产生实质的影响,例如我国刑法分则第一章"危害国家安全罪"。但是对于第二章"破坏社会主义市场经济秩序罪"、第六章"妨害社会管理秩序罪"这样罪名较多、犯罪性质差异较大的章、节,就不适用于此种确定方法。

（2）根据分则的条文直接确定法益。

我国刑法分则在不少条文直接明文规定了各罪的保护法益，可以直接依照法条的规定确定法益内容。例如第252条规定"隐匿、毁弃或者非法开拆他人信件，侵犯公民通信自由权利，情节严重的……"，这表明本罪的保护法益是公民的通信自由权利。

有一些刑法条文虽然没有明确规定法益内容，但是通过规定犯罪的行为对象反映出法益的内容。例如我国《刑法》第116条规定："破坏火车、汽车、电车、船只、航空器，足以使火车、汽车、电车、船只、航空器发生倾覆、毁坏危险，尚未造成严重后果的……"火车、汽车、电车、船只以及航空器都是本罪的行为对象，据此即可以确定本罪的保护法益是公共交通安全。当行为方式相同而行为对象不同的时候，通过确定、比较行为对象所承载的法益不同从而准确认定罪名，就是法益确定的最好体现。

有的通过刑法条文规定的犯罪孳生之物、供犯罪行为使用之物的性质确定法益内容。例如，对于制作、复制、出版淫秽物品犯罪而言，淫秽物品为犯罪孳生之物；对于传播淫秽物品的犯罪而言，淫秽物品是供犯罪行为使用之物；淫秽物品"是指具体描绘性行为或者露骨宣扬色情的诲淫性的书刊、影片、录像带、录音带、图片及其他淫秽物品"（我国《刑法》第367条）；淫秽物品的危害在于破坏国家对文化市场和性道德风尚的管理秩序，故该罪的法益即为国家对文化市场和性风尚的管理秩序。

有一些犯罪的法益需要从刑法条文中规定的行为特征来确定，例如我国《刑法》第215条非法制造、销售非法制造的注册商标标识罪规定其行为特征是"伪造、擅自制造他人注册商标标识或者销售伪造、擅自制造的注册商标标识"，第216条假冒专利罪规定的行为特征是"假冒他人专利"，通过这样行为特征的表述，就可以很清晰的确定保护法益是他人的商标权与专利权。

有的通过刑法条文规定的结果特征确定具体法益。由于对法益的侵害表现为结果，因此可以通过对结果内容的规定确定法益的内容。如我国《刑法》第309条"有下列扰乱法庭秩序情形之一的……"的规定中，"扰乱法庭秩序"是作为构成要件的结果加以规定的，这说明本罪侵犯的法益是法庭秩序。

还有一些犯罪的法益需要从刑法条文中规定的违反其他法规范的性质来确定。刑法中大部分法定犯的构成要件首先是违反了国家相关的法律法规，例如交通肇事罪中的"违反交通运输管理法规"、违法发放贷款罪中的"违反国家规定"、违法发放林木采伐许可证罪中的"违反森林法的规定"、非法采矿罪中的"违反矿产资源法的规定"等等，因此在确定此类犯罪的法益时，应当要看到这些法律法规或者制度的本质的内涵，其保护的目的是什么，依此来确定法益才能做到明确，如果把制度或者法规范作为一种法益是不妥当的。

　　虽然这些是确定法益内容的基本方法，但是仍然有一些个罪的法益存在争议，如上文所说的伪造货币罪。因此在确定法益时必须严格基于法益的精神与内涵，还必须善于运用各种解释方法综合考虑，认真分析条文之间的相互关系，注重刑法的协调性。

第七章　犯罪客观要件

第一节　犯罪客观要件概说

一、犯罪客观要件的概念

犯罪客观要件，是指刑法规定的、说明行为对刑法所保护的法益造成侵害并为成立犯罪所必需的客观外在事实特征。犯罪的客观要件是相对于犯罪的主观要件而言的，属于犯罪构成中的一个重要要件，在犯罪构成的共同要件中处于核心地位。

犯罪客观要件，在刑法理论中的称谓不同，有些论著中称为"犯罪客观方面""犯罪构成的客观方面""犯罪客观因素"等。我们认为，称谓的不同只是反映人们理解角度的不同，"犯罪客观要件"侧重于刑事立法的角度，而"犯罪客观方面"则侧重于刑事司法的层面，但是这并不影响其本质内涵的相同。但是，"犯罪客观要件"更符合罪刑法定的要求，充分体现出刑法的规范性与确定性，便于准确理解刑法规范，因此以"犯罪客观要件"命名更为妥当。

从犯罪现象上来看，犯罪活动是一个主客观统一的整体，犯罪客观要件只是犯罪的客观外在表现，属于犯罪的一部分内容。它与犯罪所侵犯的法益、犯罪主体要件和犯罪主观要件具有密切的联系，它是犯罪主体实施的侵犯刑法所保护法益行为的客观外在表现，是犯罪主观要件的外化。犯罪现象首先是通过客观事实即行为人的行为以及造成的后果等因素表现出来，法益所遭受的侵害和威胁，需要根据犯罪客观要件来进行具体的判断和说明。

从犯罪成立上来看，如果不具备犯罪客观要件，而仅仅具有主观上的犯罪意图，就不可能存在刑法所保护的法益遭受到侵害的客观事实，因而，行为人的行为也就不构成犯罪，否则就成了主观归罪。同时，正确认识行为人主观要件的具体内容，也需要通过具体的客观要件。

从刑法规范上来看，当今世界各国的刑事立法，都接受并贯彻了罪责刑相适应原则，即在刑罚裁量时，既注重刑罚与犯罪行为及其侵犯法益程度相适应，又注重刑罚与犯罪人的人身危险性相适应，在量刑时考虑犯罪人的人身危险性已成为各国刑法的通例。而行为人的人身危险性必须基于行为人在其主观罪过支配下所实施侵犯法益的行为及其所导致的结果来考查，刑法规范对任何一种犯罪的规定，都是以这样一个基本的刑法原理进行犯罪构成的规范设计。

因此，犯罪的客观要件是犯罪构成的一个必要要件，是行为人承担刑事责任的客观基础和外在根据。

二、犯罪客观要件的特征

作为构成犯罪必须具备的客观条件，犯罪客观要件具有以下几个特征：

（一）法定性

所谓犯罪客观要件的法定性，是指构成犯罪的各种客观要素必须是刑法规范明文规定和包含的。罪刑法定原则要求任何一种犯罪都必须由刑法明文规定，而犯罪的客观要件正是反映了犯罪的行为表现和危害结果，将这种外化的客观存在内容在刑法中进行明确和具体的规定，是罪刑法定原则在犯罪构成中最直接的体现。从刑法规范来看，刑法分则对各种犯罪的客观要素内容给予了比较明确、具体的规定。有些犯罪，如故意杀人罪、故意伤害罪等，由于客观要件内容明显，刑法并没有详细描述，但这些犯罪的客观要件内容是已经由相关刑法规范所包含了的。刑法总则，虽然未对犯罪客观要件作专门的规定，但其有关故意、过失的条文中已经包含了犯罪客观要件的内容。因此确定犯罪客观要件的内容，必须严格依照刑法规范进行。如果刑法规范中并不包含有些客观事实特征，则这些客观因素不属于该犯罪的客观要件内容。如果以犯罪客观要件为标准考察具体的客观事实，客观事实中刑法规定的事实特征并没有完全齐备，那么，行为人的行为不构成此种犯罪。

（二）客观性

犯罪活动事实在刑法理论上可以分为主观和客观两个方面的事实：主观方面的事实是人有意识、有意志的思维活动，这种活动内容只有行为人自己清楚，不通过客观的外在表现，其他人是无法预知这种主观心理状态的；而客观方面的事实则是主观方面的客观化和客观表现，任何犯罪活动，只有通过客观事实才能被人们所直接感知。如果要认定行为人的活动是具体的犯罪活动，这些活动的客观事实就必须符合该种犯罪客观要件中的事实特征。同一罪名的犯罪现象，在具体的犯罪过程中，有不同的表现方式，客观事实上存在多样性；不同的犯罪，在犯罪事实特征方面，也有不同的内容，体现出内容的差异性。有的犯罪会要求有数个客观要件，而有的犯罪则要求相对较少的客观要件；即便对同一犯罪，也会因为各种因素的影响，从而导致行为呈现出不同的特征，有不同的表现。但是这些活动都是客观存在的，都符合该种犯罪的客观要件。值得注意的是，这种客观性并不是犯罪客观事实本身，而是对犯罪客观事实的抽象与概括。通常情况下，刑法条文比较明确、具体地规定各种犯罪的客观要件，但对于有些犯罪，由于种种原因，刑法没有详细描述其客观要件，而需要从刑法对这些犯罪的其他规定中予以把握。

（三）体现法益受侵犯性

作为犯罪成立要件的客观要件旨在说明在什么样的条件下，通过什么样的行为，对刑法所保护的法益造成了何种程度的侵害和威胁。而犯罪现象具有多样性和复杂性，客观上存在各种不同的表现，并非所有与犯罪活动相关的客观事实都能够体现出对法益的侵害，有的客观事实有可能成为刑事侦查的突破口，但是却不能说明行为对刑法所保护法益的侵犯性，因此不能作为犯罪构成要件的客观要件。因此，犯罪客观要件一个关键的特征就是能够体现出对刑法所保护法益的侵犯性。对于行为犯来说，行为一经实施，就构成了对刑法所保护的合法权益的侵犯；对结果犯来说，刑法还要求其行为导致了法定的危害结果，才构成完整意义的对刑法所保护的合法权益的侵犯。

有些教材还把犯罪客观要件属于犯罪成立所必须具备的要件视为其特征[①]，我们认为这种提法不妥，必备性应当属于犯罪客观要件在犯罪成立条件中的地位，而不是其特征表现。对于犯罪的成立而言，如果行为人仅仅主观上具有犯罪的意图，而没有客观要件的客观事实，行为人就不可能构成犯罪，否则就成了主观归罪；对于认识主体而言，犯罪现象首先是作为客观事实展现出来的，而犯罪的客观事实又是以行为人的行为为核心的，行为则是作为犯罪客观要件必不可少的内容而隶属于犯罪客观要件的；同时，认识行为人的主观要件的具体内容，也不能脱离具体的客观要件的事实特征。犯罪客体所受的侵害和威胁，更需要用犯罪客观要件事实特征加以确定，否则，无法表明存在刑法所保护的法益遭受到侵害的事实。但这种对犯罪客观要件与其他犯罪成立要件关系的描述，正是说明了其犯罪成立四个方面的要件的核心地位，而不是特征描述。

第二节　行　　为

法律从其性质和功能上来讲，就是调整特定法益的行为规范。"无行为则无犯罪"是刑法学中一个最基本的原则，直接说明了行为是刑法的核心内容，是认定犯罪的"基底"，整个刑法体系也是建立在行为理论的发展之上。正如马克思所言："我只是由于表现自己，只是由于踏入现实的领域，我才进入受立法者支配的范围。对于法律来说，除了我的行为以外，我是根本不存在的，我根本不是法律的对象。我的行为就是我同法律打交道的唯一领域。"[②]现实生活中，人们会作出各种各样的身体动作，但是并非所有的身体动作在刑法上都是具有意

---

① 这类观点可参见高铭暄、马克昌主编：《刑法学》，北京大学出版社、高等教育出版社2011年版，第61页；屈学武主编：《刑法总论》，社会科学文献出版社2004年版，第119页；侯国云主编：《刑法学》，中国政法大学出版社2005年版，第92页。

② 《马克思恩格斯全集》（第1卷），人民出版社1956年版，第16—17页。

义的行为。刑法中的行为必须是能够符合犯罪构成要件,侵犯了刑法所保护的法益,能够为刑法所评价的行为。

一、行为的一般理论

行为是犯罪构成中的必备要件,对行为的研究一直是刑法理论中的重要命题,因而产生了各种行为学说。自19世纪以来,大陆法系刑法学者有关行为论的主张显示出两种方向:一是追求事实性的、存在论的行为概念的主张,如因果行为论、目的行为论与人格行为论;二是探求价值性的、规范性的行为概念的主张,如社会行为论、消极行为论等学说。

(一)因果行为论

因果行为论也被称为"自然行为论""有意行为论",是19世纪受自然科学与机械论的影响下在德国形成的传统行为理论,第二次世界大战前成为德国刑法理论中的通说。包括自然行为论和有意行为说两种学说。该说首次将行为概念作为问题纳入刑法学的研究,认为有意思而引起的外界的变动是一个自然的、物理的、因果事实的过程,并由此来解释行为。刑法中的行为应当与自然科学尤其是物理学、生物学视野中的精神、身体的活动做同样的理解和把握,其主要特色在于把行为理解为一种因果事实,即行为是基于意思所引起外界变动的因果的物理过程,其中人的身体动静或举止是原因,外界的变动是结果。

该说强调行为有意性,即以某种意识为原因而引起外部的动作,更以此外部动作为原因而引起结果之因果系列的必然过程。因果链条包括意思、身体动作和结果,它虽然也将行为理解为自然的因果事实,但它同时强调行为的有意性,即行为是行为人在意思的支配下所表现于外界的因果现象,是意思、身体动作、结果这一因果系列的必然发展过程。在这里"意思"即故意或过失变成了一个毫无内容的、空洞的、抽象的概念,因而从行为的概念中被排除,成为责任论的问题。根据这种观点,行为概念的特征为:一是有意性(意识性),即行为必须是基于现实的意识决定;二是有体性(有形性),即行为人在意欲的支配下必然导致身体的运动,必然引起外界变化并有知觉的可能性。从行为理论仅仅为确立刑法上行为该当构成要件(贝林意义上的客观无色的构成要件)的观点来看,因果行为论无疑是值得肯定的。另一方面,该行为理论以自然科学方法来划分行为的主客观方面,极大地推动了后世刑法学者对行为的研究,特别是该理论对三阶层犯罪论体系的建构和持续发展奠定了坚实的基础。在违法性层面,认为违法性的实质是对刑法所保护的法益的侵害和危险,主张"结果无价值"。

但在此概念下,一方面,任何意思活动足以导致外界变动时都视为行为,并不能将刑法中的行为与其他法学学科的行为区分开来,而有扩大刑法处罚范围之嫌。而另一方面,该说强调有意性和有体性,却忽略了形成因果关系的目的性,而无法说明忘却犯——没有认识的过失的不作为犯(例如铁路的扳道工人由于打盹而忘了扳道致使火车脱轨)和不作为犯的行为性,因为忘却犯并非基于意思而为身体动静,不具备有意性,而不作为犯没有身体上的动作。还有学者认为,从行为概念的机能来看,因果行为论不适合作为基础因素(不作为无法被证明包含在此之内),在犯罪论体系内,这样的行为理论缺少说服力,并且,仅仅停留在对行为的自然的外表的认识上,是错误的。[①] 此外,自然行为概念还将导致无止境的循环往复,将很久以前的、与行为没有关联的事件包括进去。因此,因果行为论很快就被社会行为论所取代。在本书看来,因果行为论最大的缺陷无疑在强调行为主客观要素划分的同时,无视行为的心理因素而只注重行为的客观方面,有失偏颇。

(二) 目的行为论

目的行为论是20世纪30年代由德国刑法学者威尔泽尔(Welzel)首创,该说是在批判因果行为论的过程中逐渐产生的,是以行为的目的性作为行为本质的一种行为理论。该说认为人的行为不单纯是由意志支配的因果过程,而是有目的的活动。应把人行为的本质作为目的追求活动来把握,从而主张人的行为是受到目的支配的身体运动,即实现一定目的的一种活动,是一种目的现象,不是单纯的因果事物现象,目的性是构成行为的核心要素。这种目的性体现在,人以因果关系的认识为基础,在一定范围内预见自己的活动可能产生一定的结果,于是行为人设立各种各样的目的,选择达到目的的手段,并操纵手段,最终朝着这些目的有计划地进行活动。人的行为不仅仅是因果关系的整个过程,而且是目的活动的整个过程。所谓行为,是行为人为了实现某种可以预见的目标,选择必要的手段,由意思支配、操纵并指导人的身体动静,以趋向预定的目的。

目的行为论纠正了因果行为论不重视行为要素主观的一面,强调现实行为是主观面和客观面的复合体,从存在论的角度出发,把从来都作为责任要素对待的主观要素也包含在行为概念之中,促使人们重视构成要件中的主观性因素,故意、过失成为主观的构成要件要素被人们所认识,故意的双重地位得到确认,并对罪责概念进行了有力的证明。从而可以将那些不具有主观因素的行为,例如将梦游者的举动从行为中排除出去,具有一定正确性。在违法性阶层,该理论对违法性的本质进行了实质性的研究,发现了主观违法性要素,提出了行为无价值,以此来证明规范违反说。与因果行为论不同的是,它主要从行为人的主观目的来认定行为的本质,并由此提出"人的不法"概念。在责任论中,将违法性认识的可能性作为独立的要素提出来。尽管目的行为论对故意犯罪可以进行一定

[①] 〔德〕罗克辛:《德国刑法学总论——犯罪原理的基础构造》(第1卷),王世洲译,法律出版社2005年版,第150—151页。

的解释,但是对于过失犯罪的目的性则无法作出合理的解释,因为在过失犯罪中是没有目的的。为了贯彻其学说,威尔泽尔(Welzel)不得不对目的作出自己的解释,他认为在故意行为中,行为人具有现实的目的性,而在过失行为中,行为人则只是具有潜在的目的性。这种对目的的牵强解释受到了批判,因为过失行为所谓的"目的"并不希望发生危害结果,本来就不是刑法规制的对象,况且"目的性"必然是为了达到预期的目标而积极努力的状态,认为过失行为是"潜在的",与"目的性"本身就有矛盾。同时该说在说明不作为的目的性时同样也有疑问。威尔泽尔认为从存在论上说,不作为不具有存在性(缺乏因果性与目的性),是由于某种行为的不作为,所以其自身并不是行为,但不作为是由目的行为力支配的,即行为人具有依据目的统制意识的能力,不作为是受这种能力支配的。但由于目的行为论本身又很重视行为的存在论意义,不能说明不作为和过失行为,从而不得不将不作为排除在行为的概念之外,将不作为与行为并列,其上位概念是人的行为状态。这样它就不适合作为基础性因素;过失性行为的目的性说明,不能作为体系性连接因素;同时,该理论也无法发挥行为概念的界限要素机能。

（三）社会行为论

20世纪30年代由德国学者埃伯哈德·施密特(E. Schmidt)所提出,是把行为作为一种社会现象并把社会性作为行为概念核心的行为论。第二次世界大战后得到进一步发展,现在是德国有力的行为论。社会行为论认为,为了正确理解行为不能只从自然的方面去解决,而必须从社会意义上来把握,以行为对于社会的价值作为立论基础。人在社会环境中有各种举动,有偏重于目的追求的,有偏重于结果引起的,也有偏重于不实施特定的积极举动的,这种种形态的举动要想在本体结构上求得共同的概念并非一件容易的事情。但在价值判断上并非无相似之处,而均是具有社会意义的人的举动,所以才成为法律上的观念——行为。

该说认为,刑法上的行为是具有社会意义的人的有意的身体动静,而这种社会意义主要体现在行为对刑法所保护法益的侵害。依此,刑法上的行为概念必须具备两个要件:一是意识支配可能性。从社会性观点思考,社会性的行为与完全受自然科学因果法则支配的自然现象不同,是以行为主体的意识支配因果法则、支配行为。只有具有意识支配可能性范围内的人之外在举止,才是所谓行为。这种行为是社会上具有重要性的人的行态,忘却犯中虽然不具有有意性,但却包含了行为人意识支配的可能性,行为人不发挥主观能动性,不实施法规范所期待之行为,具有社会意义,也属于刑法中的行为。这样,无意识支配可能的人之身体动作,如反射动作、绝对强制下的动作、睡眠中的动作等,因受到自然因果法则或生理因果法则所支配,而无法成为刑法评价对象的行为。二是外在举止。从行为具有社会上事实存在的立场出发,行为必须属于具有某种可以成为刑法评价对象的社会意义的人之外在举止。按照该说,行为的意义在于,人以身体的举动(作为)变更因果流程的形态,或以能依意识支配因果流程却置之不理的身体静止(不作为)之形态,而实现自己的意思。单纯的思想与意思,以及诸如饮食、睡眠等单纯的个人身体运动,即便具有意识支配可能性,也不能成为社会生活上人的行为。

社会行为论将"社会"作为行为概念的核心,将行为理解为与价值相关的概念,从而将作为和不作为这两个在存在领域不可结合的要素在规范领域统合在行为的概念之下,而纠正了自然行为论的一些缺陷。因为不作为并非自然的"无",而是行为人不做法所期待之事,从社会规范的意义来看,也是违背法秩序、具有法益侵害性的。但是社会行为论把行为作为法律价值判断上的概念来看,其问题在于对于忘却犯(没有认识的过失的不作为犯)因缺乏有意性不能很好地解释为行为,怎样理解忘却某种行为而去做的社会意义?因此,社会行为论也没有使行为概念发挥界限要素的机能。况且,这样来理解行为已经将法的规范和价值评价提前介入,有失行为概念之先法性,影响了作为犯罪基底——行为的存在论意义。并且对行为概念先做了法律意义上的评价,之后又再从法律上评价有重复评价之嫌。致命的批评也许来自罗克辛,他认为,"社会"这个标志,在不法理论中也是一个重要的解释性观点,然而,也正是因为这一点,它不是一个位于刑法之前的行为概念所具有的因素。①

(四) 人格行为论

人格行为论是近几十年发展起来的有力的行为理论。该理论是以行为者的人格主体的现实化的身体动静为刑法上行为的学说,由日本刑法学者团藤重光首先提出,并得到了大塚仁等弟子的支持。人格行为论是把刑法中的行为理解为行为人人格的表现的立场,而认为,行为是在人格与环境的相互作用中依据行为主体的人格态度形成并把人格主体现实化。行为具有生物学和社会的基础,是在人格与环境的相互作用中,与行为人的主体的人格态度相结合,并将主体的人格现实化。即行为是行为者人格的主体的实现,或者说是行为者人格的发现。人的身体动静,只有与其主体的人格态度相结合,并能认为是其人格的主体的现实化时,才能认为是行为。该行为理论在德国被罗克辛大力主张和发扬,罗克辛首先设立行为概念的任务和基础因素、界限因素、连接因素以及结合因素等机能,然后通过比较哪种行为概念能够符合这些机能,而得出人格行为理论最符合这些机能的结论。② 他认为人格行为概念是一个从刑罚的目的出发的行为概念,因而是规范性的,其中人格表现的标准从一开始就表明了决定性的评价方

---

① 〔德〕罗克辛:《德国刑法学总论——犯罪原理的基础构造》(第1卷),王世洲译,法律出版社2005年版,第156页。
② 同上书,第150—151页。

向,这是其本质。无意识的动作(如忘却犯)、不作为、过失行为仍反映了人格。不作为能表明主体的人格态度(不实施法期待之事,无视规范的存在),是行为;过失也表现出主体轻视规范的人格态度,当然也是行为;而忘却犯也是与本人的主体性人格态度相结合的不作为,仍然是行为。对于那些单纯的反射动作、幼童的动作以及身体受到绝对强制的动作,由于并不表明主体的人格态度,所以不是行为。

但该说也因存在不妥而广受批评。首先,人格主体的现实化是一个具有抽象性和模糊性的概念:一方面"人格"受素质及环境的制约,另一方面形成主体这种界定,非常宽泛,不能实际感知,也容易造成分歧,难以为人所清楚地确定。而概念的范围模糊甚至与其他概念存在混淆是科学的大忌。其次,人格主体的现实化应是有责性阶段的内容。对行为作出价值判断之后,并非纯直观的东西,分析其构成要件时也存在困难。而且,"行为不仅仅是单纯的人格表现过程,将其作为法律以及构成要件评价前的一种无色的事实,却忽略了行为的法规范性"①。再次,认为精神病人、幼童的动作不是行为,但却是保安处分的对象,仍属于刑法上广义的行为,也就存在矛盾。最后,人的人格是一个动态的发展过程,不是静止的,所以该理论难以在实践中采用。虽然该理论与责任论中的人格责任论相契合,但也不能因此而认为其符合行为概念的全部机能。该说只是指出这种行为是在人格和环境的相互作用中由行为人的主体性态度所实施的,但行为与心智紧密不可分是不言而喻的,如何在个案中认定行为人的人格及罪责,"人格行为论"就显得力不从心了。另外,所有行为都与一定的情景相关,没有脱离因果关系和情景的行为,人格行为论关注行为的"行为人"这个方面,却忽视了行为存在的场域。人类学的研究表明,任何人的任何行为,都有极其复杂但不做细致观察和思考就无法触及的背后因素。人格行为论虽然已经看到行为背后的环境的制约,但是,什么样的环境、环境怎样制约以及环境在多大程度上制约行为,该理论却没有涉及。在"运动"刑罚观的起诉、审前、行刑三个不同阶段给予不同待遇的设想,也会因为对行为人的"人格"没有进行全面了解而不能全部或有效地实施有针对性的处遇。行为人是如何行为的、行为如何发生等问题属于事实判断的问题,而"人格的主体性现实化",极易与有责性混同,而对行为的认定存在进行责任判断(价值判断)的危险,却是刑法学理论所不容许的。其实,即使是罗克辛也承认该行为理论存在不尽如人意的地方:放弃了在事实性基础的统一性中寻找概念性的共同点,不能在实践中区分出什么是行为;另外,与

---

① 熊选国:《刑法中行为论》,人民法院出版社1992年版,第23页。

这个概念相比,现实生活中的行为范围要大得多。①

（五）消极行为论

消极行为论由德国学者卡尔斯(Kahrs)和雅科布斯(Jakobs)等人所倡导。该说认为,刑法中行为的本质是社会危害性,如果一个行为人能够避免某种结果的发生,法律也要求他避免这种结果的发生,那么,只要他没有避免这种结果的发生,就应当将该结果归责于该行为人。② 犯罪阶层体系的目的本来是提供一套精准的定罪量刑的工具,雅科布斯将罪责与一般预防等概念画上等号,罪责阶层就失去了存在的空间。雅科布斯主张放弃犯罪阶层论体系从而抛弃行为阶层,行为是不承认规范有效性的意义表达。③ 他认为,行为概念是不法概念的一部分,而且是不法的所有形式中共同的一部分。④ 这样,将行为阶层抛弃了。雅科布斯将责任概念纳入行为概念,认为行为是"让自己对规范损害负起有过错之责"或"让自己有责"。⑤ 因为归根结底,是要解决行为人要不要为结果负责任以及负什么样的责任的问题,所以区分构成要件该当性、违法性和有责性,或区分不法和罪责,都是没有意义的。

这种消极行为论的合理意义在于能够给体系思考带来新的研究视角,因为从理论上看,行为理论并不必然决定犯罪论体系的最终选择。但是,这种观点缺乏将行为概念特定化的基础,毕竟行为理论首先要解决的是先法性的行为概念,再在此基础上讨论包括归责在内的其他问题,而不是在解决行为概念之时同时解决归责问题。放弃行为阶层,乃至放弃整个犯罪基层体系,固然可以,但怎样解决归责的问题不是变弱了,而是更强烈了。

上述学说,从不同侧面论证了刑法中的行为,具有一定的理论参考价值,但都在不同程度上存在缺陷。有的脱离刑法规范谈论刑法中的行为,有的仅仅对行为的表面特征进行了简单归类和综合,而没有深挖刑法中行为的本质。脱离刑法规范的、仅具有自然特色或哲学特色的行为理论,自然不能与刑法相契合,不能揭示其本质——自然本质、社会本质及规范本质。所以至今在西方大陆法系国家刑法理论中尚未形成统一的行为理论。

二、行为的概念和特征

在我国刑法的规定中,"行为"一词具有多种含义,具体可以分为三种:

---

① 〔德〕罗克辛:《德国刑法学总论——犯罪原理的基础构造》(第1卷),王世洲译,法律出版社2005年版,第170页。
② 张明楷:《外国刑法纲要》(第2版),清华大学出版社2007年版,第66页。
③ 〔德〕雅科布斯:《行为·责任·刑法》,冯军译,中国政法大学出版社1997年版,第88页。
④ 同上书,第66页。
⑤ 许玉秀:《当代刑法思潮》,中国民主法制出版社2005年版,第53页。

（1）最广义的行为。这里的行为是在一般意义上使用，泛指人的一切行为，并不考虑其具体的刑法意义，既包括犯罪行为也包括非犯罪行为。如《刑法》第18条规定的精神病人的行为。（2）广义的行为。这里行为的含义指犯罪行为。它包含了主观要件（故意或过失），同时也包括客观要件的要件在内，是主客观的有机统一体。如《刑法》第3条规定的犯罪行为。（3）狭义的行为。这里行为的含义专指作为犯罪客观要件的行为，即行为人在危害社会意识支配下实施的可能成立犯罪的行为。例如，《刑法》第14条规定："明知自己的行为会发生危害社会的结果，并且希望或者放任这种结果发生，因而构成犯罪的，是故意犯罪。"在这里，行为就是作为犯罪客观要件的，不包括主观要件在内的行为。本节所讨论的，是狭义的行为，即暂时排斥行为主体与行为意思之后的行为，是属于犯罪客观要件的行为。

对于刑法中的行为，理论界一般给出的定义是："指由行为人的心理态度支配的危害社会的身体动静"[1]；或是"基于人的意志实施的客观上侵犯法益的身体活动（可谓有意的社会行为论）"[2]。但本书认为，行为应当同时具有自然属性、社会属性与规范属性。即所谓行为，是指在人的意志支配下实施的侵犯法益而被刑法规定作为犯罪客观要件要素的身体动静。据此，行为具有以下三个基本特征：

（1）行为是人在客观上表现出的身体动静。该特征是行为的有体性特征或者自然属性。任何行为，都必须通过人的身体动静表现出来，没有身体动静，就不会有行为。人的身体动静包括积极的活动，也包括消极的活动，既可以表现为运动状态，也可以表现为静止状态。它的本质特征在于可以改变客观世界从而侵犯法益。由于纯粹的思想不能改变外在世界，所以世界各国均不惩罚思想犯，只以行为为惩罚的对象。行为是客观的外在的现象，能够为人们所感知、认识。

（2）行为是行为人在主观上由其意志支配下的身体动静。该特征被称为行为的有意性特征或者社会属性。行为是意识的产物和表现。任何行为，都是在人的意识或意志支配之下进行的，人的意识、意志与人的侵犯法益的身体动静之间存在引起与被引起的关系。如果只存在人的某种意识或意志而未通过身体举动表现出来，或者只存在某种身体举动而未受行为人的意识、意志所支配，那么，它就不是刑法中的行为。因为，从刑法规制的角度看，即使它们可能会对刑法所保护的法益造成一定的侵害，但是惩罚这样的行为从根本上并不能起到预防犯罪的作用，而且，也与刑法理论主客观相统一的原则相违背，其结果必然导致客观归罪。因此，以下情形都不属于行为：① 人在睡梦中或者精神错乱状态下的

---

[1] 马克昌主编：《刑法》，高等教育出版社2012年版，第57页。
[2] 张明楷：《刑法学》，法律出版社2016年版，第141—143页。

举动。如精神病患者在精神完全失常时打伤他人的行为,虽然该行为侵害了他人的身体健康权,但由于精神病人在行为时缺少意识或意志能力,其行为不是刑法意义上的行为,不能让其负担刑事责任。② 人在不可抗力下的举动。如消防队员在赶往救火的途中,突然遇到泥石流,赶往救火地点的公路被毁,无法抵达救火现场。即使火灾引起人身伤亡或者财产的损失,消防队员不救火的行为也不是刑法意义上的行为,而是不可抗力下的举动。③ 人在身体受强制情况下的举动。如罪犯将财务人员用绳索捆绑起来,掏出其口袋中的保险箱钥匙,打开保险箱取走巨额现金。财务人员的身体受到强制,未能保护财产的行为就不是刑法意义上的行为,不能追究他失职的刑事责任。④ 单纯的反射运动。即人在受到外界刺激时作出的身体本能的反应。例如乘客因正在行驶的汽车突然紧急刹车而站立不稳,将他人踩伤,不构成伤害行为。需要说明的是,人在精神受到强制、胁迫的情况下,实施的侵犯法益的行为,仍然是受到其意志和意识支配的,除了紧急避险外,构成犯罪的,应当追究相应的刑事责任。不过,在处罚时也要适当考虑其精神上所受强制、胁迫及其程度。

(3) 行为是侵犯刑法所保护的法益的身体动静。这是行为的实质特征或者规范属性。立法者在确定什么行为是刑法意义上的行为时,需要从本质上来考察该行为侵犯了何种法益与侵犯法益的程度。刑法对侵犯法益的行为予以惩处,就是因为行为实际上造成了对刑法所保护法益的威胁或破坏。没有侵犯法益的行为被排除于犯罪之外,而不属于刑法中的行为。

需要说明的是,虽然单纯的思想,由于没有客观的外在的表现,不能成为行为,但是言论却有可能构成犯罪。发表言论,如果能影响外界,侵犯刑法保护的法益,根据刑法的规定符合一定犯罪的犯罪构成的话,能够成立犯罪。因为用口头、书面等方式发表言论的行为也是人的有意识、有意志的身体动静,也会对法益造成侵害,如果刑法予以了相应的规定,则完全符合行为的三个特征,而能够成为行为。例如,用语言煽动群众暴力抗拒国家法律、行政法规的实施,就属于刑法上的行为。

三、行为的表现形式

行为的表现形式多种多样,刑法理论上,根据不同的标准,将行为分为以下几种基本形式:

(一) 实行行为与非实行行为

刑法处罚的是侵害法益并为刑法规定为犯罪的行为,因此这些行为都是刑法分则具体罪名中所定型化的行为,即实行行为。判断是否有实行行为,不是简单地从形式上看行为人做了什么或者没有做什么,而是看行为是否现实地导致法益侵害发生的危险,是否实质地符合构成要件。因此,实行行为具有形式和实质的规定性,在形式上,是指符合刑法分则所规定的各种具体构成要件(具体的犯罪类型)的行为;在实质上,是指具有侵害各种具体构成要件中法益的现实危险性的行为。如果行为本身不具有侵害法益的危险性,即使偶然引起了法益侵害的结果也不是实行行为。例如,为了杀人而劝被害人去乘飞机,飞机在空中碰到一只大鸟而失事,或者为了致被害人死亡而劝说被害人在树林中散步,结果被害人真的被雷电击死等等,就都不属于故意杀人罪中的实行行为。

实行行为是刑法客观要件中的重要因素,但是刑法并非仅仅处罚实行行为,而是还处罚其他一些非实行行为,比如为犯罪所做准备的预备行为、教唆他人犯罪的教唆行为、为他人实施犯罪行为提供帮助的帮助行为等等。当然并非所有与实行行为相关的非实行行为都被处罚,只有刑法明确规定的相关非实行行为才应给予刑罚处罚。在一个犯罪过程中,与实行行为相对应的非实行行为是预备行为,其他的非实行行为如教唆行为、帮助行为则属于共同行为,而被视为一个犯罪行为的整体,这些行为一般与单独行为相对应,后文再详述。因此这里主要讨论预备行为。

预备行为是为了实现实行行为所做的准备工具、制造条件的行为,它是行为人犯罪主观意识外化为犯罪行为的一部分,在大多数犯罪中,是一个必经的过程。这是由刑法总则条文加以规定的构成要件(修正的构成要件)行为,对实行行为起着支配或者补充的作用。行为人在客观上实施了为犯罪实行行为准备工具、制造条件的行为,主观上具有犯罪的故意,符合刑法规定的犯罪构成,应当负刑事责任。预备行为与实行行为相比,尚未侵害到刑法所保护的法益,只是使法益面临着被侵害的危险,相对实行行为侵犯法益的程度而言较轻。因此我国《刑法》第 22 条第 2 款就规定预备犯可以比照既遂犯从轻、减轻或免除处罚。

实行行为和预备行为也是相对而言的,在一种犯罪的实行行为可能是另一犯罪中的预备行为,例如为杀人而盗窃枪支的行为,盗窃枪支仅仅是杀人行为的预备行为,但对于盗窃枪支罪而言又是实行行为。另外也有由意思决定直接发展为实行行为而缺乏预备行为实施阶段的情形,如激情犯就是典型的例子。

(二) 直接行为与间接行为

以行为人是否亲自实施刑法分则所规定的某一犯罪的构成要件的行为为标准,可以将行为分为直接行为与间接行为。

直接行为是指行为人亲自实施刑法分则所规定的某一犯罪的构成要件行为。[①] 亲自实施,并非仅仅限于行为人不利用工具而是直接运用自身的身体动静这种物理运动,利用自然力、凶器等物理力或者动物的力量等无人类生命力的力量作为工具而实施的行为,也属于直接行为。直接行为一般就是直接实行行

[①] 熊选国:《刑法中行为论》,人民法院出版社 1992 年版,第 72 页。

为,这是构成要件行为的基本形式。实施直接行为的人,在理论上称为直接正犯。

间接行为是指行为人通过支配他人作为工具或者道具实施刑法分则所规定的某一犯罪的构成要件的行为。也就是说行为人利用无刑事责任能力的人或不负刑事责任的人,通过引起错误、利用陷于错误的状态、利用有故意的工具,或者强迫他人而为自己实行犯罪构成要件的行为。从广义上来看,教唆行为与帮助行为都属于间接行为。而且,有些间接行为由于法律的特殊规定而变为直接行为。例如我国《刑法》第 107 条规定的资助危害国家安全犯罪活动罪、第 120 条之一规定的资助恐怖活动罪,资助行为本身是非直接的实行行为,而属帮助行为,但是由于刑法的特殊规定而变为一种直接的实行行为。

(三) 单独行为、同时行为与共同行为

刑法分则规定的个罪的犯罪构成要件一般都是单独犯、既遂犯模式。现实中是否真正由单个人实施犯罪行为并独立完成某种犯罪的构成要件,存在不同情形:有一个人独立完成犯罪构成要件行为的,也有两人或两人以上在没有通谋的情形下同时对某种刑法所保护的法益实施侵犯行为的,还有两人或两人以上存在通谋而共同对某种刑法所保护的法益进行侵害完成某种犯罪构成要件的。

不同情形下的行为也有所不同。单独犯所实施的行为即为单独行为,所谓单独行为,是指行为人单独一人实施刑法分则规定的某罪构成要件的实行行为。同时犯所实施的行为即为同时行为,所谓同时行为,是指两个或两个以上的人在缺乏通谋的情形下偶然地同时或近于同时对某种刑法所保护的法益实施同一犯罪行为的情形。这种情形下因为属于缺乏意思联络的偶然同时行为,在性质上与单独行为相同,行为人的刑事责任只能在自己的罪过范围内承担,而不能按共犯处罚原则来承担。存在通谋的犯罪称为共同犯,共同犯所实施的行为即为共同行为,所谓共同行为,是指两人或两人以上通过意思联络共同实施刑法分则所规定的某一犯罪构成要件行为的情形。由共同行为所构成的共同犯罪按照刑法规定的共犯处理原则来处理,这点将以专章详细论述。

(四) 作为与不作为

刑法中的行为无论是怎样的表现形式,对其加以抽象和概括,其基本形式包括体现人的积极身体举动的作为和体现人的消极身体静止活动的不作为两种形式。

1. 作为

所谓作为,是指行为人以身体积极的活动实施违反禁止性刑法规范的行为。作为是行为的基本形式之一。刑法中有绝大多数犯罪,都可以以作为形式实施,而且对于许多犯罪而言,只能以作为形式实施。

(1) 作为具有如下特征：

第一，身体活动的有形性。即作为是以人的客观外在的身体活动作为其表现形式，能够为人可见、可感知，应当从两个方面来理解：一是作为只能表现为身体的积极活动，比如强奸，是以暴力、胁迫或其他方法强行与女性发生性关系，这些活动都是积极的，而不可能是身体的消极的静止活动。当然并不是所有积极的身体活动就是作为，实践中很多不作为的犯罪也包括有积极举动，如逃税罪中做假账的行为，就是一种积极的身体活动。不能单纯地将身体动静作为区分作为与不作为的标准。二是作为并不是指人的一个身体活动或行为举动，而是指在一个主观罪过支配下的一系列身体活动或行为举动的整体过程，是多个身体活动环节的总和。如开枪杀人的行为，包括接近被害人、抽出并举起枪支、瞄准目标、扣动扳机等等。这些行为是一个整体，是不能分解成多个行为的。因此作为必须是在一个犯意支配下的一系列有机联系的积极身体活动。

第二，禁止性规范的违反性。作为直接违反了禁止性刑法规范，即法律禁止做而去做。并不是人的任何积极的身体活动都构成刑法上的作为，只有违反了禁止性刑法规范时才成立作为。所谓禁止性刑法规范，指刑法中明确规定哪些行为不能去做，是禁止公民去实施的。刑法中设立的犯罪构成的内容，多数属于禁止性刑法规范。

(2) 作为的实施方式多种多样。具体而言，有以下五种主要方式：

第一，利用自己的身体直接实施的作为。这种作为，既可以表现为四肢的活动，又可以表现为五官的活动。前者如拳打脚踢、绘制淫秽书画，后者如发表谈话侮辱诋毁他人。

第二，利用自然力实施的作为。这里的自然力指水、火、雷、电等自然现象。例如放火、决水等行为都是利用自然力来实施犯罪的。

第三，利用物质性工具实施的作为。犯罪工具可以多种多样，无论使用刀枪棍棒等普通物质性工具，还是使用计算机及其技术、无线电通讯设备等高科技的物质性工具，行为人只要是在其意志支配之下，操纵这些物质性工具，通过其实施侵犯法益的行为，就都属于刑法中的行为。

第四，利用动物实施的作为。这是指人通过对动物直接施加一定的影响而侵害法益的行为。现实中，往往表现为唆使恶狗咬伤他人等驱使动物实施犯罪的情形。

第五，利用他人实施的作为。这里是指行为人支配他人，将他人作为工具或者道具加以利用而实施的实行行为。主要表现为下面几种情况：利用无刑事责任能力的人或不负刑事责任的人，如教唆不满14周岁的人贩卖毒品；通过引起错误、利用陷于错误的状态或利用有故意的工具，如医生利用不知情的护士为病人注射；或者强迫他人实施实行行为，如用枪指着他人强迫其伪造公文。这种情形在理论上称为间接正犯,而被利用直接实施侵害行为的人则是间接正犯实施犯罪的工具。

2. 不作为

（1）不作为的概念与性质

所谓不作为,是指行为人负有实施某种行为的特定法律义务,能够履行而不履行该义务的行为。它是与作为相对应的行为的另一种基本形式。通常情况下,不作为表现为没有积极的身体举动,即身体处于"相对静止"状态。正是从这个意义上看,不作为又被称为"消极行为"。从表现形式上看,不作为是消极的身体动作。这种消极的动作不仅包括身体的静止和消极状态,在某些不作为犯罪中,还表现为积极的身体举动。所以不能绝对以积极与消极、动与静来区分作为与不作为。作为违反了刑法中的禁止性规定,而不作为主要是违反了命令性刑法规范。刑法的某些条文赋予行为人实施某种积极行为的特定义务,行为人在有能力的情况下不履行这样的义务,实际上就是违反了刑法所确定的命令性规范。即使特定行为人较多地运用了身体的举动,但因为其违反的是命令性规范,其行为在性质上仍属于不作为,例如我国《刑法》第201条规定的逃税罪,就是指行为人有依法履行向国家缴纳税款的特定法律义务,能履行而不履行的行为。在现实生活中,它往往表现为行为人采取欺骗、隐瞒手段进行虚假纳税申报,这都是积极的行为,而逃税行为本身违反的是刑法所规定的应当纳税的命令性规范,因此只能由不作为构成。

刑法理论上关于不作为的性质,存在不作为具备行为性的肯定说与否定说两种争论。肯定说认为,不作为应当具备行为性,因为不作为是一种有目的、有意识和具有社会价值的行为。不作为并非无所作为,在不作为的背后存在着被期待的作为义务,有意不去做这样的行为,才构成不作为。否定说认为,不作为不是行为,因为不作为既无因果性,又无目的性,缺乏行为的要素。[①] 本书认为,不作为应当具备行为性。并非所有的人的身体动静都是刑法意义上的行为,能够具备刑法意义的行为,必须要经过法律的评价。并非任何身体动作都是刑法中的作为,只有被法律禁止的身体动作,才能成为刑法中的作为。不作为也不是单纯的消极无为,只有不为法律所要求的行为。同样的行为形式,会因为行为人负有不同的法律义务而在刑法上被评价为作为或者不作为。这种义务的负担,是与社会的规范评价分不开的。作为是公然直接违反不应当做什么的义务,而不作为则是没有履行自己应当做的并且能够履行的义务。无论是不应当做什么的义务或是应当做什么的义务,只要违反了法律规定的义务,就会对刑法所保护的法益造成侵害,"在这个意义上,不作为与作为具有等价性,即在否定的价值

---

① 参见赵秉志主编:《外国刑法原理(大陆法系)》,中国人民大学出版社2000年版,第99页。

上是相同的,这是由社会的规范评价所得出的必然结论。"①另外,就刑法而言,一切仅仅具有自然客观意义,但主体无法控制的身体动静,都不具有"法律意义",都不能视为主体的行为。刑法中的行为必须要求行为人主观方面的要素,行为人的身体性动静必须是由属于故意或者过失所引导的。不作为虽然不同于作为,在物理意义上是一种消极的"无",但这种"无"的状态本身是受行为人的主观意志支配的。对于不作为而言,法律所规定的作为义务都是具备意识的义务,必须取决于行为人的态度,因此将不作为认定为行为并无不妥。我国刑法学界目前也普遍承认不作为具备行为性。

(2)不作为的成立条件

不作为的成立必须满足以下几个条件:

第一,行为人负有实施某种作为的特定法律义务,这是不作为成立的前提条件。单纯道德伦理上的义务,不能视为这里的作为义务。不作为的特定法律义务来源,是关系到不作为成立与否乃至与作为相区别的关键。我国理论界通常认为,不作为的义务来源有以下几个方面:

一是法律明文规定的义务。法律明文规定的义务是不作为犯罪的主要义务来源之一,这是罪刑法定原则的必然要求与直接体现。法律明文规定的义务是指由刑法直接规定或者其他法律、法令或各种行政法规规定的,并且最终由刑法加以认可的,行为人有能力履行此义务而不履行时就要承担刑事责任的一种积极作为义务。刑法直接明文规定的作为义务包括在刑法典、单行刑法以及非刑事法律中的刑法规范所规定的义务。许多大陆法系国家在其刑法典的总则中都明文规定了不作为犯。我国在刑法总则当中并没有明确规定不作为犯罪,处罚不作为犯罪的立法是直接体现在分则的具体条文当中。除去刑法的明文规定,其他任何由国家制定或认可并由国家强制力保证实施的其他法律、法令以及行政法规所规定的义务,也可以成为刑法中对不作为犯规定的特定义务。但需要注意的是,刑法之外的其他法律规定的义务并非当然成为这里的特定法律义务,只有经过刑法认可和要求后,才能视为不作为义务的根据。例如,我国《婚姻法》第21条规定:"父母对子女有抚养教育的义务,子女对父母有赡养扶助的义务。"《刑法》第261条就认可了这种法律上规定的赡养扶助义务,一旦行为人具有拒绝抚养、赡养的行为,就可能构成不作为犯罪。某一特定义务不管是规定在何种法律部门之中,或者是没有在法律中明确规定,都必须和一定的刑事责任后果相联系,只有当某种法律规范的制裁部分具有刑事制裁的内容时,其相应的法律义务才可以成为不作为犯罪的特定义务。如果是不履行相关义务并不必然引起刑事责任后果,那么该义务就不能作为认定不作为犯罪的根据。例如,《消防

---

① 陈兴良:《犯罪不作为研究》,载《法制与社会发展》1999年第5期。

法》规定，任何人发现火灾都必须立即报警。甲路过某个火灾现场后没有及时报警，结果火势蔓延，造成严重损失，但是甲并不构成放火罪。原因就在于报警义务只是一般的法律义务，不属于具有刑法意义上特定的积极作为义务，刑法也未认可不报警就必须承担法律责任。

至于宪法能否成为义务的依据来源，普遍认为宪法是原则性、纲领性的法律规范，它所设定的义务都是一般性的规定，具有抽象性，因此难以直接成为具体不作为犯罪的义务根据。但是，如果这些义务规范最终被刑法所确认并加以明确化，那么是能够作为刑法中的作为义务的。

在这里需要注意法定义务与道德义务的区别，道德义务具有范围上的广泛性和多样性，违背道德义务的不作为行为只是受到社会舆论与公众的谴责，并不当然成为刑法评价的对象。因此，道德义务并非都可以成为先行行为义务，只有经过刑法认可的道德义务才能够作为义务的来源，司法实践中常见的见危不救，只要未经刑法认可或要求，就不能作为义务的来源。在司法实务中对于行为人有无法律明文规定的义务，不能机械地着眼于法律条文的直接规定，而必须从法律规范的内涵和实质上予以把握。

二是职务或业务上要求的作为义务。职务或业务上要求的作为义务是指从事某种特定职业或者履行某种特定职务的行为主体，其职务或业务本身要求负有某种积极作为的义务。这种特定的作为义务是职业或者职务管理条款或有关的规章制度中规定的，如果行为人违反了这种义务，使刑法所保护的法益受到损害或威胁时，行为人就要负法律责任。

这种义务以行为人担任一定的职务或从事一定的业务为前提，并由本单位、本行业的主管部门或者业务部门通过职责守则、条例等形式加以规定其应履行的业务，如值班医生、执勤消防队员等，这种义务所要求实施的积极行为是行为人职务或者业务的内容，行为人不履行这种义务的情形，实际上就是不履行职务或业务本身的职责。比如值勤的消防队员在发生火灾时，必须积极地进行救火，而不能逃生，这就是其职务本身的要求。

需要注意的是，职务或业务要求的义务成为不作为义务来源，在时间上必须发生在行为人应执行职务或从事业务之时，否则不发生履行该义务的问题。例如，甲警察接到报案，有凶杀案发生，甲赶往现场后却没有立即采取措施制止行为人行凶杀人。而正好路过现场的另一公务员乙也未对被害人施以救助。结果被害人被杀死。甲、乙均属国家机关工作人员，都没有履行救助义务。但是甲是警察，依照其职务范围，具有制止犯罪的特定法定义务，但其未履行这种义务，构成渎职犯罪。而乙虽也为国家机关工作人员，也有义务制止犯罪，但由于这一义务并非是从其职务产生的特定法定义务，因而不成立渎职罪。

对于一些无正当资格而从事某种业务者违反作为义务的，面临应当如何处理的问题。本书认为,应当对"业务"作广义理解,只要行为人具有反复从事某种业务的意思,事实上又反复实施了该种业务的同种行为,就应当具备不同于一般人的高度谨慎和责任,其所负的义务,应与行为所从事的业务相当,行为人出于何种动机和目的则在所不问。

另外实践中,一些单位或主管部门通过的职责守则、条例等规定的职务或业务上的义务往往不够明确,在这种情况下如何确定行为人有无作为义务的问题?有学者认为,原则上应限于职责守则、条例等明文规定的内容,但如行为人所在部门、行业职责尚缺乏规范化管理的情况下,不应以本单位、本行业未作明确规定为借口予以否定,而是要结合本行业公认的职务、业务上要求的义务来进行认定。①

三是法律行为引起的义务。所谓法律行为,是指法律上能够产生一定权利义务的行为,如合同行为、自愿行为等。在这些情况下,一定的法律行为会导致一方当事人对另一方当事人实施某种积极行为的义务。在相对一方当事人处在非常危难的状况下,如果一方当事人履行积极行为义务能够挽救相对一方当事人的生命健康或者保全其重大财产,那么此时一方当事人的特定积极行为义务就有可能成为刑法上的积极行为义务。例如,未按照合同的约定对产品进行全面的质量检验,因此导致重大事故或者造成人员伤亡事故的,就可能构成犯罪。

合同一经签订即产生法律效力,并在当事人双方之间形成了权利义务关系。通常情况下,一方当事人不履行合同的义务只产生民事上的违约责任,只有当违约方不履行一定的义务给刑法所保护的合法权益带来了某种危害时,就要承担应义务不履行所产生的刑事责任。形式的作为义务理论一般都将合同行为列为作为义务的来源,因为当事人之间完全可以通过契约的方式为其设定一定的作为义务。从而,契约也就成为各国刑法理论普遍认同的作为义务来源之一。例如,根据契约而接受养育幼儿的人,有给予适当食物、进行其他养育的义务,若不履行该义务则可能构成不作为的杀人罪。② 对于合同行为产生的义务是否需要以合同的有效为要件,本书认为,只要在事实上承受保证结果不发生义务的人,就具有保证人地位③,因为合同失效并不必然导致义务终结,合同仅仅是义务的来源,义务一旦设置,就必然有相应的履行过程与履行的时间。如果认定合同失效就必然解除了义务,势必会对法益造成侵害。例如保姆受雇照顾婴儿一段时间,时间期满婴儿的父母未按期返回,如果此时保姆以合同期限已满,自己不再

---

① 高铭暄主编:《刑法专论》,高等教育出版社2002年版,第170页。
② 参见〔日〕大塚仁:《刑法概说(总论)》,冯军译,中国人民大学出版社2003年版,第138页。
③ 刑法理论将基于保证人地位的作为义务,视为不真正不作为犯的成立要件,即负有防止结果发生的特别义务的人称为"保证人",其中防止结果发生的特别义务就是作为义务。但是由于保证人地位与作为义务是何关系,理论界仍存在不同观点,我国刑法理论中较少使用"保证人"的概念。

负有照顾义务为由不再照看婴儿,导致婴儿死亡,就构成不作为的杀人罪。依据雇佣合同产生的妥善照看婴儿的义务,在这种情况下就不能以合同期满而中断。况且保姆并未被加重义务,其只是延续了先前的义务,依据常理,其合同外的付出,是能够得到补偿的。正如有学者指出:"对保证人起决定性作用的不是订立契约的法有效性,它更多的是事实上的接受而构成。因此,保证人义务可在意外情况下延伸至契约之外,但在内容上并没有超越契约的界线。"[1]

自愿行为是指行为人出于自己真实的意思,自愿承担了某种实施一定行为或者防止损害结果发生的义务。自愿行为与合同行为的性质不同,它不以双方当事人的合意为条件,只要行为人自愿,事实上从事了该项工作,就要承担法定义务。如果行为人没有按自己的先前意愿承担某种作为的义务,因而造成严重后果或危险状态,触犯刑法的即构成不作为犯罪。自愿行为相当于民法上的无因管理,只要行为人自愿,不管是有偿还是无偿,只要他事实上承担了某项工作,他负有特定的作为义务。比如,医生将病人接回自己的家中,就负有医治病人的义务,如果其不进行救治导致病人死亡,那么他就要承担相应的刑事法律责任。

四是先行行为引起的义务。这种义务是指由于行为人的某种行为而使刑法所保护的合法权益处于危险状态时,行为人负有采取有效措施排除危险和防止危害结果发生的特定义务。如果行为人不履行该义务,则构成不作为。例如行为人带着邻居家8岁小孩去游泳,小孩在水中遇险呼救,行为人不予理睬、置之不管的行为,就是不履行自己先行行为所引起义务的行为。

先行行为作为义务来源在具体适用中主要存在以下几个争议问题。

第一个问题,先行行为是否必须基于不作为人本人的行为?先行行为是仅限于自己之行为,还是应包括自己以外的第三者的行为,关于这个问题理论上存在分歧。例如,甲交通肇事撞伤了乙,拦住一辆出租车后将乙送往医院。在途中由于甲害怕承担责任,于是借故下车逃跑。在本案中,出租车司机并未实施先行行为,如果甲中途逃跑,那么出租车司机是否具备他人先行行为引起的作为义务呢?有人认为,司机一旦和肇事者将伤者送上车,该司机就产生了将乘客安全送抵目的地的义务,因此先行行为并不必然是不作为人本人的行为。但是,司机所具备的义务并非是他人先前行为引起的义务,而只能是其业务上要求的义务,出租车公司往往对司机有着业务上的要求,例如服务应当周到、不拒载、保证乘客的生命与财产安全等,又或者可以从合同行为引起的义务来解释。乘客上车后,就与司机之间达成了一种由司机以出租车为运载工具将乘客及其行李安全运送到目的地、乘客支付运费的合同关系。基于该合同关系,司机有义务将乘客安全送

---

[1] 〔德〕汉斯·海因里希·耶赛克、托马斯·魏根特:《德国刑法教科书(总论)》,徐久生译,中国法制出版社2001年版,第269页。

达目的地。无论甲中途是否逃跑,都不影响这种义务的产生,绝非是第三人的先行行为引起的义务。本书认为先行行为必须是自己的行为,而不能是自己以外的第三者的行为。从刑法理论的通说以及各国立法例来看,都认为只有因自己的行为而发生侵害法益之危险的,才负有防止危险发生的义务。

第二个问题,先行行为是否仅限于作为?刑法理论界普遍认为引起法益危险的先行行为是以身体积极动作为内容的,而对于不作为行为是否可以作为先行行为,则存在两种不同的观点。一种观点认为,先行行为只能是作为形式,而不能是不作为形式。先行行为不能以消极的行为方式实施,只能以积极的行为方式实施。认为不作为犯属于违反一定的特定义务,这就必然是行为人因自己的积极行为,致有发生危害性结果时,才负有防止之发生的特定义务。① 因为在现实生活中,只有作为才能导致行为人负有防止结果发生的作为义务,很难想象由一个不作为导致行为人负有防止结果发生的义务。另一种观点认为,先行行为既可以是作为也可以是不作为。② 先行行为在通常情况下都是作为,但又不限于作为,不作为也完全可以引起作为义务。③ 例如,甲携带子弹上膛的手枪,乙从甲的口袋取出枪玩耍,甲未加制止,结果乙因为手枪走火击中头部死亡;又如甲驾驶一辆载满润滑油的汽车行驶在公路上,因发生车祸致使车辆倾倒,润滑油洒满路面,甲未将路面油污清除,也没有立即设置警告标志,导致驾驶摩托车路过的乙滑倒并摔死。持这种观点的人认为,在第一例中,甲携带枪支,就应当具有妥善保管的义务,但是其却未加制止乙的玩耍行为,这显然是一种不作为;而第二例中甲没有清理油污也未设置警告标志,也是一种不作为,因此认为先行行为也可以由不作为构成。但是本书认为,只有作为才能够导致行为人负有防止结果发生的义务。对于上两例,论者显然混淆了行为人的前后行为。先行行为引起的义务是由于行为人的某种行为而使刑法所保护的合法权益处于危险状态时,行为人负有采取有效措施排除危险和防止危害结果发生的特定义务。由此不难看出,在第一例中,甲携带枪支的行为是先行行为,因此他负有采取有效措施妥善保管枪支,防止枪支走火的义务。当乙玩耍时,甲没有进行制止。乙的生命权处于危险状态是由于甲携带枪支的行为引起的,在其玩耍时,这种危险状态加大。因此,甲携带枪支的行为是制造危险的行为,是先行行为,这个行为显然是作为。如果认为乙取枪玩耍时甲未加阻止的行为是先行行为,那么如何认定其后的不作为呢?这明显是一个悖论。同理,在第二例中,发生车祸使油污洒满路面是先行行为,该行为会导致路过的人发生滑倒、摔伤、摔死的危险,因此甲

---

① 李学同:《论不作为犯罪的特定义务》,载《法学评论》1991 年第 4 期。
② 陈兴良:《刑法哲学》,中国人民大学出版社 2017 年版,第 289 页。
③ 参见陈晓明、陈立主编:《外国刑法专论》,厦门大学出版社 2004 年版,第 197 页。

自然担负起清理油污、设置警示标志的义务,但是其没有履行这样的义务,导致乙滑倒并摔死,构成了不作为犯罪。如果认为其未清理油污、未设置警示标志的行为是先行行为,显然不合适。因此,先行行为只能由作为构成。

第三个问题,犯罪行为能否成为先行行为？关于犯罪行为能否成为先行行为,理论上则有不同认识。有论者认为,故意犯罪根据先行的犯罪行为是否被规定为结果加重犯来确定：如果被规定为结果加重犯,行为人不履行先行犯罪行为所产生的积极行为义务,导致更为严重的后果的,不成立另外的不作为行为；如果没有被规定为结果加重犯,也没有规定成立其他严重犯罪的,则应当认定该故意犯罪行为导致行为人具有防止另一法益侵害的义务,而可以成立其他的不作为犯罪,与先行的犯罪行为进行数罪并罚。而过失犯罪则不作区分地可以成为作为义务的发生根据。① 有人则认为,成为不作为义务来源的先行行为,关键不在于其本身为合法行为还是违法行为,而在于其所产生的结果是否超出了合理范围而增加了行为之外的危险,因而要求行为人对其加以防止。因此犯罪行为可以作为先行行为,成为不作为义务的来源。② 应当说,完全将犯罪行为排除在先行行为之外,存在明显不妥。因为只要犯罪行为能够引起危险状态,并且未经刑法予以否定的价值评判,就可能视为先行行为成为不作为的义务来源。例如,发生交通事故后,肇事人具有立即抢救受伤人员的义务(我国《道路交通安全法》第70条第1款)。日本也曾有判例认为,"由于自己的过失而使上述物品燃烧的人","行为人具有使不让火势转移到房屋上的灭火义务",因此,"没有采取灭火措施的人的不作为的烧毁房屋的行为,构成对有人居住建筑物的放火罪"。③ 这种理解并不违背刑法的禁止重复评价原理,因为这一结果仅仅在不作为犯罪中作为评价对象,并没有作为前一犯罪构成既遂所要求的犯罪结果。但也不能将所有的犯罪行为都视为先行行为,毕竟在某些犯罪的场合,行为人尽管没有针对先行的犯罪行为可能带来的危害后果采取措施防止而致结果发生,但由于这种危害结果已经在先行的犯罪行为中预留评价空间,就不能再视为先行行为,在另一个不作为犯罪中予以重复评价了。如在故意伤害致死的场合,法律不能期待行为人对被害人进行及时的抢救,在被害人出现死亡的情形下,法律对行为人的评价不能先认定一个故意伤害罪,然后再因行为人故意伤害他人后应负有防止结果发生的作为义务而成立另一个不作为犯的杀人罪。

第二,行为人有能力履行该特定法律义务,这是不作为成立的重要条件。行为人具有实施符合构成要件状况所要求的特定行为的可能性与能力,这种能力

---

① 张明楷:《刑法学》,法律出版社2016年版,第156页。
② 周光权:《刑法总论》,中国人民大学出版社2016年版,第114页。
③ 〔日〕大谷实:《刑法讲义总论(新版第2版)》,黎宏译,中国人民大学出版社2008年版,第137页。

不仅要求具有一般的行为能力,而且要求具有个别的行为能力,决定个别能力的因素包括外界的环境,也包括个体精神的能力。如果行为人在客观上不具备遵守作为义务能力,法律规范则不能谴责行为人,这就是所谓的法律不强人所难。行为人是否具备履行该法律义务的能力,需要从其主观与客观两方面予以综合观察,比如行为人对当时情势的认识,求助的可及距离、方法以及可资利用的诸如体能、技能与智能等辅助条件,只有基于先从客观考察的立场的全方位的判断方法,才能更好地探讨行为人是否有能力履行其法律义务。

第三,行为人没有履行该义务,并且造成了刑法所保护的法益侵害或者有引起刑法所保护的法益侵害的现实危险,这是不作为成立的关键性条件。不作为的成立是以行为人没有履行其应当履行的特定法律义务为必要条件的,至于行为人在没有履行法律义务时是否有其他的积极身体举动,则在所不问。不作为的行为方式,不在于其消极的无所为,而是对一定的法律上应为的举动有所不为。行为人违反特定的作为义务,在相当程度上是进行实质性的判断,但是在判断其是否符合某种构成要件的实行行为时,就有必要考虑该不作为与作为在法益安全的保护上具有同价值性,进行这种判断的理论被称为不作为与作为的等价性。对于应为法律期待之行为,并非泛指一般过失犯的注意义务问题,而是法律规定行为人在该危险状态下有防止的义务,且实际上能防止而不防止。如果行为人没有实施能够避免结果发生的特定行为,尚不能肯定其行为成为不作为的实行行为,还必须要求这种特定行为的实施,在当时具体危险状况下能够实现使构成要件所保护的法益不受损害这一规范目的,那么这种因行为人违反防止义务导致类似积极行为所造成的结果,即可谓判断不作为与作为犯罪之间具有等价性。

第四,不履行法律义务与危害结果的发生之间存在因果关系。如果行为人实施了法律所期待的作为,刑法所保护的法益侵害或者有侵害的现实危险的这一结果就能得以避免,但行为人没有履行该特定法律义务,而致结果发生,那么可以认定行为人不履行法律义务的不作为与危害结果的发生之间存在因果关系。例如,若引起交通事故,撞到被害人致使其主要内脏显露在外,头盖骨粉碎,即使马上送往医院也不会得救,那么行为人在这种情形下如果没有实施法定的救助义务,也不能认定其不作为与被害人的死亡结果存在因果关系,而仍应只按交通肇事罪一罪定罪处罚。

(3) 不作为的类型

不作为实施的犯罪一般分为两类:一类是纯正(真正)的不作为犯,它是指以并未实施法律规范所期待实施的一定行为作为构成要件行为,即只能由不作为形式才能实现构成要件的犯罪。在这种情形下,行为违反的是法律有明确规定的应为义务而没有履行该义务,从而构成犯罪的不作为犯,其特征是作为义务的主体及其内容大体上由法律明确规定,如丢失枪支不报罪,不解救被拐卖、绑架妇女、儿童罪等。另一类是不真正(不纯正)的不作为犯,通常是指以不作为的形式实现刑法规定的以作为方式也可能实施的构成要件的犯罪,作为犯实施的往往是禁止规范所禁止的行为,作为犯中作为法律规范要求所规定的构成要件,是对应禁止规定的不作为义务,因而违反该义务的,通常是以作为犯的形式实施的,但并不排除所谓不作为的手段。在这种情形下,即使法律没有明确规定作为义务作为构成要件,但如果通过其不作为能够判断出实施了禁止规范所禁止的行为,就可以说其不作为也实现了作为犯的内容,仍然要受到刑罚处罚。如母亲故意不给婴儿喂奶,导致婴儿活活饿死的行为就属于不作为的故意杀人罪;再如,独居的成年男子抽烟不小心把被子点燃了,但心想起火能够获得火灾保险金,不予救火,而是外出,导致房子燃烧起来,这就属于不作为的放火行为。

(4) 作为与不作为的区别

作为与不作为并不等同于故意和过失,不能将其混淆起来。故意和过失是主观要件的罪过内容,是行为人实施行为时的主观心理态度,而作为与不作为则是客观行为的表现形式,属于犯罪客观要件的内容。作为与不作为,在主观心理态度上,都既可以由故意也可以由过失方式构成,既有故意的作为犯与不作为犯,也有过失的作为犯与不作为犯。

区分作为与不作为,关键在于是否与特定法律义务相联系,因此,不作为与作为的区别主要是不真正的不作为犯与作为犯之间的区分。传统的观点认为,二者之间的区别在于行为是违反禁止性规范,还是违反命令性规范。当然其区分也不是绝对的,而是应当其是否履行法定义务的不作为是否应当独立地被判断符合不作为犯的成立要件。另外,现实中也有不作为与作为相结合的犯罪,如抗税罪中,因"抗"所采取的暴力、胁迫方法属于典型的作为,而不履行纳税义务缴纳税款的行为则属于典型的不作为。

不作为与作为,只是犯罪客观要件中行为的两种不同表现形式,这种形式上的不同并不影响犯罪的性质。一般情况下,不作为犯罪不像作为犯罪那样可以表现得非常残酷、恶劣。但是,不作为犯罪在侵害法益的程度上,并不一定就轻于作为犯罪。有些场合,两者侵害法益的程度并无差别。在司法实践中,既要注意惩处以积极方式构成的作为犯罪,也要注意惩处以消极方式构成的不作为犯罪。

(五) 持有的性质

由于刑法将行为人在某种情况下非法持有特定物品的行为也规定为犯罪,如持有假币罪,非法持有枪支、弹药罪等,这在刑法理论上称为"持有型犯罪"。"持有"是指对某种物品的实际控制状态,通常起始于作为,如取得、收受等,以不作为维护其存在状态,具有作为与不作为相交融的特点。但是持有却无法准确归入传统的作为或者不作为之中,因此一些学者把持有作为一种介于作为和不作为之间的行为样态,认为是刑法意义上的第三种行为方式。①

我国刑法中规定了持有型犯罪,但理论上对持有这一行为形态问题还没有达成一致。有论者认为持有是与作为、不作为并列的第三种行为形式这种看法合乎逻辑、符合法律规定需要,具有实际价值,并能够消除误解。② 有的论者认为,持有属于作为,因为法律规定持有型犯罪,旨在禁止行为人持有特定物品,持有行为违反的是禁止性规范,属于作为。③ 有论者作了进一步的论证,认为持有是对特定物品的实力支配、控制,因而并非不作为;刑法规定持有犯罪旨在禁止人们持有,而非命令人们上缴;尽管一个犯罪构成可以同时包含作为与不作为,但持有并不属于包含多重单一行为的类型;如果认为持有同时包括了作为与不作为的特点,既然能够认定为作为,就完全没有必要再讨论是否不作为,况且作为义务的来源证明也难以证明。④ 还有的论者认为,法律规定持有型犯罪是为了消灭这种持有状态,持有人有义务将特定物品上缴,违反了这种义务不上缴该物品,就构成不作为。⑤

我国刑法中规定的持有型犯罪行为可以分为两个阶段,即取得行为和持有状态,后者隐含着行为人对违禁品负有通过毁弃、上缴等方式以消灭这种控制状态的义务。取得行为和持有状态相结合,共同构成了持有行为这一复合性行为。没有取得行为,持有状态无从产生,取得行为是持有状态产生的基础,而持有状态是取得行为在时间上的延续。从而,持有并非仅仅表现为控制违禁品的静态性状态,也不仅仅表现为作为或不作为,而是呈现出一系列的作为和不作为的融合。如果行为人获得该物品的行为本身就被刑法规定为犯罪,持有该物品只不过是获得行为的延续,不具有独立的处罚意义,例如,行为人非法制造、购买、盗窃枪支后又非法持有的,分别成立《刑法》第125条规定的非法制造、买卖枪支、弹药、爆炸物罪和第127条规定的盗窃枪支、弹药、爆炸物罪。如果行为人处分该物品的行为被刑法规定为犯罪,那么持有该物品的行为作为处分行为的前行为,按照处分行为的性质处理即可。例如,行为人要去运输枪支、弹药、爆炸物,或者使用枪支实施其他犯罪,成立《刑法》第125条规定的非法运输枪支、弹药、爆炸物罪,或者其他犯罪(如故意杀人罪、抢劫罪等)。不管是作为获得违禁物品行为的后续行为还是处理该物品的前行为,持有在这两种情况下,都不具有独

---

① 参见陈兴良主编:《刑法总论精释》(第二版),人民法院出版社2011年版,第181页。
② 参见储槐植:《刑事一体化与关系刑法论》,北京大学出版社1997年版,第411—416页;陈兴良主编:《刑法学》(第二版),复旦大学出版社2009年版,第68页。
③ 参见熊选国:《刑法中行为论》,人民法院出版社1992年版,第125页。
④ 张明楷:《刑法学》,法律出版社2016年版,第162页。
⑤ 张智辉:《刑事责任通论》,警官教育出版社1995年版,第124页。

立的行为之意义。如果刑法没有将获得和处分法律禁止占有的物品之行为规定为犯罪，则只能对持有行为进行独立的处罚，对持有行为性质问题的分析并不涉及获得和处分行为。

在此基础上，再分析持有法律禁止占有的物品所违反的刑法规范的性质，即持有行为违反的是命令性规范还是禁止性规范。刑法规范仅有禁止性规范和命令性规范两种形式，持有作为一种单一的行为，要么违反了命令性规范，要么违反了禁止性规范。从刑法的立法意图来看，规定持有型犯罪的目的是要禁止人们持有特定物品，而不是命令人们上缴特定物品。因此，本书认为，行为人违反的是禁止性刑法规范，持有型的行为实际上属于作为，而非独立的行为形态。

四、行为的附随情状

行为的附随情状，是指犯罪的时间、地点、方法（手段）等附随于客观行为并对定罪量刑有一定影响的客观因素。

当法律明文规定特定的时间、地点和方法是某些犯罪成立所必备的要件时，这些因素就是成立这些犯罪所必不可少的，对于这些犯罪的成立而言，它们就是犯罪构成的要件。缺少了这些要件，犯罪即不能成立。典型的如我国《刑法》第257条规定的暴力干涉婚姻自由罪，根据该条文规定的构成要件，构成暴力干涉婚姻自由罪，必须是以暴力的手段进行干涉行为。因此，是否使用暴力手段，成为成立该罪所必不可少的条件，即使有干涉婚姻自由的行为，但没有采用暴力手段，行为人的行为不构成该罪。又如我国《刑法》第340条规定的非法捕捞水产品罪中，时间（禁渔期）、地点（禁渔区）、方法（使用禁用的工具）都属于其构成要件，对于成立该罪而言，它们是不可缺少的条件。

在我国刑法分则所涉及的罪名中，除了这些明文规定特定的时间、地点、方法（手段）的犯罪以外，大多数犯罪并没有将这些因素作为犯罪构成的要件。对于这些犯罪而言，实施犯罪的时间、地点、手段（方法）并没有特别的限制，它们不会影响到行为的定性，但是，有时这些因素却影响到量刑。这是因为，这些因素对于说明行为本身侵犯法益具有重要意义。例如，同为抢劫行为，但在光天化日之下抢劫、公共场所抢劫、持刀抢劫就比没有这些情节的一般的抢劫行为侵害法益的程度大。因此，在量刑时要予以适当的考虑。需要说明的是，有时刑法条文明确规定，在特定的地点，使用特定的方法，是加重处罚的条件。如抢劫罪中，入户抢劫，在公共交通工具上抢劫，持枪抢劫等就是加重处罚的条件。在这种情况下，就必须在法律明文规定的量刑幅度内量刑。

第三节 行为对象

一、行为对象的概念

行为对象也称为行为客体,是指行为所指向、作用的客观存在的具体的人或物。大多数犯罪行为都通过直接作用于一定的人或物,进而侵害刑法保护的法益。因此,人们认识犯罪侵害的法益往往是通过认识行为对象开始的,或者说行为对象是刑法保护法益的载体,是行为与法益侵害之间的逻辑中介。例如盗窃行为直接作用的行为对象是具体的财物,而这些具体的财物背后所承载的财产所有权就是刑法所保护的法益,正因为盗窃行为侵犯了公民的财产所有权这一法益,而被刑法规定为盗窃罪。行为对象具有以下两个基本特征:

第一,客观性。这是指行为对象作为犯罪行为直接作用的人或物,是客观存在和能够为人们所感知的。如盗窃行为的对象是财物,杀人行为的对象是人。而且,行为对象在犯罪行为的作用之下,必然或多或少地留有痕迹与影响,从而忠实地反映犯罪行为对其作用的实际情况,这一特点使行为对象在刑事诉讼中具有证明犯罪的重要功能。

第二,法定性。这是指行为对象是刑法规定的人或者物,认定行为对象应以刑法条文的规定为根据。刑法分则大多数条文并不明确规定所保护的法益,而往往是通过规定行为对象来表明法益的存在。同样的行为对象在不同的犯罪中所承载的法益也不同,例如同样是人,故意杀人罪的行为对象是人,但其行为侵犯的法益是人的生命权;敲诈勒索罪的行为对象也是人,但是其行为侵犯的法益却是他人的财产权;交通肇事罪的行为对象也包括人,但是其行为侵犯的法益却是公共安全。因此,只有通过具体刑法条文的内容,才能得出行为对象所指向的人或物,而这些人或物,实际上已经由刑法所保护的法益进行了法定的类型化,因此具有法定性。

行为对象中的人不仅仅指个体的自然人,也包括法律意义上的人,即法人与自然人的集合体,如非法人团体与其他组织。人不仅指物理意义上的身体,还包括精神意义上的身份与状态。行为对象中的物包括有形物与无形物,只要是客观存在并能够为行为所作用的,就可以成为行为对象。

需要注意的是,行为对象与行为所得物、行为所用物具有明显区别。例如在走私、贩卖、运输、制造毒品罪中,毒品对于制造行为而言,只能是行为所得物,对于走私、贩卖、运输行为而言,毒品就是行为对象。同理,伪造文书、伪造货币罪中的假文书、假货币,都不是行为对象。行为人盗窃的物品属于行为对象,但是其将该物品变卖所得的金钱,或者是与他人交换的其他物品,就不是行为对象。

行为所用物主要指的是犯罪工具。

并非所有的行为都会直接作用于一个具体的人或者物,也并非所有的犯罪都有行为对象。例如,脱逃罪、偷越国(边)境罪以及组织、领导参加黑社会性质组织罪等,就无法确定其行为的具体对象。因为实际上这时行为人只是利用自己身体所处的状态或者改变自己所处的状态,并没有具体的指向与作用对象,正是这种状态,违反了法律规定的相应的管理秩序,因而成立犯罪。在这种情况下去刻意探究行为对象是没有必要的。

行为对象一般而言只能是人或者物中其一,但是有些犯罪却可以同时具备人与物两种行为对象,如抢劫行为同时会作用于人身及财物,在这种情况下,该行为就侵犯了数个法益。因此,在行为侵犯数个法益的情况下,其行为对象也必然有数种。

二、行为对象的意义

行为对象在刑法上具有一定的意义,主要表现在:

(1)是某些犯罪中的构成要件要素之一。刑法中规定了许多犯罪,只有行为作用于特定的对象时,才能构成犯罪。例如拐卖妇女、儿童罪的行为对象只能是妇女或者是未满14周岁的人,成年男性则不属于本罪的行为对象,因此,行为对象在本罪中就是构成要件要素之一,不满足行为对象这个条件,就不构成本罪。

(2)在某些犯罪中,能够影响此罪与彼罪的区分。在某些犯罪中,行为对象能够影响到犯罪的整体性质。同样的行为,如果行为对象不同,其体现的法益不同,则有可能构成不同性质的犯罪。例如同样是盗窃行为,盗窃一般财物的行为,侵犯的是公私财产权,构成盗窃罪;盗窃国家机关公文、证件、印章的行为,侵犯的是国家机关公文印鉴的公共信用,构成盗窃国家机关公文、证件、印章罪;盗窃枪支、弹药、爆炸物的行为,侵犯了公共安全,因此构成盗窃枪支、弹药、爆炸物罪;等等。

(3)在某些犯罪中,行为对象能够影响罪与非罪的界限。这种影响主要体现在行为对象的数量或者价值上,例如盗窃财物的价值没有达到刑法规定的数额,就不构成盗窃罪,因为此时行为对象所体现出侵犯法益的程度并不足以用刑罚进行处罚。

(4)在某些犯罪中,行为对象能够影响量刑。虽然许多犯罪不要求特定的犯罪对象,但是同样的行为所作用的具体对象不同,也会影响到具体的量刑。例如伤害健康人与伤害孕妇、病人,其侵犯法益虽然同为人的健康权,但是侵犯的程度明显不同,因为孕妇与病人更加需要得到保护,对其进行伤害,在量刑上就应当有所区别。

三、行为对象与法益的关系

行为对象与法益存在紧密的联系,同时又具有明显的区别。二者的联系在于:首先,行为对象中具体的人或物是刑法保护的而为犯罪所侵害的法益的载体。行为对象反映刑法所保护的法益,而法益则能够确定正确的行为对象。但是这种关系并非一一对应,法益相同的情况下,行为对象有可能不同;行为对象相同的情况下,法益也有可能不同。因此,脱离了行为对象讨论法益,或者脱离了法益来讨论行为对象,都是不妥当的。

二者有着非常明显的区别,主要表现在:第一,法益是任何犯罪必备的构成要件,而行为对象只是某些犯罪必备的构成要素之一。第二,法益能够决定犯罪的性质,而行为对象则不可能决定犯罪性质,因此只有法益能够成为我国刑法分则对犯罪进行分类的基础和标准。第三,任何犯罪都会使法益受到侵害,而行为对象却不一定如此。例如,行为人盗窃来的汽车,属于行为对象,为了将该车出售一个较好的价钱,往往不会损坏汽车,反而会采取一定的措施进行保护,但是汽车所有人的财产权必然受到侵害。

第四节 危 害 结 果

一、危害结果的概念与特征

危害结果在刑法理论界中又称结果,对此理论界存在不同的观点。有学者认为结果是行为给刑法所保护的法益所造成的现实侵害事实与现实危险状态。[1] 而目前居于通说地位的理论认为,危害结果是指行为作用于犯罪对象而对犯罪直接客体(法益)造成的法定的实际损害或者现实的危险状态。[2] 其实上述这两种观点并没有实质差异,只是立足视角不同而已。从危害结果是行为所导致的后果,表现为行为对象的物质性变化,或者发生物质性变化的可能性这点来说,第一种观点较为妥当,它是从广义上来理解危害结果的,确实无论怎样的行为都会给法益造成损害或者损害危险,任何犯罪也都会对刑法所保护的法益造成实际损害或者带来损害危险,不存在对法益没有侵害的犯罪。采这种广义上的危害结果概念能够将结果犯之外的其他诸如行为犯、举动犯等既遂形态都包括进来。如果从将危害结果作为构成要件的内容来看,危害结果应该是指行为所导致并为法律明定为构成要件的法益损害后果或法益损害的危险。这样第

---

[1] 张明楷:《刑法学》,法律出版社2016年版,第166页。
[2] 高铭暄、马克昌主编:《刑法学(上编)》,中国法制出版社1999年版,第136页。

二种观点就比较妥当。尽管每一种犯罪行为都会给刑法所保护的法益带来侵害后果,但有些法益损害后果是能够为法益的内容所包容的,因而法律规范并没有将危害结果作为所有犯罪的构成要件,如果从狭义上来理解危害结果,第一种观点就存在不妥。

我们认为,无论从哪个角度来理解,都不能正确把握危害结果的含义,而必须从广义和狭义两方面来理解。从广义上讲,所谓危害结果,是指行为人的行为侵害法益所引起的一切客观外在物质变化事实与物质变化的可能性。这种危害结果,可以是直接结果,也可以是间接结果;既可以是构成要件的结果,也可以是不属于犯罪构成要件的结果。如在行为人盗窃被害人送往医院用于治病的巨额手术费用,被害人绝望自杀的例子中,行为人所造成的危害结果,就既包括了因其实施盗窃行为而导致的被害人财产损失,又包括了被害人继而因对前途绝望而自杀身死的结果,前者属于盗窃罪的构成要件结果、直接结果,后者属于非构成要件结果、间接结果。两者都与行为侵犯法益的程度有关,因此在案件的处理上都应当予以考虑。狭义上的危害结果,是从作为犯罪构成要件的结果而言的,它是指行为所导致并为法律明定为构成要件的法益损害后果或法益损害的危险。如上例中,行为人盗窃被害人巨额资金的结果,就是盗窃罪犯罪构成要件的结果,这种结果是判断和认定是否成立盗窃罪、是否既遂的依据和标准。

根据上述描述,危害结果主要具有如下特征:

(1) 因果性。危害结果的因果性表现在所有的危害结果都是由人的行为引起的,没有人的行为,是不可能有危害结果产生的。人的行为是因,危害结果是果,结果是原因引起的后果。危害结果体现的行为对刑法所保护法益的侵害。如果结果不是行为所造成的结果,就不属于刑法意义上的危害结果。

(2) 侵害性。危害结果的发生,说明了刑法所保护的法益遭受侵害的事实,这足以说明危害结果具有侵害性特点。危害结果作为一种反映行为侵犯法益的事实,表明行为对刑法所保护的法益造成了侵害。只有具有对刑法所保护的法益造成侵害的侵害性结果,才可能是危害结果。当这种侵害性结果是犯罪构成要件时,它对犯罪的性质起决定性作用;当这种侵害性结果不是犯罪构成要件时,它对犯罪侵犯法益程度的大小也有影响。这种侵害性包括现实侵害与侵害危险两种情形,如果行为对刑法所保护的法益造成了现实的物质性损害后果,这种危害结果就属于实害结果;如果造成了现实侵害的危险性,这种危害结果就属于危险结果。

(3) 客观性。行为侵害法益所导致的危害结果是一种事实形态的客观存在,因而危害结果具有客观性。无论是实害结果,还是危险结果,都是一种客观的现实存在,具有现实性。危害结果发生后,不管行为人再对行为对象施加什么样的影响,都不能改变法益已遭受侵害或者有现实侵害危险的存在。危害结果与行为人希望达到的结果是两个不同的范畴,前者是客观存在的,属于已然的范畴,后者属于主观范畴,即行为人的主观目的。例如,行为人希望达到伤害他人的目的,却造成了他人死亡的结果,即危害结果是伤害致死,与行为人希望达到的结果不一致。

(4)多样性。刑法所保护法益的多样性、行为的多样性、行为对象和行为手段等行为附随情状的多样性、复杂性,决定了行为所导致的危害结果的多样性。不同的行为针对不同的行为对象会造成不同的危害结果;不同的行为针对相同的行为对象也会造成不同的危害结果;相同的行为针对相同的行为对象也可能造成不同的危害后果。但无论这种多样性表现为什么样的具体形式,只要是行为造成的、已经出现的客观事实,并且说明行为对刑法所保护法益的侵害性,就应当是危害结果。

二、危害结果的类型与地位

危害结果在理论上主要存在以下五种分类方式:

(一)构成要件结果与非构成要件结果

以是否属于刑法规定的犯罪成立所必需的构成要件为标准,可以将危害结果分为构成要件结果和非构成要件结果。

所谓构成要件结果,是指行为引起的并且被法律规范规定作为构成要件的危害结果。它成立犯罪所必需的危害结果。过失犯罪以特定危害结果的有无为罪与非罪的界限,因而对过失犯罪而言,犯罪构成的特定危害结果是犯罪成立与否的关键。间接故意犯罪由于不存在犯罪未遂,犯罪既遂也就是犯罪的成立,它同样要求特定危害结果的发生作为其构成要件,因此,特定构成要件结果的发生与否是判断间接故意犯罪成立的关键。在直接故意犯罪中,许多犯罪规定了危害结果作为其构成要件,但并非所有的作为构成要件的危害结果都和过失犯罪、间接故意犯罪一样,属于犯罪成立与否的条件。在有些直接故意犯罪中,作为构成要件的危害结果是否发生属于犯罪成立与否的关键,而在有些直接故意犯罪中,作为构成要件的危害结果则是区分犯罪既遂和未遂的标准。前者如我国《刑法》第168条国有公司、企业人员失职罪、滥用职权罪中的"造成国有公司、企业破产或者严重损失,致使国家利益遭受重大损失",第216条假冒专利罪中的"情节严重"等危害结果,就属于这些犯罪成立与否的关键;后者如故意杀人罪,直接故意杀人的行为,即使没有出现被害人死亡的构成要件结果,犯罪也仍然成立,只不过是构成故意杀人未遂而已。需要注意的是,构成要件性危害结果既可以是实害结果,也可以是危险结果;既可以是直接结果,也可以是间接结果。

所谓非构成要件的结果,是指行为引起的但并没有被法律规范规定作为构成要件的危害结果。这种危害结果不是犯罪成立所必需的要素,其发生与否以及轻重程度如何,都不影响犯罪的成立,但有可能影响到行为侵犯法益的程度,从而影响到量刑。非构成要件的结果存在于以下几种情形:

(1) 存在于直接故意犯罪的未遂犯与中止犯之中。在以特定危害结果的发生为既遂标志的直接故意犯罪中,行为人着手实行犯罪行为后,虽没有导致作为既遂标志的特定危害结果的发生,但对行为对象造成了其他损害,产生构成要件结果之外的结果。如故意杀人行为,虽然没有杀死被害人,但是却造成被害人重伤的结果,这种重伤结果就是非构成要件结果。有教科书称之为"中间结果"[①]。

(2) 存在于结果加重犯中。这种加重结果,是超出基本犯罪构成之外并由刑法明文规定予以加重处罚的结果。这种结果对适用结果加重犯的刑罚具有重要意义。如抢劫致人重伤、死亡,他人重伤、死亡的结果就是抢劫罪的加重结果。并非所有有危害结果发生的犯罪都可能存在这种基本构成之外的加重结果。刑法对哪些危害结果属于结果加重犯的加重结果作出了明确的规定,只有那些符合刑法规定的危害结果才能成为加重结果。

(3) 存在于任何性质、任何形态中的随意结果。这种结果强调的是行为所引起的侵害刑法所保护的法益作为构成要件的这种结果之外的其他附随结果。这种危害结果实际上反映出行为对该罪保护法益之外的其他法益的侵害,这种结果因为法律没有明文规定为构成要件,所以只能作为酌定量刑情节影响行为人的刑罚。如行为人强奸被害人,导致被害人想不开而自杀的结果。与构成要件结果不同,非构成要件结果虽然可以是直接结果或者间接结果,但只能是实害结果,而不能是危险结果。

(二) 实害结果与危险结果

以危害结果是否对刑法所保护的法益造成现实的损害为标准,可以将其分为实害结果与危险结果。

实害结果,指行为对刑法所保护的法益所造成的现实损害。例如,故意杀人罪中的他人被杀死,故意伤害中的造成他人伤害、重伤或致人死亡,盗窃罪、抢夺罪、诈骗罪中的数额较大的公私财物被窃取、被夺取、被骗取等都是实害结果。作为构成要件的危害结果一般都体现为实害结果。

危险结果,指行为使刑法所保护的法益处于足以发生实害结果的危险状态。如我国《刑法》第117条规定的破坏交通设施罪,就只需破坏交通设施行为导致火车、汽车、电车、船只、航空器足以发生倾覆、毁坏危险,而不需造成严重后果这种实害后果,就构成既遂。危险结果意味着:(1) 实害结果没有发生,如果实害结果已经发生,就不存在危险结果问题;(2) 存在着实害结果发生的现实可能

[①] 参见高铭暄、马克昌主编:《刑法学》,北京大学出版社、高等教育出版社2011年版,第74页。但这种称谓并不妥当,因为很多情况下,这种结果并非必然出现的一个中间过程。

性,如果根本没有实害结果发生的现实可能性,也就不存在危险,自然也就没有所谓危险结果;(3)通过行为所造成的某种事实表现出它的存在,尽管它不像实害结果那样由其自身表现其存在,但也并不是人们的主观臆测,而仍然是现实的存在。例如我国《刑法》第116条规定的破坏交通工具罪,其危险结果是足以使特定交通工具发生倾覆、毁坏危险。这一危险结果就是通过对交通工具的破坏(如使刹车装置失灵)显示出来。如果只是损坏车窗上的玻璃,就不存在汽车倾覆、毁坏的危险,因而也就不存在什么危险结果。

(三) 物质性结果与非物质性结果

狭义的危害结果,从其存在形态还可以区分为物质性结果和非物质性结果。这种区分能够合理确定危害结果的范围,有利于全面认识行为的社会危害性。

所谓物质性结果,是指行为引起刑法所保护的法益在现象形态上的一种有形的物质性变化的危害结果。这种结果一般具有直观性,并可具体测量确定的危害结果。即通过人的感觉器官可以直接感知其存在,通过数学、物理、化学等方法可以测量确定其范围、轻重与程度。例如致人死亡或者伤残、财物被抢、滥用职权造成国家利益遭受重大损失等都是物质性结果。这种结果,并不一定在行为一经实施时就发生,有的要经历一个时间的过程。因而还必须考察行为与这种物质性危害结果之间是否具有因果关系。直接故意犯罪中,只有行为导致作为构成要件的犯罪结果的发生,才能认定为既遂。而在间接故意犯罪与过失犯罪中,由于危害结果的发生是犯罪成立的前提,因而,只有行为导致作为构成要件的犯罪结果的发生,才能认定犯罪的成立。而如果危害结果发生了,尽管属于构成要件的结果,但与行为之间不具备因果关系,那行为不成立犯罪。

所谓非物质性结果,是指行为引起刑法所保护的法益在现象形态上的一种非物质性变化的危害结果。这种结果往往是无形的、不具有直观性,不能或难以具体认定和测量的危害结果。例如诽谤他人使其名誉、人格受到损害,捏造散布虚伪事实而使他人的商业信誉、商业声誉受到损害等都是非物质性结果。非物质性结果也是一种客观实在的损害,并不是无迹可寻、绝对不可估量的。以人的名誉、人格受到损害为例,人的精神损伤总是通过被害人自身的外在表现反映出来,通过考察被害人和周围的人的感受与举止,或者社会反应,都可以适当确定被害人的名誉、人格受到损害的程度。由于这种结果一般往往伴随行为的实施就已发生,因而这类案件只要犯罪行为已经实施,一般即可以认定犯罪的既遂,而不需要进一步考察行为与危害结果之间的因果关系以及犯罪未遂问题。

(四) 直接结果与间接结果

以危害结果与行为因果关系的距离远近为标准,可以将其划分为直接结果和间接结果。

所谓直接结果,是指行为直接造成的侵害事实,结果与行为之间存在直接的因果关系。所谓直接的因果关系是指行为并不经过其他因素而独立地引起危害结果的发生，换言之，行为是危害结果发生的独立、充足的根据和条件，是危害结果发生的唯一的原因力。直接结果在刑法中有重要地位，绝大多数犯罪都由直接结果构成。

所谓间接结果，是指行为间接造成的侵害事实。危害结果不仅是行为所导致的，而且有其他因素的作用，危害结果与行为之间存在间接的因果关系，两者之间存在另一现象作为联系的中介。例如，行为人盗窃他人用于治病救命的钱财，导致他人因无钱治病死亡。钱财被盗是盗窃行为的直接结果，他人因被盗窃无钱治病死亡是间接结果。

（五）基本结果与加重结果

以危害结果危害程度的轻重相应地规定法定刑的轻重为标准，可以将危害结果分为基本结果和加重结果。

所谓基本结果，指刑法分则规定的基本犯罪构成中的危害结果。我国刑法分则往往将犯罪行为分为两个或三个档次规定，第一档次规定的为基本的犯罪构成，其危害结果就是基本结果。例如，我国《刑法》第214条第一档次规定："销售明知是假冒注册商标的商品，销售金额数额较大的，处3年以下有期徒刑……"这里关于犯罪行为的规定就是基本的犯罪构成，规定的"销售金额数额较大"就是基本结果。

所谓加重结果，指刑法分则规定的派生犯罪构成中严重犯罪构成的危害结果，它是相对于基本结果而言的。与普通结果相比，其危害程度较重。加重结果有两种情况：(1) 与基本结果性质相同但危害程度严重的加重结果，它规定于严重的犯罪构成之中。如我国《刑法》第214条销售假冒注册商标的商品罪所规定的"销售金额数额巨大"，就是这种加重结果。它与前述基本结果"销售金额数额较大"相比，性质相同，但数额有所增大。(2) 与基本结果性质有异且危害程度严重的加重结果，它规定于通常称为结果加重犯的结构之中。如我国《刑法》第234条故意伤害罪所规定的"致人重伤""致人死亡"，就是这种加重结果。它与前段所规定的基本结果"伤害他人身体"，性质不同且危害更为严重。这种犯罪称为结果加重犯。

第五节　刑法上的因果关系

行为和结果之间的因果关系是刑法理论及司法实践中一个重要而且复杂的问题。根据罪责自负原则，一个人只对自己的行为及其引起的危害结果承担刑事责任。行为与结果之间存在因果关系，就成为使行为人在有结果发生时对该结果承担刑事责任的一个必要条件。如果行为与结果之间缺乏因果关系，那么，行为人就只负未遂的罪责;在结果加重犯的场合,行为人仅负基本犯的罪责。

一、刑法上因果关系的概念与特征

所谓因果关系,是指不同现象之间的引起与被引起的关系。刑法上因果关系,是指行为与危害结果之间引起与被引起的因果关系。它解决的是能否根据已经发生的危害结果对行为人追究刑事责任的问题。在危害结果已经发生的场合,只有确定该危害结果是行为人的行为所导致和造成的,才能使行为人对该结果负责。刑法上的因果关系与哲学上的因果关系是特殊与普遍、个别与一般的关系。在研究刑法因果关系时,不能脱离开哲学上因果关系一般原理的指导。但刑法上的因果关系又有自己的特殊性,其主要特征有以下几点:

(1) 客观性。

所谓因果关系的客观性,是指作为现象之间引起与被引起的因果关系是一种客观存在,并不以人们主观上是否认识为前提。因果关系的有无,只能根据客观现象之间的联系加以判断和认定,而不能以社会一般人或者行为人对危害结果发生有无预见或者能否预见为标准。如果某甲想杀害其妻子,就建议她外出旅游,并买票让她选择搭乘经常出事的航空公司的飞机,后来该飞机果真出事,其妻因飞机失事而死亡,不能因为是某甲想杀害其妻,并买票让其妻乘坐出事飞机,就认为某甲的行为与其妻的死亡之间具有因果关系。再如,某甲和某乙吵架,后来动手一拳打在乙的头上,结果乙因为患有脑瘤而死亡,也不能因为某甲不知道乙患病的事实,而否定其行为与乙的死亡结果之间存在因果关系,只是能不能归责于甲的行为,还需要进一步探讨。

(2) 相对的有序性。

所谓因果关系的相对有序性,是指在刑法意义上,属于引起它现象发生或出现的客观现象与属于被引起的客观现象之间成相对的有机顺序排列。在查明刑法因果关系时,只能在发生于结果之前的现象中寻找原因。

一般而言,总是原因发生在前,结果出现在后,二者在时间上的顺序不能颠倒。不能把结果现象发生之后才出现的某种客观现象视为引起该现象发生的原因。值得注意的是,在整个因果链条过程中,这种因果顺序性又具有相对性,即在彼此互相制约和普遍联系的整个客观现象"链条"中,原因与结果的关系是相对的,而不是绝对的。在某一对现象中作为原因的,其本身又可能是另一种现象引起的结果;作为结果的,其本身又可能是引起另一现象发生的原因。只是由于刑法中研究因果关系的目的,是要解决行为人对所发生的危害结果是否负刑事责任的问题,一般不过多考虑这种因果关系在整个链条上的地位,因而这种相对性一般不如哲学上的因果关系那样明显。在刑法意义上,作为原因的现象,只能是人的行为,即使正当、合法的行为与损害后果之间有着某种联系,但因欠缺违法性,也不能认为属于刑法上的因果关系。作为结果的现象,既可以是危险结果,也可以是实害结果,但只能是构成要件结果。

(3) 条件性。

所谓因果关系的条件性,是指所有刑事案件的因果关系都只能在一定条件下存在。作为引起现象发生的原因,是不能离开它所处的具体条件而发生作用的。只有在一定的具体条件下,才可能产生出某种结果来。一种行为能引起一个什么样的危害结果,没有固定的模式。查明因果关系时,一定要从行为实施的时间、地点、条件等具体情况出发来考虑。例如,行为人用匕首刺中被害人胸部,而最近的医院在几十里之外,被害人在送往医院抢救途中失血过多死亡。如果医院不远的话,被害人完全可以得到及时抢救。但是,被害人死亡在医院路途遥远的条件下现实地发生了,就不能因为医院路途遥远、病人没有得到及时抢救而否认行为人的行为与被害人死亡之间的刑法因果关系。

(4) 复杂性。

所谓因果关系的复杂性,是指引起与被引起的现象之间在形式上可以具体表现为"多因一果"或"一因多果"而呈现出复杂性。"多因一果"是指危害结果由多个原因引起,多个原因既可以是行为与其他因素的结合,如重大责任事故罪中;也可以是多个行为,如共同实行犯罪造成危害结果。"一因多果"是指一个行为同时引起多个结果的情况,如行为人以杀死甲的故意开一枪将甲打死,同时也将甲身边的乙打成重伤的情况。司法实践中,有些刑事案件,行为与危害结果之间的因果关系是容易认定的,如行为人用刀刺中被害人心脏等要害部位致被害人当场死亡的事例。但有些情况下,因果关系的认定则是一个复杂的问题。如行为人实施强奸被害人的行为后,因被害人的报案,而其丈夫承受不了这种打击,最终与被害人离婚,导致被害人的家庭破裂,被害人因受不了这些打击而自杀身亡。这种情况下,行为人的行为究竟应对哪些结果承担责任,就比较复杂。对于这种复杂的因果关系,既需要确定引起结果发生的主要原因,又要确定行为引起的主要结果与直接结果。

二、刑法上因果关系的学说

因果关系是国内外刑法理论最具争议的一个问题,并形成了条件说、原因说、相当因果关系说、重要性理论以及客观归责理论等多种学说。

(一) 条件说

条件说出现最早,至今仍为德国刑法理论上的有力学说,并为德国、日本等大陆法系国家的实务中所采用。条件说认为,只要在行为与结果之间存在"如无前者即无后者"这种条件关系,不考虑每个条件对结果发生之原因力大小,即认为存在因果关系。在判定因果关系的时候,造成具体结果发生的每个条件,倘若在客观上根据经验可以想象其不存在,而具体结果仍然发生的,则该条件不是刑法上之原因。由于具体结果通常由一系列条件所造成,条件说将造成结果的每一个条件视为等值(价)的,这些造成结果的原因均同值,因而它又被称为等价说或者等值说。但是,彻底地依照条件说的公式,则杀人犯的母亲也要对被害人的死亡结果承担刑事责任,就有无限扩大因果关系的范围之嫌,而导致刑事责任追究范围和犯罪圈划定的扩大化,这显然不合适。

为此,学者们提出了相应的理论以解释因果关系发展进程中的异常现象:其一,假定的因果关系。是指结果的发生虽然由一个现实的条件所引起,但如果没有这个条件,也必然会因为另一个假设性的保留条件的出现,而造成结果的发生。如某人醉酒后躺在高速公路上,遭某车轧死,但即使被害人没有被该车压死,也将会被其他车辆轧死。其二,因果关系的中断。因行为人的行为而即将惹起某犯罪结果发生之前,由于其他偶然情况的介入,而改变条件关系的进行过程,结果的发生并非由于行为人的行为,而是由于新的条件关系的进行而引起,从而造成前一条件被完全切断而不能继续发生效力。这就是所谓的中断的因果关系。其三,择一的因果关系。是指对于同一结果,有两个以上没有意思联络各自独立的条件,且各条件均足以单独造成结果的发生,但竞合在一起导致结果发生,而必须重复考量,不得分割个人认定的情形。如甲乙二人在完全缺乏犯意联络的情形下,分别在丙的茶杯中放置足以致命的毒药而导致丙死亡。如果适用个别判断,可能很难判断丙的死亡是基于甲乙谁的行为,进而导论出甲乙的行为都不是丙死亡结果的条件的结论,显然不合理。其四,重叠的因果关系。是指虽存在两个以上没有意思联络各自独立的条件,但若将各条件单独均不能导致结果的发生,而重叠在一起则导致了结果的发生。如甲乙在没有犯意联络的情况下各自在丙的茶杯里放入致死量一半的毒药,因而导致丙死亡的情形。这种情况下甲、乙对丙的死亡都至少存在条件关系,是否应当归责,则另当别论。其五,疫学上的因果关系。是指当某种因素和某种疫病的关系,无法从医学或药物学的观点证明(即科学的证明)其因果关系的存在时,不得不利用统计观察方法以验证该种因素与疾病的因果关系的存在与否,若二者间具有高度的盖然性,则肯定其因果关系的存在。

由于条件说实际上只展示了一个逻辑规则,并没有涉及具体的法律评价或认定问题。按照犯罪论体系,首先要找出的是符合构成要件的行为,而具有构成要件符合性的行为并不是凭空想象的,人们不会动辄拿一个与危害结果完全不相关的行为去进一步作法律上的判断,而是在此之前需要为有可能成为构成要件的行为划定一个较小的范围。如果直接运用条件理论的逻辑规则来检验因果关系的存在与否,事实上根本连判断的对象都还不清楚。同时,由于条件说对各种条件并不区分原因力的大小,而无法很好地解释行为在各种条件中作用力如何、结果多大程度上可归责于行为人的行为等问题。对于累积在一起的多个行为,如何判断它们的因果关系以及归责性也存在相当的困难。因此很多学者对其进行了批评。

(二) 原因说

原因说是针对条件说缺陷而产生的主张。因为条件说将产生于结果之前的一切必要条件都视为结果发生的原因,而导致可能不当扩大刑法因果关系的范围,从而不当扩大刑事责任的追究范围,而出于限制条件说的意图,不少学者主张运用一定的标准对必要条件进行选择,从中选出对于结果发生起了重要作用的条件作为刑法上的原因,而排斥其他条件,这种学说被称为原因说,又称为个别化说,但仍然局限于条件说的范围之内。

该说认为,因果关系的判断,应该就多数的行为或者事实中,分别根据它们与结果的发生是否有重要的联系来判断。与结果的发生有重要联系的为结果的原因,其他居于次要地位的仅仅为结果的条件。在选择过重或者优势条件上,又分为不同的学说:(1) 最有力条件说认为对于结果的发生而言最为有力的条件就是原因。(2) 最终条件说认为,对于结果的发生,各项条件中最后加入的条件具有最终的决定效力,即属于原因。(3) 动力条件说认为,多种条件的存在使事物保持着均衡状态,如果某一个条件介入打破这种均衡状态,为结果的发生提供了动力,即为结果发生的原因。(4) 异常条件说。根据事情发展的自然顺序,违反生活常规而被实施的行为这种异常条件即为原因。(5) 优势条件说认为,给结果的发生提供了具有决定性发生方向的条件就是原因。

原因说受 19 世纪中叶自然科学考察方法的影响,将原因与条件区分开来,并提供了一些区分方法,意图将因果关系限定于某一范围内,以弥补条件说的缺陷。但是,从对危害结果的数量诸多的条件中,准确地测定出某一个条件最具效果和重要性,是非常困难的,而且因果关系的复杂性决定了结果的发生往往不会仅仅依存于一个条件,那些对结果的发生都具有原因力的条件必须作出相同的评价。另外,原因说对过重或者优势的判断上也产生了不同的争议,实践中无法有效地进行判断,过于空洞,并不能提出真正的标准,现代刑法理论中也无人主张。根本原因就在于该说没有脱离条件说的范围,仅是在"经验"的判断上进行研究,视野不免狭小,"必然会增加规范判断前之负担"。

(三) 相当因果关系说

相当因果关系说认为,在实行行为与结果之间,根据社会生活经验判断,在通常情况下,某种行为产生某种结果被一般人认为具有相当性的场合,该行为与该结果之间就具有因果关系。按照该说,具有因果关系,需要具备两个条件:一是条件关系的存在,即若无该行为,则无该结果的发生;二是相当性的存在,条件关系最终被确定为因果关系,还必须参照社会生活经验法则来判断某种行为与结果的发生之间是否存在相当性。而相当性是一个可能性的概念,也是一个客观性的概念,具体导致结果与一般因果联系是不同的。

至于什么是社会生活经验法则、以谁的社会生活经验法则为准,以及如何判断这种相当性,该说内部存在不同的见解:(1)主观说(事前判断)。认为应该以行为人在行为时所认识以及所能认识的事实状况为材料来判断其相当性,从而确定行为与结果之间是否存在着因果关系。(2)客观说(事后判断)。即事后站在法官的立场上,从行为人在行为当时认识的事实状况以及社会一般人对行为时及行为后客观存在的全部事实(即使是在行为后产生的情形)为材料来判断其相当性,从而确定行为与结果之间是否存在着因果关系。(3)折衷说。认为应该以行为时一般人所能预见或者可能预见之事实以及行为人所特别认识或所能认识的特别事实为材料来判断其相对性,从而确定行为与结果之间是否存在着因果关系。如甲用刀将乙刺成轻伤,乙因血友病患流血不止而死亡的场合,就会因主张各种不同的学说而得出不同的结论。

主观说强调行为人的主观认识,在因果关系的内容中纳入了主观的东西,将原本属于责任判断的内容提前到构成要件的判断之中。因果关系的存在与否完全取决于行为人对某种事态是否有认识,客观的因果关系就必然随行为人的意志而转移,采用这种观点就无法区分故意、过失,而因果关系的判断可以说是多余的。客观说将行为当时一般人无法预知,行为人也无法预知的事实状况也作为判断材料,就会将从社会一般观念来看具有偶然结果的情况也广泛地认定为具有因果关系,实则违反了相当因果关系说以一般社会生活经验法则为判断的基本主张。而且,在理论上也很难区分行为之时的危险与行为之后的危险。对结果客观的预见可能性是出于限定行为者责任范围的思想,实际上已非纯粹的客观主义立场,而是掺入了与过失的认定相关的主观因素,但随着所谓危险社会的到来,衡量行为对社会发展的进步意义,一些在社会生活中不可避免的危险行为逐渐成为"被允许的危险",以预见可能性来判断因果关系的存在与否,显然有违法律基于衡平性的考虑而容许这种危险存在的精神。折衷说的疑问在于,它以行为时的事实状况为基础,没有考虑行为后的因果关系的发展经过,而将一般人的预见可能性作为判断基准也并不明确,如在被害人存在特异体质的场合,对于路边一般人与具有较高科学水准的一般专业人员而言,其因果关系的存在与否显然不同,并且如果以一般人为标准的事前判断,则几乎不存在作为主观归责的过失判断,那过失标准就只能采取行为人标准说,而这种判断是否违反了客观性的注意义务,则难以理解。

尽管这种学说的目的在于避免条件说无边的连锁作用,而影响到行为结果责任认定的这种缺陷,但它已经不是纯粹的判断经验上的因果理论,而是一种归责理论了,因为它所要回答的是:何种犯罪行为因果历程是法律上重要的,并可归责于行为人。况且,不同的案件中具体的相当形式不一样的,每个案件中对相当性要做具体的认定,而且每个人的经验不同,对相当性的理解也不同,从而使相当性理论无法成为一个普遍的判断因果关系的标准来使用。

(四) 重要性理论

重要性因果关系理论由德国刑法学家麦兹格(Mezeger)、布莱(Blei)等人提出。这种学说以条件说的因果关系与行为人的刑事责任的区别为出发点,将因果关系与客观归责的判断严格分开。因果关系的判断采用条件理论,归责性判断则是采用构成要件重要性理论。刑法之所以处罚行为,是因为该行为所造成的具体危害结果在刑法上具有重要性,因而造成这种结果的行为也应当同样具有刑法上的重要性。"有无刑法之重要性,原则上应就构成要件之规定以及保护之法益而认定。"①重要性理论以客观不法构成要件的观点,作为判断客观可归责性的基础,与相当因果关系而言,在于比较明确地区分了结果归责和因果关系,并采用不同的标准予以认定,容易解决行为事实的责任界限问题。

但是,重要性理论对于具体行为与结果之间是否具有因果关系,并没有提出一个一般性的标准,而还要根据具体犯罪的构成要件分别进行具体的判断,这显然不利于司法的操作。而且,作为结果之条件的行为,对于结果责任的重要性的判断问题,还存在着一定的疑问。

(五) 客观归责理论

客观归责理论是以条件说为基础的因果关系理论。该说主张,在因果关系问题上,采条件说的立场,认为行为人违反规范要求的行为就是可能引起结果的行为;在归责问题上,则认为刑法所重视的是在客观上有归责可能性的结果,当行为人的行为在其因果条件历程中,已造成法律上禁止的危险,而这种危险本身足以实现构成要件的结果时,即具有客观归责性。

客观归责论的基本内容包括三点:(1) 行为人的行为与结果之间存在条件关系;(2) 行为与结果之间,根据社会经验上的相当性,具有可预见性;(3) 结果的发生,是缘于行为人对于法律所不容许的风险的实现。尽管对客观归责性的考量是否会超越因果关系事实性的意义还存在争论,但该说还是对结果归责相当性的判断,确立了以下一些一般共识的基本准则:

(1) 行为人的行为制造或提高了法所不容许的风险。只有当结果的发生是行为人所制造的被法律所排斥的风险的实现时,该结果对行为人而言才是可归责的。以下情形属于没有制造不被容许的危险,具有排除结果归责的可能:一是减少或降低了已经存在的风险。即行为人为了减轻或降低被侵害法益的风险,所采取的措施所引起的具体结果,排除在客观归责的范围外。如当丙向乙攻击

---

① 林山田:《刑法通论》(上册,增订10版),北京大学出版社2012年版,第138页。

头部时,甲为降低乙被击中头部的风险,出手推了乙一把,结果乙的手臂受伤,此时这种受伤的结果就不能归责于甲。二是未制造法律上具有重要性的风险。行为人的行为与结果的发生虽具有条件关系,但若该行为并未制造出法律上不被容许的风险,即使结果发生,但由于行为人对于因果过程欠缺支配性的因素,而不得将这种危险结果归责于行为人。如叫人在雷雨中散步,不幸被雷击毙,就不能进行归责。但在没有法律重要性的风险中,如果行为人对事件的发展过程拥有特殊认知时,仍怂恿他人从事法所容许风险的行为,或者有意制造这种风险的,就会使这种风险转化为有法律重要意义的风险,则仍具客观可归责性。例如,事前知道汽车已被安装定时炸弹,却仍力劝他人搭乘该汽车,而导致他人死亡,则具有客观可归责性。再如,通报家庭亲属死亡报告而导致某一亲属心脏病发作而死的情况下没有客观归责的可能性。但行为人捏造死亡报告,并且估计被害人会因此而心脏病发作死亡,那么,就认为有法律上意义而且被法律拒绝的风险,从而存在着客观归责。三是制造的风险是法律所允许的。行为人的行为即使制造了法律上具有重要意义的风险,但该风险是法律所允许的,也排除结果归责。"在允许性风险这个领域中包含了全部公共交通(也就是还包括航空、铁路和航运交通),工业生产(特别危险的设施),有风险的体育表演,医生在医事规则的范围内采取的治疗措施,等等。"① 如过失犯罪中容许的风险和信赖原则,即是对这一原则的发展。

(2) 风险在具体的结果中被实现。行为人虽然制造了一个不被容许的风险,但如果该风险并没有在具体的结果中实现,或者即使某个结果现实化了,但其发生并非基于该风险所导致的,则不能将结果客观上归属于行为人。下列情形下出现的结果不属于该风险的具体实现:一是结果与行为之间缺乏常态关联性,即行为所制造的风险在当时条件下根本不可能实现,但由于其他因素的改变或介入,因果关系的过程超出一般常态的社会经验,以致出现行为人无法预见的偏离常规的偶发性结果。如甲欲杀乙,用刀刺伤乙,导致乙在医院养伤治疗时,因丙故意放火焚烧该医院,致乙因伤躲避不及而被烧死。这种情形下,因外界因素的介入,甲的杀伤行为与乙被烧死的结果,即不具有客观可归责性。二是行为人的行为与所制造的风险实现之间关系不寻常。即行为人不是以法律上重要的方式实现了不被允许的风险,不容许风险的不寻常实现,应该排除归责。例如司机甲从右边违规超车,动作惊险,引起被超车的司机乙心脏病发作而被吓死,这种方式虽然实现了法律所不允许的风险,但不能认为是法律上规定杀人罪的重要方式。三是采取合法的替代行为也不可避免发生结果时。在即使行为人采取

---

① 〔德〕罗克辛:《德国刑法学总论——犯罪原理的基础构造》(第1卷),王世洲译,法律出版社2005年版,第252页。

合法的替代行为,具体结果的发生仍不可避免时,则欠缺归责于行为人的客观可能性。例如甲驾车行驶时虽不注意行驶速度,而有过失超速的行为,因而刹车不及撞到小孩乙,但实际上小孩乙是突然从路旁冲出,纵然甲未超速行车,也无法避免撞到,这时就不能将结果归责于甲。但值得注意的是,有些假定的因果经过并不排除对行为的客观归责,即纵使没有这样的行为也会发生的结果,也不排除行为人的责任。例如当死刑执行官为了执行死刑正准备扣动扳机的时候,被害人的父亲为了复仇推开执行官,自己扣动扳机将死刑犯打死,也应当负故意杀人的罪责。

（3）因果关系历程在构成要件的效力范围内。行为人的行为所制造的风险的具体实现这个结果必须存在于构成要件的效力范围内,才能作为行为人引起的结果,而被归责于行为人。在构成要件的有效范围内实现了由行为人制造的不被法律所容许的风险。以下几种情形一般被排除在构成要件的效力范围之外：一是参与他人故意的自我风险。刑法对于他人故意造成的结果,除非法律上另有防止义务或者明文处罚帮助自害外,基本不必负责。也就是说,危险结果的发生如果是出自被害人有意的自我伤害或自我冒险所致,即使这种损害与第三者参与行为具有条件关系,但原则上仍应由被害人自我承担,而不能归责于他人的参与行为。例如甲骑自行车闯红灯,乙看到后以为是绿灯,也随其后穿越马路,结果被丙驾驶并正常行驶的汽车撞死。该案中,甲闯红灯的行为虽然属于导致乙误认为是绿灯所带来的死亡风险,具有条件关系,但由于禁止闯红灯这一注意规定的保护范围在于避免碰撞及所带来的危险,而不是避免其他人误信为绿灯,因而乙的死亡不能归责于甲。再如,甲将毒品贩卖给毒瘾患者乙后,乙自行使用毒品后死亡,甲除承担贩卖毒品的罪责外,就不应再承担过失致乙死亡的罪责。二是受害人的自我冒险行为或者自伤行为。例如在相约飙车或者叫出租车司机超速行驶时,如果发生事故,由于飙车者或者司机知悉飙车、超速的危险性,并且可以自我决定冒险的程度,危险结果的实现,是飙车者、出租车司机自己的行为导致的,参与者并无实现过失致死的构成要件,因此,该风险的实现就不能归责于相约或催促的相关行为人。很多竞技体育比赛就属于这种自我冒险行为。值得注意的是,如果表面上虽然介入了被害人的危险行为,但是被害人并不愿意承担这种后果,危险行为能否发生完全取决于行为人,则行为人仍要对风险的实现负责。如渡船已经超载,但乘客执意要乘坐,渡船违章行驶,发生沉船事故的,并不能免除船长的责任。三是制造的风险已经转移到他人负责的领域。德意志联邦裁判所1953年的所谓尾灯事件[①]即为一例。被告人凌晨驾驶的货车因为尾灯故障而被命令停于高速公路。警察为了后方的安全将电筒置于车

---

① 〔日〕山中敬一：《日本刑法学中相当因果关系的危机与客观归属论的抬头》,载《罪与刑——林山田教授六十岁生日祝贺论文集》,台湾五南图书出版有限公司1998年版,第54—55页。

道,并要被告将货车驶至下一个加油站,警车将尾随保护,然后警察熄灭电筒准备出发时,后方驶来另一辆货车,正好与被告的车撞上,司机死亡。本案中,被告的过失虽然具有引起事故的危险,但由于介入了警察的指令行为,被告正在致力减少危险,警察对危险的防御应当负起相应的责任,而被告不需要对受伤者的死亡负责,因为此时的风险已经转移给了警察。正是由于警察过失行为的介入,造成了事故的发生,因此,死亡结果不能客观归咎于被告人的行为。

客观归责理论的产生是为了解决因果关系各种学说的缺陷,同时考虑到在刑法学中研究因果关系并不仅是出于限制行为的结果责任这种认识论的需要,而且是出于规范的需要。关于客观目的性要素的理解,是从行为本身看到的,行为人预见可能性在行为本身上的决定作用,即行为本身是否制造或者升高了不被法所容许的风险。风险原则脱离了因果关系的单纯判断,使行为的归责判断变得明确。客观的目的性决定了归责,而前者又取决于"规范的目的"和"行为的客观的风险制造能力"。尽管有学者认为,客观归责理论存在将实行行为概念不合理的形式化,而且弱化甚至消灭因果关系论的影响力,放弃对行为和危害后果之间的相对性判断等疑问[1],而且由客观归责理论解决的问题,都可以通过是实行行为、条件关系(相当因果关系)、预见可能性、结果回避可能性、违法性判断、量刑规则等解决[2],但本书认为,客观归责论使行为的归责判断变得明确化,而且其逐层的范围限制没有扩大罪责的范围,应该说客观归责的理论能够限制刑法条文的使用[3],符合客观归责理论创设的初衷。所以,本书采取这种在条件说的基础上进行客观归责的因果关系理论。

(六)必然论与偶然论

我国刑法中有关因果关系的传统理论主要是偶然性与必然性之争。必然论认为刑法中的因果关系,是指行为与危害结果之间内在的、合乎客观规律的、必然的引起与被引起的关系;偶然论认为,行为本身并不必然导致危害结果的发生,但偶然介入其他因素,由介入因素合乎规律地引起了危害结果,介入因素与危害结果之间是必然的因果关系,而行为与危害结果之间是偶然的因果关系,二者都属于刑法上的因果关系。例如,甲男夜间在街道上拦截乙女,欲行强奸,乙逃脱,甲在后面追时,乙被丙开的汽车轧死。必然论认为,只有丙的行为同乙的死亡之间存在刑法上的因果关系;而偶然论则认为,甲的行为同乙的死亡之间存在偶然因果关系,甲亦应对之承担责任。还有学者提出了一个半因果关系的观点,认为一个因果关系是指必然因果关系,半个因果关系是指一部分偶然因果关

---

[1] 周光权:《刑法总论》,中国人民大学出版社2016年版,第131—132页。
[2] 张明楷:《刑法学》,法律出版社2016年版,第180页。
[3] 黄荣坚:《刑法问题与利益思考》,台湾月旦出版公司1995年版,第152页。

系,即高概率的偶然因果关系是刑法中的因果关系。①

　　这种划分必然与偶然的做法,在近年来不断被抨击。刑法上很难说明什么是必然性与偶然性,而必须求助于哲学上的范畴。但在哲学领域,必然与偶然是相对的概念,必然性的实现取决于大量偶然性的因素,"被断定为必然的东西,是由纯粹的偶然性构成的,而所谓偶然的东西,是一种有必然性隐藏在里面的形式"②,因而偶然的东西又是必然的。如果在刑法上将这种相对的必然联系与偶然联系作为因果关系认定的根据,就会导致将作为事物普遍联系的两个侧面人为地割裂开来,而现实中又很难找到一个可操作性的区分标准。

　　而且必然论与偶然论之争,在实践中还导致因果关系的客观性原理难以贯彻始终。如甲打了乙一拳,乙因异常体质而死亡,就这种现象的社会事实而言,它可能是偶然的,但就本案的结果发生而言,它又是必然的。于是人们往往以甲的主观心态来论证是否存在刑法上的因果关系。如果行为人知道或一般人都知道乙是异常体质的事实,就存在因果关系;如果行为人不知,一般人难以确知的话,就否认因果联系。这就把客观上的因果关系与主观上的罪过混杂在一起,其谬误之处甚为明显。

　　高概率偶然因果关系论也不可取。因为偶然性与异常情况之间在因果联系的方式上是否存在不同,概率高低的标准如何确定,都成为问题,如果其判断仅仅是建立在社会观念的认识上,则不可避免会导致因果判断上的差异。

三、刑法上因果关系的认定

　　刑法上因果关系的认定,不仅仅是客观事实的问题,而且是一个基于价值判断的法律问题。显然仅仅从事实层面来讨论,还不能揭示出因果关系的实质,还必须将作为客观事实的因果关系经过法律的价值评价,从而转化为刑法上的因果关系。因此,本书主张,因果关系理论应当借鉴客观归责理论中合理的部分,并对其尚有缺陷和不足的地方进行修正:在因果关系的事实判断上采用条件说,在结果的归责上采用客观归属理论,将对这种因果关系的判断提前转移为对行为本身的判断,其本质是对相当因果关系的细化和精致化,试图克服构成要件的形式性,而直接赋予构成要件的实质性。

　　在利用客观归责理论认定因果关系时,首先,必须弄清哪些是禁止的危险。随着科学技术的发展以及人类生活结构的复杂化,对于那些社会生活必不可少而法律基于衡平性的考虑容许存在的危险行为,即使这种行为基于某种不道德的动机,客观上也发生了侵害法益的结果,在一定范围内也是被允许的危险,因

---

① 储槐植:《刑事一体化与关系刑法论》,北京大学出版社1997年版,第263页。
② 《马克思恩格斯选集》(第4卷),人民出版社1995年版,第244页。

而该结果对行为人而言具有不可归责性,法律不能加以非难。至于哪些危险是被容许的,应当立于法律条文背后所隐藏的禁止性规范,凡是法律没有禁止的,都可视为被容许的危险。其次,必须弄清哪些风险实现可归责于行为人。结果的发生只有是行为人所制造或增加的具有刑法重要意义的危险本身所致者,才能认为可归责于行为人。当结果的发生不是行为人所制造的风险的实现,而是超出了因果发展的常态,或者介入了其他因素(包括意外事件、不可抗力、被害人自己或第三者的危险行为等因素),或者遭遇被害者的特异体质和疾病等潜在的危险源而导致风险实现时,一般不能认为最终的结果可归责于行为人。但如果尽管客观的因果发展发生了变化,但行为的结果仍然包括在行为所造成的禁止的危险中,则不影响客观归责。另外,如果行为人实施的侵害行为经过很多年,才因其侵害的后遗症导致结果发生的,应当否定是原风险的实现。如因交通事故而失去一足的人,20年后在山道上因行动不便坠落山崖死亡的案例,由于侵害人此前已就造成被害人行动不便承担了责任,所以其残存的危险不再是结果发生的法律上的原因。

在因果关系的认定上,不作为犯历来都是作为特别问题讨论的。早期的见解从自然科学"无不能生有"的立场,认为不作为是无,不能成为引起结果发生的原因,不作为没有原因力。但不能仅从自然科学上来理解刑法上的不作为犯,不作为犯的实质在于不实施行为人有能力实施并被期待实施的具有社会意义的身体动作,而导致本可因行为人的积极行为利用因果的历程而被防止的结果发生。在此意义上,本来可以通过实施一定可能实施的作为而期待变更已经存在的因果历程,但这种不作为却不实施该期待行为,而放任该因果进程的发展,导致结果的发生,应当可以肯定其不作为与结果之间具有条件关系,进而判断是否可归责于该不作为。但至于不作为犯的因果关系的认定,学者间存在不同的见解。有认为不作为本身并无原因力,但在不作为之际实施的其他的作为与结果之间存在因果关系的他行行为说;有认为不作为本身并无原因力,但先行于不作为的其他作为具有原因力的先行行为说;有认为一定结果的发生,并非因存在起果条件,而是防果条件未发生作为,不作为虽非促使起因条件出现,但行为人消极的不实施基于作为义务应实施作为的决意,却是消除妨碍结果发生的条件,而其压抑防果条件使其不发生作用,导致发生了结果,因此应当被认为具有原因力的防果条件说;有认为虽然不作为与结果间的关系,不具有物理的因果性,显而难以等同于作为与结果间的关系,但由于仅有作为,结果极可能不致发生,结果的发生由来于不作为(即应作为以防止结果的发生但没有实施该作为),因而法律上把它视为作为的因果关系来对待的准因果关系说。

但这些观点或多或少都是从自然科学上的物理意义来理解不作为的,故存在不妥。不作为并不是无,而只是没有做什么,不作为也是一种具有刑法意义的行为。不作为的实质在于行为人不为法所期待的一定作为是拒绝履行其法律义务而具有规范意义的活动,其因果关系就应当从这点来进行理解。也就是说,不作为犯的因果关系应该从刑法规范的合目的性来讨论,如果行为人基于作为义务实施被预期的作为,其危害结果就不会发生,但行为人却没有履行作为义务,就可以认定这种不作为与结果之间存在因果关系。即对于不作为犯,同样可以适用建立在条件说基础上的客观归责理论来判断其因果关系。具体而言,只要不作为与结果的发生之间存在一般的条件关系,并能够将这种风险的实现归责于行为人,就可以肯定其因果关系的存在。需要注意的是,不作为犯的条件关系与作为犯的存在情形有所不同,"采取的是把'如果实施了一定的可能的作为,就能够防止结果的发生'这两个肯定判断结合在一起的假言判断形式"①。

四、刑法上因果关系的地位

根据刑法规定,危害结果并非所有犯罪的必要成立条件,而只是部分犯罪的构成要件要素。行为与这种危害结果的客观联系,对于犯罪构成就有不同的意义。从犯罪构成的角度来分析,刑法上的因果关系也有两种情况,即决定犯罪是否达到完成形态的刑法上因果关系和影响刑罚裁量的刑法上因果关系。因此,在认定犯罪时,并非都需要确定刑法上因果关系;确定刑法上因果关系,也并非都是为了认定犯罪。

在发生危害结果才达到犯罪既遂的情形下,刑法上因果关系在犯罪构成上的地位,理论上有不同的认识。第一种观点认为,危害结果是一切犯罪的构成要件,因而刑法上因果关系也是一切犯罪的构成要件。② 第二种观点认为,危害结果是某些犯罪的构成要素,因而刑法上因果关系也是某些犯罪的构成要件要素。③ 第三种观点认为,在任何犯罪中,刑法上的因果关系都不是构成要件要素。但是,持该观点的代表性学者后来在其著作的修订版中改变了这一观点,而认为,在行为犯的场合,由于行为与结果同时发生,所以不需要判断因果关系与客观归责问题。在许多结果犯中,构成要件要素及其关系解决了因果关系与客观归责问题,故不需要另行判断。由于杀人、伤害等实行行为缺乏定型性,当结果表现为他人伤亡时,引起该结果的行为是否属于刑法上的杀人、伤害行为,难以下结论,所以需要讨论因果关系与结果归属问题。不过,目前刑法理论上比较一致的看法是,将行为与结果之间是否存在个别的因果关系当作问题的刑法中的因果关系论,不能仅仅认为是抽象的、一般的行为论要素。它所要求的是在具

---

① 〔日〕大塚仁:《刑法概说(总论)》,冯军译,中国人民大学出版社2003年版,第176页。
② 杨春洗、杨敦先:《中国刑法论》,北京大学出版社1998年版,第76页。
③ 赵秉志、吴振兴:《刑法学通论》,高等教育出版社1993年版,第76页。

体的、个别性的构成要件中,实行行为与构成要件的结果之间的联系,应该看作是规定构成要件该当性的要素。因此,该种观点是现在的通说。本书认为,因果关系的研究意义毋庸置疑,关键在于因果关系应当在何种范畴之下进行研究,即究竟是构成要件问题还是责任归属问题。刑法理论上所要研究的因果关系,实际上是各种犯罪的法定犯罪构成所要求的因果关系,而不是客观上存在的事实因果关系如何具备刑法上的意义,从而得以转化为刑法上的因果关系。尽管因果关系的认定是为了归责于行为人,但是前提必须是该行为与危害结果之间的因果关系符合刑法规定的犯罪所应具备的因果关系。因此,行为与结果之间的因果关系,必须成为犯罪构成客观要件的必要条件之一。

第八章 犯罪主体要件

第一节 犯罪主体要件的概念和特征

犯罪构成的四个要件中，主体要件应该是基础性要件。从犯罪发生学上讲，没有犯罪主体就不会有犯罪故意和过失，也不可能有犯罪客观行为，进而也不会侵犯法益。某种程度上说，犯罪构成的其他三个要件是基于犯罪主体要件而存在的。

一、犯罪主体要件的概念

由于犯罪构成本身是理论概念，刑法并未明确规定犯罪应当具备犯罪构成的四个要件，因而对犯罪主体要件的概念也无规定，只在立法中对犯罪主体的刑事责任年龄、刑事责任能力、犯罪主体的特殊身份、单位犯罪等内容进行了明确。刑法理论上对犯罪主体要件的概念有各种不同的表述，本书认为，犯罪主体要件是指实施了严重危害社会的行为，具有刑事责任能力，依法应负刑事责任的自然人和单位。

二、犯罪主体要件的特征

根据犯罪主体要件的概念，犯罪主体要件应当具备如下几个特征：
（一）犯罪主体只能是自然人和单位

古今中外的刑法对犯罪主体的规定各有不同，古代刑法乃至今天一些外国的刑法有把人类之外之物作为犯罪主体的规定，但有些国家的刑法还没有将单位作为犯罪主体进行规定。我国刑法的基本精神是罪责自负，不株连无辜，规范的只能是人的行为，摒弃了把自然现象、动植物、物品以及尸体作为犯罪主体的做法，没有将人类之外之物规定为犯罪主体。但考虑到制裁严重违法行为的需要，将单位作为拟制人规定为犯罪主体。我国刑法中的犯罪主体包括自然人和单位。自然人是指作为个体存在的具有生命的人，这种犯罪主体是司法实践中最常见的。单位是由自然人组成的集合体组织，但不同于自然人个体。单位在从事经营、管理、业务活动过程中也可能违反法律，严重危害社会。由于单位有独立的权利能力和行为能力，有独立的财产，能够独立承担责任，基于惩治严重违法的需要，刑法将单位规定为犯罪也是必然选择。

(二)犯罪主体客观上必须实施了严重危害社会的行为

任何人生活在世界上都会基于自己的意识和意志选择实施各种各样的行为。行为从法律的角度分为合法行为和违法行为,正当行为和危害行为。实施合法行为、正当行为是法律提倡、鼓励和支持的,实施违法行为、危害行为是法律所禁止、抑制和反对的。刑法作为最严厉的制裁法,只会对实施了严重危害社会行为的人追究刑事责任。因此,只有实施了严重危害社会行为的人才可能成为犯罪主体。行为人若没有实施危害社会的行为,或者实施了危害行为但比较轻微由其他法律可以制裁的,就不可能成为犯罪主体。

(三)犯罪主体必须具备刑事责任能力

刑事责任是指行为人实施的行为构成犯罪所应承担的法律后果或法律义务,也即行为主体犯罪后的法律处罚。刑事责任能力是指行为人在实施行为时对行为本身以及行为时间、地点、方法、后果等要素的辨认、控制能力。刑事责任能力与自身因素如年龄、心智、精神状态以及其他因素如受教育程度、所处环境等有关。将实施了严重危害社会行为的人确定为犯罪主体的意义就是要其承担自己作恶行为的后果——刑事责任,而犯罪行为人要承担刑事责任就必须得有刑事责任能力,如果没有刑事责任能力,如精神病人、幼儿等没有辨认和控制行为能力之人,即使客观上实施了严重危害社会的行为,要其负刑事责任也无法律上的价值和意义。另外,刑事责任通常通过刑罚等方法来实现,法律对犯罪人定罪判刑的目的在于教育和改造犯罪之人,如果行为人没有刑事责任能力,纵然其犯了再大的罪行,对其定罪量刑也是枉然。所以,犯罪主体必须具备刑事责任能力。

第二节 自然人犯罪主体

自然人犯罪主体是我国刑法中最普遍的犯罪主体,刑法中除个别犯罪只能由单位构成犯罪主体外,其他自然人都可以成为犯罪主体。自然人犯罪主体是指达到法定刑事责任年龄,具备刑事责任能力的自然人实施严重危害社会行为后应当承担刑事责任的主体。自然人犯罪主体的核心内容是刑事责任能力,法定刑事责任年龄是影响刑事责任能力的一个重要因素,但刑事责任能力还受诸如心智、精神状态、环境、受教育程度等多种因素的影响。自然人犯罪主体除了刑事责任能力这个核心内容外,还有自然人犯罪的特殊身份这个问题。

一、刑事责任能力

刑事责任能力是指行为人构成犯罪和承担刑事责任所必需的,行为人具备的刑法意义上对犯罪行为的辨认和控制能力。简单说即行为人辨认和控制自己行为的能力。

对于刑事责任能力的本质,刑法理论众说纷纭。大陆法系学者将责任能力与行为能力、诉讼能力以及受刑能力区别开来,但在责任能力是犯罪能力还是刑罚适应能力等问题上仍然存有争议:刑事古典学派认为刑事责任能力是作为对行为人进行道义性非难前提的自由意思的决定能力(即犯罪能力);近代学派则认为责任能力是能够通过刑罚这种社会防卫手段实现社会防卫之目的能力(即刑罚适应能力)。[1] 我国刑法学界对责任能力本质的理解倾向于古典学派与近代学派的统一,认为刑事责任能力的本质是主体实施危害行为时具备相对的意志自由能力,即行为人实施刑法禁止的严重危害社会的行为,具备有条件的亦即相对自由的认识和决策行为的能力。主张刑事责任能力是行为人行为时的犯罪能力与承担刑事责任能力的统一,是行为人辨认行为能力与控制行为能力的统一。[2] 本书赞同这种观点。刑事责任能力应当基于意志自由,即行为人在实施行为时的辨认能力和选择能力。按照一般逻辑,行为人在实施严重危害社会的行为时,已经辨认出或者能够明确辨认出自己行为的性质、意义、后果,然后在这种辨认能力的基础上进行自由选择,既可以选择不实施这种危害行为放弃犯罪,也可以基于恶念选择实施这种行为而犯罪。行为人最终实施了危害行为说明其主观的反道义性和人格的应受非难性,法律上看就是应承担相应的刑事责任。如果行为人实施严重危害行为时没有辨认能力和控制能力,即没有意志自由,这种行为虽然在其他法律上可能应承担责任,在刑法上没有谴责和非难的可能性,不应承担刑事责任。从这个意义上说,刑事责任的本质应当是犯罪能力和责任能力的统一。

刑事责任能力不是与生俱来的,而是随着人的年龄的增长、教育程度的提高、社会实践知识的不断丰富而逐渐具备的。刑事责任能力的强弱在人的一生中呈抛物线式体现。一般来说,除开智力残障等特殊因素,人在出生时没有刑事责任能力,到了一定年龄时会部分具备,再大一些年龄时会全部具备,到了老年[3]以后很多人会呈些微下降趋势。这也就是说,一个人的刑事责任能力既要受外界因素如教育、地区经济水平差异等的影响,还要受自身因素如年龄、精神状况等的制约。

---

[1] 参见李希慧主编:《刑法总论》,武汉大学出版社2008年版,第183页。
[2] 参见高铭暄、马克昌主编:《刑法学》,北京大学出版社、高等教育出版社2011年版,第84页。
[3] 老年的年龄在医学上目前无确切的界定。根据我国《刑法》第17条之一的规定,老年人犯罪从宽处罚的年龄是已满75周岁。

(一) 刑事责任年龄

1. 刑事责任年龄概述

刑事责任年龄有学者称之为"法定年龄"①,是指法律规定的行为人对自己实施的刑法所禁止的危害社会行为负刑事责任必须达到的年龄。

行为人只有具备刑事责任能力才可能对自己的行为承担刑事责任。刑事责任能力是行为人辨认和控制自己行为的能力,而辨认和控制能力取决于行为人的智力以及社会知识发展程度,因而必然受到行为人年龄的制约。一般来说,年龄与刑事责任能力成正比。婴儿刚出生没有任何辨认控制能力。变成幼儿后对与自己年龄相称的一些行为有辨认控制能力,如儿童可以到商店购买零食,经家庭教育后知道不能打人骂人,但儿童对打人骂人行为的法律意义还不清楚,因而也无刑法意义上的辨认控制能力。到了少年阶段(在我国指已满 14 周岁),行为人对一些特别严重的危害行为如杀人、放火、强奸、抢劫等的刑法意义、性质及后果已经有辨认控制能力,但对一般危害行为的刑法意义、性质、后果还不甚清楚,因而具备了部分刑事责任能力。到了成年(我国是已满 18 周岁)阶段,如果没有特殊原因,随着行为人知识、智力水平的提高,行为人对所有危害社会行为的刑法意义、性质、后果都能够辨认,都能够控制自己是否实施危害行为,因而具备了完全的刑事责任能力。但一些人到了老年后,由于身体器官的衰退、社会接触面相对变窄,刑事责任能力也可能会相对减弱,然并非所有老年人的刑事责任能力都会减弱。另外,虽然刑事责任能力基本上由刑事责任年龄控制,但行为人何时具备部分刑事责任能力、具备哪些犯罪的刑事责任能力、何时具备完全刑事责任能力等临界点是很难予以精确界定的。各国只能根据本国国民身体发育的基本素质确定一个基本的、相对客观的刑事责任年龄制度,立法者一般以本国公民在通常情况下达到多大年龄具备刑事责任能力为标准确立刑事责任年龄即可。由于立法者是以时间、年龄而非实际的刑事责任能力作为确立的标准,因而,有些情况下即便行为人具备完全的刑事责任能力,但如果没有达到刑事责任年龄,也只能根据法律推定行为人没有刑事责任能力。如一个年龄 13 岁的人智力正常,对故意杀人行为的刑法意义、性质、后果可能有辨认和控制能力,但由于该人没有达到我国刑法规定的最低责任年龄 14 周岁,故仍然将其推定为无刑事责任能力之人。

刑事责任年龄制度的意义在于从年龄上划定一个承担刑事责任的范围。虽然这个制度也存在一些诸如将有责任能力之人排除在负刑事责任范围之外的缺陷,但却是最为方便、操作性最强的刑事责任能力确定制度。我国刑事责任能力的有无和大小就是以刑事责任年龄制度为基础,以其他特殊方法作参考确立的。

---

① 参见张明楷:《刑法学》,法律出版社 2016 年版,第 304 页。

刑事责任年龄不仅要解决不同年龄人的刑事责任有无问题,还要解决不同年龄人刑事责任大小问题,成年人与未成年人、老年人的刑事责任是不同的,司法实践中处理刑事案件时必须严格遵守责任年龄的不同规定。

2. 刑事责任年龄的划分

古今中外的刑事立法对刑事责任年龄都有规定,但各有不同。一般根据本国青少年成长的情况以及刑事政策的需要予以确定。各国立法通常根据不同年龄阶段刑事责任能力的大小将刑事责任年龄划分为不同的阶段。如何划分责任年龄阶段则有所不同,归纳起来看有两分法、三分法和四分法。两分法将刑事责任年龄分为绝对无刑事责任年龄和完全负刑事责任年龄;三分法分为绝对无刑事责任年龄、相对无刑事责任年龄(又称减轻刑事责任年龄)和完全负刑事责任年龄;四分法分为完全不负刑事责任年龄、相对负刑事责任年龄(又称相对无刑事责任年龄)、减轻责任年龄和完全负责任年龄。世界大多数国家采取的是三分法或四分法。我国《刑法》考虑到我国青少年身体成长和老年人身体衰退等实际情况,将刑事责任年龄划分为完全不负刑事责任年龄、相对负刑事责任年龄、完全负刑事责任年龄三个阶段,同时对青少年犯罪和老年人犯罪规定了从宽处罚原则。具体规定在《刑法》第17条:"已满16周岁的人犯罪,应当负刑事责任。已满14周岁不满18周岁的人,犯故意杀人、故意伤害致人重伤或死亡、强奸、抢劫、贩卖毒品、放火、爆炸、投放危险物质罪①的,应当负刑事责任。已满14周岁不满18周岁的人犯罪,应当从轻或减轻处罚。因不满16周岁不予刑事处罚的,责令他的家长或监护人加以管教,在必要的时候,也可以由政府收容教养。"第17条之一:"已满75周岁的人故意犯罪的,可以从轻或者减轻处罚;过失犯罪的,应当从轻或者减轻处罚。"②

(1) 完全不负刑事责任年龄阶段

刑事责任是所有法律责任中最为严厉的责任,它以剥夺行为人的人身自由为主要特征,还可以剥夺犯罪人的财产、政治权利和生命。因此,根据社会保护与未成年人保护这一双重保护原则来确定刑事责任的最低起点年龄便成为一项重要的刑事司法制度。《联合国少年司法最低限度规则》(又称《北京规则》)对刑事责任年龄原则性的规定是考虑一个儿童是否达到刑事责任年龄的精神和心理要求,也即应根据孩子本人的辨别能力与理解能力来决定其是否能对本质上的反社会行为负责。世界不同国家和地区由于历史、地理、人种、传统、文化、经济、少年身心发育成长状态以及少年犯罪趋势等方面的差异,对刑事责任的起点

---

① 我国1997年修订的《刑法》第17条规定的是投毒罪,2001年12月29日第九届全国人民代表大会常务委员会第二十五次会议通过的《刑法修正案(三)》已将投毒罪修改为投放危险物质罪。

② 老年人犯罪的处罚原则系2011年2月25日第十一届全国人民代表大会常务委员会第十九次会议通过的《刑法修正案(八)》所增加。

年龄的规定差异较大。有的规定为 7 岁,如尼日利亚、我国香港特别行政区、新加坡;有的规定为 9 岁,如菲律宾;有的规定为 12 岁,如加拿大;有的规定为 14 岁,如日本、卢旺达;有的规定为 16 岁,如葡萄牙、罗马尼亚、古巴、阿根廷,等等。我国刑法规定未成年人负刑事责任的起点年龄为 14 周岁,这意味着未满 14 周岁属完全不负刑事责任的年龄阶段。如此规定既与世界上大多数国家的规定基本一致,也与我国青少年身心发育状况相适应,因而比较科学、合理。

(2) 相对负刑事责任年龄阶段

我国《刑法》第 17 条的规定,已满 14 周岁不满 16 周岁的人,"犯故意杀人、故意伤害致人重伤或死亡、强奸、抢劫、贩卖毒品、放火、爆炸、投放危险物质罪的,应当负刑事责任。"可见已满 14 周岁不满 16 周岁是相对负刑事责任年龄阶段,只对该条款所列举的八种犯罪行为承担刑事责任。已满 14 周岁不满 16 周岁的人属于少年,随着自身年龄的增长,受教育程度已经较高,这种人虽然不可能对所有行为的刑法意义、性质、后果都能理解,但在大是大非问题上已经能够辨别和控制。因此,对诸如杀人之类的严重危害行为应当具有了辨认和控制能力,刑法要求其承担这些严重危害社会行为的刑事责任正当可行。

我国《刑法》对相对负刑事责任年龄阶段的规定表明,已满 14 周岁不满 16 周岁的人犯故意杀人、故意伤害致人重伤或死亡、强奸、抢劫、贩卖毒品、放火、爆炸、投放危险物质罪之外的其他犯罪不负刑事责任。这里存在一个对前述八种犯罪如何理解的问题。必须严格控制好这八种犯罪的范围,如果随意进行扩张解释,既会曲解立法意图,也会造成法官擅断。根据 2002 年 7 月 24 日全国人大常委会法制工作委员会《关于已满 14 周岁不满 16 周岁的人承担刑事责任范围问题的答复意见》,《刑法》第 17 条第 2 款规定的八种犯罪是指具体犯罪行为而不是指罪名。《刑法》第 17 条中规定的犯故意杀人、故意伤害致人重伤或者死亡是指只要故意实施了杀人、伤害行为并且造成了致人重伤、死亡之后果的,都应负刑事责任,而不是指只有犯故意杀人罪、故意伤害罪的才负刑事责任。对司法实践中出现的已满 14 周岁不满 16 周岁的人劫持航空器后故意伤害航空器上人员致其死亡或者杀害航空器上人员、绑架人质后杀害被绑架人、拐卖妇女、儿童而故意造成被绑架人、拐卖妇女、儿童重伤、死亡,以及其他犯罪中行为人使用暴力故意造成被害人重伤、死亡的,依据《刑法》都应当追究其刑事责任。有学者将八种犯罪的范围从操作层面进行了明确,认为对上述八种犯罪的范围应作如下理解:"故意杀人"与"故意伤害致人重伤或者死亡"包括刑法分则所规定的以故意杀人罪、故意伤害罪(达到重伤程度)论处的情形;强奸除了包括普通强奸外也包括奸淫幼女行为;抢劫应当包括抢劫枪支、弹药、爆炸物、危险物质以及《刑法》第 269 条规定的准抢劫和第 267 条第 2 款规定的拟制性抢劫;已满 14 周岁不满 16 周岁的人所实施的某种行为包含了上述八种犯罪行为,也应以犯罪论处。① 本书认为这样理解比较科学,符合系统解释的要求,值得肯定。对于已满 14 周岁不满 16 周岁的人实施上述八种犯罪行为确定罪名时,除了按上述八个具体罪名确定外,还可以确定为其他罪名。如 2003 年 4 月 18 日最高人民检察院《关于相对刑事责任年龄的人承担刑事责任范围有关问题的答复》规定:相对刑事责任年龄的人实施了《刑法》第 17 条第 2 款规定的行为,应当追究刑事责任的,其罪名应当根据所触犯的刑法分则具体条文认定。对于绑架后杀害被绑架人的,其罪名应认定为绑架罪。相对刑事责任年龄的人实施了《刑法》第 269 条规定的行为的,应当依照《刑法》第 263 条的规定以抢劫罪追究刑事责任。所以,如果出现了一个 15 岁少年劫持航空器后杀害航空器上人员的,应当以劫持航空器罪追究其刑事责任而非故意杀人罪。另外,从刑事立法意图上理解,已满 14 周岁不满 16 周岁的人,过失犯罪不负刑事责任,因为上述罪行中,强奸、抢劫、贩卖毒品、放火、爆炸、投毒这些犯罪都只能由故意构成。

司法实践中,具体确定已满 14 周岁不满 16 周岁的未成年人的刑事责任时,除遵守上述法律原则外,根据有关司法解释,还应根据具体案情具体问题具体分析,适当进行定罪上的判断。如已满 14 周岁不满 16 周岁的人被胁迫、诱骗参与犯罪,被教唆犯罪,或者属于犯罪预备、中止、未遂,情节一般的,可以免除处罚或者不认为是犯罪;已满 14 周岁不满 16 周岁的人出于以大欺小、以强凌弱,使用语言威胁或者使用轻微暴力强行索要其他未成年人的生活、学习用品或者钱财的,可以不认为是犯罪(抢劫罪);已满 14 周岁不满 16 周岁的人偶尔与幼女(不满 14 周岁)发生性行为,情节轻微,尚未造成严重后果的,可以不认为是犯罪(强奸罪)。

(3) 完全负刑事责任年龄阶段

根据我国《刑法》第 17 条的规定:"已满 16 周岁的人犯罪,应当负刑事责任。"这就意味着已满 16 周岁属于完全负刑事责任年龄的阶段。一个人年满 16 周岁后,其智力和体力都有相当程度的发展。通过接受家庭、学校的教育以及与社会的接触,行为人已具备基本的社会知识,是非善恶辨别能力、法制观念、行为控制能力都达到了一定的程度。虽然不同的个体仍然存在辨认、控制能力上的差异,但已满 16 周岁的人已经能够根据国家法律和社会伦理道德规范的要求来约束自己,基本具备了辨认和控制自己行为的能力,要求他们对自己实施的严重危害社会的行为承担刑事责任具备了可行性。

此外,刑法还规定了减轻刑事责任年龄阶段(又称从宽刑事责任年龄阶段)。减轻责任年龄阶段实际是在行为人对自己的行为应当承担刑事责任的基

---

① 参见张明楷:《刑法原理》,商务印书馆 2011 年版,第 285—288 页。

础上，法律基于人道主义和保护主义考虑所采取的从宽措施。我国《刑法》规定两个年龄段的人犯罪应当考虑从宽处理：一是已满14周岁不满18周岁的人犯罪的，《刑法》第17条规定应当从轻或者减轻处罚；二是已满75周岁的人故意犯罪的，可以从轻或者减轻处罚，过失犯罪的，应当从轻或者减轻处罚。已满14周岁不满18周岁的人虽然已经具备一定的是非辨别与控制能力，但与成年人相比，其心智和身体发育程度仍然有一定的差距，尤其是控制能力仍然较差，"年少气盛"正好说明了这一点。另外，未成年人涉世未深，容易受他人蛊惑、利用，但同时可塑性比较大，也容易被改造好。从未成年人身心特点以及将来融入社会考虑，对其从宽处理是世界各国的共识。老年人年老体衰，有些人辨认能力和控制能力有所下降，基于改造的人道主义考虑，对之从宽处理符合社会常理。

3. 刑事责任年龄的计算

刑事责任年龄由于关系到行为人刑事责任的有无或大小，故必须严格按照法律正确计算。计算刑事责任年龄时应注意以下几点：

（1）刑法规定刑事责任年龄为"周岁"，即指实足年龄。根据2006年1月11日最高人民法院《关于审理未成年人刑事案件具体应用法律若干问题的解释》（下称《未成年人司法解释》）第2条的规定，周岁应当一律按公历（阳历）的年月日计算。1周岁以12个月计，每满12个月就是已满1周岁。已满周岁应当从周岁生日的第二天开始计算，生日当天仍然视为不满周岁。如2012年2月1日是某少年14岁生日，若其当天晚上8点杀了人，应当理解为他未满14周岁，但若其在生日当晚已过12点，时钟指示为2012年2月2日零点以后实施了杀人行为，则应当认为已满14周岁，应当承担刑事责任。认定实足年龄一般应以相应的身份证明文件如居民身份证、出生证等作为证据予以证明。《未成年人司法解释》第4条规定，对于没有充分证据证明被告人实施被指控的犯罪时已经达到法定刑事责任年龄且确实无法查明的，应当推定其没有达到相应法定刑事责任年龄。但如果相关证据足以证明被告人实施被指控的犯罪时已经达到法定刑事责任年龄，只是无法准确查明被告人具体出生日期的，应当认定其达到相应法定刑事责任年龄。实践中，有些农村家庭对孩子的出生日期以农历（阴历）计算，身份证也以农历（阴历）时间确定出生日期，如果实施严重危害行为时按公历计算没有达到法定最低责任年龄或减轻责任年龄，但按农历计算已经达到，被告人自己提出异议，司法机关应当对此日期予以核实。有证据证明确系按公历没有达到的，应当确定为没有达到相应的责任年龄，经调查后无法证明日期真伪的，应以身份证或者出生证上的日期确定已经达到相应的刑事责任年龄。

（2）刑事责任年龄计算的基准一般应为行为时。犯罪行为与结果发生在同一时间或者同一天，刑事责任年龄计算的基准不存在任何争议问题。但由于行为人实施的危害行为与危害结果可能在不同的时间段发生，假定实施行为时不到法定责任年龄,但危害结果发生时已经到了责任年龄,那么行为人应否对自己实施的危害行为承担刑事责任?学界大多主张应当以行为时为基准确定责任年龄,但也有观点认为,行为与结果是一个不可分割的整体,在这种情况下,为了保护国家与人民利益,应以结果发生的时间为基准进行计算。① 还有学者主张一般情况下应当以行为时为基准确定责任年龄,但如果行为人在发生危害结果时具有防止危害结果发生的义务,则可能根据不作为犯罪的时间计算责任年龄。同理,如果行为从未达到法定年龄时一直持续到达到法定年龄时,行为人也理应承担责任。② 本书赞成后一种观点。毕竟犯罪本身就是一种"行为",刑事责任能力也是行为人辨认和控制自己"行为"的能力,所以刑事责任年龄的计算基准以行为时确定比较科学合理。在行为与结果隔时出现的情况下,基于结果避免的义务,行为人的行为已经造成某种危害结果出现的趋势,行为人能够避免这种结果发生但却故意回避的,实际上是保证自己的危害行为完成,此时结果发生的时间实则是不作为行为持续进行的时间,以结果发生时作为责任年龄计算的基准也公平公正。

(3)跨年龄段实施的危害行为的刑事责任的有无应分别确定。刑法规定的刑事责任年龄是绝对的,不能实行原则性和灵活性相结合的原则而随意降低或者提高。尤其是对未成年人犯罪和从宽处罚的法定年龄界限,更不能随意变更。一个14周岁差一天的人实施了故意杀人行为,司法机关就不能为了惩治危害行为而将只差一天达到14周岁的人认定为犯罪。但如果行为人实施的危害行为跨几个年龄阶段,如何认定犯罪就需要仔细斟酌:第一,如果行为人在已满14周岁不满16周岁时就开始实施某种危害行为,这种行为连续实施到已满16周岁,应否一并追究刑事责任,应当具体分析。如果这种危害行为是故意杀人、故意伤害致人重伤或死亡、强奸、抢劫、贩卖毒品、放火、爆炸、投放危险物质等八种犯罪行为,肯定要一并追究刑事责任,因为已满14周岁不满16周岁的人实施这八种行为都构成犯罪,已满16周岁的人实施同样构成犯罪,这种情况应按处理连续犯的原则进行处罚。如果危害行为是属于这八种犯罪行为之外的危害行为,如盗窃、诈骗、抢夺等行为,那么行为人只能对已满16周岁后实施的这种行为承担刑事责任。第二,行为人在已满14周岁不满16周岁时实施了前述八种犯罪行为,在不满14周岁时也实施过相同的行为,那么行为人只能对已满14周岁不满16周岁时实施的犯罪行为承担责任。

4. 未成年人犯罪案件的处理原则

未成年人的生理和心理特点决定了其容易被影响、被诱惑走上犯罪道路,但

---

① 参见何秉松:《关于犯罪主体的几个问题》,载《河北法学》1987年第2期。
② 参见张明楷:《刑法原理》,商务印书馆2011年版,第289页。

其身心可塑性比较大,较易接受教育和改造,加之未成年人今后的人生之路漫长,我国刑法对其犯罪规定了比较宽大的处理原则,主要表现在如下两个方面:

(1) 应当从轻或者减轻处罚。对未成年人从宽处罚已成为世界各国少年司法的一项通则。在我国,自新中国成立以来对未成年人一直实行宽大政策。早在1954年,最高人民法院、司法部在《关于城市中当前几类刑事案件审判工作的指示》中就规定:"对未成年人犯,必须贯彻教育为主、惩罚为辅的方针。对于罪行严重或恶习已深、屡教不改的未成年犯罪分子应当判处适当的刑罚,强制改造,但应当比照18周岁以上的成年人同类犯罪从轻或减轻处罚。对于恶习不深、罪行较轻,本应判处短期徒刑的未成年犯,如果是有人能够负责管教的,可以采取缓刑的办法,交其家长、监护人或是所属机关、团体、学校严加管教;如果无家可归或家庭实在管教不了,要求政府帮助教育的,可由有关部门收容,教育改造。"这个规定初步确立了我国对未成年人犯罪从轻、减轻处罚的原则。1979年《刑法》以及1997年修订的《刑法》都明文规定已满14周岁不满16周岁的人犯罪,应当从轻或减轻处罚。认定时需要注意的是,对未成年人从轻或者减轻处罚是硬性规定,是"应当"而不是"可以"。"应当"就是"必须""一律",即凡是未成年人犯罪都要从轻或者减轻处罚,没有例外情况。从轻处罚是指较之于没有从轻情节的犯罪,在法定刑范围内判处相对较轻的刑种或者相对较短的刑期,减轻处罚是指在未成年人实施的犯罪行为所处的法定刑幅度的最低刑以下判处刑罚。至于在具体案件中法庭对未成年犯是适用从轻还是减轻处罚情节,如何掌握从轻与减轻的幅度,则要根据具体案情以及未成年犯本身的情况,如犯罪性质、犯罪情节、犯罪手段、时间、地点、侵害对象、犯罪形态、后果,犯罪时的年龄、犯罪的动机与目的、是否初犯、偶犯、惯犯、在共同犯罪中的地位与作用、犯罪后有无悔罪表现、犯罪人一贯的表现等等情形确定。对未成年罪犯中的初犯、偶犯,如果罪行较轻、悔罪表现好,并且有预备犯,中止犯,防卫过当,避险过当,共同犯罪中的从犯、胁从犯以及犯罪后自首并有立功表现等情形之一的,则可以免除刑事处罚甚至不认定为犯罪。

(2) 不适用死刑。我国对未成年人犯罪一贯的刑事政策是"教育、感化、挽救",对未成年罪犯不适用死刑早在新中国成立初期便基本确定下来。1951年10月,公安部《关于处理女犯、少年犯及老年犯的指示》中就明确指出:"对于18岁以下的少年罪犯,即使情节严重,罪当处死,也不能处死,可实行强迫教育,强迫劳动,进行改造。应当教育全体公安干部了解,这些少年犯是可以改造的,也必须进行改造。"1979年《刑法》第44条则规定,犯罪的时候不满18岁的人,不适用死刑。已满16岁不满18岁,如果所犯罪行特别严重,可以判处死刑缓期2年执行。1979年《刑法》对未成年人犯罪的处罚在死刑限制方面有一定的弹性,保留了可以判处死刑缓期2年执行的死刑执行制度。1997年修订的《刑法》第

49条明确规定:"犯罪的时候不满18周岁的人,不适用死刑。"这一规定废除了1979年《刑法》所规定的未成年人死缓执行制度,对不满18周岁的人一律不得判处和执行死刑,更好地体现了对未成年人犯罪的宽大政策。

5. 老年人犯罪案件的具体处理原则

一般来说,自然人的刑事责任能力与年龄是成正比的,年龄越大,刑事责任能力越强,年龄越小,辨认能力和控制能力越弱。所以,刑事立法往往规定未成年人犯罪应从宽处罚。但从人的生命周期看,人的认知能力和控制、支配能力到达一个顶点后会慢慢下降。正常人45周岁时生命各项指标达到一个顶峰,之后年龄越大生命力会越弱,这也就是俗话所称"老小"状态存在的原因。人一旦进入老年,责任能力会逐渐降低甚至完全丧失。生理上看,老年人由于机体衰老及脑功能的衰退,各项生理功能及躯体状况减退,事物反应能力较差,如听力下降、视力减退、活动迟钝,这种状况直接导致他们辨认和控制自己行为的刑事责任能力减弱。心理上看,由于老年人与社会相对隔离,容易产生孤独感和失落感,通常表现出情感单调、敏感多疑、自我封闭、固执、狭隘、以自我为中心、易被激怒等心理特点,感到自己已经被社会和家庭抛弃,有时会因琐事而感情突然爆发并实施犯罪。较之于青年人和中年人,老年人的生理和心理显得更为脆弱,某种意义上属弱势群体。老年人的这种生理和心理状况直接影响其对事物的判断和控制,尤其在固执、狭隘的情况下产生了对事物的偏见后,很难改变其想法。

我国已经步入老龄化社会,老年人违法犯罪也呈多发趋势。在《刑法修正案(八)》颁行前,我国《刑法》虽未明确规定对老年人犯罪应当从宽处理,但2006年3月1日施行的《治安管理处罚法》第21条规定,对于70周岁以上的人实施违反治安管理行为,本应适用行政拘留处罚的,不执行行政拘留处罚,体现了从宽原则。司法实务中,公安部2006年8月24日发布的《公安机关办理行政案件程序规定》第140条也明确规定:"违法行为人70周岁以上,依法应当给予行政拘留处罚的,应当做出处罚决定,但不送拘留所执行。"最高人民法院2010年2月8日发布的《关于贯彻宽严相济刑事政策的若干意见》第21条规定:"对于老年人犯罪,要充分考虑其犯罪的动机、目的、情节、后果以及悔罪表现等,并结合其人身危险性和再犯可能性,酌情予以从宽处罚。"《刑法修正案(八)》从刑罚人道主义角度出发对老年人犯罪的刑事责任进行了单独的规定。第1条规定:"已满75周岁的人故意犯罪的,可以从轻或者减轻处罚;过失犯罪的,应当从轻或者减轻处罚。"第3条规定在原《刑法》第49条中增加一款作为第2款:"审判的时候已满75周岁的人,不适用死刑,但以特别残忍手段致人死亡的除外。"

这样,我国《刑法》规定的老年人犯罪刑事责任从宽原则具体体现为:

(1) 故意犯罪的,可以从轻或者减轻处罚。认定这一从宽处理原则时应注意把握以下几个方面的问题:其一,是"可以"而不是"应当"从宽处罚。"可以"

是弹性规定不是硬性规定。虽然是弹性规定,但根据立法意图原则上还是要考虑从宽,只有在从宽确实不符合罪刑相适应基本原则的时候才不予考虑,而选择与青年人、中年人一样的处罚。其二,可以从宽的幅度包括从轻或者减轻处罚,不包括免除处罚。根据立法精神,对于老年人犯罪首先考虑的还是从轻处罚,其次才考虑减轻处罚。至于从轻、减轻的幅度,司法工作人员应根据案件的案情在自由裁量权的范围内酌情决定。如株洲县人民法院对一位82岁老人强行奸淫弱智幼女的案件就只判处了有期徒刑3年,缓刑3年①。

(2) 过失犯罪的,应当从轻或者减轻处罚。司法实践中存在大量老年人过失犯罪的案件,如过失致人死亡、过失致人重伤等,由于过失犯罪本来就是主观恶性较小的轻罪,在犯罪人是老年人的情况下更应考虑较大的从宽幅度。必须注意的是:第一,对老年人犯过失罪是"应当"而不是"可以"从宽。应当从宽是硬性规定,是必须考虑的量刑情节,意味着司法工作人员在处理任何一起老年人过失犯罪案件时都必须予以从宽。第二,应当从宽的幅度包括从轻处罚或者减轻处罚。对于一般的老年人过失犯罪案件,原则上还是先考虑从轻处罚,对于特殊的老年人过失犯罪案件,如后果相对较轻的,影响不是特别大的,可以考虑减轻处罚。但减轻处罚不能减到不判处刑罚,否则与免除处罚就没有区别了。

(3) 已满75周岁的人,不适用死刑,但以特别残忍手段致人死亡的除外。《刑法修正案(八)》出台前,我国审判机关对老年人犯罪仍然存在死刑判决,如2002年10月,湖南省衡阳市中级人民法院对89岁的韦有德犯故意杀人罪作出的一审判决就是死刑,剥夺政治权利终身,同时判令其赔偿被害人刘文军经济损失5.5万余元。后韦有德以"邻里纠纷,被害人有一定过错,自己年事已高,不宜判处极刑"为由,提出上诉。湖南省高级人民法院最终改判韦有德死刑,缓期两年执行。韦有德案件具有里程碑式的意义,正是因为韦有德案件的出现才引发人们对老年人犯罪应否判处死刑的思考。

值得注意的是,虽然现在刑法已经明文规定了对老年人犯罪的从宽处罚原则,但刑事程序法中尚未配套修改相关条文。司法实务应根据老年人犯罪的实际情况采取相关措施以保证老年犯罪者的合法权益。这些措施主要包括:第一,诉讼过程中为无能力请辩护人的老年犯罪者指定辩护人,以保护老年人的合法权益。我国《刑事诉讼法》第35条规定的指定辩护中并无专门给老年犯罪者指定辩护的规定,老年人犯罪若符合"因经济困难或其他原因"这个条件而没有委

---

① 该案的基本案情是:被告人老绍是株洲县渌口镇某村人,今年83岁。老绍与妻子离婚,育有一女,如今女儿也60岁了。目前,老绍没有和女儿住在一起。2010年7月11日下午3时许,老绍来到邻村朋友玲梅(化名)家串门,见到玲梅的外孙女小画(化名)独自一人在卧室内看电视。老绍便起色心,趁小画不注意,脱下小画裤子进行奸淫。据悉,小画是一名弱智女孩,1996年10月5日出生,父母离婚,跟随母亲,被老绍奸淫时还不满14周岁。

托辩护人的,人民法院可以指定承担法律援助义务的律师为其提供辩护。可见,依照目前的《刑事诉讼法》,老年人犯罪原则上不属于需要人民法院指定辩护人的范畴。但考虑刑法已经将老年人作为法定的弱势群体,基于保护老年人合法权益的需要,在老年人犯罪后自己没有聘请辩护人时,人民法院应当为老年人指定辩护人。第二,对犯罪老年人在刑罚执行时应当考虑其特殊性。老年人年老体衰,监狱生活往往难以适用。因此,在老年人犯罪被判处实刑的情况下,应当更多地考虑监外执行。不能监外执行的,在减刑、假释、保外就医条件上适当放宽,对老年人起居饮食也应给予适当的照顾。

(二) 刑事辨认与控制能力

刑事责任能力是指行为人辨认和控制自己行为的能力。责任能力包括辨认能力和控制能力两个方面的内容。辨认能力是指行为人具有对自己的行为在刑法上的意义、性质、后果的分辨认识能力,即行为人是否能够认识到自己所要实施的行为为严重危害社会的,为刑法所禁止、所谴责、所制裁。控制能力又称选择能力、支配能力、决定能力,是指行为人具备可以决定自己是否实施危害行为去触犯刑法的能力。一个达到一定年龄且精神正常的人,应该都能够认识到杀人、放火、盗窃、抢劫等是刑法所禁止的行为,若要实施将会受到刑法的制裁,即具备辨认能力。行为人在具备这种认识能力的情况下可以选择实施或不实施这些行为,如果仍然选择实施了杀人、放火等行为,说明行为人基于意志自由而选择、支配、决定了自己的行为,具备刑事责任能力。刑事责任中的辨认能力和控制能力之间存在有机的联系。一方面,辨认能力是刑事责任能力的前提和基础。行为人只有具备正确的辨认能力,才有可能具备进一步支配自己实施违法犯罪行为的控制能力。控制能力是在辨认能力的基础上发展而来的,只有明知或者应知行为的违法犯罪性才有可能选择是否应当实施违法犯罪行为。从事物的发展进程来看,先有辨认能力,后有控制能力。另一方面,控制能力是刑事责任能力的关键所在,并最终决定行为的犯罪性。具体来说,行为人的刑事责任能力必须同时存在辨认能力和控制能力。若既无辨认能力又无控制能力,或者只有辨认能力而无控制能力,都属于无刑事责任能力之人,如精神病人以及婴幼儿就属于此种情况。有控制能力之人必然具有辨认能力,但有辨认能力之人可能基于某些特殊情况而不具备控制能力,那么此时行为人仍然无责任能力,如不可抗力原因造成的事故,受强迫而没有履行自己义务之人造成损害的情况等等,行为人虽然具备辨认能力,但由于不具备控制、支配自己行为的责任能力因而不应负刑事责任。

总之,刑事责任能力必须要求辨认能力与控制能力同时存在。没有辨认能力,行为人对行为的性质、意义、作用、后果就没有正确的认识,就不可能对自己的行为进行真实、正确的选择,其所实施的行为遭受谴责的程度就不能太高,用刑罚这种最严厉的措施进行制裁既无必要，也会造成刑罚上的浪费。没有控制能力，意味着行为人实施行为时没有选择的余地和自由，也就是没有意志自由，危害行为的实施、危害结果的出现不可避免或者不可抗拒。在没有意志自由的情况下实施的行为没有刑法意义，不能认定为犯罪行为，无须承担刑事责任。

影响刑事责任能力程度的因素有很多，概括起来主要有两个方面：其一是知识和智力的水平，其二是人的大脑功能正常与否的精神状况。一般说来，一个人在达到一定的年龄后，如果接受了正常的家庭教育、学校教育并融入社会与他人交往，就会具备基本的对社会现象的是非善恶的辨别能力和对行为的控制、支配、选择能力，即具备完全的刑事责任能力。但是，在达到法定责任年龄的情况下，由于遗传、环境和接受教育的程度不同，不同个体之间的知识、智力水平以及精神状况是不一样的，这表明自然人之间存在辨认能力和控制能力的差异。精神障碍者可能对自己的行为缺乏基本的辨认能力，疾病发作时控制能力减弱甚至不能控制自己的行为，因而责任能力较弱或者没有。在已达法定责任年龄，没有精神障碍的情况下，自然人在日常生活中的辨认能力和控制能力并无太大的差异，但由于环境和接受教育程度的不同，在专业领域和高精尖行业中，其辨认和控制能力还是有所不同。整体上说，刑事责任能力受年龄、知识、智力、精神状况、生理状况等多方面因素制约。

学界对刑事责任能力程度的划分有三分法、四分法和五分法。三分法主张刑事责任能力程度应当分为完全刑事责任能力、无刑事责任能力、限制责任能力[1]，四分法主张分为完全刑事责任能力、无刑事责任能力、减轻刑事责任能力、相对无刑事责任能力[2]，五分法分为完全责任能力、部分责任能力、无责任能力、相对无责任能力、限制责任能力[3]。我们认为，根据刑事立法，将刑事责任能力分为完全刑事责任能力、完全无刑事责任能力、限制刑事责任能力三种程度最为科学合理。

1. 完全刑事责任能力

完全刑事责任能力是指行为人具备完全的能够辨认自己行为在刑法上的意义、性质、作用、后果，并完全能够控制、支配、选择自己行为的能力，也即对所有犯罪行为具有辨认、控制能力而且对所犯罪行应当承担完全的刑事责任而不得减轻的情况。刑法对完全刑事责任能力一般没有明确的规定，因为于情于理，精神正常的成年人承担完全刑事责任是理所当然的，无需立法明确规定。德、日等国的刑法理论也持这种见解。日本学者木村龟二就认为，"关于责任能力的意

---

[1] 参见李希慧主编：《刑法总论》，武汉大学出版社2008年版，第195—199页。
[2] 参见高铭暄主编：《刑法专论》，高等教育出版社2002年版，第201页。
[3] 参见黄丁全：《刑事责任能力的构造与判断》，法律出版社2010年版，第167—188页。

义,刑法上没有积极的规定,而仅仅是停留在分别对没有责任能力和责任能力减低所作的具体规定"①。德国学者也认为,"成年人通常被认为具有责任能力,因此,如果应该对此进行核实,就需要有特殊依据"②。也就是说,精神正常的成年人在能力程度上通常具有完全刑事责任能力,无需立法规定,立法者只需规定未成年人的刑事责任能力以及其他限制责任能力就可以了,完全刑事责任能力可以从刑事立法对限制刑事责任能力和无刑事责任能力的立法中推定出来,凡是不属于限制刑事责任能力和完全无刑事责任能力的人就是完全刑事责任能力人。根据我国《刑法》的相关规定,凡年满18周岁、精神正常、生理功能健全且智力发育无异的人,就是完全刑事责任能力人。完全刑事责任能力人对行为和事物有正确的认识,完全能够辨认和控制自己的行为,不会因为行为人自身的因素要考虑从宽处理,实施犯罪的情况下应负完全的刑事责任。

2. 完全无刑事责任能力

完全无刑事责任能力,是指对自己行为在刑法上的意义、性质、后果、作用等没有辨认和控制能力。正常情况下,达到一定年龄的人由于其知识和水平达到一定程度,在日常生活和社会交往中一般都具备辨认和控制自己行为的能力。但是,在没有达到法定责任年龄的情况下,行为人由于年幼无知,往往不能正确地辨认和控制自己的行为,如一个10周岁的孩子可能知道不能打人,但打人行为在法律上如何评价他可能并不知道。另外,一个人辨认和控制自己行为的能力还与人的精神状态有关,心智发育状况直接影响其判断和控制力。不能辨认和不能控制自己行为的精神病人如果是在无法了解自己行为的刑法意义、性质、后果、并且无法控制自己行为的情况下实施危害行为的,属于完全无责任能力。我国《刑法》规定的完全无刑事责任能力人包括两种:一种是不满14周岁的人,这种人即便具有刑事责任能力,立法也将其视为无责任能力人;另一种是在已经达到法定责任年龄的情况下不能辨认和控制自己行为的精神病人。

不满14周岁的人由于是法律推定为无责任能力,一般比较容易把握,在司法实践中只需查实行为人未满14周岁即可。无责任能力的精神病人涉及对有无辨认和控制能力的证明,实践中查证相对困难一些。我国《刑法》第18条第1款规定:"精神病人在不能辨认或者不能控制自己行为的时候造成危害结果,经法定程序鉴定确认的,不负刑事责任,但是应当责令他的家属或者监护人严加看管和医疗;在必要的时候,由政府强制医疗。"可见,认定精神病人为无责任能力人,必须同时具备两个标准:

---

① 〔日〕木村龟二:《刑法学词典》,顾肖荣译,上海翻译出版公司1991年版,第229页。
② 〔德〕施特拉腾韦特、库伦:《刑法总论Ⅰ——犯罪论》,杨萌译,法律出版社2006年版,第209页。

（1）医学标准。医学标准又称之为生物学标准，就是行为人在实施危害社会的行为时必须是精神病人，这是判断精神病人有无刑事责任能力的前提。医学上看，精神病人大体有三种不同的类型。第一类也是最严重的一类是狭义的精神病人，即中国司法精神病学中所指的第一类精神病人，是指精神活动异常达到一定程度的重型精神病患者，包括严重的智能障碍和严重的精神障碍等重型精神病，如精神分裂症、情感性精神障碍、狂躁抑郁性精神病、偏执性精神病、器质性精神病、癫痫性精神病、反应性精神病以及某些短暂的精神病性精神障碍（如病理性醉酒、病理性半醒状态等）。行为人只要患有该病，往往完全丧失辨认和控制自己行为的能力，变成"心神丧失"之人。第二类是较为严重的精神发育迟滞者。这类精神病人又称精神发育不全者，俗称"呆傻"。医学上依照这类精神病人的智力发育程度又可分为三分法的"愚鲁、痴愚、白痴"和四分法的"轻度、中度、重度和极重度"。第一类精神病和第二类精神发育迟滞合起来又称为精神病性精神障碍。第三类是轻性精神障碍者，又称非精神病性的精神病人，主要指各种神经官能症，包括神经衰弱、性变态、人格障碍等等。这类精神病人的精神虽然异常，但并未丧失或者减弱辨认能力和控制能力，因此一般有完全的刑事责任能力。

我国《刑法》第 18 条第 1 款规定的精神病人的范围，学界有不同的理解。第一种观点认为，该款列举的精神病只限于狭义的精神病，不包括精神发育迟滞，因为"精神发育迟滞不是一种精神疾病，而是一种精神状态。在精神医学分类上，精神发育迟滞既不属于精神病，也不属于非精神病性精神障碍，而是独立于前两者并与前两者并列存在的。"[①]第二种观点认为，该款所说的精神病人限于精神病性精神障碍，不包括非精神病性精神障碍。原因在于精神病性精神障碍者的精神功能障碍会导致其辨认或控制行为能力的完全丧失，而非精神病性的精神障碍者一般不会因精神障碍而丧失辨认或控制行为的能力。[②] 第三种观点认为，该款所指的精神病人应该是广义上的，既包括精神病性精神障碍者，也包括非精神病性精神障碍者。原因在于实践中可能还有一些尚未发现的非精神病性的精神障碍会导致患者的刑事责任能力完全丧失。就具体的个别病人而言，并不能认为精神病性精神障碍人比非精神病性精神障碍人对自己行为的辨认控制能力弱。因此，本着实事求是的态度和对精神障碍患者负责的精神，宜将第 1 款中的精神病人作广义理解。[③] 应该说第三种观点有其合理性。虽然总体上来讲狭义精神病人一般完全欠缺辨认和控制自己行为的能力，但精神发育迟

---

① 刘白驹：《精神障碍与犯罪》，社会科学文献出版社 2000 年版，第 118 页。
② 参见高铭暄、马克昌：《刑法学》（上编），中国法制出版社 1999 年版，第 179 页。
③ 参见赵秉志、刘志伟：《精神障碍者犯罪之刑事责任若干问题研究》，载《山东公安专科学校学报》2001 年第 1 期，第 13 页。

滞和非精神病性精神病人在某些特殊情况下也可能完全丧失辨认和控制自己的能力。从《刑法》第18条第1款立法的目的来看,确定精神病人无刑事责任能力既需要判断他患有精神病,也同时需要考虑其无辨认和控制能力。所以,二者结合来考虑,精神病人的范畴宜作广义理解。

(2)心理学标准。心理学标准又称法学标准,是指从法学或者心理学的角度看,行为人因患精神病而丧失了辨认或者控制自己行为的能力。丧失了辨认能力是指行为人因为患有精神病而不能正确理解自己行为危害社会的性质以及自己行为可能产生的后果。丧失了控制能力是指精神病人由于所患精神疾病的病理作用而不能根据自己的意志选择实施或不实施危害行为。精神病人无刑事责任能力的可能表现为两种情况:一种情况是精神病人既丧失了辨认能力也丧失了控制能力,另一种情况是精神病人可能丧失了辨认能力而存在控制能力或者丧失了控制能力而存在辨认能力。无论哪一种情况,都应当确定精神病人无刑事责任能力。

精神病人无刑事责任能力的判断标准,既要从医学上看行为人是否确有精神疾病,还要从心理学上看行为人实施行为时是否因为精神疾病而不能辨认、不能控制自己的行为,要将医学标准和法学标准结合起来进行认定。只有精神病人同时符合以上两个标准的,才能确定为无责任能力人。其中,行为人是否患有精神病的医学标准是判断其无责任能力的前提和基础,是判断的第一步;是否具有辨认和控制能力的心理学标准是判断的第二步。如果行为人虽有精神病,但仍然具有辨认和控制能力,则精神病人仍然要承担刑事责任。当然,精神病人是否患有精神疾病,在实施危害行为时是否具有辨认和控制能力属于非常专业的医学判定范畴,仅靠法官是不能确定的,故我国《刑法》第18条第1款规定需要经过法定程序进行医学鉴定。法官通常是在医学鉴定的基础上在对精神病人的行为进行法律上的评价。

需要注意的是,精神正常时的间歇性精神病人以及醉酒的人都属完全责任能力人,实施犯罪时应负完全的刑事责任。我国《刑法》第18条第2款规定:"间歇性的精神病人在精神正常的时候犯罪,应当负刑事责任。"间歇性精神病是指具有间歇性发作特点的精神病,包括两种:一是发作性精神病,具有循环性周期发作、间歇期精神状态恢复正常的特点,如躁郁症、癫痫性精神病(简称癫病);二是处于缓解期的重性精神病,主要指精神分裂症、反映性精神病等重性精神病状部分缓解、减轻或者彻底缓解的精神病。间歇性精神病人"精神正常"的时期是指间歇性精神病的"间歇期"及重性精神病的彻底缓解期。患有这种精神病的人,如果在此期间犯罪,由于具备完全的辨认和控制自己行为的能力,不能认为是无责任能力和限制责任能力人,所以法律规定这种人对自己实施的犯罪行为应负完全的刑事责任。我国《刑法》第18条第4款规定:"醉酒的人犯罪,应当负刑事责任。"这里的醉酒是指生理性醉酒而非病理性醉酒。生理性醉酒是指一次大量饮酒或酒精饮料,引起急性中枢神经系统兴奋或抑制状态。这种醉酒属于非精神病性精神障碍,可以控制,一般不会因精神障碍丧失或降低辨认和控制能力,因而具有完全刑事责任能力。病理性醉酒又称为特发性酒中毒(Alcohol idiosyncratic intoxication),是指所饮不足以使一般人发生醉酒的酒量而出现明显的行为和心理改变,在饮酒时或其后不久突然出现激越、冲动、暴怒以及攻击或破坏行为,可造成自伤或伤人后果。病理性醉酒发作时有意识障碍,亦可出现错觉、幻觉和片断妄想,属于精神疾病的一种,在病理性醉酒的情况下实施的危害行为一般不负刑事责任。但是,如果行为人知道自己属于病理性醉酒仍然饮酒的,醉酒后犯罪应当负刑事责任。关于醉酒的人犯罪的刑事责任问题,在后面的原因自由行为中再详述。

3. 限制刑事责任能力

限制刑事责任能力又称限定责任能力,是指介于完全刑事责任能力和完全无责任能力之间的,因年龄、生理缺陷、精神障碍等情况而使行为人辨认和控制能力有一定程度减弱的情况。有学者将限制责任能力与减轻责任能力分开,认为减轻刑事责任能力是基于年龄因素确定的,限制责任能力是基于精神障碍的因素确定的。① 本书认为,责任年龄只是影响责任能力非常重要的因素,责任能力的程度与责任年龄密切相关。不同年龄阶段的人有责任能力程度上的不同。限制责任能力的前提是行为人有部分辨认和控制能力,但又不具备完全的辨认和控制自己行为能力。从辨认、控制能力程度的高低来理解,限制刑事责任能力应是广义上的,即凡不属于完全责任能力和完全无责任能力的情况均应纳入其中,具体包括了因精神障碍导致的限制责任能力、因年龄因素确定的减轻责任能力、部分责任能力和因生理残缺导致的责任能力减弱等情形。从世界各国刑法的规定看,较为普遍地将精神障碍者、未成年人、聋哑人和盲人等认定为限制责任能力人并进行了相应的规定。② 我国刑法也不例外。

(1) 基于精神障碍导致限定责任能力者。限定刑事责任能力的精神障碍者虽然患有精神病,但实施行为时辨认能力或控制能力并未完全丧失,仅较之于常人有所减弱。从医学标准看,该类精神病人一般包括两类:一是出于早期(发作前驱期)或部分缓解期的精神病(如精神分裂症等)患者;二是某些非精神病性精神障碍人,包括轻至中度的精神发育迟滞(不全)者、脑部器质性病变(如脑炎、脑外伤)或精神病后遗症所引起的人格变态者,神经官能症中少数严重的强迫症和癔症患者等。从法学标准看,患有这些精神障碍的人在实施犯罪行为时

---

① 参见黄丁全:《刑事责任能力的构造与判断》,法律出版社2010年版,第178—188页。
② 参见黄京平:《限制刑事责任能力研究》,中国政法大学出版社1998年版,第82页。

辨认能力和控制能力确实有所减弱或降低。如果将责任能力分为完全具备、显著降低、完全欠缺三种情况,减轻责任能力即属于显著降低的责任能力状态。责任能力"显著降低"意味着精神病人辨认、控制自己行为的能力明显下降,即所谓的"精神耗弱"。"精神耗弱"作为责任能力减轻的原因,其形成有诸多不确定的因素,如心灵发展的停滞或退化、先天原因、后天伤害等。减轻责任能力的精神病人辨别、控制能力较之于常人为弱,所负的刑事责任较完全责任能力要轻,属于"低度责任"[1],各国刑法大多对之规定了较为轻缓的刑事责任,我国刑法也是如此。我国《刑法》第 18 条第 3 款规定:"尚未完全丧失辨认和控制自己行为能力的精神病人犯罪的,应当负刑事责任,但是可以从轻或者减轻处罚。"这样立法显然具有科学性和可行性。司法实务中对限定责任能力人进行刑事处罚时,应注意从宽的幅度。首先,《刑法》第 18 条第 3 款规定的是"可以"从宽而不是"应该"从宽。也就是说,从宽是一个弹性选择。从立法精神来看,一般情况下应该从宽处罚,只有在情节特别严重或者没有可以饶恕的因素等个别情况下,尚未完全丧失辨认和控制自己行为能力的精神病人犯罪的,才可以不从宽处理而选择与精神正常的人相同的处罚原则。其次,从宽的情节只有从轻和减轻。立法将从轻处罚规定在前,表明其立法意向是优先考虑从轻处罚。如果从轻处罚仍然过于严厉的情况下才选择减轻处罚。在具体案件中应如何选择从轻、减轻以及从轻、减轻的幅度,则要根据减轻责任能力的精神病人的责任能力大小视案件情况而定。如巴东县人民法院对邓玉娇防卫过当案[2]即选择了从宽处理。邓玉娇系限制责任能力人,可以从轻或者减轻处罚;加之其行为属于防卫过当,应当减轻或者免除处罚;还有自首这个法定从宽情节,法院综合考虑后决定免除其刑罚处罚是合情合法的。

应当注意的是,非精神病性精神障碍人实施犯罪行为的,应当负刑事责任。非精神病性精神障碍人又称为非病的精神病人[3],是指行为人虽然患精神疾病,但并未丧失或减弱辨认或控制能力,因此应对自己所实施的犯罪行为承担完

---

[1] 参见黄丁全:《刑事责任能力的构造与判断》,法律出版社 2010 年版,第 180 页。
[2] 基本案情是:2009 年 5 月 10 日晚,邓贵大、黄德智等人酒后到巴东县野三关镇雄风宾馆梦幻娱乐城玩乐。黄德智强迫要求宾馆女服务员邓玉娇陪其洗浴,遭到拒绝。邓贵大、黄德智极为不满,对邓玉娇进行纠缠、辱骂,在服务员罗某等人的劝解下,邓玉娇两次欲离开房间,均被邓贵大拦住并被推坐在身后的单人沙发上。当邓贵大再次逼近邓玉娇时,被推坐在单人沙发上的邓玉娇从随身携带的包内掏出一把水果刀,起身朝邓贵大刺击,致邓贵大左颈、左小臂、右胸、右肩受伤。一直在现场的黄德智上前对邓玉娇进行阻拦,被刺伤右肘关节内侧。邓贵大因伤势严重,经抢救无效死亡;黄德智所受伤情经鉴定为轻伤。巴东县人民法院认为,邓玉娇在遭受邓贵大、黄德智无理纠缠、拉扯推搡、言词侮辱等不法侵害的情况下,实施的反击行为具有防卫性质,但超过了必要限度,属于防卫过当。被告人邓玉娇故意伤害致人死亡,其行为已构成故意伤害罪。案发后,邓玉娇主动向公安机关投案,如实供述罪行,构成自首。经法医鉴定,邓玉娇为心境障碍(双相),属部分(限定)刑事责任能力。据此,依法判决对邓玉娇免予刑事处罚。
[3] 参见黄丁全:《刑事责任能力的构造与判断》,法律出版社 2010 年版,第 169 页。

的刑事责任之人。根据司法精神病学,非精神病性的精神障碍主要包括以下一些情况①:其一,各种强迫性的神经官能症,包括癔症、神经衰弱、焦虑症、疑病症、强迫症、神经症性抑郁、人格解体性神经症等,癔症性神经错乱除外;其二,各种人格障碍式变态人格(包括器质性人格障碍);其三,性变态,包括同性恋、露阴癖、恋物癖、恋童癖、性虐待等;其四,情绪反应(未达到精神病程度的反应性精神障碍);其五,未达到精神病程度的成瘾药物中毒与戒断反应;其六,轻狂躁与轻性抑郁症;其七,生理性醉酒与单纯慢性酒精中毒;其八,脑震荡后遗症、癫痫性心境恶劣以及其他未达到精神病程度的精神疾患;其九,轻微精神发育不全;等等。这些人犯罪应负完全的刑事责任。

(2)基于年少或年老导致限定责任能力者。主要包括两种情况:一是指已满14周岁不满18周岁的人犯罪,应当从轻或者减轻处罚;二是已满75周岁的人故意犯罪的,可以从轻或者减轻处罚,过失犯罪的,应当从轻或者减轻处罚。这两类人是由于年龄因素导致了行为人辨认、控制能力不完全,法律规定对其从宽处理体现了人道主义和保护主义精神。

(3)基于生理残疾而导致限定责任能力者,即又聋又哑的人和盲人。又聋又哑的人又称聋哑人,是指丧失听觉能力和口头语言能力的人。与心智不健全的人不同的是,聋哑人有基本正常的思维,可以实施与常人基本无异的行为,虽然聋哑对辨认、控制能力会造成一定的影响,但不会造成辨认、控制能力的丧失,因此,在达到刑事责任年龄时聋哑人一般都具有相当的刑事责任能力。盲人是指因各种原因导致双眼视力丧失之人,又称视能缺陷或视觉障碍之人。从医学上定义,盲人指的是由于先天或后天原因,导致视觉器官(眼球、视觉神经、视觉径路、大脑视觉中心)的构造或机能发生部分或全部障碍,经治疗仍对外界事物无法或难以进行视觉上的辨识之人。② 由于刑法并未限定致盲的原因,故刑法上所称盲人,既指先天性失明的盲人和后天幼年丧失视力的盲人,也不排斥成年视力丧失者。盲人由于在接受外界信息、教育等方面存在缺陷,在辨认能力和控制能力方面可能较之于正常人要低。我国《刑法》第19条规定:"又聋又哑的人犯罪或者盲人犯罪,可以从轻、减轻或者免除处罚。"可见,对于聋哑人犯罪和盲人犯罪,一般情况下应减轻刑事责任,但对于极少数知识和智力水平与正常人相当,具备完全责任能力者,可酌情不予从宽处理。另外,由于刑法规定对聋哑人、盲人犯罪是"可以"而不是"应当"从轻、减轻或者免除处罚,因此在司法实践中应当全面分析犯罪性质、情节和危害程度,重点分析聋哑人、盲人身份对实施犯罪行为的具体影响。对于犯罪行为与其聋哑人、盲人身份有直接联系的过失犯

---

① 参见刘白驹:《精神障碍与犯罪》,社会科学文献出版社2000年版,第12页。
② 参见黄丁全:《刑事责任能力的构造与判断》,法律出版社2010年版,第360页。

罪,被告人因聋哑或目盲丧失劳动能力从而实施的盗窃、诈骗、侵占等侵犯财产性犯罪,在生活中因受到歧视等刺激而冲动发生故意伤害他人的案件,可考虑到被告人特别的生理、心理状况,依法比照正常人犯罪酌情从宽处罚。但是在聋哑人、盲人实施的与聋哑人、盲人身份无直接关系的犯罪中,特别是在共同犯罪或者有组织的犯罪中,这类被告人甚至可能成为犯罪的策划者和组织者。在此情况下,被告人虽具有聋哑人或盲人身份,也可以不作为对其从宽处罚的理由。

（三）原因自由行为

1. 原因自由行为的概念

行为人实施危害行为时具有责任能力即"行为与责任能力同在"是行为人承担刑事责任的基础,如果行为人实施行为时丧失了辨认和控制自己行为的能力,说明行为时没有责任能力,这种情况下造成危害结果的行为人不承担刑事责任。实践中有种情况,行为人并无精神障碍,也无生理残疾,更不是没有达到法定责任年龄,实际上是具有完全责任能力的正常人,但却故意或过失使自己陷于无责任能力或限制责任能力状态,实施了犯罪行为,如醉酒后犯罪、吸毒后犯罪等等,应如何追究行为人的刑事责任？与一般犯罪情形不同的是,醉酒、吸毒后犯罪,犯罪行为与责任能力可能不会同时存在,即行为人酒后、吸毒后实施犯罪行为时可能处于无责任能力或者限制行为能力状态,由于这种情况下实施犯罪行为的危害性非常大,且行为人事前可以控制自己酗酒、吸毒等行为,故各国刑事立法对这种情况都明确规定应当予以处罚。理论上为了使处罚该种犯罪行为的刑法原理具有正当性而创制了原因自由行为理论。

原因自由行为又称原因上的自由行为或原因中的自由行为,是大陆法系国家刑法理论中的一个重要概念。大陆法系刑法学者对其含义有广狭两种解释,狭义是指"行为人在具备责任能力的状态下决意的行为,或者在该状态下能够预见的,但在丧失行为能力或者责任能力之时才实现的行为"[①];广义是指行为人于完全责任能力之状态时,即具有实现特定犯罪之意思,或能预见特定法益之侵害,因而故意或过失行为使自己陷入无责任能力或限制责任能力状态,且在此状态下实现构成要件。狭义说和广义说在本质上没有很大的差异,都认为原因自由行为是在具有完全责任能力情况下决意或者能够预见的,故意或过失使自己陷入心神丧失或神志不清状态实现构成要件的行为。两种观点不同的是,狭义说认为原因自由行为只限于丧失责任能力的情况下实施的犯罪行为,广义说认为应当包括丧失责任能力和限制责任能力两种情况下实施的犯罪行为。我国

---

① 参见〔德〕汉斯·海因里希·耶塞克、托马斯·魏根特:《德国刑法教科书》,徐久生译,中国法制出版社 2001 年版,第 533 页。

学界的主流观点坚持广义说,认为原因自由行为是指"具有责任能力的行为人,故意或者过失使自己一时陷入丧失或者尚未完全丧失(《刑法》第 18 条第 3 款)责任能力状态,并在该状态下实施了符合违法构成要件的违法行为"[①]。我们赞同广义说。原因自由行为应当是指行为人在具有完全责任能力的情况下基于某种动机故意或过失使自己陷入无责任能力或限制责任能力状态,并在此状态下实施的符合构成要件的行为。

2. 原因自由行为的形态

在原因自由行为中,使自己陷入无责任能力或者限制责任能力状态的行为称之为原因行为,如饮酒、吸毒;在无责任能力或限制责任能力状态下实施的符合构成要件的行为称之为结果行为,如行为人醉酒后杀人等。由于行为人可以自由决定自己是否陷入无责任能力或限制责任能力状态而实施符合构成要件的行为,故将能够自由决定应否饮酒、吸毒、饮多大量的酒等行为称之为原因自由行为。根据原因自由行为的概念,可以将其分为四种情况:其一,故意陷入无责任能力状态而实施符合构成要件的行为;其二,过失陷入无责任能力状态而实施符合构成要件的行为;其三,故意陷入限制责任能力状态而实施符合构成要件的行为;其四,过失陷入限制责任能力状态而实施符合构成要件的行为。

实践中的情况看,一般能够成为原因自由行为的情形主要有如下三种:其一,醉酒。我国《刑法》第 18 条第 4 款已明确规定了醉酒的人犯罪应负刑事责任。另外,为了保障正常的交通秩序,《刑法修正案(八)》第 22 条已将醉酒驾驶的行为直接规定为危险驾驶罪。其二,吸食、注射毒品。其三,服用其他麻醉药品、精神药品。刑法对吸食、注射毒品、服用其他麻醉药品、精神药品后实施的符合构成要件的行为没有明确规定应负刑事责任,但从立法精神和目的看,仍然属于应当承担刑事责任的范畴。当然,从立法的明确性要求看,刑法予以明确规定更为妥当。

3. 原因自由行为的可罚性根据

"责任能力与实行行为同在"是传统责任理论中的一项基本原则,也即只有行为人实施构成要件的行为时具有责任能力,其行为才可以被定罪处罚。但原因自由行为的实行行为与责任能力相对分离,即行为人在实施原因行为时具有完全责任能力,但并非完全责任能力状态下实施符合构成要件的行为,在实施符合构成要件的行为时处于无责任能力或限制责任能力状态。如果对原因自由行为进行刑事处罚,与传统责任理论背离。一个国家基于保护主义原则,对醉酒者犯罪、吸毒者犯罪这类行为又不能不罚。因此,必须从理论上寻找对原因自由行为进行刑事处罚的正当性、可罚性根据。原因自由行为理论自始至终的目的

[①] 张明楷:《刑法原理》,商务印书馆 2011 年版,第 278 页。

就在于弥补普通责任理论的不足,设法提供对于因故意或过失而遭致责任能力欠缺的行为人予以处罚的根据问题。为了解决这一难题,围绕责任能力与实行行为同在的原则,学界形成了如下学说[①]。

(1)间接正犯构成说。该说认为,行为人将在无责任能力状态中的行为当作间接正犯加以利用,从而惹起结果,所以原因设定行为的时点就完全可以确定事项的着手,它符合"实行行为与责任同在"的原则。

(2)原因行为时支配可能说。这种观点认为,由于原因行为对结果行为是支配可能的,形式上虽然违背了责任与实行行为同时存在的原则,但是,它和该原则的实质理由是密切关联的,即在原因自由行为中,无能力时的实行行为是在有能力时表象的,如果认识到中毒后杀人等行为,那么是否饮酒或吸毒是行为人可以支配的,因此,是否实施实行行为,应当求之于行为时依据"行为人的规范意识"形成的抵抗能力。

(3)意思决定行为时责任说。这种观点认为,在行为开始时的最终意思决定由于贯穿行为的全部直到结果发生,因此,只要在最终的意思决定之际有责任能力,即便在现实的实行行为,即引起结果的行为之际丧失了责任能力,也不妨认为行为人具有责任能力而追究其责任。

(4)正犯行为时责任说。这种观点认为,正犯和实行的同一性是共犯论的基础,由于其分离才导致正犯时责任能力存在。即便在实行行为时不存在,作为同时存在的原则,只要在正犯行为和结果之间存在就可以。

(5)相当原因行为时责任说。该说认为,具备责任能力的原因行为是追究责任的对象,原因行为和结果行为之间的"相当因果关系"以及"责任关系"如果被确定,就能追究自由行为的责任。为了追究结果的罪责,该主张将行为的必要的危险性和未遂成立的危险性当做不同的东西,实行行为是"作为因果设定的因果链条的起点,从而成为问责对象的行为",责任要件被认为是实行行为的时点的问题,而未遂是在发生了具体危险时开始的,所以依据通说,实行的着手是实行的开始,但不能认为是未遂成立的时点。实行行为只是行为问责对象的行为,未遂是和实行行为分离的发生具体危险的可罚的行为。这样一来,原因行为由于是实行行为,就符合实行行为和责任同时存在的原则。原因行为和结果行为之间相当因果关系,是在"实行行为的危险性"和"对该危险的实现"被确认时得以肯定的,其中的危险性必须达到相当的程度,为此,例如醉酒后就实行暴行的"癖好"应认为是特殊阶段的事情。和责任有关的故意和过失,在原因行为时

[①] 前六种观点引自童德华:《外国刑法原论》,北京大学出版社2005年版,第218—220页。第七种观点引自袁雪:《德、日刑法理论中原因自由行为若干问题研究》,载《电子科技大学学报(社科版)》2010年第2期,第85页。

也是必要的,在追究故意责任时,就要认识到原因行为具有引起结果行为和结果的危险性。

(6)事后的实行行为责任说。该说认为,行为者潜在的实行行为一开始就是为了实行最终产生危险行为时的"结果行为",这种潜在的实行行为是符合构成要件的违法行为,但是责任能力被否定。潜在的实行行为是从原因行为时出发的持续"支配可能"的行为,从原因行为时看,这个潜在的实行行为在无责任能力的状态下完全不会产生规范的障碍,它意味着潜在的实行行为是基于原因行为在因果上、客观上可能支配的行为,不仅如此,它还是基于原因行为时的故意、过失在主观上可以支配的行为。原因行为时的故意、过失,在其后陷入无责任状态下由于规范的障碍不能被阻止,只要表象结果以至于有预见可能性,原因行为就和潜在的实行行为相连续,并成为其中的一部分,从实行事后的结果行为开始就成为实行行为。

(7)例外模式说。该说认为原因自由行为应当作为一种以习惯法加以正当化的理由,作为传统行为构成模式的例外,突破其束缚,行为人将因为故意或过失使自己在无责任能力状态下的举止行为受到处罚,尽管他在那时没有责任能力。

上述学说中,间接正犯说将行为人利用自己的行为实施犯罪作为原因自由行为可罚性的根据,与间接正犯利用他人的行为实施犯罪的法理似乎不容;原因行为时支配可能说存在的问题是,在结果行为时的无责任能力状态中,以结果行为是可能支配为理由追究行为人的刑事责任,依然与"实行行为与责任能力同在原则"背离,理由牵强;按照意思决定行为时责任说,如果不是实行行为的行为时存在的意思决定,不能影响行为时,也不能满足"实行行为与责任能力同在"原则;对于正犯行为时责任说而言,由于正犯行为和实行行为传统上认为是同一概念,如果为了解决原因自由行为的可罚性而将其分离,可能带来概念上的混淆;相当原因时责任说将实行行为与未遂行为分离,与传统观点主张的实行行为是未遂行为处罚的起点相矛盾;例外模式说因为过于简单,既违背了罪责原则,也违背罪刑法定原则,受到学界的强烈质疑。相对来说,事后的实行行为责任说更加科学合理。这种学说将原因行为作为一种潜在的、制造危险的行为的一部分看待,在事后发生了具体的危险的情况下,故意犯中行为人主观故意"明知"的内容能够被认定,在过失犯中,"应当预见"或者"轻信能够避免"能够被认定的场合,可以追溯到原因行为。该学说将潜在的实行行为理解为从原因出发时持续的可支配的行为,实际上将原因行为与结果行为视为一体化的整体行为,因为原因行为可能制造危险,故在危险发生后将其一并评价为"实行行为"并无不妥。

4. 原因自由行为的适用

根据原因自由行为的基本法理,对于行为人故意或过失导致自己陷入无责任能力或者限制责任能力状态而实施犯罪行为的,应当追究刑事责任,而且不能适用从轻或者减轻处罚的规定。有些情况下,基于原因自由行为实施的犯罪甚至还要考虑从重处罚。如根据我国最高人民法院《关于审理交通肇事刑事案件具体应用法律若干问题的解释》,酒后、吸食毒品后驾驶机动车辆造成交通事故的定罪标准较之于一般情况下要低,只需造成1人以上重伤,负事故全部或者主要责任即可。

(四) 期待可能性

1. 期待可能性的概念

期待可能性是指在具体情况下期待行为人不实施违法行为而实施其他合法行为的可能性。如果在当时的情况下没有可能期待他人实施合法行为,即使行为人实施了违法行为,也不能对行为人的违法行为进行刑法上的责罚或者非难。如果当时情况下能够期待他人实施合法行为,即行为人完全能够选择实施合法行为但却实施了违法行为,那么对其行为应当责罚和非难,行为人应当承担刑事责任。期待可能性理论不仅解决行为人刑事责任的有无问题,而且可以解决行为人刑事责任程度大小的问题。

期待可能性理论最早源自德国的"癖马案"。"癖马案"的基本案情和判决内容是[①]:被告自从1895年10月起作为一名马车夫在G地的出租车主R处工作。被告驾驭的马车有一匹马是所谓的"Leinenfaenger",具有某种不定期发作的癖好,喜欢用尾巴拍打压低缰绳,进而把缰绳紧紧夹在身体上。被告和马车雇主都知道这匹马的这个缺点。1896年6月19日,被告驾驭配有该匹马的马车行驶于从P地到G地的公路,在此过程中,这匹马一直用尾巴夹紧缰绳。后来当被告尝试拉出缰绳而未果时,这匹马变得狂躁起来,被告完全失去了对它的控制。马在狂奔疾驰中冲向在路边行走的铁匠B先生,将其撞翻在地,B先生陷于马车下,受伤骨折。被告因过失导致B身体伤害而被提起公诉。1897年3月23日德意志帝国法院刑四庭一审判决为无罪。检察官提起的抗诉被德意志帝国法院驳回,理由如下:根据核实的案情,被告被指控的过失伤害罪的全部构成要件都已满足;同时也不认为,一审法官的无罪判决是错误地根据一种法律上未获承认的出罪事由得出的。根据判决理由可以看出,恰恰相反,一审法院在考察案件的特殊情况之后,认为不能够判定被告违反了过失概念所要求的注意义务,并且

[①] 该判决书的全文翻译参见《德国帝国法院刑四庭关于"癖马案"的判决书》,车浩译,载《第五届全国中青年刑法学者专题研讨会"期待可能性"高级论坛论文集》,南京师范大学法学院2008年自印,第16—17页。

基于该理由判决被告无罪。判决书中指出,被告唯一能被责备的是他在知悉Leinenfaenger癖性的情况下,仍使用癖马驾车,这显然并不意味着,该驾驶行为就能够直接证明被告违反了注意义务而对之进行责难。

期待可能性理论在德日司法中普遍运用。德日司法中除了运用期待可能性解决刑事责任的有无问题,还用来解决刑事责任的程度即减轻问题。因为对于不同的行为人来说,各种因素和条件不同,对事物的理解、判断、决定能力就不一样。如在相同情况下,期待成年人实施合法行为的可能性就要大于未成年人,期待家境富裕者不去盗窃的可能性也要高于家境贫困者。在期待可能性越大的情况下行为人实施了违法犯罪行为,刑法对其非难度应当越高。

2. 期待可能性在犯罪构成中的地位

作为规范责任论的核心要素,期待可能性理论具有十分重要的地位。在以德国、日本为代表的大陆法系国家,确定一个行为是否构成犯罪,要遵循构成要件该当性、违法性、有责性的层层逻辑递进的三要素理论。期待可能性在犯罪构成理论体系中的地位是在有责性这一层次中进行探讨的,但也必然与责任的其他要素——责任能力、心理事实(故意、过失)息息相关。某种程度上说,期待可能性的地位问题就是期待可能性与责任能力、故意过失的关系问题。在犯罪构成理论体系中,作为有责性关键因素的期待可能性的存在有两个前提:其一,行为人有责任能力。虽然缺乏责任能力同样影响行为人的责任的成立,但期待可能性是与责任能力相对分离的责任要素,只有在行为人存在责任能力的情况下才决定期待可能性的有无及其对责任大小的影响。其二,期待可能性是有责性中与犯罪心理事实相对独立的规范评价因素。大陆法系刑法理论中的有责性是心理事实与规范评价的统一,虽然西方学者对期待可能性在其中的地位说法不一,但都认为期待可能性是与犯罪心理事实相对独立的规范评价因素。作为心理事实的故意、过失是中性的,只有在依据刑法规范应加以非难、谴责的心理事实存在时才能认定责任,这种非难、谴责要素即期待可能性。

对于期待可能性理论在犯罪论体系中的地位,德日等大陆法系国家的刑法理论存在几种不同的观点:第一种观点将期待可能性解释为是与责任能力、故意或过失并列的责任要素;第二种观点认为期待可能性是与责任能力、故意或过失、违法性认识(或其可能性)并列的第四责任要素;第三种观点认为期待可能性是故意、过失的构成要素,即将期待可能性包含在故意、过失之中来理解;第四种观点认为,责任能力、故意、过失是责任的原则要素,期待可能性则是责任的例外要素。[①] 我国学界的观点主要有四种:第一种观点认为期待可能性不是罪过心理以外的独立的构成要件,也不是罪过形式本身的构成因素。期待可能性无

---

① 参见黄丁全:《刑事责任能力的构造与判断》,法律出版社2010年版,第33—39页。

非是意志自由程度的外在形式,是评价行为人认识能力和意志能力大小的根据,是罪过心理产生的前提。① 第二种观点将缺乏期待可能性作为责任阻却事由。② 第三种观点主张期待可能性是责任要素,认为期待可能性与心理要素是不同的,是以心理要素的故意或者过失存在为前提的,而不是心理要素的故意或者过失以期待可能性为前提。期待可能性是在心理要素的故意或者过失存在的前提下,对其进行进一步归责的要素,是所谓责任要素。③ 第四种观点认为期待可能性是独立于故意、过失之外的归责要素之一。期待可能性虽然指向行为人的主观,是对行为人主观选择的期待,但是,与故意、过失不同,它不是行为人的主观的、心理的内容本身,而是从法规范的角度对处于具体状况下的行为人的主观选择的评价。可以说,故意、过失是主观性归责要素,而期待可能性是客观性归责要素,是独立于故意、过失之外的归责要素之一。④

  本书认为,将期待可能性作为责任能力的构成要素来理解似乎更加符合我国刑法理论。我国刑法理论通行的观点是,评价一种行为是否构成犯罪的标准是犯罪构成,即行为只有具备客体、客观方面、主体、主观方面这四个要件才能认定为犯罪。期待可能性作为一种从国外引进的理论,只有纳入我国特有的责任要素去把握,才能与我国犯罪论体系相融合。德日等大陆法系国家的犯罪论体系属于递进式的、阶梯式的评价,行为需先符合构成要件的该当性,然后具备违法性,最后才进行有责性评价。而有责性评价具有相对独立性,是在构成要件该当性、违法性的基础上进行的更高层面的评价要素。在这样一个有责性层面将期待可能性纳入进来进行判断,显然可以与责任能力、故意、过失、违法性认识并列,也可以将期待可能性作为责任的例外要素。但在我国的犯罪论体系中探讨期待可能性,理应结合我国平面式的犯罪构成四要件理论。期待可能性有无的判断,实际就是责任有无、大小的判断。期待可能性与客体、客观方面、主观方面的要件无关,实际上只与主体的责任能力有关。作为期待可能性有无判断依据的各种情况,可能会影响行为人的控制能力,即行为人的意志自由度影响其对实施犯罪行为的选择。如某人受顶头上司指派实施犯罪行为,该人心理上一万个不愿意,但慑于行政权力的服从性或者害怕上司会给其"穿小鞋"式的打击报复,于是不得不实施了犯罪行为。虽然该人实施犯罪行为是其自由意志决定,但站在对其行为非难、谴责的立场,该人在意志选择的自由度上受到了上司可能实施权力报复的影响,因此,这种情况下行为人选择实施犯罪行为的意志自由度

---

① 参见姜伟:《犯罪故意与犯罪过失》,群众出版社1992年版,第39页。
② 参见张明楷:《刑法学》,法律出版社2016年版,第326页。
③ 参见陈兴良:《从刑事责任理论到责任主义——一个学术史的考察》,载《清华法学》2009年第2期,第21页。
④ 参见冯军:《刑事责任论》,法律出版社1999年版,第252页。

相对于完全自觉自愿主动实施犯罪行为的意志自由度要小,对其非难、谴责程度自然要低。

3. 期待可能性的判断标准

期待可能性理论构筑在人的相对意志自由及规范责任论这一归责理论的基础之上,主要体现了刑法的人道性及其出罪功能,刑法既有惩罚犯罪的功能,又有保障人权的功能,期待可能性理论主要体现的是刑法的人权保障功能,中心思想是"法不强人所难"。实践中,如何确定某种情况下行为人有无期待可能性、期待可能性大小是一个核心问题。刑法理论上期待可能性的判断标准大体有如下几种观点:

(1) 行为人标准说。这种学说主张应当以行为人行为时的具体情节、个人能力为标准,来判断能否期待行为人实施合法行为。如果在当时的情况下不能期待该行为人实施合法行为,那么就缺乏期待可能性。德国学者 Feudenthal、Heinitz,日本学者团藤重光、大塚仁持此观点。对此,学者有很多的批判,认为这个标准有导致弛缓法秩序的可能,背离了法秩序统一性的要求,不符合评价的实际[1]。还有学者认为会放纵确信犯,因为确信犯会被理解为没有期待可能性而被判无罪[2]。

(2) 平均人标准说。这种学说主张应当将平均人或通常人置于具体的行为人实施的犯罪情节中,以平均人为标准,来推断行为人在行为的当时有无实施合法行为的期待可能性。如果对处于行为人状态下的通常人、平均人,不能期待其实施合法行为,那么该行为人也不具有实施合法行为的期待可能性。德国学者 Goldschmidt、Schmidt,日本学者小野清一郎、西原春夫等人持此观点。平均人标准说目前在日本是通说。对于此种观点,有学者提出了批判,即认为"对平均人期待可能,对直接行为人不一定期待可能,在这种场合,对行为人追究责任,违反规范的责任论的旨趣,并且作为判断的标准是不明确的"[3]。

(3) 国家标准说。该说主张判断行为人有无实施其他合法行为的可能,应由国家建立一个统一标准,因为法律规范是国家意志的体现,是保护国家利益和适应法律秩序的要求的,德国学者 E. Wolf、日本学者佐伯千仞等持此说。国家标准说招致了更多的批评,很多学者认为,国家标准说是以问代答,回避问题。

(4) 折衷说。该说主张,将行为人和普通人标准两项指标综合起来进行分析,既要考虑行为人个人的特殊情况,也要考虑普通人的一般情况,只有将二者具体地结合起来,才能准确地判断行为人行为时是否存在期待可能性。

---

[1] 参见童德华:《外国刑法原论》,北京大学出版社 2005 年版,第 231—233 页。
[2] 参见张明楷:《刑法学》,法律出版社 2016 年版,第 327 页。
[3] 参见马克昌:《德、日刑法理论中的期待可能性》,载《武汉大学学报》2002 年第 1 期,第 9 页。

笔者认为，期待可能性理论以人的相对意志自由及规范责任论为其存在的前提，该理论之存在之合理性正在于它体现了刑法对人性的关怀，那么，只有采纳行为人标准说，将其作为判断行为人在行为当时有无实施合法行为的期待可能性的标准，才不与期待可能性存在的理论前提相矛盾，也才能够符合期待可能性的宗旨。考虑到不同个体在具体情境中辨认控制能力不同，采用行为人标准说判断期待可能性更为公平合理。

4. 期待可能性的认识错误

一般来说，期待可能性的认识错误主要存在如下两种情形：一是积极的错误，即本来并不存在丧失期待可能性的事情，但行为人误以为存在而实施犯罪行为。对于这种错误，由于不存在期待可能性之事由，即使行为人误认为存在，也不能完全阻却行为的犯罪性。如果根据行为时的情况，行为人能够认识到不存在期待可能性事由的，则应当认定对行为人具有期待可能性，反之，则应当认定其无期待可能性。二是消极的错误，即原本存在丧失期待可能性的事情，但行为人误以为不存在。对于消极的错误，既然客观上存在缺乏期待可能性的事情，自然应当阻却刑法上的责任。而且，既然客观上存在缺乏期待可能性之事由，就没有对行为人进行特殊预防的必要，因而不能进行刑法非难。

二、自然人犯罪的特殊身份

（一）自然人主体特殊身份的概念

一般来说，只要自然人达到法定责任年龄，具备辨认和控制自己行为的能力，实施了严重危害社会的行为的，就符合犯罪主体的条件。符合这种条件的犯罪主体称之为一般主体。但是，我国刑法中有许多犯罪，除了需要行为人具备一般主体的法定责任年龄和刑事责任能力这些基本的条件以外，还要求其具备特殊的身份条件。刑法理论上将这些需要具备特殊身份条件的主体称为特殊主体。

特殊身份是指行为人在身份上的特殊资格以及其他与一定的犯罪行为有关的行为主体在社会上的特殊地位或者状态，如男女性别、亲属关系、国籍、国家工作人员、国家机关工作人员、司法工作人员、证人、鉴定人、记录人、翻译人、辩护人、诉讼代理人、依法被关押的罪犯，等等。

应当注意的是，特殊身份必须是在行为人开始实施危害行为时就已经具有的特殊资格或者已经形成的特殊地位或状态。行为人在实施行为后才形成的特殊地位，并不属于特殊身份。例如，我国《刑法》第291条的聚众扰乱公共场所秩序、交通秩序罪，法律规定只处罚首要分子，但不能由此认为该罪的主体为特殊主体，因为首要分子在此是指在聚众犯罪中起组织、策划、指挥作用的犯罪分子，这种地位或资格是在行为人实施犯罪后形成的，并非特殊身份。事实上，任何达到刑事责任年龄、具备刑事责任能力的自然人，均可以聚集众人扰乱公共场所秩序、交通秩序而成为首要分子,该罪的主体当然是一般主体。如果把行为人在实施犯罪后才形成的特殊地位或状态也称为特殊身份,那么在犯罪主体中区分一般主体与特殊主体就可能失去意义。另外,作为自然人主体要件的特殊身份,仅仅是针对实行犯而言的,教唆犯和帮助犯并不受特殊身份的限制,如强奸罪的实行犯必须为男性,但妇女却可以成为强奸罪的教唆犯或帮助犯。

(二) 自然人主体特殊身份的类型

从不同的角度可以对自然人主体特殊身份进行不同的分类,理论上主要有以下几种:

1. 自然身份与法定身份

这是从形成方式上对犯罪主体的特殊身份所进行的分类。自然身份是指基于人的自然因素而形成的身份,如基于性别形成的男女身份,有的犯罪如强奸罪就只有男子才能成为犯罪的主体;又如基于血缘形成的亲属身份,有些犯罪的主体就只能由具有亲属身份者构成,如遗弃罪、虐待罪等。法定身份是指基于法律所赋予的某种特定资格或者以特定的法律地位、法律义务为内容的身份,如军人、国家机关工作人员、司法工作人员、在押罪犯等。

2. 定罪身份与量刑身份

这是根据犯罪主体的特殊身份对行为人刑事责任影响的性质和方式进行的分类。定罪身份又称犯罪构成身份,即决定刑事责任存在的身份。定罪身份是某些犯罪主体要件中必备的要素,行为人具备这种身份才构成本罪,缺此身份,犯罪主体要件就不具备,也就不能构成该特定的犯罪。如贪污罪要求主体为国家工作人员这个特殊身份,如果行为人的主体不是国家工作人员,即便侵吞了公共财物,也不能构成贪污罪,要么构成盗窃罪,要么构成其他财产犯罪。对于贪污罪来说,国家工作人员这个特殊身份就是定罪身份。量刑身份又称为影响刑罚轻重的身份,即影响刑事责任程度的身份。按照刑法的规定,此种身份的存在与否虽然不影响刑事责任的存在,但影响刑事责任的大小。在量刑上表现为是从重、从轻、减轻或者免除处罚的根据。如我国《刑法》第238条第4款规定:"国家机关工作人员利用职权犯前三款罪的,依照前三款的规定从重处罚。"非法拘禁罪是一般主体,并不要求行为人具有特殊身份,但如果国家机关工作人员这个特定身份者利用职权犯非法拘禁罪,就要作为从重量刑的情节。

(三) 我国《刑法》中规定的自然人犯罪的特殊身份

(1) 具有特定职务的人。具有特定职务的人主要包括:第一,国家工作人员。是指在国家机关、国有公司、企业、事业单位、人民团体中从事公务的人员。包括准国家工作人员,即我国《刑法》第93条第2款规定的"国有公司、企业、事业单位、人民团体中从事公务的人员和国家机关、国有公司、企业、事业单位委派到非国有公司、企业、事业单位、社会团体从事公务的人员,以及其他依照法律从事公务的人员"即属于准国家工作人员。第二,国家机关工作人员。即在国家机关(包括立法机关、行政机关、司法机关等)中从事公务的人员。我国《刑法》中有些犯罪如渎职罪,规定只能是国家机关工作人员构成,其他非国家机关工作人员身份的国家工作人员就不能构成此类犯罪。第三,现役军人和军内在编人员。现役军人是指正在中国人民解放军中服役的具有军籍的人;军内在编人员是指在中国人民解放军编制序列内而没有军籍的工作人员。我国《刑法》第420条规定:"军人违反职责,危害国家军事利益,依照法律应当受刑罚处罚的行为,是军人违反职责罪。"可见,只有军人才构成军人违反职责罪的主体。现役军人中在国家军事机关工作的人员其实也属于特定国家机关工作人员的一部分,但《刑法》设专章规定了军人违反职责罪,故不应再将其纳入国家机关工作人员之列。

(2)从事特定职业的人。从事特定职业的人主要有以下种类:第一,从事合法职业构成犯罪的人,如我国《刑法》第128条第2款规定的非法出租、出借枪支罪是由依法配备公务用枪和依法配置枪支的人构成;《刑法》第132条规定的铁路运营安全事故罪是由铁路职工构成;《刑法》第171条规定的金融机构工作人员购买假币、以假币换取货币罪是由金融机构工作人员构成的;《刑法》第253条规定的私自开拆、隐匿、毁弃邮件、电报罪和第304条规定的故意延误投递邮件罪是由邮政工作人员构成的等等。第二,从事非法职业构成犯罪的人。如我国《刑法》第336条第1款规定的非法行医罪的主体就是由未取得医生执业资格的人构成的。

(3)具有特定法律地位的人。具有特定法律地位的人是指行为人虽然本身并非特殊主体,但根据有关法律规定,其履行的职责已经由法律和法规事先作出了规定,其在法律上就临时地享有特定的地位,如我国《刑法》第305条规定的伪证罪是由证人、鉴定人、记录人、翻译人构成;《刑法》第306条规定的辩护人、诉讼代理人毁灭证据、伪造证据、妨害作证罪是由辩护人、诉讼代理人构成,等等。

(4)有特定义务和特定人身关系的人。具有特定义务和特定人身关系的人包括,我国《刑法》第311条规定的拒绝提供间谍犯罪证据罪是由明知他人有间谍犯罪行为的人构成;《刑法》第313条规定的拒不执行判决、裁定罪是由对人民法院的判决、裁定负有执行义务并有执行能力而拒不执行的人构成;《刑法》第261条规定的遗弃罪是由负有扶养义务的人构成;等等。

(四)研究自然人犯罪特殊身份的意义

刑法中关于犯罪主体特殊身份的规定,目的在于从行为主体的角度考察行为人所具有的身份对行为的社会危害性程度以及刑事责任有无、大小的影响。因此,研究自然人犯罪特殊身份的意义主要表现在两个方面:

1. 对于定罪的意义

影响对行为的定罪是刑法规定自然人特殊身份的首要作用,具体表现为:(1)特殊身份具备与否是区别罪与非罪的标准之一。刑法规定某些犯罪的成立必须具备一定的身份,就是通过身份的要求和限定来限制追究刑事责任的范围,以准确有效地打击那些达到犯罪程度的严重危害行为。(2)特殊身份具备与否是某些犯罪案件中区分和认定此罪与彼罪的一个重要标准。例如,同样隐匿、毁弃或者非法开拆他人信件的行为,具有邮政工作人员身份并利用其职务便利实施者构成我国《刑法》第253条规定的私自开拆、隐匿、毁弃邮件、电报罪,一般公民则构成第252条规定的侵犯通信自由罪。

2. 对于量刑的意义

刑法规定的特殊身份对刑事责任轻重有影响作用,主要表现为:(1)是刑事责任从重的情节,如若为累犯则应从重处罚。(2)是刑事责任从宽的情节。如已满14周岁不满18周岁的人犯罪,应当从轻或者减轻处罚(我国《刑法》第17条第3款);又聋又哑的人或者盲人犯罪,可以从轻、减轻或者免除处罚(我国《刑法》第19条);等等。(3)可以决定适用某些特殊的刑罚种类,如对于犯罪的外国人,可以独立适用或者附加适用驱逐出境(我国《刑法》第35条)。(4)决定不适用某些刑罚种类,如犯罪的时候不满18周岁的人和审判的时候怀孕的妇女,不适用死刑(我国《刑法》第49条),等等。

第三节 单位犯罪主体

单位犯罪在国外一般称之为法人犯罪。法人不能成为犯罪主体本来是刑法学中的一个定论。"社团不能犯罪"是罗马法奉行的一个原则,因为罗马法对于法人本质采取的是拟制说,认为法人具有权利能力但没有行为能力。但到了19世纪后半叶,这一原则受到了社会现实的挑战。理论上对法人的本质也产生了新的认识,由原来的拟制说发展为实在说,认为法人不仅有权利能力,而且有行为能力,法人机构及其代表人以法人名义实施的行为应当认为就是法人实施的行为,因而法人可以成为犯罪的主体。法人刑事责任理论最早在英美法系理论界展开探讨,英美法系学界提出的同一理论、归罪理论、认可和容许理论、证实理论[①]

[①] 同一理论认为,法人内部一定自然人的行为实际上就是法人的行为,这些自然人应当限定在法人代表人之内,包括法人的董事会和高级职员。自然人行为和法人代表人的行为具有同一性,构成法人刑事责任的基础。归罪理论又称替代责任,最早源于17世纪产生的"仆人有过,主人负责"这一民事侵权行为原则。归罪原则引入刑法领域最初只在严格责任犯罪的场合才准许把行为归属于法人,后来允许将雇员的特定犯意归属于法人。认可和容许理论认为,法人对犯罪行为的反应是法人承担刑事责任的基础。这种反应分为认可和容许两种方式。法人最高管理机构对雇员的犯罪行为作出这种许可或者容许表示,就应当对这一犯罪行为承担刑事责任。证实理论认为,被视为体现某一机构的人格的某些职务较高人员的意志和行为,就是法人的意志和行为,因而法人的刑事责任不是替代责任,而是直接违反了法定义务,亲自在实施犯罪。某人实施的特定行为是视为法人的行为,还是视为法人成员个人的行为,要在法庭审理中根据证据来加以认定,因此成为证实理论。参见陈兴良:《刑法适用总论》(上卷),中国人民大学出版社2017年版,第507—508页。

等在英美刑事司法实务中得到了一定程度的认同。大陆法系学界对法人刑事责任理论的研究迟于英美法系,理论内容与英美理论大同小异,刑事立法对法人犯罪的规定也滞后于英美国家,但至今已比较普遍。从我国的情况看,尽管理论上对单位能否构成犯罪进行过激烈的探讨,1979 年《刑法》也并未规定法人犯罪或单位犯罪,但由于法人不法行为层出不穷,打击法人不法行为的现实需要使得刑事立法在 20 世纪 80 年代后期开始对法人犯罪破冰立法。最早涉及法人犯罪的是非刑事法律中的刑法规范。例如,1986 年颁布的《民法通则》第 49 条规定:"企业法人有下列情形之一的,除法人承担责任外,对法定代表人可以给予行政处分、罚款,构成犯罪的,依法追究刑事责任。"1987 年颁布的《海关法》第 47 条第 6 款规定:"企业事业单位、国家机关、社会团体犯走私罪的,由司法机关对其主管人员和直接责任人员依法追究刑事责任;对该单位判处罚金,判处没收走私货物、物品、走私运输工具和违法所得。"最早规定单位犯罪的单行刑法是 1988 年颁布的《关于惩治走私罪的补充规定》。之后的单行刑事法规以及 1997 年修订的《刑法》都相继规定了法人犯罪或单位犯罪。其中,1997 年修订的《刑法》分则有 106 个条文、120 多个罪名规定了单位犯罪。我国已经成为世界上较早全面规定单位犯罪的国家。

一、单位犯罪的概念和特征

我国《刑法》第 30 条规定:"公司、企业、事业单位、机关、团体实施的危害社会的行为,法律规定为单位犯罪的,应当负刑事责任。"这是我国刑法对单位犯罪的规定。至于何谓单位犯罪,学界探讨颇多,观点林林总总。笔者认为,单位犯罪应指公司、企业、事业单位、机关、团体为了谋取本单位的利益,由单位集体决定或单位负责人共同决定,由直接负责的主管人员或者其他直接责任人员以单位名义实施的,刑法明文规定的危害社会的行为。据此,单位犯罪具有如下特征:

(1) 单位犯罪的主体包括公司、企业、事业单位、机关、团体。所谓公司,根据我国《公司法》第 2 条的规定,是指依法在中国境内设立的有限责任公司和股份有限公司。所谓企业,是指以从事生产、流通、科技、劳务等活动为内容,以获取赢利和增加积累,创造社会财富为目的,独立、连续存在的一种营利性社会经济组织。企业与公司的关系原本具有属种性,公司是企业的一种形式,在我国《刑法》第 30 条将公司与企业并列规定的法条背景下,企业是指公司之外的、没有进行股份制改造的经济组织。所谓事业单位,根据我国《事业单位登记管理暂行条例》第 2 条的规定,是指国家为了社会公益目的,由国家机关举办或者其他组织利用国有资产举办的,从事教育、科技、文化、卫生等活动的社会服务组织,如学校、科研机构、医院、影视剧院等等。所谓机关,是指履行国家的领导、管理以及保卫国家安全职能的机构,包括国家各级立法机关、行政机关、司法机关、军事机关以及党的各级机关等。所谓团体,指各种群众性自治组织,如工会、共青团、妇联、学会、协会等。从应然性看,团体应该就是指社会团体①,但基于我国团体的实际情况,在刑法上将团体等同于社会团体不妥,原因在于:第一,社会团体是专门的概念,根据我国《社会团体登记管理条例》第2条的规定,社会团体是指中国公民自愿组成,为实现会员共同意愿,按照其章程开展活动的非营利性社会组织。我国的人民团体不是公民自愿组成的组织,所以不是该条例意义上的社会团体。第二,从刑事立法的情况看,《刑法》第93条第2款将"人民团体"与"社会团体"并列规定:"国有公司、企业、事业单位、人民团体中从事公务的人员和国家机关、国有公司、企业、事业单位委派到非国有公司、企业、事业单位、社会团体从事公务的人员,以及其他依照法律从事公务的人员,以国家工作人员论。"可见,刑法意义上的人民团体与社会团体是同一位阶的概念,社会团体并不等同于团体。从逻辑上进行梳理,团体应当包括社会团体和人民团体。

  应当注意的是,单位犯罪不同于单位内部成员犯罪。每个单位都是由多少不等的成员组成,没有成员单位就不可能存在。单位内部的成员具有双重身份,一重身份是作为独立于单位的个体存在,此时其纯粹是自然人主体,如单位某成员作为自然人实施了盗窃单位财物的行为,其行为直接构成盗窃罪,不能认为其盗窃行为是单位的行为,也不能因为其是单位成员而让单位承担责任。另一重身份是作为单位细胞的单位成员,履行单位赋予的职责,从事单位交付的工作,其实施的行为就是单位行为。单位的运转就是依靠单位员工各自分工的不同,按照单位的统一要求和一定的秩序,相互联系,相互作用,协调一致,共同实现单位的职能和任务。此时每一个单位成员的行为都是在单位领导下进行的,代表单位享有职权,承担义务,单位指派其实施犯罪行为,就是单位犯罪。单位成员实施的单位犯罪必定与单位的职责有关,若单位内部成员实施与其职务活动无关的犯罪行为,就不属于单位犯罪,应当按自然人犯罪处理。另外,单位犯罪也不等于单位所有成员犯罪,因为单位内部有些成员不一定参与犯罪行为的实施。单位所有成员共同实施的犯罪行为也并非都构成单位犯罪,如果不是基于单位的意志,就只能按自然人犯罪处理,有些情况下即便出于单位的意志,但如果法律没有规定为单位犯罪,也不能按单位犯罪处理,如单位领导研究后要求全体员工进行盗窃,就不能构成单位盗窃罪。根据2002年8月9日最高人民检察院发布的《关于单位有关人员组织实施盗窃行为如何适用法律问题的批复》,单位有

---

① 刑法研究中,认为团体就是社会团体的观点比较普遍,具体可参见黎宏:《单位刑事责任论》,清华大学出版社2001年版,第274页;陈兴良:《刑法适用总论》(上卷),中国人民大学出版社2017年版,第531页;陈丽天:《单位犯罪刑事责任研究》,中国法制出版社2010年版,第106页。

关人员为谋取单位利益组织实施盗窃行为,情节严重的,应当依照《刑法》第264条的规定以盗窃罪追究直接责任人员的刑事责任。

(2)单位犯罪是由单位集体决定或单位负责人决定,由单位直接负责的主管人员和其他直接责任人员实施的犯罪。如无单位成员的参与和实施,单位本身并无意志,可见单位犯罪的意志是由单位成员加以确定的。但是,单位意志具有整体性,不是单位内部某个成员的个人意志,也不是所有成员单独意志的叠加,而是要么经过单位集体决定、要么由单位负责人经过专门的决策程序决定。单位犯罪的整体意志决定后,通常是单位指派直接负责的主管人员和其他直接责任人员实施具体犯罪行为。直接负责的主管人员是指在单位犯罪中起组织、策划、指挥、决定、批准、授意、纵容等作用的人员,一般是单位的主管负责人,包括法定代表人。其他直接责任人员是指在单位犯罪中具体实施犯罪并起较大作用的人员。根据我国的刑事政策以及单位犯罪的特点,在单位犯罪中,对于受单位领导指派或奉命实施了一定单位犯罪行为的人员,一般不宜作为直接责任人员对待。① 如果单位内部成员未经单位决策机构批准、同意或者认可而实施犯罪的,就不是体现单位整体的犯罪意志,不能按单位犯罪来处理。

(3)单位犯罪的目的是为单位谋取非法利益。单位决策机关或单位负责人之所以决定实施犯罪,形成单位的犯罪意志,其动机和目的就是为本单位谋取非法利益。为单位谋取合法利益的行为不可能成立任何犯罪。为单位谋取非法利益是指为单位本身谋取非法利益,违法所得全部归单位所有。对于单位违法所得的处置,绝大部分情况下是分配给单位全体员工,也可能是分配给单位多数成员。在符合单位犯罪条件的情况下,不能因为将单位违法所得只分给多数成员而不是全体员工就否认单位犯罪。但是,单位决策机关或者单位负责人为了谋取决策人或者负责人自己或单位小范围内人员的个人私利而决定实施犯罪行为,属于自然人单独犯罪或自然人共同犯罪,不是单位犯罪。

承包单位应当也可以构成单位犯罪。承包人进行承包后,单位本身的性质并未发生任何改变,仅仅是经营权发生了转移。承包人承包后就成为承包单位的管理人员,在经营活动中实施的行为不是代表个人而是代表单位,承包者以承包单位名义实施的行为仍然是单位行为而非个人行为。因此,承包后的单位如果实施了犯罪行为,仍然可以成为单位犯罪主体。2001年1月21日发布的《全国法院审理金融犯罪案件工作座谈会纪要》也认为,行为人通过签订承包合同,取得对某一企业的经营管理权,并以该企业的名义从事经营活动,是一种经营权的转移,并不意味着所有制改变。行为人通过签订承包协议,取得了企业的经营

---

① 参见张明楷:《刑法学》,法律出版社2016年版,第135页,注58。

权,担任厂长或者经理,表明他已取得了企业主管人员的身份。他在经营活动中,不再是以个人名义从事活动,而是以承包企业的名义为该企业的利益从事活动,其行为不是个人行为,而是单位行为。因此,对于承包企业的犯罪行为应以单位犯罪论处。

(4) 单位犯罪以《刑法》有规定为前提。即《刑法》条文明确规定了犯罪可以由单位实施时,单位才可以构成这个犯罪。我国《刑法》第 30 条对此有明确规定:"公司、企业、事业单位、机关、团体实施的危害社会的行为,法律规定为单位犯罪的,应当负刑事责任。"这表明单位犯罪具有法定性。司法实践中,有些犯罪也是经过了单位集体决策或者单位负责人决策,由直接负责的主管人员或其他直接责任人员甚至全体成员实施,但《刑法》并未将单位规定为这类犯罪的主体,处理时就只能按照自然人犯罪处理。如我国《刑法》第 193 条规定的贷款诈骗罪,刑法并未规定单位可以构成本罪的主体。实务中的情况看,很多的贷款诈骗犯罪都是由单位实施的,在刑法没有明文规定的情况下,对所有的贷款诈骗都只能按自然人犯罪处理,处罚直接负有责任的单位责任人员(作为自然人犯罪主体而非单位犯罪主体处罚)。此外,村民委员会等刑法没有规定的单位不能构成单位犯罪的主体。村民委员会为了本村的公共利益组织村民实施违法犯罪行为,可以通过其他途径处理,不一定非要通过认定村民委员会是单位犯罪这种方法。如将村民委员会组织实施的犯罪直接认定为自然人犯罪,通过判处组织、策划、指挥者和积极参加者一定刑罚就可以实现刑事责任。

二、单位犯罪的类型

单位犯罪种类繁多,以不同的标准对单位犯罪可以进行不同的分类。除了立法上根据单位的性质将单位犯罪分为公司、企业、事业单位、机关、团体犯罪外,理论上还有如下几种分类。

(一) 法人单位犯罪与非法人单位犯罪

以单位犯罪主体是否具有法人资格为标准,可以将单位犯罪分为法人单位犯罪和非法人单位犯罪。凡是具有法人资格的单位实施的犯罪就是法人单位犯罪。法人应当具备的条件是:依法成立,有必要的财产或经费,有自己的名称、组织机构和场所,能够独立承担民事责任。不具有法人资格的单位实施的犯罪称为非法人犯罪。非法人犯罪在实践中发案较少。根据我国最高人民法院 2001年 1 月 21 日《全国法院审理金融犯罪案件工作座谈会纪要》:"以单位的分设机构或者内设机构、部门的名义实施犯罪,违法所得亦归分支机构或者内设机构、部门所有的,应认定为单位犯罪。不能因为单位的分支机构、部门没有可供执行罚金的财产,就不将其认定为单位犯罪,而按照个人犯罪处理。"也就是说,在一般情况下,单位的内部组织不是独立地进行活动,而是以其所在单位的名义进行活动,因而其行为应当视为其所在单位的行为。但有些单位的内部组织享有相对独立的人、财、物的管理权,可以独立对外活动,如机关里的服务中心、某些企业里实行承包制的部门等,如果不将其作为单位犯罪而作为个人犯罪处理是不妥的。因此,单位的内部组织只要具有相对独立的民事行为能力和财产责任能力,也可以构成单位犯罪的主体。

(二) 一般单位犯罪与特殊单位犯罪

以单位犯罪主体是否有特定条件限制为标准可以将单位犯罪分为一般单位犯罪与特殊单位犯罪。一般单位犯罪是指符合单位主体一般条件,对单位的性质没有特别要求的单位犯罪。特殊单位犯罪是指在符合单位犯罪主体一般条件的基础上对单位的性质有特别要求的单位犯罪。我国《刑法》规定的单位犯罪中,绝大多数是一般单位犯罪,只有少数为特殊单位犯罪。从刑法分则的规定来看,特殊单位犯罪主体主要有以下情况:(1) 规定单位具有特定的所有制性质。如《刑法》第 327 条规定的非法出售、私赠文物藏品罪的主体不仅只能是单位,而且只能是国有的博物馆、图书馆等单位。(2) 单位具有特定的职能性质。如《刑法》第 137 条规定的工程重大安全事故罪的犯罪主体就只能是建设单位、设计单位、施工单位、工程监理单位,这是从单位的职能性质作出的特殊规定,而不问其所有制性质。再如《刑法》第 396 条第 2 款规定的私分罚没财物罪的犯罪主体就只限于司法机关与行政执法机关,其他机关、公司、企业事业单位、团体不可能成为本罪主体。(3) 单位具有特定义务。刑法分则的有些条文先规定具有特定义务的自然人犯罪,然后又规定"单位"可以成为该犯罪的主体,从二者的关系来看,刑法事实上要求该单位具有特定义务。例如,《刑法》第 201 条规定的逃税罪的主体分别为纳税人与扣缴义务人,第 211 条又规定单位可以成为本罪主体。这表明,只有负有纳税义务或者扣缴义务的单位,才能成为单位犯罪的主体。研究一般单位犯罪主体与特殊单位犯罪主体,对于区分罪与非罪、此罪与彼罪都有重要的意义。如果刑法分则明确要求某种犯罪为特殊单位犯罪主体的,一般单位就不能成为其主体,因而不构成这种单位犯罪。

(三) 纯正单位犯罪与不纯正单位犯罪

纯正的单位犯罪,是指只能由单位实施而不可能由自然人单独实施的犯罪。例如,我国《刑法》第 387 条规定单位受贿罪:"国家机关、国有公司、企业、事业单位、人民团体,索取、非法收受他人财物,为他人谋取利益,情节严重的,对单位判处罚金,并对其直接负责的主管人员和其他直接责任人员,处 5 年以下有期徒刑或者拘役。"本条规定的是单位受贿罪,本罪只能由单位实施,而不可能由自然人单独实施。不纯正的单位犯罪,是指在某种犯罪既可以由单位实施也可以由自然人实施的情况下,由单位所实施的犯罪。例如,票据诈骗罪、信用证诈骗罪,既可以由单位实施,也可以由自然人实施,当这种犯罪由单位实施时,就是不纯正的单位犯罪。

三、单位犯罪的刑事责任

我国《刑法》第31条规定："单位犯罪的，对单位判处罚金，并对其直接负责的主管人员和其他直接责任人员判处刑罚。本法分则和其他法律另有规定的，依照规定。"单位犯罪不同于自然人犯罪，单位刑事责任的实现方式也不同于自然人。自然人犯罪是谁犯罪谁担责，一人犯罪一人当，不株连无辜。单位犯罪则采取以双罚制为主、以单罚制为补充的刑事责任方式进行制裁。

（一）双罚制

我国《刑法》第31条将双罚制作为单位犯罪处罚的一般原则进行规定，刑法分则条文对具体单位犯罪的处罚大部分也采用了双罚制，故我国对单位犯罪采取的是以双罚制为主的处罚形式。双罚制首先是对单位进行处罚。我国刑法对单位本身进行的处罚比较单一，只有罚金刑。其他国家有些还规定了其他多种处罚方法，如法国刑法将禁止从事职业性或社会性的活动、禁止参与公共工程、禁止公开募集资金、禁止签发支票等作为对法人犯罪的处罚方式；美国刑法也规定了吊销法人执照或者取消营业资格的制裁方式。应该说我国刑法对单位犯罪的处罚方式还有值得完善的地方。我国刑法对单位犯罪罚金刑的规定采取的是无限额罚金制，既没有规定罚金刑数额的下限，也没有规定罚金刑数额的上限。这实际给予司法机关裁量罚金刑以极大的自由权。虽然《刑法》第52条对包括自然人和单位判处罚金问题上对罚金数额笼而统之规定了"判处罚金，应当根据犯罪情节决定罚金数额"，但由于我国法官素质参差不齐，单位罚金刑执法的统一性和公平性可能会难以得到保证。要解决这个问题，目前的最佳途径是由最高人民法院对单位罚金刑标准进行司法解释，确定几个对单位罚金的基本原则，以适当限制法官在此问题上的自由裁量权，保证相对的执法统一性和司法公平。当然，单位罚金制最终的解决途径还是完善刑事立法，实现刑法的明确性原则。

双罚制的另外一个处罚对象是负有直接责任的单位主管人员和其他直接责任人员。这些人员直接参与了单位的犯罪行为，对其处罚是因为其参与了单位犯罪的决策，或者直接实施了具体的犯罪行为，对犯罪行为负有重大责任。刑法分则对所有参与单位犯罪的自然人都规定了主刑（主要是自由刑，个别条文也规定了死刑）。对双罚制中直接责任人员的处罚标准，我国《刑法》规定有两种不同的情况：一种情况是对单位犯罪的责任人员规定的法定刑的标准明显轻于自然人，如《刑法》第153条规定的走私普通货物、物品罪，自然人犯该罪，最高刑可以处无期徒刑，单位犯该罪，情节特别严重的，对其责任人员只处10年以上有期徒刑。另一种情况是对单位直接责任人员规定的处罚标准与自然人犯罪的处罚相同。从司法实务的情况看,一种是通过司法解释,规定单位直接责任人员的追诉标准与自然人犯罪相同。如最高人民法院2000年6月16日《关于审理破坏土地资源刑事案件具体应用法律若干问题的解释》第8条规定,单位犯非法转让、倒卖土地使用权罪、非法占有农用地罪的定罪量刑标准就是按照该解释的第1、2、3条规定的自然人追诉标准执行的。另一种是规定不同的追诉标准,单位犯罪中直接责任人员的追诉标准明显高于自然人犯罪,这也意味着对单位直接责任人员的处罚轻于自然人犯罪。审判机关基本是按第二种追诉方式进行追诉。

(二) 单罚制

单罚制是指在单位构成犯罪的情况下,只对犯罪的单位予以刑事处罚而不处罚单位责任人员,或者只处罚单位的责任人员而不处罚单位的方式。从世界各国规定单罚制的情况看,主要有转嫁制和代罚制两种方式。转嫁制是依据"仆人有过,主人负责"的原则,将单位中自然人的罪责转嫁到单位身上,因而只处罚单位本身,不处罚单位中的自然人。转嫁制的理论依据来源于民事责任中的"雇主责任",其理论依据是"上级责任原理",即雇主对雇员的职务侵权行为应承担责任,这种责任又称转承责任或替代责任。虽然雇主责任是一种民事侵权责任,但在法人犯罪肯定论者看来,既然民事法律中的自然人雇主可以为自己雇员的侵权行为承担责任,也就没有理由从刑事法律上来否认法人的这种责任。雇主责任由此被移植到法人犯罪的刑事法律理论中,成为法人犯罪刑事责任的最初理论来源。

我国《刑法》中只对极少数单位犯罪规定了单罚制,如第107条规定的资助危害国家安全犯罪活动罪,第137条规定的工程重大安全事故罪等。我国《刑法》中规定的单罚制只处罚单位犯罪中直接负责的主管人员和其他直接责任人员,不处罚单位,相当于代罚制的处罚方式。单位直接负责的主管人员实际就是单位犯罪的组织、策划、指挥、决策人员,包括负责单位全面工作的人员,如法定代表人、总经理、经理以及其他单位的正职领导;负责单位某一方面或者某几个方面工作的人员,一般是分管领导,包括副总经理、副经理,其他单位的副职领导等。另外,单位的部门负责人有些情况下也可以成为单位直接负责的主管人员。单位犯罪中其他直接责任人员是指不属于单位直接负责的主管人员但积极参与实施单位犯罪行为,在单位犯罪中起重要作用的人员认定为直接责任人员即可。

第九章 犯罪主观要件

第一节 犯罪主观要件概述

一、犯罪主观要件的概念

犯罪主观要件,是指行为人对于自己的危害行为以及可能导致的危害结果所持的心理态度。犯罪主观要件是犯罪成立的必要条件,也是评价行为人罪责的重要依据。犯罪主观要件包括故意、过失、目的、动机等要素,其中,行为成立犯罪必须具有故意或者过失的主观要件。目的则是一种选择性的主观构成要件要素,只是对于部分犯罪而言,其成立犯罪除了需要具备故意或过失的主观要素之外,还需要具有特定的目的才足以成立犯罪,这类犯罪也称为目的犯。至于动机的有无,并不影响犯罪的成立,但可能影响到刑罚的适用,因为动机也能够表征行为人的人身危险性和反规范性,而行为人的人身危险性程度和反规范性程度则是刑罚适用的参考因素。

首先,犯罪主观要件是罪责原则在犯罪构成中的重要体现。犯罪主观要件作为犯罪成立的必要条件,与罪责原则有着密切的关联。所谓罪责原则,是指行为人只能对其认识到或可能认识到的危害行为和危害结果承担责任。因为,从罪责的本质来看,只有具有自由意志或者说自主决定能力的人,才能对其在自由意志支配下实施的危害行为和导致的危害结果具有承担责任的能力。具体而言,作为承担责任的心理状态,其构成要素包括:(1)是非辨别能力;(2)意志自由;(3)故意或过失。在上述构成要素中,是非辨别能力为故意或过失成立的心理前提,意思自由为责任形成的必要条件,故意和过失则为评价罪责的决定标准。[①] 因此,只有确定犯罪行为中的主观要件,才能对于其罪责的有无和罪责的大小进行评价。

其次,犯罪主观要件是定罪的必要条件。犯罪主观要件对于区分罪与非罪、此罪与彼罪具有重要意义。一是在罪与非罪的认定上,即使某行为在客观上有法益侵害性,但是其主观要件上并不存在对危害行为或危害结果的故意或过失,则不能够成立犯罪。同样,如果刑法规定某犯罪行为的主观要件为故意,那么行为人以过失的心态实施该行为,也不成立犯罪。二是在此罪与彼罪的认定上,某

---

① 参见韩忠谟:《刑法原理》,中国政法大学出版社2002年版,第126页。

些行为主观心态为故意或过失都可以成为犯罪,但是基于故意和过失的不同则成立不同的犯罪。三是某些犯罪行为需要具备特定的目的才能成立犯罪,则只有确定其主观上具有该种目的,方有可能认定该行为成立犯罪。

最后,犯罪主观要件是量刑的重要依据。作为犯罪主观要件的一种要素,犯罪动机的有无虽然不能决定犯罪的成立与否,但是却对于刑罚的适用具有重要意义。相同的犯罪行为,其犯罪动机的不同可以折射出行为人的人身危险性和对规范的漠视或背离程度,这就为刑罚的适用提供了重要的参考依据。如故意杀人罪中,行为人基于报复社会的动机杀人,与行为人基于大义灭亲的动机杀人,两种情形在定罪上并无差别,但是前者的动机在一般情况下要比后者恶劣,在法定刑幅度内就可以依据动机的不同而在刑罚的最终确定上有所区别。

二、犯罪主观要件的特征

(1) 犯罪主观要件是法定的构成要件要素。我国《刑法》在总则中规定,任何犯罪的成立都必须具备故意或过失的主观要素。分则也对不同犯罪行为的主观要件进行了规定。如《刑法》第 234 条故意伤害罪中"故意伤害他人身体的……"之规定与《刑法》第 235 条过失致人重伤罪中"过失伤害他人致人重伤的……"之规定即是对该个罪主观要素的明确规定。除了明文规定犯罪行为的故意或过失心态外,我国《刑法》还在分则中规定了部分犯罪行为的特定目的。

(2) 犯罪主观要件与犯罪客观要件之间可以表现为对应关系。一般而言,犯罪主观要件中的故意和过失与犯罪客观要件之间存在对应关系。具体而言,故意是对犯罪客观要件的希望或容认心态,而过失则是对于客观要件的疏忽或过于自信的心态。因此,认识犯罪主观要件的内容一般可以从犯罪客观要件确定的范围入手。当然,犯罪目的这种犯罪主观要素通常没有对应的犯罪客观要素,但是其一般表现为犯罪客观要件关联行为的延续性的希望心态。

(3) 犯罪主观要件是一种心理态度,是一种与客观相对应的主观的范畴。作为犯罪主观要件的心理态度,是行为人作为具有独立人格的个体的内心活动。正因为心理态度属于主观的世界,其并不表现为客观事物或客观世界,对其的认识和判断无法通过物理或经验的方法进行,只能通过主观与客观之间的互动以及主观的外化等因素作为依据进行规范的判断。因此,犯罪主观要件尽管表现为一种心理态度,但是其判断的依据和判断的方式仍然是规范的方法。

第二节 犯 罪 故 意

一、故意的概念

我国《刑法》第 14 条第 1 款规定:"明知自己的行为会发生危害社会的结

果,并且希望或者放任这种结果发生,因而构成犯罪的,是故意犯罪。"从这一规定来看,我国《刑法》中的犯罪故意是指,明知自己的行为会导致危害社会的结果,还希望或放任这种结果发生的心理态度。但是,关于故意的本质,或者说是故意与过失的界限问题,在19世纪的德国就存在着认识说与意欲说之争,这种争议一直延续到20世纪。20世纪以来,意欲说已成为大陆法系国家的通说,但是在对意欲的界定和理解上仍然存在分歧。认识说认为,故意只要求行为人对于构成要件事实具有认识即可,不需要另外还具有意志要素。意欲说则认为,故意的成立不仅要求行为人认识到构成要件事实,还需要意欲构成要件。纯粹的认识说和纯粹的意欲说或者扩大了故意的范围,或者缩小了故意的范围,因此又出现了折衷的学说。具有代表性的折衷说为容认说,该说认为,故意是对构成要件事实的容认。所谓容认,是指对于构成要件结果的积极追求或消极放任,也即是说,容认既包括希望的心理态度,也包括放任、同意结果发生的心理态度。我国刑事立法和理论通说都采取了容认说,把对构成要件结果的希望和放任的心理态度作为故意的要素。

二、故意的构成

故意的构成要素包括认识要素和意志要素,认识要素是行为人对于自己所实施的危害行为及危害结果是否存在认识的认定,意志要素则是行为人在认识到自己的危害行为和危害结果发生的可能性后的内心态度。

(一) 认识要素

故意的认识要素一般表述为行为人明知自己的行为会发生危害社会的结果的心理态度。具体而言,主要需要从以下几个方面来判定故意的认识要素:

1. 明知的内容

首先,需要认识到危害行为及危害结果。因为,作为明知的内容,对危害行为和危害结果的认识是行为人承担责任的基础和依据。如果行为人对于自己实施的危害行为以及可能发生的危害结果不存在认识时,就很难说其主观上对于危害行为和危害结果具有可谴责的心态。具体而言,对危害行为的认识,不仅需要认识到行为的样态,还需要认识到行为的意义和性质;对危害结果的认识,也需要认识到危害结果的类型和性质。如果行为人对于行为的危害社会的具体性质缺乏认识,或者说其所认识到的行为性质和样态与分则所规定的客观构成要件不同,即使其认为其行为是刑法所禁止的行为,也只能有成立幻觉犯的可能,而不具有犯罪的故意。

其次,需要认识到危害行为和危害结果之间的因果关系。因为,行为人如果只是认识到某种具体的危害结果,但是认为与其行为没有关系,则不能说行为人对于该危害结果存在犯罪故意。特别是在不作为犯罪的情况下,当行为人的不作为能够发生危害社会的结果时,行为人只有认识到已经出现或即将出现的对于社会有害的因果关系,才能够认识到该危害结果是由自己的行为所导致的。①比如,某医生认为送来急救的病人无论如何抢救都不可能救活,而不具有抢救的必要性。但是,从事后的客观调查显示,该病人如果被及时抢救,则具有救活的可能性。医生是否具有杀人的故意?在本案例中,医生尽管对于死亡结果具有认识,且对于自己的不予抢救的不作为也有认识,但是对于不予抢救和死亡结果之间的因果关系没有认识,因此不成立杀人的故意,但有成立过失的余地。

最后,还需要认识到法定的其他客观构成要件要素。如特定的时间、地点、方法、手段、行为对象等。比如,刑法规定行为人的行为需要发生在特定的时间或地点才能成立犯罪,则行为人对于该特定的时间或地点也应当予以认识,否则就不能够成立犯罪故意。以传播性病罪为例,行为人如果没有认识到自己患有性病的事实而进行卖淫嫖娼行为,则无法认知自己行为危害社会公共健康的性质,或者说对于行为的社会危害性缺乏认识,就不能推导出其具有犯罪故意。

2. 明知的程度

明知的程度是指行为人对危害行为及危害结果等认识对象具有何种程度的认识才能称之为明知。刑法中的客观要素可区分为记述的构成要件要素和规范的构成要件要素,对于记述的构成要件要素的认识而言,一般只要达到经验或事实程度的认识即可以说具有主观上的明知。但是,对于规范的构成要件要素,则需要认识其事实之中所蕴含的规范或社会意义才能够成立明知。正如有学者指出:"要构建犯罪故意,除了行为人必须对于该当于不法构成要件的事实有所认知之外,还必须行为人对于不法构成要件有意义认识。尤其是对于所谓规范性的构成要件,更是如此。如果欠缺如此的意义认知,行为人将欠缺故意所应有的不法态度的意识。并且如果以欠缺意义认知的行为为犯罪,刑法也无法达成其导正潜在行为人为合法行为的功能。"②如对于野生动物的认识,除了需要认识到作为描述性事实的野生动物的存在和名称之外,还需要认识到该种野生动物为国家所保护。"为国家所保护"则是该种野生动物的社会或规范意义,也应当要求行为人对其具有认识。具体而言,以国家二级保护野生动物地龟为例,其俗称即有枫叶龟、黑胸叶龟、长尾山龟、泥龟、十二棱龟等。地龟在外形上与普通乌龟很相似,且常被作为宠物喂养。如果行为人对于所杀害之物为龟及枫叶龟均具有认识,对于枫叶龟为山龟则缺乏认识,且按照社会一般人的理解,也很难说社会一般人能够认识到杀害一只名为枫叶龟的行为的社会意义或危害性。因

---

① 陈兴良:《刑法哲学》,中国政法大学出版社2000年版,第200页。
② 黄荣坚:《刑罚的极限》,台湾元照出版公司1999年版,第362页。

此,应当否定行为人故意的成立。正如有学者所指出的,当存在动物学上之名称与俗称并存,或行为人完全不知其名称的情形时,即使对于该动物具有物理学上的知觉,也很难说具有法律上的意义。

3. 不需要明知的要素

首先,行为人对于自己的责任能力的认识,不属于明知的要素。易言之,责任能力的有无,是一种主观责任的评价对象,不属于客观的构成要件要素,即使行为人对责任能力缺乏认识,也不影响故意的成立。

其次,结果加重犯中的重结果,不属于明知的要素。就结果加重犯而言,如果行为人对于重结果具有认识,则意味着对重结果也可能存在故意,就可能成立独立的罪名,而不再成立结果加重犯。如故意伤害罪中,行为人对于死亡的结果不需要具有认识,一旦死亡结果出现,且与其伤害行为之间存在因果关系,则成立故意伤害罪的结果加重犯。如果行为人对于死亡结果也存在认识,则成立故意杀人罪,不再是故意伤害罪的结果加重犯。

最后,客观处罚条件,也不属于明知的要素。所谓客观处罚条件,源于德日刑法理论,是指行为尽管符合构成要件,具有违法性和责任,但是还需要具有刑法所规定的处罚条件才能发动刑罚。如我国《刑法》第 293 条"随意殴打他人,情节恶劣的;追逐、拦截、辱骂、恐吓他人,情节恶劣的;强拿硬要或任意损毁、占用公私财物,情节严重的;在公共场所起哄闹事,造成公共场所秩序严重混乱的"之规定中,"情节恶劣""情节严重""造成公共场所秩序严重混乱"都属于寻衅滋事罪的客观处罚条件。① 在判断行为人是否具有寻衅滋事罪的故意时,不需要要求行为人对于"情节恶劣""情节严重""造成公共场所秩序严重混乱"等事实具有认识。如行为人认识到自己在公共场所起哄闹事,但是认为其行为并不会造成公共场所秩序严重混乱,仍然具有寻衅滋事的故意。同样,行为人只要认识到自己有随意殴打他人的行为,即可以成立寻衅滋事的故意,其行为是否达到情节恶劣的程度是事后的综合判断,不需要行为人在行为时就具有明知。

(二) 意志要素

故意的意志要素,是指行为人对于危害行为导致危害结果发生的希望或放任的心态。所谓希望,是指行为人积极追求危害结果发生的心理态度。易言之,行为人内心不仅接受该危害结果的发生,还期待危害结果的发生,并通过危害行为促使该结果的发生。所谓放任,则是指行为人对于危害结果的发生,并无积极的渴望或期待,只是能够接受或认可危害结果的发生,或者说,危害结果的发生

---

① 当然,如果"情节恶劣""情节严重"还包括行为人的主观恶性或人身危险性的话,那么在此意义上的"情节恶劣""情节严重"并不属于客观处罚条件,因为主观恶性和人身危险性是主观的范畴,而客观处罚条件则属于客观的范畴。但是,在大多数情况下,"情节恶劣""情节严重"应当是指与法益侵害程度相关联的客观事实,自然应当属于客观处罚条件。

是行为人想象中可能实现的。因此,在意志的程度上,希望的心态对于结果具有更强烈、坚决和明确的意志力,而放任则表现为对危害结果的淡漠和容许,其意志力要明显弱于希望。

三、故意的类型

(一) 直接故意与间接故意

根据我国《刑法》对于故意犯罪的定义,可以把犯罪故意区分为直接故意和间接故意两种类型。

1. 直接故意

直接故意是指行为人明知自己的行为会发生危害社会的结果,并且希望这种结果发生的心理状态。直接故意包括认识因素和意志因素,其认识因素为对自己行为会危害社会的结果是明知的,其意志要素为希望结果发生的心理状态。依据直接故意的认识因素的程度不同,可把直接故意区分为两种类型:具有必然认识的直接故意;具有可能认识的直接故意。前者是指行为人已经认识到自己的行为必然导致危害结果的发生,还希望并且积极追求该结果的发生;后者则指行为人认识到自己行为可能导致危害结果的发生,并对该结果的发生持希望的意志态度。上述两种直接故意的区别在于其认识因素的程度不同,即认识到结果必然发生与认识到结果可能发生的不同。这种不同并不是一种客观事实上的不同,而是一种主观认识的不同。也就是说,从客观角度来看,危害行为只是可能导致危害结果发生,但是行为人认为是必然会发生的情形,也成立有必然认识的直接故意。如行为人向他人的左胸心脏部位开枪,但是受害人的心脏在右胸,从客观事实来看,行为人的危害行为并不至于必然导致受害人的死亡,但其主观上具有确定、必然的认识,也属于具有必然认识的直接故意。同样,行为人主观上认识到有发生危害结果的可能性,即使在客观上具有必然发生性,也是具有可能认识的直接故意。概言之,直接故意是一种典型的故意心态,表现为主动、积极、希望危害结果的发生,具有最高的主观恶性。

2. 间接故意

间接故意是指行为人明知自己的行为可能导致危害结果的发生,且放任这种危害结果发生的心理状态。间接故意的认识因素为认识到行为导致结果发生的可能性,意志因素为放任这种结果的发生。就其认识因素而言,行为人需要对自己实施的行为、危害性、可能导致的结果具有明知,但是不需要达到必然发生的认识程度,只需要具有结果发生的可能性的认识。如果行为人认识到自己所实施的危害行为必然导致危害结果的发生,就不存在间接故意成立的可能性。就意志因素而言,行为人在认识到自己行为导致结果发生的可能性时,还放任危害结果的发生。所谓放任,是指对于危害结果的一种既不希望、也不排斥的接受态度。易言之,行为人对于危害结果的发生,不存在主动、积极的希望心态,但也不存在抗拒结果发生的心态,而是一种无所谓的可以接受结果发生的心态。

间接故意在实践中一般存在于下列情形:其一,行为人为实现某个危害结果而放任自己的危害行为可能导致的其他危害结果的发生。如行为人意图用枪杀害张三,但张三与李四站在一起,但是行为人杀人心切,在明知子弹也可能击中李四的情况下,仍然开枪,结果导致李四中枪死亡。在上述情形中,行为人对于自己实施的开枪行为可能导致李四的死亡结果主观上就是间接故意。其二,行为人为实现某种非犯罪的意图而放任其行为可能导致的危害结果的发生。如行为人意图枪击远处树上的麻雀,但是树下站有一人,行为人认识到有可能击中他人,仍然瞄准麻雀远距离开枪的行为,对于树下所站之人的死亡结果就存在间接故意。其三,犯罪故意临时产生后不计后果的行为。行为人在特定情境下,临时或突然产生犯罪意图,但是对于行为可能导致的具体后果并不明确,只是具有概括的、笼统的或者说选择性的认识,对于结果的发生往往主观上就表现为间接故意。如甲、乙二人一起吃饭,甲屡次劝乙喝酒,均被乙拒绝。后乙被逼不过,提出如果再劝酒就要把桌子掀翻,甲不以为然继续劝酒。乙掀翻桌子后,甲即拿出匕首朝乙刺了一刀,导致乙抢救无效死亡。在该案中,甲对于自己刺死乙的行为就是间接故意的心态,因为其认识到自己的行为既可能导致乙的死亡,也可能导致乙受伤,但是其并不是积极追求乙死亡的结果发生,只是能够接受乙死亡的事实。

(二)确定故意与不确定故意

确定故意是指行为人对于危害行为及危害结果有着具体而确定的认识。不确定故意则是指行为人对于危害行为或危害结果没有具体、确定的认识。根据不确定故意认识对象的不同,可进一步区分为未必故意、择一故意、概括故意三种类型。

1. 未必故意

所谓未必故意,是指行为人对于危害行为可能导致危害结果的发生有一定的认识,但是又认为未必会一定发生的心理态度。我国有学者认为,未必故意实际上就是间接故意。因为其在认识因素上表现为危害结果可能发生的认识,在意志因素上表现为既不希望发生,也不希望不发生的心理态度。[①] 但是,应当认为,未必故意属于间接故意的范围,但不能等同于间接故意。从某种意义上说,间接故意是一个外延大于未必故意的范畴,其可以包容未必故意,还可以包容择一故意与概括故意的部分情形。

[①] 陈兴良:《刑法哲学》,中国人民大学出版社 2017 年版,第 214—215 页。

2. 择一故意

所谓择一故意，是指行为人对于两个以上的危害结果的发生的可能性具有认识，但是也认识到两个以上的危害结果不可能都发生，只可能发生其一，但是发生哪一个却并不确定的心态。如行为人出于报复社会的动机，朝站在一起的两个人开枪，其相信能够击中其中一人，但不确定究竟会击中谁的情形，就是择一故意。

3. 概括故意

所谓概括故意，是指行为人对于危害结果的发生只是存在概括的认识，并不确定有多少对象受到危害行为的侵害的情形。如行为人持枪朝人群猛烈扫射的情形，行为人对于自己朝人群猛烈扫射的行为会导致他人死亡的结果具有认识，但是究竟有多少人会死亡并不确定，因此只是一种概括的故意。

（三）事前故意与事后故意

一般而言，故意作为主观要件，其存在的时间点应当是在危害行为发生之时，方符合行为与故意同时存在的原则。但是，在实践中确实存在故意与行为不重合的情形，或者故意先于行为，或者故意后于行为，前者可称之为事前故意，后者则称之为事后故意。

1. 事前故意

事前故意是指行为人的故意存在于危害行为及危害结果发生之前的情形。如行为人以杀人的故意用刀刺伤他人，受害人倒地昏迷，行为人认为受害人已经死亡，便将受害人扔下悬崖，意图毁灭罪证，结果受害人系摔下悬崖而致死的情形。在上述情形中，行为人在杀人故意的支配下实施的刺杀他人的行为并未导致他人死亡的结果发生，但是，其主观上不再具有杀人故意之时所实施的毁灭罪证行为则导致了他人死亡的结果，这就导致了杀人故意存在于真正意义上的致死行为之前。在德日刑法理论中，这种事前故意也被称作"韦伯故意"。如果严格按照行为与故意同时存在的原则，上述情形中成立故意杀人未遂与过失致人死亡两个行为。但是，从社会一般人的立场来看，作为杀人未遂和过失致人死亡两个行为进行处罚，其刑罚通常轻于一个故意杀人罪既遂的行为，可能违背社会大众的法感情。因此，为了实现罪刑的均衡以及考虑社会大众的情感，在司法实务中通常把上述情形理解为一种概括的故意，即行为人基于概括的杀人故意，但是对于具体导致死亡结果的行为并不确定的情况下实施相连的几个行为，仍属于一个概括的杀人故意。

2. 事后故意

事后故意是指行为人在已实施危害行为之后，方产生利用危害行为实现危害结果或认可已经发生的危害结果的心态的情形。具体而言，事后故意可表现为两种情形：其一，行为人基于过失或无过错的心态，已经实施危害行为并导致危害结果发生后,方发现该危害结果是自己所希望或接受的结果。如行为人在路上急速飞奔,不小心撞倒了他人,导致他人死亡后才发现撞死的是自己的仇人,自己愿意接受和认可该危害结果。这种事后故意与之前的危害行为和危害结果之间并无任何关联,对于前者也不具有任何的刑法意义。其二,行为人在对危害行为可能导致危害结果发生的事实缺乏故意的情况下,实施危害行为后,在危害结果尚未发生前产生希望或接受危害结果的心态,并导致危害结果最终发生的情形。如行为人驾车不慎将他人撞倒后,发现他人是自己的仇人,明知受害人急需救治而不予送往医院救治的情形。在该种情形中,行为人撞倒他人的行为是过失行为,后续的不予救治并希望或放任死亡结果发生的行为则为不作为的故意杀人行为,是两个独立的行为。因此,依据行为与故意同时存在的原则,事后故意是在构成要件行为实施后所产生的故意,并不能够与前行为重合,自然也不能成为评价前行为的主观要素。

四、犯罪故意与违法性认识

行为的违法性是否属于故意的认识内容在我国刑法中存在争议。我国刑法理论传统的观点认为,成立犯罪故意,只要求行为人认识其行为和行为结果的危害性,并没有要求行为人明知行为及结果的刑事违法性。因为,我国刑法规范与我国社会的行为价值观和是非观是一致的,危害社会的行为和结果只要达到一定的程度就会被刑法所制裁,具备正常理智的公民都会了解这一点。因此,不需要行为人认识其行为的违法性。另外,如果认识要素要求行为人具有违法性认识,进而要求行为人明知其行为和结果触犯刑法某一条文,则明显不现实、也不合理。[1] 但是,上述观点是否妥当,还有进一步探讨的必要。

(一)学说之争

在刑法理论中,关于违法性认识是否属于故意的认识内容,存在违法性认识不要说、违法性认识必要说和违法性认识的可能性说。

违法性认识不要说认为,违法性认识并不是故意成立的要件,只要行为人对于犯罪构成事实具有认识即可成立故意。易言之,行为人即使不知道自己的行为为法律所禁止,也能够成立犯罪故意。违法性认识不要说的主要依据在于,公民的行为是否违法是国家的判断,公民没有义务认识到自己的行为是否为国家所禁止。而且,把违法性认识作为故意的内容可能导致刑罚适用的不公平。

违法性认识必要说则认为,违法性认识是故意成立的要件。也即是说,行为人必须具有违法性认识才能够成立故意。违法性认识必要说是规范责任论的产物,认为故意的本质在于对法规范有意识的反抗,只有行为人认识到其行为具有

---

[1] 高铭暄、马克昌主编:《刑法学》,北京大学出版社、高等教育出版社2011年版,第107页。

违法性,才可能唤起阻止实施违法行为的反对动机。如果行为人已经认识到违法性,还决意实施违法行为,就是其承担较重的责任非难的根据。① 因此,行为人应当对其行为的违法性有所认识方能够成立故意,因为行为人如果不认识其行为的违法性,则很难说其具有违反法律秩序和法律规范的意识。

违法性认识的可能性说内部又区分为两种学说,一为限制故意说,二为责任说。限制故意说认为,故意的成立无需要求行为人具有违法性认识,只需行为人具有违法性认识的可能性即可。该说把违法性认识的可能性作为故意的内容,如果行为人没有违法性认识的可能性,则不能成立故意。责任说则认为,违法性认识的可能性并非故意的内容,但其可以作为独立的责任要件。当行为人对于自己的行为不具有违法认识的可能性时,虽然不阻却故意,但可以阻却责任。如有学者认为,当实施了符合违法构成要件的违法行为人不具有违法性认识的可能性时,不能对其进行责任非难。究其原因有二:其一,只有行为人具有违法认识的可能性时,才能够产生反对其进行违法行为的动机,法律也才能要求其放弃实施违法行为,如果行为人无视法律的要求进而实施违法行为,才能够产生基于对法规范的敌视的非难可能性。其二,刑法具有不完整性。因此,即使在行为人实施了违法行为的场合,但是其合理地相信该行为并不为刑法所禁止,也不应当由刑法进行干预。②

(二) 限制故意说的提倡

就违法性认识不要说而言,其理论具有不彻底性。正如我国传统的观点一样,一方面坚持违法性认识不要说,但另一方面又不能贯彻到底,允许特殊情况下的例外存在。如有学者指出:"当然也有例外情况。例如,某种行为一向不为刑法所禁止,后在某个特殊时期或某种特定情况下为刑法所禁止,如果行为人确实不知法律已禁止而仍实施该行为的,就不能说他是故意违反刑法,而且此时他也往往同时缺乏对行为及其结果的社会危害性的认识,这种情况下难以认定行为人具有犯罪的故意。"③这说明违法性认识不要说自身也无法把所有的场合和情形同等对待,之所以无法同等对待,就在于当行为人确实对自己的行为是否为刑法规范所禁止缺乏认知时,法律无法期待其不实施违法行为而实施合法行为。因为,从责任的本质来看,行为人承担责任的范围应当限定于其有能力避免实施违法行为的场合,而避免的前提则在于其对于法律的要求要有认识,这是责任个别化的要求,也是自由主义、民主主义国家的基本要求。

就违法性认识必要说而言,表面上看符合责任主义的立场,但是其可能过度

---

① 陈家林:《外国刑法通论》,中国人民公安大学出版社 2009 年版,第 389 页。
② 张明楷:《刑法学》,法律出版社 2016 年版,第 322 页。
③ 高铭暄、马克昌主编:《刑法学》,北京大学出版社、高等教育出版社 2011 年版,第 107—108 页。

地限制故意成立的范围。如常习犯、激情犯、确信犯、行政犯等很多时候并不具有违法性认识,或者说违法性认识的程度减弱,按照违法性认识必要说,则多数情况下上述几种犯罪类型都不可能成立故意犯罪。以激情犯为例,行为人基于激情状态所实施的侵害法益的行为,可能在意识中无暇思考该行为是否为刑法所禁止,则很难说具有违法性认识,那么就不能够作为故意犯罪处理。这样一来,成立故意的范围就会被过度地限制,不利于法益的保护。

就责任说而言,其把违法性认识的可能性从故意的内容中剥离出去,单独作为一个超法规的责任要素。但是,一方面,罪刑法定原则在我国确立的时间并不长,更需要减少超法规的事由存在,以确保罪刑法定的形式层面所捍卫的刑法的安定性和公民的自由。另一方面,责任说实际上是把欠缺违法性认识的可能性作为故意和过失犯罪所共同的一个责任阻却事由,这就意味着缺乏违法性认识的可能性的情况下,不仅不可能成立故意犯罪,也不可能成立过失犯罪,这是不妥当的。

比较而言,限制故意说在我国目前的语境下更具有合理性。其一,限制故意说符合责任个别化的原则。因为,责任的实质在于行为人对规范的漠视或敌视态度,在造成相同法益侵害的情况下,行为人是否承担责任取决于行为人是否对法规范具有反对意思,而反对意思的形成则必须以对于行为的违法性具有认识或具有认识的可能性为前提。对于法规范具有清晰的认识而继续实施违法行为,可表征出行为人敌视规范的态度,对于法规范有认识的可能性而继续实施违法行为,则意味着行为人对于法规范具有漠视的态度,都值得进行惩罚和非难。其二,限制故意说可实现责任原则与法益保护原则之间的大致平衡。就刑法而言,既需要保护法益,也需要在责任的限度内保护法益。纯粹从法益保护的角度来看,违法性认识不要说具有优势,但势必会使责任原则松懈,进而也不利于刑法预防功能的发挥。因为,刑法的预防功能总是建立在对行为的违法性宣示前提之上,易言之,只有行为人认识到某种行为是违反刑法的或者可能是违法刑法的,可能招致刑罚的惩罚,才可能在其内心产生心理强制,进而控制、约束自己实施违法行为,最终起到刑法的预防效果。因此,限制故意说把保护法益的范围限制在责任主义的范围内,可保障刑法预防功能的充分发挥,也能够使刑法只惩罚那些具有非难可能性的行为人。

第三节 犯罪过失

一、犯罪过失的概念

我国《刑法》第 15 条第 1 款规定:"应当预见自己的行为可能发生危害社会

的结果,因为疏忽大意而没有预见,或者已经预见而轻信能够避免,以致发生这种结果的,是过失犯罪。"从刑法对过失犯罪的规定可知,犯罪过失实际上是一种疏忽或过于自信的心理态度。具体而言,犯罪过失是指应当预见自己的行为可能导致危害结果的发生,但是因为行为人疏忽大意而没有预见,或已经预见但轻信能够避免的心理状态。因此,犯罪过失与犯罪故意一样,都是犯罪成立的主观要素。只不过,与犯罪故意相比,犯罪过失的反规范性和反伦理性通常较低。因此,尽管在现实生活中,过失所导致的社会危害在总量和程度上均大于故意行为,但是刑法处罚的主要犯罪类型仍然是故意犯罪,就是因为过失犯罪的人身危险性和反规范性并不突出。当然,对于导致严重危害后果的过失犯罪,从法益保护的角度,刑法也予以惩罚和规制。

犯罪过失与犯罪故意同属于犯罪的主观要件,但是从可非难性的程度来说,犯罪过失要小于犯罪故意。具体而言,犯罪过失所反映出的通常是一种对规范的疏忽或轻视态度,更像是一种心理上的懈怠,而这种疏忽或懈怠对于社会多数公民而言属于常见的状态,并不属于特殊的或者说异常的状态。因此,过度地要求行为人具有高度的注意义务,把过失与故意在相同范围上进行评价或规制,在经验上不具有可实行性,在情理上也可能有失偏颇。因为,对于多数公民可能存在的一种疏忽心态进行规制或惩罚,不符合刑法的谦抑性原则。正因为如此,我国刑法对过失犯罪的规定也区别于故意犯罪。我国刑法以惩罚故意犯罪为原则,惩罚过失犯罪为例外。易言之,只有刑法有明确规定的场合,才能够对过失犯罪进行惩罚。但是,刑法的明确规定并不局限于刑法分则条文中表述有"过失"语词的场合,还可以包括通过刑法分则条文的文理推导出的过失构成要件。如我国《刑法》第 400 条的规定,第 1 款规定了故意私放在押人员的犯罪构成,第 2 款虽未明确使用"过失"一语,但使用了"严重不负责任"的表述,并要求该行为需要造成严重后果方能成立犯罪,而且其法定刑低于第 1 款,从上述条文的逻辑和文理就可以推导出我国《刑法》第 400 条第 2 款的规定是过失犯罪。①

除了非难可能性的区别,故意和过失的认识要素和意志要素均存在较大的区别。就认识要素而言,犯罪故意的认识要素是指行为人已经明知自己的行为会发生危害结果的认识,这种明知既可以表现为对危害结果的确定性认识,也可表现为对危害结果的可能性认识。犯罪过失的认识要素中则不具有对危害结果的确定性认识,只存在没有认识到危害结果的情形或者认识到危害结果可能发生的情形。另外,在意志要素方面,犯罪故意的意志要素表现为对危害结果的希望或放任,是一种积极追求结果发生或容认结果发生的态度;而犯罪过失的意志要素则是一种抵制或忽略危害结果发生的心态。易言之,在行为人对于危害结

---

① 张明楷:《刑法学》,法律出版社 2016 年版,第 283 页。

果缺乏认识的情形下,行为人对于危害结果的发生往往是一种忽略的态度。在行为人对危害结果有一定认识的情形下,犯罪过失的意志要素则表现为意志上的抵制或排斥态度,只不过这种抵制或排斥缺乏有效的经验支撑。

二、犯罪过失的本质

所谓犯罪过失的本质,即犯罪过失的内在构造及其非难可能性的根源所在,在刑法理论中存在三种不同的学说。

(一) 旧过失论

旧过失论认为,过失的本质,在于行为人因为违反注意义务而应该受到刑法非难的心理状态。易言之,即行为人本应当预见犯罪事实,且也能够预见,但是却因为精神上的懈怠没有预见犯罪事实而值得刑法非难的心理状态。① 具体而言,旧过失论把过失的成立核心要件确定为结果预见的可能性,只要行为人的行为导致了危害结果的发生,且行为人对于危害结果存在预见可能性,则可成立过失犯罪。从旧过失论产生的时代背景来看,其产生于现代社会的早期,科学技术的发展尚不显著,人类借助现代工具生产、生活并不是一种主流状态。从这个意义上说,旧过失论以行为人的精神对身体的控制可能性出发,把过失的本质确定为结果预见的可能性是符合那个时代背景的。因为,就个体实施的普通犯罪而言,行为人通常能够预见自己行为可能发生结果,在具有此认识的前提下,行为人就应当回避结果发生。比如,手持利刃在人群聚集的街道上奔跑,应当能够预见到失手导致他人重伤或死亡的可能性,如果存在该种预见仍然继续手持利刃奔走,导致伤害或死亡结果发生的话,就应当肯定犯罪过失的存在。但是,随着现代科技的发展,特别是现代交通工具、生产工具的发展,使得现代社会的公民更多时候必须利用具有一定危险性的工具或方式进行生产、生活,这就使得旧过失论的处罚范围过大,也不利于生产效率的提高。如任何在道路上驾驶机动车辆的行为人都对交通事故致人死伤具有预见的可能性,一旦发生交通事故,按照旧过失论,都可以认定为犯罪过失,这是一种不恰当的处罚范围的扩大化。

(二) 新过失论

新过失论则认为,随着社会的进步和科技的发展,特别是在交通犯罪的场合,按照旧过失论的立场,以结果预见可能性作为判断过失有无的标准,可能会导致过失犯的处罚范围过大。因此,新过失论认为,即使行为人对于结果的发生有预见可能性,但行为人只要履行了结果回避义务,也不应当成立过失犯罪。易言之,新过失论认为过失的本质在于其违反了客观的注意义务,也即是说,在存在预见可能性的情况下,行为人应当履行客观的注意义务,只有未尽到客观的注

---

① 陈子平:《刑法总论》,中国人民大学出版社2009年版,第144页。

意义务,才有成立犯罪过失的可能。从处罚范围来看,新过失论明显要小于旧过失论。以驾驶机动车的行为为例,按照新过失论,尽管行为人具有预见交通事故的可能性,但是只要行为人严格按照道路安全相关法律法规驾驶,履行了客观注意义务,即使造成交通事故致人死伤,行为人也不能够认定为具有犯罪过失。

(三) 新新过失论

新新过失论的出现与环境犯罪、公共卫生犯罪的迅速增加有关,在环境和卫生犯罪的认定中,要判断行为人是否具有结果预见的可能性时,如果要求行为人对于结果的发生具有具体或现实的预见,则无法满足惩罚和规制环境卫生犯罪的需要。因为,在环境、卫生违法行为中,污染物或病原体对人体或环境的作用机制往往处于不明晰的状态,很难存在现实或具体的结果预见。正基于此,新新过失论把预见可能性的现实性进行抽象化和模糊化,认为行为人对危害结果的预见不需要具体的预见,只需要模糊的不安感或畏惧感即可。尽管新新过失论在环境污染、公共卫生领域可能具有一定的合理性,但是对于绝大多数过失犯罪的场合来说,其扩大了过失犯罪的处罚范围。

比较上述三种学说,应当说新过失论更具有妥当性。新过失论把过失的认定区分为两个层次,第一个层次先判断行为人对于结果是否具有预见可能性,第二个层次判断行为人是否履行了客观的注意义务,也即是结果避免义务。因为,与旧过失论和新新过失论相比,新过失论更能够在保护法益和促进社会发展之间实现平衡。

三、犯罪过失的类型

我国刑法根据行为人是否已经预见到危害结果发生的可能性,把犯罪过失区分为两类:疏忽大意的过失和过于自信的过失。

(一) 疏忽大意的过失

所谓疏忽大意的过失,是指行为人应当预见自己的行为可能发生危害社会的结果,却因为疏忽大意而没有预见,导致危害结果发生的心态。疏忽大意的过失可区分为两个层次,一为应当预见,二为没有预见。

就"应当预见"的认定而言,首先要求行为人存在预见义务,其次还要求行为人具有预见能力。预见义务,是指行为人有义务认识到自己的行为可能导致危害社会的结果。预见义务的来源包括法律和法规的明确规定,也包括职务、业务或公共准则的要求。预见义务所指向的抽象的、一般的人,是法规范的客观评价,与个体的特殊性无关。预见能力,即是结果预见可能性的认定,则存在判断基准的争议。

客观说认为,结果预见的可能性的判断,应当以社会一般人的注意能力作为判断基准。客观说从法规范评价的抽象性和平等性出发,注重刑法的社会防卫功能,把注意义务作为一种概括的、普遍的范畴,在此基础上认为注意义务的确定应当以一般人的注意能力或者说结果预见可能性作为标准。这种观点把个体视为抽象平等的范畴,在理念上能够贯彻法律平等适用的信念和原则。但是,在事实层面上,这种抽象的平等并不能抹杀现实的个体能力的不平等。客观说所面临的批评是基于对社会防卫导向下个人权利受到国家权力过度干预的警惕,因为确定整齐划一的注意义务的一般人标准尽管在形式上具有明确、平等的特点,但是对于能力明显低于一般人者按照一般人标准认定有注意义务,确实存在惩罚根据的正当性焦虑。

主观说认为,注意义务的判断取决于行为人的个人能力或者说个人注意能力。主观说强调个人认识能力在过失成立中的基础性地位,尝试否定客观注意义务的存在。如有论者认为,对于一个拥有比参与正常交通的普通人更大活动能力的人,可向其提出更多要求。在其未按照自己事实上的能力进行活动造成危害结果时,则应当肯定其过失成立而受到刑事惩罚,尽管拥有普通能力的人同样的举止行为则不成立过失。同样,不具有正常能力的个体造成与正常能力个体相同的构成要件后果时,前者不成立过失行为,而后者会成立过失。[①] 主观说通常以道义责任论为基础,因为要对于行为人进行道义的非难,则需要限定在行为人的注意能力范围之内,否则,无法得出行为人受到惩罚的道义基础。

折衷说是对主观说与客观说的调和和折衷,一方面考虑到责任的本质是一种道义的非难,另一方面也考虑到尽管某些个体不具有一般人的注意能力,但其仍然对社会具有危害性和危险性。因此,折衷说尝试以主观说或者客观说为基础,兼采其他学说,意在解决单采主观说或客观说所面临的批评。如折衷说中的双重标准说把注意义务区分为客观注意义务与主观注意义务,客观注意义务属于构成要件符合性阶段的内容,判断客观注意义务应以一般人的注意能力为标准。而主观注意义务属于责任阶段的内容,应按照具体的、个别的标准进行判断。从双重标准说的立场来看,明显低于一般人能力的个体,在其导致构成要件结果出现时,这个构成要件结果因其较低的能力是无法避免的,则也应当说违反了客观注意义务而符合了过失犯罪的行为构成。只不过可以在责任判定阶段考察其是否认识到自己没有能力而确定其有无违反主观注意义务,进而认定其是否有责。同样,对于明显高于一般人能力的个体,其客观注意义务则仍然按照一般人标准来判定。即存在一般人无法避免的情形时,高于一般人能力的特定个体即使因其特殊能力能够避免而未避免也不视为违反客观注意义务。

比较上述三种预见可能性的判断标准,应当说双重标准说更具有合理性。

---

① 〔德〕克劳斯·罗克辛:《德国刑法学总论——犯罪原理的基础构造》(第1卷),王世洲译,法律出版社2005年版,第724页。

因为,对于低于一般人注意能力的行为人,很难说其具有法规范所要求的预见可能性,对其进行非难缺乏依据,也不符合责任主义的原则。但是,对于明显高于一般人注意能力的行为人,如果严格按照主观说的逻辑,则势必会形成"能力越大、责任越大"的责任追究模式,这不利于法治国家理念下公民自由的适度保障。因为,个体的预见可能性的界限和标准不能够超越社会一般人的水平,才能够使社会一般人的行为和自由拥有大致的边界。此外,明显高于一般人注意能力的行为人,在社会实践中毕竟属于少数,对其按照一般人标准进行判定,实际上并不会导致社会公正的崩塌,也可以实现刑法的安定性价值。

疏忽大意的过失的成立,除了需要行为人应当预见的义务存在,还需要行为人事实上没有预见危害结果可能发生,这是疏忽大意的过失与故意最重要的区别。因为,应当预见的义务不仅存在于疏忽大意的过失之中,也存在于故意之中,真正的区别就在于是否有现实的预见。当行为人在实施违法行为时并没有预见到行为导致危害社会结果发生的可能性,但是根据其预见可能性的判断,可推定其应当预见的话,则可以成立疏忽大意的过失。

(二)过于自信的过失

所谓过于自信的过失,是指行为人已经预见到自己的行为可能导致危害社会的结果,但基于轻信的心态认为能够避免,最终导致危害结果发生的心态。

就过于自信的过失而言,其构造包括以下三个要素:首先,要成立过于自信的过失,需要行为人认识到结果发生的可能性,亦即是说,与疏忽大意的过失不同,过于自信的过失是有认识的过失。这种认识,是行为人基于其预见能力对该行为在一般情形下导致结果发生的可能性的预见。其次,行为人在对危害结果具有预见可能性的前提下,又认为自己能够避免结果的发生,不论该种认识是否具有特定时空下的经验支撑,都是行为人发自内心的真实认知。最后,行为人之所以内心确信自己能够避免危害结果的发生,是基于其轻信的心态。所谓轻信,是指行为人在具有预见可能性的情况下,认为在特定的场合或情形中,自己拥有不同于一般人的能力,能够避免结果的发生,但是行为人自己所依赖的不同于一般人的能力只是一种主观上的想象,不具有客观上的可行性和有效性。例如,一名驾驶技术非常熟练且驾驶经验丰富的驾驶员,在比较偏僻的道路上超速行驶,认为凭借自己的驾驶技术和对该路段道路的熟悉程度,即使超速行驶也不会导致交通事故的发生,但是仍然发生了交通事故的情形就属于过于自信的过失。再如,某外科主任在给一位患腹腔晚期肿瘤病员的一次手术中,病员曾两次出现心力衰竭,均经及时抢救好转。助手们劝其暂停手术以改期进行,但该主任固执己见,继续进行,以致心脏第三次衰竭时,未及抢救死亡。该主任当时的心理态度主要是过于自信,轻信凭借自己的经验和技术,可以与第一次、第二次心力衰竭一样,使病情得以控制,结果未能控制,酿成医疗事故。该外科医生的心态即属于过于自信的过失。

过于自信的过失与间接故意在认识要素方面都具有认识,具有一定的相似性,但也存在明显的不同。其一,在认识要素方面,间接故意对于行为产生危害结果的可能性的认识是符合一般人认识能力和自己认识能力的,也就是说,间接故意的行为人对于危害结果发生可能性的预见是现实的。过于自信的过失则不同,行为人是基于一般人的立场和注意能力对于危害结果发生的可能性具有认识,而其自身则未必认同这种基于一般人注意能力的认识。反而,行为人在主观上认识到一般情况下可能会发生危害结果的同时,却认为自己具有某种特殊的能力、技术、经验,或者可借助某种外部条件,保证在实施该行为时可区别于一般情况,不至于发生危害结果。其二,在意志要素方面,过于自信的过失和间接故意对于危害结果的意志要素也存在不同。间接故意的行为人对于危害结果的发生尽管不存在积极的追求,但也能够容认和接受,并不存在心理上的排斥。而过于自信的过失的行为人则基于某种轻信,发自内心的认为自己能够避免该结果的发生,在心理上是抵制和排斥该危害结果发生的。

尽管从理论上过于自信的过失和间接故意存在明显的区别,但是在具体案例的判断中,这种理论上的区别仍然显得有些模糊,因为容认的心态和排斥的心态在客观上往往都表现为一种消极的不作为状态,而司法认定的程序则又要遵循从客观到主观的逻辑进程,兼之个体内心世界缺乏有效的经验测定方法,这就使过于自信的过失和间接故意的区分在司法实践的认定显得更加艰难。尽管这种判断存在一定的模糊和困难,但是对司法实践而言,间接故意和过于自信的过失的区分又非常重要,不仅会影响到故意犯罪还是过失犯罪的认定,也可能影响到法定刑的轻重,还可能影响到罪与非罪的认定。如行为人甲违章驾驶,遭到交警阻拦时试图高速闯关,接近时发现有障碍物而无法闯过,急忙避让障碍物时将旁边的一个交警撞出20米,致其当场死亡。一审法院判决行为人构成故意杀人罪,其根据就是行为人对交警死亡的结果具有间接故意。二审判决改为交通肇事罪,认为行为人对于交警死亡的结果是持排斥态度的,因此不能够成立间接故意,只能成立过于自信的过失。在上述案例中,行为人急忙避让障碍物的行为在一般人看来是可能把障碍物旁的交警撞死的,只不过区分其主观心态是间接故意还是过于自信的过失需要考虑行为人对于该结果的内心态度,究竟是持无所谓的态度还是信赖自己驾驶技术的结果回避心态。就该案的行为人而言,其逃避警察的检查采取的方式是急忙绕开障碍物,实际上是对自己能够绕开障碍物进而逃离现场的轻信,其内心对于交警的死亡是一种排斥态度,因此,不成立间接故意,只成立过于自信的过失。

四、信赖原则与监督过失

（一）信赖原则

所谓信赖原则,是指行为人在实施某种行为时,通常可以信赖受害人或第三人会采取适当的行动,但因为受害人或第三人未能够采取适当的行动而导致行为人的行为引起了危害结果,行为人不成立过失责任。信赖原则产生于"被允许的危险"理论,是新过失论的结论。因为,在现代社会条件下,高速车辆的普及化、道路设施、信号设备的不断健全,公民交通安全意识和法律常识的普及,以及工业、医学等技术的高度发展等因素使得很多的必要行为均具有一定程度的危险性。为了在整体上促进社会的发展,维护社会秩序,应当允许行为人在社会生活中从事必要的危险行为,当然该危险行为的实施需要尽到必要的注意义务作为前提。① 信赖原则实际上是对于个体利益与社会利益之间的一种调适,也可以理解为受害人义务的增加和行为人义务的减少。因为,从表面上看,减少了行为人的注意义务,但是却实现了更大范围意义上的社会利益,促进了社会效益的总体提升。从过失犯的内在构造来看,信赖原则实际上是对行为人结果避免义务或者说客观注意义务的范围的划定。易言之,只要行为人基于信赖原则,就不能够说行为人未能够履行结果避免义务,自然不可能成立过失。

一般而言,信赖原则的适用应当具备一定的条件,如在交通事故的案件中,要适用信赖原则排除过失,需要具备一般的客观要件和具体的客观要件以及主观要件。一般的客观要件包括:汽车的高速度和畅通交通的必要性;交通环境的完善;交通教育、交通道德的普及。具体的客观要件包括:车辆对车辆的类型化分析;车辆对行人的类型化分析。主观要件包括:(1) 信赖的存在。所谓信赖的存在,是指对其他交通参与者遵守交通秩序采取适当的行动存在现实的信赖;(2) 信赖的相当性。所谓信赖的相当性,是指信赖在具体的交通情况来看具有社会生活意义上的相当性。②

但是,信赖原则的适用也存在一些典型的例外情形,如在下列情形中,一般不能够依据信赖原则排除行为人的过失责任:(1) 当相对人是婴幼儿、老人、残疾人、醉酒者的情形,不能够适用信赖原则。因为上述相对人的辨认能力和控制能力存在欠缺或减弱的情形,很难认为他们具有遵守法规范的相当性。(2) 在相对人已经表现出可能违反注意义务的先兆时,也应当排除信赖原则的适用。因为,在相对人已经有行为表现出其可能并不会按照行为人的预期行动时,信赖原则的存在前提就付之阙如,自然不能够再适用信赖原则。(3) 在相对人经常

---

① 陈子平:《刑法总论》,中国人民大学出版社2009年版,第149—150页。
② 陈家林:《外国刑法通论》,中国人民公安大学出版社2009年版,第242页。

违反义务的场合,也应当否定信赖原则的适用,如在住宅密集区、道路狭小的地段,在交通安全设施不完备的路段,在行车道和人行道没有区分的路段,作为机动车驾驶员,不能够轻易相信其他交通参与者会采取适当的行动,因此不能够适用信赖原则。(4) 如果行为人自身有违反交通规则的行为,也应当谨慎适用信赖原则。①

(二) 监督过失

监督过失,可区分为广义的监督过失和狭义的监督过失。广义的监督过失,包括狭义的监督过失和管理过失。

狭义的监督过失,是指对于直接导致结果发生具有过失的行为人,是由于其监督者、指挥者疏忽或者懈怠而没有防止该过失发生的场合,监督者和管理者应当承担的过失责任形式。实际上,狭义的监督过失是一种过失的竞合,既存在直接行为人的过失,也存在监督者的过失。具体而言,在生产、生活中,确实存在需要协作、管理的场合,在此场合,监督者对于被监督者的过失行为的出现往往有防止的义务,这种防止可以表现为物理意义上的阻止,也可以表现为心理上的督促。但是,在一些场合,监督者并未尽到监督的义务,疏于对被监督者进行督促、检查或阻止,使得被监督者的过失行为导致了危害结果的发生。如从事安全监管的工作人员,应当严格在生产过程中执行监管任务,但是却疏于检查督促,使得被监管者的过失行为没有能够得到阻止,产生了危害社会的结果。管理过失,是指管理者对于设备、人员等管理体制或模式设置的不完善,而导致危害结果发生的过失责任形式。如小区的物业管理公司,应当定期对电梯进行维护,但是为节约成本,延期维护电梯导致电梯事故造成人员伤亡的情形。与狭义的监督过失不同,管理过失并非过失的竞合,而是管理者本身行为的过失直接导致危害结果发生,其重视的是危害结果防止机制的建立。

第四节 犯罪动机与犯罪目的

一、犯罪动机

犯罪动机,是指行为人实施犯罪行为的内心起因或者内心冲动,犯罪动机的构成一般需要具有外在的刺激和内在的愿望。我国学者一般认为,常见的犯罪动机包括:(1) 贪财动机。是指为了满足财物需求而引起的犯罪动机,在盗窃、诈骗、抢劫等犯罪类型中比较普遍。(2) 报复动机。报复动机与报应思想和私人救济思想往往存在关联,也常常与犯罪人的负面情绪特征相联系。当行为人

---

① 陈家林:《外国刑法通论》,中国人民公安大学出版社2009年版,第243—244页。

具有仇恨、愤怒等负面情绪并不断发展，就可能形成报复动机。（3）嫉妒动机。这是一种排他的强烈心理，与行为人内心深处的概括的平等意识有关。但是嫉妒心理的形成，往往是行为人对于自身和他人的错误比较和判断而产生的。（4）性动机。性动机是为了满足行为人的性生理需要而产生的一种内在驱动。①

对于犯罪动机的研究，具有以下几个方面的意义。首先，犯罪动机的查明，有助于全面了解和认识案件。从犯罪产生的内在逻辑过程上来看，犯罪动机是一种居于前位的心理冲动，很多时候是犯罪的内在驱动。因此，查明犯罪动机，对于全面认识整个案件的结构、发生过程具有重要意义。其次，犯罪动机的查明，有助于判断案件的法律性质。因为，犯罪动机作为一种主观心态，与故意、目的等犯罪构成要素具有内在的联系。从某种意义上讲，一定的犯罪动机可以折射出行为人的故意与目的的具体样态。如，基于性动机而实施的拥抱妇女的行为，在查明其动机为性动机后，就可以比较清晰地认识到其内心的追求性刺激的倾向，也能够排除其出于救助、伤害等心态实施拥抱行为。再次，对于个别的犯罪，犯罪动机的有无可以影响到犯罪是否成立。如"徇私"动机，是徇私枉法、徇私舞弊不移交刑事案件等犯罪的责任要素。② 最后，犯罪动机的查明，有助于在法定刑范围内准确量刑。犯罪动机所表征的往往是人身危险性的大小，或者说是再犯可能性的大小。因为，内心驱动因素的不同，能够影响到行为人是否具有再犯的可能及强度的大小。因此，不同的犯罪动机可能会通过影响再犯可能性并最终影响量刑。

二、犯罪目的

犯罪目的，是指行为人通过实施犯罪所期望实现法定结果之外的某种结果的心态。如果行为人所期望实现的是该犯罪的法定结果，则属于犯罪故意，而不属于犯罪目的。如行为人基于伤害的故意所期望的伤害他人的结果，就不属于犯罪目的。从某种意义上说，犯罪目的是一种比犯罪故意更为深切、长远的心理态度，反映出行为人更为深层的犯罪心理。因此，需要主观上具有某种目的才能成立犯罪的犯罪类型就称之为目的犯。

（一）犯罪目的的种类

根据犯罪目的与行为之间的关系，可以把犯罪目的区分为两种类型：一为只要实施了符合构成要件的行为就可以实现的目的，二为实施构成要件行为之后，还需要行为人或第三人实施其他行为才能实现的目的。有学者认为，除了上述

---

① 马克昌：《犯罪通论》，武汉大学出版社1999年版，第396—397页。
② 张明楷：《刑法学》，法律出版社2016年版，第301页。

两种目的之外,我国刑法还有一种不属于主观的超过要素的目的,也即是存在与目的相对应的客观事实的情形。如我国《刑法》第 175 条所规定的:"以转贷牟利为目的,套取金融机构信贷资金高利转贷他人,违法所得数额较大的,处 3 年以下有期徒刑或者拘役,并处违法所得 1 倍以上 5 倍以下罚金。"在该规定中,转贷牟利的目的有违法所得的客观事实相对应,因此不属于主观的超过要素。[①] 但是,笔者认为,从严格意义上来说,这种目的并非是目的犯中的目的。因为,违法所得作为客观事实和客观构成要件要素,转贷牟利的认识更应该是属于故意的范畴,只不过刑法分则适用"目的"一语表述其主观心态。因此,即使存在刑法分则使用"目的"的场合,也不能够一定推导出该种犯罪类型为目的犯,也可能为非目的犯。

具有前种目的的犯罪类型也被称为断绝的结果犯,后者则被称为短缩的二行为犯。所谓断绝的结果犯,是指行为人的构成要件行为的实现往往就意味着目的实现的情形。以盗窃罪为例,当行为人实施窃取他人的财物的行为完成,一般就意味着其取得了对他人财物的占有,亦即具有了非法占有的目的。当然,在少数情况下,构成要件行为的实现并不必然意味着目的的实现。如行为人虽然具有取得他人财物占有的行为,但是却只是基于毁损的意图,则不能够说其实现了非法占有的目的。所谓短缩的二行为犯,是指目的的实现,不能从构成要件的实现中直接推导出,需要在构成要件行为完成之后,再实施其他的行为才可能实现目的的犯罪类型。如拐卖儿童罪中,行为人控制或支配儿童的行为即使实施完毕,也不能够实现拐卖儿童的目的,还需要行为人在控制儿童后寻找买主或交易的行为才能够实现目的。但是,后行为并非成立犯罪的必要条件,只是印证或提示目的存在的线索。即使需要第二个行为才能够实现犯罪目的,但是目的犯的成立并不需要目的的实现,而只需要目的的存在,因此,短缩的二行为犯的成立只能够以第一个行为是否完成和目的是否存在为依据。

根据法律条文是否有明确规定,还可以把犯罪目的区分为法定目的与非法定目的。如果刑法分则明确规定了某种犯罪的成立必须具有某种目的,则该犯罪类型可被称为法定目的犯。如我国《刑法》第 217 条规定:"以营利为目的,有下列侵犯著作权情形之一,违法所得数额较大或者有其他严重情节的……"这就是刑法明文规定的法定目的犯,意味着侵犯著作权罪的构成必须要行为人具有营利的目的。而非法定目的犯则是指刑法条文虽未明确规定犯罪的构成需要具有目的,但是可以从规范目的和条文逻辑推导出目的的存在。如我国《刑法》第 194 条规定:"有下列情形之一,进行金融票据诈骗活动,数额较大的,处……"从刑法条文来看,并没有规定上述犯罪的成立需要具有目的,但是,从

---

① 见张明楷:《刑法学》,法律出版社 2016 年版,第 299 页。

一般诈骗罪的构造来看,作为特殊的金融诈骗罪在基本构成上也应当符合一般诈骗罪的特征,自然应当具有非法占有的目的。①

(二) 犯罪目的的成立范围

我国刑法的传统观点认为,犯罪目的只能够存在于直接故意犯罪中,在间接故意犯罪中没有存在的余地。因为,间接故意犯罪的行为人,对于其所放任的危害结果的发生,根本不可能存在以希望、追求一定的危害结果发生为特征的犯罪目的。② 另有学者则认为,间接故意犯罪中也有存在目的犯的可能。因为,从规范层面来看,刑法总则中规定的故意犯罪既包括直接故意犯罪,也包括间接故意犯罪,而目的犯都属于故意犯罪,刑法条文并未规定目的犯只能够属于直接故意犯罪,自然可以存在于间接故意犯罪中。从心理事实来看,当行为人所放任的结果与行为人所追求的目的不具有同一性,则可以存在行为人对一个危害结果持放任心态,而对另一个危害结果持积极追求的目的,二者可以并存于行为人的主观心理之中。③

比较上述两种学说,其对立的根源在于故意所指向的危害结果是否与目的所指向的危害结果具有同一性。如果把目的与故意的区别界定为针对相同危害结果的追求心态的程度不同,则不可能在间接故意犯罪中存在犯罪目的。因为,针对同一的危害结果,不可能既存在积极追求的心态,又存在放任的心态。但是,犯罪目的与犯罪故意所指向的危害结果确实并不一致。以侵犯著作权罪为例,行为人出版他人享有专有出版权的图书时,主观上只需要具有对出版他人享有专有出版权的图书的故意,也即是认识到自己所出版的图书未经他人许可,且他人对该图书享有专有出版权。从这个意义上来说,作为此种行为方式的侵犯著作权罪的故意所指向的应当是图书出版的结果,而该罪犯罪构成所规定的目的则为营利目的,所指向的是获取利润的结果,只不过这种结果的现实出现并非是犯罪得以成立的必要条件。因此,即使行为人对于构成犯罪所必需的危害结果存在间接故意,也可能对目的所指向的危害结果具有积极追求的心态。总而言之,在间接故意犯罪中,也应当肯定目的犯的存在。

(三) 研究犯罪目的的意义

(1) 对于目的犯而言,犯罪目的的有无是判断罪与非罪的标准之一。因为,

---

① 值得进一步思考的是,非法定目的犯与罪刑法定原则之间可能存在一定的紧张关系。究其原因,其一,非法定目的犯如何确立? 一般而言,非法定目的可以从规范目的和条文逻辑中推导,但这种推导的过程不免存在含混性和多元性,与罪刑法定原则所期待的明确性原则不相符合。其二,即使把隐含目的作为限缩解释,宣称不存在扩大入罪范围的可能,但是,在部分犯罪构成中增加目的的限缩,对于其他相似犯罪构成而言,如果不增加目的的限缩,则又有不平等适用刑法的可能,最终可能损害刑法平等适用,并可能在事实上破坏了罪刑均衡。因此,对于非法定目的犯的成立范围,需要审慎确定。

② 高铭暄、马克昌主编:《刑法学》,北京大学出版社、高等教育出版社2011年版,第121页。

③ 张明楷:《刑法学》,法律出版社2016年版,第301页。

目的犯中目的的存在,才能说明该行为具有了立法者认可的应受刑罚惩罚的社会危害性。即使行为人符合了犯罪构成中的其他要件,但缺乏特定的目的,则不能够成立犯罪。如抢劫罪要求行为人具有非法占有目的,当行为人使用暴力取得他人财物的占有时,判断其是否成立犯罪就需要考察其主观上是否具有非法占有的目的。如果行为人使用暴力取得他人财物,是为了毁损财物的目的,而不是非法占有目的,则不能认为行为人构成抢劫罪。

(2)在部分犯罪的判定中,犯罪目的是区分此罪与彼罪的重要因素。我国刑法分则中,对于部分行为的犯罪构成区别规定,既规定了非目的犯的犯罪构成,也规定了目的犯的犯罪构成,两者在法定刑上有所区别。如我国《刑法》第363条所规定的传播淫秽物品行为就需要牟利目的的存在,而第364条规定的传播淫秽物品行为则不需要牟利目的的存在。因此,牟利目的的有无,对于准确区分传播淫秽物品牟利罪和传播淫秽物品罪具有重要意义。

三、犯罪动机与犯罪目的的关系

犯罪动机与犯罪目的都属于犯罪主观要件,都表现为行为人的内心活动。从行为人内心活动的过程来看,一般而言,犯罪动机是犯罪目的的前提和基础;犯罪目的是犯罪动机的指向和表现。在某些场合,犯罪目的和犯罪动机还具有重合性。如行为人基于贪利的动机实施盗窃行为,其目的为非法占有他人财物,而非法占有他人财物就是一种贪利动机的具体化。

当然,犯罪动机和犯罪目的也存在明显的区别,其主要区别包括:

(1)从产生顺序来说,一般而言,犯罪动机产生于犯罪目的之前。因为,犯罪动机是行为人实施犯罪行为的内心的驱动,是一种比较深刻的心理活动,往往产生于犯罪目的之前。或者说,行为人的犯罪动机的形成是一种隐性的心理活动,是一个初始性的内心活动。(2)从与犯罪故意的关系来看,犯罪目的与犯罪故意具有更为紧密的关联。犯罪故意是对犯罪构成客观事实的容认,而目的则是行为人通过犯罪构成客观事实所期望和追求的方向。因此,犯罪故意和犯罪目的之间往往具有内在的逻辑联系。而犯罪动机作为内在的、隐性的驱动,与犯罪故意之间则并不具有紧密的联系。因为,同一犯罪动机可以驱动行为人基于不同的犯罪故意实施不同的犯罪构成行为,很难说犯罪故意与犯罪动机之间存在紧密的联系。(3)犯罪动机和犯罪目的在犯罪成立中的地位并不相同。一般而言,犯罪动机在绝大多数情况下只是影响量刑的情节,而犯罪目的则往往影响罪与非罪、此罪与彼罪的认定。

第五节 主观罪过的阻却

一、意外事件

意外事件,是指行为人虽然在客观上导致了危害结果的发生,但不是出于故意或过失,而是由不能预见的原因实现了危害结果的情形。一般而言,意外事件具有三个特征:其一,行为人在客观上造成了危害结果。也即是说,从客观要件上观察,行为人的行为与危害结果之间确实存在因果关系。其二,行为人对于危害结果的发生,主观上既不存在故意,也不存在过失。其三,之所以引起了危害结果,是因为行为人不能预见。因此,真正影响意外事件的判定的因素在于如何理解"不能预见",这也是意外事件与疏忽大意的过失的重要区别所在。因为,疏忽大意的过失和意外事件一样,在主观上均表现为行为人对于行为引起危害结果缺乏认识或者说缺乏预见,只不过在疏忽大意的过失中,行为人是具有预见可能性而没有预见,意外事件中的行为人是不具有预见可能性而没有预见。因此,"不能预见"的具体认定实际上就是预见可能性有无的判定。那么,足以使行为人丧失预见可能性的原因就是意外事件的本质所在。

我国有学者概括了几种不能预见的具体原因:一为突发性的自然灾害、技术故障。如驾驶员照章行车至人行过道处,虽然踩刹车减速停车,但刹车因故障突然失灵酿成重大事故。二为被害方的过错行为。如被害人违反交通规则,以致发生交通事故。三为人体内部的潜在性疾病。如患有严重脑血管病的人与他人争吵、推搡,因气愤、激动致脑血管破裂,发生死亡的结果。四为日常生活中的偶发事件。如到他人家吃喜酒时,误将他人内室桌上用葡萄酒瓶装的无水钠即烧碱当葡萄酒,分给同桌客人喝而导致伤亡事故发生。①

在具体的案件中,意外事件与疏忽大意的过失之间的区别有时候比较模糊,需要综合案件的具体情况进行判定。例如这样一个案件,2011年5月15日22时许,某镇农民王甲在某饭店就餐时,于餐厅内小便,引起同桌就餐的李乙的不满,王甲即与李乙发生口角,王甲揪拽李乙衣领而发生相互撕扯,后被人劝开。李乙离开饭店后,王甲又追李乙至李丙家门口处,从后边用手杵李乙肩、颈、背部并揪李乙衣领,摁压其头部,致使李乙颈部屈曲,随即坐于地上并当即突发死亡。事发后,公安局法医检验鉴定所根据李乙颈项部挫伤痕迹认定李乙"系被他人暴力性扼压颈致窒息性死亡"。王甲亲属以死者李乙生前患有多种疾病和原鉴定结果与现场的实际情况不符为由,申请重新鉴定。2011年6月24日重新检

---

① 韩啸:《意外事件与过失之界分》,载《中国刑事法杂志》2010年第12期。

验鉴定,检验尸表可见颈项部、肩背部、双上肢、肘及双膝、双足有 9 处小面积挫伤及小片点状皮内出血。解剖检验:颅骨未见骨折,硬脑膜完整,脑基底池双侧大脑外侧裂蛛网膜下腔积血,以脑基底池为重,小脑左半球已形成囊腔并见凝血块,小脑扁桃体疝形成。颈部除颈部肌群 5、6 椎间肌 6、7 椎间肌有小量出血外,舌骨、甲状软骨、颈椎骨均未见骨折,硬脊膜完整,脊髓未见损伤,但颈 7 以前为血性脑脊液。分析上述尸检所见:从颈项多处表层组织挫伤及颈部肌群有出血的特点,考虑该处损伤为外力压迫头颈部造成颈部过度弯曲可以形成,但扼颈致窒息死亡的征象不存在。颅内解剖所见支持小脑后动脉瘤破裂出血特征,由此造成颅压增高压迫脑干致呼吸循环衰竭而死亡。结论:"李乙因受外力作用致颈部过屈,引起小脑下后动脉瘤破裂出血,造成颅压增高,压迫脑干致呼吸循环衰竭而死亡。"在案件办理过程中,司法机关就应当认定为疏忽大意的过失还是意外事件存在分歧。①

考察上述案例,首先,存在受害人死亡的结果;其次,该结果的发生与行为人的摁压头部行为之间存在客观上的因果关系。但是,行为人是否具有预见受害人死亡的可能性呢? 从日常生活经验来看,因为日常琐事引发单纯推搡和口角的行为几乎不会导致死亡结果的出现,行为人的推搡行为导致受害人脑部肿瘤破裂致死属于极小概率的事件,一般人很难对此具有预见可能性,行为人也不具有预见可能性。因此,应当作为意外事件处理。

二、不可抗力

所谓不可抗力,是指行为人的行为在客观上造成了危害结果,但不是出于行为人的故意或过失,而是由于不能抗拒的原因的情形。不可抗力的成立具有三个特征:第一,行为人的行为在客观上造成了危害结果;第二,行为人在主观上没有故意和过失;第三,引起危害结果的原因是行为人不能抗拒的因素。不可抗力与意外事件相比,在造成危害结果和主观上无故意过失的方面是相同的,主要区别在于不可抗力是行为人无法抗拒的,而意外事件是无法预见的。就不能抗拒而言,可能包括行为人对于行为引起危害结果具有认识的场合,尽管行为人有认识或预见,但是行为人在特定的情况下无法履行结果避免义务。如行为人在步行途中,突遇飓风,被飓风卷起身体砸向受害人,导致受害人重伤。可以肯定的是,行为人在被飓风卷刮的过程中对于自己身体砸伤受害人是具有认识的,但是却无法避免和抗拒这种结果,这就是不可抗力的情形。

---

① 《是意外还是犯罪事件?》,载 http://china.findlaw.cn/bianhu/fanzui/ywsj/5962.html,最后访问时间:2012 年 1 月 3 日。

第六节 刑法上的认识错误

一、认识错误的概念

认识错误,是指行为人主观上所认识的内容与客观情形不一致的情形。犯罪的成立需要具备客观要素和主观要素,当行为人的主观认识与客观现实一致,自然没有争议的余地。问题在于,基于社会生活中个体认识能力的差异性和局限性,很多时候行为人主观认识和客观现实并不尽一致,这就需要进一步研究认识错误对于犯罪成立的影响,特别是不同的认识错误是否影响到犯罪故意的成立是认识错误理论的核心问题。认识错误可分为法律认识错误和事实认识错误。

二、法律认识错误

法律认识错误,又称禁止错误,是指行为人对自己的行为在法律上是否构成犯罪、构成何罪、应受到何种惩罚具有不正确的认识。根据法律认识错误的具体指向,可以把法律认识错误区分为:

(一)直接的禁止错误

所谓直接的禁止错误,是指行为人对于自己的行为是否是犯罪产生了错误的认识,包括行为人认为自己的行为不是犯罪但客观上是刑法所禁止的犯罪行为;行为人认为自己的行为是犯罪行为但实际上刑法并不禁止;行为人认识到的罪名和轻重与客观规定不相符三种情形。

就第一种情形而言,如行为人认识到只要不实施暴力、胁迫行为,不违背妇女意志实施的性交行为就不属于强奸行为,基于此认识与未满14周岁的幼女通过合意发生性行为,就是对刑法禁止性规范的消极错误认识。基于刑法保护法益的需要,只要行为人具有认识到违法的可能性,就不应当阻却故意的成立。因为,刑法规范的抽象性和公开性决定了绝大多数行为人是知晓刑法的禁止规范或具有知晓的可能性的,如果要求行为人必须认识到行为的违法性,那就意味着刑法的普遍适用和抽象性无法体现,也无法形成一般预防的功能。当然,对于信息极其闭塞的行为人,如果其不具有违法的认识是因为其不具有认识的可能性,则可以阻却故意的成立。

就第二种情形而言,如行为人实施了不符合道德的通奸行为,但是行为人认为通奸行为是犯罪行为。因为行为人所实施的行为本就不为刑法所禁止,无论行为人怎么认识,都不能够成立犯罪。申言之,行为人所实施的行为不符合刑法所规定的犯罪构成,也不具有刑法所要求的法益侵害性,即使其主观上有违法的认识,也不是刑法意义上的违法性认识,不成立犯罪。

就第三种情形而言,如行为人认为自己所实施的非法集资行为只构成非法吸收公众存款罪,但实际上其行为因为具有非法占有目的而成立集资诈骗罪。如果行为人只是对于行为所构成的罪名的错误认识,对于法益侵害性的认识没有错误,则不阻却故意,应当按照实际罪名追究行为人的责任。但是,很多时候行为人对罪名的认识错误产生于对其行为的法益侵害程度的错误认识,这就不是纯粹意义上的罪名认识错误,而涉及对行为性质的认识错误,对于这种情形的定性还存在争议。如行为人对幼女存在生殖器的接触行为,成立了客观上的奸淫幼女的行为,但是行为人主观上认为自己所实施的是猥亵行为,只成立猥亵儿童罪,不构成强奸罪。这种罪名的错误认识,与行为人对于行为的法益侵害性的大小的认识相关。因为,如果行为人认识到对于幼女而言,只要有生殖器的接触,无论出于猥亵心态还是强奸心态,都构成强奸罪,可能其会有进一步的奸淫行为,造成更大的法益侵害结果。因此,从责任主义的立场来看,如果行为人对于罪名的错误认识是基于对自己行为的法益侵害性的错误认识的话,则可以考虑在其所认识的罪名和实际罪名中选择较轻的罪名进行惩罚。

(二) 适用错误

适用错误是指行为人虽然认识到刑法中规定的禁止性规范,却对于刑法规范的解释产生了错误认识,也即对于该禁止规范中的构成要件要素的解释与有效的解释之间存在分歧,进而认为自己的行为不属于刑法所禁止。适用错误主要表现为下列几种情形:行为人信赖法院的现实判决而误解刑法法规的解释;行为人信任各级政府等公共权力部门的见解;行为人信赖律师等专业人员或专业机构的私人意见。[①] 对于适用错误,仍然应当判断行为人是否具有违法认识的可能性。如果行为人的适用错误,是基于对判决书或其他权威司法决定的正确理解,只不过司法判决并不具有统一性使行为人产生了适用错误,则可以认为行为人不具有违法认识的可能性,进而阻却故意。但是,对于律师等专业人员的解释的信赖所致的适用错误,则一般具有违法认识的可能性,自然也不能够阻却故意。

(三) 正当化事由前提事实错误

所谓正当化事由前提事实错误,也叫做间接的禁止错误或者说违法性阻却事由前提事实错误,是指行为人对于刑法禁止规范的存在具有认识,但是认为自己的行为是正当行为,而客观上并不存在正当化事由的前提事实。正当化事由前提事实错误主要包括两种情形:客观上本没有刑法许可的该种正当化事由,但行为人认为刑法中规定了此种正当化事由;刑法规定的正当化事由本不适用于

[①] 陈子平:《刑法总论》,中国人民大学出版社2009年版,第242页。

行为人的情形,但行为人认为适用。前一种正当化事由的前提事实错误,实际上属于直接的禁止错误,可按照直接禁止错误的处理原则处理。

后一种正当化事由的前提事实错误的处理,则争议颇大。如假想防卫的行为人,其主观上究竟应当认定为故意还是过失,抑或是意外事件,就存在分歧的观点,而分歧观点的背后,则是对于这种正当化事由的前提事实错误的学说争议。主要学说有:(1)消极构成要件要素说。该说认为,正当化事由前提事实错误,属于构成要件的消极要素,因此也属于故意所必须认识的要素。那么,当行为人错误认识正当化事由的前提事实,就相当于错误认识危害行为、危害对象等积极的构成要件要素,可以阻却故意。(2)事实错误说。该说认为,正当化事由前提事实属于事实错误,可以阻却故意。(3)严格责任说。该说认为,正当化事由前提事实错误属于法律认识错误,当行为人无法避免该认识错误时,则不存在违法性认识的可能性阻却责任。当行为人对于该认识错误具有避免的可能性时,则不阻却故意。(4)限制的责任说。该说认为,正当化事由前提事实的错误,虽然不是构成要件错误,但是可以将其类推为构成要件错误,进而阻却故意。(5)独立的错误说。该说认为,正当化事由前提事实错误,既不是典型的事实错误,也不是典型的法律错误,而是一种独立的错误类型。[①]

笔者认为,正当化事由前提事实错误应当属于事实错误。行为人虽然对构成要件事实具有认识,但是对于自己行为的法益侵害性存在认识错误,而法益侵害性的存在以及大小的认识仍然属于故意的认识内容。因此,当行为人存在正当化事由前提事实错误时,则应当阻却故意。如果该错误是可以避免的,行为人有成立过失的可能。

三、事实认识错误

事实认识错误是与法律认识错误相对应的错误类型,是指行为人对自己行为的客观情况的错误认识。根据行为人的主观认识和客观事实是否同处于一个构成要件之中,可以把事实认识错误区分为具体的事实认识错误和抽象的事实认识错误。

(一)具体的事实认识错误

虽然具体的事实认识错误是发生在同一构成要件中的错误,但是否阻却故意也存在具体符合说和法定符合说之争。具体符合说认为,行为人主观上所认识到的事实要与实际发生的事实在具体上一致时,才能够成立故意,如果在具体上不一致的话,就阻却故意。法定符合说则认为,行为人主观上的认识与实际上所发生的事实,如果在犯罪构成要件的范围内具有一致性,则不阻却故意。所谓

[①] 陈子平:《刑法总论》,中国人民大学出版社2009年版,第245—247页。

在犯罪构成要件的范围内的一致性,实际上是对主观认识和客观事实所指向的犯罪构成在法律性质或者说法益侵害性质上的一致性。具体而言,在不同类型的具体事实认识错误中,具体符合说和法定符合说的结论既存在相同的场合,也存在不同的场合。

1. 对象错误

对象错误,也称为客体错误,但不是指犯罪客体的错误,而是指行为客体的错误。一般而言,对象错误是指行为人对于攻击或侵害的对象产生了错误的认识。如行为人意图杀害张三,却因为李四和张三体形相似而将李四当成张三杀害的情形,就属于对象错误。对于对象错误,具体符合说认为,行为人主观上的认识是杀害他人,客观实际情况也是杀害他人,在此意义上主观认识和客观事实是具体一致的,不阻却故意。至于对他人是张三还是李四的错误认识,并不影响"他人"这个构成要件要素的一致性认识。法定符合说认为,在故意杀人罪的构成要件中,作为行为对象存在的是他人,因此,只要行为人所认识到的是自己的行为为侵害他人生命的行为,客观上确实也发生了侵害他人生命的行为,无论是从法律性质还是法益侵害来看,都具有一致性,自然也不能阻却故意。因此,就对象错误而言,具体符合说和法定符合说的结论是一致的。

2. 打击错误

所谓打击错误,是指行为人攻击手段的错误,使得行为人主观上意图攻击的对象和实际受害的对象不一致的情形。如行为人意欲杀害张三,即持枪瞄准张三,结果却击中了张三旁边的李四,导致李四死亡。如果行为人对于击中李四的可能性具有认识,则对于李四的死亡存在间接故意,不属于打击错误的情形。但是,行为人对于击中李四缺乏认识而只对击中张三具有认识时,这种典型的打击错误是否阻却故意则存在较大的争议。

具体符合说认为,上述案例中行为人意图杀害张三,但由于手段的偏差导致张三死亡的结果没有发生,还错误杀害了李四,存在具体事实和主观认识的不符合,应当阻却对于死亡结果的故意。那么,行为人对于张三虽然存在杀害的故意,但没有死亡的结果,构成故意杀人未遂;对于李四而言,虽然导致了李四的死亡结果,但是缺乏对于致死李四的故意,如果存在预见可能性的话,可以成立过失致人死亡罪。因此,行为人的行为实际上就是故意杀人罪未遂和过失致人死亡罪的想象竞合。法定符合说则认为,上述案例中行为人意图实现的结果和实际发生的结果都属于故意杀人罪的构成要件,犯罪性质和法益侵害相同,即使对于受害人李四,也不阻却故意,成立故意杀人罪的既遂。

具体符合说的立论与刑法谦抑主义和责任故意理论相关。一方面,对于打击错误,采用具体符合说能够容易阻却故意,就不至于以既遂犯处罚行为人,能够减轻惩罚,符合刑法谦抑主义的要求。另一方面,具体符合说符合作为责任要素的故意的性质。因为,如果把故意视为责任要素,则应当评估、判断其个体的具体主观情况,自然就需要对行为人主观上所认识到的内容有全面的了解。那么,在判断行为人是否存在故意时,行为人现有的具体的认识就具有决定性的意义。[①] 但是,批评者认为具体符合说也存在缺陷:其一,具体符合说会导致处罚的缺位,特别是在行为对象为财物的打击错误中。如行为人意图扔石头损毁张三的价值不菲的手机,结果却打破了张三旁边李四的珍贵花瓶。如果按照具体符合说,行为人构成损毁财物罪的未遂和过失损毁财物行为,而过失损毁财物行为不成立犯罪,毁损财物罪的未遂在多数国家也不惩罚,则会产生处罚上的空白。其二,具体符合说对于打击错误的处理有悖于社会的一般观念,可能会导致罪刑不相适应。因为,具体符合说把已经有法定危害结果的情形作为未遂处理,这不符合社会大众的法感情和一般观念。同时,作为未遂处理,相同法益侵害、相同主观恶性却只因为存在打击错误与否而区分评价为既遂和未遂,会导致刑罚适用的不平等。如两个行为人基于相同的报复心理分别朝两个受害人瞄准射击,其中一个行为人没有打击错误,击中了受害人导致死亡,另一个行为人则略有偏差击中了旁边的无辜者导致死亡。按照具体符合说,没有打击错误的行为人成立故意杀人既遂,存在打击错误的行为人虽然主观恶性和法益侵害的结果与前行为人并无二致,但成立故意杀人未遂,这可能导致处罚上的不平等对待。

因此,法定符合说认为可以通过犯罪性质的等价判断来解决上述具体符合说的缺陷,不考虑行为人主观上具体的对象的认识和实际结果的偏差,而把行为人主观上的认识抽象为构成要件要素,进而比较主观认识和客观结果的一致性。易言之,法定符合说并不强调行为人具体认识和具体结果的现实一致性,而只关心行为人主观认识和客观事实在法律意义上的一致性,也就是说在犯罪性质以及法益侵害类型和程度上的一致性。那么,无论是对于作为财物的行为对象或作为自然人的行为对象的打击错误,都可以基于法益侵害的等价性肯定故意的成立,实现法律评价的同一性。但是,法定符合说也存在难以克服的缺陷,特别是在并发事例的处理上所面临的问题。如行为人甲开枪击中乙的同时,子弹穿过乙的身体后还击中了丙导致乙和丙死亡的情形。按照具体符合说,行为人甲只构成一个故意杀人既遂和一个过失致人死亡。按照法定符合说,则存在数故意说和一故意说之争。数故意说认为,故意的个数并不重要,只要行为人基于杀人故意并导致了杀人的结果,则都应当认定为故意犯罪。按照数故意说,上述情形中,行为人甲虽基于一个故意实施杀人行为,但是导致两个人死亡,应该成立两个故意杀人既遂。一故意说则认为,行为人只是基于一个杀人的故意,则只能够成立一个故意杀人罪。从结论来看,一故意说在某种程度上已接近具体符合说

---

① 陈家林:《外国刑法通论》,中国人民公安大学出版社 2009 年版,第 251 页。

的结论。

根据我国刑法的立法,采用具体符合说更具合理性。理由是:第一,我国刑法对于未遂的处罚原则是得减主义,并不一定要减轻或从轻处罚,并不必然导致罪刑的不均衡。易言之,在多数打击错误的场合,把行为人的行为作为故意犯罪的未遂和过失犯罪的竞合,并最终作为故意犯罪的未遂惩罚,可以把其过失犯罪作为一个确定是否从轻、减轻处罚的情节,综合判定是否有必要给予和既遂一样的惩罚。第二,我国刑法对于犯罪未遂是以惩罚为原则的,即使在针对财物的打击错误中,也可以惩罚毁损财物、盗窃财物的未遂,不至于产生惩罚的空白。因为,在外国刑法中,很多国家的立法例对于未遂的处罚是采用例外惩罚的原则,即只有在刑法分则明文规定的场合才惩罚该罪的未遂,所以采取具体符合说确实可能产生处罚的漏洞和空白。但是我国对于未遂的惩罚是规定于总则之中,意味着可以惩罚所有的未遂,只不过部分情节极其轻微的未遂犯罪受到刑法但书的限制不进行惩罚而已。第三,具体符合说更符合罪责主义原则。因为,一个人受到刑事追究,应当仅仅在其罪责范围内承担责任,而罪责的范围则取决于行为人在故意或过失支配下侵害法益的程度和类型,因此,行为人主观方面的意欲范围和认识内容对于罪责的大小是具有影响的,而具体符合说对于行为人主观方面的具体化和细致化要求恰恰契合了罪责主义原则。

3. 因果关系错误

因果关系错误,是指行为人所认识或意欲的危害结果确实发生,但是与行为人所设想的因果过程并不一致。具体而言,指行为人所预测或认识到的因果进程并未发生,结果虽然发生,但是基于不同于行为人认识的因果进程。如行为人意图用刀刺死受害人,受害人躲避时掉下山崖摔死的情形。一般而言,只要可以肯定行为人的行为与结果之间存在因果关系,就不应当阻却故意。因为,行为人对于行为导致结果发生并没有错误,只不过对于行为如何导致结果的细节发展存在认识偏差,而这种细节偏差不应当属于故意的认识内容,自然不阻却故意。

(二) 抽象的事实认识错误

抽象的事实认识错误,是指行为人的主观认识和客观事实并不属于同一犯罪构成要件,而分属于不同的构成要件。抽象的事实认识错误不包括因果关系的认识错误,只包括打击错误和对象错误两种形式。作为抽象的事实认识错误的打击错误是指由于行为人行为的偏差,其意欲打击的对象和事实上被打击的对象之间不一致的情形。如行为人原本打算枪击受害人,但因为枪法不准而击中了受害人价值不菲的宠物狗。作为抽象的事实认识错误的对象错误是指由于行为人的认识偏差,导致行为人所认识的对象和实际对象之间存在错误。如行为人深夜在森林中打猎,误以为前方走动的黑影为熊,遂开枪射击,结果该黑影实际上是人,最终致人中枪而亡的情形。关于抽象的事实认识错误的处理,在理论上存在抽象符合说与法定符合说之争。

1. 抽象符合说

抽象符合说认为,不同构成要件之间的认识错误,可以对其危害性质进行超越构成要件的抽象进而肯定故意的成立。但是,如何进行超越构成要件的抽象,在抽象符合说内部也存在分歧。有人主张在轻罪的限度内认定故意。申言之,当行为人以轻罪的故意实现了重罪的事实时,属于轻罪的既遂与重罪的过失的想象竞合。当行为人以重罪的故意实现了轻罪的事实时,是对重罪的未遂和轻罪的既遂,二者择一较重的罪处罚。按照上述观点,如果行为人以杀人的故意损坏了贵重的财物时,则成立故意杀人未遂和故意损害财物既遂,按照故意杀人未遂处罚。如果行为人以毁损财物的故意导致了他人死亡的结果,则成立毁损财物的既遂和过失致人死亡罪的竞合,以过失致人死亡罪处罚。另有学者则认为,当行为人以轻罪的故意发生了重罪的事实,属于轻罪的未遂和重罪的过失的竞合。如果行为人以重罪的故意实现了轻罪的事实,属于重罪的未遂和轻罪的过失的竞合。① 但是,抽象符合说在重视刑法的惩罚功能的同时,往往忽视了罪责原则划定的责任界限,因此很少有人支持。

2. 法定符合说

法定符合说认为,抽象的事实认识错误也应当在罪责范围内,按照构成要件或犯罪性质来确定故意。易言之,法定符合说以行为人所认识到的事实与实际发生的事实之间的法定罪质作为故意成立的标准,法定罪质相同,则不阻却故意,法定罪质不相同,就可以阻却故意。但是,在如何界定"法定罪质相同"的问题上,法定符合说中也存在构成要件形式符合说和构成要件实质符合说之争。

构成要件形式符合说认为,所谓法定罪质相同,是指行为人的主观认识和客观事实在形式上处于同一的构成要件之中。一般而言,行为人的主观认识和客观事实之间不处于同一构成要件之时,则阻却故意,但是也有例外。例外的情形是指相异的构成要件之间的重叠部分也可以肯定故意。如行为人以杀人的故意实现了伤害的结果,而杀人的构成要件可以包含伤害的构成要件,则可以在伤害的范围内承认故意的成立。但是,不同构成要件之间不存在重叠或包含关系时,就不能承认故意的存在。构成要件实质符合说认为,应当从法益侵害的角度界定法定罪质的相同。亦即是说,判断行为人的主观认识和客观事实是否具有罪质上的相同,不能仅仅从形式角度考察构成要件,而应当考察构成要件蕴含的法益侵害的性质和程度是否相同。如果行为人的主观认识和客观事实处于形式上不同的构成要件之中,但是其法益侵害种类和性质具有重合性,则也可以承认故意。如行为人以普通诈骗的故意实现了合同诈骗的事实,尽管合同诈骗与普通

---

① 陈家林:《外国刑法通论》,中国人民公安大学出版社2009年版,第259—260页。

诈骗属于两个不同的犯罪构成要件,但是其在以诈骗手段侵害他人财物的占有的性质上具有重合性,因此仍然可以肯定合同诈骗故意的存在,进而承认合同诈骗罪的成立。

应当说,构成要件形式符合说和构成要件实质符合说相比,其区别在于重视刑法的安定性还是刑法的法益保护。从捍卫刑法的安定性角度出发,把形式上的构成要件作为刑法安定性的边界,尽管可能在个案中不能充分保护法益,但是却在更大程度上实现了刑法的安定性所保障的个人自由和公民的可预期性。因此,从这个意义上来说,既然刑法已存在明确的构成要件,则应当形式上理解同一构成要件的范围,以确保刑法的安定性。

第十章 阻却犯罪性的行为

第一节 阻却犯罪性行为概说

一、阻却犯罪性行为的概念

阻却犯罪性行为,是指行为从表面上看似乎符合某一犯罪的构成要件,造成或即将造成一定的危害结果,但本质上并不具有社会危害性,从而不构成犯罪的行为。

"阻却犯罪性行为"有各种不同的称谓,如"排除犯罪的事由""正当行为""排除社会危害性的行为""排除犯罪性的行为",等等。大陆法系国家的刑法理论一般称之为"违法阻却事由",认为阻却犯罪性行为虽然具备犯罪构成要件的该当性,但刑法经过实质性的价值判断,排除其违法性,因此不构成犯罪。英美法系国家的刑法理论一般将其归入一般辩护事由。阻却犯罪性行为具有如下特征:

第一,形式上具备某种犯罪的客观要件。例如,正当防卫是为了制止正在进行的不法侵害而实施的正当行为,紧急避险是为保全较大合法权益而造成某种合法权益受损害的行为,这些行为均对实施对象造成了一定的损害,在形式上符合某种犯罪的构成要件。如果阻却犯罪性行为在形式上与犯罪行为界限分明,毫无相似之处,则刑法没有必要规定,刑法理论也没有必要进行研究。

第二,实质上不符合该种犯罪的构成要件,不具备社会危害性,也不具备刑事违法性。阻却犯罪性行为仅仅在客观上造成了一定的损害结果,但这些行为都是在特定的情况下,在法律所允许的范围内实施的,所以不仅不具有社会危害性,反而是有益于社会的行为,这也是刑法规定阻却犯罪性行为的原因所在。

二、阻却犯罪性行为的种类

关于阻却犯罪性行为,我国刑法只规定了正当防卫和紧急避险,但在刑法理论和司法实践中也承认其他阻却犯罪性行为,这些行为包括依照法律的行为、执行命令的行为、业务正当行为、被害人承诺的行为、推定的同意与义务冲突等等。

第二节　正　当　防　卫

一、正当防卫的概念

根据我国《刑法》第 20 条第 1 款的规定,正当防卫是指为了使国家、公共利益、本人或者他人的人身、财产和其他权利免受正在进行的不法侵害,而对不法侵害人实施的制止其不法侵害且未明显超过必要限度的行为。我国刑法规定的正当防卫分为两种:一般正当防卫(《刑法》第 20 条第 1 款)和特殊正当防卫(《刑法》第 20 条第 3 款)。

正当防卫在人类历史上有源远流长的历史。正当防卫从习俗到法律、从观念到学说,经历了一个漫长的发展过程。纵观人类发展史,正当防卫蜕变于私刑,萌生于复仇。① 对急迫的侵害突然作出反击是人的自我保存本能,正当防卫"不是被写出的法而是生来的法"。如英国启蒙思想家洛克通过例证的方法论证了正当防卫的性质和条件,认为如果有谁盗窃了私有财产,哪怕被盗窃的东西微不足道,依据自然法,也有把小偷置于死地的权利。② 在西方法制史上,虽然正当防卫制度早在后罗马法中就有体现,即对暴力允许以暴力进行正当防卫。③ 现代意义上的正当防卫制度的确立,肇始于法国资产阶级革命胜利后颁布的《法国刑法典》。④ 1871 年《德国刑法典》在总则中规定了正当防卫,该法典第 53 条规定:"一、由于正当防卫而不得不为的行为不罚。二、自己或他人遭受现实和不法的侵害时,为了抗拒侵害所必要的防卫称为正当防卫。三、行为人如在混乱、恐惧或惊悸中超过正当防卫的限度时,其超过正当防卫的行为不罚。"日本《刑法》仿照 1871 年《德国刑法典》也在总则中规定了正当防卫。该《刑法》第 36 条规定:"为了防卫自己或他人的权利,对于急迫的不正当侵害不得已所实施

---

① 参见陈兴良:《刑法适用总论》(上卷),中国人民大学出版社 2017 年版,第 268 页。
② 参见马克昌主编:《近代西方刑法学说史略》,中国人民公安大学出版社 2008 年版,第 21 页。
③ 参见〔德〕汉斯·海因里希·耶赛克等:《德国刑法教科书(总论)》,徐久生译,中国法制出版社 2001 年版,第 402 页。如古罗马《十二铜表法》(公元前 451—450 年)第八表第 12 条之规定:"如果夜间行窃,就地被杀,则杀死他应认为是合法的。"但令人可惜的是,由于一般的习惯做法,它并未规定正当防卫的一般概念。参见〔德〕弗兰茨·冯·李斯特:《德国刑法教科书》,徐久生译,法律出版社 2000 年版,第 219 页。
④ 1791 年《法国刑法典》第 6 条规定:当杀人系出于正当防卫之现实的紧迫情形所支配时,此种杀人为合法实行的杀人。与之相比,1810 年《法国刑法典》将正当防卫规定在分则中,并且将不法侵害的范围予以扩宽。该法典第 328 条规定:以保护自己或他人之正当防卫,在现实的、紧迫的情况下实施杀人、伤害及殴打,不构成重罪与轻罪。第 329 条还规定了正当防卫的特例。该条规定:"下列两情形均视为迫切需要的防卫:一、在夜间因抗拒他人攀越或破坏住宅、家室或其附属物的围墙、墙壁或门户的杀人、伤害或殴打者;二、因防御以暴行实施犯罪的窃盗犯或掠夺犯而杀人、伤害或殴打者。"参见〔法〕卡斯东·斯特法尼等:《法国刑法总论精义》,罗结珍译,中国政法大学出版社 1998 年版,第 353 页。

的行为,不处罚。"此后,各国刑事立法竞相效仿,正当防卫开始成为世界性的法律规范。

我国正当防卫的概念首次见于1911年《大清新刑律》第15条之规定:"对现在不正之侵害而出于防卫自己或他人的权利之行为不为罪。"中华人民共和国成立后,我国在1979年颁布的《刑法》在第17条规定了正当防卫①,1997年修订的《刑法》在第20条对正当防卫作了更加准确、详细的规定。1997年修订的《刑法》第20条与1979年《刑法》第17条相比,正当防卫的概念在三个方面得到了发展:第一,增加了保护国家利益的内容,并在正当防卫的概念中增加了对不法侵害人造成损害的内容。第二,放宽了防卫限度条件。防卫行为只要不是明显超过必要限度造成重大损害的,不负刑事责任。第三,明晰了正当防卫与防卫过当的界限。对于一些严重危及人身安全的暴力犯罪,采取防卫行为,造成不法侵害人伤亡的,不属于防卫过当,从而保障了公民正当防卫的权利。从1979年《刑法》的正当防卫规定到1997年修订的《刑法》的正当防卫规定,其内容发生了重大变化,这一刑法制度变迁背后折射出在公民防卫权的保障与避免其滥用之间的艰难抉择,立法理性与司法逻辑之间的紧张角力。②

二、正当防卫的条件

正当防卫是刑法赋予公民保护国家、公共利益、本人或者他人的人身、财产和其他权利免受正在进行的不法侵害的一项权利。但任何权利的行使都有一定的条件,由于正当防卫是采取给不法侵害者造成一定损害的方法实施的,刑法为防止其被滥用,规定了正当防卫的成立条件。只有符合条件的防卫行为,才是正当的,不负刑事责任。

(一) 防卫起因

正当防卫的起因条件,是指必须存在现实的不法侵害行为。如果不存在现实的不法侵害行为,则正当防卫无从谈起。"现实的不法侵害行为"有以下三层含义:

1. 不法性

正当防卫只能针对不法侵害行为来实施,这是正当防卫的本质所在。正当防卫的前提条件是合法权益遭受到不法行为的侵害,排除了对任何合法行为进行正当防卫的可能性。对没有社会危害性的合法行为不得实行正当防卫,如公

---

① 为了使公共利益、本人或者他人的人身和其他权利免受正在进行的不法侵害,而采取的正当防卫行为,不负刑事责任。正当防卫超过必要限度造成不应有的危害的,应当负刑事责任;但是应当酌情减轻或者免除处罚。

② 参见陈兴良:《正当防卫的制度变迁:从1979年刑法到1997年刑法——以个案为线索的分析》,载《刑事法评论(第19卷)》,北京大学出版社2006年版,第479页。

安人员依法逮捕、拘留犯罪嫌疑人时,被逮捕、拘留的犯罪嫌疑人不能以人身自由受到"侵害"而实行所谓的"防卫"。对正当防卫行为、紧急避险行为、正当业务行为、执行命令的行为等同样不能实施正当防卫。

"不法"即违反法律,是法律对达到一定程度的危害社会行为所作的主客观综合评价。不法侵害行为既包括犯罪行为,也包括其他一般违法行为,但又不是泛指一切违法犯罪行为。首先,不法侵害行为既包括犯罪行为,也包括其他一般违法行为。因为犯罪行为与其他一般违法行为都是侵犯法益的行为,而法益都受法律保护,没有理由禁止公民对其他一般违法行为进行正当防卫。区分不法侵害的性质是一项专业性很强的工作,即使是专家学者对于某些特殊的不法侵害也难于作出准确的判断。因此,如果要求防卫人在侵害紧迫的情况下判断不法侵害的犯罪性质,这是强人所难。对不法侵害的性质的判断不是防卫人的义务,而是司法者的义务,对于防卫者而言,只要他发现合法权益正在遭受不法侵害,就有权实行正当防卫。从我国《刑法》第 20 条的规定来看,第 1 款使用了"不法侵害"的表述,而第 3 款则限于几种严重的犯罪,这一用语的区别恰好印证了不法侵害不应该限于犯罪行为这一命题。其次,并非对任何违法犯罪行为都可以进行防卫。只有对那些具有进攻性、破坏性、紧迫性的不法侵害,在采取正当防卫可以减轻或者避免危害结果的情况下,才能进行正当防卫。例如,对假冒注册商标罪、重婚罪、贿赂罪等犯罪行为不能进行正当防卫。[1] 就其他违法行为而言,某些性质不严重、行为强度不大、损害程度微小、危害性小的不法侵害,可以通过民事诉讼、调解、行政处分等手段予以处理,就不能也不必采取正当防卫的措施。[2]

2. 侵害性

作为防卫对象的侵害,一般是指对法益的威胁。即只有当行为威胁法益时,才能对其进行正当防卫。这里的侵害是来自于人的侵害,而不包括其他单纯来自于自然或动物的危害。

不法侵害行为既包括故意不法侵害行为也包括过失不法侵害行为。当过失不法侵害行为正给公共利益、本人和他人的人身权利带来急迫的危险或已经造成特定的危害结果且有继续酿成其他危害结果的趋势时,行为人为了制止这种侵害而给过失侵害人以人身或财产损害的,也是正当防卫。例如甲明知驾驶的小面包车制动系统有问题却自信自己技术高超而违章上路,在下一陡坡时汽车突然失控,一路上撞伤了数个行人,并即将冲至坡下广场上做游戏的一群学生,一货车司机乙见状遂用自己的货车撞翻甲驾驶的小面包车,致甲重伤。乙的行

---

[1] 参见张明楷:《刑法学》,法律出版社 2016 年版,第 198 页。
[2] 参见马克昌主编:《犯罪通论》,武汉大学出版社 1999 年版,第 719 页。

为不是紧急避险，因为紧急避险是为了一更大的合法利益而牺牲另一较小的合法利益，是"正"对"正"的关系。而乙是为了制止正在发生的不法侵害，保护他人的人身权利，才撞翻甲的驾驶轿车，是"正"对"不正"的关系，因此属于正当防卫。

不法侵害不限于作为的不法侵害。侵害行为可能是作为，也可能是不作为。因为作为义务的背后代表着其他人利益的存在，如果作为义务人的不作为足以造成其他人的利益损害，并没有理由排除其通过正当防卫来保护权利。但是在不作为的情况，必须是侵害者有作为义务而不作为，才算是不法侵害，也才合乎正当防卫的条件。例如侵入邻居的家里去喂小婴孩喝奶，避免有作为义务的邻居太太把她的小婴孩活活饿死。① 不作为犯能形成侵害的紧迫性，这样就能通过防卫手段加以有效制止。比如，甲为乙之继父，甲带乙去河里游泳，当乙遇到危险时，甲想若乙淹死会省去自己很多麻烦，遂决定不救。乙之母丙见状后，要求甲去救乙，甲拒绝，丙苦于自己不会游泳，情急之下，以刀逼迫甲去救乙，甲仍拒绝，丙用刀劈伤甲，甲无奈被迫下水去救出乙。本案中甲的行为符合不作为故意杀人罪的构成要件，丙的行为就是对不作为犯罪的正当防卫。② 因此，无论是作为犯罪还是不作为犯罪，只要具有侵害的紧迫性，皆可以实行正当防卫。对于不作为犯罪实行正当防卫能起到制止危害发生的作用。通过正当防卫制止不作为犯罪与制止作为犯罪不同，对于作为犯罪，防卫人可以通过自己的防卫行为直接予以制止，而要制止不作为犯罪，除了防卫人的行为外，还需要犯罪人积极地履行应当履行的义务。例如，要制止故意不给婴儿哺乳的母亲的犯罪行为，仅仅对其造成损害并不能防止婴儿被饿死的结果发生，只有母亲在遭受损害以后被迫积极地履行义务，才能避免婴儿被饿死的结果发生。因此，正当防卫并非不能制止不作为犯罪。总而言之，只要对不作为的不法侵害人实行正当防卫可迫使其履行作为义务，防止危害结果的发生，则不论是受害者本人还是其他人都可以正当防卫。

3. 现实性

现实性是指不法侵害行为必须是客观真实存在，而不是行为人所臆想或推测的。客观上并无不法侵害，但行为人误认为存在不法侵害，因而进行所谓防卫，造成他人损害的，属于假想防卫。假想防卫具有三个基本特征：其一，实际上并不存在不法侵害，行为人因种种原因误认为不法侵害存在，这是一种对事实的认识错误。假想不法侵害的存在，是假想防卫的前提条件，其假想不法侵害的内容有两种情况：一是客观上并没有侵害行为的存在，假想防卫人对于

---

① 参见黄荣坚：《基础刑法学》（上），中国人民大学出版社2009年版，第148页。
② 参见赵秉志主编：《中国刑法案例与学理研究》（总则篇下），法律出版社2001年版，第248页。

侵害事实的有无,存在认识上的错误,误认为有侵害行为存在,因而采取了防卫行为,造成他人损害。二是误把合法行为当成不法侵害而实施防卫行为。如对他人的正当防卫及其他排除社会危害的行为,误认为是正在进行的不法侵害,因而采取防卫行为。其二,行为人主观上须具有防卫意图。防卫意图不仅是正当防卫成立的要件,也是假想防卫成立的要件。其三,假想防卫人实施了所谓防卫行为。如果假想防卫人并未实施防卫行为,也不构成假想防卫。假想防卫不是正当防卫,如果行为人主观上存在过失,应以过失犯罪论处。如果行为人主观上没有罪过,其危害结果是由不能预见的原因引起的,那就是意外事件,行为人不负刑事责任。

(二) 防卫时间

防卫时间是指正当防卫的时间限制,即正当防卫必须在不法侵害行为正在进行的过程中实施。所谓"不法侵害行为正在进行",是指不法侵害已经开始且尚未结束。不法侵害已经开始,才使法益处于紧迫的危险之中,才使防卫行为成为保护法益的必要手段。不法侵害尚未开始,尚未危及法益,没有必要实施防卫行为;不法侵害已经结束,行为人可寻求其他法律救济,防卫行为毫无意义。

关于不法侵害的开始时间,刑法学界有进入侵害现场说、着手说、直接面临说与综合说。[1]

本书认为,确定不法侵害的开始时间应考虑以下两个因素。一个因素是有利于实现刑法设立正当防卫制度的目的。从这一点考虑,不法侵害开始的时间不宜靠后,否则不利于保护受到不法侵害威胁的法益。另一个因素是防止借正当防卫损害无辜者的权益。从这一点考虑,不法侵害开始的时间也不宜太靠前,否则将导致防卫权的滥用。因此,不法侵害的开始是指侵害行为已经到达防卫者最后有效的防卫时间点,即如果超过这一时间点,防卫者无法达到防卫的目的,或者开始必须承担风险,或是必须付出额外的代价。德国有所谓的有效理论,认为即将错过最后或最可靠的防卫机会之时,就可以说侵害行为已经是现在的侵害。[2]

关于不法侵害的结束时间,刑法学界也有不同的观点。有人持"结果形成说",认为危害结果实际形成的时间是不法侵害结束的时间。[3] 有人持"危害制止说",认为不法侵害被制止之时,就是不法侵害结束之时。[4] 有人持"逃离现场说",认为侵害人如果尚未离开现场,则不法侵害行为仍然属于正在进行的状

---

[1] 参见赵秉志主编:《刑法争议问题研究》(上卷),河南人民出版社 1996 年版,第 525 页以下。
[2] 参见黄荣坚:《基础刑法学》(上),中国人民大学出版社 2009 年版,第 151 页。
[3] 参见高格:《正当防卫与紧急避险》,福建人民出版社 1985 年版,第 29 页。
[4] 参见周国钧等:《正当防卫的理论与实践》,中国政法大学出版社 1988 年版,第 62 页。

态,只有侵害人离开现场之后才能认为不法侵害已经结束。① 有人持"排除危险说",认为只要不法侵害的危险排除,就意味着不法侵害时间的结束。② 有人持"折衷说",认为不法侵害不可能也不应该有一个统一的结束标志,对于不法侵害的结束时间,应该具体情况具体分析,有以下情况之一的,可以认为不法侵害已经结束,不得再进行防卫:(1)侵害者自动中止了不法侵害;(2)侵害者已经被制服或者已经丧失了继续侵害的能力;(3)不法侵害已经既遂;(4)不法侵害人离开侵害现场。③

本书认为,把排除危险作为不法侵害行为结束的标志,符合我国关于正当防卫的立法精神。因为我国刑法规定,正当防卫是排除社会危害性的行为,不法侵害的结束应以不法侵害行为的危险是否排除为标准。不法侵害行为的危险一旦排除,所谓的"不法侵害"则成为无法挽救的侵害。法律之所以容许被侵害者对于侵害者的利益发起攻击行为,主要原因在于,这样的行为可以保护被侵害者的利益。既然侵害结果已经造成,那么所谓防卫行为已经没有意义了。例如,甲开枪击伤乙,乙将甲枪夺下击毙甲,或是乙已被甲枪伤后,因气愤难平,持铁锹殴打甲,这是一种报复行为,都不得主张正当防卫,除非不法侵害行为的危险还继续存在。

不法侵害行为已经结束主要有以下几种情形:不法侵害行为已经实施完毕,侵害的结果已经造成;侵害者已被制服或已失去继续侵害的能力,不法侵害在客观上或事实上已经不可能再继续进行;不法侵害行为确已自动中止。不过在财产性违法犯罪情况下,不法侵害行为虽然已经实施完毕,危害结果已经发生,犯罪已是既遂,但如果采用正当防卫的手段能够及时挽回损失的,应该认为不法侵害尚未结束,可以实行正当防卫。

需要讨论的是,预先安装防范性措施防卫将来可能发生的不法侵害的,是否属于正当防卫?应该说,预先安装防范性措施不能成立正当防卫。因为这种行为与正当防卫是有明显区别的:一是在正当防卫的情况下,防卫人的反击行为与不法侵害行为在时间关系上趋于同步或者前者晚于后者;而预先安装防范性措施的行为是为了预防未来发生的侵害而先于不法侵害行为实施的。二是从防范的对象上来看,在正当防卫的场合,防卫人的行为对象是特定的,即只能是不法侵害人;而在预先设置防范措施的场合,防范的对象是不特定的,在有的情况下,其行为是针对不法侵害人发生作用的,而在有的情况下,则损害了无辜者的合法权益。三是从起作用的时间上看,在正当防卫的场合,防卫行为制止不法侵害的

---

① 高铭暄主编:《新中国刑法学研究综述》,河南人民出版社1986年版,第297页。
② 参见陈兴良:《刑法适用总论》(上卷),中国人民大学出版社2017年版,第301—302页。
③ 参见姜伟:《正当防卫》,法律出版社1988年版,第71—74页。

效果是在防卫行为实施当时产生的;而在预先设置防范措施的场合,防范措施的效果是在设置防范性措施后某个时间才产生作用的。当然为了防卫自己的合法权益免遭不法侵害预先设置防范措施,只要其防范措施对不法侵害者所造成的损害与其所要保护的合法权益之间不明显失衡,就应当允许。对于预先设置违反法律或者公共生活准则并且具有危害公共安全性质的防范性措施的,如私拉电网或在即将成熟的瓜果上喷洒剧毒农药等行为一旦发生严重后果,就构成犯罪,应承担刑事责任。

不法侵害行为尚未开始或已经结束的情况下对侵害者进行攻击,刑法理论上称之为"防卫不适时"。防卫不适时有两种情形:一是事前加害,二是事后加害。防卫不适时不属于正当防卫,构成犯罪的要追究刑事责任。

(三)防卫意图

根据我国《刑法》第20条的规定,公民必须是"为了使国家、公共利益、本人或者他人的人身、财产和其他权利免受正在进行的不法侵害",才能实行正当防卫。由此可见,行为人的防卫行为须具备防卫意图。所谓防卫意图,是指防卫人对正在进行的不法侵害有明确认识,并希望以防卫手段制止不法侵害,保护合法权益的心理状态。它包括防卫认识和防卫意志。防卫认识,是指防卫人认识到不法侵害正在进行;防卫意志,是指防卫人出于保护国家、公共利益、本人或他人的人身、财产和其他权利免受正在进行的不法侵害的目的。

防卫意图对于正当防卫的成立具有重要意义,不具有防卫意图的行为不属于正当防卫,如防卫挑拨、相互斗殴和偶然防卫。

所谓防卫挑拨,是指行为人为了侵害对方,故意挑逗对方实施不法侵害,然后借口"防卫"加害对方的行为。这种行为应成立故意犯罪,因为客观上行为人的行为引起了对方的攻击行为,后来又造成了法益侵害事实,主观上行为人具有犯罪故意。防卫挑拨是出于加害对方的目的而借正当防卫之名行不法侵害之实,其行为不符合正当防卫的主观要件,因此不能认定为正当防卫。

所谓相互斗殴,是指双方以侵害对方身体的意图进行攻击的行为。相互斗殴双方都不是正当防卫。在相互斗殴中,斗殴双方都具有伤害对方的故意,双方都实施积极的侵害行为,根本就不存在正当防卫的前提条件和合法目的,所以,一般地说,斗殴双方的任何一方都不能主张正当防卫的权利。但是在下列情形下可主张正当防卫:其一,如果在斗殴过程中,互殴的一方已经放弃斗殴并向另一方求饶或逃走,就应当认为前者已经终止了自己的侵害行为。如果在这种情况下,另一方仍穷追不舍,并加大侵害力度,这时因情况已经发生了变化,退出的一方有权实行正当防卫。其二,在斗殴过程中一方突然使用杀伤性很强的工具致对方生命于危险之中时,后者可主张正当防卫。

所谓偶然防卫,是指故意或过失侵害他人法益的行为,符合了正当防卫客观条件的情况。如某甲因与某乙有仇,决定杀害某乙,遂持枪寻至某乙家中。当时某乙因与妻子发生争吵,一时火起,正在扼杀其妻。某甲并未发现这一点,而从背后一枪将某乙击毙,乙妻因而得救。某甲的行为就属于偶然防卫。对于偶然防卫应如何处理,理论上存在两种不同的观点。一是有罪说。我国刑法学界通说认为,偶然防卫不成立正当防卫,应按故意犯罪处理。从客观上说,偶然防卫虽然符合正当防卫的条件,但是行为是出于犯罪的故意实施的,根本不具备正当防卫的主观条件,因而不是正当防卫,而是故意犯罪。① 其中有学者认为应该成立未遂犯罪②。按照通说,前述案例中,某甲击毙某乙的行为虽然在客观上起到了使某乙之妻免遭杀害的防卫效果,但是某甲在实施其行为时并没有认识到某乙正在杀害其妻,实施行为的目的也不是为了保护乙妻的生命,因而不具备防卫的认识和意志,不符合正当防卫的主观要件,不构成正当防卫。相反,他是因与某乙有仇,在报复心理支配下而故意实施了枪杀某乙的行为,并致某乙死亡,其行为完全符合故意杀人罪的构成要件,但其行为制止了某乙的杀人行为,客观上起到了防卫的效果,对其应按故意杀人罪论处。二是无罪说。有学者坚持结果无价值论,主张偶然防卫行为不成立犯罪。认为原因在于虽然行为人主观上具有犯罪故意,但其客观行为没有侵犯刑法所保护的法益,相反刑法还允许以造成损害的方式保护另一法益。概言之,偶然防卫行为缺乏法益侵害性(类似于不可罚的不能犯)。③ "客观上看,该行为并没有产生客观的社会危害性。从犯罪是客观危害和主观罪过的统一,二者缺一不可的角度来看,由于偶然防卫不具有客观的危害结果,达不到成立犯罪的要求,因此,难说构成刑法中的所规定的具体犯罪。"④按照无罪说,在前述案例中,在甲开枪射击的情况下,无辜的丙不被杀害,正在故意杀人的乙遭受枪击,甲无罪。应该说有罪说较为妥当。从中外刑法规定来看,一般都规定有"为了排除……"或"为了保护……"这种防卫意图作为正当防卫的成立条件,因此认为正当防卫的成立不需要具备主观条件,显然与立法旨意相悖。行为人具有防卫意图,才具备成立正当防卫的可能性,毕竟正当防卫权的设立旨意即赋予公民个人的一种避免合法权益遭受侵害所能采取的私力救济,这种私力救济如果不是出于防卫的意图,就很难说符合立法旨意,自然不能视为正当防卫。

(四)防卫对象

防卫对象是解决防卫人应当对什么人实施反击的问题。由于不法侵害是通

---

① 参见高铭暄主编:《新编刑法学》,中国人民大学出版社1999年版,第282页;马克昌主编:《犯罪通论》,武汉大学出版社1999年版,第749页,等等。
② 冯军、肖中华主编:《刑法总论》,中国人民大学出版社2011年版,第267页。
③ 张明楷:《刑法学》,法律出版社2016年版,第208页。
④ 黎宏:《刑法学》,法律出版社2012年版,第139页。

过人的身体外部动作进行的,制止不法侵害就是要剥夺不法侵害人的侵害能力。因此,防卫行为只能损害不法侵害者本人的利益,不能损害与不法侵害无关的第三者的利益。否则,制止不法侵害、保护合法权益的防卫目的就无从谈起。

我国刑法规定,不满14周岁的人不负刑事责任;已满14周岁不满16周岁的人除实施少数几种特定犯罪行为外,不负刑事责任;因患精神病不具备辨认能力或控制能力的人不负刑事责任。对于无刑事责任能力的人,能否实行正当防卫?理论界意见不一。否定者认为,不法侵害人除其行为在客观上危害社会、违反法律外,还必须具备责任能力和主观罪过。换言之,精神病人和未成年人的侵害行为不属于不法侵害,对其一般不能进行正当防卫。肯定者认为,不法侵害中的不法不包括行为人主观方面及其责任能力的内容,只要行为人的行为对法律所保护的权益有现实的危害性,就属于不法侵害,防卫人就有权对其进行正当防卫。也就是说无刑事责任能力人的不法侵害与有刑事责任能力人的不法侵害并无本质区别,都可以对其进行正当防卫。

本书认为,无刑事责任能力人的行为如果侵害了受法律保护的权益,就同样具有违法性。首先,刑法关于刑事责任能力人的规定是其不负刑事责任的根据,而不是排除其侵害行为违法性的准绳,《刑法》第17条第4款和第18条第1款都体现了对无刑事责任能力人侵害行为的否定评价,从而确定了其行为的违法性。其次,无刑事责任能力人的侵害行为同样具有社会危害性。法律之所以规定这些人对自己的犯罪行为不负刑事责任,是因为这些人不具有刑事责任能力或者没有达到法定的刑事责任年龄。他们实施侵害行为时,因其不具备犯罪成立的构成要件而不承担刑事责任,但是不能无视其行为具有社会危害性。因此,只要客观上对公共利益或他人的合法权益造成严重侵害,就可以对其实行正当防卫,而无须考虑其是否具有刑事责任能力。最后,从实践的角度考察,正当防卫是防卫人在合法权益面临正在进行的不法侵害的紧急状态下实施的,行为人不可能有条件去查明不法侵害人是否具有刑事责任能力再决定是否对其进行反击。如果要防卫人在面临急迫的正在进行的不法侵害的紧急状态下,先要查明侵害人的刑事责任能力,然后再决定是否实行防卫,这对防卫人实在是过于苛求,无疑限制了公民的正当防卫权,违背了正当防卫的立法本意。对无刑事责任能力人的侵害行为可以实行正当防卫。当然,基于人道主义考虑,如果防卫人明知不法侵害人是无刑事责任能力人,在实行正当防卫时一般出于迫不得已,而且在防卫的强度上应有所控制。

对动物的侵袭是否可以实施反击,反击动物侵袭的行为属于什么性质?对此刑法学界存有争议。本书认为,对动物的侵袭要作具体分析,不能一概而论。动物的侵袭主要有以下两种情形:其一,来自动物的自发侵袭。在动物基于非人为性因素侵袭他人而被打死打伤的情况下,难以谓之"人的不法侵害行为",正当防卫无从谈起,对动物的反击应视为紧急避险。其二,来自人所驱使的动物侵袭。从形式上看,这种反击行为所作用的对象是动物;但从实质上看,动物是人实行不法侵害的工具,故动物的侵袭行为,实际上属于人的行为,为了自卫杀伤动物就如同毁坏不法侵害人的其他攻击工具,此时的正当防卫是对侵害的支配者所作的防卫行为。

(五) 防卫限度

防卫限度,是指正当防卫不能明显超过必要限度且对不法侵害人造成重大损害。防卫限度是防卫行为允许对不法侵害者造成损害的上限要求。它是正当防卫成立的关键,决定着防卫行为是一种正当防卫行为还是应当负刑事责任的犯罪行为。我国《刑法》第 20 条第 2 款规定:"正当防卫明显超过必要限度造成重大损害的,应当负刑事责任,但是应当减轻或者免除处罚"。

如何理解正当防卫的必要限度？我国刑法并未规定具体的判断标准,刑法理论对此提出了不同的学说。基本相适应说认为,正当防卫的必要限度,是指防卫行为必须与不法侵害行为相适应。相适应不要求两者完全相等,而是指防卫行为所造成的损害从轻重、大小等方面来衡量大体相适应。① 必需说认为防卫是否超过必要限度,应从防卫的实际需要出发,进行全面衡量,应以有效地制止不法侵害的客观实际需要作为防卫的必要限度。只要在客观上有需要,防卫强度就可大于、也可以小于、还可以相当于侵害强度。② 适当说认为,防卫的必要限度,是指防卫人的行为正好足以制止侵害人的不法侵害行为,而没有对不法侵害人造成不应有的危害。③ 该说实际上是对基本相适应说和必需说的折衷与调和。

对正当防卫限度的确定应从刑法规定正当防卫的目的以及防卫权的性质出发进行考察。从刑法设立正当防卫的目的来看,是为了鼓励、支持公民同正在进行的不法侵害作斗争,以保护国家、公共利益、公民的人身和财产等合法权益。因此,为了达到这一目的,就必须允许防卫行为具备这样一个强度,即该强度是制止不法侵害所必需的。否则,防卫行为就难以起到保护合法权益免遭不法侵害的作用,刑事立法确立正当防卫制度的目的就不能达到。但同时,还应看到,法律在设立正当防卫制度的同时,也反对防卫权的滥用,要求防卫行为不能超过一定的限度,不能造成不应有的重大损害,否则,防卫行为不但不能获得法秩序上的正当性,相反,还有可能成为非法的防卫过当行为。因此,在防卫行为的强度上,既不能允许其明显超过侵害行为的强度,也不能允许为了保护微小的利益

---

① 参见杨春洗等:《刑法总论》,北京大学出版社 1981 年版,第 174 页。
② 参见曾宪信、江任天、朱继良:《犯罪构成论》,武汉大学出版社 1988 年版,第 133 页。
③ 参见高铭暄主编:《新编中国刑法学》(上册),中国人民大学出版社 1998 年版,第 283 页。

而损害重大的利益。从我国刑法规定上来看,可以说很好地体现了适当说的主张。第20条第2款中的"必要限度",应当理解为制止不法侵害、保护合法权益所必需的限度。这一款中的"明显"修饰的是"超过必要限度"一词,所谓"明显超过必要限度",实际上是指明显超过防卫的客观需要,即从所保护的合法权益的性质、不法侵害的强度以及不法侵害的缓急上来看,这种反击行为显然是不必要的;同时,这一款中的"造成重大损害"不是一个绝对的量,而是通过不法侵害行为可能造成的损害与防卫人实际造成的损害进行比较以后得出的一个相对的量,即防卫行为所造成的损害与不法侵害行为可能造成的损害之间明显失衡。综上所述,我们认为"适当说"较为合理,而"基本相适应说"忽视了正当防卫的主观动机与目的,"必需说"则过于空泛,难以作出具体判断。

三、防卫过当及其例外

(一) 防卫过当

1. 防卫过当的概念

所谓防卫过当,是指防卫行为明显超过必要限度造成不法侵害人重大损害的应当负刑事责任的犯罪行为。防卫过当是防卫行为在量变的过程中超过了必要限度而引起的质变,它已经不再为制止正在进行的不法侵害所必需,而转化为一种犯罪行为。由于防卫过当不符合正当防卫的限度条件,超过了必要限度而造成了不应有的危害,客观上具有危害社会的特征,主观方面也存在罪过,因而才构成了犯罪。但防卫过当具有不同于一般犯罪的特征:

其一,前提的正当性,即防卫过当的前提是有不法侵害的存在,并且不法侵害正在进行,故防卫过当的前提具有正当性。

其二,行为的二重性,即防卫性与犯罪性并存。行为的防卫性,即防卫过当主观方面仍有防卫意图,即有防卫的动机和目的。行为的犯罪性,即明知过当结果有可能发生而放任其发生;或应当预见过当结果可能发生,因疏忽大意而没有预见,或者已经预见而轻信能够避免,以致发生过当结果,因而构成故意或过失犯罪。

其三,行为与结果的过当性,即过当行为发生了过当的结果。

2. 防卫过当的罪过形式

在防卫过当的场合,防卫人对于过当的结果是具有罪过心理的。然而,防卫过当的罪过形式究竟是什么,在我国刑法学界存在着不同的认识,主要有以下几种观点:故意与过失说认为,防卫过当既可以是过失,也可以是故意(包括直接故意与间接故意);在防卫强度违反了自我约束性造成过当时,可以是过失与间接故意;在防卫行为违反了随时随地终止性的情况下,就是直接故意。① 间接故意和过失并存说认为、防卫过当的罪过形式不可能是直接故意,但可能是过失(包括疏忽大意的过失和过于自信的过失)和间接故意。此为刑法学界的通说。② 间接故意说认为,我国《刑法》第 20 条第 2 款规定中的"明显"的意思是"清楚地显露出来,容易让人看出或感觉到"。这说明,对于超过必要限度造成重大损害来说,不仅司法人员和其他人在事后能清楚地认识到,而且防卫人也能清楚地看出并感觉到其行为超出了正当防卫的限度条件。对于这种情况虽然有认识,但是仍然在这种认识因素的作用下实施其过当防卫行为,这种主观心理态度就是间接故意。③ 疏忽大意的过失说认为,防卫过当的罪过形式只能是疏忽大意的过失,故意和过于自信的过失不能成为防卫过当的罪过形式。④

本书主张间接故意和过失并存说。防卫过当的罪过形式不可能是直接故意。如果防卫过当可能由直接故意引起,那就等于否定了防卫过当具有正当防卫的前提,而且还必须承认其主观上具有犯罪的目的和动机。显然,正当防卫的目的和动机不可能与犯罪的目的和动机同时共存于同一个人的头脑之中,因为它们是互相对立和排斥的。

防卫过当的罪过形式,在大多数情况下是疏忽大意的过失。所谓防卫过当的疏忽大意的过失,是指防卫人在实行正当防卫过程中,应当预见自己的行为可能超过正当防卫的必要限度造成不应有的危害,因为疏忽大意而没有预见,以致发生了重大损害。由于正当防卫是对正在进行的不法侵害的一种即时反应,防卫人出于紧迫性,往往难以从容地选择适当手段和控制其防卫强度,无法准确预见可能造成后果的程度。而这种情况又是由于不法侵害人所造成的,因此在确定其是否应当预见时,应当和其他过失犯罪有所区别。如果根据上述主观和客观的情况,防卫人能够预见自己的行为可能超过正当防卫必要限度造成不应有的危害,那就是应当预见。如果防卫人没有预见,也不可能预见,那就是意外事件。总之,在疏忽大意过失的情况下,防卫人在客观上已经具备了认识自己的行为可能超过正当防卫必要限度造成不应有的损害的充分条件,但由于防卫人法制观念淡薄,竟然因疏忽大意而未能预见,导致造成重大损害,因此应当负刑事责任。

防卫过当的罪过形式在极个别情况下可能是过于自信的过失。所谓防卫过当的过于自信的过失,是指防卫人已经预见到自己的行为可能明显超过正当防卫必要限度造成重大损害,因为轻信能够避免而导致其行为明显超过必要限度

---

① 参见金凯:《试论正当防卫与防卫过当的界限》,载《法学研究》1981 年第 1 期。
② 参见高铭暄、马克昌主编:《刑法学(上编)》,中国法制出版社 1999 年版,第 243 页。
③ 参见王政勋:《正当行为论》,法律出版社 2000 年版,第 195 页。
④ 参见利子平:《防卫过当罪过形式探讨》,载《法学评论》1984 年第 2 期。

造成重大损害。如果防卫人与不法侵害人之间的力量对比悬殊，在防卫人可以从容地实施其防卫行为的个别情况下，就可能构成过于自信过失的防卫过当。

防卫过当的罪过形式还可以是间接故意。所谓防卫过当的间接故意，是指防卫人在实行正当防卫的过程中，明知自己的行为会超过必要限度造成不应有的危害而放任不应有的危害的发生。间接故意的内容包括认识因素和意志因素。认识因素是指明知自己的行为会超过必要限度造成不应有的危害，这在防卫过当中是完全可能的。意志因素是指防卫人对自己的行为可能会超过必要限度造成不应有的危害，持一种放任的心理态度。这种心理态度，在防卫过当中也是完全可能发生的。因为防卫人是出于正当防卫的目的和动机，是反击不法侵害。因此，防卫人主观上可能会有"反正是对方先动手，自己就是过分一点也没关系"的思想。这完全符合间接故意的特征，对其以间接故意犯罪论处是应该的。

3. 防卫过当的刑事责任

防卫过当的刑事责任包括两方面的内容：一是防卫过当的定罪；一是防卫过当的量刑。

防卫过当本身不是罪名，不能定为防卫过当罪。我国刑法规定防卫过当只能援引《刑法》第20条第2款的规定和刑法分则的有关规定来确定罪名。根据司法实践，防卫过当行为涉及的罪名主要有故意杀人罪、故意伤害罪、过失致人死亡罪、过失致人重伤罪和故意毁坏财物罪等等。根据我国《刑法》第20条第2款的规定，防卫过当不仅应当负刑事责任，且应当从宽处理。对防卫过当是决定减轻处罚还是决定免除处罚，需要考虑以下因素：

第一，过当程度。一般来说，防卫过当结果严重，则刑事责任也重，处罚也应当与此相适应；反之，过当结果不十分严重，则刑事责任也不十分严重，处罚也应相应较轻。

第二，防卫的动机。对防卫国家、公共利益及他人的利益的防卫过当行为，则应当尽可能地免除处罚或减轻处罚，幅度尽可能大一些。因为这类防卫行为具有见义勇为的性质，应在量刑上作为酌定情节予以考虑。

第三，罪过形式。不同的罪过形式体现了防卫人对于超过正当防卫限度条件造成重大损害的不同心理状态。因此，在防卫过当程度相同的情况下，防卫过当的罪过形式不同，其处罚也应该有所不同，这是罪责刑相适应原则的要求。

第四，权益的性质。在对防卫过当行为人量刑时，还应当考虑防卫行为所保护的合法权益的性质。一般而言，所保护的合法权益的性质越重要，其过当行为的社会危害性也越小，相应地，其刑事责任程度也越低。否则，其过当行为和社会危害性也越大，相应地，其刑事责任程度也越高。因此，在对防卫过当行为人量刑时，不能不考虑所保护的合法权益的性质。

(二) 防卫过当的例外——特殊防卫

我国《刑法》第20条第3款规定:"对正在行凶、杀人、抢劫、强奸、绑架以及其他严重危及人身安全的暴力犯罪,采取防卫行为,造成不法侵害人伤亡的,不属于防卫过当,不负刑事责任。"对该规定有学者称之为无过当防卫权或绝对防卫权。其实"无过当"也好,"绝对"也好,都是相对而言的,即必须符合法律规定的条件,才能成立正当防卫。本书认为,用"特殊防卫"的表述更为恰当、准确一些。按照这一规定,只要是对正在行凶、杀人、抢劫、强奸、绑架以及其他严重危及人身安全的暴力犯罪,任何公民都可以采取防卫行为,由此造成不法侵害人伤亡,不存在防卫过当的问题,不负刑事责任。这项规定是对正当防卫基本条件尤其是必要限度条件的特别提示性规定。特殊防卫的成立,依然应当依据正当防卫成立的基本条件,并结合特殊防卫的附加条件予以综合判定。这意味着特殊防卫权的行使,实际上仍然是有严格的法律限制的,而并非可以不加任何限制地滥用,在具体理解时,应注意下面几个问题:

第一,必须是针对正在进行中的暴力犯罪。"正在进行"是对特殊防卫权在时间上的限制,如果犯罪行为已经结束或犯罪分子已被制服,也没有进一步侵害的意图,都不能实行防卫行为。

第二,必须是针对有特定范围限制的暴力犯罪。我国《刑法》明确限定"暴力犯罪"的范围是"严重危及人身安全",即"行凶、杀人、抢劫、强奸、绑架以及其他严重危及人身安全的"暴力犯罪。

第三节 紧急避险

一、紧急避险的概念

我国《刑法》第21条规定:"为了使国家、公共利益、本人或者他人的人身、财产和其他权利免受正在发生的危险,不得已采取的紧急避险行为,造成损害的,不负刑事责任。"据此,紧急避险是指为了使国家、公共利益、本人或者他人的人身、财产和其他权利免受正在发生的危险,不得已而采取的损害另一较小合法权益的行为。

紧急避险与正当防卫一样,也是我国刑法明文规定的阻却犯罪性的行为之一。在现代各国刑法中,普遍对紧急避险作出了明确的规定。但对于紧急避险的本质和特点,不同的刑法理论有着不同的解释。自然法学派认为,紧急避险是自然法赋予的权利,人为法不能剥夺,只能放任。因此,对紧急避险不处罚。功利主义法学派认为,紧急避险是冲突法益不能两全时的客观上不得已措施,不存在谴责行为人的根据,不应处罚。自由意志论者认为,面对突如其来的危险,行为人往往丧失意志自由，其行为与无责任能力人行为性质相同。①

本书认为，紧急避险的本质应当是二元的，即无犯罪的社会危害性和无期待可能性。所谓无犯罪的社会危害性，是指紧急避险之所以不是犯罪，客观上是因为紧急避险是在两个合法权益相冲突又只能保全其一的紧急情况下，保护较大合法权益，从整体上看是对社会是有益的行为；主观上避险行为人认识到避险行为整体上给社会带来的利益以及法律规范的肯定性评价，因而不具有危害社会的主观罪过。所谓无期待可能性，是指为了使本人或本人具有法定保护义务的人避险生命或者身体受到严重威胁，即使行为人的避险行为损害的利益与保护的利益相当，也不能受到苛责，不能因此承担刑事责任。

二、紧急避险的条件

紧急避险是采用损害一种合法权益的方法以保全另一种合法权益，所以，只有在一定的条件下，它才是合法的，才能阻却犯罪性。

（一）避险起因

只有合法权益受到损害危险时，才能实施紧急避险。所谓危险，是指某种有可能立即对国家、公共利益、本人或他人的人身、财产或其他权利造成危害的紧迫事实状态。危险的来源主要有：大自然的自发力量造成的危险，如地震、水灾、台风等；动物的侵袭造成的危险，如恶犬咬人、猛兽的追赶等；疾病、饥饿等生理机能造成的危险；人的违法犯罪行为造成的危险，但不是对所有的违法犯罪行为都可以实行紧急避险，只有对那些足以构成对合法权益比较严重威胁的违法犯罪行为，才可以实行紧急避险。

危险都必须是真实存在的。如果事实上并不存在危险，但行为人误认为有危险发生，因而对第三者合法权益造成损害的，理论上称为"假想避险"。假想避险不是紧急避险，应根据处理事实认识错误的原则决定是否应负刑事责任。

（二）避险时间

紧急避险所避免的危险必须是正在发生或者迫在眉睫，对合法权益形成了紧迫的、直接的威胁，而不是尚未开始或者已经结束。行为人在危险尚未开始或者危险已经结束的情况下实施所谓的避险，刑法理论上称之为避险不适时。如在海上航行的轮船，在大浪已经过去，不存在对航行威胁的情况下，船长仍下令将部分货物抛入大海，船长的行为就是避险不适时。对于避险不适时造成重大损害的，应当根据案件的具体情况，追究行为人的刑事责任或者违法责任。

（三）避险意图

所谓避险意图，是指行为人对于现实存在的危险以及避险行为的心理态度。

---

① 参见高铭暄、马克昌主编：《刑法学》，北京大学出版社、高等教育出版社2011年版，第136页。

包括避险认识和避险目的两个方面：

(1) 避险认识，是指行为人对正在发生的危险以及避险行为的认识。即认识到现实存在着正在发生的危险，而且认识到排除这一危险的唯一选择是实施紧急避险行为。由于行为时的紧急性，不应要求避险人对于避险行为的具体手段、强度和后果有明确的认识。

(2) 避险目的，是指行为人出于避免国家、公共利益、本人或他人的生命、身体、自由、财产或其他合法权利遭受正在发生的危险的正当目的。

(四) 避险对象

紧急避险针对的是第三者的合法权益。紧急避险是通过损害一个较小的合法权益来保护另一较大的合法权益，因而，紧急避险行为所指向的对象不是危险源而是第三者的合法权益。它只能针对第三者的合法权益来实施。如果行为人为了排除遭受不法侵害的危险而损害不法侵害者的人身权利或财产权利，其行为就不是紧急避险，而是正当防卫。并非任何第三者的合法权益，都可以作为紧急避险的对象。作为紧急避险所侵害的第三者的合法权益必须比所保全的合法权益次要。损害第三者的合法权益，主要指财产权益、住宅不可侵犯权等，一般情况下，不允许用损害他人生命或健康的方法来保护另一合法权益。

(五) 避险限度

紧急避险的限度条件是指紧急避险行为不能超过必要限度造成不应有的损害。换言之，紧急避险的必要限度就是要求避险行为所引起的损害应小于所避免的损害，二者不能相等，更不能允许大于所要避免的损害。这是因为，紧急避险所要保护的权益与所损害的权益都是合法的权益，在两个合法权益发生冲突的情况下，只能是"两利相权取其重，两害相权取其轻"，"舍小保大"，只有牺牲较小的权益来保护较大的权益，才符合紧急避险的目的。

如何衡量利益的大小，没有一个统一的标准，在司法实践中通常认为：人身权利大于财产权益，不允许为保护财产权益而给第三者的人身造成伤害。在人身权利中，生命权又是最高的权利，不允许为保全个人的生命、健康而去牺牲他人的生命。在财产权益中，应当对财产的价值进行比较。

(六) 避险限制

紧急避险是通过损害一个合法权益而保全另一合法权益，因此其不是在任何条件下对任何人都适用的阻却犯罪性的行为，只有在不得已、没有其他方法可以避免危险时，才允许实行紧急避险。如果并非是出于迫不得已，还有其他的方法可以避免危险，就不能实行紧急避险。

(七) 避险禁止

根据我国《刑法》第 21 条第 3 款的规定，关于避免本人危险的规定，不适用于职务上、业务上负有特定责任的人。职务上、业务上负有特定责任的人具有专门的专业知识和技能,同时特定的法律上的义务也要求他们面临其特定的职务或业务上的危险时忍让承受,一般情况下,不能适用紧急避险的规定逃避危险。对他们来说,在危险发生时,要履行自己特定的职责,积极参与消除危险或抢救的工作中去,不能以紧急避险为由而临阵脱逃,否则,将会给社会带来重大的损害,应当承担法律责任。如消防队员有救火的责任,他不能以怕火烧伤为由,逃避这种义务的履行。但是,在不避险就会造成无谓损失以及客观上无力排除危险的情况下,职务上和业务上负有特定责任的人也可以实施相应的避险措施。

三、避险过当

我国《刑法》第21条第2款规定:"紧急避险超过必要限度造成不应有的损害的,应当负刑事责任,但是应当减轻或者免除处罚。"据此,避险过当,是指避险行为超过必要限度造成不应有的损害的行为。如果行为人实际损害的合法权益与所保护的合法权益相等或大于所要保护的合法权益,紧急避险就失去了意义,也有悖于立法意图。所以,对于避险过当行为,刑法规定行为人要负刑事责任。

避险过当具备避险性与过当性的双重属性。构成避险过当,必须具有主客观两方面的条件:一方面,行为人在主观上对避险过当行为具有罪过。避险过当的罪过形式,一般情况下是疏忽大意的过失,即行为人应当预见到自己的避险行为所损害的权益可能等于或者大于所保护的权益,因为疏忽大意而没有预见,以致超过必要限度造成了不应有的损害。少数情况下,也可能是间接故意或过于自信的过失。另一方面,行为人在客观上实施了超过必要限度的避险行为,造成了合法权益不应有的损害。避险行为所损害的合法权益大于或等于所保全的合法权益时,该行为就超过了必要限度,属于过当行为。

避险过当不是独立的罪名,故不能定"避险过当罪",也不能定"避险过当致人死亡罪""避险过当致人重伤罪"等罪名。对避险过当的定罪,应当在确定其罪过形式的基础上,以其所触犯的刑法分则的有关条文定罪量刑。根据法律规定,对避险过当应当减轻或者免除处罚。

四、紧急避险和正当防卫的异同

正当防卫和紧急避险都是为了保护国家、公共利益和本人或他人的合法权益,而给他人的某种权利或者利益造成一定损害的阻却犯罪性的行为。刑法规定行为人对此均不负刑事责任。但两者终归还是两种不同的行为,它们之间的区别也较为明显:紧急避险是两个合法权益之间的冲突,是"两害相权取其轻",是"正"对"正"的关系;而正当防卫是合法权益与不法侵害之间的对抗,是"正"对"不正"的关系。二者的区别具体表现在:

第一,危害来源不同。正当防卫的危害来源只限于人的不法侵害行为。而紧急避险的危害来源则比较广泛,它除了人的不法侵害行为外,还包括自然的力量、动物的侵袭等。

第二,损害对象不同。正当防卫只能对不法侵害者本人来实行,不能损害没有参与实施不法侵害的其他人的利益。而紧急避险所损害的只能是与危险源无关的第三者的合法利益。

第三,实施条件不同。紧急避险要求行为人必须是在不得已的情况下作为排除危险的唯一方法时才能实施。而正当防卫则无此限制,即使在当时的情况下行为人能够用其他方法来避免危险,也可以实施正当防卫。

第四,限度标准不同。正当防卫所造成的损害,允许等于或大于不法侵害行为所可能造成的损害。而紧急避险所损害的合法利益必须小于所保护的合法权益。

第五,主体限定不同。正当防卫对防卫人一般无特殊要求,只要符合正当防卫的条件都可以实行。而紧急避险则不适用于在职务上、业务上负有特定责任的人为避免本人危险而实施。

第四节 其他阻却犯罪性的行为

一、依照法律的行为

依照法律的行为,也称法令行为,是指基于现行成文法律、法令、法规的规定,作为行使权利或者承担义务所实施的行为。依照法律的行为从形式上看符合或类似于某些犯罪的构成要件,但其目的是为了维护国家和人民的利益,因而不是犯罪行为,是阻却犯罪性的行为。

一般认为,依照法律的行为包括四类行为:一是法律基于政策理由阻却犯罪性的行为,即某类行为本来会侵害法益,但法律基于政策上的考虑,将其中的某种行为规定为合法行为。如发行彩票本来可谓赌博行为,但基于财政政策等理由,有关法律允许特定机构以特定形式发行彩票。这种行为便不成立犯罪。二是法律有意明示了合法性条件的行为,即某类行为本来具有犯罪性,但法律特别规定,符合一定条件时属合法行为。三是职权(职务)行为,即公务人员根据法律行使职务或者履行职责的行为,如司法工作人员逮捕犯罪嫌疑人。四是权利(义务)行为,即在法律规定上作为公民的权利(义务)行为,如一般公民扭送现行犯。

依照法律的行为必须满足以下条件:

第一,行为人的行为必须基于法律的明确规定而实施。刑法设立了一般性的禁止性规范,违反了该种禁止性规范的行为便符合刑法规定的犯罪构成要件,如果没有法律的例外性规定,对其一般应以犯罪处理。依照法律的行为之所以阻却犯罪而成立阻却犯罪性行为,就是因为有法律特别规定的授权性规范作为刑法禁止性规范的限制或补充。所以,没有法律的明确规定作为依据的行为不是依照法律的行为,即使能排除社会危害性也不是因为它是依照法律的行为而排除社会危害性,而可能成立自助行为、自损行为、被害人承诺的行为等。

第二,行为人行为时必须严格遵守法律的规定,不得滥用权利。公民必须以适当的、法律许可的方法、手段行使权利,而不得滥用权利损害国家、社会和他人的合法权益。否则,即使行为是根据法律授权作出的,但因为其在实施行为的过程中超过了法律所允许的必要程度,违反了法律的具体规定,仍不能排除行为的社会危害性,情节严重的,应以犯罪处理。如扭送的过程中出于激愤而对被扭送人痛加折磨、将其毒打致死的,带有侮辱、猥亵情节的,甚至强奸被扭送人的,均不符合法定的扭送行为的方式,对其应以犯罪处理。

第三,行为人在主观上必须具有依法行使权利的意图。作为阻却犯罪性的依照法律的行为会给他人造成损害,因此行为人在主观要件上具有两个层次。第一个层次是希望给对方造成一定的侵害,例如公民行使扭送的权利时希望在一定时间内剥夺、限制被扭送人人身权利的结果发生。这种主观心理类似于刑法规定的有关犯罪的主观罪过心理,但却与罪过有本质的区别。第二层次是希望通过自己损害他人权益的行为来行使法律规定的权利,维护社会公共利益。这一层次的主观心理是依照法律的行为主观上最根本的内容,它决定了第一层次的主观心理不是犯罪所具有罪过心理。

符合以上三个条件的行为成立依照法律的行为,该行为即使给他人造成损害,行为人也不承担刑事责任。

二、执行命令的行为

执行命令的行为,是指国家机关工作人员执行其所属上级发布的命令的行为。如法警奉命执行死刑。虽然执行死刑是剥夺罪犯生命,但由于其是执行命令的行为,故阻却犯罪性。执行命令的行为应该具备以下条件:

第一,执行的命令必须是所属上级国家机关工作人员发布的命令。下级服从上级是国家机关工作人员的天职,这是国家机构正常运转的基本前提。但是,下级所服从的上级只能是自己所属的上级,如警察服从自己所在公安局局长或自己所在业务处处长的命令,下级行政机关服从上级行政机关的命令,等等。如果国家机关工作人员之间不存在上下级隶属关系,其间则不发生命令与服从的关系,有关国家机关工作人员没有必要执行另一方发布的命令。

第二,执行的命令必须没有超越上级国家机关工作人员的职权范围。对于超越其职权范围的命令,下级国家机关工作人员有权拒绝执行。越权无效的原则适用于一切职务行为,同样适用于上级国家机关工作人员下达的命令。命令只有在下达命令者的职权范围内才有效,否则对下级国家机关工作人员不具有约束力。

第三,执行的命令必须以合法的形式和程序发布。国家机关工作人员对上级违反法定形式和程序的命令有权拒绝执行。例如,某中级法院院长口头命令法警对某罪犯执行死刑,该命令不仅超越了职权,也不具有合法的形式和程序,法警有权拒绝执行。

第四,执行命令的人员必须严格依照命令所规定的事项、范围、时间、地点、方法等实施具体行为。执行命令时超越命令所规定的内容的,应由实施行为的人员承担责任。如戒严执勤人员根据上级命令对违反宵禁规定人员的人身进行搜查时,并且对其生理特征等进行了人身检查,又如海关工作人员执行扣押命令时超出命令范围将不该扣押的财产也予以扣押等,均不得阻却行为的犯罪性。

第五,在执行命令的人员主观上必须出于执行命令的目的实施其行为,且不明知该命令本身含有违法犯罪的内容。

三、业务正当行为

业务正当行为,是指虽然没有法律、法令、法规的直接规定,但在社会生活上被认为是正当的业务上的行为。如医生基于治疗的需要给病人截肢的行为。业务正当行为需要具备以下条件:

第一,行为人所从事的业务必须是正当的。业务的正当性,是指行为人所从事的业务是经过有关主管部门许可的或得到社会公众许可的,且行为人具备从事该种业务的实际能力。

第二,所实施的行为必须是业务范围内的行为。只有业务范围内的行为才阻却犯罪性的行为,若超出业务范围则并不阻却犯罪的成立。如药剂师为病人开处方的行为就不属于其业务范围的行为。

第三,行为人执行业务时主观意图正当。业务正当行为必须具有正当目的,缺少了该主观方面的内容,即使行为符合业务正当行为的其他要件,也不能阻却行为的违法性。

第四,从事业务行为不能超过必要限度。业务行为必须按照操作规程和实际需要从事,不能超过必要限度,给社会造成严重损害。行为超过从业许可限度,造成严重后果的,应当承担刑事责任。

四、被害人承诺的行为

被害人承诺的行为,是指在被害人同意下所实施的损害其权益的行为。被害人承诺的行为必须具备以下条件：

第一，被害人对承诺损害的权益具有处分权。如果被害人本人自己都无权对某种权益加以处分，当然不能同意他人损害该种权益。即使法律对被害人本人处分某种权益不加禁止，特定情况下也不能同意他人损害该权益。也就是说，有时法律不禁止被害人本人损害其某种权益，却禁止他人实施损害该权益的行为。如自杀行为不构成犯罪，但行为人得承诺而杀死被害人的行为则成立故意杀人罪，不是阻却犯罪性的行为。

第二，被害人的承诺必须是真实、自愿的。主体决定社会关系的变更、终结时，必须出于其相对的意志自由，换言之，社会关系的变更、终结需出于主体真实的意志。被害人的承诺只有出于其真实、自愿的意志，才能说明其同意行为人损害被害人本人的某种权益。如果承诺并非出于被害人的自愿，并非是其真实的意思表示，据此作出的损害被害人权益的行为便不是阻却犯罪性的行为，行为人应当承担相应的刑事责任。

第三，行为人必须认识到被害人的承诺。如果行为人没有认识到被害人的承诺，他所实施的损害被害人权益的行为就与被害人的承诺之间没有因果关系，其主观上就不具有应被害人承诺而损害对方的意图，而是出于损害被害人权益的意图，这就与犯罪行为的主观要件完全一致，应以犯罪行为论处。

第四，行为人所损害的被害人权益不能超出承诺范围。损害行为只有在被害人承诺的范围之内，才能体现对被害人本人意志自由的尊重，超出承诺范围的损害与未予承诺的损害毫无二致，完全是行为人单方所作出的加害行为。

五、推定的同意

推定的同意，是指现实上没有被害人的承诺，但如果被害人知道事实真相后当然会承诺，在这种情况下，推定被害人的意志所实施的行为，就是推定的同意行为。如医生必须在公路上借助简陋的器械给一名在事故中失去意识的重伤被害人进行紧急手术，这并不符合医事规则，因此可能过失地造成对健康的损害。然而，因为只有这种手术才能挽救被害人的生命，所以，应当从这名被害人推定的同意出发，这样就存在着一种正当化的行为。[①] 推定的同意必须具备以下条件：第一，被害人没有现实的承诺；第二，推定被害人知道真相将承诺，这种推定应以合理的一般人意志为标准，而不是以被害人的实际意志为标准；第三，为了被害人的一部分法益牺牲其另一部分法益，但所牺牲的法益不得大于所保护的

[①] 参见〔德〕克劳斯·罗克辛：《德国刑法学总论——犯罪原理的基础构造》（第1卷），王世洲译，法律出版社2005年版，第737页。

法益;第四,必须针对被害人有处分权限的个人法益实施行为。①

六、义务冲突

义务冲突,是指存在两个以上不相容的义务,为了履行其中的某种义务,而不得已不履行其他义务的情况。例如,律师为了在法庭上维护被告人的法益,不得已泄漏他人的隐私。义务冲突必须具备以下条件:首先,两个以上义务必然冲突。所谓冲突,是指履行一方的义务,必然导致不履行他方义务的事态。其次,行为人不负挑起冲突状况的责任。按照自招危险的情况,因故意或过失而引起冲突者的行为应当解释为违法。最后,必须根据现实情况,履行价高的义务或价值相同一方的义务。②

---

① 参见张明楷:《刑法学》,法律出版社2016年版,第226页。
② 参见[日]木村龟二主编:《刑法学词典》,顾肖荣等译,上海翻译出版公司1991年版,第215—216页。

第十一章 犯罪停止形态

第一节 犯罪停止形态概说

一、犯罪停止形态的概念

故意犯罪的实现一般历经犯罪的决意、计划（谋议）→犯罪的准备（预备）→犯罪的实行的着手→既遂这样一个过程，刑法分则的犯罪类型原则上规定的是既遂类型。如我国《刑法》第232条所谓"故意杀人的"，是指发生了杀人（他人的死亡）这一结果；第264条所谓"盗窃公私财物"，是指已经完成了财物窃取行为。但犯罪并非总能达到既遂，许多犯罪会因为某些主客观原因而在完成以前就停止下来，呈现出不同停止形态。犯罪停止形态，是指故意犯罪在其发展过程中的不同阶段，由于主、客观原因所发生的各种犯罪终局形态，具体包括犯罪预备、犯罪未遂、犯罪中止与犯罪既遂。其中，犯罪既遂一般又称为犯罪的完成形态，与之相对应，犯罪预备、犯罪未遂、犯罪中止则被称为犯罪的未完成形态。

可以从以下三个方面理解犯罪的停止形态。

第一，犯罪停止形态只能出现在故意犯罪过程中。也就是，犯罪过程以开始进行犯罪预备活动为起点，以犯罪彻底完成为终点，在犯罪过程以外出现的某种状态，并非犯罪停止形态。如仅具有犯意本身并不构成犯罪，行为人产生犯意后又打消犯意的，就不属于发生在犯罪过程中，不属于犯罪停止形态；又如，盗窃他人财物并于数日后自动将财物返还给被害人的行为，是犯罪既遂后所实施的行为，不过是量刑情节，而不能将其认定是犯罪停止形态。①

第二，犯罪停止形态是在故意犯罪过程中，由于主、客观原因停止下来而呈现的终局状态。首先，犯罪停止形态具有排他性，对一个故意犯罪而言，犯罪停止形态是择一的而不是多重的。其次，犯罪停止形态不是就犯罪行为的某一部分而言，而是就已经实施的犯罪行为整体而言，是一种案发形态。不能认为在一个人实施的犯罪中一部分是此犯罪形态，而另一部分是彼犯罪形态。例如，甲为杀人实施了预备行为，之后实施了实行行为，经过剧烈搏斗，最终杀死了被害人。不能认为甲成立犯罪预备、犯罪未遂与犯罪既遂，进而认为既遂吸收未遂和预备，只能认为属于犯罪既遂。

---

① 张明楷：《刑法学》，法律出版社2016年版，第330页。

第三，犯罪停止形态只能存在于故意犯罪中。首先，过失犯罪没有犯罪目的，不可能为犯罪实施预备行为；没有法益侵害结果，不可能成立过失犯罪；因而过失犯罪只有犯罪既遂这一种形态。亦即，对于过失犯，只有犯罪成立与否的问题，成立过失犯，就是指犯罪既遂，因而没有必要特意将过失犯称为犯罪既遂。① 其次，对于犯罪停止形态是否可存在于间接故意犯罪中，依然存在争议。传统刑法理论认为故意犯罪形态只能存在于直接故意犯罪中。然而，间接故意与直接故意并无质的区别，没有理由仅处罚直接故意未遂而不处罚间接故意未遂，至于没有发生犯罪结果，就难以认定行为人是否存在放任结果发生的心理态度，这属于证据的认定问题，而不能成为否定间接故意存在犯罪未遂与犯罪中止的理由。② 不过，如果行为人对结果的发生持放任态度，就不会为发生这种结果进行诸如准备工具、制造条件等犯罪准备活动，因而在间接故意犯罪中不可能存在犯罪预备形态，对此不存争议。

尽管刑法一般处罚的是犯罪既遂，但考虑到犯罪的性质或重大程度，有时候刑法也必须介入并处罚既遂之前的阶段，因而值得注意的是，不同于德日刑法在分则中明文规定哪些犯罪需要处罚预备犯与未遂犯，在我国，犯罪预备、犯罪未遂、犯罪中止这三种犯罪停止形态与犯罪既遂一样，都规定在刑法总则中，都属于"犯罪"的停止形态，都成立犯罪③，原则上都可予以处罚。然而，从刑法的价值判断来看，并不意味着要处罚一切故意犯罪的预备犯、未遂犯与中止犯。例如，重婚罪、赌博罪的预备、中止、未遂就不宜认定为犯罪，盗窃罪、诈骗罪的未遂尽管可以认定为犯罪，但显然未必都有处罚的必要。④

二、犯罪阶段与停止形态的关系

故意犯罪既存在形态，也存在阶段。犯罪阶段，是指在犯罪过程中所经过的具有明显的先后次序的若干段落或时期。⑤ 故意犯罪行为是一个过程，由前后相互连接的犯罪预备阶段、犯罪实行阶段以及犯罪实行后阶段组成。犯罪预备阶段，是指诸如准备工具、制造条件而为实际实施犯罪做准备的阶段，起点在于

---

① 张明楷：《刑法学》，法律出版社 2016 年版，第 330 页。
② 同上。
③ 值得注意的是，犯罪停止形态的认定，以成立犯罪为前提，成立犯罪并不等于犯罪既遂。
④ 例如，1997 年 11 月 4 日最高人民法院《关于审理盗窃案件具体应用法律若干问题的解释》第 1 条第 2 项规定："盗窃未遂，情节严重，如以数额巨大的财物或者国家珍贵文物等为盗窃目标的，应当定罪处罚。"这表明司法机关的态度是，并非一切故意犯罪的未遂犯，都需要处罚。由此可见，是否实际处罚某种停止形态，取决于该犯罪的性质。大致可以这样理解：(1) 对于犯罪性质轻微的故意犯罪（如侵犯通信自由罪），只有达到既遂才有必要认定为犯罪，不处罚预备犯、中止犯、未遂犯；(2) 对于犯罪性质一般的故意犯罪（如盗窃罪），仅处罚少数情节特别严重的预备犯、中止犯或者情节严重的未遂犯；(3) 对于犯罪性质严重的故意犯罪（如故意杀人罪），原则上需要处罚所有停止形态。
⑤ 李希慧主编：《刑法总论》，武汉大学出版社 2008 年版，第 294 页。

"开始预备行为",终点是"完成准备活动或者犯罪准备就绪"。犯罪实行阶段,是整个犯罪活动的核心阶段,只有此阶段才会直接地、现实地侵犯(侵害或者威胁)法益,起点在于实行行为的"着手",终点是实行行为的完毕。在某些犯罪中,实行行为实施完毕并不会立刻导致结果的发生,犯罪实行后阶段,就是指实行行为实施完毕至结果发生之前的阶段。在犯罪实行后阶段,行为人可以出于自己的意思阻止结果发生,也可能因为其他客观原因而使得结果未发生,仍然有可能出现犯罪中止或者犯罪未遂,因而承认此阶段,对于正确认定犯罪形态具有重要意义。

犯罪形态与犯罪阶段相互依存、相互制约,犯罪形态只可能出现在犯罪阶段,犯罪阶段尽管并非法定概念,但研究犯罪阶段有助于理解犯罪形态:犯罪预备只可能发生在犯罪预备阶段;犯罪未遂与犯罪既遂既可能发生在实行阶段,也可能发生在实行后阶段,但不可能发生在犯罪预备阶段;犯罪中止既可能发生在实行阶段,也可能发生在实行后阶段,还可能发生在犯罪预备阶段。犯罪形态与犯罪阶段的区别在于:(1)犯罪阶段是动态的发展过程,表现为行为发展的不同顺序,体现于某一"起点"和"终点"之间所连接起来的段落;犯罪停止形态是静止的行为状态,往往是某一行为的终点。(2)某一具体犯罪只能存在一种形态而排斥其他犯罪形态;同一犯罪行为既可经历一个犯罪阶段,也可经历多个犯罪阶段。但某一犯罪一旦停止下来,无论在哪一阶段都只能成立一种犯罪形态。(3)犯罪阶段与犯罪停止形态的作用与功能不同。犯罪停止形态是定罪量刑时必须考虑的重要因素,犯罪阶段则对定罪量刑不产生影响力。研究犯罪阶段是为了清楚地确定犯罪形态,最终达到对行为人准确定罪量刑的目的。[1]

第二节 犯 罪 预 备

一、犯罪预备的概念和性质

我国《刑法》第 22 条第 1 款规定:"为了犯罪,准备工具、制造条件的,是犯罪预备。"犯罪预备,是指行为人为了实行犯罪,准备工具,创造条件,但由于行为人意志以外的原因尚未着手实行的犯罪形态。预备行为本身不能直接侵犯法益,只是为侵犯法益做准备,只有侵犯法益的危险达到一定程度时,才属于犯罪预备。

---

[1] 李希慧主编:《刑法总论》,武汉大学出版社 2008 年版,第 295 页。

二、犯罪预备的成立条件

(一) 主观上为了实行犯罪

犯罪预备的成立,首先要求行为人主观上是为了实行犯罪。这是犯罪预备的"主观目的"。

犯罪预备中,许多准备工具、制造条件的行为本身并不能反映出具有侵犯法益的性质,只有在这种主观目的支配下实施的各项预备行为,才能为那些必须经过犯罪预备才能着手实行的犯罪提供必要的基础和实现的可能性。因而只有结合行为人的主观目的(故意),才能对行为人的行为准确定性。例如,行为人购买菜刀,如果不具有杀人的故意,就不能认定属于杀人罪的预备行为。

虽然刑法条文的表述是"为了犯罪",但应当理解为"为了实行犯罪"。因为实施预备行为就是为了进一步实施实行行为。首先,"为了实行犯罪",表明行为人在具有犯罪故意的前提下,认识到预备行为为实行行为创造了便利,认识到预备行为对法益侵犯结果的发生起积极促进作用。因而,实施犯罪预备行为的行为人,主观上必须明知自己行为的性质,并且对预备行为进一步发展至实行行为持希望态度。其次,仅从字面意义看,"为了犯罪"包括为了预备犯罪与为了实行犯罪,然而为了预备行为实施的"准备"行为,不是犯罪预备。例如,为了抢劫而购买刀具或胶带的行为是预备行为,但是为了购买毒品而先期打工挣钱的行为,就不是犯罪预备行为。"为了实行犯罪",包括行为人为了自己实行犯罪(自己预备)与为了他人实行犯罪(他人预备)两类。如果是为了他人实行犯罪,他人尚没有实行犯罪的,一般构成共同预备;如果他人实行了犯罪行为,则构成帮助犯,不构成犯罪预备。① 同样,为了自己实行犯罪的,行为人虽然实施了犯罪预备行为,但随之顺利进入犯罪实行阶段的,无论后来该实行行为发展如何,都不能构成犯罪预备形态。此时,行为人先前的预备行为被后来的实行行为所吸收,不能再作为独立的犯罪形态而追究其刑事责任。

犯意的形成、犯意的表示不是预备行为。"为了实行犯罪",表明行为人在该心理支配下实施的行为是犯罪预备行为,因而与犯意的形成、犯意的表示具有本质区别。犯意表示是指行为人将自己的犯罪意图流露在外并为他人所知悉的行为,如果不为他人所知悉,就不过是行为人个人的内心活动。犯罪预备与犯意表示的区别,主要表现为以下几点②:(1)犯罪预备是为实行犯罪而准备工具、创造条件,表现为一种主观意识影响客观世界的积极行为。而犯意表示只是以语言、文字等形式单纯流露其犯罪意图,它是表达行为人心理态度的一种活动。

---

① 王作富主编:《刑法》(第四版),中国人民大学出版社2009年版,第120页。
② 同上书,第121页以下。

（2）犯罪预备的作用旨在促成或实现犯罪，而犯意表示不会对犯罪的着手实行起促成作用，甚至对犯罪预备也不会起促成作用。（3）犯罪预备本身独立具有侵犯法益的危险性，而犯意表示只能说明行为人具有人身危险性或者犯罪的可能性，还没有对法益构成现实的威胁。（4）从犯罪的整体过程上看，犯罪预备是将犯罪意图或计划付诸实施。而犯意表示只是表明行为人想实施犯罪，还没有以任何形式开始实施犯罪行为。总之，犯意表示并非刑法的研究对象，这是客观主义刑法的必然要求，否则，就是主观归罪，是处罚思想；而刑法可以直接处罚犯罪预备行为。

（二）客观上实施了犯罪预备的行为

实施犯罪的预备行为，是指行为人已经开始实施为犯罪的实行和完成创造各种便利条件的行为，这是成立犯罪预备的"客观基础"。

预备行为是为犯罪的实行创造便利条件以利于发生结果的行为，属于整个犯罪行为的一部分，如果不是由于某种原因停顿下来，预备行为就会进一步发展为实行行为，进而发生犯罪结果，因而已经危及刑法所保护的法益。另一方面，预备行为只是为实行行为创造便利条件，因而不可能直接造成犯罪结果，其违法性要明显小于实行行为。

根据我国《刑法》第22条第1款的规定，犯罪预备在客观上表现为准备工具、制造条件的行为。也就是，犯罪预备行为存在"准备工具""制造条件"这两种类型。"准备工具"事实上也是为实行犯罪制造条件的行为，因为是最常见的预备行为，故刑法将其独立于"制造条件"之外予以专门规定。准备工具，是指准备实行犯罪的工具，具体表现为以下行为[①]：（1）购买工具，如为走私而购买船只；（2）制造工具，如为贩毒而缝制有特殊口袋的衣服；（3）变造工具，如为投毒而改变药物的特殊配方；（4）租借工具，如谎称打猎向他人借枪，尔后用于抢劫等。制造条件，是指除准备工具以外的其他为实行犯罪制造各种有利条件的预备行为。制造条件的表现方式同样不胜枚举，主要表现为[②]：（1）制造实行犯罪的客观条件，如调查犯罪场所与被害人行踪、出发前往犯罪场所或者守候被害人的到来、诱骗被害人前往犯罪场所、排除犯罪障碍、勾结犯罪同伙、寻找共犯人等；（2）制造实行犯罪的主观条件，如商议犯罪的实行计划等。

需要注意的是，为犯罪的实行和完成创造便利条件的行为如果同时又是刑法分则条文规定的另一犯罪的实行行为时，则该预备行为同时触犯两个罪名。例如，为了实施故意杀人罪而盗窃枪支，盗窃后尚未实施杀人行为即被抓获，不能仅仅将该盗窃行为看成是故意杀人罪的预备行为，该行为既构成了故意杀人

[①] 王作富主编：《刑法》（第四版），中国人民大学出版社2009年版，第120页。
[②] 张明楷：《刑法学》，法律出版社2016年版，第333页。

罪的预备犯，又构成了盗窃枪支罪的既遂犯。这种情况符合想象竞合犯的特征，按其中的重罪定罪量刑。①

（三）未能着手实行犯罪

行为人的预备行为必须在预备阶段停顿下来，未能着手实行犯罪，这是构成犯罪预备的"时间特征"。

犯罪预备形态只可能发生于犯罪的预备阶段，如果犯罪预备行为没有在预备阶段停留下来，也就没有形成犯罪预备的结局状态，而只能是犯罪实行阶段或者其后的某种状态。因此，犯罪预备形态的认定，不仅需要行为人实施了犯罪预备行为，还需要事实上未能着手实施犯罪的实行行为。从时间上来看，"未能着手实行犯罪"主要包括两种情况：一是预备行为没有实施终了，由于某种原因不能继续实施预备行为，因而不可能着手实行；二是预备行为已经实施终了，但是由于某种原因未能着手实行。

（四）未能着手实行犯罪是由于行为人意志以外的原因

行为人未能着手实施犯罪的实行行为，必须是由于犯罪人意志以外的原因，这是构成犯罪预备，区别于预备阶段的犯罪中止的"实质特征"。

我国刑法虽然没有明文要求犯罪预备是由于意志以外的原因而未能着手实行，但是刑法规定了在犯罪过程中自动放弃犯罪的，成立犯罪中止。因此，如果行为人自动放弃犯罪预备行为或者不着手实行犯罪的，就属于犯罪中止；只有因意志以外的原因而未能着手实行犯罪时，才是犯罪预备。

"意志以外的原因"，是指足以阻止行为人的犯罪意志，迫使其不得不停止预备行为，不能再继续实行犯罪的各种主客观因素。行为人之所以未能继续实施犯罪，是因为出现了这些阻碍行为人着手实施实行行为的因素，对行为人而言，是客观不能而非主观不愿，犯罪停止下来是违背行为人意愿的。"意志以外的原因"导致的后果是，客观上已经不可能再继续实施预备行为与着手实行犯罪，或者，使得行为人认识到自己客观上已经不可能再继续实施预备行为与着手实行犯罪。如果某项违背行为人意志的原因对于行为人继续实施犯罪的影响力从主、客观看都非常微小，不足以阻碍行为人继续实施犯罪的，就不能认定是"意志以外的原因"。

满足上述条件的，就是犯罪预备。犯罪预备形态与犯罪预备阶段、犯罪预备行为虽有密切联系，但不是等同概念。犯罪预备阶段与犯罪预备行为，不以行为人由于意志以外的原因未能着手实行为前提，即使已经着手实行犯罪乃至犯罪既遂，也存在预备阶段与预备行为，只是该预备行为对定罪一般没有独立意义（预备行为构成另一既遂犯罪的情况除外）。但犯罪预备作为一种犯罪的停止

---

① 李希慧主编：《刑法总论》，武汉大学出版社2008年版，第303页。

形态,只能存在于犯罪预备阶段,没有预备行为就没有犯罪预备形态。在成立犯罪预备的情况下,预备行为是定罪的客观事实根据。

三、犯罪预备的刑事责任

我国《刑法》第22条第2款规定:"对于预备犯,可以比照既遂犯从轻、减轻或者免除处罚。"这一规定表明,预备犯应当负刑事责任。但是,由于预备犯还没有着手实行犯罪,更没有造成犯罪结果,对法益的侵犯小于未遂犯与既遂犯,刑法正是考虑到这种差异而在处置上轻重有别。

在处罚预备犯时,应注意以下几点:首先,处罚预备犯是我国刑法的原则性规定,原则上可以处罚一切犯罪的预备犯。因为,预备犯在客观上实施了为犯罪准备工具、制造条件的行为,在主观上具有犯罪的故意,符合刑法规定的犯罪构成。但鉴于预备犯本身的性质,事实上,只有对于故意杀人罪等少数重罪,才有必要追究预备犯的刑事责任。其次,所比照的既遂犯,应当是预备犯向前发展可能形成的或者必将出现的既遂犯,预备犯与所比照的既遂犯之间应具有合乎逻辑的因果关系。再次,"可以"比照既遂犯从轻、减轻或者免除,这表明了立法者的倾向性意见:对于预备犯,一般比照既遂犯从轻、减轻或者免除;但"可以"同时意味着"可以不",具有可选择性。因而对于预备犯的处罚,并非一律从轻、减轻或者免除,而是视具体情况而定。对于一些犯罪性质极其严重、手段特别恶劣的预备犯,如准备进行大规模杀人的、以极其危险的方法准备劫机的、预备行为已经接近犯罪实行并可能立即造成严重危害后果的,可以不予从轻、减轻与免除处罚。

第三节 犯 罪 未 遂

一、犯罪未遂的概念和性质

我国《刑法》第23条第1款规定:"已经着手实行犯罪,由于犯罪分子意志以外的原因而未得逞的,是犯罪未遂。"犯罪未遂,是指行为人已经着手实行具体犯罪构成要件的实行行为,但由于其意志以外的原因而未能达到既遂的一种犯罪停止形态。

既然犯罪未遂并未造成构成要件结果的发生,为什么要予以处罚呢？关于未遂犯的处罚根据,大致可以分为主观的未遂犯论与客观的未遂犯论这两种观点。主观的未遂犯论认为,行为人的行为显现了行为人性格上的危险性及其法敌对的犯罪意思,强调行为人主观上的危险性,认为处罚根据在于行为人企图实现犯罪的意思及其性格的危险性;采取"必罚主义",只要具有危害社会之危险性格的人,都必须予以处罚。客观的未遂犯论认为,处罚根据在于发生了侵犯法益的客观危险性,强调的是"行为人的行为在客观上的危险性";采取刑法谦抑主义,认为刑法没有必要处罚一切有害于社会的行为,而只能处罚那些严重侵犯法益的行为。首先,现行法承认犯罪具有阶段性,要探求未遂犯的处罚根据,显然不能无视行为的客观方面;其次,刑法的目的在于保护法益,犯罪的本质是侵犯法益,处罚未遂犯理由不在于已经显现了行为人性格上的危险性,而在于这种危险性的外在显现已经使得法益处于危险境地之下,因此,客观的未遂犯论是正确的。为此,未遂犯的处罚根据在于,作为犯罪意思之表现的行为本身所具有的"发生构成要件结果的现实客观的危险性"。①

二、犯罪未遂的成立条件

根据我国《刑法》第 23 条第 1 款的规定,成立犯罪未遂必须满足以下条件。

(一)已经着手实行犯罪

行为人已经着手实行犯罪,这是犯罪未遂区别于犯罪预备的重要标志。

1. 着手实行犯罪的含义

着手实行犯罪,即"实行的着手",是指故意犯罪的行为人着手实施其意图实现的、刑法分则规定的具体犯罪的实行行为,如故意杀人罪中的杀人行为,抢劫者举刀胁迫排除被害人反抗的行为等。这是未遂犯的成立要件,也是区别于预备的基准。其中,实行行为是刑法中极其重要的概念,是指某一构成要件所规定的具有侵犯法益的现实危险性的行为,又称为"构成要件该当行为",一旦着手实行行为,刑法所保护的法益即处于紧迫的现实的危险状态之下。

着手,是犯罪进入实行阶段的标志,是犯罪实行行为的起点,其本身已经是犯罪实行行为。在不经过犯罪预备阶段直接进入犯罪实行阶段的情况下,"着手"也同时是整个犯罪行为的起点;在经过犯罪预备阶段之后进入犯罪实行阶段的情况下,"着手"则不是整个犯罪行为的起点,而仅仅是犯罪实行行为的起点。同时,"着手"也是犯罪预备的终结,是犯罪形态发生质变的转折点。一旦着手,行为人在此之前实施的预备行为即转化为实行行为的情节,不再作为独立的犯罪形态存在。例如,甲决意杀死仇人乙,准备了一把匕首带在身上。一日,甲在街上发现乙正在购物,遂上前掏出匕首向乙刺去,这即是杀人行为的着手。

2. 着手实行犯罪的认定

是否构成犯罪未遂,关键在于如何认定"实行的着手"。对此,主观说与客观说相互对立。主观主义刑法坚持主观说(行为人标准说),认为犯罪的处罚根据不在于行为的危险,而在于行为人的危险,而该行为人的危险就是犯罪的意

---

① 〔日〕大谷实:《刑法讲义总论》(新版第 3 版),日本成文堂 2009 年版,第 367 页。

思。为此,只要存在犯罪的意思就本可以作为未遂来处罚,但由于意思本身无法认识,因而当该意思表现于外部而处于认识可能之时即可。按照主观说,当出于杀人的目的而准备毒药之时,或者出于入室盗窃的目的而购买切割玻璃用的工具之时,由于杀人或盗窃的意思已经表现于外部,因而可认定为未遂。然而,这不仅使得预备与未遂的区别极其不明确,而且,从法益保护的观点来看,不得不说未遂处罚的时期过早。因此,主观说逐渐失去了支持,现在,主张根据客观性标准来决定实行的着手的客观说处于通说地位。①

客观主义刑法坚持客观说(行为标准说),客观说又分为形式的客观说与实质的客观说。形式的客观说认为,只要开始实施符合刑法分则所规定的构成要件行为之一部分,即为实行的着手。其根据在于,《刑法》第23条第1款规定犯罪未遂是"已经着手实行犯罪",因而必须是已经开始实施刑法分则所规定的构成要件行为。"忠实"理解法律条文,似乎应采取形式的客观说,我国传统刑法理论就是采取这种观点。但是,这种观点没有从实质上说明什么是着手,说着手是实行行为的开始,实行行为是符合刑法分则的构成要件行为,只有开始实施符合刑法分则所规定的构成要件行为之一部分时才是着手,似乎在逻辑上是理所当然,但问题在于:究竟什么行为才是符合刑法分则所规定的构成要件行为呢?形式的客观说并未做出回答,实际上仍然无法判断何为着手。该说的缺点还在于,一方面,有时候会使得未遂犯的成立时期过迟。例如,盗窃以夺取占有作为实行行为,因而要称作"已经开始实行行为的一部分",就必须达到试图夺取盗窃客体这一程度之时;如果是杀人,就必须达到扣动手枪的扳机之时。另一方面,有时候又会过早认定实行的着手。例如,保险诈骗罪的客观要件中包括"故意造成财产损失的保险事故,骗取保险金",根据形式的客观说,行为人制造保险事故的,就是保险诈骗罪的着手,然而,要构成该罪,至少应向保险公司进行索赔。② 又如,诬告罪的构成要件是捏造犯罪事实,然后向有关机关告发。该说认为,"捏造"犯罪事实就是着手,但单纯的捏造而未告发的行为,尚无侵犯法益的现实危险,应当认为诬告陷害罪的着手是"告发"。③

实质的客观说认为,犯罪未遂都是具体危险犯而非抽象危险犯,未遂犯的判断都是司法上的具体判断,必须结合每个案件的具体情况,考察法益所面临的危险性的大小。根据实质的客观说,开始实施对刑法所保护的法益有直接危险的行为时,才可以视为犯罪的着手。换言之,只有侵犯法益的危险性达到紧迫程度时,才是实行行为的着手。至于何种行为具有侵犯法益的紧迫性,则应根据不同

---

① 〔日〕西田典之:《日本刑法总论》,王昭武、刘明祥译,法律出版社2013年版,第267页。
② 张明楷:《刑法学》,法律出版社2016年版,第342页以下。
③ 周光权:《刑法总论》,中国人民大学出版社2016年版,第275页。

犯罪、不同案件的具体情况综合考虑,要考察行为是否已经接触或者接近犯罪对象,行为人是否已经开始使用犯罪工具,行为人是否已经开始利用所制造的条件,所实施的行为是否立即就可以造成犯罪结果等。① 只要认为未遂犯的处罚根据在于,引起了发生构成要件结果的现实性危险,就应该认为,实行的着手也是引起这种现实性危险的行为,因而应采取实质的客观说。②

接下来的问题是,在认定实行的着手时,是否还应考虑行为人的主观要素。对此,存在三种观点:(1) 主张应考虑行为人的意图、计划以及性格的危险性等因素;(2) 主张只应考虑故意;(3) 主张一律不应考虑行为人的主观要素。首先,由于实行行为是主观与客观的统一体,当然应考虑行为人的故意。例如,同样是举枪瞄准他人,行为人有无杀人的故意,其行为的危险性程度大不相同,因而要判断该行为有无杀人的现实性危险,作为判断材料之一,行为人有无杀人的故意不可或缺。③ 其次,争议焦点在于,除了故意或者过失这种主观要素之外,是否还应考虑行为人的犯罪计划?有观点认为,在认定实行的着手时点以及认定具体的危险时,一律不应考虑行为人的主观。④ 但是,不考虑行为人的行为计划,有时便无法认定是否已经出现结果发生的现实紧迫的危险。例如,甲与乙某日中午在市郊开车闲逛,看到路边有一漂亮女孩,二人商议将该女孩带至市内某宾馆实施强奸。于是,二人将该女孩强行拽上汽车,向市区急驶而去。但遭到该女孩的强烈反抗,二人中途被警察逮捕。"同样是出于强奸的目的而将被害人拽进汽车,如果行为人计划在车内实施强奸,便能肯定危险的发生;如果是计划将被害人带到市区的宾馆之后再实施强奸,则不能直接肯定存在发展至结果的危险。""扒窃"也是如此,如果只是"试探"有无钱财,便应否定存在实行的着手。⑤ 当然,要完全查明、证实行为人的犯罪计划,存在相当难度,而且,主观的认定必须基于客观事实,因而在考虑主观计划之前,首先应考察作案现场的具体状况(时间、地点等)等行为当时的客观状况,但这并不意味着可以完全不考虑行为人的犯罪计划。例如,前例如果条件改为:甲与乙某日深夜在某市郊区开车闲逛,看到路边有一漂亮女孩,二人商议将该女孩带至市内某宾馆实施强奸。于是,二人骗该女孩说送其回家。他们在车上动手动脚,遭到该女孩的强烈反抗,二人中途被警察逮捕。对于该案,就可认定为强奸罪的着手。

由此可见,行为人的行为具有引起构成要件结果的现实性、紧迫性的时候,即是着手;或者说,具有引起构成要件结果的紧迫危险性的行为,就是实行行为。

---

① 周光权:《刑法总论》,中国人民大学出版社2016年版,第275页。
② 〔日〕大谷实:《刑法讲义总论》(新版第3版),日本成文堂2009年版,第370页。
③ 同上书,第371页。
④ 张明楷:《刑法学》,法律出版社2016年版,第341—342页。
⑤ 〔日〕西田典之:《日本刑法总论》,王昭武、刘明祥译,法律出版社2013年版,第274页。

判断是否具有侵犯法益的紧迫性、现实性，需要联系侵害法益的性质、行为人所采取的手段、行为人的犯罪计划、作案现场的具体状况（时间、地点等）。值得注意的是，采取实质性客观说，判断实行的着手时，必须结合刑法分则的具体规定，不能脱离构成要件的具体规定的制约。因为，根据犯罪类型的不同，有些场合下的手段行为必须是特定的。例如，要构成强奸罪，至少必须着手实施暴力或胁迫，无论导致强奸这一结果的客观危险性有多高，如果是采取欺骗手段让被害人上了车，在并未实施暴力等的阶段，就不能肯定强奸罪的着手。保险诈骗罪也是如此。要构成该罪，就必须存在"诈骗行为"的着手，即便出于骗保的目的纵火焚烧了房屋，在并未要求支付保险金的阶段，也就是只要没有着手实施"诈骗行为"，便不能认定存在保险诈骗罪的着手。

3. 几种特殊类型犯罪的着手

只有在实行行为造成了发生既遂结果的具体性危险之时（危险犯的未遂则是产生既遂的危险之时），才具有作为未遂犯的可罚性。这种未遂结果与实行行为通常是一致的，例如，在用手枪瞄准目标时便发生杀人的未遂结果。但某些情况下，行为与未遂结果之间会出现时间上、地点上的不一致。

（1）隔离犯的着手

例如，妻子计划毒死丈夫，将毒药混入丈夫的威士忌之中，丈夫可能在第二天，也可能在1周之后，还可能在半年之后喝该威士忌。按照形式性客观说，将毒药混入威士忌，妻子的自然的、物理的行为即告结束，从该行为可以发现妻子存在杀人这一反规范性意思。但是，不管丈夫何时喝威士忌，只有在丈夫正要喝混有毒药的威士忌之时，才发生杀人的具体性危险，在此之前只能认为是杀人预备行为。① 所谓实行行为，是与未遂结果具有相当因果关系的行为；所谓处罚对象行为，是在已经发生未遂结果之时，往前追溯而得出的实行行为。② 因此，处罚对象仍为妻子将毒药混入威士忌这一投毒行为，只是实行的着手时期是出现了结果发生的危险之时，因为着手是划定未遂犯的处罚时点的概念。正因为如此，对于以杀人故意邮寄毒药、爆炸物等案件，虽一般采取到达主义，但也应同时考虑发生紧迫危险的具体时点，而不能机械地一概采取"到达主义"。例如，行为人从甲地邮局寄送爆炸物至乙地，如果爆炸物随时可能爆炸，就应该认为寄送时就是着手。③

---

① 日本的刑事判例也采取这种态度。例如，甲将混入毒药的砂糖邮寄到乙住宅，判例认为实行的着手并不在邮寄之时，而是在乙实际收到该砂糖之时［日本大判大正7年（1918年）11月16日刑录24辑1352页］；甲出于杀害乙的目的，将混入毒药的果汁放在（乙经常经过的）田间道路旁，结果第三者丙喝了该果汁之后死亡，对此，判例认为并不存在实行的着手，而判定仅构成杀人预备罪［日本宇都宫地判昭和40年（1965年）12月9日下刑集7卷12号2189页］。

② 〔日〕西田典之：《日本刑法总论》，王昭武、刘明祥译，法律出版社2013年版，第269页。

③ 张明楷：《刑法学》，法律出版社2016年版，第342—343页。

(2) 间接正犯的着手

例如,甲令精神病患者乙窃取他人财物。甲属于间接正犯,构成盗窃罪,但何时为盗窃罪的着手时点呢? 就间接正犯的着手时点,学界存在分歧:利用者行为说认为,利用者开始实施利用被利用者的行为之时为着手;被利用者行为说认为,被利用者开始实施实行行为之时为着手;个别化说认为,在引起发生构成要件结果的现实性危险之时为着手。

对此,我国既有学者认为,由于间接正犯是利用者把被利用者的行为当做自己的实行行为加以支配,被利用者没有单独的实行行为,被利用者的行为就是利用者的行为,利用者以被利用者作为媒介直接指向法益,所以,利用者实施一定行为,同时基于该行为产生了损害法益的现实危险时,就是间接正犯的着手,从而采取利用者行为说。① 也有学者认为,在上例中,只有当乙现实地实施盗窃行为时,才产生侵害财产的紧迫危险,因而只有当乙现实地开始盗窃时,才能认定甲着手实施盗窃,从而采取被利用者行为说。②

所谓间接正犯,是指利用他人的行为而实现犯罪构成要件。具体而言,是指通过利用无责任能力者的行为、利用他人的错误或无知、使用强制力而利用他人等,以实现构成要件。一般而言,在间接正犯的场合,之所以将利用者认定为正犯,其根据在于,被利用者完全像利用者的工具一样被利用者的行为所支配,被利用者的行为是否会引起发生结果的现实性危险,这完全取决于利用者的意思,而非基于被利用者的意思,因而原则上来说,利用者行为说是妥当的。然而,间接正犯的实行着手时期在其理论构造上,与隔离犯相同,即便利用者是把被利用者的行为作为工具来利用,利用行为的开始未必总能引起发生构成要件结果的现实性危险,只有利用者的利用行为引起了这种危险之时,才能认定为实行的着手。因此,基于实质的客观说的个别化说更为妥当。亦即,实行着手的时点,只能是引起构成要件结果发生的现实性紧迫性危险之时,根据间接正犯的具体形态,既有以利用行为的开始作为实行的着手的情形,也有以被利用者的行为的开始作为实行的着手的情形,不能一律以利用者或者被利用者的某一方的行为作为标准。③

(3) 原因自由行为的着手

有关原因自由行为的着手,学说之间也存在分歧:原因行为标准说认为,应以存在责任能力之时的原因设定行为的开始为着手;结果行为标准说认为,在陷入无责任能力或者限制责任能力状态之下所实施的、足以导致法益侵害结果发

---

① 周光权:《刑法总论》,中国人民大学出版社 2016 年版,第 276 页。
② 张明楷:《刑法学》,法律出版社 2016 年版,第 343 页。
③ 〔日〕大谷实:《刑法讲义总论》(新版第 3 版),日本成文堂 2009 年版,第 372 页;〔日〕平野龙一:《刑法总论 II》,日本有斐阁 1975 年版,第 318 页;〔日〕藤木英雄:《刑法讲义总论》,日本弘文堂 1975 年版,第 279 页。

生的结果行为的开始为着手。对此,我国有学者采取结果行为标准说,认为应当以行为人实施结果行为、造成了危险结果时为着手,而不是以开始实施原因行为(如饮酒)时为着手。①

在原因自由行为的场合,也应该以是否引起了发生构成要件结果的现实性危险,作为实行的着手的认定标准,因此,在不作为犯以及过失犯的原因自由行为的场合,原因行为本身就具有结果发生的现实性危险,因而应采取原因行为标准说。反之,在故意的作为犯的原因自由行为的场合,极少有原因行为本身(如饮酒)具有结果发生的现实性危险,因而应采取结果行为标准说。②

(4) 不作为犯的着手

在不作为犯的场合,负有防止结果发生之作为义务者,违反作为义务不实施作为,从而引起了构成要件结果发生的现实性危险之时,即认定为实行的着手。问题更多出现在不真正不作为犯的场合。母亲打算饿死婴儿而不给婴儿喂奶就是其适例。尽管有观点认为,母亲为了使婴儿饿死而首次不喂奶时,就是着手,但这种观点显然不合适。只有作为义务人延迟履行作为义务,给被害人造成直接危险或者使原来的危险增大时,即在法益面临紧迫且具体的危险时仍然不作为而导致结果可能发生时,才是不真正不作为犯的着手。③ 因此,只有再不给婴儿喂奶,婴儿就有可能饿死之时,母亲不给婴儿喂奶的行为才是故意杀人罪的着手。

(二) 犯罪未得逞

根据我国《刑法》第 23 条第 1 款的规定,犯罪未遂是"已经着手实行犯罪"但"未得逞",亦即,犯罪"未得逞",是指犯罪没有达到既遂,因而"犯罪未得逞"是犯罪未遂区别于犯罪既遂的根本特征。

理论上对"犯罪未得逞"的理解存在很大争议,主要有三种观点④:犯罪目的说认为,犯罪未得逞是指没有达到犯罪人主观上的犯罪目的,即通过实施犯罪行为所追求的结果没有发生,或者犯罪未得逞是指犯罪人所追求的、受法律制约的犯罪结果没有发生;犯罪结果说主张以犯罪结果发生与否区分犯罪未遂和犯罪既遂,行为人的行为没有导致法定犯罪结果发生即属于未得逞,导致法定犯罪结果发生的为犯罪既遂;构成要件说主张以犯罪构成要件齐备与否作为区分犯罪未遂与犯罪既遂的标准。其中,构成要件说是我国传统刑法理论的通说观点。然而,尽管一般认为,刑法规定的犯罪构成以既遂为模式,但也不能认为未遂犯就不符合犯罪构成。因为犯罪构成是认定是否成立犯罪的法律根据与唯一标

---

① 张明楷:《刑法学》,法律出版社 2016 年版,第 343 页。
② 〔日〕大谷实:《刑法讲义总论》(新版第 3 版),日本成文堂 2009 年版,第 373 页。
③ 〔韩〕李在祥:《韩国刑法总论》,韩相敦译,中国人民大学出版社 2005 年版,第 325 页。
④ 陈兴良:《刑法适用总论》(上卷),中国人民大学出版社 2017 年版,第 379 页。

准,犯罪未遂、犯罪预备也是犯罪,也必须符合犯罪构成。而且,没有完全齐备具体犯罪构成的全部要件的行为多种多样,例如,行为致人死亡,但行为人主观上没有故意、过失时,也没有完全齐备故意杀人罪的全部构成要件,但这种行为并不是犯罪未遂。① 由此可见,齐备犯罪构成,只是成立犯罪,但成立犯罪并不等于既遂,因而犯罪构成说并不合适。

所谓犯罪"未得逞",是指没有发生行为人所希望或者放任的、行为性质所决定的构成要件结果。事实上,只要行为人已经着手实行犯罪,既不是自动中止犯罪,又没有既遂的,就属于犯罪未遂。那么,就必须回答什么叫犯罪既遂。发生了行为人所追求或者放任的、行为性质所决定的构成要件结果,即为犯罪既遂。在理解是否得逞时,应注意以下几点:

其一,这里的结果应限定于实行行为的性质本身所能导致的结果(行为的逻辑结果),而非任何结果。例如,故意杀人罪既遂要求的犯罪结果是死亡,而不能是伤害。伤害结果是故意伤害罪既遂要求的犯罪结果,但不是故意杀人罪既遂要求发生的犯罪结果。

其二,实行行为与实害结果之间需存在因果关系,如果实行行为与实害结果之间不存在因果关系,也不成立既遂,可能成立犯罪未遂。刑法中的某些犯罪,例如,诈骗罪、抢劫罪、敲诈勒索罪等对行为结构的因果发展进程有特殊要求,只有满足了特定的发展过程才可能认定为犯罪既遂,否则只能认定为未遂。例如,甲将自己的汽车藏匿,以汽车被盗为由向保险公司索赔。保险公司认为该案存有疑点,随即报警。在掌握充分证据后,侦查机关安排保险公司向甲"理赔"。甲到保险公司二楼财务室领取 20 万元赔偿金后,刚走到一楼即被守候的侦查人员抓获。在该案中,保险公司识破了骗局,并且为了配合警方抓捕而向甲支付了 20 万元赔偿金,即保险公司并非是因为被骗产生处分财产的错误认识而处分财产,因而甲的欺骗行为与取得保险赔偿金之间不存在刑法上的因果关系,甲的行为成立保险诈骗罪未遂。因为,诈骗罪的既遂要求被骗人陷于错误认识,并基于这种错误认识而处分财产。

其三,未得逞是指行为人希望、放任发生的犯罪结果没有发生。首先,得逞与否,不能离开行为人的主观追求。对于这种主观追求,应从规范上加以把握。例如,行为人原本想杀死三人,但事实上只杀死了一人的,仍属于既遂;又如,行为人意欲盗窃,先将钱包扔到楼下,但被他人捡走,尽管未能达到行为人"占有他人财物"这一目的,但已经出现了盗窃罪所要求的侵害他人的占有这一结果,应构成既遂。其次,"未得逞"是指故意的意志因素没有实现,不包括没有实现刑法分则"以……目的"的情况,即不包括没有实现目的犯中的目的的情况。换

---

① 张明楷:《刑法学》,法律出版社 2016 年版,第 344 页。

言之,目的犯中的目的是否实现,不影响犯罪既遂的成立。① 例如,绑架罪的既遂不要求实际实现了勒索财物的目的,只要行为人以勒索财物为目的,开始实施绑架行为就是着手,达到以实力控制他人程度的,就认定为既遂。同样,走私淫秽物品罪的既遂也不要求行为人实际实现了牟利或者传播的目的。

其四,司法实践中,有可能出现虽然发生了构成要件的结果,但该结果并非行为人所追求的结果,而仅构成犯罪未遂的情况。例如,行为人诈骗他人钱财,被他人识破,但对方念其可怜,给了他相应的钱。本案中,虽实际发生了"他人钱财受到损失"这一结果,但行为人所追求的是"通过诈骗手段取得钱财",因而并未发生构成要件的结果。②

（三）犯罪未得逞是由于行为人意志以外的原因

犯罪未得逞并非出于行为人的本意,而是由于行为人意志以外的原因造成的,这是犯罪未遂的主观特征,也是犯罪未遂与着手犯罪后的犯罪中止相区别的关键因素。行为人意志以外的原因,是指违背行为人意志的,客观上使犯罪不可能既遂,或者使行为人认为不可能既遂从而被迫停止犯罪的原因。同犯罪预备一样,也是指"是客观不能而并非主观不愿"。亦即,在犯罪未遂的情况下,行为人希望发生危害结果的意志并没有改变与放弃,没有发生行为人所追求的结果并非是由于行为人放弃了犯意,而是因为某种外在原因而使得行为人追求的结果没有发生。

根据我国刑法的基本原理和犯罪未遂的立法意图,应当把"足以阻止犯罪意志实现的原因"作为"意志以外的原因"的认定标准。具体来说,包括三种情况③：

第一是抑止犯罪意志的原因。即某种事实使得行为人认为自己客观上已经不可能继续实行犯罪,从而被迫放弃犯罪。在这种情况下,对于是否继续实行犯罪,行为人主观上没有选择余地,只能被迫放弃犯罪。例如,打算入室盗窃,但刚准备撬门,里面的灯突然亮起来,男主人大声说话,行为人遂放弃盗窃离开。

第二是抑止犯罪行为的原因。即某种情况使得行为人客观上不可能继续实行犯罪。例如,行为人正要实行犯罪时,被第三者发现而制止、抓获。

第三是抑止犯罪结果的原因。即行为人已将其认为应当实行的行为实行终了,但某种情况阻止了侵害结果的发生。例如,以为保险箱内有大量现金,但没想到打开后空无一物；又如,行为人打昏被害人后将其扔进水中,以为被害人会就此死亡,但路人将被害人抢救脱险。

---

① 张明楷:《刑法学》,法律出版社2016年版,第345页。
② 当然,也可以说,行为人的诈骗行为与对方交付财物之间并无因果关系；甚至还可以说,是因为对方并无财产损失。
③ 张明楷:《刑法学》,法律出版社2016年版,第347页。

三、犯罪未遂的类型

根据不同的标准，可以对犯罪未遂进行不同的分类。犯罪未遂主要有实行终了的未遂与未实行终了的未遂、能犯未遂与不能犯未遂两种类型的分类。

（一）实行终了的未遂与未实行终了的未遂

以实行行为是否实行终了为标准，可以将犯罪未遂分为实行终了的未遂与未实行终了的未遂，又分别称之为实行未遂与着手未遂。"行为是否实行终了"中的行为，是指导致发生犯罪结果的实行行为，不包括犯罪结果发生后行为人为了其他目的所实施的行为。例如，行为人打算杀死他人后碎尸，行为是否实行终了，应以行为人自认为造成他人死亡所必需的行为是否实行终了为标准，不以是否碎尸为标准。由此可见，既遂与"终了"不是等同概念。

实行终了的未遂，是指行为人已经着手实施实行行为，并且自认为已经将实现犯罪所必需的全部行为实行完毕，但由于其意志以外的原因，而使犯罪未得逞的情况。例如，甲向乙的食物中投放了毒药，乙中毒后被他人发现送往医院抢救脱险。未实行终了的未遂，是指行为人已经着手实施实行行为，但由于行为人意志以外的原因，使其尚未将自认为完成犯罪所必要的全部行为实行完毕，而使犯罪未得逞的情况。例如，在举刀杀人时，被第三者制服。以下三种情况下都存在未实行终了的未遂：外界客观原因所致（如被害人的反抗、第三者的制止）、行为人自身的客观原因所致（如作案时突发疾病或者体力不支难以继续）、行为人主观原因所致（如误认为客观条件不利而被迫停止犯罪）。①

一般认为，区分实行终了的未遂和未实行终了的未遂，是为了评价行为的法益侵犯程度。实行行为距离犯罪既遂越近，其法益侵犯程度一般也越大。因此，在其他犯罪情节相同或大致相同的情况下，实行终了的未遂犯受到的处罚一般会重于未实行终了的未遂犯。

（二）能犯未遂与不能犯未遂

能犯未遂与不能犯未遂，是以犯罪行为本身能否达到既遂状态所作出的分类。能犯未遂与不能犯未遂相比，能犯未遂具有引起犯罪结果的现实可能性，而不能犯未遂只有引起犯罪结果的抽象可能性，因此，能犯未遂比不能犯未遂具有更大的法益侵犯性。这正是在理论上区分能犯未遂与不能犯未遂的实际意义，对能犯未遂的处罚一般会重于不能犯未遂。② 而且，不能犯未遂之中，如果属于绝对的不能犯，则不能作为犯罪未遂来处理。

能犯未遂，是指行为人已经着手实施实行行为，并且，这一行为实际有可能

---

① 李希慧主编：《刑法总论》，武汉大学出版社 2008 年版，第 315 页。
② 同上书，第 317 页。

完成犯罪,但是由于行为人意志以外的原因,而使犯罪未得逞的情况。认定能犯未遂时,必须考虑实行行为本身是否具有侵犯法益的实际可能性,如果不存在这种实际可能性,则可能构成不能犯未遂。至于客观行为是否具有侵害法益的紧迫危险,则应以行为时存在的所有客观事实为基础,立足于行为当时,根据客观的因果法则进行判断。行为人所采用的犯罪手段、作案工具、犯罪对象的具体情况及所处位置、犯罪时的具体环境等,都是必须综合考虑的重要因素。

不能犯未遂,是指行为人已经着手实施实行行为,但是,由于行为本身的性质,致使行为根本不可能完成犯罪,而使犯罪未得逞的情况。根据不能完成犯罪的程度,不能犯又可分为绝对的不能犯与相对的不能犯。如误将白糖当毒药用来杀人,未达杀人目的也未出现任何危害后果,则属于绝对的不能犯,一般不认为构成犯罪。如用不足量的毒药杀人,未能将人杀死的行为是相对的不能犯,属于犯罪未遂。

在行为具有导致危害结果发生的危险性的情况下,不能犯又可分为对象不能犯和手段不能犯。对象不能犯未遂,又称为"客体的不能",是指由于行为人的错误认识,使得犯罪行为所指向的犯罪对象在行为当时不在犯罪行为的有效作用范围内,或者由于具有某种属性,使得犯罪无法达到既遂状态,只能构成未遂。例如,小偷为了窃取财物而将手伸进他人的口袋,但口袋里空无一物;试图杀死睡在床上的某人而开枪射击,但床上空无一人;以为是人而开枪射击,但其实是佛像。又如,甲深夜潜入乙家行窃,发现留长发穿花布睡衣的乙正在睡觉,意图奸淫,便扑在乙身上强脱其衣。乙惊醒后大声喝问,甲发现乙是男人,慌忙逃跑,被抓获。甲的行为就属于对象不能犯的强奸罪未遂。手段不能犯未遂,又称工具不能犯未遂或者"方法的不能",是指行为人所采用的手段或使用的工具没有效果而使得犯罪不能既遂。例如,出于杀人目的而扣动手枪扳机,但并未装子弹。

值得注意的是,区分对象不能犯和手段不能犯,其前提是行为本身构成犯罪,即有侵犯法益的可能性。例如,甲以为乙的左口袋有钱包而窃取,实际上乙的钱包在右口袋,甲未能得逞的,就属于对象不能犯的未遂;甲以为注射200毫升空气进入乙的静脉足以致乙死亡,实际需要注射300毫升,因而杀人未得逞的,就属于手段不能犯的未遂。然而,甲于荒野中误将稻草人当做仇人而射击的,或者甲误将健身药品当做砒霜而投入他人食物的,由于客观上没有杀死人的可能性,因而无罪,而不是(具有可罚性的)不能犯。

另外,讨论手段不能犯时,应当注意将其与迷信犯区别开来。迷信犯,是指行为人由于愚昧无知,采取没有任何客观根据,在任何情况下都不可能产生实际犯罪结果的迷信手段,意图实现自己所追求的某种犯罪结果。迷信犯是由于愚昧无知所致,是以行为人违反科学的认识为基础,在任何情况下都不可能对外界造成损害,实现其意图,因而不能认定为犯罪。

四、未遂犯的刑事责任

犯罪未遂的行为人构成未遂犯。我国《刑法》第 23 条第 2 款规定:"对于未遂犯,可以比照既遂犯从轻或者减轻处罚。"这一规定表明,处罚未遂犯是我国刑法的原则性规定,对于未遂犯裁量刑罚时,应以既遂犯为参照对象。由于未遂犯在违法程度(即对法益的侵犯程度)上较既遂犯要轻,因而"可以"比照既遂犯从轻或者减轻处罚。

第四节 犯罪中止

一、犯罪中止的概念和性质

（一）犯罪中止的概念

我国《刑法》第 24 条第 1 款规定:"在犯罪过程中,自动放弃犯罪或者自动有效地防止犯罪结果发生的,是犯罪中止。"据此,犯罪中止存在两种情况:一是未实行终了的中止,又称着手中止,即在预备阶段或者实行行为还没有实行终了的犯罪过程中,行为人自动放弃犯罪,因而没有发生犯罪结果;二是实行终了的中止,又称实行中止,即行为人已经将实行行为实行终了,但犯罪结果尚未发生时,行为人自动有效地防止了犯罪结果的发生。

犯罪中止,是指在故意犯罪的过程中,行为人自动放弃犯罪或者自动有效地防止犯罪结果的发生,而未完成犯罪的一种犯罪停止形态。在故意犯罪全过程中的任何阶段,只要在既遂发生之前,都可能发生犯罪中止,这表现出立法者对于故意犯罪的行为人"中止犯罪"的鼓励和宽容的态度。刑法规定犯罪中止,是通过鼓励故意犯罪人主观因素向积极方面转化,避免法益受到进一步的侵犯,从而有助于将犯罪的损害降到最低。

要注意区分犯罪中止与中止行为的概念,避免将二者混淆。首先,犯罪中止与中止行为本身具有密切联系:没有中止行为就不可能有犯罪中止,中止行为是犯罪中止形态的决定性原因,犯罪中止形态是中止行为造成的结局。犯罪中止与中止行为又存在严格区别:中止行为在本质上不是犯罪行为,而是刑法所鼓励的抑制犯罪的行为,犯罪中止则是犯罪的一种未完成形态,中止犯应当负刑事责任;"中止行为"之前的预备行为或者实行行为是行为人应当负刑事责任的依据,而中止行为本身是应当免除或者减轻刑事处罚的原因之一。[1]

---

[1] 张明楷:《刑法学》,法律出版社 2016 年版,第 360 页。

(二) 犯罪中止的法律性质

我国《刑法》第 24 条第 2 款规定:"对于中止犯,没有造成损害的,应当免除处罚;造成损害的,应当减轻处罚。"由此可见,对犯罪中止的处罚要远远轻于犯罪未遂甚至预备犯。那么,立法者何以如此"慷慨大度"呢?这涉及中止犯的减免处罚根据问题,实质上就是中止犯的法律性质问题。这是研究中止犯的首要问题,对该问题的理解不一,中止犯的成立要件、适用范围等也将随之呈现差异。

在回答犯罪中止的法律性质之前,首先必须明确以下前提。第一,中止犯的比较对象是什么?我国基本上是以既遂犯为比较对象来讨论中止犯的刑事责任的。然而,讨论中止犯减免处罚的根据,实际上讨论的是中止犯的处罚轻于未遂犯(甚至轻于预备犯),其实质根据在哪里?毕竟,既遂犯仅是中止犯的"处罚比较对象",未遂犯以及预备犯才是"刑罚减免比较对象"。第二,违法性、责任的评价对象是什么?犯罪中止也是"犯罪"的停止形态,同样必须具有违法性与有责性。犯罪中止是针对前后相互关联的整体行为(实行的着手→实行行为→中止行为,或者预备行为→中止行为)的规定,违法性是对此整体行为的综合性评价,而非仅仅是针对实行行为或者预备行为的评价。同样,责任的大小也是针对行为人对此整体行为所持的主观心理态度的评价。第三,与犯罪未遂相比,犯罪中止是否减少了违法性?有观点认为,二者都是未完成犯罪,都是对法益没有造成现实的损害,因而不能认定犯罪中止的违法性降低。① 然而,犯罪中止是"中止了"的情形,犯罪未遂是"虽非中止但停止了"的情形,二者不仅在消灭既遂危险的客观原因(究竟是因行为人的任意的中止行为而消灭,还是因违背行为人意志的外在障碍而消灭)上不同,危险性的内涵本身也不相同。通过实行行为创造既遂危险只是行为人实现犯罪目的的手段或过程,发生犯罪结果才是行为人的最终目的,只要不出现阻止结果发生的其他原因,危险一旦发生,不可能就此止于静止状态,既遂危险是否被"具体化""现实化",就取决于行为人当时的主观以及由此所采取的举动。在犯罪中止的场合,危险性的发展方向(是否实际发生既遂结果)及其程度(既遂危险是被降低还是被消灭),无不为行为人的意思与行为所左右,并且,结果的发生有违行为人的意思,因此,只要不出现意料之外的特别情况,行为人放弃犯罪或者积极地实施中止行为,就可以避免现实的危险走向实际的侵害;在犯罪未遂的场合,发生结果是行为人所期待的,因而一旦发生危险,只要不另外出现外部障碍,危险的前途就完全取决于因果关系的自然进程,该危险必然现实地发展至既遂,因而达到既遂的盖然性要远远高于犯罪中止。因此,虽然都存在发生既遂结果的危险性,但犯罪中止与犯罪未遂的危险性存在本质区别,犯罪中止的违法性程度当然要轻于犯罪未遂。

---

① 周光权:《刑法总论》,中国人民大学出版社 2016 年版,第 297—298 页。

对于中止犯的法律性质,主要从刑事政策根据与法律根据两个方面予以探讨。前者超越犯罪成立要件的框架,从刑事政策的角度找寻根据,强调中止犯规定的预防功能,认为对于已开始实施犯罪者,通过给予减免其刑的恩惠,为其铺设一条回归金桥,可最大限度防止犯罪的完成(或者犯罪的进一步发展),称之为政策说;后者是在犯罪论的框架内,从犯罪成立要件即违法性、责任的角度进行解释,认为与未遂犯相比,中止犯减少了违法性,或者与未遂犯、预备犯相比,中止犯减少了有责性,称之为法律说。在法律说内部,因就故意在犯罪论体系中的地位认识不一,又分为两个方向:行为无价值论多认为故意既属于违法性要素又属于责任要素,倾向于违法性减少说;结果无价值论多认为故意仅属于责任要素,倾向于责任减少说。故法律说又分为违法性减少说、责任减少说以及违法性·责任减少说。并且,因政策说与法律说并非必然对立,多主张兼顾政策说与法律说的并合说(违法性减少·政策说、责任减少·政策说),或者综合说(违法性减少·责任减少·政策说)。尽管学说看似繁杂,但其根本对立就在于,犯罪中止究竟是减少了违法性,还是减少了责任,抑或兼而有之?[①]

要准确说明中止犯的法律性质,既要考虑违法性与责任的减少,也应考虑政策性因素,因而综合说更为合适。综合说的基本观点有两点:第一,政策说与法律说并不必然相互排斥彼此对立,政策说、违法性减少说或者责任减少说都只是强调了中止犯法律性质的某一方面,唯有整合各说才能准确揭示中止犯全貌;第二,减免根据在于,与未遂犯相比,中止犯既减少了违法性也减少了责任,同时存在刑事政策性考虑。

综合说包括刑事政策、违法性以及有责性,还需要理顺其间的关系。首先,就政策说与法律说的关系而言,第一,立法者正是为了达到某种刑事政策的目的,才设置了包括中止犯在内的刑法规定,不仅如此,还对达到政策性效果者事先设定了法律评价,因而离开刑事政策性考虑,仅以违法性减少或责任减少作为中止犯的减免处罚根据,在方法论上难言正确;第二,研究中止犯的法律性质,也不能脱离犯罪的本质,因为刑事政策只有通过违法性、责任等犯罪的本质才能具体实现,不可能也不应存在全无具体法律根据的纯粹的"政策"。因而政策说与法律说处于密不可分的关系,政策说并非仅仅是法律说的补充,相反是法律说的根基,法律说是政策说的具体体现与补强。其次,就法律说中的违法性减少与责任减少之间的关系而言,二者并非包容关系,而是分别从不同的层面为中止犯之刑的减免提供依据,也是从不同侧面说明中止犯的成立要件,均属于不可或缺的要素,但责任是就行为人的违法行为而对行为人的非难,违法性是责任的先行概念,没有违法性便没有必要探讨有无责任及其程度,更无所谓责任的减少,因此,

---

① 值得注意的是,犯罪中止仍然是"犯罪"的停止形态,因而不可能"消灭"违法性或者有责性。

违法性减少与责任减少之间存在严格的先后之分。

因此,对于犯罪中止的法律性质,应采取以政策说为根基的综合说,从刑事政策、违法性减少、责任减少这三个方面进行考虑,其中,政策说是法律说的根基,违法性减少是责任减少的前提。这样,凡行为人的行为有助于实现立法目的,且存在违法性与责任的减少,就应相对"慷慨"地认定中止犯。逆言之,如果行为人的行为无助于实行立法目的或者根本没有实现立法目的,即便存在违法性或者责任的减少,也不宜认定为中止犯。例如,数人共同轮奸被害女性,被害人苦苦哀求其中一个犯人甲,说自己不行了,甲见被害人确实可怜,于是放弃了奸淫,这是否构成中止犯呢? 在该案中,尽管行为人主观恶性已经减轻(责任的减少),但不能因此认定构成中止犯。因为,在以政策说为根基的综合说看来,在共同犯罪中,何人构成中止犯,取决于行为人是否消灭了犯罪既遂的危险;只有实施了消灭危险之行为的人才是值得刑法奖励的人,才可以构成中止犯。尽管行为人本人放弃了奸淫行为,但是,其并没有消灭被害人被其他共犯人奸淫的危险,未能实现立法目的,因此,行为人不构成强奸罪的中止犯,而是既遂犯,不能享受减免其刑的"恩惠"。①

二、犯罪中止的成立条件

根据我国《刑法》第 24 条第 1 款的规定,一般认为,成立犯罪中止,必须满足中止的时间性、客观性、自动性、有效性等四个条件。

(一) 时间性

犯罪行为的实施有一个过程,犯罪中止只能发生在犯罪过程中,这是犯罪中止的时间性条件。

犯罪中止是相对于犯罪既遂形态的一种犯罪不完全形态,是没有完成行为人意图实施的犯罪的情况,故犯罪中止只能发生在犯罪终局之前的"犯罪过程中"。这是由中止的有效性决定的,即"放弃犯罪或者有效地防止犯罪结果发生",决定了中止只能发生在"犯罪过程中"而不能发生在犯罪既遂之后。因而,"在犯罪过程中",是指在开始实施犯罪行为之后、犯罪呈现结局之前均可中止,亦即,在犯罪预备之前的犯意产生、犯意表示阶段以及犯罪既遂之后,均不存在犯罪中止的问题。具体而言,由于"犯罪过程"的时间始于犯罪预备行为的实施,终于犯罪既遂,因而犯罪中止可以发生在以下四个阶段:犯罪预备阶段、犯罪预备行为已经实施完毕但尚未着手实行行为的阶段、已经着手实行行为但实行行为尚未实行完毕的阶段、实行行为已经实行完毕但尚未发生既遂结果的阶段。

---

① 当然,与其他犯人相比,行为人本人没有实施奸淫行为,这对于被告人的量刑具有一定影响,但是,这仅是一个酌定量刑情节,而不是像中止犯那样属于法定量刑情节。

如果在犯罪的发展过程中,由于行为人意志以外的原因犯罪已经停止下来而成立其他未完成犯罪形态(如犯罪预备或犯罪未遂),就不可能再成立犯罪中止形态。因为,犯罪中止与犯罪预备、犯罪未遂相并列都是未完成的犯罪形态,各个犯罪停止形态均具有终局性与排他性,不能相互转化。①

(二) 客观性

犯罪中止的客观性,是指行为人客观上实施了中止犯罪的行为。"中止"不只是一种内心状态的转变,还要求客观上有中止行为。这是成立中止犯最根本的要件。

1. 中止行为的两种类型

根据我国《刑法》第 24 条第 1 款的规定,一般可将中止行为分为"放弃犯罪""自动有效地防止结果的发生"这两种情况,与未遂犯的"着手未遂""实行未遂"相对应,又分别称为"着手中止""实行中止"。② 并且,作为犯罪中止成立的客观条件,这两种行为之间是选择关系,即只要有其中任何一种行为,就符合犯罪中止的客观性要求。

通说认为,着手中止,是指行为未实行终了、只要不继续实施就不会发生犯罪结果时,中止行为表现为"放弃犯罪"的行为即可。例如,行为人雨夜去盗窃村民的耕牛,将耕牛牵出牛棚后,由于害怕耕牛的蹄印露出痕迹,又把耕牛牵回了牛棚。要求行为人必须停止正在进行的犯罪,即犯罪行为不再继续进行。正在进行的犯罪是以不作为形式实施的,必须表现出某种积极的作为。③ 同理,正在进行的犯罪是以作为形式实施的,停止犯罪的行为则可以是不作为。如果犯罪的预备行为已经实施完毕,则不可能在犯罪预备阶段出现放弃犯罪的中止行为,但可以在犯罪的实行阶段出现放弃犯罪的中止行为。如果犯罪的实行行为已经实施终了,则不可能出现放弃犯罪的中止行为。④

通说还认为,实行中止,是指在行为已经实行终了、不采取有效措施就会发生犯罪结果的情况下,中止行为应表现为采取积极措施"自动有效地防止犯罪结果发生"。例如,行为人欲炸毁某大桥而点燃了炸药包的导火索,此时他只有把导火索掐灭而阻止爆炸的发生,才能成立犯罪中止。"自动有效地防止犯罪结果发生",是指行为人在实行行为实施终了后,行为人追求的犯罪结果发生之前,行为人采取了避免犯罪结果发生的积极措施,并且有效地防止了犯罪结果的发生。从时间上看,这种中止行为必须发生在实行行为终了后、危害结果发生之前。同时,该中止行为必须是防止犯罪结果发生的有效措施。例如,行为人投毒

---

① 显然,犯罪既遂后自动恢复原状的,也不能成立犯罪中止。
② 还可分别称为"消极中止""未实行终了的中止"与"积极中止""实行终了的中止"。
③ 亦即,对不作为犯罪的中止而言,其中止行为一般表现为履行自己原本应当履行的义务。
④ 李希慧主编:《刑法总论》,武汉大学出版社 2008 年版,第 320 页。

以后,在被害人还没有饮用之前,将毒液倒掉;或者在被害人饮用后到尚未死亡之前,行为人送被害人去医院抢救,被害人生还。反之,如果行为人采取了一定措施,但该措施不具有防止危害结果发生的可能性,就不能认为行为人的行为是中止行为。例如,甲砍了乙两刀,看到乙流血不止又后悔,给乙伤口放了些纸巾便离去,乙最终死亡,就不是犯罪中止。

2. 行为是否实施终了的判断

区分着手中止与实行中止,通说认为,取决于犯罪行为是否已经实施终了。行为是否实行终了,理论上存在不同学说,不同学说对相同案件会得出不同结论。例如,手枪中有八发子弹,行为人开了一枪,但仅造成对方极为轻微的伤害,后来没有再开枪("手枪事例")。(1) 主观说主张以行为人的犯罪计划或者认识内容为标准确定终了时期。在上例中,如果行为人原本只想开一枪,其实行行为就已经终了,因而成立犯罪未遂;如果行为人原本打算发射两发以上子弹,则实行行为尚未终了,因而成立犯罪中止。(2) 客观说主张以行为的外部形态或结果发生的客观危险性为标准确定终了时期。在上例中,向被害人开一枪的行为本身就属于足以致人死亡的行为,即具有发生结果的现实危险性,故不管行为人主观上如何考虑,该杀人行为已经实行终了,即成立犯罪未遂。(3) 遮断说主张以是否引起了"不遮断因果关系就发生结果"这种状态为标准区分是否终了。行为是否引起了这种状态,与行为人的认识、计划、意志等主观内容无关,仅根据客观事实进行判断。在上例中,如果第一枪就击中,给被害人造成了倘若放任不管就死亡的重伤,便属于"不遮断因果关系就发生结果"的状态,故实行行为终了;如果第一枪没有击中被害人,实行行为就尚未终了;如果第一枪没有击中,接着开第二枪,但也没有击中被害人,实行行为也没有终了;如果第二枪造成了倘若放任不管就死亡的重伤,则实行行为终了。该说显然是以是否需要采取积极措施防止结果发生为基准。(4) 折中说主张根据行为当时的客观情况以及行为人的主观认识综合判断终了时期。在上例中,第一枪仅造成被害人极为轻微的伤害,没有致人死亡的危险,而且还有继续实施行为的可能性,故实行行为尚未终了。①

何时不作为即可构成中止行为、何时必须实施积极的作为才构成中止行为呢?在我国,一般认为,行为未实行终了,只要不继续实施就不会发生犯罪结果时,中止行为表现为放弃继续实行犯罪行为(不作为);行为实行终了,不采取有效措施就会发生犯罪结果时,中止行为表现为采取积极措施有效地防止犯罪结果的发生(作为)。这种见解是将单纯的不作为即可构成中止行为、还是要求积

---

① 张明楷:《刑法学》,法律出版社 2016 年版,第 370 页。

极的作为,与实行行为是否终了捆绑在一起进行议论的。① 应当认为,这种处理方式并不合适。首先,实行行为何时终了,并不是一个容易判断的问题,学说间仍存争议,将中止行为的方式与实行行为是否终了联系在一起,只会人为地增加问题的复杂性。其次,行为是否实行终了与是否会发生既遂结果,不存在必然的逻辑对应关系:即使行为尚未实行终了,也有可能已经发生既遂结果,例如只要有插入行为,即使强奸尚未实行终了,也属于强奸既遂;相反,即使行为实行终了,也有可能不发生既遂结果,如让被害人服用了未达致死量的毒药的。因此,对于中止的方式,必须明确更为实质的基准。"作为之所以是必要的,那是因为如果置之不理,将会发生既遂结果;为何不作为就可以了,那是即使置之不理也不会发生既遂结果。"② 所以,在存在既遂危险的前提下,并非取决于实行行为是否终了,而是取决于为避免现实危险被现实化为犯罪结果,到底需要作为还是不作为。如果单纯的不作为即能避免既遂危险,则单纯不作为即可,如果不积极切断因果流程就有既遂的危险,当然就需要积极的作为。③ 概言之,着手中止与实行中止的区别不在于实行行为是否终了,而取决于要防止犯罪结果的发生,是需要积极的作为还是只要消极的不作为即可。因为,之所以要求行为人实施中止行为,是为了防止既遂结果的出现,满足"在犯罪过程中"这一前提条件。在上述"手枪事例"中,不管行为人主观上如何打算,也不管行为人实际开了几枪,如果行为人不采取积极措施,被害人就会受伤而亡,就需要行为人采取积极的作为;反之,即便行为人不采取积极措施,被害人所受的枪伤也不存在死亡的危险,则只要行为人不再开枪,就可认为行为人实施了中止行为。

这里还涉及"放弃重复侵害行为"的定性问题。放弃重复侵害行为,是指行为人已经着手实施特定的犯罪行为,未能发生预期的犯罪结果,在能够重复实施同一性质的侵害行为并造成预期犯罪结果的情况下,放弃了犯罪的继续实行,因而使预期犯罪结果不再发生的情况。④ 甲手枪中有 3 发子弹,在第一枪没有射中且可以继续射击的情况下而不射击的,就是其适例。对此,现在一般认为应构成犯罪中止。事实上,这种讨论并无实质意义。因为,所谓放弃重复侵害行为,被限定在以下条件之下:(1) 行为人已经着手实行犯罪,但是第一次侵害行为未能发生预期的犯罪结果;(2) 主观要件表现为行为人根据当时的客观实际情况和主观情况,自认为能够继续实施侵害行为,但是"主动"停止;(3) 客观要件表现为放弃继续侵害的行为最终避免了预期危害结果的发生。⑤ 问题实质上在

---

① 〔日〕井田良:《刑法总论之理论构造》,日本成文堂 2005 年版,第 286 页。
② 〔日〕高桥则夫等:《刑法总论》,日本评论社 2005 年版,第 264 页。
③ 李立众:《中止犯减免根据及其意义》,载《法学研究》2008 年第 4 期。
④ 马克昌:《犯罪通论》,武汉大学出版社 1999 年版,第 476 页。
⑤ 李希慧主编:《刑法总论》,武汉大学出版社 2008 年版,第 324 页。

于,甲手枪中有 3 发子弹,第一枪已经击中被害人,但在尚未发生死亡结果的情形下,甲不再开枪射击,被害人最终并未死亡的,是否能认定成立中止犯? 在甲自认为能继续开枪且实际可以继续开枪的场合,是否构成中止犯,取决于"放弃重复侵害行为"是否足以阻止既遂结果的发生,易言之,取决于"发生既遂结果的危险性程度"。如果第一枪已经造成足以发生既遂的危险,即便被害人因为其他人的救治而未发生既遂结果,也不能认定"放弃重复侵害行为"属于中止行为;反之,如果第一枪尚未造成足以发生既遂的危险,只要行为人不开第二枪就不会发生既遂结果的,"放弃重复侵害行为"就属于中止行为。

3. 对中止行为的实质理解①

所谓中止行为,是指消灭了犯罪既遂危险的行为。这个定义虽然简单,但是蕴含着不少内容,需要进行实质性理解。

第一,消灭犯罪既遂的危险,以法益处于危险之中为前提,因此,没有既遂危险的地方,就没有中止行为。显然,既遂危险只存在于犯罪过程中,因为只有在犯罪过程中,法益才面临被害危险,此时法律才期待行为人实施中止行为来消灭既遂危险。所以,我国刑法明确规定中止犯必须是"在犯罪过程中"。②

第二,行为足以消灭既遂危险,或者对于既遂危险的消灭,行为人至少具有一定程度的贡献,才属于中止行为。因为,只有行为人为消灭既遂危险作出了一定程度的贡献时,才可以享受减免处罚的奖励。行为人虽然为消灭危险创造了一定条件,但是,其对于危险消灭所起的作用极其微弱时,不能认为行为人为消灭危险作出了一定贡献,该行为不属于中止行为。例如,行为人点火之后大喊"着火了"即迅速离开的,即使他人听到喊声扑灭火灾的,行为人也不属于中止犯。又如,杀人犯离开现场之后,产生悔意,急忙赶回现场,准备把被害人送往医院救治,但是被害人已经被其他人送往医院了,由于行为人对危险的消灭没有作出任何贡献,不应构成中止犯。

只要能够消灭既遂危险,没有必要要求行为人必须独立实施中止行为。无论是单独救助法益,还是介入了他人的救助行为,只要行为人的行为足以消灭既遂危险,或者对于既遂危险的消灭,行为人具有一定程度的贡献,即属于中止行为。虽然借助了外力,但是防止了既遂结果的发生,实现了保护法益的刑事政策目的,就没有理由否定中止犯的成立。此时,即使外力起了重要作用,也无妨中止犯的成立。因为行为人是普通人,一般并不具有消灭危险的专业能力(如杀人者不是医生,不可能独立救助受伤者),如果要求成立中止犯不允许外力起了重要作用,那么就过于苛刻,不利于保护法益。

---

① 李立众:《中止犯减免根据及其意义》,载《法学研究》2008 年第 4 期。
② 因此,时间性与其说是犯罪中止的成立条件之一,毋宁说是成立犯罪中止的前提条件。

第三,在共犯中,消灭既遂危险不仅指消灭本人的既遂危险,更是指消灭来自其他共犯的既遂危险。例如,本人主动放弃进一步实施犯罪行为,或者消极地离开犯罪现场,但是,其并没有消灭来自其他共犯人的既遂危险的,不属于中止行为,没有成立中止犯的余地;如果其他共犯人犯罪既遂,行为人也构成既遂犯。总之,在共犯中,要成立中止犯,与通常的中止犯相比,行为人必须付出更大努力,必须消灭来自所有共犯人的达到既遂的危险。

(三) 自动性

成立犯罪中止,要求行为人"自动"放弃犯罪或者"自动"有效地防止犯罪结果的发生。中止的自动性,是指行为人认识到客观上可能继续实施犯罪或者可能达到既遂,但自愿放弃原来的犯罪意图。亦即,犯罪人意志没有受到压抑,基于本人意愿放弃犯罪或有效防止了结果发生,这是犯罪中止与犯罪预备、犯罪未遂在主观上的区分标志。

关于中止自动性的理解,刑法理论上存在不同观点:(1) 主观说认为,行为人放弃犯罪的动机是基于对外部障碍的认识时,属于未遂,此外的场合便是自动中止。(2) 限定主观说认为,只有基于悔悟、同情等对自己的行为持否定评价的规范意识、感情或者动机时而放弃犯罪的,才是自动中止,此外都是未遂。(3) 客观说主张,对未达到既遂的原因应根据社会的一般观念进行客观评价。如果当时的情况对一般人不会产生强制性影响而行为人放弃的,是犯罪中止;如果当时的情况能对一般人产生强制性影响而行为人放弃的,是犯罪未遂。(4) 折衷说主张,通过客观地判断行为人是否认识以及如何认识外界现象来看外界现象是否对行为人的意识产生强制性影响,进而区分未遂与中止。

在判断具体的行为是否具有自动性时,也应该以犯罪中止的法律性质为指导。在以政策说为根基的综合说看来,只要行为人自认为能够完成犯罪的情况下,基于本人意愿而放弃犯罪的,就应认为行为人存在中止意思,都应当视为犯罪中止。正确地认定行为人停止犯罪的自动性,必须从以下三个方面进行分析:(1) 在认识因素上,必须是行为人自认为自己能够继续犯罪或实现犯罪结果,这是认定自动性的前提条件。判断行为人是否"自认为自己能够继续犯罪或实现犯罪结果",一般采取"弗兰克公式":"能达目的而不欲"时是中止,"欲达目的而不能"时是未遂。"能"和"不能"的判断应以行为人的认识为标准(主观说),即只要行为人认为可能既遂而不愿达到既遂,即使客观上不可能既遂的,也是中止;只要行为人认为不可能既遂而放弃,即使客观上可能既遂,也是未遂。例如,抢劫时发现对方是自己胞兄而放弃犯罪的,属于犯罪中止(发现对方是熟人而放弃犯行,通常认定为中止);但持枪杀人时听到警笛声逃跑的,属于犯罪未遂。又如,行为人潜入办公室想要打开保险箱时,因害怕刑事处罚而停止并离开现场,但实际上,保险柜中并无任何资金。对此,不能否认行为人放弃犯罪的自动性。如果行为人已经对犯罪的前途感到失望、绝望，不管其主观认识与客观事实是否一致，都不具有自动性。(2) 在意志因素上，必须是行为人出于本人的意愿而放弃犯罪，这是自动性的实质条件。基于本人意愿而放弃犯罪，是指行为人在自认为可以继续实施犯罪的情况下，出于自愿而非被迫，放弃了继续实施犯罪、完成犯罪的意图。即便存在一定的外部阻挠，但行为人本人认为能够继续完成犯罪而放弃犯罪的，亦即这种外部不利条件一般不足以使得行为人放弃犯罪的，也属于自动放弃。(3) 行为人彻底地放弃原来的犯罪，这是自动性的程度条件。但值得注意的是，所谓中止犯，是对正在实施的某个具体犯罪而言的，因而不能无限扩大自动放弃的"彻底性"，仅限于行为人对正在实施的某个具体犯罪要彻底放弃，不是指行为人以后任何时候都不再犯罪或者不再实施同类犯罪。

动机不影响自动性的认定。行为人自动放弃犯罪的动机各有不同，有的是出于真诚的悔悟，有的是基于对被害人的怜悯，有的是担心罪行暴露受到惩罚，有的是为了争取宽大处理，等等。无论基于何种动机，只要行为人在自认为能够将犯罪进行下去的情况下，自动放弃或者有效地防止犯罪结果的发生，就具有犯罪中止的自动性。具体而言，(1) 自动性的成立不以中止动机的伦理性为必要，不要求行为人基于真诚的悔悟彻底放弃一切犯意，只要行为人完全放弃该次特定犯罪的犯意即可。亦即，中止可以是犯罪人"理性计算"，进行利益衡量的结果。例如，甲抢劫妇女乙的财物，经乙苦苦哀求，甲决定不抢劫，但随后实施了猥亵行为，趁被害人转身穿衣服之际，甲将其财物拿走。甲成立抢劫罪中止、强制猥亵、侮辱妇女罪与盗窃罪，数罪并罚。(2) 中止的原因多种多样，但中止的原因本身不影响中止自动性的判断。担心被当场发觉而使自己名誉受到损害、担心日后被告发、逮捕与受处罚而放弃犯行的，具有自动性；因为担心被当场发觉、被当场逮捕而放弃犯行的，不具有自动性。例如，行为人入室盗窃，即将出门时，看到门口两个警察在聊天，担心被抓，于是放弃财物空手走出的，就不具有自动性。又如，甲因父仇欲重伤乙，将乙推倒在地举刀便砍，乙边慌忙抵挡边喊着说："是丙逼我把你家老汉推下粪池的，不信去问丁。"甲信以为真，遂松开乙，乙趁机逃走。在该案中，甲对乙的伤害结果并未实现（犯罪未得逞），其原因就在于甲自动放弃了犯罪行为。甲之所以放弃犯罪，是因为相信了乙的话。但在中止的自动性认定中，放弃犯罪的原因本身并不重要，只要行为人认为还能继续实施犯罪行为或者能够达到既遂，但不愿意达到既遂的，就存在自动性。

不能因为存在客观障碍就一概否认中止的自动性。在存在客观障碍的情况下，有时行为人并没有认识到，而是出于其他原因放弃犯罪的，应认定为中止；有时行为人认识到了，但同时认为该客观障碍并不足以阻止其继续犯罪，而是由于其他原因放弃犯罪的，也应认定为中止。例如，行为人没有盗窃特定财物的意图，只是想窃取一般财物时，如果因为财物价值不高（达到了刑法上的数额较大)而不窃取的,具有自动性。反之,因为目的物的障碍而放弃犯行的,不具有自动性。例如,意欲盗取特定财物,但不存在特定财物,即使没有盗窃其他财物的,或者,原本打算抢劫巨额现金,发现对方只有极少量现金,而放弃抢劫的,都不具有自动性。同样,因缺乏期待利益而放弃犯行的,也不具有自动性。例如,甲受雇杀乙,举枪瞄准后及时发现对方并非乙而放下枪支的,或者,甲持刀欲砍死躺在床上的前妻乙,砍了几刀后发现是自己的女儿丙,甲随即将女儿送往医院抢救脱险的,甲都属于犯罪未遂。

(四) 有效性

犯罪中止的有效性,是指行为人有效地防止了犯罪结果的出现。不管是哪一种犯罪中止,都要求没有发生行为人原本所追求的、行为性质所决定的犯罪结果。否则,应当成立犯罪既遂。这是犯罪中止"有效性"的突出表现。

在具体认定时,有几点值得注意:(1) 行为人虽然自动放弃犯罪或者自动采取措施防止结果发生,但如果实际上未能阻止法定犯罪结果发生,就不符合犯罪中止"有效性"的特征,不能认定为犯罪中止。例如,药店营业员李某与王某有仇。某日王某之妻到药店买药为王某治病,李某将一包砒霜混在药中交给王妻。后李某后悔,于第二天到王家欲取回砒霜,而王某谎称已服完。李某见王某没有什么异常,就没有将真相告诉王某。几天后,王某因服用李某提供的砒霜而死亡。李某的行为就不属于犯罪中止,而属于犯罪既遂。(2) 同未遂犯一样,并不是要求没有发生任何结果,而是要求没有构成要件结果。亦即,行为人自动放弃重罪或者自动有效地防止重罪的结果,但造成了轻罪的"既遂"的,仍应认定为重罪的中止犯。例如,基于杀人的意图对他人实施暴力,见被害人流血不止而心生怜悯,将其送到医院,被害人经治疗后仍鉴定为重伤的,属于故意杀人罪的犯罪中止;又如,行为人以强奸故意对被害妇女实施了暴力和奸淫前的猥亵行为,但自动中止了奸淫行为的,应认定为强奸中止,而不能认定为强制猥亵妇女既遂。(3) 犯罪明显告一段落归于未遂后,实施抢救被害人的行为的,由于此时犯罪已经结束,犯罪已经定格在未遂形态,就不可能再构成犯罪中止。例如,行为人对仇人王某猛砍20刀后离开现场。两小时后,为寻找、销毁犯罪工具,行为人又回到现场,见王某仍然没有死亡,但极其可怜,即将其送到医院治疗的,就不属于犯罪中止。(4) 还必须发生在该罪既遂前,既遂以后自动返还原物不能视为中止。例如,行为人在公共汽车上盗窃后,受害人伤心欲绝,说是给孩子治病的救命钱,行为人良心发现悄悄将钱放回的,由于犯罪已经既遂,因而无法再成立犯罪中止。

另外,与有无因果关系相关联,有以下两点争议问题。

(1) 发生了犯罪结果,是否一概不构成中止?

只有当犯罪结果的发生与行为人的犯罪行为具有因果关系,才属于未能防止犯罪结果的发生,因而虽然发生了犯罪结果,但是与行为人此前的犯罪行为没有因果关系的,仍具有成立中止犯的余地。具体而言,中止行为已经消灭了既遂危险,犯罪结果的发生与行为人的犯罪行为没有因果关系,但是由于某种原因还是发生了犯罪结果的,因为行为人已经作了自我否定,不可将犯罪结果的发生归责于行为人(缺乏因果关系),此时在法律上仍应作出未发生既遂结果的评价。例如,甲向乙的食物投放毒药,乙吃后呕吐不止,甲顿生怜悯之心,将乙送往医院,但乙夜间死于医院的火灾事故的,应当认定成立中止犯。因为,甲将乙送往医院交付医生救治的行为,足以消灭乙死亡的既遂危险,乙死亡结果的发生与甲的毒杀行为不存在刑法上的因果关系,不是甲的行为导致了乙死亡,而是火烧死了乙,故应认为没有发生由甲的行为所引起的结果,应构成中止犯;如果甲在开车将乙送往医院抢救的途中,由于车速过快,车的右侧撞在路边的水泥杆上,乙被当场撞死的,由于介入因素割断了因果关系,对甲应以故意杀人罪中止与交通肇事罪既遂并罚。① 总之,笼统地说只要出现了犯罪结果就不成立中止犯,是不正确的。

(2)中止行为与危害结果未发生之间是否必须存在因果关系?

如果重视中止犯的主观面,认为自动停止犯罪、主观恶性降低是中止犯的核心,则一般不要求中止行为与结果未发生之间存在因果关系。但是,如果对于中止犯的法律性质采取以政策说为根基的综合说,只有行为自动地消灭了犯罪既遂的危险时,才值得刑法奖励,故危险的消灭必须是中止行为本身造成的,中止行为与结果未发生之间必须具有因果关系。而且,从我国《刑法》第24条第1款"自动有效地防止犯罪结果的发生"的文字表述来看,应当认为我国刑法要求结果未发生与中止行为之间存在因果关系。

这一问题多出现在以下两种情况:第一,最终导致结果不发生的原因并非行为人的中止行为,而是其他人的行为。例如,甲想杀乙,向乙开枪,致其重伤,甲回心转意积极抢救乙,但乙因血流不止情况危险,正好被偶尔路过此地的医生丙用随身携带的止血药止住了流血,使得乙得以活命。如前所述,并不要求行为人单独阻止犯罪结果的发生,因而虽然被害人的获救关键是由于医生丙的救治,但这并不妨碍对于行为人中止行为有效性的认定。第二,难点在于这一种情形:行为原本并无发生结果的可能性。例如,行为人想毒死某人,下药后马上后悔,送被害人去医院抢救,但所下的药量并未达到致死量,即便不送往医院,也不会死亡。对此,我国一般认为构成中止犯。在以政策说为根基的综合说看来,其法理

---

① 进一步而言,在甲顿生悔意急忙开车送乙去医院的途中,因交通事故耽误一小时,乙被送往医院时死亡,而医生证明,早小时送到医院乙就不会死亡。由于介入因素没有隔断因果关系,中止行为无效,甲构成故意杀人罪既遂。

在于,既遂危险原本就不存在,就谈不上是行为人消灭了既遂危险,其间不存在因果关系,自然不能直接适用《刑法》第 24 条的规定。然而,行为人虽未能消灭现实危险(根本不存在现实的既遂危险),但是消灭了假设的危险——如果存在既遂危险,行为人的行为足以消灭该危险——而且,为了与毒性达到致死量的场合成立中止犯相均衡,应该准用中止犯规定。①

三、犯罪中止的刑事责任

我国《刑法》第 24 条第 2 款规定:"对于中止犯,没有造成损害的,应当免除处罚;造成损害的,应当减轻处罚。"这表明我国刑法对于中止犯采取的处罚原则是"必减原则"。

适用该项原则,应当注意以下几个问题:(1)犯罪中止是一种犯罪行为,行为人应当负刑事责任。(2)对中止犯必须从宽处罚。这是我国刑法关于处罚中止犯的基本精神和一般原则。无论犯罪行为的性质如何、现实危害怎样,只要构成中止犯,就必须对其减轻或者免除处罚,而不是可以减轻或免除处罚。(3)对中止犯的从宽处罚应当根据对法益实际侵犯程度的不同区别对待:其一,没有造成损害的,应当免除处罚。所谓"没有造成损害",是指没有造成任何实际的法益侵害结果。"应当免除处罚",是指只定罪不处罚或称有罪无刑。这属于绝对性的规定,不论行为人实施了何种严重犯罪,只要成立犯罪中止且没有造成损害的,都必须免除处罚,不得判处任何刑罚;而且,还应当免除一切形式的刑罚,包括主刑和附加刑。其二,造成损害的应当减轻处罚。所谓"造成损害",是指虽然造成了一定的法益侵害结果,但没有造成行为人原本所追求的、行为性质所决定的犯罪结果。该结果多认为是物质性的可测量的损害结果,而不是精神性的损害结果。例如,行为人投毒杀人,被害人中毒后,行为人积极救助,使被害人免于死亡,但中毒使被害人的身体健康受到了实质性的伤害。"健康遭受伤害"就是行为人犯罪目的之外的其他法益侵害结果,属于"造成损害"的情形。(4)处罚原则与处罚要求显示出比预备犯和未遂犯处罚更轻的取向。首先,对于中止犯没有"从轻"处罚,只有减轻和免除处罚,而且,是必须减轻或免除;其次,中止犯的规定中把最轻的处罚——"免除处罚"放至最前端,而预备犯和未遂犯的规定中,处罚力度的排列顺序是由重至轻。因此,相对于犯罪未遂、犯罪预备而言,犯罪中止是承担刑事责任最轻的一种犯罪形态。

---

① 李立众:《中止犯减免根据及其意义》,载《法学研究》2008 年第 4 期。

第十二章 共犯形态

第一节 共犯概说

一、共犯的概念

在实际的犯罪现象中,有些犯罪是单独一人完成的,有些是多数人参与完成的,前者称为"单独犯",后者称为"共犯"。共犯是共同犯罪的简称,是单独犯的对称,和前述的犯罪未完成形态一样,共犯也属于修正的犯罪构成。相对于单独犯罪而言,共同犯罪是一种更为复杂的犯罪形态。从实质上说,共同犯罪的特殊性表现在它比单独犯罪的危害程度更为严重。二人以上的参与使共犯人胆大妄为,二人以上的配合使共犯行为更容易成功,危害后果更为严重,犯罪后更易逃脱法律惩处。因此需要区分共同犯罪与单独犯罪;共同犯罪的结构、类型不同,其危害程度就有差异,因此需要揭示不同类型的共同犯罪在危害程度上的区别。从刑法规定上说,刑法分则不可能、也没必要对各种具体犯罪的共犯形态做出规定,所以刑法总则必须规定共同犯罪的有关问题,以适用于刑法分则。

我国《刑法》第 25 条第 1 款规定:"共同犯罪是指二人以上共同故意犯罪。"该定义概括了共同犯罪的内在属性,体现了主客观相统一的原则,既为有效惩治共同犯罪提供了法律标准,又为理论上研究共同犯罪指明了方向。该定义具有以下三个主要特征:第一,表述的科学性。该定义揭示了共同犯罪必须具备的三个要件:二人以上、共同的犯罪行为、共同的犯罪故意。第二,用词的准确性。该定义明确指出了共同犯罪的主体条件是"二人以上",而未采用含意不够明确的词语——"数人",避免由此产生争议,影响司法实践的正常操作。第三,内容的概括性。该定义未将犯罪集团单独列出,而将其概括于"二人以上共同故意犯罪"之中。此外,该条第 2 款规定:"二人以上共同过失犯罪,不以共同犯罪论处;应当负刑事责任的,按照他们所犯的罪分别处罚。"这一款说明共同过失犯罪的,不构成共同犯罪,对共同犯罪的概念做了进一步的补充,使定义言简意赅,具有高度的概括性。①

---

① 参见高铭暄、马克昌主编:《刑法学》,北京大学出版社、高等教育出版社 2017 年版,第 163—164 页。

二、共犯的成立条件

共犯的成立条件是指共犯这一犯罪特殊形式成立所必须具备的条件,它揭示的是在什么样的条件下两个以上的主体才能构成共犯。根据我国刑法的规定,共犯的成立条件有三:主体必须两人以上;客观上必须有共同的犯罪行为;主观上必须有共同的犯罪故意。

(一) 共犯的主体条件

根据我国《刑法》第25条第1款的明文规定,共同犯罪的主体必须是"二人以上",即二人共同故意犯罪时便可成立共同犯罪。"二人"是最低要求,一人犯罪不可能成立共同犯罪;至于"以上"至多少人,则并无限制。但应注意,这里的二人以上不是泛指一切人,而是必须符合犯罪主体要件的人,就自然人而言,必须是达到刑事责任年龄、具有刑事责任能力的人。由于刑法规定单位可以成为某些犯罪的主体,因此,二个以上的单位以及单位与自然人共同实施的犯罪,可能构成共同犯罪。

根据上述条件以及刑法关于犯罪主体要件的规定,以下几点特别值得注意:

第一,两个已满14周岁不满16周岁的人,或者一个已满16周岁的人与一个已满14周岁不满16周岁的人,共同故意实施《刑法》第17条第2款规定的故意杀人、故意伤害致人重伤或者死亡、抢劫、放火、强奸、贩卖毒品、爆炸、投放危险物质罪的,成立共同犯罪;实施此外之行为的,不成立共同犯罪。

第二,一个达到刑事责任年龄、具有刑事责任能力的人,利用没有达到刑事责任年龄或没有刑事责任能力的人实施犯罪行为的,不构成共同犯罪。这种现象在刑法理论上称为间接正犯。

第三,单位犯罪时,直接负责的主管人员及其他直接责任人员,与该单位本身不成立共同犯罪,只认定为一个单位犯罪并依法追究刑事责任;但是,直接负责的主管人员与其他直接责任人员仍然有可能成立共同犯罪。

(二) 共犯的客观条件

我国《刑法》第25条第1款明文规定,共同犯罪是二人以上"共同故意犯罪",即共同犯罪在客观上必须有共同的犯罪行为。所谓共同的犯罪行为,是指各行为人的行为结合在一起,互相联系,互相配合,形成一个统一的犯罪活动整体。"共同犯罪行为"意味着各共犯人的行为都是共同犯罪行为这一整体的组成部分;在发生了危害结果的情况下,各共犯人的行为作为一个整体与危害结果之间具有因果关系,因而也可以肯定各共犯人的行为与危害结果之间具有因果关系。共犯的客观条件应从以下几个方面来把握:

第一,各共犯人所实施的行为,必须都是犯罪行为,否则不可能构成共同犯罪。例如共同在不可抗力下所实施的损害行为,或者共同基于正当防卫或紧急避险所实施的损害行为,或者共同实施的情节显著轻微危害不大的行为,都不是共同的犯罪行为。

第二,共同犯罪行为的表现形式可能出现三种情况:一是共同作为,即各共犯人的行为都是作为,这是共同犯罪的主要形式。例如,甲、乙二人共同入室盗窃丙的财物。二是共同不作为,即各共犯人的行为都是不作为。例如,甲、乙二人共同将其年老多病的母亲丙遗弃在深山中致其死亡。三是作为与不作为相结合,即部分共犯人的行为是作为,部分共犯人的行为是不作为。例如,仓库值班员甲与意图盗窃仓库的乙事前共谋,乙前去盗窃仓库时甲假装睡觉,乙从而盗走仓库中的大量财物。

共同犯罪行为的分工情况可能表现为以下四种情形:一是实行行为(正犯行为),即直接导致危害结果发生的行为,它对共同犯罪故意内容的实现起关键作用;二是组织行为,即组织、策划、指挥共同犯罪的行为,它对共同犯罪的性质、规模等起决定性作用;三是教唆行为,即故意引起他人犯罪意图的行为,它对他人犯意的形成起原因作用;四是帮助行为,即帮助实行犯罪的行为,它对共同犯罪起辅助作用。

共同犯罪行为既可能同时实施,也可能不同时实施。例如,甲、乙、丙共谋盗窃财产,由甲事前准备盗窃工具,乙前往财产所在地盗窃,丙事后销赃。甲、乙、丙三人的行为不是同时实施的,却在共同故意支配下相互配合、协调一致。

第三,共同实施的犯罪引起危害结果发生时,各共犯人的行为都是实现危害结果的必要条件,各共犯人的犯罪行为都与已引起的危害结果之间存在着刑法上的因果关系。各共犯人的作用不管是否充分,只要是必要的,直接作用大小只是确定主从身份的依据之一。

(三) 共犯的主观要件

根据我国现行刑法的规定,共同犯罪还必须是"共同故意"犯罪。即共同犯罪成立的主观要件要求各共同犯罪人具有共同的犯罪故意。这里的"故意"当然是犯罪的故意;"共同"不仅有"相同"的含义,而且有"合意"的含义。"共同故意"包括两个内容:一是各共犯人均有相同的犯罪故意;二是各共犯人之间具有意思联络。所谓共同的犯罪故意,是指各共同犯罪人认识到他们的共同犯罪行为和行为会发生的危害结果,并希望或者放任这种危害结果发生的心理态度。具体来说,包括以下两层含义:一方面,各共同犯罪人都明知共同犯罪行为的性质、危害社会的结果,并且希望或者放任危害结果的发生。所谓相同的犯罪故意,是指各共犯人均对同一罪或同几个罪(共同犯数罪时)持有故意,而且这种故意只要求在刑法规定的范围内相同,不要求故意的形式与具体内容完全相同。就故意形式而言,双方均为直接故意、双方均为间接故意以及一方为直接故意另一方为间接故意时,只要是同一犯罪的故意,都可成立共同犯罪。就故意的具体内容来说,只要求各共同犯罪人具有法定的认识因素与意志因素,即使故意的具体内容不完全相同,也可成立共同犯罪。例如,实行犯与教唆犯的故意,在具体内容上就有差异,但不影响共同犯罪的成立。另一方面,各共同犯罪人主观上具有意思联络,都认识到自己不是在孤立地实施犯罪,而是在和他人一起共同犯罪。

根据我国《刑法》第 25 条第 2 款的规定,二人以上的共同过失行为或者一个故意行为和一个过失行为之间,不能成立共同犯罪。

三、共犯的本质与刑事责任根据

(一) 共犯的本质

1. 犯罪共同说与行为共同说

共同犯罪应否以符合同一个犯罪构成为前提?国外刑法理论对此存在两种对立观点,即看重犯罪构成主客观条件相同的"犯罪共同说"与看重各人客观行为相同的"行为共同说"。这两种学说争论的焦点是共犯究竟要求什么是共同的?即两人以上的行为在哪些方面具有"共同"的关系才成立共犯?持不同的学说,对于由数人共同引起的犯罪现象是否为共同犯罪的结论也不一致。如甲出于伤害的故意,乙出于杀人的故意,共同对被害人丙拳打脚踢致其死亡的情形,"行为共同说"认为甲乙构成故意伤害(致死)罪和故意杀人罪的共同正犯。"犯罪共同说"中,有的认为甲乙不构成共同犯罪,只能按单独犯处理。有的认为甲乙只能在故意伤害(致死)罪的范围之内成立共同犯罪。①

犯罪共同说是客观主义学派倡导的共犯理论,该说认为,共同犯罪必须是数人共同实行特定的犯罪,或者说二人以上只能就完全相同的犯罪成立共同犯罪。犯罪共同说又分为完全犯罪共同说和部分犯罪共同说。完全犯罪共同说主张,两人以上共同实施的行为在罪名上完全相同时才成立共同犯罪。部分犯罪共同说主张,两人以上共同实施的行为所触犯的不同犯罪之间具有重合性时,则在重合的范围内成立共同犯罪。

行为共同说是主观主义学派提出的共犯理论,该说认为,共同犯罪是指数人共同实施了行为,而不是共同实施特定的犯罪。或者说,各人以共同行为实施各人的犯罪时也成立共同犯罪。换言之,在"行为"方面不要求共同实施特定的犯罪,只要行为具有共同性就可以成立共同犯罪;在"意思联络"方面,也不要求数人必须具有共同实现犯罪的意思联络,只要就实施前构成要件的、前法律的行为具有意思联络,只要就实施行为具有意思联络就可以成立共同犯罪。②

---

① 参见陈家林:《共同正犯研究》,武汉大学出版社 2004 年版,第 60—73 页。
② 参见张明楷:《刑法学》,法律出版社 2016 年版,第 393 页。

完全犯罪共同说要求罪名完全相同才成立共同犯罪,过于严格限制共犯成立的范围,无法满足司法实践的需要。行为共同说将两种完全不同的犯罪认定为共同犯罪,即只要各参与人的行为符合犯罪构成要件即可,而不要求共同符合某一特定的犯罪构成,不符合我国刑法所规定的"共同故意犯罪"的要求。本书主张部分犯罪共同说:二人以上虽然共同实施了不同的犯罪,但当这些不同的犯罪之间具有重合的性质时,则在重合的限度内成立共同犯罪。例如,甲以杀人的故意、乙以伤害的故意共同加害于丙时,甲乙只在故意伤害罪的范围内成立共犯。但由于甲具有杀人的故意与行为,对甲应认定为故意杀人罪。再如,A教唆B敲诈勒索他人财物而B实施了抢劫行为时,A、B在重合的限度内即敲诈勒索罪的限度内成立共犯。但由于B具有抢劫的故意与行为,对B应认定为抢劫罪。可见采用部分犯罪共同说,不仅具有理论上的合理性,而且还能较好地解决司法实践中重合限度内的共同犯罪问题。

2. 共犯从属性说与共犯独立性说

共犯的从属性说是客观主义刑法理论的立场,按照这种观点,行为人仅仅实施教唆、帮助行为原则上还不构成犯罪。为了处罚这些行为,要求被教唆者和被帮助者还实施了实行行为。共犯的从属性说认为,狭义的共犯(教唆犯、帮助犯)构成犯罪的前提取决于正犯(即实施实行行为者)至少需要着手实施犯罪。因为教唆和帮助行为不是实行行为,其定性从属于正犯的实行行为的定性。如果有人实施了教唆、帮助行为,但被教唆、帮助者并没有着手实施犯罪,则教唆、帮助者不构成犯罪。共犯从属性的基本理由是:(1)共犯的处罚根据与正犯的处罚根据相同,既然正犯的处罚根据在于引起了发生结果的具体危险,那么,在被教唆者、被帮助者没有着手实行犯罪时,教唆、帮助行为本身还不具有足以作为未遂犯处罚的发生结果的具体的危险性。(2)从立法政策上考虑,共犯独立性说过于扩大了处罚范围;在被教唆者、被帮助者没有实施威胁法益的行为时,即使不处罚被教唆者与帮助者,也可以确保人们的平稳生活。(3)共犯独立性说将教唆行为、帮助行为解释为实行行为,并不妥当。(4)未遂以着手实行犯罪为前提,故教唆、帮助的未遂不得独立适用未遂罪的处罚规定;只有当被教唆者、被帮助者着手实行犯罪后,才可能对教唆者、帮助者适用未遂处罚规定。(5)由于刑法分则条文没有就教唆犯、帮助犯的未遂设立处罚规定,故只有当实行犯着手实行了犯罪时,才能适用共犯规定,对教唆犯、帮助犯以未遂论处。①

共犯独立性说是主观主义刑法理论的立场,按照这种观点,正犯和共犯的处罚根据都是行为人性格的反社会性。由于教唆、帮助行为与正犯行为都是行为人反社会性格的体现。所以,这种学说认为,被教唆人和被帮助人是否实施了犯

---

① 参见张明楷:《刑法的基本立场》,中国法制出版社2002年版,第302页以下。

罪,对于共犯的成立来说并不重要。共犯独立性说认为,行为人仅仅实施教唆、帮助行为就够了,而不考虑被教唆者和被帮助者是否实施了犯罪。共犯的教唆、帮助行为表现了行为人的人身危险性,应为独立的犯罪,并非从属于正犯的犯罪,应依据本人的行为而受处罚。共犯独立性说的基本理由是:(1)由于教唆行为也是法益侵害意欲(犯意)的征表,故也属于实行行为,教唆行为的着手就是实行行为的着手。(2)等待被教唆者、被帮助者着手实行犯罪后才处罚教唆犯与帮助犯的做法,不当地延迟了针对社会危险者的社会防卫。(3)犯罪是社会危险性的表现,故不可能从属于他人的犯罪而成立;从属性说使教唆犯、帮助犯成为"附停止条件的犯罪",使教唆犯、帮助犯因为他人的行为而承担责任。(4)教唆、帮助行为是为了各自的犯罪而利用他人的行为,与利用自然力没有区别;教唆、帮助行为自身就是实行行为;刑法就未遂犯所规定的着手实行,包括教唆犯、帮助犯的着手实行,故教唆者、帮助者开始实施教唆行为、帮助行为后,被教唆者、被帮助者没有实行犯罪的,对于教唆者、帮助者而言也是已经着手实行犯罪。①

共犯从属性说与共犯独立性说的解释论上的对立,体现在共犯未遂的成立范围上。按照共犯从属性说,为了将共犯作为犯罪进行处罚,正犯至少要着手实施犯罪,所以,共犯的未遂只能在正犯行为也是以未遂而告终的场合才能成立。与此相对,按照共犯独立性说,行为人只要实施了教唆行为或帮助行为,就应当作为犯罪进行处罚,因为教唆行为和帮助行为就是实行行为,从而在正犯停留于未遂或预备的场合或者即便在教唆、帮助行为自身以失败而告终的场合,也成立共犯的未遂。② 共犯从属性更具有合理性,因为从属性说一般将法益侵害视为犯罪的本质,而且认为只有当法益侵害的危险达到一定程度时,才能认定为犯罪。独立性说则是征表说的体现,不利于人权保障。

(二) 共犯的刑事责任根据

共犯的刑事责任根据解决的是共犯为何要承担刑事责任的问题。共犯的刑事责任根据问题存在责任共犯论、不法共犯论和因果共犯论(惹起说)之间的对立。

责任共犯论认为,共犯的刑事责任根据在于共犯的教唆、帮助行为让正犯实施该当构成要件的违法有责的行为,使正犯堕落、陷于罪责即正犯杀人,而教唆犯制造杀人的人。按照这种学说,故意杀人罪的正犯是因为实施了杀人行为而受到处罚,故意杀人罪的共犯则是因为制造出了杀人者所以受到处罚。③ 但该

---

① 参见张明楷:《刑法学》,法律出版社2016年版,第408—409页。
② 参见[日]大谷实:《刑法讲义总论》(新版第2版),黎宏译,中国人民大学出版社2008年版,第367页。
③ 参见陈家林:《外国刑法通论》,中国人民公安大学出版社2009年版,第497页。

学说具有将法和伦理混为一体的倾向,存在立场上的问题,从而会导致不当结论。例如,甲教唆乙重伤甲的身体,乙成立故意伤害罪,甲成立故意伤害罪的教唆犯,这个结论难以为人所接受。

不法共犯论认为,共犯的刑事责任根据在于共犯的教唆、帮助行为让正犯实施了符合构成要件的违法行为,而并不需要正犯行为具备有责性。不法共犯论容易说明对真正身份犯的共犯的处罚根据。例如,一般公民教唆国家工作人员受贿的,因为其导致国家工作人员实施了符合构成要件的违法行为,所以承担受贿罪的责任。但不法共犯论忽视了共犯本身所具有的侵害、威胁法益的本质,也会导致不当结论。例如,丙请求正犯丁杀害丙,正犯丁杀丙未遂。由于丙使正犯丁实施了杀人未遂的违法行为,因而成立杀人未遂的教唆犯,这个结论不合理。

因果共犯论(惹起说)认为,共犯的刑事责任根据在于共犯通过正犯的行为,给犯罪的实现产生影响力,因此共犯的行为与犯罪的实现之间具有因果关系,只要教唆、帮助行为与实现行为之间具有相当的因果关系,就能够而且应当认定教唆、帮助行为的独立犯罪性。据此,直接引起法益侵害的是正犯,介入正犯行为间接引起法益侵害的是共犯,正犯与共犯的差异在于引起法益侵害的样态不同。据此,在上例中,由于刑法并不要求丙保护自己的生命,故丙没有引起法益侵害,因而不可罚。①

共犯的本质与单独犯一样也是侵害法益。共犯刑事责任的根据在于,共犯通过正犯者间接地侵害了法益,即处罚共犯者,是因为其诱使、促成了正犯直接造成法益侵害。共犯的违法性来自于共犯行为自身的违法性和正犯行为的违法性。共犯行为自身的违法性,并不是指共犯行为本身具有行为无价值,而是指共犯不具有违法阻却事由(有限地承认违法的相对性)。②

第二节 共犯的形式

共同犯罪的形式,也即共同犯罪的结构,是指各共同犯罪人的故意犯罪行为之间相互联系、相互作用的方式。我们可以从法律规定及刑法理论上对共同犯罪的形式进行分类。

一、规范上的共犯形式

我国刑法规定的共同犯罪形式,主要有以下三种:

---

① 参见〔日〕曾根威彦:《刑法学基础》,黎宏译,法律出版社2005年版,第135—137页。
② 参见张明楷:《刑法学》,法律出版社2016年版,第407页。

(一) 一般共同犯罪

一般共同犯罪,是指二人以上没有组织形式的共同犯罪。其特点是:(1) 二人即可构成,不要求三人以上,这点有别于集团共同犯罪。(2) 共同犯罪人之间的勾结具有临时性和暂时性,常常是为了实施一个或几个犯罪而临时勾结在一起,犯罪完成后就不再为继续犯罪而勾结。(3) 共同犯罪人之间没有特殊的组织形式,没有明显的领导与被领导的关系。(4) 共同犯罪人限于一定范围内的人,不存在众人可能随时参与的状态,这点有别于聚众共同犯罪。

我国刑法中没有出现一般共同犯罪的概念,但《刑法》第 25 条规定的"二人以上共同故意犯罪"明显地包括了一般共同犯罪,司法实践中的共同犯罪大都表现为一般共同犯罪。

(二) 聚众共同犯罪

聚众共同犯罪,是指以不特定人或多数人的聚合行为作为犯罪构成必要要件的共同犯罪。

聚众犯罪与聚众共同犯罪不是等同的概念。根据刑法规定,聚众犯罪可以分为两类:一类是属于共同犯罪的聚众犯罪。如我国《刑法》第 292 条规定的聚众斗殴罪,其首要分子、积极参加者与其他参加者,都具有共同犯罪故意与共同犯罪行为,均应承担刑事责任,因而符合共同犯罪的成立条件,这类是聚众共同犯罪。另一类是只有首要分子才构成犯罪的聚众犯罪,如我国《刑法》第 291 条规定的聚众扰乱公共场所秩序、交通秩序罪,刑法规定只处罚首要分子,故只有首要分子的组织、策划、指挥行为是犯罪行为。当首要分子为二人以上,共同组织、策划、指挥聚众犯罪时,构成一般共同犯罪。但当首要分子只有一人时,就是一人以聚众方式实施犯罪,为单独犯罪。

(三) 集团共同犯罪

集团共同犯罪,简称集团犯罪,是指三人以上有组织地实施的共同犯罪。实施犯罪的集团组织,称为犯罪集团。因此可以说,集团犯罪是犯罪集团实施的共同犯罪;认定集团犯罪的关键在于认定犯罪集团。我国《刑法》第 26 条第 2 款规定:"三人以上为共同实施犯罪而组成的较为固定的犯罪组织,是犯罪集团。"据此犯罪集团通常具有以下特征:

第一,人数众多。犯罪成员在三人以上,二人不足以成为集团。

第二,人员较为固定,有一定的组织性。集团重要成员固定或基本固定;有明显的首要分子,有的首要分子是在纠集过程中形成的,有的首要分子在纠集开始时就是组织者和领导者;集团成员以首要分子为核心结合得比较紧密;集团成员实施一次或数次犯罪行为后,其组织形式继续存在(当然,出于某种原因而解散的,也可能被认定为犯罪集团)。

第三,目的明确。犯罪集团经常纠集一起进行一种或数种严重的刑事犯罪活动;集团的犯罪活动通常有预谋、有计划地进行,即便是突发性的作案,往往也是在集团的总的犯罪故意支配下进行的。

第四,危害严重。不论作案次数多少,对社会造成的危害或其具有的危险性都很严重。犯罪集团成员较多,形成一个集体的行动力量。这种力量使得犯罪集团可能实施单个人或一般共同犯罪人难以实施的重大犯罪;使得犯罪集团的活动计划周密,易于得逞,给法益造成重大损害;犯罪后也易于转移赃物、消灭罪迹、逃避侦查。即使犯罪集团实际实施的犯罪次数不多,但犯罪集团的形成本身就对社会具有严重的危险性。

认定犯罪集团时,应严格区分罪与非罪的界限、集团犯罪与一般共同犯罪的界限、犯罪集团与一般违法群体的界限;应准确认定犯罪集团的性质,对单一的犯罪集团应按其所犯之罪定性,对犯多种罪的犯罪集团应按其主罪定性;犯罪集团成员或一般共同犯罪的共犯,犯数罪的,分别按数罪并罚的原则处罚。首要分子可以是一名,也可以不止一名。首要分子应对该集团经过预谋、有共同故意的全部罪行负责。集团的其他成员,应按其地位和作用分别对其参与实施的具体罪行负责。如果某个成员实施了超出集团共同故意犯罪范围以外的其他犯罪,则应由该个人负责。

20世纪80年代以来,司法实践中经常使用"犯罪团伙""团伙犯罪"的概念;司法机关往往是在没有确定共同犯罪的性质与形式时使用"团伙犯罪"。但是"犯罪团伙"或"团伙犯罪"均非法律概念。其中凡符合犯罪集团基本特征的,应按犯罪集团处理;不符合犯罪集团基本特征的,应按一般共同犯罪处理,并根据其共同犯罪的事实和情节进行相应处理。

近年来,出现了国际性犯罪集团与黑社会性质的犯罪集团。前者表现为境内不法分子与境外不法分子相勾结,形成以实施国际性犯罪为目的的犯罪组织(如走私集团、贩毒集团)。后者的特点是成员众多,组织严密,等级森严,有自己的"势力范围",有逃避法律规制的防护体系,有暴力作后盾,或者直接采用帮派形式,或者以"公司""企业"等作掩护。此外,恐怖活动组织也是典型的犯罪集团。①

二、理论上的共犯形式

刑法理论根据不同的标准,将共同犯罪的形式进行了不同的分类。通说将共同犯罪分为以下几种形式。

(一)任意的共同犯罪与必要的共同犯罪

这是以共同犯罪是否能够任意形成为标准进行的划分。

---

① 参见张明楷:《刑法学》,法律出版社2016年版,第389页。

所谓任意共同犯罪,是指刑法分则规定的一人能够单独实施的犯罪由二人以上共同故意实施而形成的共同犯罪。例如故意伤害罪、投放危险物质罪、诈骗罪等,既可以由一人单独实施,也可以由二人以上共同实施;当二人以上共同故意实施时,就是任意共同犯罪。刑法总则规定的共同犯罪基本上是任意共同犯罪。对任意共同犯罪,根据刑法分则的有关条文以及总则关于共同犯罪的规定定罪量刑。

所谓必要共同犯罪,是指刑法分则明文规定必须由二人以上共同故意实施的犯罪。对这类犯罪一般仅根据刑法分则的有关条文定罪量刑。刑法理论通常将必要共同犯罪分为对向犯与平行犯。

所谓对向犯,是指以存在二人以上相互对向的行为为构成要件的犯罪。如受贿罪的成立须以行贿行为的存在为条件。刑法规定的对向犯可分为以下三种情形:一是双方的罪名与法定刑都相同,如重婚罪;二是双方的罪名与法定刑都不同,如贿赂犯罪中的行贿罪与受贿罪;三是只处罚一方的行为,如贩卖淫秽物品牟利罪,只处罚贩卖者,不处罚购买者。

所谓平行犯,是指以多数人实施向着同一目标的行为为构成要件的犯罪。在我国刑法中平行犯包括聚众共同犯罪与集团共同犯罪,前者如《刑法》第317条的聚众持械劫狱罪,后者如第120条的组织、领导、参加恐怖活动组织罪。

就聚众犯和集团犯而言,由于分则各条文中对该种类型犯罪的参与形态有明确规定,所以,有关共同犯罪的总则规定,对其不适用。[①] 但是,在被聚集的众人和集团之外的人教唆其他人参与到该聚众犯罪和集团犯罪中去的场合,对该教唆者,则应适用刑法总则有关教唆犯的规定,按照教唆犯处理。因为,刑法分则有关聚合犯和集团犯的规定只适用于该团体之内的人,而将必要共犯的处罚效果波及团体之外的人无刑法理论依据。

(二)事前通谋的共同犯罪与事中通谋的共同犯罪

这是以共同犯罪故意形成的时间为标准进行的划分。

所谓事前通谋的共同犯罪,是指各共同犯罪人在着手实行犯罪之前已形成共同犯罪故意,就实行犯罪进行了策划和商议的共同犯罪。"通谋"一般是指二人以上为了实行特定的犯罪,以将各自的意思付诸实现为内容而进行的谋议。由于共犯人在着手实行前就犯罪的性质、目标、方法、时间、地点等进行了策划,故其犯罪易于得逞,危害程度严重。

所谓事中通谋的共同犯罪,是指各共同犯罪人在刚着手或实行犯罪的过程中形成共同犯罪故意的共同犯罪。如果在刚着手或实行犯罪的过程中形成共同犯罪故意,并共同实施犯罪行为,则各共同犯罪人均应对共同犯罪行为及其结果

[①] 参见高铭暄、马克昌主编:《刑法学》,北京大学出版社、高等教育出版社2017年版,第168页。

承担刑事责任。

一般来说,就事前通谋的共同犯罪而言,共同犯罪人在着手实行犯罪前进行谋划,更容易完成犯罪和逃避法律的制裁,而事中通谋的共同犯罪多属于临时拼凑而成,比事前通谋的共同犯罪其社会危害性要小些。因此,在其他方面没有差异的情况下,事前通谋的共同犯罪比事中通谋的共同犯罪具有更大的社会危害性,裁量刑罚时应有所区别。

(三) 简单共同犯罪与复杂共同犯罪

这是以共同犯罪人之间有无分工为标准进行的划分。

所谓简单共同犯罪,是指二人以上共同故意实行犯罪。在这种情况下,各共同犯罪人所实施的都是实行行为,因此在国外刑法理论上又叫共同正犯。成立简单共同犯罪必须具备以下两个基本条件:其一,在客观上要有共同实行的事实,即二人以上共同实施了某种犯罪的实行行为,不管是分别来看还是作为整体来看,各共犯人的行为都具有导致结果的现实危险性。如果二人中有一人实施的只是教唆或帮助行为,则不成立共同正犯。但是只要二人实施的是同一犯罪构成的实行行为,即使行为方式不完全相同,也成立共同正犯。例如,甲、乙共同抢劫,甲持刀威胁、乙夺走财物,甲、乙二人构成抢劫罪的共同正犯。其二,在主观上要有共同实行的意思,即各参与人不仅了解自己行为的性质,而且也知道其他参与人在和自己一起实施实行行为,具有相互利用、补充对方行为的意思。

对简单共同犯罪追究刑事责任时应遵循以下原则:

第一,部分实行全部责任原则。由于各共同犯罪人相互利用、补充对方的行为,而使数人的行为形成一个整体,每个共同犯罪人的行为都是其他共同犯罪人行为的一部分,其他共同犯罪人的行为也是自己行为的一部分,故共同犯罪人不仅要对自己的行为及其结果承担刑事责任,而且要对其所参与的整个共同犯罪承担刑事责任,即对通过其他共同犯罪人的行为所造成的结果承担责任;即使不能查清结果由谁的行为引起,也要令所有共同犯罪人对该结果承担刑事责任。例如,甲、乙二人共同故意杀丙,即使只是甲的一发子弹造成了丙死亡,乙也应承担杀人既遂的责任。

第二,区别对待原则。在坚持部分实行全部责任原则的前提下,对各共同犯罪人应区别对待,即根据各共同犯罪人在共同实行犯罪中所起的作用大小,分清主犯、从犯与胁从犯,依照刑法规定的处罚原则予以处罚。

第三,罪责自负原则。各共同犯罪人只能对共同故意实行的犯罪负责,如果有人超出共同故意的范围,实行别的犯罪,只能由实行该种犯罪的人负责,其他共同犯罪人对该种犯罪不负刑事责任。

所谓复杂共同犯罪,是指各共同犯罪人之间存在组织、教唆、帮助、实行等分工的共同犯罪。在复杂共同犯罪中,各共同犯罪人的分工职责各不相同,其具体表现为:有的教唆他人使之产生犯罪故意而着手实行犯罪,有的帮助他人实行犯罪使他人的犯罪易于实行,有的直接实行犯罪即实行该种犯罪构成客观要件的行为。根据我国刑法的规定,对复杂共同犯罪中的各共同犯罪人应按其在共同犯罪中所起的作用大小,分别以主犯、从犯或胁从犯论处。

(四) 一般共同犯罪与特殊共同犯罪

这是以共同犯罪人之间结合的紧密程度为标准进行的划分。

所谓一般共同犯罪,是指各共同犯罪人之间没有组织形式的共同犯罪,即前述规范共犯形式中的一般共同犯罪与聚众共同犯罪。这种共同犯罪的特点在于:各共同犯罪人之间没有组织,他们只是为了实施某一具体犯罪而临时结合在一起,该具体犯罪实施完毕,这种共同犯罪形式也就不复存在了。一般共同犯罪可以是事前通谋的共同犯罪,也可以是事中通谋的共同犯罪;可以是简单的共同犯罪,也可以是复杂的共同犯罪。

所谓特殊共同犯罪,是指各共同犯罪人之间建立起组织形式的共同犯罪,即前述的集团犯罪。

第三节 共犯的范围

一、共犯的范围概说

共犯的范围,是指属于共犯的情形,所要解决的是共同犯罪与单独犯罪的关系。根据共犯的成立条件,下列情形不构成共犯:

(1) 共同过失犯罪不成立共同犯罪。所谓共同过失犯罪,是指两人以上的共同过失行为造成一个危害结果的情形。我国《刑法》第 25 条第 2 款规定:"二人以上共同过失犯罪,不以共同犯罪论处;应当负刑事责任的,按照他们所犯的罪分别处罚。"据此,在现行刑法之下,对共同过失犯罪以共同犯罪论处难以得到法律的支撑。承认共同过失犯罪,目前在我国还只是一种理论上的探讨。[1]但我国最高人民法院的司法解释认为在交通肇事的情况下,可能成立共犯。[2]最高人民法院的司法解释似乎违反了刑法关于共犯成立条件的规定,值得商榷。

(2) 故意犯罪行为与过失犯罪行为不成立共同犯罪。如司法工作人员擅离职守导致重大案犯趁机脱逃。前者为过失,后者为故意,客观上虽有一定联系,

---

[1] 参见甘添贵:《刑法上应否承认过失共犯的概念》,载《明德刑法学名家讲演录》,北京大学出版社 2009 年版,第 291—319 页。

[2] 最高人民法院《关于审理交通肇事刑事案件具体应用法律若干问题的解释》第 5 条规定,交通肇事后,单位主管人员、机动车辆所有人、承包人或者乘车人指使肇事人逃逸,致使被害人因得不到救助而死亡,以交通肇事罪的共犯论处。

但不是在共同故意支配下结成的有机整体,因而二者不成立共同犯罪。故意犯罪行为与无罪过行为,更不可能成立共同犯罪。

(3) 同时犯不成立共同犯罪。所谓同时犯,是指二人以上同时以各自行为侵害同一对象,但彼此之间无意思联络的情况。如甲、乙二人趁商店失火之机,不谋而合地同时到失火地点窃取商品。由于甲、乙二人主观上没有相互联络,因而不成立共同犯罪。

(4) 先后故意实施相关犯罪行为,但彼此没有主观联系的,不成立共犯。例如,甲先到丙家窃取一台笔记本电脑,乙后到丙家窃取一辆摩托车。二人虽然实施了相同的盗窃行为,且都是在丙家作案,但由于缺乏"共同"故意,故不成立共同犯罪。

(5) 二人以上共同实施没有重合内容的不同犯罪的,不成立共同犯罪。例如,甲、乙二人共雇一条船走私,甲走私枪支,乙走私文物。由于二人的故意内容及行为性质不同于同一犯罪构成,而是分别构成走私枪支罪与走私文物罪,也没有重合的内容,所以不可能成立共同犯罪。但是,如果甲、乙二人分别为对方的走私行为实施了帮助行为或者为共雇一条船走私进行了共谋,则构成上述两罪的共犯。

(6) 超出共同故意之外的犯罪,不是共同犯罪。例如,甲教唆乙盗窃丙女的财物,乙除实施盗窃行为外,还强奸了丙女,甲对此毫不知情。甲、乙二人固然成立盗窃罪的共犯,但不成立强奸罪的共犯。

(7) 事前无通谋的窝藏、包庇、窝藏赃物、销售赃物等行为,不构成共同犯罪。但如果事前有通谋的,则成立共同犯罪。例如,《刑法》第310条第2款就窝藏、包庇罪明确规定:"犯前款罪,事前通谋的,以共同犯罪论处。"

二、直接正犯与共同正犯

正犯是与狭义的共犯(教唆犯、帮助犯)相对的概念。所谓正犯,是指实施实行行为的人。正犯可以分为直接正犯、间接正犯与共同正犯。所谓直接正犯,是指行为人亲自动手实施实行行为的情形。直接正犯还可以分为作为单独犯的直接正犯与共同犯罪中的直接正犯。前者如,某甲一人单独直接杀害了乙,甲是作为单独犯的直接正犯;后者如,A在B的教唆和C的帮助之下,直接杀害了D,A是共同犯罪中的直接正犯。

所谓共同正犯,是指二人以上出于共同实行犯罪的意思共同实施实行行为,我国刑法理论称之为简单共同犯罪。如,A和B有共同杀死甲的故意而分别向甲开枪,即便在A的子弹打中了甲并导致了甲的死亡,而B的子弹没有打中甲的场合,A和B都按照故意杀人罪的正犯处理。这样,在共同正犯中,对他人的分担行为也要承担责任,即只要实施了犯罪行为的一部分,对于由此而产生的犯罪结果就得承担全部责任。这种意思,简短地说,就是"部分行为全部责任"的原则。①

三、间接正犯

所谓间接正犯,是指利用非正犯的他人实行犯罪的情况。例如,行为人让自己不满13周岁的儿子杀害邻居不满3岁的儿童的情形,就属于间接正犯。我国刑法理论一直使用刑法没有明文规定的间接正犯的概念。

关于间接正犯的正犯性,以前是用工具理论来说明。即被利用者如同刀枪棍棒一样,只不过是利用者的工具;既然利用刀枪棍棒实行犯罪的行为是实行行为,那么也应肯定利用他人的行为具有实行行为性。但是,被利用者是有意识的人,毕竟与工具不同。所以,现在占通说地位的是犯罪事实支配说。即对犯罪实施过程具有决定性影响的关键人物或核心角色,具有犯罪实施支配性,是正犯。其中,行为人不必出现在犯罪现场,也不必参与共同实施,而是通过强制或者欺骗手段支配直接实施者,从而支配构成要件实现的,就是间接正犯。由于间接正犯并不以自己的身体动作直接实现构成要件,故被利用者必须客观上实施了符合构成要件的违法行为。概言之,之所以肯定间接正犯的正犯性,是因为间接正犯与直接正犯、共同正犯一样,支配了犯罪事实,支配了构成要件的实现。②

间接正犯的成立范围如下:

(1)利用没有达到刑事责任年龄或者没有刑事责任能力的人的身体活动。如利用不满14周岁的人或者丧失辨认控制能力的精神病人杀害他人。我国刑法理论通说认为,利用这种人的身体活动造成危害社会的后果,与利用其他工具进行犯罪,如开枪杀人,并无本质上的差别,理论上应等同于以自己的身体动作实施犯罪。

(2)利用他人不是行为的身体活动,即所谓利用"死亡的工具"的利用,或者说是利用强制行为。如利用他人的反射性动作或者睡眠中的动作;使他人丧失自由意志进而利用其身体活动。

(3)利用缺乏故意的行为。这种情况需要区分下列不同情形分别考察:一是利用被利用者的无过失行为的,属于间接正犯,如通过快递将有毒食品寄给第三人,第三人吸食后身亡的场合。快递员尽管在其中起到了帮助作用,但由于其并不知情,不具有帮助他人杀人的故意,快递员不构成犯罪,而利用者构成故意杀人罪的间接正犯。二是利用被利用者的过失行为的,成立间接正犯。例如,医

---

① 〔日〕大谷实:《刑法讲义总论》(新版第2版),黎宏译,中国人民大学出版社2008年版,第373页。
② 参见张明楷:《刑法学》,法律出版社2016年版,第401—406页。

生指使不知情的护士给患者注射毒药,从而杀死患者的场合,成立间接正犯。

(4) 利用他人的排除犯罪性行为,如利用他人的正当防卫、紧急避险行为实现犯罪。例如,甲为了杀乙,而唆使乙杀丙,同时将乙要杀丙的事实告知丙,让丙作好正当防卫的准备;乙在杀丙时,丙正当防卫将乙杀死。甲可谓间接正犯。

(5) 利用他人被强制的行为。行为人使用强暴或胁迫等强制手段,强制本无犯意的他人为其实施犯罪行为。例如,甲有一天回家,见其妻乙赤身裸体躺在熟睡的丙男怀中。甲大怒,遂拿刀架在乙的脖子上威胁道:"你杀他,要不杀了你。"乙害怕自己被甲杀死遂用裤袜将丙勒死。此案中甲以死亡的威胁迫使乙杀死其情夫丙,对乙已居于意思支配的地位,而成为整个杀人犯罪的操控支配者,所以甲应成立故意杀人罪的间接正犯。

(6) 利用有故意的工具。有的犯罪的成立除了要求有故意之外,还要求行为人具有一定身份或者具有一定目的;所谓利用有故意的工具,就是指被利用者虽然具有犯罪主体的一般条件但缺乏身份犯中的身份,或者被利用者虽然具有故意,但缺乏目的犯中的目的。前者如国家工作人员让非国家工作人员的妻子接受贿赂;后者如甲谎称作为"教学用具"而让乙制作假钞,甲成立伪造货币罪的间接正犯。

四、片面共犯

片面共犯又称一方的共同犯罪,是指参与同一犯罪的人中,一方认识到自己是在和他人共同犯罪,而另一方没有认识到有他人和自己共同犯罪。片面共犯可能存在三种情况:一是片面的共同实行,即实行的一方没有认识到另一方的实行行为。例如,(案例一)乙正欲对丙实施强奸行为时,甲在乙不知情的情况下,使用暴力将丙打成轻伤,乙得以顺利实施奸淫行为。二是片面的教唆,即被教唆者没有意识到自己被教唆的情况。例如,(案例二)甲将乙的妻子丙与他人通奸的照片和一支枪放在乙的桌子上,乙发现后立即产生杀人故意,将丙杀死。三是片面的帮助,即实行的一方没有认识到另一方的帮助行为。例如,(案例三)甲明知乙正在追杀丙,由于其与丙有仇,便暗中设置障碍物将丙绊倒,从而使乙顺利地杀害丙。[①]

关于以上三种情形是否构成共同犯罪,中外刑法学界存在不同的观点。有人否认片面共犯的概念,认为片面共犯不成立共同犯罪。有人肯定片面共犯概念,认为所有片面共犯都成立共同犯罪;有人只承认片面教唆犯与片面帮助犯;

---

① 参见张明楷:《刑法学》,法律出版社2016年版,第435页。

有人仅承认片面帮助犯。①

本书赞同否定说,认为上述三种情形中,各行为人之间没有意思的联络,没有形成共同的犯罪故意,不符合共同犯罪的主观条件,均不应成立共同犯罪。上述案例一中,甲、乙之间主观上没有共同强奸的故意,不构成强奸罪的共同犯罪,按各自所触犯的罪名定罪处罚,甲构成故意伤害罪,乙成立强奸罪。上述案例二中,甲、乙在故意杀人上没有互相沟通,不具有共同杀人的犯罪故意,不成立故意杀人罪的共同犯罪。甲单独构成故意杀人罪。上述案例三中,乙无疑构成故意杀人罪。甲的行为明显使被害人的生命处于更危险的境地,甲构成不作为的故意杀人罪。我们不赞同将甲按从犯处理的做法②,毕竟片面共犯不是共同犯罪。

五、承继共犯

所谓承继共犯,是指先行为人已实施一部分实行行为,后行为人以共同犯罪的意思参与实行或提供帮助。刑法学界对后行为人就其参与后的行为与先行为人构成共同犯罪没有太大疑问。例如,甲已经非法拘禁丙三天,乙从第四天起与甲共同非法拘禁丙的,甲与乙构成非法拘禁罪的共同犯罪。但刑法学界对后行为人是否应对参与之前的先行为人所实施的实行行为以及由此产生的危害结果承担责任则存有争议。例如,甲以抢劫故意对丙实施暴力将其打成重伤后,乙以共同抢劫的意思参与犯罪,取走了丙的财物。由于乙明知甲在实施抢劫行为,而且抢劫行为并没有结束,又有共同抢劫的故意,并实施了属于抢劫罪的部分行为,所以甲、乙二人构成抢劫罪的共同犯罪。但乙是否应对抢劫致人重伤结果的后果承担责任则有肯定说、否定说和折衷说三种观点。

肯定说认为,后行为人对参与前的先行为人所实施的行为及其结果应当承担责任。其主要理由是:其一,既然后行为人了解先行为人的意图并利用先行为人已经造成的事态,就表明二者就行为整体形成了共同故意。其二,在法律上,共同犯罪是因为相互了解和参与实施而对他人的行为也承担责任,至于相互了解的时间则不是一个重要问题。其三,后行为人利用先行为人已经造成的结果,就如同利用自己引起的结果一样,理应对此结果承担责任。③

否定说认为,后行为人只对参与后的行为与结果承担责任,利用前行为人已经造成的结果不等于后行为人的行为与该结果之间具有因果关系;后行为人不

---

① 参见赵秉志主编:《犯罪总论问题探索》,法律出版社2003年版,第496—497页。
② "由于毕竟是帮助他人犯罪,比较起来,还是以从犯处理为宜。"高铭暄、马克昌主编:《刑法学》,北京大学出版社、高等教育出版社2011年版,第166页。
③ 参见李希慧主编:《刑法总论》,武汉大学出版社2008年版,第346—347页。

应对与自己没有任何因果关系的结果承担责任。不同学者主张的理由很多,但主要理由有两点:(1)先行为人已经实施了行为或已造成结果时,后行为人的行为不可能成为先行为人的行为及其结果的原因,因而不可能对该行为及其结果承担责任。(2)后行为人虽然了解先行为人的行为及其结果,但这并不表明二者对该行为及其结果有共同故意,也不表明该行为及其结果由二者共同造成。①

折衷说认为,在一定场合下,可以要求后行为人对其参与以前的行为承担正犯责任。即当后行为人认识到先行为人行为的性质和状况,并以共同实行的意思,中途介入先行为人行为的场合,后行为人应就整个犯罪成立共同正犯。②

本书赞同折衷说,后行为人了解先行为人的意图不等于与先行为人形成共同的犯罪故意,而且根据罪责自负的原则,一个人只能对自己的危害行为及其造成的危害结果承担刑事责任,即危害行为与危害结果之间要有因果关系。后行为人不应对与自己行为没有因果关系的危害结果承担刑事责任。但是,先行为人的行为导致被害人不敢反抗、不能反抗或者不知反抗的状态则能够被后行为人所继承。如果这种状态在后行为人介入之后仍然延续且为行为人积极利用,则后行为人对于利用这种状态所造成的结果承担刑事责任。如在抢劫的场合,先行为人实施暴力行为,造成被害人重伤或死亡的结果。这种死伤结果与先行为人的暴力行为之间具有刑法上的因果关系,成为定罪或量刑所要考虑的因素。这种死伤结果随着暴力行为的结束而固定下来,不能延续。但是这种死伤结果所导致的被害人不敢反抗、不能反抗或者不知反抗的状态不会随着先行为人暴力行为的结束而结束。在这种状态的延续过程中,后行为人介入,和引起该状态的先行为人进行意思上的沟通后,共同或者按照分工单独将尚未完成的犯罪行为实施完毕的场合,由于后行为人利用了先行为人所造成的状态,后行为人必须承担共同正犯的刑事责任。如在先行为人出于抢劫的故意将被害人杀死或者打成重伤之后,后行为人出现,和先行为人相互沟通单独或者共同将被害人财物拿走的情形,由于后行为人积极利用了被害人不敢反抗、不能反抗或不知反抗的状态,将其作为自己劫取行为的一部分,因此,后行为人的行为符合抢劫罪的构成要件,成立抢劫罪。但由于被害人重伤或死亡的结果与后行为人的行为没有刑法上的因果关系,因此对其不能适用抢劫罪的结果加重犯的法定刑。

---

① 参见〔日〕牧野英一:《刑法总论(上)》,日本有斐阁2001年版,第446页;〔日〕曾根威彦:《刑法总论》(第4版),日本弘文堂2008年版,第258页;〔日〕团藤重光:《刑法纲要总论》,日本创文社1990年版,第366页;等等。
② 参见马克昌:《比较刑法原理——外国刑法学总论》,武汉大学出版社2002年版,第693页。

第四节 共犯人的类型及其刑事责任

一、共犯人的类型概说

所谓共犯人的类型,是指按照一定标准将共同犯罪人所划分的不同类别。由于各共同犯罪人在共同犯罪中的地位和作用不同,因而各人所应承担的刑事责任也就有所不同。为了确定各共同犯罪人不同的刑事责任有必要对共同犯罪人进行分类。各国或地区刑法根据不同的分类标准对共同犯罪人划分为不同类型。但一般认为,从分类的标准上看,主要有两种:

一是分工分类法,即按照各共同犯罪人在共同犯罪中的分工为标准,将共同犯罪人进行分类。采用这种标准分类的国家或地区中,有的采用二分法,分为正犯与从犯,如1810年《法国刑法典》采用这种分类,其所谓从犯包括教唆犯和帮助犯;1995年我国澳门地区《刑法典》也采用这种分类,其所谓正犯包括实行犯和教唆犯。有的采用三分法,分为实行犯、教唆犯和帮助犯,如1922年《苏俄刑法典》采用这种分类;或者分为正犯、教唆犯和帮助犯,《德国刑法典》采用这种分类,其所谓正犯即实行犯。有的采用四分法,分为实行犯、组织犯、教唆犯和帮助犯,如1996年《俄罗斯联邦刑法典》采用这种分类。

二是作用分类法,即依照各共同犯罪人在共同犯罪中所起的作用为标准,将共同犯罪人进行分类。有的采用二分法,分为主犯和从犯,如英国1967年《刑事法令》颁布实施以前采用这种分类。有的采用三分法,分为首要、从犯和胁从,如1945年我国《苏皖边区惩治叛国罪犯(汉奸)暂行条例》采用这种分类。有的采用四分法,分为一级主犯、二级主犯、事前从犯和事后从犯。

上述两种标准的分类各有利弊。以分工为标准的分类,比较客观地反映了各共同犯罪人在共同犯罪中从事的活动,便于对共同犯罪人的行为定罪;但它没有揭示他们在共同犯罪中所起作用的大小,不利于正确解决各自的刑事责任。以作用为标准的分类,符合对共同犯罪人进行分类的目的,比较客观地反映了各共同犯罪人在共同犯罪中所起作用的大小,从而直接、明确地反映了共同犯罪人行为的危害程度大小,能正确解决共同犯罪人的刑事责任问题;但它没有反映各共同犯罪人在共同犯罪活动中的分工,不能解决共同犯罪的停止形态等问题。

采用作用分类法对共同犯罪人进行分类,并不排斥刑法理论可以按照其他标准对共同犯罪人进行分类。刑法理论仍然可按分工分类法将共同犯罪人分为组织犯、正犯(或实行犯)、教唆犯、帮助犯,以便研究共同犯罪的中止、未遂等问题。

我国《刑法》第26条至第29条分别规定了主犯、从犯、胁从犯与教唆犯。

这种分类方法不同于上述单纯的分工分类法和作用分类法,是一种以按作用分类为主、以按分工分类为辅的四分法。《刑法》第 26 条至第 28 条根据共犯人在共同犯罪中的作用大小,分别规定了主犯、从犯、胁从犯及其处罚原则:集团犯罪的首要分子按照集团所犯的全部罪行处罚,其他主犯按照其所参与的或者组织、指挥的全部犯罪处罚;从犯起次要或辅助作用,应当从轻、减轻或者免除处罚;胁从犯起较小作用,应当按照他的犯罪情节减轻处罚或者免除处罚。但教唆犯的作用大小不可一概而论,他在共同犯罪中既可能起主要作用,也可能起次要作用,故《刑法》第 29 条第 1 款规定:"教唆他人犯罪的,应当按照他在共同犯罪中所起的作用处罚。"这表明,对于教唆犯应视作用大小分别按主犯或从犯论处,即将教唆犯分别归入主犯与从犯(特殊情况下还可能是胁从犯)。因而教唆犯与主犯、从犯、胁从犯不是并列关系,但不能据此认为教唆犯不是我国刑法中共同犯罪人的一种,因为我国刑法将教唆犯规定在"共同犯罪"一节中。这样,我国刑法学上研究的是两类四种共同犯罪人,即一类为主犯、从犯、胁从犯,另一类为教唆犯。

二、主犯及其刑事责任

我国《刑法》第 26 条第 1 款规定:"组织、领导犯罪集团进行犯罪活动或者在共同犯罪中起主要作用的,是主犯。"据此,主犯包括两类:一是组织、领导犯罪集团进行犯罪活动的犯罪分子;二是其他在共同犯罪中起主要作用的犯罪分子。

组织、领导犯罪集团进行犯罪活动的犯罪分子,就是犯罪集团的首要分子。这种主犯只有在犯罪集团这种特殊的共同犯罪中才存在,没有犯罪集团,也就没有这种主犯。"组织"主要是指为首纠集他人组成犯罪集团,使集团成员固定或基本固定。"领导"就是指为犯罪集团的犯罪活动出谋划策,主持制定犯罪活动计划,根据犯罪集团的计划,直接指使、安排集团成员的犯罪活动。这种主犯往往是犯罪集团的核心,在集团犯罪中是绝对起主要作用的犯罪分子,其危害性较之其他共同犯罪人更大,是司法机关打击的重点。值得注意的是,犯罪集团中的首要分子既可能是一人,也可能不止一人。

在共同犯罪中起主要作用的犯罪分子,是指除犯罪集团的首要分子以外的在共同犯罪中对共同犯罪的形成、实施与完成起决定或重要作用的犯罪分子。这种主犯有以下几种:一是在犯罪集团中起主要作用的犯罪分子。这类人虽然在犯罪集团中不起组织、指挥作用,但积极参与犯罪集团的活动,是犯罪集团的得力成员,或者在犯罪集团中直接实行犯罪、罪行重大等。具有上述情形之一的,即构成犯罪集团的主犯。二是在聚众共同犯罪中的首要分子以及其他在聚众性共同犯罪中起主要作用的犯罪分子。我国《刑法》中规定的聚众犯罪有三种:第一种是参加者均构成犯罪的情形,如《刑法》第317条第2款规定的聚众持械劫狱罪。第二种是首要分子和积极参加者构成犯罪,其他参加者不构成犯罪的情形,如《刑法》第290条规定的聚众扰乱社会秩序罪和聚众冲击国家机关罪、第292条第1款规定的聚众斗殴罪。第三种是只有聚众者即首要分子才构成犯罪,其他参加者不构成犯罪的情形,如《刑法》第291条规定的聚众扰乱公共场所秩序、交通秩序罪。上述第一、二种聚众犯罪是共同犯罪,首要分子是主犯。第三种聚众犯罪的首要分子是否是主犯则依情形而定。如果案件中的首要分子只有一人,则只有一人的行为构成犯罪,无所谓共同犯罪,也无所谓主犯与从犯之分。如果案件中的首要分子为二人以上,则构成共同犯罪;首要分子起什么作用,应在首要分子之间进行比较、分析,不能将首要分子与不构成犯罪的其他参与人进行比较;如果二人以上均在组织、策划、指挥聚众犯罪中起主要作用,则皆为主犯;如果有人起主要作用、有人起次要作用,则应分别认定为主犯与从犯。由上可见,聚众犯罪中的首要分子不一定是主犯。三是在一般共同犯罪中起主要作用的犯罪分子。这主要是在一般共同犯罪中起主要作用的实行犯,具体表现为:在共同犯罪中直接造成严重危害后果,为完成共同犯罪起了关键作用,在共同犯罪中罪行重大或情节特别严重等。

我国刑法针对两种不同的主犯规定了不同的刑事责任。

(1) 犯罪集团中首要分子的刑事责任。《刑法》第26条第3款规定:"对组织、领导犯罪集团的首要分子,按照集团所犯的全部罪行处罚。"据此,犯罪集团的首要分子除了对自己直接实施的具体犯罪行为及其结果承担刑事责任外,还要对集团犯罪的全部罪行承担刑事责任,即还要对其他成员按该集团犯罪计划所犯的全部罪行承担刑事责任,因为这些罪行是由首要分子组织、策划、指挥实施的。当然,集团成员超出集团犯罪计划,独自实施的犯罪行为,不属于集团所犯的罪行,首要分子对此不承担刑事责任。

(2) 首要分子以外的主犯的刑事责任。《刑法》第26条第4款规定:"对于第3款规定以外的主犯,应当按照其所参与的或者组织、指挥的全部犯罪处罚。"据此,对于犯罪集团首要分子以外的主犯,即在犯罪集团中起主要作用的主犯、聚众共同犯罪中的主犯、一般共同犯罪中的主犯,应分为两种情况处罚:对于组织、指挥共同犯罪的人(如聚众共同犯罪中的首要分子),应当按照其组织、指挥的全部犯罪处罚;对于没有从事组织、指挥活动但在共同犯罪中起主要作用的人,应按其参与的全部犯罪处罚。

需要指出,对必要共同犯罪中犯罪集团的首要分子和聚众犯罪的首要分子,刑法分则均规定有相应的法定刑,对这种主犯应根据刑法分则的相关规定进行处罚。如《刑法》第294条第1款规定:"组织、领导黑社会性质的组织的,处7年以上有期徒刑,并处没收财产;积极参加的,处3年以上7年以下有期徒刑,可以并处罚金或者没收财产;其他参加的,处 3 年以下有期徒刑、拘役、管制或者剥夺政治权利,可以并处罚金。"《刑法》第 317 条第 2 款规定:"暴动越狱或者聚众持械劫狱的首要分子和积极参加的,处 10 年以上有期徒刑或者无期徒刑;情节特别严重的,处死刑;其他参加的,处 3 年以上 10 年以下有期徒刑。"

三、从犯及其刑事责任

我国《刑法》第 27 条第 1 款规定:"在共同犯罪中起次要或者辅助作用的,是从犯。"据此,从犯包括以下两种人:

(1) 在共同犯罪中起次要作用的犯罪分子。次要作用是相对于主要作用而言的,即对共同犯罪的形成与共同犯罪行为的实施、完成起次于主犯作用的犯罪分子,如起次要作用的实行犯与教唆犯。

(2) 在共同犯罪中起辅助作用的犯罪分子。即为共同犯罪提供方便、帮助创造条件的犯罪分子,主要是指帮助犯。犯罪后的帮助行为,如果是事前有通谋的,则按共同犯罪中的从犯处理,如果事前无通谋则不构成共同犯罪。值得注意的是,传授犯罪方法虽然也是为实行犯罪创造便利条件,但《刑法》第 295 条将其规定为独立的犯罪,对表现为传授犯罪方法的帮助行为应按传授犯罪方法罪论处,而不能以某种犯罪的从犯处理。

从犯是相对于主犯而言的。没有主犯就不可能成立共同犯罪,只有主犯没有从犯可以成立共同犯罪。但共同犯罪中不可能只有两个以上的从犯而无主犯,故不应任意扩大或缩小从犯的范围。认定从犯时,要根据行为人在共同犯罪中所处的地位、对共同故意形成的作用、实际参与的程度、具体行为的样态、对危害结果所起的作用等进行具体分析,判断其是否在共同犯罪中起次要或辅助作用。

我国《刑法》第 27 条第 2 款规定:"对于从犯,应当从轻、减轻处罚或者免除处罚。"由于从犯在共同犯罪中起次要或辅助作用,其行为的社会危害性小于主犯,所以刑法对从犯规定了必减原则。刑法不仅规定了"应当"从宽,而且规定从宽的幅度较大:从轻、减轻,或者免除处罚。在何种情形下从轻、减轻或者免除处罚,这需要考虑其所参与实施的犯罪性质、情节轻重、参与实施犯罪的程度以及其在犯罪中所起作用的次要程度等情况来确定。

四、胁从犯及其刑事责任

根据我国《刑法》第 28 条的规定,胁从犯是被胁迫参加犯罪的人。在刑法中规定胁从犯是我国革命法制的传统,也是我国刑事政策的体现。早在 1945 年《苏皖边区惩治叛国罪犯(汉奸)暂行条例》中就规定有胁从犯。该《条例》第 3 条规定:"前条罪犯,得按其罪恶轻重,分别首要、胁从,予以处理。"新中国建立初期毛泽东提出"镇压与宽大相结合"的政策时,即明确指出其中包括"胁从者不问"的政策。这一政策后来在 1979 年《刑法》中得以体现。根据 1979 年《刑法》第 25 条的规定,"被胁迫、诱骗参加犯罪的",是胁从犯。1997 年修订的《刑法》删除了"被诱骗"一词,因为对"被诱骗"如何理解存有歧义;如何认定,较难把握。而且它与"被胁迫"是两个不同内容的概念,不能成为胁从犯的特征。立法机关采纳了上述意见,在修订的刑法中只保留了"被胁迫"的概念,使构成胁从犯的条件更趋科学和明确。① 所谓被胁迫参加犯罪,是指受到他人威胁下不完全自愿地参加共同犯罪,即行为人知道自己参加的是犯罪活动,虽然其主观上不愿参加犯罪,但为避免遭受现实的危险或不利而不得已参加犯罪。不过,这时被胁迫者还是有自由意志的,他参加犯罪仍然是他自行选择的结果,其并未丧失自由意志。如果行为人身体完全受强制、完全丧失意志自由时实施了某种行为的,由于主观上没有罪过,不构成胁从犯。例如,甲持枪挟持出租车司机乙,令乙将其送往某银行实施抢劫行为的情形,因乙完全丧失意志自由,不构成抢劫罪的胁从犯。另外,符合紧急避险条件的不成立胁从犯。如民航飞机在飞行中突遇武装歹徒劫持,机长为避免机毁人亡,不得已将飞机开往歹徒指定地点。机长的行为是紧急避险,不是劫机犯的胁从犯。

对于胁从犯的刑事责任,我国《刑法》第 28 条规定:"对于被胁迫参加犯罪的,应当按照他的犯罪情节减轻处罚或者免除处罚。"刑法之所以做出这样的规定,是因为胁从犯主观上不完全自愿参加犯罪,主观罪过小,客观上在共同犯罪中起较小作用,行为的危害程度轻。对胁从犯是减轻处罚还是免除处罚,应当综合考虑其参加犯罪的性质,犯罪行为危害的大小,被胁迫的程度以及在共同犯罪中所起的作用等情况,然后予以确定。

五、教唆犯及其刑事责任

我国《刑法》第 29 条第 1 款规定,教唆他人犯罪的,是教唆犯。据此,教唆犯是故意唆使他人犯罪的人。基于教唆犯既可能存在于共同犯罪中又可能存在于非共同犯罪中,在共同犯罪中又可能起不同作用等特殊性,刑法作出了专门规定。成立教唆犯,需要具备以下条件:

(1) 客观上必须有教唆他人犯罪的行为即教唆行为。所谓教唆,就是唆使具有刑事责任能力没有犯罪故意的他人产生犯罪故意。首先,教唆的对象必须是达到刑事责任年龄、具有辨认和控制自己行为能力的人。否则不成立教唆犯,而成立间接正犯。其次,教唆的方式没有限制,既可以是口头的,也可以是书面的,还可以是示意性的动作(如使眼色、做手势)。教唆行为的方法也没有限制,

---

① 参见周道鸾等主编:《刑法的修改与适用》,人民法院出版社 1997 年版,第 109 页。

如劝告、嘱托、哀求、指示、引诱、怂恿、命令、威胁、强迫等等。但如果威胁、强迫导致被教唆者完全丧失意志自由时,则成立间接正犯。最后,教唆的内容必须是较为特定的犯罪行为,让他人实施所谓不特定犯罪的,难以认定为教唆行为。教唆行为的成立不要求行为人就具体的犯罪时间、地点、方法、手段等做出指示。如果教唆他人实施一般违法行为或不道德行为,则不构成教唆犯。

根据我国《刑法》第29条的规定,教唆犯存在两种情况:一是该条第1款规定的"教唆他人犯罪的",这种情形指的是教唆行为引起了被教唆人的犯罪故意,被教唆人进而实施被教唆的犯罪行为,即教唆行为与被教唆人实施犯罪行为之间具有因果关系,则教唆行为与被教唆人的犯罪行为构成共同犯罪,该教唆犯便是共同犯罪中的教唆犯。二是该条第2款规定的"……被教唆的人没有犯被教唆的罪",这种情形指的是行为人虽然实施了教唆行为,但被教唆人没有犯被教唆的罪,在教唆犯只有一人的情况下,则无共同犯罪可言,该教唆犯就是单独教唆犯。这相当于外国刑法理论中的教唆的未遂。

(2)主观上必须有教唆故意。即教唆犯主观上认识到自己的教唆行为会使被教唆人产生犯罪故意进而实施犯罪,以及被教唆人的犯罪行为会发生危害社会的结果,希望或者放任被教唆人实施犯罪行为及其危害结果的发生。需要说明的是,虽然从故意形式上说,教唆犯的主观方面既可以是直接故意,也可以是间接故意,但间接故意的教唆犯只有在被教唆的人犯了被教唆的罪的场合,即教唆人与被教唆人成立共同犯罪的情况下才能成立,行为人持间接故意唆使他人犯罪而他人没有犯被教唆的罪时,行为人不成立教唆犯。

教唆犯的情况较为复杂,认定教唆犯时应注意以下问题:

第一,对教唆犯,应当依照他所教唆的罪定罪,而不能笼统定教唆罪。如教唆他人犯故意杀人罪的,定故意杀人罪;教唆他人犯投放危险物质罪的,定投放危险物质罪。如果被教唆的人对被教唆的罪产生误解,实施了其他犯罪,或者在犯罪时超出了被教唆之罪的范围,教唆犯只对自己所教唆的犯罪承担刑事责任。

第二,当刑法分则条文将教唆他人实施特定犯罪的行为规定为独立犯罪时,对教唆者不能依所教唆的罪定罪,而应依照分则条文规定的犯罪定罪,不适用刑法总则关于教唆犯的规定。如《刑法》第105条规定了煽动颠覆国家政权罪,当行为人教唆他人实施颠覆国家政权的行为时,不应定颠覆国家政权罪的教唆犯,而应定为独立的煽动颠覆国家政权罪。还须注意,此处的煽动行为与教唆行为在刑法上具有不同的含义。

第三,间接教唆的,也按所教唆的罪定罪。间接教唆是指教唆教唆者的情况。如甲教唆乙,让乙教唆丙实施抢劫罪,甲的行为便是间接教唆。国外刑法往往明文规定处罚间接教唆者,我国刑法对此虽无明文规定,但事实上肯定了其可罚性。因为"教唆他人犯罪的"是教唆犯,教唆行为本身也是犯罪行为,故教唆他人实施教唆犯罪的,仍然是教唆犯。基于这一理由,再间接教唆的,也成立教唆犯。

第四,教唆犯教唆他人实施几种较为特定犯罪中的任何一种犯罪时,对教唆犯按被教唆者具体实施的犯罪定罪。例如,甲教唆乙对丙实施财产犯罪,言明使用盗窃、抢夺、诈骗、抢劫方法均可。如果乙实施了盗窃罪,则对甲也定盗窃罪;如果乙实施了抢夺罪,则对甲也定抢夺罪。

关于教唆犯的刑事责任,我国《刑法》第 29 条规定了以下三个处罚原则:

(1)"教唆他人犯罪的,应当按照他在共同犯罪中所起的作用处罚。"这是就被教唆人犯了被教唆的罪而言的。如果教唆犯在共同犯罪中起主要作用,就以主犯论处;如果教唆犯在共同犯罪中起次要作用,则以从犯论处;教唆犯在个别特殊情况下,也可能是胁从犯,应以胁从犯论处。因此,将教唆犯一概视为主犯或一概视为从犯的观点,有悖刑法规定。

(2)"教唆不满 18 周岁的人犯罪的,应当从重处罚。"这是因为选择不满 18 周岁的人作为教唆对象,既说明行为人的非难可能性更严重,又说明教唆行为本身的腐蚀性更大,危害程度更严重,理应从重处罚。需要指出的是,对教唆不满 14 周岁的人犯罪或教唆已满 14 周岁不满 16 周岁的人实施《刑法》第 17 条第 2 款所规定的八种犯罪行为以外行为的,教唆者实际上是将被教唆者当作犯罪工具来达到犯罪目的,应属于间接正犯,应按间接正犯处理并从重处罚。

(3)"如果被教唆的人没有犯被教唆的罪,对于教唆犯,可以从轻或者减轻处罚。"这种情况我国刑法理论通说称之为教唆犯的未遂。教唆犯的未遂包括四种情形:其一,被教唆人拒绝了教唆犯的教唆,亦即根本没有接受教唆犯的教唆;其二,被教唆人当时接受了教唆,但随后又打消犯意,没有进行任何犯罪活动;其三,被教唆人当时接受了教唆犯关于犯某种罪的教唆,但实际上他所犯的不是教唆犯所教唆的罪。例如,教唆者教唆他人犯盗窃罪,被教唆人接受了这一教唆,但实际上犯的却是强奸罪;其四,教唆犯对被教唆人进行教唆时,被教唆人已有实施该种犯罪的故意,即被教唆人实施的犯罪不是教唆犯的教唆所引起的。这些情况,或者根本没有引起被教唆者的犯意,或者实际上没有造成危害结果,或者虽然造成了危害结果,但与教唆犯的教唆行为不存在因果关系。所以,我国《刑法》第 29 条第 2 款规定:"可以从轻或者减轻处罚。"[①]通说的理论依据有三:第一,教唆犯具有独立性,教唆行为是教唆犯的犯罪构成客观要件。所以,教唆犯的着手实行犯罪是指教唆犯将教唆他人犯罪的目的付诸实施,而不取决于实行犯是否着手实施教唆犯所教唆的犯罪。因此,不能把被教唆的人着手实行犯罪视为教唆犯的着手。第二,教唆犯具有从属性,实行犯的实行行为是教唆行为

[①] 参见高铭暄、马克昌主编:《刑法学》,北京大学出版社、高等教育出版社 2017 年版,第 179 页。

的结果,只有教唆行为和实行行为的有机结合才能实现教唆犯的犯罪,教唆犯所预期的教唆结果没有发生,也就是说教唆犯没有得逞。第三,教唆犯之所以没有得逞,是由于实行犯违背教唆犯的意志而没有实行其所教唆的犯罪,这对教唆犯来说是意志以外的原因。所以,在实行犯没有实行教唆犯所教唆的犯罪的情况下,教唆犯完全符合我国刑法中未遂犯的特征。[①]

　　本书认为教唆犯的未遂仅存于我国《刑法》第29条第1款,即教唆犯未遂的范围仅限于被教唆者犯罪未遂或中止(着手后的中止)的情形,而《刑法》第29条第2款所规定的教唆犯则属于预备形态。首先,所谓被教唆的人没有犯被教唆的罪,包括以下几种情况:(1)被教唆人拒绝教唆;(2)被教唆人虽然当时接受了教唆,但随后又打消犯意,并未进行任何活动;(3)教唆犯对被教唆人进行教唆时,被教唆人已有实施该种犯罪的故意,即被教唆人实施的犯罪不是教唆行为所引起的;(4)被教唆人当时接受了教唆犯所教唆的罪,但实际上所犯的并非所教唆的罪;(5)被教唆人虽然当时接受了教唆并为犯罪作了准备,但因己意或意志以外的原因未能着手犯罪。前两种情形属于被教唆人没有犯被教唆的罪,自无疑义;第(3)种情形实质为教唆犯与帮助犯的错误问题,行为人主观上想实施教唆,实际上实施的是帮助行为(心理强化),应认定为帮助犯;有争议的是第(4)种和第(5)种情形,就第(4)种情形而言,依据部分犯罪共同说,只要被教唆人所犯之罪,在规范意义上包括了所教唆之罪,则教唆人与被教唆人在两罪重合的范围内成立共犯。例如,甲教唆乙伤害丙,乙在伤害过程中因丙反抗而将丙杀死的情形,甲与乙在故意伤害的范围内成立共犯,虽然乙为故意杀人罪,甲为故意伤害罪(教唆犯),但仍应认为被教唆人实施了所教唆的罪。反之,如果被教唆的人所犯之罪与教唆之罪在规范意义上互不重合,不具有因果关系,则应认定为被教唆的人没有犯被教唆的罪。就第(5)种情形而言,要构成共犯关系,至少要被教唆者着手实行犯罪,否则两者之间不构成共同犯罪,因此该种情形也属于"被教唆者没有犯被教唆罪"。其次,我国《刑法》第29条第2款规定的教唆犯,是被教唆人没有犯被教唆之罪的情况,在这种情况下,教唆犯与被教唆人根本不成立共同犯罪关系,刑法却仍然对之规定了刑事责任。这里的教唆犯既无犯罪的从属性,也无刑罚的从属性,即只有独立性。而"未遂说"用独立性和从属性相结合的二重性说来证明《刑法》第29条第2款规定的教唆犯是教唆犯的未遂犯,其理论前提是错误的。其实立法者规定《刑法》第29条第2款更多地是出于刑事政策的考虑,该款规定的教唆犯尽管没有产生实际的危害,但他依然对社会构成威胁,因为如果他雇请的第一个人拒绝,他有可能会雇请另一个人

---

　　① 参见高铭暄主编:《新中国刑法学研究综述(1949—1985年)》,河南人民出版社1986年版,第369—370页。

去实施犯罪。如果只能在危害发生之后进行干预,安全将会大大减少,而在危害发生之前就惩罚这种教唆行为有助于预防犯罪。① 再次,将教唆行为定为教唆犯的实行行为,会与未遂犯的理论发生矛盾。未遂犯,是指在直接故意犯罪中,已经着手实行刑法分则所规定的某一具体犯罪的实行行为,由于行为人意志以外的原因未达到既遂的情形。可是教唆行为并非"刑法分则所规定的某一具体犯罪的实行行为"。除非一个人的举动表明了一种犯罪行为,否则他就不构成未遂犯。② 被教唆者没有犯被教唆的罪的确是教唆者"意志以外的原因",但问题是预备犯未能着手犯罪实行行为也是由于行为人"意志以外的原因"。最后,依据犯罪未遂理论,行为人即使存在犯罪意思,但如果没有发生结果的客观危险性,则不能作为未遂犯予以处理。教唆行为自身的确潜在地具有侵害法益的某种危险,但是只要该种行为局限于教唆行为,就不能认为其具有作为未遂犯处罚的现实危险。为了使教唆犯被作为未遂犯加以处罚,教唆行为和未遂结果(被教唆者的实行)都必须同时存在,即教唆犯的未遂只能存在于被教唆者至少要达到着手实行犯罪的程度。③

第五节 共犯的特殊问题

一、共犯与身份

刑法中的身份,是指行为人所具有的、影响定罪或量刑的特定资格、地位或状态。当犯罪的成立以行为人具有特定身份为构成要件时,该犯罪就是真正身份犯,该身份称为构成身份;当犯罪的刑罚受特定身份影响时,该犯罪就是不真正身份犯,该身份称为加减身份。关于共犯与身份的理论,主要是为了解决两个问题:一是真正身份犯的场合,非身份者与有身份者共同犯罪时应如何处理的问题;二是不真正身份犯的场合,对非身份者应如何处理的问题。

(一)共犯与构成身份

构成身份是作为某种犯罪构成要件的身份。行为人具有此种身份才能成立该种犯罪,如果不具有此种身份则不能单独构成该种犯罪。共犯与构成身份中值得探讨的问题主要有以下两个:

---

① 参见〔美〕迈克尔·D.贝勒斯:《法律的原则——一个规范的分析》,张文显等译,中国大百科全书出版社1996年版,第362—365页。
② 参见〔美〕道格拉斯·N.胡萨克:《刑法哲学》,谢望原等译,中国人民公安大学出版社2004年版,第17页。
③ 参见张永江:《未遂犯研究》,法律出版社2008年版,第215—218页。

（1）无身份的人能否成为真正身份犯的共同正犯？

不具有构成身份的人与具有构成身份的人共同实施真正身份犯时，无身份的人可成为教唆犯或帮助犯，两者成立共同犯罪，这已在刑法学界取得共识。例如，非国家工作人员不可能单独构成挪用公款罪，但可以教唆、帮助国家工作人员实施挪用公款行为，因而构成该罪的教唆犯或帮助犯。首先，我国刑法分则所规定的国家工作人员等特殊主体仅就实行犯而言；至于教唆犯与帮助犯，则完全不需要特殊身份。其次，我国刑法已对有关共同犯罪人作了明确规定。例如，《刑法》第29条第1款前段的规定："教唆他人犯罪的，应当按照他在共同犯罪中所处的作用处罚。"其中的"犯罪"与"共同犯罪"当然包括以特殊身份为主体要件的故意犯罪。因此，只要被教唆的人犯被教唆的罪，教唆犯与被教唆犯就构成共同犯罪。根据《刑法》第27条第1款的规定，从犯只能存在于共同犯罪之中。这表明，起帮助作用的人，也与被帮助的人成立共犯。因此，一般主体教唆、帮助特殊主体实施以特殊身份为构成要件的犯罪的，以共犯论处。最后，如此处理有相应的法律依据。例如，根据《刑法》第382条第3款的规定，与国家工作人员或者受国有单位委托管理、经营国有财产的人员勾结，"伙同贪污的，以共犯论处"。再如1984年4月26日最高人民法院、最高人民检察院、公安部《关于当前办理强奸案件中具体应用法律的若干问题的解答》中指出："妇女教唆或者帮助男子实施强奸犯罪的，是共同犯罪，应当按照她在强奸犯罪活动中所起的作用，分别定为教唆犯或者从犯，依照刑法的有关条款论处。"

但刑法学界对无身份的人能否成为真正身份犯的共同正犯存有争议，主要有以下三种观点：第一，否定说。该说认为无身份的人参与有身份才构成的犯罪，有身份的人不可能实施法律要求的特殊主体犯罪的实行行为，因而不能构成有身份犯的实行犯，即共同正犯，但能构成组织犯、教唆犯或帮助犯。第二，肯定说。该说认为无身份的人可以构成真正身份犯的共同正犯。第三，折衷说。该说认为无身份的人参与有身份才构成的犯罪能否构成真正身份犯的共同正犯，应当根据具体情形区别对待，凡是无身份的人能够参与真正身份犯的部分实行行为，可以与有身份的人构成共同正犯，凡是无身份的人根本不可能参与真正身份犯的实行行为的，即不能与有身份的人构成共同正犯。本书赞同折衷说的观点。在某些特殊情况下，无身份的人可以构成真正身份犯的共同正犯。例如，强奸罪的实行行为是复合行为，包括"以暴力、胁迫或者其他手段"的手段行为和"强奸妇女"的目的行为，女性可以实施强奸罪中的手段行为，女性的行为是强奸罪的实行行为，女性可以和男性构成强奸罪的共同正犯。

（2）如何认定无身份者与有身份者共同犯罪的犯罪性质？

刑法学界关于这个问题有几种不同的观点，概括起来主要有：主犯决定说、实行行为决定说、分别定罪说、职务利用说、优先特殊主体说以及核心角色说等。

主犯决定说源于司法解释的观点,认为共同犯罪的性质应以主犯犯罪的基本特征为根据来认定。2000年6月30日最高人民法院《关于审理贪污、职务侵占案件如何认定共同犯罪几个问题的解释》第3条规定:"公司、企业或者其他单位中,不具有国家工作人员身份的人与国家工作人员勾结,分别利用各自的职务便利,共同将本单位财物非法占为己有的,按照主犯的犯罪性质定罪。"确实,在共同犯罪只有一个主犯的情况下,这种观点具有一定的合理性,但在共同犯罪中有两个以上主犯则难以定性。况且行为人在共同犯罪中所起的作用大小,是确定共犯人种类的依据,而不是定罪的依据。

实行行为决定说认为,应当根据实行犯的行为性质决定,不以其他共犯人在犯罪中所起作用的大小为转移。① 该说主张应根据实行犯的犯罪性质决定共同犯罪的性质,但实行行为具有相对性,甲罪中的帮助行为可能是乙罪中的实行行为。如投保人与国有保险公司工作人员相勾结骗取保险金时,就保险诈骗罪而言,投保人实施的行为是实行行为;就贪污罪而言,国有保险公司工作人员实施的是实行行为。如果均为实行犯则难以确定罪名。

分别定罪说认为,有身份者按身份犯定罪,无身份者按普通犯定罪。② 如在内外勾结的贪污或盗窃犯罪中,国家工作人员应以贪污罪定罪,而非国家工作人员实际上属于想象竞合犯,即一行为同时触犯盗窃罪(实行犯)和贪污罪(帮助犯)两个罪名,按照从一重处罚的原则,对非国家工作人员应以盗窃罪论处。但该说忽略了共同犯罪是个有机整体。

职务利用说认为,应把无身份者是否利用有职务者的职务之便作为标准。如果无身份者利用了有身份者的职务之便,对两者都应认定为有身份者的犯罪;反之,则应分别定罪。③

优先特殊主体说主张对不同身份做出比较,以更为特殊的身份对犯罪进行定罪量刑。④ 但身份之间能否做比较是一个值得商榷的问题,而且,以非国有公司的工作人员甲与国有公司委派到该非国有公司从事公务的乙共同侵占该非国有公司的财产为例,完全无视非国有公司的工作人员甲的身份,将其等同于无身份者似有不妥。

核心角色说强调实行行为与非实行行为的相对性,部分采用行为支配说的理论,引入核心角色这一概念,主张以核心角色为标准来认定犯罪的性质。⑤ 该

---

① 参见马克昌主编:《犯罪通论》,武汉大学出版社1999年版,第584页。
② 参见杨兴国:《贪污贿赂犯罪法律和司法解释应用问题释疑》,中国检察出版社2002年版,第71页。
③ 参见李希慧主编:《贪污贿赂罪研究》,知识产权出版社2004年版,第66页。
④ 参见赵秉志主编:《刑法总论问题探索》,法律出版社2003年版,第520页。
⑤ 参见张明楷:《刑法的基本立场》,中国法制出版社2002年版,第281页。

说是以假设一个案件中,只有一个核心角色为前提,但如果存在两个核心角色,如何处理又是一个问题。

本书认为,在真正身份中,无身份的人与有身份的人共同犯罪,应以真正身份犯定罪处罚。这在立法中有所体现,如我国《刑法》第382条第3款规定:"与前两款所列人员勾结,伙同贪污的,以共犯论处。"此处的"以共犯论处"当然是指以贪污罪的共同犯罪论处。

(二) 共犯与加减身份

加减身份是影响刑罚轻重的身份。不具有加减身份的人与具有加减身份的人共同实施不真正身份犯时,构成共同犯罪,但刑法关于对身份犯从轻、减轻处罚或从重处罚的规定仅适用于具有加减身份的人,而不适用于不具有加减身份的人。例如,我国《刑法》第243条第2款规定,国家机关工作人员犯诬告陷害罪的,从重处罚。非国家机关工作人员与国家机关工作人员共同故意实施诬告陷害罪时,构成该罪的共犯;对国家机关工作人员应从重处罚,对非国家机关工作人员则不能适用该规定从重处罚。

二、共犯与不作为

在二人均有防止同一结果发生的作为义务(共同义务)的情况下,却基于意思联络而均不履行作为义务的,无可争议地成立不作为的共同正犯。例如,夫妻二人基于意思联络都不给婴儿提供食物导致其死亡的,成立故意杀人罪的共同正犯。

共犯与不作为存在两个方面的问题:一是对不作为的共犯,如教唆他人实施不作为犯罪,或者帮助他人实施不作为犯罪;二是以不作为实施的共犯行为,如以不作为方式帮助他人实行犯罪。

(一) 对不作为的共犯

所谓对不作为的共犯,是指对不作为犯(真正不作为犯、不真正不作为犯)的共同正犯、教唆犯以及帮助犯。

关于共同正犯,由于具有作为义务的人和不具有作为义务的人能够通过相互利用、相互补充来引起结果的发生,所以,和作为犯一样,他们二者之间能够成立共同正犯。如母亲甲和其情人乙共谋,用不喂婴儿食物的方法饿死甲的幼子丙,甲、乙构成故意杀人罪的共同正犯。

关于教唆犯、帮助犯。由于只有具有作为义务的人才能成立不作为犯,所以,只有在有作为义务的人教唆、帮助不作为犯时才成立不作为的教唆犯、帮助犯。例如,第三者教唆"对于患病的人负有扶养义务的人"不扶养病人,被教唆者接受教唆拒绝扶养,情节严重的,第三者成立遗弃罪的教唆犯。又如,对于婴儿负有抚养义务的母亲,为了拒不抚养婴儿,让保姆将婴儿抱到集市抛弃。保姆成立遗弃罪的帮助犯。

(二) 不作为的共犯

所谓不作为的共犯,是指以不作为的形式实施的共犯,包括不作为的共同正犯、教唆犯以及帮助犯。第一,关于不作为的共同正犯,两个以上具有作为义务的人共谋不为所期待的行为时,就具有不作为犯的共同实行,能够成立实行共同正犯或共谋共同正犯。有作为义务的人(有身份的人)和没有作为义务的人(无身份的人)共同实行不作为犯时,成立不作为犯与作为犯的共同正犯。例如,甲与乙基于意思联络杀害乙的女儿丙,甲将丙推入深水池,现场的乙不予救助,甲与乙成立故意杀人罪的共同正犯。第二,关于不作为的教唆犯,一般被否定。因为具有阻止他人产生实行犯罪决意法律义务的人,几乎不可能通过不作为的方式使没有犯罪意思的人产生犯罪意思。第三,关于不作为的帮助犯,具有阻止正犯的犯罪行为、防止结果发生的法律义务的人,在违反该义务,使正犯的实行行为易于实施的时候就满足帮助的要件,所以,不作为的行为能够成立帮助犯。[①]

三、共犯与停止形态

犯罪的停止形态,是指故意犯罪在其发生、发展和完成的过程中,因主客观原因而停止下来的各种犯罪形态,包括犯罪预备、犯罪未遂、犯罪中止和犯罪既遂这四种形态。犯罪停止形态不仅在单独犯罪中存在,而且在共同犯罪中也存在,并且共犯中的停止形态要比单独犯罪的停止形态复杂。

(一) 共犯的犯罪预备

所谓共犯的犯罪预备,是指二人以上为了实行犯罪而共同预备但由于意志以外的原因而未能着手实施共同犯罪实行行为的一种犯罪停止形态。其成立条件有:在客观上,共同犯罪人实施了共同犯罪的预备行为,即根据共同犯罪的计划所实施的为共同犯罪准备工具、制造条件的行为,各共同犯罪人均未着手实施犯罪的实行行为。在主观上,共同犯罪人进行犯罪预备活动的意图和目的,是为了顺利着手实施和完成犯罪。犯罪尚未着手是由于共同犯罪人意志以外的原因所致。

(二) 共犯的犯罪未遂

共犯的犯罪未遂,是指各共同犯罪人中至少有一人已经着手实行犯罪,但由于意志以外的原因而未达到既遂的一种犯罪停止形态。其成立条件有:首先,各共同犯罪人中至少有一人已经着手实行犯罪。共同犯罪中若有一实行犯着手实行犯罪即视为共同犯罪的着手。其次,共同犯罪未达到既遂,即各共同犯罪人中

[①] 参见〔日〕大谷实:《刑法讲义总论》(新版第2版),黎宏译,中国人民大学出版社2008年版,第419页。

无一人的犯罪达到既遂。如果其中一人的犯罪既遂则视为共同犯罪的既遂。最后,共同犯罪未达到既遂是由于共犯人意志以外的原因。共同犯罪中"意志以外的原因"比较复杂,既包括全体共同犯罪人意志以外的原因,也包括个别共同犯罪人意志以外的原因,还包括部分共同犯罪人犯罪中止这一特殊原因。部分共同犯罪人中止的效力不能及于其他共同犯罪人,其他共同犯罪人构成未遂犯。除非其他共同犯罪人也自愿中止犯罪或积极有效地防止了犯罪结果的发生。

(三) 共犯的犯罪中止

所谓共犯的犯罪中止,是指在共同犯罪实行过程中,全体或部分共同犯罪人自动停止犯罪,或者自动有效地防止犯罪结果发生的一种犯罪停止形态。

在单独犯罪中,行为人自动中止犯罪时,该犯罪属犯罪中止形态,该行为人是中止犯。但共同犯罪是二人以上共同故意犯罪,在同一共同犯罪中可能有的共犯人是未遂犯,有的共犯人是中止犯,这是因为犯罪未遂与犯罪中止在客观上存在共同点——没有达到既遂,而之所以没有达到既遂,相对于部分共犯人而言,是基于自动中止,相对于另一部分人而言属于由于意志以外的原因未得逞,因而对不同的犯罪人应当确定为不同的犯罪形态。

就共同正犯而言,当所有正犯者都自动中止犯罪时,均成立中止犯。共同正犯中的一部分正犯自动停止犯罪,并阻止其他正犯实行犯罪或防止危害结果发生时,这部分正犯就是中止犯;其他没有自动中止意图与中止行为的正犯,则是未遂犯。如果共同正犯中的一部分正犯中止自己的行为,但其他正犯的行为导致犯罪既遂时,均不成立中止犯,而应成立既遂犯。因为共同正犯者之间具有相互利用、相互补充的关系,形成一个有机整体,即使中止了自己的"行为",也不能认为中止了"犯罪"。例如,甲、乙、丙三人共谋对丁女实施轮奸,共同对丁女实施暴力后,甲、乙实施了奸淫行为,但丙自动打消犯意没有实施奸淫行为。对此,不得认定丙成立强奸罪的犯罪中止。因为对共同正犯采用部分实行全部责任的原则,丙不仅要对自己的行为及其结果负责,还要对甲、乙的行为及其结果负责;既然甲、乙的行为已经造成了侵害结果或者说已经既遂,丙理当对甲、乙的犯罪既遂承担刑事责任。所以,丙只是放弃了自己的行为,并不成立犯罪中止。当然,丙放弃奸淫行为的情节,对丙而言是一个十分重要的酌定从宽量刑情节。

教唆犯、帮助犯自动中止教唆行为、帮助行为,并阻止实行犯的行为及其结果发生时,成立教唆犯、帮助犯的中止犯。反之,实行犯自动中止犯罪,对于教唆犯、帮助犯来说属于意志以外的原因时,实行犯是中止犯,教唆犯、帮助犯属未遂犯。

(四) 共犯的犯罪既遂

所谓共犯的犯罪既遂,是指各共同犯罪人基于共同的犯罪故意所实施的共同犯罪行为已经具备了某种犯罪构成要件的全部要素。如果共犯人中一人的行为导致既遂,则其他共犯人均成立既遂。二人以上共同实行犯罪,部分人的行为导致结果发生,部分人的行为未导致结果发生的,根据"部分实行全部责任"的原则,均以既遂犯论处。

四、共犯与认识错误

共同犯罪的认识错误,是相当复杂的问题。如果共犯人具有法律认识错误或事实认识错误,原则上也适用处理法律认识错误与事实认识错误的原则。但共同犯罪的认识错误也存在特殊之处,其中主要是共犯的事实认识错误。所谓共犯的事实认识错误,是指共同犯罪的各参与人之间的认识与所实现的结果不一致的场合。如共谋实施抢劫,但有人却实施了强奸;教唆他人伤害,被教唆者却实施杀人;帮助他人盗窃,被帮助者却实施了诈骗等。

(一)同一共犯形式内的错误

1. 共同正犯的错误

所谓共同正犯的错误,是指共谋的内容和基于该共谋而实行的犯罪事实之间的不一致。包括同一构成要件内的错误和不同构成要件间的错误。

(1)同一构成要件内的错误

所谓同一构成要件内的错误,是指共同正犯者意图的犯罪与实际发生的犯罪事实虽不完全一致,但都属于同一构成要件。本书认为,对于同一构成要件内的错误,应采取法定符合说解决。例如,甲、乙共谋杀丙,在实施杀人行为时,都认为所杀的人是丙,但实际上杀死的是丁。这是所谓对象错误的情形。甲与乙成立故意杀人罪既遂的共同正犯。又如,甲、乙共谋杀丙,在实施杀人行为时没有击中丙,而击中了丙身旁的丁。这是所谓打击错误的情形。甲与乙成立故意杀人罪既遂的共同正犯。

(2)不同构成要件间的错误

所谓不同构成要件间的错误,是指共同正犯所意图实行的犯罪与实际发生的犯罪在犯罪构成要件上不相同的情形。对于不同构成要件间的错误,也应采取法定符合说解决。例如,甲、乙共谋杀丙,都误认草丛中的狗为丙而开枪射击。这是所谓对象错误的情形,我国刑法理论通说认为此种情形为对象不能犯,应按犯罪未遂处理,因而甲与乙成立故意杀人罪未遂的共同正犯。又如,甲、乙共谋杀丙,都朝丙开枪射击。甲打中了丙身边的藏獒,乙什么都没打中。这是所谓打击错误的情形,甲与乙成立故意杀人罪未遂的共同正犯。

2. 教唆犯的错误

所谓教唆犯的错误,是指教唆者的教唆故意中的认识内容和被教唆者实际实现的事实之间不一致的情形。这里有两种情形:一是教唆者的意思与被教唆者的意思不一致;二是教唆者的意思与被教唆者的意思及结果不一致。这两种情形又都可分为同一构成要件内的错误和不同构成要件间的错误。

(1) 同一构成要件内的错误

教唆犯的错误如果是属于同一构成要件内的错误,则不排除教唆犯故意的成立。如甲教唆乙杀丙,乙误将丁当作丙予以杀害的情形,甲成立故意杀人罪的教唆犯。又如,甲教唆乙进入丙家盗窃钱财,但乙错误地进入丁家盗窃钱财的情形,甲成立盗窃罪的教唆犯。

(2) 不同构成要件间的错误

教唆犯所认识的实行行为的内容和被教唆者所实施的犯罪事实,横跨不同构成要件的场合,在构成要件实质重合的范围内,成立轻罪的教唆犯。① 如,甲教唆乙实施盗窃行为但乙实际实施了抢劫行为的情形,则甲仅在盗窃罪的限度内成立教唆犯。

(3) 结果加重犯的错误

教唆他人实施结果加重犯的基本犯罪,结果他人却造成了严重的后果,这就是所谓教唆犯的结果加重犯的错误。如甲教唆乙伤害丙,结果乙的伤害行为导致丙的死亡,甲应成立故意伤害罪的结果加重犯的教唆犯。

3. 帮助犯的错误

所谓帮助犯的错误,是指帮助者的认识内容与被帮助者的实行事实之间的不一致,有以下三种情形:第一,同一构成要件范围内的错误不影响帮助犯的故意,成立帮助犯。例如甲在相信乙进入丙家实施盗窃而在外面望风,乙实际上进入丁家盗窃,这并不影响甲成立盗窃罪。第二,在有不同构成要件间的帮助犯的错误的时候,在构成要件实质重合的限度内成立轻罪的帮助犯。例如,甲出于帮助盗窃行为的故意而对乙实施了帮助,但乙犯的是抢劫罪,甲成立盗窃罪的帮助犯。第三,关于结果加重犯的帮助犯,只要对被帮助人即正犯引起重结果的行为具有过失,就成立帮助犯。

(二) 不同共犯形式内的错误

所谓不同共犯形式内的错误,是指行为人本来是想实施教唆,结果只是实施了精神上的帮助,或者相反的场合。共犯之间只是犯罪实现形态的不同,这种差异不涉及犯罪类型的本质。换言之,共犯只是其犯罪形式上存在差异,罪质则没有差别。因此,当错误跨越不同的共犯形式时,应成立其中轻形式的共犯。

首先,就教唆的意思而发生了帮助的结果的情形而言。行为人误认为他人没有犯罪决意而实施教唆行为,实际上他人已经决意犯罪,行为人的教唆不过起到强化他人犯罪决意的作用时,应成立帮助犯。这是因为缺乏教唆的结果,不能

---

① 〔日〕大谷实:《刑法讲义总论》(新版第2版),黎宏译,中国人民大学出版社2008年版,第421—422页。

作为教唆犯处罚。但教唆犯的意思中实质上也包含着帮助的意思,因此应认定为帮助犯。

其次,就帮助的意思而发生了教唆的结果的情形而言。行为人误认为他人已经具有犯罪决意而意图进一步强化其犯意,实际上他人是由于行为人的行为而产生犯罪决意时,也应成立帮助犯。这是因为行为人既然不具有教唆的故意,就不能作为教唆犯加以处罚。但教唆行为从实质上看,也可以认为包括可视为帮助行为的部分,所以应成立帮助犯。

最后,就教唆的意思而发生了间接教唆的结果的情形而言。行为人教唆他人实行犯罪,但被教唆者并没有亲自实施实行行为而是教唆第三者实施犯罪时,由于这种错误在教唆这种共犯形式范围之内,所以不阻却教唆的故意,应成立教唆犯。[①]

(三) 狭义的共犯与间接正犯之间的错误

所谓狭义的共犯与间接正犯之间的错误,既包括基于教唆、帮助的故意而客观上产生间接正犯事实的情况,也包括基于间接正犯的故意而产生教唆犯、帮助犯事实的情况。主要有以下三种情形值得研究:

第一,以间接正犯的意思利用他人犯罪,但产生了教唆的结果。例如,医生甲出于杀害患者丙的意思指示护士乙为患者丙注射毒药,他认为乙并不知道所注射的是毒药,但实际上乙已经觉察到这一点而仍按医生的指示加以注射。主观说(又称间接正犯说)以行为人实际所具有的故意为标准,认为即使乙知情,但由于甲的行为相当于故意杀人罪的实行行为,甲的行为与乙的行为相竞合,甲成立故意杀人罪的间接正犯。折衷说(又称教唆犯说)认为,间接正犯与教唆犯在客观上具有不同的构成要件形式,其故意内容也不相同。但间接正犯的故意可以为教唆犯的故意所包容,因而基于错误理论应肯定教唆犯的故意。甲成立故意杀人罪的教唆犯。本书认为,对此情形应结合主客观两方面进行判断,间接正犯的故意也符合教唆犯的故意,所以将甲认定为故意杀人罪的教唆犯具有合理性。

第二,以教唆犯的意思实施教唆行为,但产生了间接正犯的结果。例如,甲误以为乙具有刑事责任能力,教唆乙杀丙,实际上乙没有刑事责任能力,乙在无刑事责任能力的状态下杀害了丙。在本案中,甲虽然实施了间接正犯的行为,但没有利用乙实施杀人行为的故意而只具有教唆乙实施杀人行为的故意,对此情形应结合主客观两方面进行判断,甲应成立故意杀人罪的教唆犯。

第三,被利用者起初具有工具性质,但后来知道了真相。例如,医生甲出于杀害患者丙的意思指示不知情的护士乙为患者丙注射毒药,但乙后来发现是毒

---

① 参见陈家林:《外国刑法通论》,中国人民公安大学出版社2009年版,第629页。

药后仍然对丙注射了该毒药。本书认为,甲应成立故意杀人罪的教唆犯。因为间接正犯的成立要求利用者支配犯罪事实,但在上述案例中,乙已知情,故甲不符合间接正犯的条件。甲的行为应认定为教唆行为,因为是甲的行为引起了乙实施杀人行为的故意,又由于间接正犯的故意符合教唆犯的故意,故对甲的行为应以故意杀人罪的教唆犯论处。

五、共犯与单位犯罪

单位犯罪不等于共同犯罪。一个单位犯罪时,该单位是犯罪主体,就单位而言只有一个主体,因而不同于共同犯罪;一个单位犯罪时,该单位成员并不一定是犯罪人,该单位也并不一定是非法组织,因而不同于集团犯罪。所谓单位共同犯罪,是指两个以上单位或者一个以上单位与一个以上自然人共同故意犯罪。单位共同犯罪包含三种情形:一是两个以上单位共同故意犯罪;二是一个以上单位与非单位成员的自然人共同故意犯罪;三是一个以上单位与单位内部的自然人不是以单位成员的身份,而是以独立的自然人身份,为了牟取个人利益而与身处其中的单位共同故意犯罪。我国刑法的某些规定事实上肯定了单位共同犯罪。例如,《刑法》第350条第2款规定:"明知他人制造毒品而为其提供前款规定的物品的,以制造毒品罪的共犯论处。"第3款又规定:"单位犯前两款罪的,对单位判处罚金,并对其直接负责的主管人员和其他直接责任人员,依照前两款的规定处罚。"这明确肯定了单位与自然人可以构成共犯。

单位犯罪符合共同犯罪成立条件时成立单位共同犯罪。单位共同犯罪的成立条件是:(1)两个以上符合法定条件的主体中至少有一个是单位,要么是两个以上的单位共同犯罪,要么是一个或数个单位与该单位以外的一个或数个自然人共同犯罪(严格地说,这种情况还不能称为单位共同犯罪)。单位犯罪时,单位内部的直接负责的主管人员与直接责任人员构成共犯,但这些自然人与单位之间不成立共犯。(2)客观上各单位或自然人必须实施了共同的犯罪行为,而且该犯罪行为必须是单位可以成为犯罪主体的犯罪行为。(3)具有共同的犯罪故意,尽管单位也可以实施过失犯罪,但根据刑法有关共同犯罪的规定,两个以上的单位或者单位与自然人共同过失犯罪的,不成立单位共同犯罪。

对单位共同犯罪的处罚,应以刑法总则关于共同犯罪以及单位犯罪的规定为法律依据。对单位共同犯罪,应根据主体在单位共同犯罪中所起的作用大小,分清主犯、从犯,并根据相应的原则处罚;对单位犯罪中的直接负责的主管人员与直接责任人员,也应分清主犯、从犯,分别适用不同的处罚原则。在追究单位犯罪和单位共同犯罪刑事责任时还应注意以下三个问题:第一,单位共同犯罪的,仅限于刑法分则和单行刑法以及附属刑法中明文规定单位可以构成犯罪的那些罪名,刑法无明文规定的不构成单位共同犯罪。第二,对单位共同犯罪中的单位实行双罚制时,既对犯罪的单位判处罚金,又对其中直接负责的主管人员和其他直接责任人员判处自然人犯该罪所应判处的刑罚。第三,单位共同犯罪中的主体既有单位又有自然人时,量刑时应按其所触犯罪名的法定刑并依照共犯的处罚原则进行处罚。

第十三章 罪数形态

第一节 罪数概说

一、罪数的概念和意义

罪数是指行为人实施的危害行为构成犯罪的个数。区分罪数,也就是区分一罪与数罪。危害行为构成一个犯罪的,是一罪;构成两个以上犯罪的,是数罪。可见,罪数与数罪是两个不同的概念,应当加以区分。罪数问题也就是依据刑法规定认定行为人实施的危害行为是构成一个犯罪还是数个犯罪的问题。由于刑法规定的抽象性、概括性和实际案件的具体性、复杂性,定罪时经常会遇到一罪与数罪的问题,并且容易产生不同的认识,因此需要认真加以研究,以便正确地区分一罪与数罪。

行为人的危害行为是构成一罪还是数罪,直接关系到定罪的准确与量刑的适当,区分一罪与数罪具有实际意义。首先,正确判断罪数有利于准确定罪。准确定罪是刑事审判活动的基本要求。准确定罪除了包括准确地认定行为是否构成犯罪、是构成此罪还是彼罪之外,还包括准确地认定行为是构成一罪还是数罪。如果行为人的行为本来是一罪却定为数罪,或者本来是数罪却定为一罪,都属于定罪失误。其次,正确判断罪数有利于量刑适当。量刑以定罪为前提,根据罪责刑相适应原则,对一罪只能一罚,对数罪应当并罚。如果罪数认定不准确,将一罪认定为数罪时,通常会导致加重行为人的刑罚;而将数罪认定为一罪时,通常会导致减轻行为人的刑罚。因此,罪数认定不准确,必然导致量刑不当,造成刑罚畸轻畸重的后果;只有正确判断罪数,才能为适当量刑提供前提条件。最后,正确判断罪数有利于贯彻刑法中的一些重要制度。我国刑法中的连续犯、继续犯等罪数形态与刑法的效力、追诉时效等制度密切相关。例如,《刑法》第89条第1款规定:"追诉期限从犯罪之日起计算;犯罪行为有连续或者继续状态的,从犯罪行为终了之日起计算。"可见,如果不对连续犯、继续犯等罪数形态作出合理的解释和准确的认定,就会影响追诉时效制度的正确适用。

二、区分一罪与数罪的标准

区分一罪与数罪的标准,也称为罪数标准,它是判断行为人的危害行为构成一罪还是数罪的依据。要正确区分一罪与数罪,首先就要解决一罪与数罪的标准问题。在中外刑法理论界,关于判断一罪与数罪的标准,存在多种学说。

(1) 行为标准说。该说主张以行为的个数作为区分一罪与数罪的标准。行为人实施一个行为的,构成一罪;行为人实施数个行为的,构成数罪。其理由是:犯罪的本质是行为,没有行为就无所谓犯罪,故判断行为人的行为是一罪还是数罪,自然应以行为的个数为标准。

(2) 法益标准说(又称结果标准说)。该说主张以侵害法益的个数或造成犯罪结果的个数作为区分一罪与数罪的标准。侵害一个法益或造成一个结果的,是一罪;侵害数个法益或造成数个结果的,是数罪。其理由是:犯罪的本质是对法益的侵害,不侵害法益的行为就不可能构成犯罪,故判断行为人的行为是一罪还是数罪,应以侵害法益的个数或犯罪结果的个数为标准。

(3) 犯意标准说。该说主张以犯意的个数作为区分一罪与数罪的标准。行为人实施行为时具有一个犯意的,为一罪;具有数个犯意的,为数罪。其理由是:犯意表明行为人的危险性格,犯罪行为是在犯意支配下实施的,是犯意的外部表现,故判断行为人的行为是一罪还是数罪,应以行为人犯意的个数为标准。

(4) 构成要件标准说。该说主张以行为符合构成要件的数量作为区分一罪与数罪的标准。行为符合一个犯罪的构成要件的,为一罪;行为符合数个犯罪的构成要件的,为数罪,行为数次符合一个犯罪构成要件的,也为数罪。其理由是:行为构成犯罪首先应具备构成要件符合性,行为不具备构成要件符合性的,就不可能构成犯罪,故判断行为人的行为是一罪还是数罪,应以行为符合构成要件的数量为标准。

(5) 个别化标准说。该说主张区分一罪与数罪的标准要根据犯罪的具体情况和刑法的具体规定,分别采取行为说、法益说、犯意说等学说。其理由是:行为说、法益说、犯意说和构成要件说都是基于一个标准区分罪数的,但是,罪数有不同种类,以一个标准对所有不同种类的罪数进行区分相当困难。例如,构成要件标准说对于区分是否单纯一罪是合适的,但不可能根据该标准说明连续犯、牵连犯、吸收犯等现象的一罪性。[①] 故罪数的判断应根据犯罪的具体情况和刑法的具体规定。

(6) 犯罪构成标准说。该说主张以犯罪构成的个数作为区分一罪与数罪的标准。行为符合一个犯罪构成的,为一罪;行为符合数个犯罪构成的,为数罪。这是我国刑法学界长期坚持的通说。其理由是:我国刑法中的犯罪构成是主客观要件的统一,是犯罪成立要件的整体,行为符合犯罪构成,犯罪即可成立[②],故判断行为人的行为是一罪还是数罪,应以犯罪构成的数量为标准。

[①] 转引自张明楷:《刑法学》,法律出版社 2016 年版,第 457 页。
[②] 高铭暄、马克昌主编:《刑法学》,北京大学出版社、高等教育出版社 2011 年版,第 181 页。

犯罪是主客观要件的统一，行为标准说和法益标准说仅仅将犯罪构成的客观要件作为区分一罪与数罪的标准，完全忽视犯罪的主观要件，不免失之片面。此外，行为标准说说明不了出于相同的犯意实施的数个行为只能定一罪以及两个客观上完全相同的行为由于主观犯意的不同须定数罪的问题[①]；而法益标准说忽视行为及构成要件在犯罪成立上的意义，也是不妥当的。

犯意标准说强调犯罪的主观方面在区分一罪与数罪中的作用，纠正了行为标准说和法益标准说忽视犯罪的主观方面的失误，但又走向了另一个极端，忽视了犯罪构成其他方面的作用，因而也被认为是一种片面的学说。

构成要件标准说与行为说、法益说、犯意说相比，较为合理，因为在现代西方刑法理论中，构成要件包含着行为、结果、故意等要素，所以避免了行为说、法益说、犯意说的片面性。但是，构成要件标准说仍然存在着严重缺陷，因为按照西方刑法学通说理论，犯罪是符合构成要件的、违法的、有责的行为，也就是说，构成要件符合性只是犯罪成立条件之一，行为具备构成要件符合性，不一定构成犯罪，只有进一步具备违法性、有责性的条件下，才能构成犯罪。所以，行为符合犯罪构成的个数或次数不等于犯罪的个数，从而以构成要件符合性为标准不能准确地区分一罪与数罪。

犯罪构成标准说是我国犯罪构成理论在罪数领域的体现和深化，比较而言，是一种较为科学的罪数判断学说，其科学性主要体现在以下几个方面：第一，犯罪构成是行为成立犯罪的法律标准，而以犯罪构成作为判断罪数的标准，贯彻了罪刑法定原则，也有利于判断罪数的统一性和公正性，避免主观随意性。第二，犯罪构成是主客观要件的统一，以犯罪构成作为判断罪数的标准，既克服了行为标准说、法益标准说片面强调犯罪构成的客观要件的弊端，又克服了犯意标准说片面强调犯罪构成的主观要件的弊端，为区分一罪与数罪提供了主客观相统一的科学依据。第三，以犯罪构成作为判断罪数的标准，不仅是犯罪构成理论作为刑法学核心理论的要求，而且也是发展和完善罪数形态论的需要。因为任何一种罪数形态都具有客观要件和主观要件，都是主客观要件的统一，所以，只有以主客观要件相统一的犯罪构成作为区分一罪与数罪的标准，才不失片面，也才能阐述各种罪数形态的特征，从而使罪数形态理论成为科学的理论。因此，对于一罪与数罪的判断标准，本书采用犯罪构成标准说。

当然，犯罪构成标准说在实践上也存在一定的局限性，难以在任何情况下都予以适用。其中突出表现在：第一，根据犯罪构成标准说，有些通常按照一罪处罚的罪数形态，有时《刑法》规定实行数罪并罚。例如，我国《刑法》第198条规定，投保人、受益人故意造成被保险人死亡、伤残或疾病，骗取保险金的……依照

[①] 齐文远主编：《刑法学》，北京大学出版社2011年版，第175页。

数罪并罚的规定处罚(即以保险诈骗罪和故意杀人罪等并罚)。本来这种情况属于牵连犯,但《刑法》规定实行数罪并罚,只能依照《刑法》特别规定。第二,根据犯罪构成标准说有些行为成立数罪,《刑法》却规定为一罪。例如,我国《刑法》第239条规定,以勒索财物为目的绑架他人……杀害被绑架人的,符合绑架罪与故意杀人罪的犯罪构成,但《刑法》规定只以绑架罪论处。又如,司法工作人员因收受贿赂而徇私枉法的,符合徇私枉法罪的犯罪构成和受贿罪的犯罪构成,但我国《刑法》第399条第4款规定对这种行为依照处罚较重的规定定罪处罚。因此,以犯罪构成为标准区分一罪与数罪时,如果刑法有特别规定,应依照刑法的特别规定。

第二节 实质的一罪

一、继续犯

(一)继续犯的概念与构成

继续犯,又称持续犯,是指作用于同一对象的一个犯罪行为从着手实施到行为终了,犯罪行为与不法状态在一定时间内同时处于继续状态的犯罪。如非法拘禁罪,从行为人非法把他人拘禁起来的时候开始,一直到恢复他人的人身自由的时候为止,非法拘禁行为与被害人被拘禁的不法状态一直处于持续不断的状态中。认定继续犯,对于确定追诉时效的起算点具有重要意义。我国《刑法》第89条规定,追诉期限从犯罪之日起计算;犯罪行为有连续或者继续状态的,从犯罪行为终了之日起计算。按此规定,继续犯的追诉时效是从犯罪行为终了之日起计算的,什么时候犯罪行为实施终了,什么时候追诉时效就开始计算。

构成继续犯必须具备以下条件:

(1)只有一个犯罪行为。这表现为,行为人主观上只有一个犯意,客观上从行为着手实施到行为终了都只有一个实行行为,虽然行为持续的时间长短不一、行为地也可能发生变化,但仍然只是一个行为。例如非法拘禁,拘禁1天是一个行为,拘禁1年也是一个行为,只是行为延续时间长短不同而已,并不涉及行为的单复数问题。再如,行为人将被害人非法拘禁于甲地30天后,转移至乙地非法拘禁40天,再转移至丙地非法拘禁20天,虽然地点一再转移,但仍然只是一个非法拘禁行为,构成继续犯。

(2)犯罪行为作用于同一对象、侵害同一具体的法益。构成继续犯,行为人的行为只能是持续地作用于同一对象侵害同一具体法益,如果是作用于不同对象或者侵害同一对象的数种法益,那么不构成继续犯。例如非法拘禁罪,行为人非法拘禁被害人甲30天,其行为对象是被害人甲,侵害的法益也只是被害人甲的人身自由权,因此构成继续犯。但如果行为人非法拘禁甲 30 天后将甲释放,随后又非法拘禁乙 20 天,由于两次非法拘禁的对象不同,因此不能把先后两个非法拘禁行为认定为继续犯。

(3) 犯罪行为在一定时间内不间断地持续实施。犯罪行为在一定时间内不间断地持续存在是构成继续犯的一个非常重要的条件,这一条件要求:一方面,犯罪行为必须持续一定的时间,具有时间上的持续性。一般而言,持续时间长短不影响继续犯的成立。当然,如果持续时间很短,综合全案,社会危害性显著轻微、危害不大的,可以按照我国《刑法》第 13 条的规定不认为是犯罪,但那是另一个问题。另一方面,犯罪行为必须是不间断地实施,即行为从着手实施到行为终了一直没有间断。例如行为人非法拘禁甲 20 天后释放,过了 10 天又将甲非法拘禁 30 天,虽然行为人的行为构成非法拘禁罪,但实际上是两个非法拘禁行为,单独看任何一个非法拘禁行为都是继续犯,但不能将两个行为综合起来认定为继续犯。

(4) 犯罪行为与犯罪行为引起的不法状态同时继续。继续犯不仅要求犯罪行为在一定时间内不间断地持续,而且要求由犯罪行为引起的不法状态与犯罪行为同时持续,也就是说,继续犯要求犯罪行为与由其引起的不法状态的发生、延续与终了,必须是同时的或者基本同步。如果犯罪行为一经实施即终了,不存在持续状态,即使犯罪行为所引起的不法状态处于持续之中,也仍然不能称之为继续犯。例如,行为人实施盗窃行为窃取了被害人的财物后,盗窃行为实施终了,但行为人非法占有被害人财物的状态仍在持续,由于此种情形并不是犯罪行为与犯罪行为引起的不法状态的同时持续,因此不是继续犯,而是状态犯。

(二) 继续犯的处理

继续犯只有一个犯罪行为,无论持续的时间长短,都只能按一罪论处,不实行数罪并罚,继续的时间长短可以作为量刑情节在刑罚裁量的时候予以考虑。

二、法条竞合犯

(一) 法条竞合犯的概念与构成

法条竞合犯,或称法规竞合犯,是指行为人实施的一个行为同时触犯数个在犯罪构成要件上具有包容关系或者交叉关系的犯罪条文,只能适用其中一个犯罪条文,排除适用其他法条的情形。例如我国《刑法》第 198 条规定的保险诈骗罪,其犯罪对象是"保险金",我国《刑法》第 266 条规定的诈骗罪,其犯罪对象是"公私财物",由于"保险金"包容于"公私财物"之中,因此,如果行为人故意虚构保险标的,骗取保险金,数额较大的,虽然既触犯了《刑法》第 198 条规定的保险诈骗罪,同时也触犯了《刑法》第 266 条规定的诈骗罪,但由于行为人只是基于一个犯罪故意实施了一个行为,因此,只能适用其中一个法条,从而排斥其他法条的适用,这种情形就是法条竞合。

构成法条竞合犯必须具备以下条件:

(1) 行为人基于一个罪过(故意或者过失)实施了一个行为。行为人基于一个罪过实施了一个行为是构成法条竞合犯的前提条件,如果基于数个罪过,实施了数个行为,不能构成法条竞合犯。所谓一个行为,是指基于社会一般观念被认为是一个行为,而并非在犯罪构成评价上被认为是一个犯罪行为。

(2) 行为人的行为同时触犯了数个犯罪条文,在形式上符合数个犯罪条文规定的犯罪构成要件。例如行为人出于盗窃枪支的故意,实施了盗窃枪支的行为,既符合我国《刑法》第127条第1款规定的盗窃枪支罪的构成要件,同时也触犯我国《刑法》第264条规定的盗窃罪的构成要件。如果行为人基于一个罪过实施的一个行为只触犯了一个犯罪条文,不构成法条竞合犯。

(3) 行为人的行为所触犯的数个犯罪条文在犯罪构成要件上存在包容关系或者交叉关系。对于法条竞合犯中的竞合关系,理论上有较大争论。有观点认为只有当一个法律条文的内容为另一个法律条文的内容所包括,即法条之间存在包容关系的,才能构成法规竞合。另有学者认为,法规竞合有全包含关系和交叉关系的法规竞合。还有学者认为法条竞合包括从属关系和交叉关系的竞合,其中从属关系的竞合可分为独立竞合和包容竞合,交叉关系的竞合又可分为交互竞合和偏一竞合。① 还有学者认为,法规竞合关系包括特别关系、补充关系、吸收关系、择一关系和包容关系五种。② 从立法和司法实践来看,否认交叉关系的法规竞合不符合我国法律规定的现状,而将法规竞合分为独立竞合、包容竞合、交互竞合和偏一竞合,则不利于将法规竞合区别于其他罪数形态。基于此,本书认为,法规竞合只存在包容关系和交叉关系两种竞合关系。所谓包容关系,是指数个犯罪条文在犯罪构成要件上存在的整体与部分的关系。例如我国《刑法》第266条规定的诈骗罪与第198条规定的保险诈骗罪,诈骗罪是一个属概念,保险诈骗罪是一个种概念,诈骗罪包容保险诈骗罪。所谓交叉关系,是指数个犯罪条文在构成要件上存在的部分相交的关系。例如我国《刑法》第266条规定的诈骗罪与第279条规定的招摇撞骗罪,前者是一般性的诈骗财物行为,后者是以冒充国家机关工作人员的手段行骗的行为,包括骗财和骗取其他非财产性利益,两罪在"骗财"部分重合、交叉。

(4) 行为人的一个行为虽然触犯了数个犯罪条文,但只能按其中一个犯罪条文定罪处罚,不实行数罪并罚。在法规竞合犯中,由于行为人只是基于一个罪过(故意或者过失)实施了一个行为,所以只能构成一罪,按一罪论处,不实行数

---

① 陈兴良:《刑法适用总论》(上卷),中国人民大学出版社2017年版,第673、708页。
② 周光权:《法条竞合的特别关系研究》,载《中国法学》2010年第3期。

罪并罚。

(二) 法条竞合犯形成的原因

法条竞合犯是由于法律错综复杂的规定而产生的,以形成原因为根据,法条竞合犯主要有以下类型:

(1) 因行为主体形成的法条竞合。例如,我国《刑法》第 378 条规定的战时造谣扰乱军心罪和第 433 条规定的战时造谣惑众罪,二者主要区别在于行为主体不同,前者的行为主体是一般主体,后者的行为主体是特殊主体,即现役军人,一般主体当然包括现役军人。

(2) 因行为对象形成的法条竞合。例如,我国《刑法》第 258 条规定的重婚罪与第 259 条规定的破坏军婚罪,前者的行为对象是"他人",即一般人,后者的行为对象是"现役军人配偶",后者的行为对象包容于前者的行为对象之中。

(3) 因行为目的形成的法条竞合。例如,我国《刑法》第 363 条规定的制作、复制、出版、贩卖、传播淫秽物品牟利罪和第 364 条规定的传播淫秽物品罪的竞合,二者的区别主要在于前者是基于"牟利"的目的,后者并不需要基于特定目的,后者包容前者。

(4) 因行为方式或手段特殊形成的法条竞合。例如,我国《刑法》第 194 条规定的票据诈骗罪与第 266 条规定的诈骗罪的竞合,二者的区别主要在于行为手段不同,前者是用特殊的方式诈骗,即利用金融票据进行诈骗,后者可以用任何欺骗手段,后者包容前者。

(5) 因行为时间形成的法条竞合。例如,我国《刑法》第 424 条规定的战时临阵脱逃罪与第 435 条规定的逃离部队罪的竞合,前者犯罪的时间必须在"战时",后者可以在任何时间,后者包容前者。

(6) 因数个要件形成的法条竞合。例如,我国《刑法》第 198 条规定的保险诈骗罪与第 266 条规定的诈骗罪的竞合,两者主要区别在于行为主体和行为对象不同,前者主体是投保人,行为对象是骗取保险金,后者的行为主体是一般主体,行为对象是公私财物,后者包容前者。

(三) 法条竞合犯的处理

对于法条竞合犯,只能按其中的一法条定罪处罚。但对于法条的选择,理论上有不同观点。有学者认为,除法律明文规定外,都应适用特别法优于普通法的原则,不能根据个人价值判断对法条从重选择。[①] 另有学者认为,原则上行为符合特别法条,适用特别法条,但两种特殊情况下适用重法优于轻法的原则:一是法律明文规定重法优先;二是法律虽没明确规定适用普通法条,但对此也无禁止规定,而且按特别法条定罪处罚明显违背罪刑相适应原则时,重法优先。其条件

---

① 周光权:《法条竞合的特别关系研究》,载《中国法学》2010 年第 3 期。

有三：(1) 触犯的是同一法律的普通法条与特别法条；(2) 特别法条的法定刑明显轻于普通法条，并缺乏法定刑减轻的根据，而且适用特别法条明显违反罪刑相适应原则；(3) 刑法没有禁止适用普通法条，或者说没有指明必须适用特别法条。① 本书赞同后一种观点，因为罪刑相适应原则是刑法的基本原则，这也指导和制约着竞合情况下的定罪和量刑，在没有法律规定情况下，解释也应当符合这一原则。基此，法条竞合犯应根据不同情况按以下原则处理：

(1) 一般情况下应按照特殊法优于一般法的原则论处。这是因为，国家在一般法之外制定特殊法，主要是基于某种行为具有的特殊性，目的在于实现对特定的法益予以特殊保护，如果不坚持特殊法优于一般法的原则，也就不能体现国家的立法意图，从而使规定特殊法失去意义。

(2) 特殊情况下适用重法优于轻法原则。主要包括两种情况：

第一，法律明确规定按重法定罪量刑。例如，我国《刑法》第149条第1款规定："生产、销售本节第141条至第148条所列产品，不构成各该条规定的犯罪，但是销售金额在5万元以上的，依照本节第140条的规定定罪处罚。"第2款规定："生产、销售本节第141条至第148条所列产品，构成各该条规定的犯罪，同时又构成本节第140条规定之罪的，依照处罚较重的规定定罪处罚。"《刑法》第140条规定的是生产、销售伪劣产品罪，是一般法，其法定最高刑为无期徒刑，第141条至第148条规定的是生产、销售各种特殊的伪劣产品的犯罪，是特殊法，其法定最高刑有的是死刑或无期徒刑，有的则较轻，在出现法规竞合的情况下，应依照以上规定按重法论处。

第二，法律虽然没有明确规定按重法定罪量刑，但也没有明确禁止的情况下，如果按特殊法定罪量刑违背罪责刑相适应原则，那么应按重法优于轻法的原则定罪量刑。例如，我国《刑法》第264条规定的盗窃罪和第345条第1款规定的盗伐林木罪，盗窃罪中盗窃"数额特别巨大"或者"有其他特别严重情节的"，法定最高刑为无期徒刑，而盗伐林木罪的法定最高刑仅为15年有期徒刑，盗窃罪的法定最高刑明显高于盗伐林木罪的法定最高刑，如果盗伐林木的"数额特别巨大"或者"有其他特别严重情节"，假如按盗伐林木罪定罪量刑，则违背了罪责刑相适应原则，在此情况下，应按重罪（盗窃罪）定罪量刑。此种情况下适用重法优于轻法的原则应当具备以下条件：其一，特别法的法定刑明显低于普通法的法定刑，根据案件情况，按特别法定罪量刑违背罪责刑相适用原则。如上例。其二，刑法没有明确禁止适用作为重法的一般法。如果《刑法》明确规定"本法另有规定的，依照规定"的，那么禁止适用一般法。例如，我国《刑法》第266条诈骗罪最后一段即进行了这样规定，依据此规定，当行为人实施金融诈骗罪、信

---

① 张明楷：《刑法学》，法律出版社2016年版，第470页以下注27。

用卡诈骗罪等特殊诈骗犯罪行为时,即使特殊诈骗犯罪的法定刑明显低于诈骗罪的法定刑,也只能按特殊诈骗罪定罪处罚,不能适用《刑法》第266条。

三、想象竞合犯

(一) 想象竞合犯的概念与构成

想象竞合犯,又称想象的数罪、观念的竞合,一般认为,是指一个行为触犯数个罪名的犯罪形态,也就是实施一个行为,侵害了数个刑法所保护的法益,符合数个犯罪构成要件的情况。例如,甲意图杀害乙,晚上趁乙在逛街时,向乙开了一枪,结果打死了乙,并将乙旁边的丙打伤。

构成想象竞合犯必须具备以下条件:

(1) 行为人实施了一个行为。行为人只实施了一个行为是构成想象竞合犯的前提条件,如果实施了数个行为,不能构成想象竞合犯。所谓一个行为,是指基于社会一般观念的理解被认为是一个行为,而并非在犯罪构成评价上被认为是一个犯罪行为。行为在客观上既可以是作为,也可以是不作为,但行为人主观上是否必须是一个犯意或者一个罪过,理论上存在争议,但一般观点认为,想象竞合犯主观上既可以是故意,也可以是过失,还可以是故意同时存在过失。

(2) 一个行为触犯数个罪名。所谓一个行为触犯数个罪名,是指一个行为在犯罪构成评价上符合数个犯罪构成要件,形式上或者外观上构成数罪。理论上有争议的是,这里的数个罪名是否必须是异种罪名。一种观点认为,只有数个不同的罪名,才是数个罪名;数个相同的罪名,例如数个杀人罪,罪名仍然只有一个,也就谈不上想象竞合犯。另一种观点认为既存在异种类的想象竞合犯,也存在同种类的想象竞合犯,在其看来承认同种类的想象竞合犯,对于解决认识错误等问题具有一定意义。本书赞成前一种观点,在我们看来,承认想象竞合犯,目的在于解决应当按哪个罪名定罪处罚的问题,而同种类的想象竞合犯,径直就是一罪,如拿枪向两个人扫射,将两人打死,直接定故意杀人罪,不存在定罪上的困惑,没有必要解释为想象竞合犯。因此,只承认异种类的想象竞合犯是合适的。

(3) 一个行为所触犯的数个罪名之间在犯罪构成要件上不存在从属或者交叉关系,行为所触犯的数个罪名均无法全面评价该行为。这是想象竞合犯区别于法条竞合犯的最主要特征。例如盗窃数额较大的通讯设备的行为,同时触犯破坏交通设备罪和盗窃罪,由于破坏与盗窃是两种完全不同的表现形式:破坏意在毁灭某种物质或者设施的价值;而盗窃则意在非法占有,使所有权发生非法转移,因此,这两种犯罪在犯罪构成要件上不存在逻辑上的从属或者交叉关系,仅仅是由于犯罪人实施的一个行为,同时触犯了这两个罪名,但两个罪名均无法全面评价该行为,因此构成想象竞合犯。

(二) 想象竞合犯的处理

想象竞合犯实质上是一罪,但在形式上或者外观上触犯了数个罪名,那么应以哪一个罪名来定罪量刑呢?通说观点认为,想象竞合犯是一罪而非数罪,所以不以数罪实行并罚,只需按所触犯的罪名中最重的那个罪名定罪量刑,也就是采取从一重罪处断原则。那么,如何确定罪名之轻重呢?我国刑法理论认为,可依下列标准定其轻重:主刑刑种的轻重,依刑法规定的次序,即管制、拘役、有期徒刑、无期徒刑和死刑依次逐重。同种之刑以最高度之较长者为重,最高度相同者,以最低度较长者为重,若两个罪都只有一个罪刑单位,可依此标准确定罪之轻重,择一重罪处断。若两个罪都具有两个甚至两个以上罪刑单位,如破坏通讯设备罪与盗窃罪,需要根据案件具体情况,对各罪的罪刑单位进行具体分析,然后确定刑之轻重。

(三) 想象竞合犯和法条竞合犯的联系与区别

想象竞合犯和法条竞合犯是既有联系又有区别的两个概念,其联系表现在两者都只实施了一个行为,触犯了数罪,最终都只能按一罪进行论处。两者的区别主要表现在以下几个方面:(1) 想象竞合犯虽然只有一个行为,但可能是数个罪过和数个结果;法条竞合犯则只能是基于一个罪过,实施一个行为,造成一个结果。(2) 想象竞合犯是基于犯罪行为的实施而产生的竞合,往往是因为行为出于数个罪过、产生数个结果、侵害了数个法益,从而使一行为触犯数个罪名,没有行为的发生,不存在想象竞合犯;而法条竞合犯是因为法律的错综复杂的规定而产生的,即使没有行为的发生,法条竞合关系也依然存在。(3) 想象竞合犯中,一行为触犯的数个罪名的法条之间,不存在包容与交叉关系;法条竞合犯,一行为所触犯的数个法条之间存在着包容关系或者交叉关系。(4) 想象竞合犯中,一行为所触犯的数个罪名都无法全面评价该行为;法条竞合犯中,一行为所触犯的数法条都可以全面评价该行为。(5) 想象竞合犯采用从一重罪处断原则;法条竞合犯的处断,一般情况下,适用特殊法优于一般法原则,特殊情况下,采用重法优于轻法原则。

四、结果加重犯

(一) 结果加重犯的概念与构成

结果加重犯,又称加重结果犯,对于其概念,理论上有广义说和狭义说两种观点。广义说认为,故意或过失实施一个基本的犯罪,又故意或过失地造成了加重结果,刑法规定了加重法定刑的情况,是结果加重犯。狭义说认为,因基本的故意行为而发生了超过其故意的加重结果,刑法规定了加重法定刑的情况,是结果加重犯。虽然我国《刑法》总则没有结果加重犯这一概念,但《刑法》分则有许多结果加重犯的规定。从《刑法》分则规定来看,结果加重犯,是指实施基本犯罪构成要件的行为,发生基本犯罪构成要件以外的重结果,刑法对加重结果规定加重法定刑的犯罪形态。用一个等式来解释就是:结果加重犯 = 基本犯 + 重结果 + 加重法定刑。例如,我国《刑法》第 234 条规定了故意伤害致人死亡的犯罪。故意伤害是基本行为,但故意伤害致人死亡的,处 10 年以上有期徒刑、无期徒刑或者死刑,这就是结果加重犯的适例。

构成结果加重犯必须具备以下条件:

(1) 行为人实施了基本犯罪行为。行为人必须实施了基本犯罪行为,这是构成结果加重犯的前提条件。没有实施基本犯罪行为就不存在是否构成结果加重犯的问题。理论上有争议的是:其一,基本犯罪行为是否必须是结果犯;其二,基本犯罪行为是否必须是故意犯罪。对于第一个问题,有学者认为,即使基本犯不是结果犯,也可以成立结果加重犯。本书同意这种观点,因为结果加重犯中的重结果是相对于基本犯整体而言的重结果,并不是针对基本犯中的结果而言的重结果,即使基本犯不是结果犯,如果出现了某种结果,只要《刑法》规定了加重的法定刑,也是结果加重犯。如劫持航空器致人重伤、死亡或者使航空器遭受严重损害的场合,虽然劫持航空器罪并非结果犯,但如果出现了致人重伤、死亡或者使航空器遭受严重损害等结果,由于我国《刑法》对此种情形规定了加重的法定刑,因此仍应被认定为结果加重犯。对于第二个问题,有学者认为,基本犯的行为只能出于故意;另有学者认为,基本犯的行为通常是出于故意,但不排除出于过失。本书赞同后一种观点。因为我国《刑法》中已经存在这样的立法例,如根据《刑法》第 133 条规定,交通肇事"逃逸致人死亡的,处 7 年以上有期徒刑",交通肇事是过失犯罪,而交通肇事"逃逸致人死亡的"则是一个加重结果,《刑法》为之规定了一个加重的法定刑。因此,过失犯罪仍然存在结果加重犯。

(2) 基本犯罪行为造成了重结果。实施基本犯罪行为引起了超出基本犯罪的罪质范围的结果是构成结果加重犯不可缺少的条件。这一条件要求:一方面,客观上要求基本犯罪行为与重结果之间必须存在着引起与被引起的因果关系,如果没有这种因果关系,则不构成结果加重犯。如甲将乙造成轻伤,乙由于破伤风感染而死亡,因为甲的伤害与乙的死亡之间不存在因果关系,因而不能承担故意伤害致死的刑事责任。另一方面,主观上要求行为人对重结果必须有罪过,如果没有罪过,只是因为意外事件或者不可抗力而产生的结果,都不能构成结果加重犯。但对于行为人主观罪过的形式,理论上仍有不同看法。一种观点认为,行为人对重结果的罪过形式只能是过失,故意不能构成结果加重犯。另一种观点认为,行为人对重结果的罪过形式一般情况下是过失,但也不排除故意,故意也能构成结果加重犯。但从我国《刑法》分则条文规定情况来看,有些条文规定的结果加重犯,行为人对重结果的罪过形式只能是过失。例如非法拘禁致人重伤、死亡的结果加重犯,行为人对被害人重伤、死亡的罪过形式只能是过失,如果行为人主观上是故意,那么就不能构成非法拘禁罪的结果加重犯,而是构成故意伤害罪、故意杀人罪。另有些条文规定的结果加重犯,行为人对重结果的罪过形式只能是故意,如绑架过程中杀害被绑架人的,行为人对被害人死亡的罪过形式只能是故意,而不能是过失。还有些条文规定的结果加重犯,行为人对重结果的罪过形式既可以是过失,也可以是故意,如抢劫、劫持航空器致人重伤、死亡的,行为人对被害人重伤、死亡的结果的罪过形式既可以是过失,也可以是故意。

（3）《刑法》对重结果规定了比基本犯更重的法定刑。《刑法》对重结果规定了比基本犯更重的法定刑是结果加重犯区别于其他罪数形态的一个显著特征,其意思是指刑法单独就重结果规定了一个高于基本犯的法定刑。如果行为人实施了基本犯罪行为,造成了非常严重的危害结果,但刑法没有对此种严重危害后果单独规定一个较重的法定刑,那么不能称作结果加重犯。如前所列举的故意伤害致人死亡的,非法拘禁致人重伤、死亡的,抢劫致人重伤、死亡的,劫持航空器致人重伤、死亡的等,《刑法》都单独规定了一个较重的法定刑,都是结果加重犯。但是,如果《刑法》明确规定比照某某罪从重处罚,这样的情形不能称之为结果加重犯。例如我国《刑法》第247条,刑讯逼供、暴力取证致人伤残、死亡的,依照故意伤害罪、故意杀人罪的规定定罪,从重处罚,这种情况就不是结果加重犯。

（二）结果加重犯的处理

虽然结果加重犯造成了重结果,但由于仍然只有一个犯罪行为,因此,结果加重犯是一罪而不是数罪,不需要进行数罪并罚。但因为《刑法》对重结果规定了一个比基本犯更重的法定刑,所以结果加重犯的处断,只需要根据《刑法》的规定,在较重的法定刑幅度内进行量刑即可。

五、不可罚的事后行为

（一）不可罚的事后行为的概念与构成

不可罚的事后行为,又称为事后不可罚行为、不罚之后行为、共罚的事后行为等,是指在状态犯的场合,利用该犯罪行为的结果的行为,如果孤立地看,符合其他犯罪的构成要件,具有可罚性,但由于被综合评价在该状态犯中,故没有必要另认定为其他犯罪。① 例如犯抢劫、盗窃、诈骗、抢夺、敲诈勒索等罪后对犯罪所得的财物予以毁坏的行为。不可罚的事后行为之所以不认定为其他犯罪,其原因有可能是因为在违法状态下实施的行为并没有侵害新的法益,通常被状态犯的构成要件所评价殆尽,也有可能是因为事后行为不具有期待可能性。

不可罚的事后行为的成立必须具备以下条件：

---

① 张明楷：《刑法学》,法律出版社2016年版,第480页。

(1) 不可罚的事后行为仅限于状态犯的场合，并以状态犯的既遂为前提。根据结果的发生与犯罪终了的关系，一般将犯罪划分为即成犯、状态犯与继续犯。由于即成犯一旦发生法益侵害结果，犯罪便同时终了，没有事后不可罚行为存在的可能，如果行为人再实施后行为，那么只可能是侵犯新的法益，而不可能侵犯与即成犯相同的法益。由于继续犯是作用于同一对象的一个犯罪行为从着手实施到行为终了，犯罪行为与不法状态在一定时间内同时处于继续状态的犯罪形态，因此，在不法状态存在期间，不法行为同时仍在继续当中，因此也不可能有事后行为存在的余地。只有在状态犯的情况下，犯罪既遂之后，虽然犯罪行为已经终了，但法益受侵害的不法状态仍在持续，行为人才可能通过事后行为再次侵犯本罪法益，如果是犯罪预备、犯罪中止或者犯罪未遂，都没有存在事后不可罚行为的余地。

(2) 事后行为在形式上符合状态犯以外的其他犯罪的构成要件。这是不可罚的事后行为的法律特征，它首先要求事后行为在形式上符合某个犯罪的构成要件。如果事后行为并不符合某一犯罪的构成要件，那么不存在讨论其罪数的必要。例如，盗窃之后盗窃犯持有、使用、消费被窃物的行为，如果持有、使用、消费被窃物的行为并不构成《刑法》中某一犯罪的构成要件，那么没有讨论其罪数的必要，也就不能构成不可罚的事后行为。其次，它还要求构成不可罚的事后行为在形式上符合"状态犯以外的其他犯罪"的构成要件，如果符合状态犯的犯罪构成要件，也不能构成不可罚的事后行为。

(3) 事后行为没有扩大法益损害，其法益侵害被事前的状态犯所包含。这是不可罚的事后行为构成一罪的实质条件。如果事后行为侵害的法益不能被事前的状态犯的构成要件所包括并评价，而是扩大了法益侵害，或者侵害了新的法益，那么不是不可罚的事后行为，而是构成数罪，应当数罪并罚。例如盗窃被害人财物后予以毁坏的行为，其毁坏的行为仍然只是侵害了被害人的财产所有权，并没有扩大其法益侵害，已经被盗窃罪所包含。因此，构成不可罚的事后行为。但如果行为人盗窃数额较大的毒品之后又将毒品贩卖的行为，由于盗窃毒品的行为侵犯了财产权，而贩卖毒品的行为又侵犯了公众健康权。因此，应当以盗窃罪和贩卖毒品罪数罪并罚。

(二) 不可罚的事后行为的处理

不可罚的事后行为虽然形式上符合构成要件，但由于事后行为已经被先前的犯罪行为所包含，不重复评价，只需要按照状态犯所构成的犯罪处罚，不适用数罪并罚。

第三节 法定的一罪

一、结合犯

（一）结合犯的概念与构成

结合犯，是指数个各自独立的犯罪行为，根据《刑法》的明文规定，结合成为另一个独立的新罪的情况。例如，日本刑法分别规定了故意杀人罪和强奸罪，然后又规定一个强奸杀人罪，这是典型的结合犯。

成立结合犯必须具备以下条件：

（1）有数个独立的不同性质的犯罪行为。这是成立结合犯的前提。所谓独立的不同性质的犯罪行为，是指不依附于其他任何犯罪，符合不同的独立犯罪构成的行为。因此，构成结合犯，不仅要求有数个独立成罪的犯罪行为，而且要求数个犯罪行为符合不同的犯罪构成，构成数个性质不同的犯罪。如果数个犯罪行为符合相同的犯罪构成，构成数个性质相同的犯罪，那么不能构成结合犯。

（2）数个原本独立的犯罪，结合为一个犯罪。这是构成结合犯的实质特征。有学者认为，数个犯罪行为结合而成的犯罪，应当是区别于原本独立的数罪的新罪，这不仅要求新罪在结构上与原本的数罪有一定的差异，而且要求在罪名上也应当与原本的数罪不同。如日本刑法中的强盗强奸罪，其内部结构包括强盗、强奸两部分，不同于原罪强盗罪和强奸罪的单一结构，并且罪名也不同于原本的强盗罪或强奸罪。① 另有学者认为，构成结合犯，只需要数个原本独立的数罪，结合成为一个犯罪即可，并不需要结合成为另一个独立的新罪。其原因在于：其一，日本刑法理论在定义结合犯时，并没有附加"规定为一个新罪"的特征。其二，是将甲罪与乙罪结合为丙罪，还是将甲罪与乙罪结合为甲罪或乙罪的加重情形，并不存在实质差异。其三，结合犯的概念应根据本国刑法的相关规定予以确定，没有必要根据国外的典型的结合犯确定结合犯的定义。② 本书赞同最后一种观点。基于此，我国《刑法》中也存在结合犯。例如《刑法》第239条规定，杀害被绑架人的，或者故意伤害被绑架人，致人重伤、死亡，处无期徒刑或者死刑，并处没收财产。以杀害被绑架人的情形为例，由于此种情形中有绑架行为与故意杀人行为两个犯罪行为，所以构成结合犯。这样，将两种情形分别按结果加重犯和结合犯处理，并不会造成理论上的混乱。基于此，结合犯具体表现为三种形式，用公式可以表述为：其一，甲罪 + 乙罪 = 甲乙罪；其二，甲罪 + 乙罪 = 甲罪

---

① 陈庆安：《结合犯立法刍议》，载《河南师范大学学报（哲学社会科学版）》2003年第6期，第56—59页。

② 张明楷：《刑法学》，法律出版社2016年版，第466—467页。

（或乙罪）；其三，甲罪＋乙罪＝丙罪。

（3）数个独立的犯罪结合为一个犯罪，是依照刑法的明文规定。这是结合犯的法律特征。如果数个独立的犯罪，刑法并未明文规定该数个独立犯罪结合而成为一个犯罪，那么不可能是结合犯。例如，贿赂罪包括行贿、受贿、介绍贿赂三种犯罪，但法律没有明文规定将其结合为一罪，因此不是结合犯，只是一个集合罪名。刑法之所以将数个独立犯罪规定成为一个犯罪，有些是因为数个犯罪行为之间存在牵连关系，即目的在于实施某一犯罪，而以另一犯罪作为手段行为，或者实施某一犯罪后，实施这一犯罪的结果行为构成另一犯罪，当法律明文将牵连的两个犯罪行为结合为一个犯罪时，就成了结合犯，牵连犯与结合犯之间的区别就在于有无法律的明文规定结合为一个犯罪；有些是因为数个犯罪行为之间存在并发关系，即数个犯罪行为存在密切联系，经常同时发生，为了处理上的方便而将两罪结合成的另一新罪，如绑架过程中杀害被绑架人的、拐卖妇女过程中强奸被拐卖的妇女的等。

（二）结合犯的处理

结合犯由于法律上明文规定将两个犯罪行为结合成为一个独立的犯罪，并规定了相应的法定刑，因此，应当按照刑法规定以一个犯罪论处，不适用数罪并罚。例如绑架过程中杀害被绑架人的，刑法规定了独立的法定刑——无期徒刑或死刑，并处没收财产。因此，对于此种情形就只需要定绑架罪一罪并按上述法定刑处罚即可。

二、集合犯

（一）集合犯的概念与构成

集合犯，是指行为人以实施不定次数的同种犯罪行为为目的，虽然实施了数个同种犯罪行为，但是刑法规定还是作为一罪论处的犯罪形态。例如我国《刑法》第336条规定的非法行医罪。

成立集合犯必须具备以下条件：

（1）集合犯是行为人以实施不定次数的同种犯罪行为为目的。这是集合犯的主观特征，要求行为人在主观上并不是意图只实施一次犯罪行为，而是意图不定次数地反复实施同种犯罪行为，如果主观上只是意图实施一次犯罪行为，不能构成集合犯。例如我国《刑法》第336条规定的非法行医罪，行为人主观上须具有不定次数地实施非法行医行为的意图。

（2）集合犯通常实施了数个同种犯罪行为。这是集合犯的客观特征。所谓"同种犯罪行为"，是指其数个犯罪行为的法律性质是相同的。所谓"通常"，是指行为人反复多次实施同一犯罪行为，因为构成要件本身预定同种行为的反复，所以被反复的同种行为无例外地予以包括，被作为一罪评价。在一般情况下，集合犯的犯罪人反复多次实施了同一的犯罪行为,只有在集合多数同一的犯罪行为情况下,才能构成这一犯罪,如果从所实施的多数同一的犯罪行为中抽去其中一个犯罪行为进行单独分析研究时,又不能构成这一犯罪。① 例如我国《刑法》第 303 条所规定的构成赌博罪的"以赌博为业"行为,单独看,每次赌博行为本身并不构成独立的赌博罪,只有多次实施了赌博行为的前提下,才能构成赌博罪。但对此也不能理解得太绝对。如果行为人具有实施不定次数的同种犯罪行为的目的,即使只实施了一次行为即被查获的,也应当构成集合犯。如非法行医罪,行为人即使仅仅非法行医了一次,但如果有证据能证明其具有多次实施非法行医的目的时,也应当认定为集合犯的非法行医罪。

(3) 集合犯必须是刑法将可能实施的数个同种犯罪行为规定为一罪。这是集合犯的法律特征。集合犯因为"构成要件本身预定同种行为的反复,所以被反复的同种行为无例外地予以包括,被作为一罪评价"②。由于刑法已经将可能实施的数个同种行为规定为一罪,因此,即使行为人实施了数个同种行为,仍然包含在刑法规定的犯罪构成中,仍然只能构成一罪。数行为是否被刑法明文规定为一罪,是集合犯与连续犯的主要区别,如果数个相同的犯罪行为,刑法并没有明确规定为一罪,那么有可能构成连续犯,但如果刑法明确规定为一罪,那么就是集合犯。从时间可能存在连续性看,集合犯和继续犯近似,两者的区别在于犯罪行为的数量,集合犯是由数个同种犯罪行为构成,而继续犯则只有一个行为。

(二) 集合犯的种类

在日本刑法理论中,集合犯一般分为常习犯、职业犯和营业犯三种:犯罪构成预定具有常习性的行为人反复多次实施行为的,称为常习犯;犯罪构成预定将一定的犯罪作为职业或业务反复实施的,称为职业犯;犯罪构成预定以营利为目的反复实施一定犯罪的,称为营业犯。③

(1) 常习犯,是指以实施一定犯罪为习惯的犯罪。有学者认为,我国刑法没有规定常习犯。④ 此种观点值得商榷。因为立法中已经存在这里的犯罪形态。如我国《刑法》第 264 条将多次盗窃行为作为构成盗窃罪的情形之一;第 274 条将多次敲诈勒索作为敲诈勒索罪的情形之一;第 293 条将纠集他人多次实施寻衅滋事的行为作为寻衅滋事的加重处罚情形之一。无论是多次实施盗窃、多次敲诈勒索还是多次实施寻衅滋事行为,都可以说明行为人具有实施此类犯罪的习惯,而《刑法》对此规定为一罪论处,因此可以认定为构成常习犯。

---

① 李光灿、宁汉林主编:《中华人民共和国刑法论》,吉林人民出版社 1984 版,第 619 页。
② 〔日〕中山研一:《刑法总论》,日本成文堂 1989 年版,第 527 页。
③ 参见〔日〕大谷实:《刑法讲义总论》,日本成文堂 2016 年版,第 479 页。
④ 张明楷:《刑法学》,法律出版社 2016 年版,第 479 页。

(2) 职业犯,是指以实施一定的行为为职业或业务的犯罪。例如非法行医罪,构成本罪,要求行为人主观上将非法行医作为一种职业或者业务,如果行为人主观上不具有将非法行医作为一种职业或者业务的目的,一般不构成本罪。

(3) 营业犯,是指以营利为目的,意图以反复实施一定行为为业的犯罪。例如我国《刑法》第363条规定的制作、复制、出版、贩卖、传播淫秽物品牟利罪,牟利是行为人的主观目的,如果不具有牟利的目的,不能构成本罪。区分职业犯和营业犯的关键是行为人主观上是否具有营利的目的。需要具备营利目的的,是营业犯;不需要具备营利目的的,是职业犯。

(三) 集合犯的处断原则

集合犯由于刑法将可能实施的数个同种犯罪行为规定为一罪,并规定了相应的法定刑。因此,不论行为人实施了多少次该行为,都应当按照刑法规定以一罪论处,不适用数罪并罚。

三、转化犯

(一) 转化犯的概念与构成

转化犯是我国独有的一种犯罪形态。通常认为,转化犯,是指行为人在实施某一较轻的犯罪过程中,由于行为人的行为的变化,使其性质转化为更为严重的犯罪,依照法律规定,按重罪定罪处罚的犯罪形态。例如,我国《刑法》第269条规定:犯盗窃、诈骗、抢夺罪,为窝藏赃物、抗拒抓捕或者毁灭罪证而当场使用暴力或者以暴力相威胁的,依照抢劫罪定罪处罚。即是一种典型的转化犯。

成立转化犯必须具备以下条件:

(1) 行为人实施了基本的较轻的犯罪行为。转化犯是由某一较轻的犯罪行为向另一种较重的犯罪行为的转化,实施某种较轻的犯罪行为是构成转化犯的前提条件。有学者认为,转化犯是指某一违法行为或者犯罪行为在实施过程中或者非法状态持续过程中,由于行为者主客观表现的变化,而使整个行为的性质转化为犯罪或者转化为更为严重的犯罪,从而以转化后的犯罪重罪或应按法律拟制的某一犯罪论处的犯罪形态。[①] 在论者看来,某一违法行为也可以成为转化犯的基本行为。然而,"就转化犯的本意而言,应该说是罪与罪之间的转化,因而属于罪数形态论。"[②]因此,在我们看来,违法行为不应成为转化犯的基本行为。那么基本的犯罪行为是否必须是故意犯罪呢?有学者认为,转化犯就是行为人出于一犯罪故意,行为实施过程中发生了性质的转化而改变罪名的犯罪形

---

① 杨旺年:《转化犯探析》,载《法律科学》1992年第6期。
② 陈兴良:《转化犯与包容犯:两种立法例之比较》,载《中国法学》1993年第4期。

态。① 本书认为,从我国有关司法解释来看,过失犯罪仍然可以构成转化犯。如最高人民法院 2000 年 11 月 10 日通过的《关于审理交通肇事刑事案件具体应用法律若干问题的解释》第 6 条规定:"行为人在交通肇事后为逃避法律追究,将被害人带离事故现场后隐藏或者遗弃,致使被害人无法得到救助而死亡或者严重残疾的,应当分别依照刑法第 232 条、第 234 条第 2 款的规定,以故意杀人罪或者故意伤害罪定罪处罚。"这就是由交通肇事罪向故意杀人罪或者故意伤害罪转化的转化犯。

(2) 行为人在实施了基本的较轻的犯罪行为过程中实施了与基本犯罪行为性质不同的转化行为。转化犯是轻罪向重罪的转化,必须有轻罪行为和重罪行为两个行为,因此,行为人在实施轻罪的基本犯罪行为基础上,还必须实施另一个较重的转化行为,并且所实施的转化行为与基本行为之间具有不同性质。如果是一个行为,仅仅是发生了基本犯罪构成以外的重结果,那就是结果加重犯,而不是转化犯。例如我国《刑法》第 238 条第 2 款规定的非法拘禁罪转化为故意伤害罪、故意杀人罪,必须有行为人使用暴力致人伤残、死亡的行为发生。如果没有转化行为即使用暴力致人伤残、死亡的行为的发生,即使有致人重伤或者致人死亡的结果发生,仍然只有一个行为,构成结果加重犯,但不能构成转化犯。

(3) 必须符合刑法规定的转化条件。从刑法规定情况来看,较轻的犯罪行为向较重的犯罪行为的转化必须符合相应条件,如行为方式、行为时间、行为造成的后果等。如我国《刑法》第 269 条规定:犯盗窃、诈骗、抢夺罪,为窝藏赃物、抗拒抓捕或者毁灭罪证而当场使用暴力或者以暴力相威胁的,依照抢劫罪定罪处罚,在这里必须符合主观上是为了"窝藏赃物、抗拒抓捕或者毁灭罪证"、客观上"当场使用暴力或者以暴力相威胁"等条件。

(4) 转化犯必须是基于刑法的规定。转化犯必须由刑法明文规定,这是转化犯的法律特征,如果没有刑法的明文规定,不能构成转化犯。法律之所以设立转化犯,是因为行为人的行为已经超出了基本犯的犯罪构成,行为已发生了质变,如果仍按照基本犯处理的话,与罪责刑相适应原则不符合。

(二) 转化犯的处理

转化犯,尽管行为人实施了两种犯罪,但是刑法明确规定按转化后的重罪来定罪量刑。因此,对于转化犯的处罚,只需按重罪定罪量刑即可,不适用数罪并罚。

---

① 储槐植:《一罪与数罪》,载《法学研究》1995 年第 3 期。

第四节 并合的一罪

一、连续犯

(一) 连续犯的概念和构成

连续犯是指基于同一的或者概括的犯罪故意,连续实施性质相同的独立成罪的数个行为,触犯同一罪名的犯罪形态。例如,甲与乙有仇,蓄意对乙及其家人进行报复,甲去乙家伤害了乙,然后在回家的路上又伤害了乙的妻子丙,这种情况就是连续犯。我国刑法对于连续犯概念并无明确的规定,只是在《刑法》第89条规定,犯罪行为有连续或继续状态的,追诉期限从犯罪行为终了之日起计算。这可以被视为研究连续犯的依据。

连续犯必须具备以下条件:

(1) 必须实施性质相同的数个独立成罪的犯罪行为。实施性质相同的独立成罪的数个行为是构成连续犯的前提条件,如果行为人没有实施数个犯罪行为,只是实施了一个犯罪行为,不能构成连续犯。首先,所谓数个独立成罪的犯罪行为,是指数个相互独立的行为都是犯罪构成要件充足并具备可罚性的行为。如果行为人有意识地以数个举动完成一个犯罪,由于数个举动仅形成一个行为,因此不是连续犯,而是接续犯。例如张某想毒死李某,故意将药分三次给予李某服食,结果将李某杀死。其次,构成连续犯还要求独立成罪的数行为必须是至少两次各自符合犯罪构成要件,并且性质相同、触犯同一罪名的行为,如果实施的数个行为性质并不相同,那么不能构成连续犯。如前例中甲对乙家实施报复的数个行为,都是伤害行为,所以构成连续犯。但如果一次实施盗窃行为,一次实施伤害行为,则不构成连续犯。如果数个独立行为并不能单独构成犯罪,而是由刑法规定作为一罪论处的,即使有数个行为,也不能构成连续犯。例如我国《刑法》第264条规定,多次盗窃、入户盗窃、携带凶器盗窃、扒窃的,构成盗窃罪,其中在"多次盗窃"构成盗窃罪的情形中,单独看,任何一个盗窃行为都不能构成盗窃罪,因此,这里的"多次盗窃"并不是连续犯。最后,行为人实施的数个独立成罪的犯罪行为只能是犯罪的实行行为,一次成立犯罪的实行行为,一次成立犯罪的预备行为,则不属于连续实行的范畴,不成立连续犯。

(2) 实施的数个犯罪行为是基于同一的或者概括的犯罪故意。所谓同一犯罪故意,是指行为预计实施数个同种犯罪的故意,每次实施的具体犯罪都明确地包含在行为人的犯罪故意内容之中。所谓概括的犯罪故意,是指虽然每次实施的具体犯罪并没有明确地包含在行为人的犯罪故意内容之中,但是行为人概括地具有实施数个同一犯罪的故意。如果行为人主观上没有同一的或者概括的犯罪故意,尽管在客观上先后实施了两个以上犯罪行为,也不能认为是连续犯。上例中甲与乙有仇,蓄意对乙及其家人进行报复,甲去乙家伤害了乙,然后在回家的路上又伤害了乙的妻子丙,在此,甲除了具有明确伤害乙的故意以外,对乙的家人伤害并没有明确的目标,因此是概括的故意。如果甲在行为之前,已经非常明确地具有伤害乙和丙的故意,然后伤害了乙和丙,这种情形就是基于同一的故意。

过失犯能不能构成连续犯?例如,司机甲违反交通法规,酒后驾车,行驶过程中三次将四人撞成重伤,这种情形能不能构成连续犯。理论上一般认为,过失犯不能成立连续犯,其原因在于,连续犯主观上必须具有连续实施数个犯罪行为的连续意图,而过失并不具有犯意上的连续性。

(3)性质相同、独立成罪的数个犯罪行为之间必须具有连续性。性质相同、独立成罪的数个犯罪行为之间具有连续性是构成连续犯的重要条件。如何判断数个犯罪行为之间有无连续性呢?对此,刑法理论上有较大的分歧,主要有主观说、客观说、折衷说三种观点。主观说认为,认定数个行为的连续性应以行为人主观方面有连续犯罪的决意或者同一的犯罪故意为标准,如果主观上有连续实施某种犯罪行为的故意,即构成连续犯,即使数个行为之间客观上并无连续性。客观说认为,认定数个行为的连续性应从客观上来认定,如果数个行为客观上具有在性质、对象、方式、环境、结果等方面的相似性,在行为时间上具有连续性,那么就可以认定数个行为之间具有连续性。折衷说认为,认定数个行为的连续性,不仅需要行为人主观上有连续犯罪的决意和同一的犯罪故意,还需要数个行为在行为性质、对象、方式、环境、结果等方面具有相似性,在行为时间上具有连续性。折衷说是我国刑法理论中的通说观点。在我们看来,连续犯的连续性既有主观根据,又有客观根据。犯罪之间连续性成立的主观根据,是行为人的连续意图及其制约下的数个同一的犯罪故意;犯罪之间连续关系成立的客观基础,是行为人所实施的数个相对独立的犯罪行为连续进行的状态。[①] 如果主观上不具有连续意图,客观上在行为性质、对象、方式、环境、结果上不具有相似性,行为时间上不具有连续性,不能构成连续犯。例如行为人先实施了一个伤害行为伤害了一个人,后来又与别人争吵伤害了另外一个人,虽然有两个伤害行为,但因为行为人主观上并没有连续犯罪的决意或者同一的犯罪故意,因此不是连续犯。又如,行为人前罪已经判决,刑罚执行完毕以后再犯同种性质的犯罪,因为数个行为在行为时间上不具有连续性,不能按连续犯处理。

(4)数个犯罪行为必须触犯同一罪名。数个犯罪行为触犯同一罪名是构成连续犯的重要条件之一,如果触犯的不是同种罪名而是异种罪名,那么不能构成

[①] 高铭暄主编:《刑法学原理》(第2卷),中国人民大学出版社1993年版,第580—581页。

连续犯。什么是同一罪名,理论上尚有较大争议,主要有以下几种观点:"性质类似说"认为同一罪名是指犯罪性质相类似的犯罪;"性质相同说"认为同一罪名是指犯罪性质完全相同的犯罪;"相同法益说"认为同一犯罪是指行为侵害的法益性质相同的犯罪;"同条罪名说"认为同一罪名是指同一法条中的罪名;"同一基本犯罪构成说"认为同一罪名应以具体犯罪中基本犯的犯罪构成为标准来认定,只要行为符合同一基本犯罪构成的,即触犯同一罪名。在我们看来,连续犯的认定不宜过宽,因为连续犯实质上为数罪,过宽难以实现惩罚犯罪目的,也不符合罪刑相适应原则。上述"性质类似说"和"相同法益说"都失之过泛;"性质相同说"虽然可以避免此弊端,但缺乏明确的界定;"同条罪名说"忽视了我国刑法规定的实际情况,例如《刑法》第119条规定了破坏交通工具罪、破坏交通设施罪、破坏电力设备罪、破坏易燃易爆设备罪四个罪名,行为人先破坏了交通工具,后破坏了电力设备,虽然都触犯了本条,但成立两个独立的犯罪,因而不是连续犯。比较而言,"同一基本犯罪构成说"坚持了认定犯罪的构成要件标准,既不会扩大也不会缩小同一罪名的范围,而且在实践中也易于把握,因此是比较合理的。基于此,如下情形都可以被认为是同一犯罪①:其一,数个犯罪行为都与某个具体犯罪的基本构成相符合的,是同一罪名。如数个行为都符合故意伤害罪的基本犯罪构成的,当然是同一罪名。其二,数个行为中,有的行为与某个具体犯罪的基本犯罪构成相符,但有的行为与由该基本犯罪构成派生的构成(即加重或减轻的构成)相符合,是同一罪名。其三,数个行为中,有的行为与某个具体犯罪的基本构成相符合,有的与该基本犯罪构成的修正构成(即共犯或犯罪停止形态的构成)相符合,是同一罪名。其四,刑法中有些条款明文规定依照某某罪"定罪处罚",这种情形也是同一罪名。

(二)连续犯的处理

对于连续犯的处理,有(一罪)从重处罚说、(一罪)从重处罚或者加重处罚说、从重处罚或者适用相应的法定刑说和数罪并罚说等不同的观点。本书认为,连续犯虽然有数行为,并且数行为都独立成罪,但基于数行为之间的连续性,使之既区别于单独的一个犯罪行为,也与不具有连续性的数独立的犯罪行为相区别。因此,对其处罚也应有所不同。根据我国审判实践的经验,参照我国刑法有关规定,应该赞同(一罪)从重处罚或者加重处罚说,即在对连续犯按一罪论处、不实行数罪并罚的前提下,应当按照行为人所触犯的罪名从重处罚或者作为加重构成情节酌情判处刑罚②:

(1)刑法规定只有一个量刑档次,或者虽有两个以上量刑档次但无加重构

---

① 高铭暄、马克昌主编:《刑法学》,北京大学出版社、高等教育出版社2011年版,第192—193页。
② 高铭暄主编:《刑法学原理》(第2卷),中国人民大学出版社1993年版,第597页。

成的量刑档次,或者虽有两个以上量刑档次且有加重构成的量刑档次但不符合这些情况的,按照一个罪名从重处罚。例如我国《刑法》第 234 条规定的故意伤害罪,虽然有三个量刑档次,并且有加重量刑档次,但因为连续实施数个故意伤害行为并不符合加重构成,因此,故意伤害罪的连续犯,虽然有数个伤害行为,但如果没有造成重伤、死亡、伤残的后果,仍然只能在该罪的基本构成的量刑档次内从重处罚。

(2)刑法对多次实施某种犯罪虽然没有明文规定,但规定了加重刑罚的量刑档次,如果连续犯符合加重刑罚的情况,应依照加重的量刑档次处罚。我国《刑法》分则某些条文对"情节严重"或者"情节特别严重"分别规定了不同的加重刑罚的量刑档次,如果连续犯符合这些加重刑罚的情况,应依照加重的量刑档次处罚。例如我国《刑法》第 267 条对抢夺罪按基本犯罪、情节严重、情节特别严重分别规定了三个量刑档次,如果抢夺罪的连续犯符合情节严重、情节特别严重这些情形,那么就应当按照相应的量刑档次量刑。

(3)刑法对多次实施某种犯罪明文规定了重于基本构成的量刑档次,符合这种情况的,依照加重构成的量刑档次处罚。例如我国《刑法》第 263 条对"多次抢劫"明确规定了一个重于基本构成的量刑档次,因此,对于多次实施抢劫的连续犯,只需要按照抢劫罪加重的量刑档次处罚即可。

二、吸收犯

(一)吸收犯的概念和构成

吸收犯,是指数个犯罪行为中,一个犯罪行为吸收其他犯罪行为,仅成立吸收行为一个罪名的犯罪形态。

构成吸收犯必须具备以下条件:

(1)必须有数个独立成罪的犯罪行为。吸收犯是一个犯罪行为吸收其他犯罪行为的情形,如果没有数个独立成罪的犯罪行为,不能构成吸收犯。所谓数个独立成罪的犯罪行为,是指数个相互独立的、充足犯罪构成要件并具备可罚性的行为。如果行为人的行为虽然在形式上有数个举动,但仍然只构成一个犯罪的,如为他人犯罪提供帮助,既为犯罪人提供了工具,又帮助其出谋划策,总体来看都只是一个帮助行为,不构成吸收犯。如果行为人数个行为中只有一个是犯罪行为,其余是违法行为或不法状态的,也不能构成吸收犯。另外,如果所实施的某种行为表现为一定动作的犯罪手段,本身就包含在另一犯罪的构成要件之中的,不具有相对的独立性,也不成立吸收犯。如抢劫罪中的捆绑等劫取财物的方法。

(2)数个独立成罪的犯罪行为之间具有吸收关系。所谓吸收,是指一个犯罪行为包容其他行为,仅以包容的那个行为来定罪,被包容的犯罪行为失去独立存在的意义,不再予以定罪。如何理解数个犯罪行为之间是否具有吸收关系,理论上认识不完全相同。通说认为,一个犯罪行为之所以能够吸收其他犯罪行为,是因为这些犯罪行为通常属于实施某种犯罪的同一过程,彼此之间存在着密切的联系:前一犯罪行为可能是后一犯罪行为发展的必经阶段,后一犯罪行为可能是前一犯罪行为发展的自然结果,或者在实施犯罪过程中具有密切关系。一般认为,吸收关系主要有如下三种形式:其一,重行为吸收轻行为。这里所说的重行为和轻行为是根据行为的性质来区分的,重行为是指行为性质较重的行为,轻行为是指行为性质较轻的行为,当数行为存在性质轻重的区别时,性质较重的行为吸收性质较轻的行为。例如制造毒品后将毒品放在自己的身上,非法持有是制造的自然结果,制造行为重于非法持有行为,所以制造毒品行为吸收非法持有毒品行为,只成立制造毒品罪,非法持有行为不再另定非法持有毒品罪。其二,主行为吸收从行为。这里的主行为和从行为是根据共同犯罪人在共同犯罪中的分工和作用来区分的,在共同犯罪中起辅助或次要作用的是从行为,其余是主行为。例如,甲先教唆乙去杀人,后又提供杀人工具,根据我国刑法规定,教唆犯的行为是主行为,因此,在此情形中,教唆行为是主行为,帮助行为是从行为,应以教唆行为吸收帮助行为。其三,实行行为吸收非实行行为。这里的实行行为与非实行行为是根据刑法的规定划分的,实行行为是由刑法分则加以具体规定的行为,而非实行行为是刑法总则加以一般规定的行为,例如预备行为、教唆行为与帮助行为等。虽然并非所有犯罪都有非实行行为,但很多犯罪中仍然存在非实行行为,在这种情况下,非实行行为被实行行为吸收,只按照实行行为所构成的犯罪来处理。例如犯罪分子为了实施杀人行为先盗窃了枪支,然后用盗窃的枪支将被害人杀死,在此种情况中,盗窃枪支行为是预备行为,杀人行为是实行行为,应以杀人的实行行为吸收盗窃枪支的杀人预备行为,只成立故意杀人罪,盗窃枪支行为不再另定盗窃枪支罪。

(二) 吸收犯的处理

由于吸收犯数个独立成罪的犯罪行为之间存在吸收与被吸收的关系,被吸收的犯罪行为失去独立存在的意义,因而只能以吸收的那个犯罪一罪论处,不实行数罪并罚。

三、牵连犯

(一) 牵连犯的概念和构成

德国著名刑法学家费尔巴哈在其受命起草的 1824 年《巴伐利亚刑法典(草案)》中对牵连犯作了如下规定:"犯罪人……确以不同的行为实行了不同的犯罪,但这一行为仅是实现主要犯罪的手段,或是同一犯罪的结果,应视为附带的情形,可考虑不作加重情节,只适用所违反的最重罪名之刑。"通说认为,牵连犯是指以实施某一犯罪为目的,而其犯罪的方法行为或者结果行为又触犯了其他罪名的情况。例如为了诈骗而伪造公文,该诈骗行为是目的行为,构成诈骗罪,伪造公文的行为是方法行为,构成伪造公文罪,两者之间具有手段和目的的牵连关系,构成牵连犯。

构成牵连犯必须具备以下条件:

(1)牵连犯以实施一个犯罪为目的。牵连犯主观上必须以实施一个犯罪为目的,具有主观目的的统一性,行为人的所有行为都是围绕这个犯罪目的而实施,如果行为人不是以实施一个犯罪为目的,而是在数个犯罪目的的支配下实施数个犯罪行为,不成立牵连犯。但是,需要注意的是,成立牵连犯并不排斥行为人具有实施数个犯罪行为的数个不同的主观罪过。例如为了骗取保险金而杀害被保险人的,行为人具有实施保险诈骗的犯罪目的,但并不排斥行为人在杀害被保险人时具有杀人的故意,只是从整体上看,行为人杀人的故意是由行为人保险诈骗的目的所引发,保险诈骗目的处于支配地位,杀人的故意处于被支配地位,服务于处于支配地位的保险诈骗犯罪目的。

(2)行为人实施了两个以上的行为。行为人实施了两个以上的行为是构成牵连犯的前提条件,如果只实施了一个行为,无法形成行为之间的牵连关系,不可能构成牵连犯。在牵连犯中数个犯罪行为中,数行为中存在主次之分。其中某个行为在所有行为中处于支配地位,起着主要作用,引发或者推动着其他行为的实施;而其他行为则处于被支配地位、起着次要作用。牵连犯中的数个行为一般表现为两种情况:一是目的行为与方法行为(或称手段行为);二是原因行为与结果行为。其中,目的行为与原因行为就是在牵连犯数行为中处于支配地位、起着主要作用的行为。除了处于支配地位、起着主要作用的目的行为与原因行为以外,其他所有行为都是处于被支配地位、起着次要作用的方法行为与结果行为。方法行为,是指为了便于主要罪行的实行而实施的行为。例如,为了骗取保险金而杀害被保险人的,骗取保险金是目的行为,杀害被保险人是方法行为。结果行为,是指主要行为实施后由于主要罪行而实施的行为。例如邮政工作人员私自开拆或者隐匿、毁弃邮件而窃取其中的财物,邮政工作人员私自开拆或者隐匿、毁弃邮件行为是原因行为,窃取财物的行为是结果行为。由此可知,这里的方法行为与结果行为都是独立于目的行为与原因行为之外的行为,而不是目的行为与结果行为本身的方法或结果。

(3)牵连犯的数个行为之间必须具有牵连关系。所谓牵连关系,是指行为人实施的数个行为之间具有手段与目的或者原因与结果的关系。这意味着,行为人的数个行为分别表现为目的行为与手段行为、原因行为与结果行为,它们相互依存形成一个有机的整体。理论上争议较大的问题是判断数行为中牵连关系的有无的标准是什么,对此理论上有主观说、客观说、折衷说和类型说四种观点。

主观说认为,只要行为人主观上存在将某种行为作为目的行为的手段行为或者作为原因行为的结果行为的意图时,就认为存在牵连关系。客观说认为,只要客观事实上数行为之间具有手段与目的、原因与结果之间的关系,就认为具有牵连关系。折衷说认为,认定牵连关系,不仅要求行为人主观上具有牵连的意图,而且要求客观上数行为之间具有通常的目的与手段、原因与结果的关系。类型说认为,根据刑法规定和司法实践,将牵连犯的手段与目的、原因与结果的关系类型化,只有具有类型化的手段与目的、原因与结果的关系时,才具有牵连关系。亦即,只有当某种手段通常用于实施某种犯罪,或者某种原因行为通常导致某种结果行为时,才宜认定为牵连犯。① 本书认为,判断牵连关系的存在,不能脱离行为人的主观意图、具体行为事实来判断。客观说和主观说都是从一个方面来判断牵连关系,都有失片面。类型说将牵连关系的判断标准确定为牵连关系在通常意义上的存在,脱离了具体的行为人与行为事实。折衷说既考虑了行为人的主观牵连意图,又考虑了数行为的客观牵连关系的存在,是一种可取的判断标准。

(4) 牵连犯的数个行为必须触犯不同的罪名。牵连犯的数个行为必须触犯不同的罪名是牵连犯的法律特征。例如,为了骗取保险金而杀害被保险人的,其骗取保险金的目的行为构成保险诈骗罪,其故意杀人的手段行为构成故意杀人罪。又如,邮政工作人员私自开拆或者隐匿、毁弃邮件而窃取其中的财物,其私自开拆或者隐匿、毁弃邮件的原因行为构成私自开拆或者隐匿、毁弃邮件罪,窃取财物的结果行为构成盗窃罪。如果实施的方法行为或者结果行为并不构成其他罪,只触犯一个罪名,那就不是牵连犯。例如入户抢劫,入户行为虽然是实施抢劫的方法行为,但由于刑法将此种情形作为抢劫罪加重处罚的情形,入户的行为不能独立成罪,因此,并不构成牵连犯。

(二) 牵连犯的处理

我国刑法总则中没有牵连犯概念和牵连犯的处罚原则的规定,刑法分则也没有对牵连犯的处罚原则作出明确统一的规定,而是在不同条文中采取了不同的处罚原则。从刑法分则规定来看,牵连犯的处理原则有以下几种:(1) 采用数罪并罚原则。如依照《刑法》第 198 条第 2 款规定,投保人、受益人故意造成被保险人死亡、伤残或者疾病,骗取保险金的,应当进行数罪并罚。(2) 采用从一重罪处罚原则。如第 399 条规定的在实施徇私枉法和枉法裁判犯罪过程中,收受贿赂构成受贿罪的,依照处罚较重的规定定罪处罚。(3) 采用从一重罪从重处罚原则。如《刑法》第 253 条第 2 款规定的邮政工作人员私自开拆、隐匿、毁弃邮件、电报而窃取财物的,依照本法第 264 条的规定盗窃

---

① 张明楷:《刑法学》,法律出版社 2016 年版,第 490 页。

罪定罪,从重处罚。(4)规定独立的较重的法定刑进行处罚。如《刑法》第358条规定的强奸后迫使卖淫的,其中强奸是手段行为,组织卖淫行为是目的行为,《刑法》对此规定在10年以上有期徒刑或者无期徒刑幅度内判处刑罚,并处罚金或者没收财产。

在刑法理论上,一般认为,牵连犯应实行"从一重罪处罚"的原则,也就是说,对牵连犯应当采用吸收的原则,按照数行为所触犯的罪名中最重的罪论处,即在该罪所规定的法定刑范围内酌情决定执行的刑罚。然而,也有学者认为,对牵连犯,除法律有明文规定的情况下,应当依照法律规定处理的以外,应当按照其中的一个罪从重处罚,即"从一重罪从重处罚"。[①] 在他们看来,牵连犯实际上是数罪,对社会具有较大的危害性,只按一罪处理,未免对犯罪有所轻纵,按照一重罪从重处罚,才能体现罪刑相适应的刑法基本原则。本书认为,牵连犯有数个犯罪行为,应该区别于单个行为的犯罪,而采用"从一重罪处罚原则"并没有体现出牵连犯数行为的特征。另外,牵连犯数行为之间具有牵连关系,因此,无论从主观恶性大小还是客观危害程度上来讲,牵连犯都有别于独立的数罪,而采用"数罪并罚原则"并没有体现出牵连犯数行为中的牵连关系。因此,对牵连犯无论是采用"从一重罪处罚原则"还是采用的"数罪并罚原则"来处理,都有失偏颇,而"从一重罪从重处罚"既体现了牵连犯数行为的特征,同时也体现了数行为之间的牵连关系,因此是一种合理地处理牵连犯的原则。

第五节 数罪的认定与类型

一、数罪认定

研究罪数问题,除了研究一罪与数罪的判断标准,明确区分一罪的类型,阐明貌似数罪实为一罪的情况外,还有必要对数罪进行研究。在实践中,除了比较容易认定的典型数罪外,貌似一罪实为数罪的情况仍然较多,较难分辨罪数,主要有以下几种情形:

(1)行为触犯一个分则条文实为数罪的情况。

从我国刑法分则条文看,大多数情况下,一个分则条文只规定了一个罪名。在此情形下,给人一种错觉认为:凡是触犯一个分则条文的,构成一罪。这种理解无疑是不正确的。即使是这样的条文,如果行为人有数个独立这样的行为,仍然构成数罪,而非一罪。例如,行为人实施数个相互独立的故意杀人行为,仍然构成数个故意杀人罪,而非一个故意杀人罪。另外,我国刑法分则条文除了规定

---

① 陈兴良:《本体刑法学》,商务印书馆2001年版,第616页。

一个罪名的情况,还有规定了数个罪名的情况,如《刑法》第114条就规定了放火罪、决水罪、爆炸罪、投放危险物质罪,在这些情况下,即使行为人的数个行为只触犯了同一法条,其行为仍然可能构成数罪。例如,行为人实施了一个放火行为后,又独立实施了一个爆炸罪,那么其行为应当认定为放火罪和爆炸罪两罪,实行数罪并罚。

(2) 行为侵害同一对象实为数罪的情况。

在通常情况下,行为侵害同一对象,只构成一罪。但是,由于同一对象享有的法益是多种多样的,即使是同一法益,也有可能因为行为方式、行为时间、罪过形式等的不同,致使行为人的行为符合不同的犯罪构成要件而构成不同的数罪。例如,对于同一人,行为人可能在先实施非法拘禁行为后,再独立实施一个抢劫行为,因为两个行为侵害的法益不同,符合非法拘禁罪和抢劫罪两罪的构成要件,构成两罪,而不是一罪。再如,行为人对同一人的同一财物先实施一个诈骗行为予以骗取未遂后,再独立实施一个盗窃行为予以窃取,虽然两行为都侵害了行为人对同一财物的所有权,但由于行为方式不同,仍然构成数罪。因此,对侵害同一对象的行为甚至侵害同一对象的同一法益的行为,仍然可能构成数罪。

(3) 在犯罪过程中超出原犯罪的范围成立数罪的情况。

行为人在实施犯罪过程中,实施某一犯罪行为,超出了原犯罪的范围,另成立其他独立犯罪。例如,根据最高人民法院《关于审理伪造货币等案件具体应用法律若干问题的解释》,行为人在出售、运输假币犯罪过程中,同时有使用假币行为的,依照《刑法》第171条、第172条的规定,实行数罪并罚。司法解释之所以如此解释,其原因在于使用假币行为超出了出售和运输假币的行为,因此,应当构成数罪,实行数罪并罚。但至于哪些行为超出了原犯罪的范围,应当根据刑法规定的犯罪构成的预定范围予以确定。根据上述司法解释,如果行为人购买假币后使用,构成犯罪的,并不另定使用假币罪,而只是依照《刑法》第171条的规定,以购买假币罪定罪,从重处罚。其原因就在于,在这种情况下,使用假币的行为已经被购买假币罪的犯罪构成的预定范围所包括,因此,无须另定使用假币罪,只构成购买假币罪一罪。

(4) 着手实行犯罪后另起犯意构成数罪的情况。

行为人着手实行犯罪后,另起犯意实施了另一行为,在此情形下,构成数罪。例如,行为人在实施故意伤害行为将被害人打昏后离开,离开不远认为还不"解恨",然后折回,趁被害人昏迷,将被害人的手机、钱包、钻石戒指等窃走。在此情形下,行为人在实施故意伤害行为后,另起盗窃犯意,实施了盗窃行为,构成故意伤害罪和盗窃罪两罪。要注意的是,应当将行为人着手实行犯罪后另起犯意的行为与原犯罪区分开来。例如,行为人先以暴力手段实施抢劫行为后,由于害怕被害人认出和告发,又实施了一个伤害行为,在此情况下,行为人的行为构成抢劫罪与故意伤害罪两罪,而非一罪。但是,如果行为人在以威胁手段实施抢劫行为后,被害人穷追不舍,为了摆脱被害人的追击而使用暴力致人重伤,在此种情形下,行为人实施的伤害行为仍然是顺利实施抢劫行为的手段行为,因此,行为人的行为仍然只有一个行为,只能构成一罪。

二、数罪的类型

我国通说观点将数罪类型分为实质数罪与想象数罪、异种数罪与同种数罪、并罚数罪和非并罚数罪、判决宣告以前的数罪与刑罚执行期间的数罪等四种类型。[①] 本书认为,数罪的类型,应该是指行为人的行为构成数罪的情况下,有哪些分类。因此,本书在讨论数罪的类型时,无须讨论实质数罪与想象数罪这种分类。基于此,数罪的类型主要有:

(一)异种数罪与同种数罪

异种数罪与同种数罪,是以行为人的数个行为符合的数个基本犯罪构成的性质是否相同为标准所进行的分类。行为人出于数个不同的犯意,实施数个行为,符合数个性质不同的基本犯罪构成,触犯数个不同罪名的数罪,是异种数罪。例如,行为人先基于伤害的故意,将被害人甲打成重伤后,又基于一个独立的抢劫故意,实施暴力行为抢劫了乙,行为人的行为构成故意伤害罪和抢劫罪,是异种数罪。行为人出于数个相同的犯意,实施数个行为,符合相同的基本犯罪构成,触犯相同罪名的数罪,是同种数罪。例如,行为人基于三个独立杀人故意,实施了三个独立的故意杀人行为,触犯了三个故意杀人罪,是同种数罪。虽然我国有观点认为,不需要承认同种数罪,但是同种数罪是客观存在的,只是需不需要并罚,还是值得研究,一般情况下,同种数罪无须并罚,但如果不并罚违背罪责刑相适应原则时,可以进行并罚。需要注意的是,如果刑法已经将多次实施同种犯罪行为作为该罪的严重情节的,那么不能认定为同种数罪。例如我国《刑法》第263条将"多次抢劫"规定为抢劫罪的加重处罚情节之一,在此情形下,"多次抢劫"不能构成同种数罪,而只是抢劫罪的情节加重犯。

(二)并罚数罪与非并罚数罪

并罚数罪与非并罚数罪,是以行为人已构成的实质数罪在量刑时是否实行数罪并罚为标准进行的分类。行为人基于数个罪过,实施数个行为,构成数个独立的犯罪,依照法律应当实行并罚的数罪,是并罚数罪。行为人虽然实施数个行为,符合数个犯罪构成,触犯数个罪名,但由于特定事由或法律规定不实行并罚,只按一罪处罚的数罪,是非并罚数罪。一般而言,异种数罪是并罚数罪,同种数罪是非并罚数罪,但在特殊情况下,同种数罪也可能成为并罚数罪。如我国《刑

[①] 高铭暄、马克昌主编:《刑法学》,北京大学出版社、高等教育出版社2011年版,第196—198页。

法》第71条规定:"判决宣告以后,刑罚执行完毕以前,被判刑的犯罪分子又犯罪的,应当对新犯的罪作出判决,把前罪没有执行的刑罚和后罪所判处的刑罚",依照数罪并罚的原则,决定执行的刑罚。这里所说的"又犯罪",包括"又犯同种罪"。

(三) 判决宣告以前的数罪与刑罚执行期间的数罪

判决宣告以前的数罪与刑罚执行期间的数罪,是以实施数罪发生的时间为标准进行的分类。行为人在判决宣告以前实施的并被发现的数罪,是判决宣告以前的数罪。行为人因犯罪受判刑宣告和刑罚执行,在刑罚执行期间发现漏罪或再犯新罪而构成的数罪,是刑罚执行期间的数罪。此种分类的意义在于,根据不同情况确定不同的并罚原则和确定应执行的刑罚。

第三编

刑事责任论

第十四章 定罪与刑事责任概说

第一节 定　　罪

一、定罪的概念与特征

定罪是指法定机关对行为人所实施行为是否构成犯罪、构成一罪还是数罪、构成何种(哪些)犯罪等刑法性质予以认定的司法活动。

定罪具有如下特征：

第一，定罪是司法活动。定罪之所以是司法活动，是因为其具有如下特点：一是内容的特定性。定罪解决的是行为人所实施行为的刑法性质问题。二是结论的终局性。定罪以后，行为人所实施行为的刑法性质已经得到最终确定，任何机构、任何人不得再对行为人的同一行为重新进行法律上的评价。三是效力的权威性。行为人所实施的行为经由定罪以后，定罪所作出的判断应当得到承认与执行。

第二，定罪的主体是法定机关。只有法定的机关才具有定罪的职权。在我国，法定的定罪主体是人民法院与人民检察院。根据我国《宪法》的规定，人民法院行使审判权，对行为人所实施行为刑法性质的认定是审判权的一部分。根据我国《刑事诉讼法》的规定，人民检察院具有作出不起诉决定的权力。人民检察院作出不起诉决定，意味着行为人的行为不构成犯罪，也属于对行为人所实施行为刑法性质的认定。

第三，定罪的内容是行为人所实施行为的刑法性质。定罪要解决行为人的行为是否构成犯罪、行为人的行为属于一罪还是数罪以及行为人的行为构成何种犯罪或者哪些犯罪的问题，可以归纳为罪与非罪、此罪与彼罪、一罪与数罪的问题，这些都属于行为人实施行为的刑法性质问题。

第四，定罪的对象是行为人。定罪活动不同于刑事立法活动，定罪不是对一般意义的行为予以评价的活动，而是对具体个人的行为给予的判断和评价。此外，定罪虽然针对具体的行为进行，但在对行为的性质进行判断后，最终要对行为实施者予以判断。因而，定罪的对象是行为人。

二、定罪的原则

定罪的原则是指法定机关对行为人所实施行为的刑法性质予以认定的过程

中应当遵循的基本准则。对定罪的原则,我国学界的观点存在分歧:有的认为定罪的原则就是主客观相统一的原则①;有的认为定罪的原则包括主客观相统一、罪的法定和平等公正原则。② 定罪是整个刑事司法过程中的一个重要环节,因而整个刑事诉讼过程中应当遵循的原则,必然在定罪过程中得到贯彻。罪的法定原则与平等公正原则作为刑法基本原则的内容,必然对定罪发生指导作用。但罪的法定原则与平等公正原则已经能够为作为刑法基本原则的罪刑法定原则与刑法适用平等原则所涵括,不宜再作为定罪的原则。在定罪的过程中,不仅要考虑行为人的行为、结果等客观因素,还应当考虑行为人的罪过、动机等主观因素,因而在定罪的过程中应当遵循主客观相统一的原则;此外,在定罪的时候,不仅要判断行为人的行为在类型上符合刑法规定的哪一犯罪的成立要件,还要结合行为所造成的危害结果是否达到了应予刑罚惩罚的程度,因而在定罪时应当遵循类型判断与危害程度判断的统一,也即应当遵循类型识别与罪量评判相统一的原则。

1. 主客观相统一原则

中外刑法历史上曾经出现过主观归罪和客观归罪的现象。所谓主观归罪,是指仅根据人的思想、动机来判断其是否构成犯罪,即便某人没有实施危害社会的行为,如果其有危害社会或者统治权的观念、动机,就认定其构成犯罪,如我国历史上的"腹诽罪"。所谓客观归罪,是指仅根据行为造成的危害结果来判断是否构成犯罪,即使某人对危害结果的发生没有罪过,只要某一危害结果是其导致的,就认定其构成犯罪。在定罪的过程中,既要反对主观归罪,也要反对客观归罪,也即应当坚持主客观相统一的原则。

所谓主客观相统一的原则,是指定罪应当兼顾主观主义与客观主义,定罪应当结合行为人的人格以及行为人的犯罪行为、危害结果进行综合评判。③

2. 类型识别与罪量评判相统一原则

从我国犯罪圈的划定来看,并非一切具有社会危害性的行为都被作为犯罪处理。所有犯罪行为都是立法者在对其侵害社会的程度进行评判后,认为需要予以刑罚制裁的行为。我国《刑法》第13条的规定就是划定犯罪圈的原则规定。这一规定由肯定要件和否定要件两部分组成。肯定要件对犯罪行为应当具备的要件加以明确,即:"一切危害国家主权、领土完整和安全,分裂国家、颠覆人民民主专政的政权和推翻社会主义制度,破坏社会秩序和经济秩序,侵犯国有财产或者劳动群众集体所有的财产,侵犯公民私人所有的财产,侵犯公民的人身

---

① 参见陈兴良:《刑法哲学》,中国人民大学出版社2017年版,第718页。
② 参见苗生明:《论定罪原则》,载北京大学刑事法学要论编辑组编:《刑事法学要论——跨世纪的回顾与前瞻》,法律出版社1998年版,第336页。
③ 参见陈兴良:《刑法哲学》,中国人民大学出版社2017年版,第721—722页。

权利、民主权利和其他权利,以及其他危害社会的行为"之规定是对犯罪行为概括类型的明确;"依照法律应当受刑罚处罚的"是对这些行为危害性程度加以明确。① 否定要件是将危害性程度不大的侵害社会的行为排除在犯罪圈以外,即"情节显著轻微危害不大的,不认为是犯罪"。由此可见,在划定犯罪圈的时候,立法者就应当考虑社会危害性程度问题。只有在特定行为的社会危害性达到一定程度时,才能将其规定为犯罪。从我国刑法对具体犯罪规定的犯罪构成要件来看,与我国《刑法》第13条的规定相照应,除了一定行为本身反映了该行为具有构成犯罪的危害程度以外,对具备行为类型构成要件要求的行为是否构成犯罪,我国刑法规定了社会危害性程度要求,如"数额较大""造成重大损失"等规定。因此,在我国成立犯罪的社会危害性程度要求,主要通过两种方式体现:其一是行为类型,其二是"行为类型+特定事实"。前一种方式只适用于该种行为本身的性质已经体现了该行为相当社会危害性程度的情形,如故意杀人罪;后一种构罪方式在我国刑法条文中占有很重的比例,因为根据行为类型无法确定具体行为的危害程度大小,必须将行为类型和其他特定具体犯罪事实结合起来才能体现行为相当罪量的情形,如诈骗数额较大的财物构成诈骗犯罪,就由行为类型"诈骗"和特定具体犯罪事实"财物数额较大"相结合。行为类型以外的其他"特定事实"就是罪量。罪量是犯罪构成事实以外独立存在的体现某一行为社会危害性程度大小的特定事实。

犯罪构成理论是我国刑法理论的核心,犯罪构成四要件的主要功能是行为类型的识别。根据某一犯罪的犯罪构成,我们能够区分此行为和彼行为。结合我国刑法分则的具体犯罪构成来看,部分危害严重的行为的侵犯法益、犯罪客观要件、犯罪主体、犯罪主观要件的结合足以说明某一行为类型的危害程度,如故意杀人,因为这些行为的构成要件本身如剥夺生命、危害公共安全等要件涉及一些具有不可分割性的特定权利,行为只要一实施就有相当的危害程度。② 因此,如果某一罪名本身涉及的利益非常重大(如故意杀人罪),或者由于立法者已经有意识地在罪名中融入了社会危害性程度的要求(如一级谋杀罪),那么这些犯罪的四个要件一定程度上具有标示行为社会危害性程度的功能。而对具有分割性的特定权利如财产权、健康权等侵害,某种类别行为的实施并不必然对特定权利造成相当危害。这些行为的侵犯法益、犯罪客观要件、犯罪主体、犯罪主观要

---

① 美国刑法中关于重罪、轻罪、微罪的划分也是用处刑轻重来进行的。这里似乎存在一个逻辑错误,即应当先有罪,再有刑。为什么立法者在立法时也用刑来标示罪的大小呢?笔者认为,这只是立法者的表述选择问题。因为立法者在决定某一行为是否构成犯罪、罪重罪轻时,很难选择其他方式来表述其选择的依据所在,即便确有依据,在刑法条文中表述起来也很困难。如将盗窃罪的构罪数额进行确定,立法者也很难将其选择的理由在刑法条文中阐释。

② 这里的相当危害是指为社会一般人不能容忍而必须予以刑罚惩罚的危害。

件的结合——也就是犯罪构成仅能说明行为人的行为属于哪一类型的行为,并不能对行为的危害程度作出解释。以诈骗罪为例,诈骗1元钱在主体、主观要件、法益、客观要件上和诈骗1万元钱没有区别,为什么诈骗1元钱不构成犯罪而诈骗1万元钱构成犯罪,仅依照犯罪成立的四个构成要件得不到说明,还必须结合罪量的规定才能对行为人的行为是否构成犯罪进行判断。

综上,犯罪构成四要件主要担负着行为类型的识别功能,罪量担负着价值评判的标示功能。四要件的结合主要说明行为属于什么类型,如说明某一行为是构成盗窃、诈骗还是抢夺;而罪量主要说明该行为的社会危害性程度,如说明该行为是否应当受到刑罚处罚,如应当受到刑罚处罚,应当受到什么性质、什么强度的刑罚处罚。①

因此,在定罪时,不仅要考虑行为人的行为符合刑法分则哪一罪名的构成要件,还要考虑该行为是否已经达到了应当予以刑罚处罚的社会危害性程度,也即必须遵循类型识别与罪量评判相统一的原则。

三、定罪与刑事责任的关系

定罪和刑事责任的关系体现为定罪是刑事责任的前提和基础,刑事责任是定罪意义的具体化与精确化。

(一)定罪是刑事责任的前提和基础

刑事责任的确定是刑事审判最基本的任务,该任务的实现必须以定罪为前提和基础:首先,定罪是刑事责任的前提。行为人的行为只有在经过定罪环节并确定其行为构成犯罪后,才需要讨论刑事责任的问题,行为人的行为不构成犯罪,也就无需讨论刑事责任问题。其次,定罪是刑事责任的基础。行为人应当承担什么程度的刑事责任、以什么样的方式承担刑事责任等等,都必须以行为人的行为成立几个犯罪、成立什么罪名等定罪环节应当完成的内容为基础。不能明确行为人的行为成立几个犯罪、成立什么罪名,是不可能对行为人准确确定刑事责任的。

(二)刑事责任是定罪意义的具体化与精确化

定罪虽然确定了行为人行为的刑法性质,但其意义仍然需要刑事责任的确定来进一步明确:行为人应当以什么方式来对其行为承担刑事责任、其应当承担多大程度的刑事责任,刑事责任的确定能够充分反映行为人行为的社会危害性以及行为人的主观恶性,从而使得定罪的意义更为具体与精确。例如,甲的行为虽然构成故意杀人罪,但如果其仅被判处3年有期徒刑并适用缓刑,与因为盗窃罪被判处无期徒刑的乙相比,甲的社会危害性及主观恶性显然要小很多,因而定

---

① 参见王飞跃:《刑法中的累计处罚制度》,法律出版社2010年版,第40页以下。

罪并不能具体、精确地反映行为人的社会危害性与主观恶性,尚需通过刑事责任的确定予以完成。

第二节 刑事责任

一、刑事责任的概念

对于何谓"刑事责任",我国刑法学界有法律后果说、法律义务说、否定评价说、法律关系说、法律责任说等多种观点。[①] 法律后果说认为刑事责任是行为人由于实施犯罪行为而引起的法律后果;法律义务说认为刑事责任是犯罪人因为其犯罪行为根据刑法规定应向国家承担的体现国家最强烈否定评价的惩罚义务;否定评价说认为刑事责任是司法机关对犯罪行为和犯罪人的否定评价和谴责;法律关系说认为刑事责任是刑事的、刑事诉讼的以及劳动改造的法律关系的总和;法律责任说认为刑事责任是一种特殊的法律责任。

应当说上述各种观点都有共同之处:首先,上述各种观点大多认为刑事责任从本质上来说是对犯罪以及犯罪人的否定;其次,上述各种观点都认为刑事责任是因为实施犯罪而产生的。不过,前述一些观点也有不足:第一,法律义务说将刑事责任界定为一种义务,实际上混淆了"义务"和"责任"产生的逻辑顺序,"义务"是和"权利"相对的法律概念,在不履行义务时才产生责任。第二,否定评价说将刑事责任界定为评价和谴责,一方面无从揭示刑事责任区别于其他法律责任的特殊性,其他法律责任也是否定评价,也是谴责;另一方面无意间缩小了刑事责任的范围,因为刑事自诉案件中,行为人也负有刑事责任,却不一定通过司法机关来处理。行为人没有提起自诉,并不等同于行为人不负刑事责任。第三,法律关系说过于含混,因为法律关系包括权利义务关系,而刑事责任并不包含权利的内容。第四,法律责任说仅将刑事责任放置在外延更大的"法律责任"概念中来解释,并未揭示刑事责任的内涵。

本书认为,正确界定"刑事责任",必须结合刑法的有关规定来进行。"刑事责任"一词在我国《刑法》中被广泛使用,如《刑法》第 5 条对"罪责刑相适应原则"规定:"刑罚的轻重,应当与犯罪分子所犯罪行和承担的刑事责任相适应。"第 11 条规定:"享有外交特权和豁免权的外国人的刑事责任,通过外交途径解决。"《刑法》第二章第一节的标题为"犯罪和刑事责任",等等。由刑法关于"刑事责任"的规定可以看出:首先,刑事责任不等同于刑罚,刑事责任的外延范围要大于刑罚。结合我国《刑法》第 14 条第 2 款"故意犯罪,应当负刑事责任"的

---

① 参见马克昌主编:《刑罚通论》,武汉大学出版社 1995 年版,第 4 页。

规定以及第 37 条"对于犯罪情节轻微不需要判处刑罚的,可以免予刑事处罚……"的规定,可以得出——即便承担刑事责任,也不一定要给予刑罚处罚。其次,由"享有外交特权和豁免权的外国人的刑事责任,通过外交途径解决"的规定可以得出——刑事责任的担负不一定要通过刑事诉讼的方式解决。最后,刑事责任是刑罚裁量的基础,因为"刑罚的轻重,应当与犯罪分子所犯罪行和承担的刑事责任相适应"。

由这些刑法规定可以看出,刑事责任就是一种法律后果,这样理解刑事责任,符合刑法的规定:首先,犯罪行为导致的法律后果就是刑事责任,这与行为——后果的法律规范模式相符合;其次,刑事法律后果既可以由承担一定的刑罚处罚来实现,也可以通过其他方式来实现,如被司法机关认定为有罪从而得到否定评价,即便没有受到刑罚处罚,也承担了法律后果;最后,刑罚的轻重取决于刑事法律后果的程度,这也符合罪刑法定原则的实质。因此,我们认为,刑事责任就是由实施犯罪行为而产生的行为人按照刑法的规定应当承担的法律后果。[①]

二、刑事责任的特征

刑事责任具有如下特征:

第一,刑事责任是一种最严厉的法律责任,主要体现在其实现形式上,以区别于民事责任和行政责任及经济责任。

第二,刑事责任是因犯罪行为的存在而产生的,是因犯罪行为而引起的应受刑罚制裁的可能性。

第三,刑事责任的内容是犯罪人和单位接受国家的否定性评价和谴责,并承担刑事法律后果,是两者的统一。

第四,刑事责任是一种严格的个人法律责任。刑事责任严格坚持罪责自负、罪止其身原则,绝对排除株连。

第五,刑事责任是一种严格的法定责任。刑事责任以法律有明确规定为必要,无刑法规定则无刑事责任。

第六,刑事责任是已然责任和未然责任有机统一的法律责任。已然责任就是对已然犯罪所应负的责任;未然责任是指对未来可能发生之罪应负的责任,即其不得再次实施犯罪行为而危害社会。刑事责任是两者的统一。它不仅要对已经发生的犯罪行为作出否定性评价和谴责,而且还要对犯罪人以后是否会继续实施犯罪行为作出否定性评价和谴责。

---

① 法律后果说为大多数刑法学者所赞同,参见北京大学法学百科全书编委会编:《北京大学法学百科全书·刑法学、犯罪学、监狱法学》,北京大学出版社 2003 年版,第 909 页。

三、刑事责任与刑罚的关系

刑事责任与刑罚有着密切的联系,同时也存在一些区别。

（一）刑事责任与刑罚的联系

第一,刑事责任的存在决定刑罚的存在,没有刑事责任就没有刑罚。刑事责任是刑罚的前提,刑罚是刑事责任的实现方式之一。

第二,刑事责任的轻重是刑罚轻重的基本依据和标准。刑罚的轻重必须与刑事责任的轻重相适应,这也是罪责刑相适应原则之所在。

第三,刑罚是实现刑事责任的基本方式。承担刑事责任的方式有刑罚处罚方式、非刑罚处罚方式、免除处罚方式、转移处理方式等多种,但刑罚是承担刑事责任最基本的方式。

（二）刑事责任与刑罚的区别

第一,性质不同。刑事责任是对犯罪行为以及犯罪人的否定,因而刑事责任的性质在于对于犯罪行为以及犯罪人的否定性;而刑罚则是对犯罪人的特定权利予以限制或者剥夺,刑罚的性质在于对犯罪人的惩罚性。

第二,内容不同。刑事责任的内容为评判,也即从法律规定、社会价值体系对犯罪行为以及犯罪人予以判断;刑罚的内容为制裁,也即应予剥夺或者限制的权利类型以及剥夺或者限制的强度。

第三,外延不同。刑事责任除以判处刑罚的方式实现外,还可以通过非刑罚处罚方式、免除处罚方式、转移处理方式等其他方式实现。

四、刑事责任的实现方式

刑事责任的实现方式,是以刑事责任的存在为前提的,如果没有刑事责任或者刑事责任已经不复存在,自然谈不上实不实现的问题。因此,如果行为人虽然实施了犯罪行为,但因为已经超过追诉时效,或者因为赦免,导致刑事责任归于消灭,就无所谓解决的问题。[①] 为此,根据我国刑法的规定,刑事责任的实现方式有刑罚处罚方式、非刑罚处罚方式、免予刑罚处罚方式和转移处理方式。

（1）刑罚处罚方式。刑罚处罚方式是以行为人承担刑罚处罚的方式来承担刑事责任。承担刑罚处罚,既包括行为人实际承受了刑罚处罚,也包括虽然对行为人判处了一定刑罚,但对其适用缓刑或者因为不符合收监条件而予以监外执

[①] 对此,我国有学者认为属于刑事责任的消灭处理方式（参见高铭暄、马克昌主编：《刑法学》,北京大学出版社、高等教育出版社 2011 年版,第 215 页）。本书不赞同这种观点,刑事责任已不再存在,无需讨论对其如何解决,更谈不上对其进行"处理"了。此外,在自诉案件中,如果自诉人没有提起自诉或者放弃自诉,行为人的刑事责任也会因为超过追诉时效而归于消灭。

行的情形。①

（2）非刑罚处罚方式。非刑罚处罚方式是以训诫、责令具结悔过、赔礼道歉、赔偿损失、行政处分以及行政处罚等方式来承担刑事责任。根据我国《刑法》第37条的规定，虽然构成犯罪，但情节轻微不需要判处刑罚的，可以予以训诫或者责令具结悔过、赔礼道歉、赔偿损失，或者由主管部门予以行政处罚或者行政处分。这种情形下，虽然没有受到刑罚处罚，但还是受到了处罚，只不过是受到了刑法规定的刑罚以外的其他处罚方式的处罚。

（3）免除处罚方式。免除处罚方式是指行为人的行为虽然构成犯罪也应当承担刑事责任，但不给予任何处罚。我国《刑法》第24条第2款规定："对于中止犯，没有造成损害的，应当免除处罚……"对于免除处罚的，行为人既不要受刑罚处罚，也不要受非刑罚处罚方式的处罚。

（4）转移处理方式。转移处理方式是指行为人的行为虽然构成犯罪也应承担责任，但通过刑事诉讼以外的其他方式解决。如根据我国《刑法》关于"享有外交特权和豁免权的外国人的刑事责任，通过外交途径解决"的规定，享有外交特权和豁免权的外国人实施了犯罪行为，应当承担刑事责任，但其刑事责任通过外交途径解决，而不是通过刑事诉讼的方式解决。

---

① 根据我国《刑事诉讼法》的规定，法院作出生效判决后交付执行机关执行前，罪犯符合该条规定由法院决定监外执行的，不交付执行机关执行。如果其一直被监外执行而超过对其判处的有期徒刑或者拘役的期限，则对其判处的刑罚实际上没有执行。

第十五章 刑罚的本体

第一节 刑罚的概念和本质

一、刑罚的概念

刑罚,是指刑法规定的由国家审判机关依法对犯罪人适用并被冠以"刑罚"之名的限制或剥夺其某种权益的制裁方法。刑罚的含义包括如下内容:第一,刑罚须由刑法规定,其他法律不得设置刑罚;第二,刑罚须由国家审判机关适用,其他机关无权适用刑罚;第三,刑罚的适用须以实施犯罪为前提,无犯罪则无刑罚;第四,刑罚须以刑法冠以"刑罚"之名为必要,对于"违禁品和供犯罪所用的本人财物"的没收和对于违法所得的追缴,也属于对犯罪人权益的剥夺,但因为刑法未将其规定为刑罚,也就不属刑罚之列[1];第五,刑罚的本质在于对犯罪人权益的限制或者剥夺,因而是一种制裁方法。

刑罚是作为对犯罪的回应而出现的。在历史的发展过程中,因为习俗、经济、人口、政治、宗教、价值观念等因素,刑罚也经历了巨大的变化。

中国古代的刑罚于夏朝形成;于商朝确立了奴隶制五刑,即墨、劓、剕、宫、大辟;周朝在沿袭商朝五刑的基础上,为避免重蹈商朝因严刑峻法而激起人民反抗的覆辙,提出并践行"明德慎罚",认为刑罚要根据形势的变化而"世轻世重"。春秋战国时期,奴隶社会的刑罚制度逐渐消亡,秦、汉尤其是汉文帝的废肉刑,使封建社会的刑罚制度逐渐形成与发展,及至隋代而基本定型。这一时期的刑罚名目繁多,手段残酷。[2] 到唐朝,奴隶制五刑最终演化为封建制五刑——笞、杖、徒、流、死,中国古代刑罚制度终于完成了漫长的历史演变过程,而臻于成熟。鸦片战争以后,帝国主义列强侵入中国,中国逐渐沦为半封建半殖民地国家。中国经过数千年发展的刑罚制度自此衰落,清末修订刑律,引入西方刑罚制度,从而结束了中国古代刑罚的历史。[3]《刑法修正案(八)》对我国的刑罚结构进行了较大程度的调整,我国现有的刑罚结构较之以前更为完善。

---

[1] 日本刑罚体系中将违法所得财物的没收作为附加刑的一种;在美国,没收也作为一种刑罚,因而在美国、日本,没收属于刑罚的一种。马克昌主编:《刑罚通论》,武汉大学出版社1999年版,第12页;Larry J. Siegel, *Criminology*, 7th ed., Belmont: Wadsworth, 2000, pp. 583—584。

[2] 当然,该历史阶段,刑罚也有相对轻缓的时候,如汉文帝废肉刑,不过即便是废肉刑,也还是有一些反复。

[3] 参见陈兴良:《刑法适用总论》(下卷),中国人民大学出版社2017年版,第8—9页。

在奴隶社会、封建社会时期，西方国家的刑罚与中国相同时期的刑罚差别不大，均以身体刑、生命刑、自由刑为主。当代西方国家的刑罚与中国当代的刑罚有较大区别，在废除或者控制死刑罪名（包括虽保留死刑罪名但实际很少适用或者适用后不实际执行）以外，增设新的刑种或者刑罚执行方法以改变刑罚结构，也即构建所谓的过渡性刑罚（intermediate sanctions）[①]。之所以要构建过渡性刑罚，主要是基于避免监狱人满为患、减少政府监狱投入、实现罪刑均衡、防止罪犯因为监禁隔离社会等考虑。过渡性刑罚包括罚金（fines）、没收（forfeiture）、家庭监禁（home confinement）、电子监视（electronic monitoring）、高强度监管假释（intensive probation supervision）、社区服务（community service restitution）、社区矫正（community correction）和训练营（boot camp）等。[②]

二、刑罚的本质

刑罚的本质体现在两个方面：其一是刑罚的社会属性，即刑罚在社会关系中的性质；其二是刑罚的自然属性，即刑罚对于受刑者来说具有什么样的意义。

（一）刑罚的社会属性

刑罚作为社会对破坏其生存条件的防卫手段，是社会治理者治理社会的工具。在中国，统治阶级历来都是将刑法以及刑罚作为国家、社会治理工具或者手段来看待的，这从不少有关法律、刑法以及刑罚的论述中得到体现。管子认为："法者，所以兴功除暴也；律者，所以定分止争也。"[③]商鞅在《修权》中提出："国之所以治者有三：一曰法，二曰信，三曰权。法者，君臣之所共操也。"[④]"法"是与"信""权"融为一体的国家治理手段。《周礼》对此也有直接的表述，所谓"大司寇之职，掌建邦之三典，以佐王刑邦国，诘四方：刑新国用轻典，刑平国用中典，刑乱国用重典"[⑤]，"佐王刑邦国"清晰地表达了统治者关于"刑"的认识——"刑"就是治理国家的手段。儒家更是将"刑"作为国家治理手段看待，"天道之大者在阴阳。阳为德，阴为刑，刑主杀而德主生，是故阳常居大夏，而以生育养长为事；阴常居大冬，而积于空虚不用之处，以此见天之任德不任刑也……王者承天意以从事，故任德教而不任刑。刑者不可任以治世，犹阴之不可以成岁也。为政而任刑，不顺于天，故先王莫之肯为也。"[⑥]董仲舒的这番论述道出了儒家关于"刑"的基本认识。

[①] 也可称之为中间强度的刑罚，参见 Larry J. Siegel, *Criminology*, 7th ed., Belmont: Wadsworth, 2000, pp.579—588。

[②] Ibid., p.582.

[③] 高绍先：《中国刑法史精要》，法律出版社2001年版，第22页。

[④] 同上书，第23页。

[⑤] 同上书，第39页。

[⑥] 同上书，第102页。

因此,刑法、刑罚长期以来都是被作为国家、社会治理手段来看待的,只是关于"刑"在各种社会、国家治理手段中的地位和作用,不同的历史时期、不同的派别有不同的认识,如我国历史上的"儒法"之争。法家主张通过严刑峻法的方式使人们不敢以身试法,从而维护社会秩序。商鞅认为:"禁奸止过,莫若重刑。刑重而必得,则民不敢试,故国无刑民。"①韩非子在提到"赏、罚"两种不同的社会治理手段的地位和作用时,认为"刑胜而民静,赏繁而奸生"②。而儒家认为,太平盛世只有通过对民众的教化才可能实现,孔子主张"道之以政,齐之以刑,民免而无耻;道之以德,齐之以礼,有耻且格"③。儒家也认同刑罚的教育作用,但儒家认识到的刑罚的作用,并非如同西方教育刑主张的那样——刑罚本身能够教育、改造罪犯,而是通过刑罚的适用,"明于五刑,以弼五教,期予于治,刑期于无刑"。所以,"强调刑罚的教育功能是儒家的传统思想,但儒家的教育刑思想不是从刑罚本身的功能出发,而是从整个社会的控制体系而言的,即刑罚只能作为教化的辅助手段……"④

刑罚作为社会治理的工具,社会治理者对于刑罚制度的选择体现在以下几个方面:

第一,不同时期的刑事政策,都是社会治理者根据治理需要而加以选择的。犯罪圈的大小、刑罚量的多少,并非刑罚自身有何规律或者理性左右着,而是依赖于社会治理者的取舍。当然,社会治理者在选择治理手段时,必然要考虑政治、经济、社会、民众观念等诸多因素。

对此,有学者作了较为深入的分析:以惩办与宽大相结合的刑事政策为例,"在国家控制犯罪过程中,必须有惩办,但不是一味惩办,该宽大的要宽大,但不是宽大无边,这是确定的。但是,惩办与宽大的比重关系如何配置,则是不确定的。所以,一个国家在一定时期适用何种方法才能实现惩办与宽大的结合,可能受制于很多偶然因素(包括极其罕见的突发恶性案件的影响、个别领导人意志的突然转变、利益集团的压力等),所以刑罚选择乃至刑罚改革有时就是无规律可循,自然谈不上刑罚进化与否。"⑤因而,历史上某些时期刑事政策的变化或者刑罚制度的重大改革,并非刑罚制度本身经历了一定的量变发展结果,必须"破茧而出"了;刑法思想的大家也不可能凭借其认定的刑罚发展规律来号召对某一刑罚制度提前"孵化"。

---

① 转引自高绍先:《中国刑法史精要》,法律出版社2001年版,第91页。
② 同上书,第91、92页。
③ 同上书,第93页。
④ 同上书,第442页。
⑤ 陈兴良、梁根林主编:《润物无声:北京大学法学院百年院庆文存之刑事一体化与刑事政策》,法律出版社2005年版,第344—345页。

诸如，18世纪以后刑法变得轻缓了、刑罚变得人道了，这是否是因为刑罚发展到这一阶段其自身必然要"摇身一变"呢？对此，贝卡利亚指出："刑罚的规模应该同本国的状况相适应。在刚刚摆脱野蛮状态的国家里，刑罚给予那些僵硬心灵的印象应该比较强烈和易感。为了打倒一头狂暴地扑向枪弹的狮子，必须使用闪击。但是，随着人的心灵在社会状态中柔化和感觉能力的增长，如果想保持客观与感受之间的稳定关系，就应该降低刑罚的程度。"①贝卡利亚的这一番话语，道出了刑罚变革的真正缘由——刑罚不过是国家统治者对抗危害社会行为而选取的打击手段。只是，在选择打击手段时应当立足于特定的社会条件。因此，18世纪刑法的变革，也非启蒙思想和刑事古典学派的功劳。"18世纪刑法改革运动的真正目标，一方面是为了确立一种以更公正的原则为基础的新惩罚权力；另一方面是为了建立一种新的惩罚权力的'构造'，使权力分布得更合理，既不过分集中于若干有特权的点上，又不要过分地分散成互相对立的机构。改革的基本思路是：刑事审判权不应受君主直接活动的影响，不应具有任何立法权力，应超脱于财产关系，只具有审判功能，但应能充分行使本身的权力。"②

当然，刑事政策的选取，并不仅仅在于刑法圈的划定、刑罚手段的取舍，还包括对法律和其他社会治理手段不同功能的认识问题。如我国历史上的"儒法"之争，法家认为国家的治理手段应当主要依靠法律的规制，而儒家却认为国家的治理手段主要在于礼的教化。"古之刑省，今之刑繁。其为教，古有礼，然后有刑，是以刑省；今无礼以教，而齐之以刑，是以刑繁。"孔子的这些话语当为最好的注脚。

第二，不同历史时期刑罚手段的选取，并非仅由某一观念或者价值因素决定的，甚至观念、价值在刑罚发展的某些阶段并非决定性因素，而是受制于特定的物质经济条件。对欧洲一些国家刑罚的历史发展阶段进行考察，就可以证明。

在15世纪的英国和欧洲其他国家，社会条件的变化影响到犯罪以及刑罚。在经历了长年的战争和瘟疫后，英国和欧洲其他国家的人口逐年增多，而商业体系的发展又导致大量的种植业区域变为畜牧区域，因而大量失业和失去土地的人口涌入伦敦、巴黎等新兴的中心都市。在这些因素与亨利八世、伊丽莎白一世等统治者强化统治的影响下，死刑和肉刑成为对犯罪的穷人的主要刑种，并且这些刑种适用于从谋杀、抢劫到流浪汉（vagrants）和吉普赛人（gypsies）（富人则可以通过支付一定的金钱而免除刑罚或者仅被流放）。据估计，在亨利八世时期，被处以绞刑的盗窃犯就有7.2万人。③

---

① 〔意〕贝卡利亚：《论犯罪与刑罚》，黄风译，北京大学出版社2014年版，第125页。
② 陈兴良、梁根林主编：《润物无声：北京大学法学院百年院庆文存之刑事一体化与刑事政策》，法律出版社2005年版，第342页。
③ See Larry J. Siegel, *Criminology*, 7th ed., Belmont: Wadsworth, 2000, p.575.

在 16 世纪末的欧洲,快速发展的城市和殖民地需要大批的制造业劳力市场,而英国、法国等国家,人口的增长因为长年的战争和内乱而受到重大影响,如德国的三十年战争(The Thirty Years War)以及英国、法国和西班牙等国家之间的战乱导致人口逐年剧减。因而,英国、德国、荷兰等国家的劳动力奇缺。为满足劳动力市场的需要,刑罚也发生了重大变化。与以前大面积地适用死刑和肉刑不同,很多罪犯都因为犯罪而被迫强制劳动。17 世纪初的《贫穷法》(Poor Laws)规定穷人、流浪汉(vagrants and vagabonds)都必须在私人或者公共的实体中劳动。一些轻微的违法犯罪者被放置在矫正所(houses of correction),而重刑犯则被强迫到海上作为船役囚犯(galley slaves)服役,由于海上服役的强度过大,不少人都选择自残的方式来抗争。殖民地长年的劳动力紧缺也促使政府将许多罪犯移送到殖民地劳作。英国 1597 年通过的《流浪法案》(Vagrancy Act)使海外移送罪犯首次合法化。随后,议会的 1617 年的一个命令(An Order in Council)许可对身强力壮适于海外劳作的抢劫等罪犯可以在海外强迫劳作来代替死刑的适用。这一做法在法国、意大利都被广泛适用。仅伦敦的老贝利法院(The Old Bailey)在 1717 年到 1775 年间,就输送了至少 1 万名罪犯到海外。①

18 世纪到 19 世纪初的英美国家,随着人口的增多,穷人和富人的贫富差距加大,犯罪率增多,死刑和肉刑的适用又逐渐增多。18 世纪后期的英国,有 350 种犯罪可以适用死刑。②

第三,既便是刑罚的执行,也不是一成不变的。在刑罚执行的历史发展过程中,都融入了社会治理者对社会诸多因素的考虑或者对某一目标的追求。自由刑执行的发展过程,对此就能充分说明。

尽管刑事司法中早就使用了监禁这一手段,比如中国的"圜土"早在奴隶社会就存在,中世纪的欧洲的城堡和市政厅地窖中的地牢就用于关押拖欠债务者和待审拘留者,甚至还用做刑罚手段,但"极少具有矫正思想,对被关押者而言,更多的是身体上的一种痛苦和野蛮的威慑。……此外,人们还将剥夺自由通过给予犯罪人最繁重的强制劳动来对其进行惩罚。……但它还不能被视为现代意义上的自由刑,就其本质特征而言,它实际上是一种身体刑,有时甚至是一种延长的死刑,是对犯人身体上的折磨,使其在身体上不能再危害社会,决无再社会化的思想。"③

真正具有"以教育、矫正、再社会化"为目的的现代意义上的自由刑,最早出

---

① Larry J. Siegel, *Criminology*, 7th ed., Belmont: Wadsworth, 2000, p.576.
② 同上。
③ 〔德〕李斯特:《德国刑法教科书》(修订译本),徐久生译,何秉松校订,法律出版社 2006 年版,第 417 页。

现于 16 世纪以后的刑法史。①"起榜样作用和对自由刑的发展起到决定作用的是建于 1595 年的阿姆斯特丹监狱(男监)和 1597 年的阿姆斯特丹监狱(女监)。从这些监狱中能发现现代自由刑的历史起源,因为在这里,剥夺自由首次被上升为刑罚要素,犯人劳动被有意识地作为教育手段来使用,而不再被视为身体上的痛苦或对生命的消灭。紧随这些荷兰的监狱之后,在港口城市汉堡、不来梅和吕贝克(1600 年后),在卡塞尔(1617 年),在但泽(1629 年)也相继建立了一些监狱和劳动教养所。德国的其他一些地方也纷纷建立了监狱。特殊预防的思想第一次取代了一般预防(矫正)的位置,开辟了刑事司法的新途径。"②

但是,自由刑的执行在以后的历史发展过程中,并非都是为了实现"教育、矫正、再社会化"的目的。"在 17 世纪的进程中,德国的一些地区的监狱出现了较大的衰败,这种衰败一直延续到 18 世纪,而且,当法院科处的自由刑已取代迄今为止的生命刑、身体刑和驱逐出境越多,衰败得也就越严重。这种衰败表明,在重商主义目的之影响下,人们将监狱出租给私营企业家,而后者只对充分使用在押犯的劳动力感兴趣,其他一切都是无关紧要的。如此,许多地方的监狱人满为患,其原因各不相同:不同种类的犯罪人,待审拘留的嫌疑犯,精神病患者,精神变态者,乞丐,娼妓,老态龙钟者和穷光蛋等等。他们未加分类,没有足够的工作可做,得不到足够的管理,拥挤着居住在不卫生的监舍里。"③

这一现象在 19 世纪末欧美一些国家表现得更加突出,监狱甚至已经变成了一种产业。一些监狱引入了合同系统(contract system),政府和一些私营企业主签订合同,由私营企业主来监管所有的服刑人员,服刑人员在私营企业主的监管下为私营企业主劳动;还出现了罪犯租赁系统(convict-lease system),国家将罪犯出租给私营企业主,以便收取固定的租金,而将对罪犯的监管让渡给私营企业主;同时,还出现了国家账务体系(state account system),国家专门将罪犯用于为国家所需产品的生产。一战时期,监狱成为服装、鞋子、靴子、家具以及类似产品的主要制造者。④ 监狱产业的发展导致了对罪犯劳动的压榨与对罪犯的虐待,而完全背离了对罪犯的"教育、矫正、再社会化"的目的。

有学者认为:"惩罚越来越人道、温柔和有尺度,乃是为了更好地追求社会治理的艺术。"⑤对此,我们深表赞同。不同历史时期刑罚的更替与变化,是社会治理者为了更好地治理社会,基于当时的社会背景,综合考虑政治、经济、文化、

---

① 〔德〕李斯特:《德国刑法教科书》(修订译本),徐久生译,何秉松校订,法律出版社 2006 年版,第 417 页。
② 同上书,第 418 页。
③ 同上。
④ See Larry J. Siegel, *Criminology*, 7th ed., Belmont: Wadsworth, 2000, p.578.
⑤ 陈兴良、梁根林主编:《润物无声:北京大学法学院百年院庆文存之刑事一体化与刑事政策》,法律出版社 2005 年版,第 344 页。

宗教等诸种因素,而对先前历史上存在的刑罚进行的改革。

(二) 刑罚的自然属性

目前我国对于刑罚本质的讨论,大多是指刑罚的自然属性,即刑罚对于受刑者具有什么样的意义,换言之,对于受刑者具有什么意义的方式才可以称之为刑罚。

我国刑法学界均认为刑罚具有惩罚性,但对于教育性是否属于刑罚的性质以及刑罚是否具有阶级性存在分歧:如有学者认为,刑罚既有其自产生时就存在并且永恒不变的惩罚性的属性,也有随着时代变化而新增加教育性的属性。① 有学者则认为,刑罚具有阶级性和惩罚的严厉性。"刑罚的阶级性是它与原始社会中的制裁方法相区别的最具决定意义的东西,因而构成刑罚的最深刻的本质……""由此可见,惩罚的严厉性恰恰是决定刑罚之所以是刑罚,并且和其他制裁措施相区别的最具决定意义和最根本的东西。"② 还有学者认为,刑罚具有惩罚性(刑罚是国家施加给犯罪人的一种恶害,先通过给犯罪人造成痛苦的方式来实现遏制犯罪行为的目标,是一种以剥夺特定权益为内容的制裁措施)、严厉性(与行政处罚、民事处罚等相比,刑罚是国家最为严厉的强制方法,它不仅可以剥夺犯罪人的财产权利、人身自由,而且可以剥夺其政治权利乃至生命)、强制性(刑罚是犯罪行为所引起的强制后果,它的适用以国家强制力为后盾,不以犯罪人的意志为转移)、法定性(刑罚的制定权由法定的国家权力机关享有;刑罚的体系、种类以及对某种具体犯罪适用何种刑罚,都由法律明确规定,禁止擅施刑罚和滥施刑罚;刑罚由法定的国家机关依照法定的程序适用;刑罚的执行由法定的机关执行)、针对性(刑罚只能对犯罪人适用)。③

本书认为,刑罚的性质是指刑法规定的以剥夺的特定权利或利益为内容而体现的属性,刑罚本质体现为惩罚性。

首先,刑罚的性质不包括阶级性。刑罚,作为对犯罪的制裁手段、作为惩罚罪犯的工具,其本身是不存在阶级性质的。如不论奴隶社会的死刑、封建社会的死刑、资本主义社会的死刑还是社会主义社会的死刑,都是剥夺罪犯的生命权为内容的,无所谓阶级性。当不同的统治阶级以刑罚来惩罚某些特定的罪犯而体现阶级性时,该阶级性的体现不是刑罚本身所体现的,而是刑罚的运用者将刑罚用于惩罚何种犯罪行为、施加于何种阶级的罪犯所体现出来的。阶级性依赖于掌握刑罚工具的主体,而不依附于作为工具的刑罚本身。

---

① 参见赵秉志主编:《刑法争议问题研究》(上卷),河南人民出版社1996年版,第606页。
② 何秉松主编:《刑法教科书》(上卷),中国法制出版社2000年版,第524—525页。
③ 参见杨春洗、康树华、杨殿升主编:《北京大学法学百科全书·刑法学、犯罪学、监狱法学》,北京大学出版社2003年版,第868—869页。

其次,教育性不是刑罚的性质。因为:第一,只有刑法规定的以剥夺特定权利或利益为内容的制裁措施才属于刑罚,如果对罪犯只适用教育、矫正措施,而不施加剥夺一定权利或利益的制裁措施,该教育、矫正措施不是刑罚,而是刑罚的替代措施。第二,我国有学者主张,"刑罚的教育性则是指刑罚在执行过程中,对犯罪人的思想教育、文化教育、技术教育等等教育"①。其实,这并非刑罚的性质。这些教育措施并非刑罚本身的内容。因为正如提出该主张的学者提出的那样——"严格说来,教育性并不是一切刑罚都具有的,它主要是近、现代自由刑所具有的一种属性。自由刑以外的刑罚,如生命刑、财产刑、资格刑就仅有惩罚的属性而不具有教育的属性。"②这一论断其实已然揭示了对罪犯教育之于刑罚的依附性,即刑罚对罪犯本身的教育作用,只有依附于剥夺性内容的执行才有意义,教育作用本身不能独立存在。③ 就刑罚的性质而言,不能独立存在的内容所体现的性质不能称之为刑罚的性质。

再次,所谓强制性、法定性、针对性等,并非刑罚的性质,而是刑法的性质。因为刑罚是由刑法加以规定的,刑法将某一具有剥夺性内容的方法确定为刑罚,其便可以适用于实施特定犯罪的行为人。故不能将刑法所具有的强制性、针对性等特征,认定为刑罚的性质。另外,所谓刑罚的"严厉性",也是相对的,并非每一刑罚都具有较行政制裁甚至民事制裁更重的严厉性。对外国人适用的驱逐出境,既是一种行政制裁,也是一种刑罚,不能说作为刑罚的驱逐出境就比作为行政制裁的驱逐出境更为严厉。

"刑罚的惩罚性又称为刑罚的痛苦性,是指刑罚会给犯罪人带来身体与精神上的痛苦。惩罚性是任何时代、任何一种刑罚方法都必须具有的,离开了惩罚性、痛苦性,刑罚也就不成其为刑罚。"④对此,我们表示赞同。

三、刑罚与其他制裁手段的区别

与民事制裁方法、行政制裁方法等其他制裁方法,刑罚体现了以下特征:

第一,适用的依据不同。刑罚的适用依据是刑法;民事制裁方法适用的依据是民事法律和经济法律;行政制裁方法适用的依据是行政法。

---

① 赵秉志主编:《刑罚总论问题探索》,法律出版社2003年版,第5页。
② 同上。
③ 另外,这一论断存在片面性的缺陷,应当说,所有的刑罚都具有教育作用。生命刑、财产刑在剥夺罪犯特定权利、利益的同时,能够让犯罪人认识到法律秩序的不可违反性和犯罪后刑罚适用的必定性,从而影响到行为人以后行为的选择,这本身就是一种教育作用。即便是生命刑,也如此,因为我国的死刑存在缓期二年执行制度,死缓的执行如同自由刑执行一样,也具有对罪犯的教育作用。死刑立即执行也能够让罪犯产生"法律秩序的不可违反性和犯罪后刑罚适用的必定性"的认识,这一认识也属于刑罚的教育作用。
④ 赵秉志主编:《刑罚总论问题探索》,法律出版社2003年版,第5页。

第二,适用机关不同。刑罚只能由法院适用;民事制裁方法既可由法院适用,也可由当事人达成和解而自愿适用;行政制裁由行政机关适用。

第三,适用对象不同。刑罚适用的对象只能是罪犯;民事制裁方法适用于违反民事法律和经济法律的人;行政制裁方法适用于违反行政法的人。

第四,严厉程度不同。与民事制裁方法、行政制裁方法相比较,刑罚制裁方法从整体上来说最为严厉。

第五,法律后果不同。受到刑罚处罚的人属于有前科的人,在一定期限内或者终身有丧失从事特定职业或者担任领导职务资格的法律后果;受到民事制裁或者行政制裁不会产生这样的法律后果。

第二节 刑 罚 权

一、刑罚权的概念

刑罚权是国家统治权的组成部分,是国家基于管理和统治的需要,对犯罪人实施惩罚的权力,包括制刑权、求刑权、量刑权和行刑权。制刑权是指国家立法机关创设刑罚的权力,包括刑罚体系及刑种的创设、法定刑的配置以及刑罚裁量、刑罚执行、刑罚消灭等有关事项予以规定。按照我国《立法法》的规定,制刑权由全国人大及其常委会行使。求刑权是指要求对实施犯罪行为的人予以刑罚处罚的权力。在我国,求刑权大多由国家公诉机关行使,少数案件(自诉案件)由国家赋予被害人或者其法定代理人、近亲属行使。量刑权(科刑权)是指人民法院根据审理查明的犯罪事实、依照法律的规定,对犯罪人决定是否适用刑罚、适用什么刑罚、如何执行刑罚(如是否在判处刑罚的同时,决定监外执行)以及对生效判决确定的刑罚进行变更的权力。在我国,量刑权只能由人民法院行使。行刑权是指国家有关机关依照法律的规定,对生效裁判确定的刑罚予以执行的权力。根据我国法律的规定,依据刑罚的类型,行刑权由不同的机关分别行使:死刑、罚金、没收财产由人民法院行使;拘役、被判处有期徒刑剩余刑期在三个月以下的、剥夺政治权利以及驱逐出境由公安机关执行;死刑缓期二年执行、无期徒刑、有期徒刑由监狱等执行机关执行。此外,因被判处管制、宣告缓刑的以及被假释、监外执行的罪犯,由社区矫正机构负责执行。被判处管制的,依法实行社区矫正。

二、刑罚权的根据

对于刑罚权的根据,历史上先后有神权说(刑罚权系神所授)、契约说(刑罚权系人们通过契约各自让渡一部分权利的结果)、命令说(刑罚权来源于主权者的命令）、功利说（刑罚权是因社会存在而必要）、纯正正义说（刑罚权的根据在于正义的要求）、社会防卫说（刑罚权的正当性在于防卫社会的需要）以及折衷说等多种观点。[①] 我国的主流观点认为，刑罚权是国家统治权的一部分，本书赞同主流观点。

第三节 刑罚的目的

一、刑罚目的的概念

刑罚的目的是指国家意图通过刑罚的制定、适用以及执行所希望产生的效果。对于刑罚的目的，可从以下几个方面进行理解：

第一，刑罚的目的是"国家"所希望产生的效果。尽管刑罚的适用以及执行均为法官或者刑罚执行机构的工作人员所实施，并且在刑罚的适用或者执行过程中，可能融入了具体法官或者刑罚执行工作人员的个人感情因素，但从本质上来说，刑罚的适用或者执行并不体现他们个人的目的，而是代表国家意志。

第二，刑罚的目的是国家通过刑罚的制定、适用以及执行所"希望"产生的效果。一方面，国家基于特定的社会条件，在制定、适用以及执行刑罚的时候，针对其所希望产生的效果理性地选择刑罚种类；另一方面，刑罚所实际产生的效果并不一定符合国家所希望产生的效果。正因为如此，才有"民不畏死，奈何以死惧之"的批判。

第三，刑罚的目的是"国家通过刑罚的制定、适用以及执行"所希望产生的效果。国家主权者都有实现长治久安的目的，刑罚作为社会治理的工具之一，与其他治理方式配合共同实现这一目的。在所有的治理手段、方式之中，刑罚有较之其他治理方式的特殊性，因而在所有的治理方式中，刑罚的制定、适用以及执行承载着特定的使命——预防犯罪。

二、刑罚目的的内容

关于刑罚的目的，古今中外学说众多[②]，我国一般认为，刑罚的目的包括特殊预防和一般预防。

（一）特殊预防

特殊预防，是通过对犯罪分子适用刑罚，惩罚改造犯罪分子，预防其再次犯

---

① 参见马克昌主编：《刑罚通论》，武汉大学出版社1999年版，第20—24页。
② 关于刑罚的目的，古今中外有威吓说、报应说、教育刑论、预防主义、综合主义等诸多观点、学说，参见赵秉志主编：《刑罚总论问题探索》，法律出版社2003年版，第7—15页。

罪。特殊预防表现在两个方面：第一，通过适用刑罚，剥夺犯罪分子再次犯罪的物质基础和实施犯罪的条件。由于财产刑剥夺犯罪分子的财产，使其丧失再实施某些犯罪的物质基础。如犯罪分子没有相应的物质基础，其很难实施走私犯罪、生产伪劣产品罪。对犯罪分子适用自由刑，其在自由被剥夺的期间与社会隔离，不具备实施犯罪的条件。死刑对犯罪分子予以肉体消灭，其永远不再可能危害社会。第二，刑罚的适用能够发挥教育改造犯罪分子的功能，影响或者改变其价值观、人生观，从而促使其弃恶从善，遵纪守法。

（二）一般预防

一般预防，是指通过对犯罪分子适用刑罚，威慑、儆戒社会其他成员以促使他们弃绝犯罪念头。[①] 一般预防的对象包括：危险分子、不稳定分子以及具有私力报复的被害人及其家属。对犯罪人适用刑罚，威慑危险分子和不稳定分子，防止他们以身试法；刑罚的适用能够安抚被害人及其家属，防止私力报复；刑罚的适用还能够鼓励公民同犯罪做斗争，"老鼠过街，人人喊打"的局面必然减少犯罪实施的可能性。

第四节 刑罚的功能

一、刑罚功能的概念

刑罚的功能又称刑罚的机能，是指刑罚的制定、提请、裁量和执行可能产生的积极作用。刑罚的功能，依据其影响对象的不同，可以分为对犯罪人的功能、对被害人的功能和对社会的功能。

二、刑罚功能的内容

（一）对犯罪人的功能

刑罚对犯罪人的功能是指刑罚的适用对犯罪人所产生的积极作用。刑罚对犯罪人产生的积极作用通过两种方式实现：一是剥夺方式，通过剥夺犯罪分子的特定权益，使其丧失再犯罪的能力或者条件；二是教育改造方式，通过对罪犯进行教育改造，使其不再实施犯罪行为。

剥夺方式对犯罪人产生的功能包括保安功能和限制功能，统称为惩罚功能。保安功能包括淘汰功能和隔离功能。淘汰功能是指对罪犯执行死刑使其肉体消灭，永远不可能再危害社会而产生的防卫社会功能；隔离功能是指剥夺罪犯的人

[①] 对于一般预防是否为刑罚的目的，近年来学界有不同声音：一般预防应当是刑法的目的，而不应作为刑罚的目的，刑罚的目的与刑法的目的应当区分。参见周少华：《作为目的的一般预防》，载《法学研究》2008年第2期，第95页以下。

身自由,将其羁押于特定场所而使其隔离于社会,在一定时期内不致实施危害社会行为所产生的防卫社会的功能。限制功能是指通过对罪犯适用管制、罚金、没收财产、剥夺政治权利等刑罚,使犯罪分子再次实施犯罪的条件受到限制从而有效防卫社会的功能。对于适用管制刑的罪犯而言,由于其受到公安机关的管束,再次实施犯罪的条件受到限制而不容易再次犯罪;对于适用罚金、没收财产刑的罪犯而言,由于其不具有一定的经济能力,实施破坏社会主义经济秩序罪、危害国家安全罪等犯罪的能力得到一定程度的削弱,再次犯罪的可能性减少;对于适用剥夺政治权利刑的罪犯而言,滥用宪法赋予的政治权利实施危害国家安全罪、妨害社会管理秩序罪、贪污贿赂犯罪等犯罪的条件受到限制或者灭失,从而达到防卫社会的目的。

教育改造的方式体现在三个方面:第一,对于具有理性的人来说,都有趋利避害的本性。由于刑罚是一种痛苦,犯罪人因为实施犯罪而感受到这一痛苦,就会意识到犯罪得不偿失,从而使其认识到以后不能再实施犯罪,以避免这样的痛苦。第二,一般而言,罪犯在刑罚的执行过程中,能够自我反省。刑罚的执行迫使其认识分析其实施犯罪的原因,并由此产生痛改前非的决心。第三,刑罚的执行都伴随一定的教育措施。这些教育措施不仅能够帮助犯罪人认识犯罪的原因和危害,并且能够改造犯罪人的世界观和人生观,帮助其学会一技之长,从而成为遵纪守法的公民。教育改造方式对罪犯产生的功能被称为教育改造功能。

(二) 对被害人的功能

刑罚对被害人的功能,是指刑罚适用于犯罪人的过程中对被害人及其亲友所产生的安抚功能。被害人受犯罪之苦,或者被害人的亲友由于失去亲人,对犯罪人可能产生报复心理。对犯罪人适用刑罚,使得被害人或者被害人亲友对犯罪人的仇恨情感得到释放,使被害人或者被害人亲友的情绪得到平稳,报复心理得以缓解乃至消除,减少私力报复,促进社会稳定。

(三) 对社会的功能

刑罚对社会的功能,是指适用刑罚于犯罪人的过程对社会上其他人所能产生的积极作用。刑罚的适用对社会上其他人所起到的积极作用主要体现在两个方面:

第一,威慑功能。社会中的绝大多数人都是具有理性的人,都有趋利避害的本性。对犯罪人适用刑罚所带来的痛苦,促使社会上其他的人感受到法律的威严,从而不敢以身试法。①

第二,教育鼓励功能。对犯罪分子适用刑罚,有利于使其他公民意识到什么是法律禁止的危害社会的犯罪行为,从而使公民受到法制教育,提高辨别是非的能力,树立守法光荣、犯罪可耻的信念,做到自觉遵纪守法。

---

① 对刑罚是否具有威慑功能,刑法学界存在争议。古今中外大多数学者均赞同刑罚具有威慑功能,如韩非主张"重一奸之罪,而止境内之邪",费尔巴哈的心理强制理论更是以刑罚的威慑功能为基础,"严打"的刑事政策也是基于刑罚的威慑功能。但也有学者对刑罚的威慑功能持怀疑甚至否定态度,如龙勃罗梭。还有一些研究表明,刑罚并不能发挥威慑功能,比如对杀人的犯罪人适用死刑,就不一定能降低杀人案件的发案率,参见 Larry J. Siegel, *Criminology*, 7th ed., Belmont: Wadsworth, 2000, pp. 129—130。

第十六章　刑罚与非刑罚刑事责任措施

第一节　刑罚体系

一、刑罚体系的概念

刑罚体系，是指国家的刑事立法从有利于发挥刑罚功能、实现刑罚目的出发，选择刑种、实行分类并依据其轻重程度进行排列而形成的刑罚序列。

首先，刑罚体系以多刑种为内容，并按照一定次序排列而成。没有多个刑种，就不可能形成刑罚体系。例如，我国的刑罚体系由主刑和附加刑组成。其中，主刑有五种，即管制、拘役、有期徒刑、无期徒刑和死刑。附加刑有三种，即罚金、剥夺政治权利和没收财产。此外，对犯罪的外国人还规定了驱逐出境这种特殊的附加刑。上述主刑和附加刑是分别按其严厉程度由轻到重的次序排列的。

其次，刑罚体系中的刑种是立法者有意选择的结果，其选择以有利于发挥刑罚功能、实现刑罚目的为指导原则。刑罚体系由哪些刑种组成，是立法者有意选择的。所谓"有意"，是指立法者选择刑种具有一定的目的，并以该目的作为选择刑种的指导原则，同时考虑该刑种的适用效果或者可能产生的效果。现代刑罚具有报应和预防的双重目的，因此，立法者选择刑种以有利于发挥刑罚功能、实现刑罚的报应与预防目的为指导原则。我国现行的刑罚体系是立法者在总结长期以来刑罚适用的效果与经验的基础上选择确定的，是有利于发挥刑罚功能、实现刑罚目的的刑罚体系。

最后，刑罚体系是由刑法明文规定的。罪刑法定包括犯罪法定和刑罚法定，而刑罚法定又包括刑罚体系法定和分则个罪的具体刑种与幅度法定，因此，刑罚体系由刑法明文规定是罪刑法定原则的要求。刑罚体系由刑法明文规定，既包括具体的刑种与分类由刑法明文规定，又包括刑种排列顺序由刑法明文规定。刑罚排列方法不同，反映出立法者的价值取向不同。

二、刑罚体系的特征

从我国《刑法》总则第三章对刑罚的规定看，我国的刑罚体系具有体系完整、结构严谨，轻重衔接、宽严相济，内容合理、方法人道的特点。

第一，体系完整、结构严谨。我国刑罚体系中，既有开放型的不剥夺人身自由的刑种,又有监禁性的剥夺人身自由的刑种;既有短期剥夺人身自由的刑种,也有长期剥夺和终身剥夺人身自由的刑种,还有剥夺犯罪人生命的刑种;既有强制向国家缴纳一定数额金钱的罚金刑,又有没收财产刑,还有剥夺犯罪人一定权利和资格的剥夺政治权利以及专门适用于犯罪的外国人的驱逐出境。这些不同的刑种,对受刑人造成的剥夺性痛苦不同,可以适用于不同的犯罪和犯罪人。上述主刑刑种、附加刑刑种的相互补充、相得益彰,构成了一个完整的刑罚体系。

我国刑罚体系的结构不但是完整的,而且是严谨的。在我国刑罚体系中,主刑在先,附加刑在后,主次关系分明;而且主刑和附加刑都是按照其严厉程度由轻到重依次排列,其逻辑性是严密的。

第二,轻重衔接、宽严相济。构成我国刑罚体系的刑种,无论是主刑还是附加刑,都是有轻有重,有宽有严,宽严相济。如主刑中既有较轻的管制和拘役,也有较重的有期徒刑,还有更重的无期徒刑和死刑;附加刑的各个刑种也是轻重有别。不但如此,而且各个刑种之间轻重衔接。如拘役的最长期限是6个月,与有期徒刑的最短刑期6个月相互衔接;有期徒刑的最长刑期是15年,与无期徒刑是衔接的。

第三,内容合理、方法人道。整个刑罚体系的内容,反映了我国长期以来与犯罪作斗争的成功经验,符合我国的国情,符合惩罚犯罪与教育改造罪犯的需要,是合理的;各种刑罚方法虽然能使犯罪人感受到剥夺性痛苦,但又不包含侮辱人格、损害尊严、摧残肉体、折磨精神的内容[①],是人道的。

第二节 主 刑

主刑,是指对犯罪分子只能独立适用、不能附加适用的主要刑罚方法。其特点是:只能独立适用,不能附加适用。对一个犯罪或同一个犯罪人一次只能判处、执行一种主刑,不能同时判处、执行两种以上的主刑。我国刑法共规定了五种主刑,即管制、拘役、有期徒刑、无期徒刑和死刑。这五种主刑可分为两类:自由刑和生命刑。其中,管制、拘役、有期徒刑、无期徒刑属于自由刑,死刑是生命刑。

一、自由刑

自由刑,是以剥夺或限制犯罪人人身自由为基本特征的刑罚方法。在当今世界各国的刑罚体系中,自由刑居于核心地位。根据对犯罪人人身自由的限制程度不同,自由刑可以划分为剥夺自由刑和限制自由刑。剥夺自由刑就是将犯

[①] 参见张明楷:《刑法学》,法律出版社2011年版,第469页。

罪人拘禁于一定的场所,完全剥夺犯罪人的人身自由的刑罚方法。我国刑罚体系中的拘役、有期徒刑、无期徒刑属于剥夺自由刑。限制自由刑是不对犯罪人进行关押,但对其人身自由进行一定程度的限制的刑罚方法。我国刑罚体系中的管制属于限制自由刑。根据剥夺犯罪人人身自由的时间长短不同,自由刑还可以划分为短期自由刑和长期自由刑。短期自由刑是在较短的时间内剥夺犯罪人的人身自由。长期自由刑则是剥夺犯罪人较长时间的人身自由。

（一）管制

管制,是指对犯罪分子不予关押,但限制其一定的自由,依法实行社区矫正的刑罚方法。管制是主刑中最轻的一种刑罚,也是我国独创的刑罚方法。其特点如下：

一是对犯罪分子不予关押,不剥夺犯罪分子的人身自由。这是管制与拘役、有期徒刑、无期徒刑的主要区别。这种不剥夺自由、开放性地执行刑罚的特点,可以避免短期自由刑的弊端,有利于罪犯的教育改造。

二是限制犯罪分子一定的自由。管制作为一种刑罚方法,应具有惩罚的属性,其惩罚性表现在对犯罪分子自由的限制。根据我国《刑法》第 38 条、第 39 条的规定,限制自由的具体内容是:被判处管制的犯罪分子,法院可以根据其犯罪情况,禁止其在执行期间从事特定活动,进入特定区域、场所,接触特定的人;被判处管制的犯罪分子,在执行期间,应当遵守法律、行政法规,服从监督;未经执行机关批准,不得行使言论、出版、集会、结社、游行、示威自由的权利;按照执行机关规定报告自己的活动情况;遵守执行机关关于会客的规定;离开所居住的市、县或者迁居,应当报经执行机关批准。但是,对犯罪分子的劳动报酬不得进行限制,即对于被判处管制的犯罪分子,在劳动中应当同工同酬。

三是限制自由有期限。根据我国《刑法》第 38 条、第 40 条、第 41 条、第 69 条规定,管制的期限为 3 个月以上 2 年以下,数罪并罚时,不得超过 3 年。管制的刑期从判决执行之日起计算;判决执行以前先行羁押的,羁押 1 日折抵刑期 2 日,监视居住的,监视居住 1 日折抵刑期 1 日。管制期满,执行机关应即向本人和其所在单位或者居住地的群众宣布解除管制。

四是对被判处管制的犯罪分子依法实行社区矫正。社区矫正作为一种新型的刑罚执行方式,在西方已有几十年的发展历史。它不同于监禁的刑罚执行方式,不需要将罪犯关押到特定场所,使罪犯在不与社会隔离的情况下再社会化,既可以避免监禁行刑带来的交叉感染,又可以维系罪犯与其家庭、社会的联系,因而具有人道性;同时社区矫正是充分利用社区资源对罪犯进行改造,其刑罚成本比监禁行刑低得多,富有效益价值。[①] 正因为这样,社区矫正作为一种在社区

[①] 参见齐文远主编:《刑法学》(第二版),北京大学出版社 2011 年版,第 238—239 页。

中对服刑人员执行刑罚的活动,符合国际社会行刑的发展趋势。

被判处管制的犯罪分子在管制执行期间,实施违反法律、行政法规和管制禁止令,尚未构成犯罪的,由公安机关依照《治安管理处罚法》的规定处罚;依法给予治安管理处罚时,应当在治安拘留执行期满后继续执行管制;构成犯罪的,应依法定罪量刑。

从管制的上述特点可以看到,管制是一种开放性的、很好的刑罚方法。它作为一种限制自由的刑罚,起到了连接自由刑和非自由刑的纽带作用,使我国的刑罚结构紧凑自然。同时,管制充分地利用了社会力量改造犯罪分子,也不影响犯罪分子的劳动、工作和家庭生活,有利于犯罪分子的改造和社会稳定。因此,管制符合刑罚改革的发展方向。但是,在管制实际执行中,有关部门应注意不能使之流于形式。

(二) 拘役

拘役,是指短期剥夺犯罪分子的人身自由,就近执行并实行劳动改造的刑罚方法。拘役不同于行政拘留、民事拘留、刑事拘留。首先,性质不同。拘役是一种刑罚方法,而行政拘留属于治安管理处罚方法,民事拘留属于妨害民事诉讼的强制措施,刑事拘留是一种刑事诉讼强制措施。其次,适用的对象不同。拘役适用于犯罪人,而行政拘留适用于违反《治安管理处罚法》,尚未构成犯罪的行为人,民事拘留适用于违反《民事诉讼法》第 101 条和第 102 条的规定、但不构成犯罪的民事诉讼参与人和其他人,刑事拘留适用于触犯《刑事诉讼法》第 80 条规定的七种情形之一的现行犯或者重大嫌疑分子。再次,适用的机关不同。拘役由人民法院刑事审判部门适用,而行政拘留和刑事拘留由公安机关适用,民事拘留由人民法院的民事审判部门适用。最后,适用的法律依据不同。拘役依据刑法的规定适用,而行政拘留依据《治安管理处罚法》的规定适用,民事拘留依据《民事诉讼法》的规定适用,刑事拘留依据《刑事诉讼法》的规定适用。

根据我国《刑法》第 42 条至第 44 条规定,拘役具有如下特点:

一是剥夺犯罪分子的人身自由。即将犯罪分子关押于特定的改造场所进行改造,使其丧失人身自由。这是拘役与管制的主要区别。

二是剥夺犯罪分子的人身自由的期限短。根据我国《刑法》第 42 条、第 44 条、第 69 条的规定,拘役的期限为 1 个月以上 6 个月以下,数罪并罚时最长不能超过 1 年。拘役的刑期从判决执行之日起计算;判决执行以前先行羁押的,羁押 1 日折抵刑期 1 日。可见,拘役是一种短期自由刑,是主刑中介于管制与有期徒刑之间的一种轻刑,适用于罪行相对较轻的犯罪分子。

三是由公安机关就近执行。我国《刑法》第 43 条第 1 款规定,被判处拘役的犯罪分子,由公安机关就近执行。这表明拘役的执行机关是公安机关,拘役执行以"就近"为原则。所谓"就近",就是将犯罪分子放在其所在地的县、市或市辖区的公安机关设置的拘役所执行,没有建立拘役所的,放在离犯罪分子所在地较近的监狱执行,如果犯罪分子所在地附近没有监狱的,可将其放在看守所执行。

四是享受一定的待遇。根据我国《刑法》第43条规定,在执行期间,被判处拘役的犯罪分子每月可以回家一天至两天;参加劳动的,可以酌量发给报酬。

从拘役的上述特点可见,拘役作为一种短期自由刑,具有适用于轻罪、贯彻罪责刑相适应原则的价值,但是其弊端也是显而易见的。例如,如果对犯罪人不分管分押,可能导致交叉感染;由于刑罚执行时间短,刑罚的威慑力难以实现,刑罚效果不明显,不利于防止犯罪人再次犯罪;等等。

(三) 有期徒刑

有期徒刑,是指剥夺犯罪分子一定期限的人身自由,强迫其劳动、接受教育和改造的刑罚方法。有期徒刑是我国刑罚体系的中心,绝大多数犯罪的法定刑中都有有期徒刑;有期徒刑也是实践中适用最为广泛的刑种。其特点如下:

一是剥夺犯罪分子的人身自由。主要表现为将犯罪分子拘押于监狱或者其他执行场所,这是有期徒刑区别于管制、死刑、财产刑和资格刑的基本特征。

二是剥夺犯罪分子的人身自由有一定期限。根据我国《刑法》第45条、第47条和第69条的规定,有期徒刑的期限为6个月以上15年以下;数罪并罚时,有期徒刑可以超过15年,但总和刑期不满35年的,最高不能超过20年,总和刑期在35年以上的,最高不能超过25年。有期徒刑的刑期从判决执行之日起计算;判决执行以前先行羁押的,羁押1日折抵刑期1日,监视居住的,监视居住2日折抵刑期1日。

三是在监狱或者其他执行场所执行。其他执行场所,主要是指少年犯管教所。少年犯管教所是以少年犯为管教对象的执行机关,关押已满14周岁不满18周岁的未成年犯。此外,根据我国《刑事诉讼法》第264条第2款规定,对被判处有期徒刑的罪犯,在被交付执行刑罚前,剩余刑期在3个月以下的,由看守所代为执行。

四是强迫参加劳动,接受教育和改造。根据我国《刑法》第46条规定,被判处有期徒刑的犯罪分子,无论在何种场所执行,凡有劳动能力的,都应当参加劳动,接受教育和改造。这表明有期徒刑犯接受劳动改造具有强制性。通过劳动改造,犯罪分子可以改掉好逸恶劳的习性,学会一定的生产技能,改造成为自食其力的守法公民。

从有期徒刑的上述特点可见,有期徒刑因具有幅度较大的期限而可以适用于轻重不同的犯罪,便于实现罪责刑相适应原则和刑罚的个别化。但是,有期徒刑也有其缺陷。例如,罪犯被长时间关押会产生对社会的不适应,不利于重返社会生活;如果监管场所对罪犯不分管分押,容易导致交叉感染,致使累犯、再犯增加;等等。尽管如此,有期徒刑仍然是一种适应性最强、备受推崇的基本刑罚方法。

(四) 无期徒刑

无期徒刑,是指剥夺犯罪分子终身自由,强制其参加劳动、接受教育和改造的刑罚方法。无期徒刑是自由刑中最严厉的刑罚方法,在刑罚体系中,其严厉性仅次于死刑。其适用对象是罪行严重需要与社会永久隔离但又不是必须判处死刑的犯罪分子。无期徒刑有如下特点:

一是剥夺犯罪分子的人身自由。这是无期徒刑区别于管制、死刑、财产刑和资格刑的基本特征,也是其与拘役、有期徒刑的相同之处。

二是终身剥夺犯罪分子的人身自由。这是无期徒刑与拘役、有期徒刑的不同之处。但需要指出的是,被判处无期徒刑的犯罪分子,事实上并不是都终身关押;只要犯罪分子在刑罚执行中悔过自新,就可以通过减刑、假释回归社会。例如,被判处无期徒刑的犯罪分子在执行期间,如果符合减刑条件的,可以减为13年以上20年以下有期徒刑。从我国执行无期徒刑的实际情况看,大量的罪犯并没有被关押终身,而是经过了一定时间的改造后重新回到了社会。因此,无期徒刑不同于某些国家刑法中的终身监禁。

三是先行羁押的期间不能折抵刑期。由于无期徒刑无期限可言,因此,判决执行之前先行羁押的时间不存在折抵刑期的问题。

四是必须附加剥夺政治权利终身。根据我国《刑法》第57条规定,对于被判处无期徒刑的犯罪分子,应当附加剥夺政治权利终身。这从一个方面也说明了被判处无期徒刑的犯罪分子所犯罪行的严重性。

五是强迫参加劳动,接受教育和改造。根据我国《刑法》第46条规定,被判处无期徒刑的犯罪分子,凡是有劳动能力的,都应当参加劳动,接受教育和改造。

无期徒刑作为一种严厉的刑罚方法,能够适用危害严重的犯罪,实现刑罚特殊预防的目的,但是,由于其具有不可分性,无法做到罪刑相适应和刑罚个别化,又因其长期剥夺犯罪分子的人身自由而不具有刑罚的经济性。因此,刑法对无期徒刑应限制适用。

我国刑法对无期徒刑的规定具有如下特点:无期徒刑所适用的犯罪均为故意犯罪,其中多数是作为情节加重犯、结果加重犯、数额加重犯等加重构成的法定刑予以规定的,只有少数严重犯罪中,无期徒刑适用于基本构成的犯罪。无期徒刑一般是作为选择刑种与死刑、10年以上有期徒刑并列规定的。这体现了我国刑法对无期徒刑的限制适用。

二、生命刑

(一) 死刑的概念与意义及发展趋势

死刑,也称为生命刑,是指剥夺犯罪分子生命权利的刑罚方法。在我国,死刑包括死刑立即执行和死刑缓期二年执行两种情况。由于人的生命最为宝贵,被剥夺后不可能恢复,因此,死刑是刑罚体系中最为严厉的刑种。

死刑是一种古老的刑罚方法。在漫长的奴隶社会和封建社会中,死刑存在的合理性从来没有受到过怀疑。但是,自从18世纪意大利刑法学家贝卡利亚首倡废除死刑以来,人们对于死刑存在的合理性已经争论了二百多年。他们大多是围绕人的生命价值和死刑是否具有威慑力、是否人道、是否助长人们的残忍心理、是否符合罪刑相适应原则、是否符合刑罚目的、是否易错难纠、是否违反宪法、是否符合历史发展趋势等方面进行针锋相对的争论,其中一部分人肯定死刑的合理性,主张保留;而另一部分人否定死刑的合理性,主张废除。

废除死刑是刑罚由重向轻发展的必然趋势。目前,世界上已有许多国家废除了死刑,还有一些国家事实上不适用死刑。但是,我国刑法规定了死刑,刑法学界大多数人也赞成现阶段保留死刑,因为手段极为残忍、后果极其严重的犯罪在现阶段还大量存在,一些犯罪分子屡教不改,只有保留死刑,才有利于抑制这些极其严重的犯罪,才能保卫国家安全、维护社会公共安全、维护市场经济秩序和保护公民合法权益;对于少数罪行极其严重的犯罪分子适用死刑,有利于实现刑罚的特殊预防和一般预防的目的;保留死刑符合我国现阶段广大民众的价值观念,具有满足社会大众安全心理需要的功能。

但是,保留死刑绝不意味着可以多杀、错杀。坚持少杀、防止错杀,与保留死刑一样,是我国一贯的刑事政策和人们的共识,因为大量适用死刑不符合我国社会主义的国家性质;刑罚的目的是预防犯罪,而不是要从肉体上消灭罪犯;死刑的大量适用不利于尊重人的生命以及尊重和保障人权等价值观念的形成和增强;犯罪原因多种多样,大量适用死刑不但不能充分抑止各种犯罪,反而可能引起恶性犯罪的增加;死刑是剥夺犯罪分子生命权利的刑罚方法,生命一经剥夺便无法恢复,所以必须杜绝错杀,而少杀、慎杀有利于防止错杀。保留死刑、坚持少杀、防止错杀的死刑政策在我国刑事立法中得到了充分的体现。

(二) 我国刑法总则对适用死刑的限制

(1) 从死刑的适用条件上进行限制。根据我国《刑法》第48条第1款规定,死刑只适用于罪行极其严重的犯罪分子。所谓"罪行极其严重",是犯罪性质极其严重、犯罪情节极其严重和犯罪分子的人身危险性极其严重的统一,三者缺一不可。这是严格限制死刑适用的第一道关口。

(2) 从死刑的适用对象上进行限制。我国《刑法》第49条规定:"犯罪的时候不满 18 周岁的人和审判的时候怀孕的妇女,不适用死刑。""审判的时候已满 75 周岁的人,不适用死刑,但以特别残忍手段致人死亡的除外。"这里的"不适用死刑"包括不适用死刑立即执行和不适用死刑缓期二年执行。上述规定充分体现了我国刑法对未成年犯罪人、老年犯罪人和怀孕妇女的刑事政策和人道主义精神。根据有关司法解释,"审判的时候怀孕的妇女"既包括法院审理案件时被告人正在怀孕,也包括案件起诉到法院之前被告人怀孕但做了人工流产的情况。"审判的时候已满 75 周岁的人",既包括犯罪的时候已满 75 周岁的人,也包括犯罪时不满 75 周岁的人。但需要注意的是,审判的时候已满 75 周岁的老年犯罪人并非一律免死,对以特别残忍的手段致人死亡的老年犯罪人可以适用死刑。

（3）从死刑的适用程序上进行限制。我国《刑法》第 48 条第 2 款规定:"死刑除依法由最高人民法院判决的以外,都应当报请最高人民法院核准。"这是从死刑的核准程序上对控制死刑适用的规定。然而,为了适应同严重犯罪作斗争的需要,全国人大常委会曾将部分死刑核准权下放到高级人民法院。例如,因杀人、抢劫、强奸、爆炸、放火等罪行判处死刑的案件,可由省、自治区、直辖市高级人民法院核准,不必报请最高人民法院核准。但是,这种做法难以保证全国死刑适用标准的统一,以及严格控制死刑的适用。为此,全国人大常委会于 2006 年 10 月 31 日通过了《关于修改〈中华人民共和国人民法院组织法〉的决定》,将《人民法院组织法》第 13 条"死刑案件除由最高人民法院判决的以外,应当报请最高人民法院核准。杀人、强奸、抢劫、爆炸以及其他严重危害公共安全和社会治安判处死刑案件的核准权,最高人民法院在必要的时候,得授权省、自治区、直辖市的高级人民法院行使"的规定,修改为"死刑案件除由最高人民法院判决的以外,应当报请最高人民法院核准"。该《决定》于 2007 年 1 月 1 日起施行。这表明,自 2007 年 1 月 1 日起,各高级人民法院不再行使死刑案件的核准权,全部死刑案件都必须由最高人民法院核准,从而更加严格了死刑的适用程序,保证了死刑适用标准在全国的统一。

（4）从死刑的执行制度上进行限制。我国《刑法》第 48 条第 1 款规定:"对于应当判处死刑的犯罪分子,如果不是必须立即执行的,可以判处死刑同时宣告缓期二年执行。"这是通过死刑缓期执行制度来限制死刑立即执行的适用。死刑缓期执行制度是我国的独创。

其一,死缓的适用条件。

死缓的适用必须具备以下条件：

一是适用的对象必须是应当判处死刑的犯罪分子。这是适用死缓的前提条件。所谓"应当判处死刑",是指根据犯罪分子所犯罪行的严重程度和刑法的规定,符合判处死刑的条件。如果犯罪分子所犯之罪不是挂有死刑的罪名,或者虽然是挂有死刑的罪名,但其犯罪没有达到"罪行极其严重"的程度,或者是犯罪分子犯罪的时候不满 18 周岁、审判的时候怀孕妇女、审判的时候已满 75 周岁的人(以特别残忍的手段致人死亡的除外),不能适用死缓。

二是不是必须立即执行。即根据案件的具体情况,可以不立即执行死刑。刑法虽然对于应当判处死刑的犯罪有明文规定,但对哪些情况不必立即执行死刑却没有明文规定。根据审判实践经验,具有下列情形之一的,可以认定为"不是必须立即执行":犯罪后自首、立功或者有其他法定从轻情节的;因被害人的过错而导致犯罪人激愤犯罪的;犯罪动机有值得怜悯之处;共同犯罪中罪行不是最严重的或者数个主犯中比较靠后的主犯;等等。

其二,死缓的法律后果。

由于死缓不是独立的刑种,而是暂缓执行死刑的制度,因此,根据《刑法》第 50 条第 1 款的规定,被适用死缓的犯罪分子因其在缓期 2 年执行期间的表现不同,而有四种不同的结果:一是判处死刑缓期执行的,在死刑缓期执行期间,如果没有故意犯罪,2 年期满以后,减为无期徒刑;二是如果确有重大立功表现,2 年期满以后,减为 25 年有期徒刑;三是如果故意犯罪,情节恶劣的,报请最高人民法院核准后执行死刑;四是对于故意犯罪未执行死刑的,死刑缓期执行的期间重新计算,并报最高人民法院备案。

对于死缓期间出现故意犯罪且情节恶劣的情形,是否需要等 2 年考验期满后才能核准死刑的问题,学界有不同的看法。有学者认为,应当在 2 年考验期满后才能核准死刑。如此解释并不只是让罪犯多活几天,而是具有减少执行死刑的可能。如果认为即使故意犯罪后也要待 2 年期满后执行死刑,那么,罪犯便有可能通过重大立功免除死刑的执行,这也正好实现了减少死刑执行的理念与目的。① 也有学者认为,依法应当执行死刑的期限,不需要等到 2 年期满以后。因为刑法之所以规定考验期,是因为要考验犯罪人在这段时间内的表现,既然又故意犯罪且情节恶劣,就符合了立即执行的条件,就不用再行考验,而应按立即执行的规定办理。若等到 2 年之后再执行死刑,就违背了死缓的本质和宗旨。②

本书认为,虽然我国的刑度偏重,司法实践中需要限制死刑的适用,但是,死刑的限制是在正确理解法律所表明的意思上的限制,是贯彻罪刑法定原则下的限制。根据刑法的相关规定,在同一条款中规定死缓期间没有故意犯罪和有重大立功的需要 2 年考验期满后才能分别减为无期徒刑和 25 年有期徒刑,却没有规定死缓期间有情节恶劣的故意犯罪的需要 2 年考验期满后才能执行死刑。刑法这么规定,不大可能是表述上的疏忽,也不大可能是为了赋予最高人民法院以自由裁量权,而是意在表明后者情形下死刑执行并不需要等到 2 年考验期满。

---

① 张明楷:《刑法学》,法律出版社 2016 年版,第 533 页。
② 赵秉志主编:《刑法总论》,中国人民公安大学出版社 2016 年版,第 342 页。

从关于故意犯罪的条款表述来看,从死缓期间故意犯罪且情节恶劣到报请最高人民法院核准,再到最后执行死刑,该条款所描述的处理过程自然明了、衔接得当,根本容不下将"由最高人民法院核准"解释为"待 2 年考验期满后,由最高人民法院核准"或者将"执行死刑"解释为"待 2 年考验期满后执行死刑"的空间。此外,既然死缓犯在之前已经犯下了极其严重的罪行,法院判处其死刑后又依法给予 2 年的考验期,在最后又网开一面,给那些故意犯罪但情节不恶劣的罪犯最后一次洗心革面的机会,那么法律对其也算是"仁至义尽"。如死缓犯不但不珍惜机会,反而犯下了主观恶性较深的故意犯罪,这不得不证明了最后挽救措施的失败。因此,如果死缓期间出现故意犯罪且情节恶劣的情形,不需要等 2 年考验期满后才能核准死刑。

其三,死缓的期间计算。

死刑缓期执行的期间,从判决确定之日起计算。先前羁押的期间不能计算在二年的考验期内,因为刑法规定二年的考验期,是为了观察犯罪分子在这两年内有无悔改表现,如果将先前羁押的时间计算在内,就减少了考验时间,丧失了考验意义。死刑缓期执行减为有期徒刑的刑期,从死刑缓期执行期满之日起计算,而不是从作出减刑裁定之日起计算。先前羁押的期间及二年的考验期不能计算在减刑后的有期徒刑刑期内。

第三节 附 加 刑

附加刑,又称为从刑,是补充主刑适用的刑罚方法。其特点是既可以依附主刑适用,也可以独立适用。适用附加刑时,对一个犯罪可以适用两个以上的附加刑。独立适用时,附加刑适用于较轻的犯罪。我国刑法规定的附加刑包括罚金、剥夺政治权利、没收财产,以及对犯罪的外国人适用的驱逐出境。其中罚金和没收财产属于财产刑,剥夺政治权利属于资格刑。

一、财产刑

(一)罚金

1. 罚金的概念与评价

罚金,是指人民法院依法判处犯罪分子向国家交纳一定数额金钱的刑罚方法。罚金不同于行政罚款,表现为:第一,处罚性质不同。罚金属于财产刑的一种,属于刑罚方法,而罚款属于行政处罚。第二,适用对象不同。罚金适用于犯罪分子,而罚款适用于一般违法行为人。第三,适用主体不同。罚金只能由人民法院适用,而罚款由公安、海关、税务、工商等行政机关适用。第四,适用的法律依据不同。罚金的适用依据是刑法,而罚款的适用依据是经济、行政法律、法规。

罚金作为一种广泛适用的刑罚方法,具有如下优点:第一,罚金刑适用于贪利性犯罪,能够实现罪刑相适应,同时能够给予贪利的犯罪人以迎头痛击,剥夺其继续实施犯罪的资本,客观上有利于防止其再犯罪;第二,罚金不剥夺犯罪人的人身自由,犯罪人不被关押,可避免犯罪人在监管场所内交叉感染;第三,罚金使犯罪人过着正常的社会生活和家庭生活,可以避免犯罪人因监管而与社会隔离导致的对社会生活不适应,有利于犯罪人的改造;第四,罚金具有可分性,既可以适用于轻罪,也可以适用于重罪,同时可以根据犯罪人的经济状况判处不同数额的罚金;第五,罚金具有经济性,不但其适用成本低,而且可以增加国库收入;第六,罚金具有误判易纠性,一旦发现误判,可以向受刑人返还其缴纳的罚金,进行彻底纠正;第七,罚金不但可以适用于自然人犯罪主体,而且可以适用于犯罪单位。正因为罚金具有上述优点,现代许多国家将罚金规定为主刑,并广泛适用。我国现行刑法在分则个罪中也大量增加了罚金刑的规定。

但是,罚金的缺点也十分明显:第一,犯罪人的经济状况不同,经济承受能力可能相差很大,罚金因贫富差异所产生的效果完全不同,会失去刑罚的公平性;第二,罚金可以由本人以外的人支付,犯罪人的亲友可能代替其缴纳罚金,这容易违反罪责自负原则;第三,单处罚金容易造成一种以钱赎罪、以罚代刑的印象,使人们误以为金钱万能,钱能买法,而且犯罪人缴纳了罚金就没有了受刑的观念,这会降低刑罚的威慑力;第四,与自由刑、生命刑相比,罚金存在着执行难的问题,有的犯罪人虽然根据其所犯罪行和法律规定被判处了罚金,但因其经济状况而难以执行。正因为罚金具有上述缺点,适用罚金时一定要针对其缺点采取相应措施。

总的来说,罚金的优点与缺点都很明显,但其作为一种轻缓、开放的刑罚,扩大其适用范围符合刑罚轻缓化的时代潮流。我国刑法中罚金的适用范围在扩大,但司法实践中罚金的适用率却不高,主要问题是罚金执行难、教育效果不明显。因此,如何解决该问题,值得深入研究。

2. 罚金数额的立法规定

我国刑法对罚金数额的规定有以下几种模式:

(1)限额罚金制。即刑法对某些犯罪的罚金数额幅度的上限与下限作出了明确规定。例如,《刑法》第208条规定,非法购买增值税专用发票或者购买伪造的增值税专用发票的,处5年以下有期徒刑或者拘役,并处或者单处2万元以上20万元以下罚金。

(2)比例罚金制。即刑法对某些犯罪不规定具体的罚金数额,而是根据犯罪数额的一定比例确定罚金数额的上限与下限。例如,《刑法》第160条规定,犯欺诈发行股票、债券罪的,并处或者单处非法募集资金金额1%以上5%以下罚金。

（3）倍数罚金制。即刑法对某些犯罪不规定具体的罚金数额，而是根据犯罪数额的一定倍数确定罚金数额的上限与下限。例如，《刑法》第202条规定，犯抗税罪的，并处拒缴税款1倍以上5倍以下罚金。

（4）比例兼倍数罚金制。即刑法对某些犯罪不规定具体的罚金数额，而是根据犯罪数额的一定比例和倍数确定罚金数额的下限与上限。例如，《刑法》第140条规定，生产者、销售者在产品中掺杂、掺假，以假充真，以次充好或者以不合格产品冒充合格产品，销售金额5万元以上不满20万元的，处2年以下有期徒刑或者拘役，并处或者单处销售金额50%以上2倍以下罚金。

（5）无限额罚金制。即刑法对某些犯罪只规定判处罚金，没有规定罚金数额的上限与下限。例如，《刑法》第151条第2款规定，走私国家禁止出口的文物、黄金、白银和其他贵重金属或者国家禁止进出口的珍贵动物及其制品的，处5年以上有期徒刑，并处罚金；情节较轻的，处5年以下有期徒刑，并处罚金。

3. 罚金适用方式的立法规定

罚金作为我国刑罚体系中的一种附加刑，刑法分则规定了如下几种罚金的适用方式：

（1）选处罚金。即在法定刑中，罚金作为选择适用的刑种与主刑并列规定，如果适用罚金，只能独立适用，不能附加适用。例如，《刑法》第275条规定，故意毁坏公私财物，数额较大或者有其他严重情节的，处3年以下有期徒刑、拘役或者罚金。

（2）单处罚金。即只能判处罚金，不能适用其他刑罚。单处罚金只对犯罪的单位适用。我国刑法分则凡是规定处罚犯罪单位的，都是规定对单位判处罚金。

（3）并处罚金。即除了适用主刑外，还应当附加适用罚金。例如，《刑法》第343条第2款规定，犯破坏性采矿罪的，处5年以下有期徒刑或者拘役，并处罚金。

（4）并处或单处罚金。即罚金既可以随主刑附加适用，也可以单独适用。例如，《刑法》第216条规定，犯假冒专利罪的，处3年以下有期徒刑或者拘役，并处或者单处罚金。这种自由刑和罚金刑可选择适用的情况，法官决定刑罚时，既要避免以罚金刑代替自由刑，又要克服只判处自由刑的倾向。对于罪行不严重、适用单处罚金不致再危害社会的，可依法单处罚金；对于既判自由刑又判罚金的，如果被告人能积极缴纳罚金，认罪态度较好，且判处的罚金数量较大，自由刑则可适当从轻判处。

4. 罚金数额的判定

我国《刑法》第52条规定："判处罚金，应当根据犯罪情节决定罚金数额。"

这表明,决定罚金的数额必须以犯罪情节为根据。犯罪情节是表明犯罪行为的社会危害性和犯罪人人身危险性的各种事实情况。以犯罪情节为根据决定罚金数额,是罪责刑相适应原则的必然要求。罚金作为犯罪的法律后果,其数额的判定必须与犯罪的社会危害程度和犯罪人的人身危险程度相适应,才能贯彻罪责刑相适应原则,而犯罪的社会危害程度和犯罪人的人身危险程度又是根据犯罪情节认定的。决定罚金数额除了以犯罪情节为根据,还应酌情考虑犯罪人的经济状况。因为对犯罪人判处罚金必须考虑到所判处的罚金能否执行的问题,而被判处的罚金能否执行到位,则取决于犯罪人的经济状况。再者,决定罚金的数额还要考虑罚金能否起到惩罚与教育犯罪人的作用,这也决定了罚金数额的判定应酌情考虑犯罪人的经济状况。经济状况较好的,可以适当判处较多的罚金,以真正起到罚金的刑罚作用,反之,则可以判处较少的罚金。总之,罚金数额的判定如果一味地强调犯罪情节而不顾犯罪人的经济状况,就会使判决的执行和罚金的刑罚效果受到影响。

5. 罚金的缴纳方式

根据我国《刑法》第53条的规定,罚金的缴纳有如下四种方式:

(1) 罚金在判决指定的期限内一次或者分期缴纳。一般来说,罚金数额不多或者缴纳不困难的,应限期一次缴纳;罚金数额较多,一次缴纳有困难的,限定时间分几次缴纳。根据最高人民法院2000年12月13日《关于适用财产刑若干问题的规定》的解释,"判决指定的期限"应当在判决书中予以确定,从判决发生法律效力第二日起计算,最长不超过3个月。

(2) 期满不缴纳的,强制缴纳。即在判决指定的期限届满后,犯罪分子有缴纳能力而不缴纳罚金,法院采取查封财产、冻结存款、扣留收入等措施,强制其缴纳。

(3) 随时缴纳。即对于不能全部缴纳罚金的,人民法院在任何时候发现被执行人有可以执行的财产,应当随时追缴。"不能全部缴纳罚金",是指通过分期缴纳或强制缴纳的方式,缴纳期限届满后仍然无法使被执行人缴纳全部罚金。不能全部缴纳的原因,往往是由于被执行人转移、隐匿财产,造成不能全部缴纳的表象,使得法院无法对其采取强制缴纳的方式。"追缴"是指法院对被执行人可以执行的财产追回上缴国库。

(4) 延期缴纳和减免缴纳。即犯罪分子由于遭遇不能抗拒的灾祸等原因缴纳确实有困难的,经人民法院裁定,可以延期缴纳、酌情减少或者免除缴纳罚金。根据2000年12月13日最高人民法院《关于适用财产刑若干问题的规定》的解释,"由于遭遇不能抗拒的灾祸缴纳确实有困难的",主要是指因遭受火灾、水灾、地震等灾祸而丧失财产;罪犯因重病、伤残等而丧失劳动能力,或者需要罪犯抚养的近亲属患有重病,需支付巨额医药费等,确实没有财产可供执行的情形。

(二) 没收财产

1. 没收财产的概念

没收财产,指人民法院判决将犯罪分子所有财产的一部或者全部强制无偿地收归国有的刑罚方法。没收财产不同于追缴犯罪所得的财物、没收违禁品和供犯罪使用的物品。我国《刑法》第64条规定:"犯罪分子违法所得的一切财物,应当予以追缴或者责令退赔;对被害人的合法财产,应当及时返还;违禁品和供犯罪所用的本人财物,应当予以没收。没收的财物和罚金,一律上缴国库,不得挪用和自行处理。"可见,追缴或退赔犯罪所得的财物不属于没收财产,因为犯罪所得的财物本来属于国家或者他人所有,理应予以追缴或者责令退赔;没收违禁品和供犯罪所用的本人财物也不属于没收财产,因为违禁品是法律禁止个人非法所有的物品,当然应予没收;供犯罪所用的本人财物具有诉讼证据的作用,没收这些财物是刑事诉讼的需要。因此,没收财产事实上是没收犯罪分子合法所有并且没有用于犯罪的财产;不得以追缴犯罪所得、没收的违禁品和供犯罪所用的本人财物来折抵没收财产。

2. 没收财产的适用对象

没收财产是一种最为严厉的附加刑,只能适用于刑法分则明文规定可以判处没收财产的那些较为严重的犯罪。从刑法分则的规定来看,没收财产主要适用于危害国家安全罪、破坏社会主义市场经济秩序罪、侵犯财产罪和贪污贿赂罪,而且一般适用于这些罪中的加重构成情形。

3. 没收财产的范围

我国《刑法》第59条规定:"没收财产是没收犯罪分子个人所有财产的一部或者全部。没收全部财产的,应当对犯罪分子个人及其抚养的家属保留必需的生活费用。""在判处没收财产的时候,不得没收属于犯罪分子家属所有或者应有的财产。"这些规定表明,没收财产的范围是犯罪分子个人所有的财产;犯罪分子家属所有或应有的财产不能没收,否则就违反了罪责自负原则。法院判决没收财产时,可以判决没收犯罪分子个人所有的部分财产,也可以判决没收犯罪分子个人所有的全部财产。究竟是没收部分财产还是没收全部财产,审判人员应根据犯罪的社会危害程度和犯罪人的人身危险性程度确定。如果是没收犯罪分子的全部财产,就应当为犯罪分子本人及其扶养的家属保留必需的生活费用。这是刑罚的人道性和维护社会秩序稳定的需要。

4. 没收财产适用方式的立法规定

我国刑法分则对没收财产的适用方式规定了如下几种:

(1) 并处。即没收财产必须附加主刑适用,审判人员没有自由裁量的余地。例如,《刑法》第151条规定,走私武器、弹药、核材料或者伪造的货币,情节特别严重的,处无期徒刑或者死刑,并处没收财产。这种情况在我国刑法分则中比较少见。

（2）可以并处。即没收财产可以随主刑附加适用，也可以不附加主刑适用，是否适用，由审判人员根据犯罪的社会危害程度和犯罪人的人身危险程度决定。刑法对危害国家安全罪都规定了可以并处没收财产。在其他类罪中，也规定了一些罪可以并处没收财产。例如，《刑法》第390条规定，对犯行贿罪，情节特别严重的，处10年以上有期徒刑或者无期徒刑，可以并处没收财产。

（3）与罚金选择并处。即没收财产与罚金作为选择刑种附加主刑适用，审判人员根据犯罪的社会危害程度和犯罪人的人身危险程度可以选择没收财产，也可以选择罚金，但二者只能择其一。例如，《刑法》第266条规定，诈骗公私财物，数额特别巨大或者有其他特别严重情节的，处10年以上有期徒刑或者无期徒刑，并处罚金或者没收财产。这种情况在我国刑法分则中比较常见。

从上述没收财产的适用方式可见，虽然我国《刑法》第34条第2款规定"附加刑也可以独立适用"，但是，没收财产作为一种附加刑实际上只能附加适用，不能独立适用。

5. 没收财产的执行

没收财产由人民法院执行，必要时，人民法院可会同公安机关执行。根据最高人民法院2000年12月13日《关于适用财产刑若干问题的规定》第9条规定，如果人民法院认为依法应当判处被告人没收财产的，可以在案件审理过程中，决定扣押或者冻结被告人的财产。如果没收财产执行中遇到一人犯数罪依法同时并处罚金和没收财产的，应当合并执行；但并处没收全部财产的，只执行没收财产。执行没收财产时，发现有被犯罪分子非法占有的公民个人的合法财产，经原所有人请求返还，查证属实的，应当归还原所有人。

6. 以没收的财产偿还正当债务

我国《刑法》第60条规定："没收财产以前犯罪分子所负的正当债务，需要以没收的财产偿还的，经债权人请求，应当偿还。"据此，以没收的财产偿还债务，应具备以下条件：第一，要偿还的债务必须是没收财产以前犯罪分子所负的债务。第二，要偿还的债务必须是正当的债务。例如，合法的买卖、借贷、雇用、租赁等民事法律关系中产生的债务，可以以没收的财产偿还，而诸如赌博、非法经营所欠的债务等不正当的债务，不能以没收的财产偿还。第三，所负的债务需要以没收的财产偿还。如果犯罪分子的财产被没收后，还有其他财产可以偿还债务的，不能以没收的财产偿还。第四，必须经债权人请求。债权人没有提出请求的，不能以没收的财产偿还。这是以没收的财产偿还正当债务的程序要求。

二、资格刑

资格刑是剥夺犯罪人享有或者行使一定权利的资格的刑罚方法。其主要特征是：第一，以剥夺某种资格为内容。无论是剥夺政治权利，还是剥夺荣誉称号，以及禁止从事某种活动，都是对犯罪人享有或行使某种权利的资格的剥夺。但是，究竟是剥夺何种资格，应以刑法的规定为准。第二，资格刑所剥夺的资格既可能是犯罪人过去已经取得的资格，也可能是其将来要取得的资格。例如，剥夺犯罪人的勋章、奖章、荣誉称号等，只能是对其已经取得的资格的剥夺，而剥夺犯罪人的选举权和被选举权，剥夺犯罪人担任一定公职的资格，以及剥夺犯罪人从事一定的职业或营业的资格等，则是对其将来享有或行使某种权利的资格的剥夺。从资格刑的上述特点可见，资格刑具有政治上对犯罪人进行否定评价的作用，还具有剥夺或限制犯罪人利用某种资格进行再犯罪的功能。在我国的刑罚体系中，只有剥夺政治权利属于资格刑。

（一）剥夺政治权利的概念与内容

剥夺政治权利，是指人民法院判处剥夺犯罪分子参加国家管理和政治活动权利的刑罚方法。根据我国《刑法》第54条规定，剥夺政治权利是同时剥夺下列四项权利：一是选举权和被选举权；二是言论、出版、集会、结社、游行、示威自由的权利；三是担任国家机关职务的权利；四是担任国有公司、企业、事业单位和人民团体领导职务的权利。被剥夺政治权利的犯罪分子，在执行期间，应当遵守法律、行政法规和国务院公安部门有关监督管理的规定，服从监督，不得行使上述权利。

（二）剥夺政治权利的适用对象与方式

剥夺政治权利的适用对象比较广泛，既可以适用于严重的犯罪，也可以适用于较轻的犯罪；既适用于危害国家安全罪，也适用于普通刑事犯罪。

在适用方式上，剥夺政治权利既可以附加适用，也可以独立适用。根据我国《刑法》总则和分则的规定，剥夺政治权利的适用方式有如下三种：

（1）应当附加适用。即对犯罪分子适用主刑的同时必须附加适用剥夺政治权利，审判人员没有自由裁量的余地。根据我国《刑法》第56条、第57条规定，应当附加剥夺政治权利的情况有以下两种：一是对于危害国家安全的犯罪分子应当附加剥夺政治权利。这是从犯罪性质上确定剥夺政治权利的适用对象。对这类犯罪人不管适用何种主刑，都要附加剥夺政治权利。但是，刑法分则对危害国家安全罪情节较轻，规定了可以单处剥夺政治权利的情况，如果法院独立适用了剥夺政治权利，就不存在附加适用剥夺政治权利的问题。二是对于被判处死刑、无期徒刑的犯罪分子，应当剥夺政治权利终身。这是从主刑种类上确定剥夺政治权利的适用对象。不论犯罪性质和类型，只要犯罪分子被判处死刑和无期徒刑，就要附加剥夺政治权利终身。这既是对死刑犯和无期徒刑犯政治上的否定评价，也可以防止其被赦免或假释后利用政治权利再犯罪，还有利于处理与其有关的某些民事法律关系。

(2) 可以附加适用。即对犯罪分子是否附加适用剥夺政治权利,由人民法院根据案件的具体情况进行裁量。但是,"可以"表明了立法者的倾向性意见,即在通常情况下要对犯罪分子附加剥夺政治权利。根据我国《刑法》第 56 条规定,对于故意杀人、强奸、放火、爆炸、投毒、抢劫等严重破坏社会秩序的犯罪分子,可以附加剥夺政治权利。此外,根据最高人民法院 1998 年 1 月 13 日发布的《关于对故意伤害、盗窃等严重破坏社会秩序的犯罪分子能否附加适用剥夺政治权利问题的批复》,对故意伤害、盗窃等其他严重破坏社会秩序的犯罪,犯罪分子主观恶性较深,犯罪情节恶劣、罪行严重的,也可以附加剥夺政治权利。

(3) 独立适用。即刑法将剥夺政治权利与主刑并列规定,供选择适用;如果审判人员对犯罪分子选择适用了剥夺政治权利,就不能再适用主刑。例如,我国《刑法》第 109 条规定:"国家机关工作人员在履行公务期间,擅离岗位,叛逃境外或者在境外叛逃的,处 5 年以下有期徒刑、拘役、管制或者剥夺政治权利;情节严重的,处 5 年以上 10 年以下有期徒刑。"此处的剥夺政治权利与有期徒刑、拘役、管制三种主刑并列规定,如果适用了剥夺政治权利,就不能再适用有期徒刑、拘役或者管制。从刑法分则的规定看,剥夺政治权利独立适用于罪质较轻的犯罪或者罪质严重但情节较轻的犯罪,是否能够独立适用剥夺政治权利,依赖于刑法分则对个罪的具体规定。根据刑法分则的规定,危害国家安全罪、侵犯公民人身权利、民主权利罪、妨害社会管理秩序罪、危害国防利益罪等类罪中的一些个罪可以独立适用剥夺政治权利。

(三) 剥夺政治权利的期限、起算与执行

剥夺政治权利的期限分为以下四种情况:(1) 被判处死刑、无期徒刑的犯罪分子,应当剥夺政治权利终身;(2) 在死刑缓期执行减为有期徒刑或者无期徒刑减为有期徒刑的时候,应当把附加剥夺政治权利的期限改为 3 年以上 10 年以下;(3) 判处有期徒刑、拘役而附加适用剥夺政治权利或独立适用剥夺政治权利的期限为 1 年以上 5 年以下;(4) 判处管制附加剥夺政治权利的,剥夺政治权利的期限与管制的期限相等。

根据我国《刑法》第 55 条和第 58 条规定,剥夺政治权利期限的起算与执行分为以下几种情况:(1) 判处管制附加剥夺政治权利的,剥夺政治权利的期限与管制的期限同时起算,同时执行。(2) 被判处有期徒刑、拘役附加剥夺政治权利的,剥夺政治权利的期限从主刑执行完毕之日或者假释之日起计算,剥夺政治权利的效力当然施用于主刑执行期间。需要注意的是,被判处有期徒刑、拘役、管制而没有附加剥夺政治权利的犯罪分子在刑罚执行期间仍然享有政治权利。(3) 死刑缓期执行减为有期徒刑或者无期徒刑减为有期徒刑的,附加剥夺政治权利的期限改为 3 年以上 10 年以下,其刑期应当从减刑后的有期徒刑执行完毕之日或者假释之日起计算,剥夺政治权利的效力当然施用于主刑执行期间。

(4)被判处死刑、无期徒刑而附加剥夺政治权利终身的,从主刑执行之日起开始执行剥夺政治权利。(5)独立适用剥夺政治权利的,剥夺政治权利的期限应从判决执行之日起计算。

剥夺政治权利由公安机关执行。在执行期间,被剥夺政治权利的犯罪分子应当遵守法律、行政法规和国务院公安部门有关监督管理的规定,服从监督;不得行使我国《刑法》第54条规定的各项政治权利。剥夺政治权利的期限届满,应向犯罪分子本人和当地群众宣布恢复政治权利;犯罪分子的政治权利恢复后,便享有法律赋予的政治权利。但是,有的政治权利因为法律的特别规定而不再享有。例如,根据我国《人民法院组织法》的规定,被剥夺政治权利的人,无论是否再犯罪,无论经过多长时间,都不能被选为法院院长、人民陪审员,不能被任命为副院长、庭长、副庭长、审判员和助理审判员等职务。根据我国《人民检察院组织法》的规定,因犯罪而受过刑事处罚的人不得担任检察官。

三、驱逐出境

驱逐出境,是强迫犯罪的外国人离开中国国(边)境的刑罚方法。我国《刑法》第35条规定:"对于犯罪的外国人,可以独立适用或者附加适用驱逐出境。"既然如此,驱逐出境符合附加刑的基本特征;但由于驱逐出境只适用于犯罪的外国人,因此它是一种特殊的附加刑。

作为特殊附加刑的驱逐出境,不同于我国《外国人入境出境管理法》规定的驱逐出境。虽然二者都是强制我国境内的外国人离开我国,但是,二者存在性质和适用上的不同,值得注意。其不同主要有:一是处罚的性质和适用的具体对象不同。作为附加刑的驱逐出境是一种刑罚方法,其适用的对象只能是犯罪的外国人;而《外国人入境出境管理法》中的驱逐出境是一种行政处罚方法,其适用的对象是违反该法规定情节严重的我国境内的外国人。二是适用的机关和法律依据不同。作为附加刑的驱逐出境由法院依照《刑法》和《刑事诉讼法》的规定判处;而作为行政处罚的驱逐出境则是由地方公安机关依照《外国人入境出境管理法》和其他相关规定,报告公安部,由公安机关作出决定。三是适用的时间不同。作为附加刑的驱逐出境,法院判决独立适用时,从判决发生法律效力之日起执行;法院判决附加适用时,从主刑执行完毕之日起执行。而作为行政处罚的驱逐出境,公安机关作出决定后立即执行。

我国境内的外国人必须遵守我国的法律,不得违反我国刑法实施犯罪。如果犯罪的外国人继续居留我国境内有再犯罪的可能性,有害于我国国家、社会和公民利益,法院就可以对其单处或并处驱逐出境,以消除在我国境内再犯罪的可能性。但是,适用驱逐出境时,也要考虑我国与其所属国之间的关系及相关国际形势,慎重适用驱逐出境。

第四节 非刑罚刑事责任措施

一、非刑罚刑事责任措施的概念和类型

非刑罚刑事责任措施,是指对犯罪人适用的、刑罚以外的追究刑事责任的实体处理方法。学界通常称之为非刑罚处罚方法。其特点是对犯罪分子适用,但不具有刑罚性质;其适用的前提是行为人的行为已经构成犯罪。

非刑罚刑事责任措施是非基本的刑事责任实现方式,但也是一种必要的刑事责任实现方式,因为犯罪各种各样,罪行轻重各异,罪犯可能也各不相同,根据罪责刑相适应原则,其中必然有不需要判处刑罚的情况。而对不需要判处刑罚的犯罪分子适用非刑罚刑事责任措施,同样能够对犯罪行为进行否定评价和对犯罪人进行谴责,从而实现刑法的正义性。

我国《刑法》第36条规定:"由于犯罪行为而使被害人遭受经济损失的,对犯罪分子除依法给予刑事处罚外,并应根据情况判处赔偿经济损失。"该法第37条规定:"对于犯罪情节轻微不需要判处刑罚的,可以免予刑事处罚,但是可以根据案件的不同情况,予以训诫或者责令具结悔过、赔礼道歉、赔偿损失,或者由主管部门予以行政处罚或者行政处分。"上述规定的刑事措施即是非刑罚刑事责任措施。这表明我国对犯罪的处理不是单纯依靠刑罚,而是兼采多种措施。对于那些罪行轻微、不需要判处刑罚的犯罪分子,给予适当的非刑罚处理,既能体现宽严相济的刑事政策,又能实现预防犯罪的刑罚目的。从这些规定来看,非刑罚刑事责任措施可以分为经济性刑事责任措施、教育性刑事责任措施和行政性刑事责任措施三类。

二、经济性刑事责任措施

经济性刑事责任措施,是指刑法规定的、对犯罪分子适用的刑罚以外的以判处赔偿经济损失或者责令赔偿损失为内容的刑事责任措施。从我国刑法的规定看,它分为如下两种:

一是判处赔偿经济损失。它是指刑法规定的、法院对犯罪分子依法给予刑事处罚外,还根据犯罪分子的犯罪行为给被害人造成经济损失的情况,判处犯罪分子赔偿受害人一定经济损失的刑事责任措施。这种非刑罚刑事责任措施以给予犯罪分子刑事处罚为前提。《刑法》第36条第2款规定:"承担民事赔偿责任的犯罪分子,同时被判处罚金,其财产不足以全部支付的,或者被判处没收财产的,应当先承担对被害人的民事赔偿责任。"由此可见,判处赔偿经济损失仅仅适用于犯罪行为给被害人造成了经济损失、需要承担民事赔偿责任的情况,它是

实现民事赔偿责任的一种方式。

二是责令赔偿损失。它是指刑法规定的、法院对犯罪情节轻微不需要判处刑罚的犯罪分子适用的、根据犯罪分子的犯罪行为给被害人造成的损失情况,责令犯罪分子赔偿被害人一定数额金钱的刑事责任措施。这种非刑罚刑事责任措施以免除刑罚为前提。责令赔偿损失适用于犯罪人给被害人造成了侵害的情况。犯罪人给被害人造成了直接经济损失的,可以责令赔偿;犯罪人没有给被害人造成直接经济损失,但侵害了被害人其他法益的,也可责令其赔偿损失。需要注意的是,责令赔偿损失不以被害人提起民事诉讼为前提;在免除刑事处罚的情况下,即使被害人没有提起民事诉讼,法院也可根据案件情况责令犯罪人赔偿损失。

显然,判处赔偿经济损失与责令赔偿损失适用的前提、内容等方面均有不同,不能等同视之。

三、教育性刑事责任措施

教育性刑事责任措施,是指刑法规定的、对犯罪情节轻微不需要判处刑罚的犯罪分子适用的、以训诫、责令具结悔过、责令赔礼道歉为内容的刑事责任措施。它以免除刑事处罚为前提。从我国《刑法》第37条规定来看,教育性刑事责任措施包括训诫、责令具结悔过和责令赔礼道歉三种。

(一) 训诫

训诫,是指刑法规定的、法院对犯罪人当庭予以批评、谴责,并责令其改正的教育性刑事责任措施。它表明国家对犯罪行为的否定评价和对犯罪人的谴责态度。通过训诫,分析犯罪行为的社会危害性,能够促使犯罪人认识自己行为的违法性,并保证不再犯罪。训诫既可以采取口头方式,也可以采取书面方式,但后者的效果可能更为明显。

(二) 责令具结悔过

责令具结悔过,是指刑法规定的、法院责令犯罪人用书面方式保证悔改,以后不再犯罪的教育性刑事责任措施。这同样表明国家对犯罪行为的否定评价和对犯罪人的谴责态度。通过责令具结悔过,能够促使犯罪人认识自己行为的社会危害性和违法性,反思自己犯罪的思想根源,从而按照自己的保证改恶从善,重新做人。刑法没有规定责令具结悔过的适用方式。根据司法实践,责令具结悔过,既可以在宣告有罪判决后要求犯罪分子在一定时间内写出书面保证,也可以让犯罪分子事先写好悔过书,待宣告有罪判决时当庭宣读,还可以将悔过书印制多份,交给犯罪分子所在社区、单位或组织,以示悔罪。

(三) 责令赔礼道歉

责令赔礼道歉,是指刑法规定的、法院责令犯罪人公开向被害人当面承认错误,表示歉意,并保证以后不再侵害被害人权益的教育性刑事责任措施。由于赔礼道歉由法院责令犯罪人实行,因此它仍然反映了国家对犯罪行为的否定评价和对犯罪人的谴责。这种教育性刑事责任措施对于促使犯罪人悔过自新,平息被害人的报复情绪,促进犯罪人和被害人的和解,具有实际意义。

责令赔礼道歉应当公开进行,既可以在法院宣判时责令犯罪人向被害人赔礼道歉,也可以召开由有关人员参加的专门会议,由犯罪人在会议上公开向被害人道歉;既可以责令犯罪人以口头方式赔礼道歉,也可以责令犯罪人以书面方式赔礼道歉。

四、行政性刑事责任措施

行政性刑事责任措施,是指刑法规定的、对犯罪情节轻微不需要判处刑罚的犯罪分子适用的、以法院向主管部门提出给予犯罪人一定的行政处罚或者行政处分为内容的刑事责任措施。它也以免除刑事处罚为前提。其特点是:行政处罚或行政处分的决定不是由法院直接对犯罪分子作出,而是由法院向犯罪分子的主管部门提出司法建议,再由主管部门作出行政处罚或行政处分的决定。主管部门是指有权对犯罪人作出行政处罚或行政处分的部门,不一定是犯罪人的所在单位。行政处罚是指行政执法机关依照国家行政法律、法规,给予被免予刑事处罚的犯罪人以经济制裁或者剥夺人身自由的处罚。例如,罚款、行政拘留、劳动教养等。行政处分是指犯罪人所在单位或基层组织依照行政规章、纪律、章程等,对被免予刑事处罚的犯罪人以行政纪律处分。例如开除、记过、警告等。

五、职业禁止

职业禁止是指对于因利用职业便利实施犯罪或者实施违背职业要求的特定义务的犯罪而被判处刑罚的犯罪分子,人民法院可以根据犯罪情况和预防再犯罪的需要,禁止其自刑罚执行完毕之日或者假释之日起从事相关职业,期限为3年至5年。如果被禁止从事相关职业的人,违反人民法院依法作出的职业禁止决定,依法监督管理的机关可以报给公安机关,由公安机关依照《治安管理处罚法》的相关规定,依法给予处罚;情节严重的,由人民法院依照我国《刑法》第313条的规定,认定构成拒不履行判决、裁定罪,依法予以刑事处罚。当然,如果其他法律、行政法规对上述犯罪行为作出规定,禁止或者限制从事相关职业,则人民法院需要注意遵照这些规定,一并予以裁定。

第十七章 刑罚的裁量

第一节 刑罚裁量概说

一、刑罚裁量的概念

刑罚裁量,又称量刑,是指人民法院依照刑法的有关规定,综合考虑犯罪的事实、性质与情节以及对社会的危害程度,对犯罪分子决定刑罚有无、刑罚轻重和刑罚执行方式的专门活动。① 由此可见,刑罚裁量的主体是人民法院,刑罚裁量的内容是刑罚有无、刑罚轻重、刑罚的执行方式,刑罚裁量的依据是具体案情和刑法规定。除此之外,刑罚的裁量还必须遵循一定的原则和方法。

刑罚裁量的内容包括刑罚有无、刑罚轻重以及刑罚执行方式。刑罚有无,是指应否给予犯罪分子刑罚处罚。人民法院在刑罚裁量时,首先要考虑应否给予刑罚处罚,只有需要给予刑罚处罚的,才有必要考虑刑罚的轻重,有的还需要考虑刑罚的执行方式。刑罚轻重,是指在需要给予刑罚处罚时,应当适用哪一或哪些刑种以及某一刑种的严厉程度(刑度)。由于我国刑法在设置法定刑时,对具体的犯罪一般都设置了数个主刑,有的还设置了附加刑。因此,人民法院在刑罚裁量时应当选择适用哪一或者哪些刑种,确定刑种后,还得确定刑度,即有期徒刑、拘役、管制的期限,剥夺政治权利的期限,罚金数额的多少,没收全部还是部分财产;在适用数罪并罚的限制加重原则时,还得确定应当执行的刑罚。刑罚执行方式,主要是指在确定应当执行的刑罚后,对特定的犯罪分子是否适用缓刑;对"罪行极其严重的犯罪分子"是适用死刑立即执行还是宣告缓期二年执行;如果附加适用罚金刑的,确定罚金的缴纳时间。

刑罚裁量的依据是具体案情和刑法规定。根据我国《刑法》第 61 条的规

---

① 刑法学界认为,刑罚裁量有广义和狭义之分,狭义的刑罚裁量是指人民法院对具体的犯罪分子依法裁量、决定特定刑罚的审判活动。广义的刑罚裁量是指人民法院选择决定给予犯罪分子以特定的刑罚或免予刑罚的整个过程,它除了包括狭义的量刑外,还包括免刑和缓刑的裁量(参见胡学相:《量刑的基本理论研究》,武汉大学出版社 1997 年版,第 4 页)。本书赞同广义的刑罚裁量概念。不过,前述对广义的刑罚裁量的界定尚有欠缺:第一,刑罚裁量还应包括刑罚的执行,因为死缓是死刑的执行制度,是适用死刑立即执行还是缓期二年执行,也属于刑罚裁量的范畴,但前述界定不能涵盖。另外,在判处罚金刑时,按照最高人民法院《关于适用财产刑若干问题的规定》第 5 条规定,罚金刑的缴纳应当在判决书中明确,这也属于罚金刑的执行。另外,我们认为减刑、假释也属于刑罚裁量的范围,属于刑罚执行的内容。第二,前述界定未明确刑罚裁量的事实依据和法律依据。由于我国刑法学界通常不在刑罚裁量中讨论减刑、假释,这里也不讨论减刑、假释的裁量。

定,对于犯罪分子决定刑罚的时候,应当根据犯罪的事实、犯罪的性质、情节和对于社会的危害程度,依照本法的有关规定判处。

所谓具体案情,是指决定刑罚有无、刑罚轻重以及刑罚执行的案件综合事实,主要包括:(1)情节轻微不需要判处刑罚的事实。这一事实应当是犯罪的事实、犯罪的性质、情节和对于社会的危害程度的总和,它决定了能否对犯罪分子免予刑事处罚。(2)适用特定刑种的事实。刑法总则与分则都对适用特定刑种规定了一定的事实要求。因此,要适用特定刑种,就应当确定犯罪分子是否符合适用该特定刑种的事实要求。如对怀孕的妇女不能适用死刑,在对女性被告人确定是否适用死刑时,就应当确定其是否怀孕。(3)适用特定法定刑幅度的事实。在设置了几个量刑幅度的具体犯罪中,每一量刑幅度都有特定的条件要求。在适用特定的法定刑幅度时,应当确定犯罪分子是否具有适用该特定法定刑幅度的事实要求。(4)确定具体刑罚的事实。具体又包括两种类型:一是在法定刑幅度内确定具体刑罚的事实。确定了具体犯罪法定刑幅度的适用条件后,要对某一案件确定具体的刑罚,还需要对案件事实进行进一步综合,以便评价并在该法定刑幅度内确定具体的刑罚。二是数罪并罚适用限制加重原则时,在总和刑期内确定具体刑罚的事实。(5)适用情节并确定其功能的事实。首先要确定某一案件是否具有影响刑罚裁量的情节。然后要确定应当适用该情节的哪一功能的事实。如我国刑法规定对从犯,应当从轻、减轻或者免除处罚,但在某一具体案件中对从犯裁量刑罚时,就应当确定适用从轻处罚、减轻处罚还是免除处罚哪一功能的具体事实。(6)确定刑罚执行方式的事实。如在确定应否对特定罪犯适用缓刑时,就应当对反映其犯罪情节和悔罪表现的事实进行确定。

在刑罚裁量时,"应当依照刑法规定"主要表现在以下几点:(1)免予刑事处罚的规定。根据我国《刑法》第37条的规定,只有对于犯罪情节轻微不需要判处刑罚的犯罪分子,才可以免予刑事处罚。(2)刑种适用条件的规定。刑种适用条件的规定包括总则规定和分则规定。我国刑法总则对某些刑种的适用条件进行了规定:如死刑只适用于罪行极其严重的犯罪分子,不能对犯罪时未满18周岁的未成年人、审判时已满75周岁的人(以特别残忍手段致人死亡的除外)和怀孕的妇女适用死刑;驱逐出境只能适用于外国人;剥夺政治权利只能适用于危害国家安全的犯罪分子,故意杀人、强奸、放火、爆炸、投放危险物质、抢劫等严重破坏社会秩序的犯罪分子,被判处死刑、无期徒刑的犯罪分子。我国刑法分则具体犯罪的法定刑,更是对何种情形下适用什么刑种进行了明确规定,如抢劫罪只有具有八种加重情形之一的,才可能适用无期徒刑或者死刑,等等。(3)刑度适用条件的规定。刑法对刑度的规定也包括总则规定和分则规定。总则对刑度的规定如有期徒刑的最低期限和最高期限,有期徒刑数罪并罚时的最高期限,剥夺政治权利的期限等等;分则对刑度的规定如对盗窃罪适用有期徒刑时,应当按照数额较大、数额巨大对应的有期徒刑的幅度内确定刑度,等等。(4)量刑情节的规定。我国刑法规定了大量的量刑情节,并对量刑情节的功能进行了规定,在对犯罪分子适用有关情节进行刑罚裁量时,必须遵守刑法的规定。除刑法规定外,法官还可以根据案件事实确定酌定情节,但在适用酌定情节对犯罪分子确定刑罚时,也应当依照刑法的有关规定。(5)数罪并罚的规定。我国刑法对数个行为是否成立数罪、成立数罪的应当如何并罚,都进行了规定。在适用数罪并罚确定应当执行的刑罚时,应当依照刑法的有关规定。(6)刑罚执行的规定。如在对特定犯罪分子适用缓刑时,必须依照刑法有关缓刑适用条件的规定。

二、刑罚裁量的原则

刑罚裁量原则,是指导量刑活动并且在整个量刑活动中必须得以全面、充分贯彻的基本准则。我国刑法的基本原则即罪刑法定原则、罪责刑相适应原则、刑法适用平等原则以及刑事诉讼中的"以事实为依据,以法律为准绳"原则[1]、刑事政策中的惩罚与教育改造相结合的原则,是刑罚裁量应当遵循的原则。但这些原则既指导定罪又指导量刑,无从体现量刑区别于定罪的特殊性,为此,前述原则不能理解为刑罚裁量本身的原则。[2] 刑法裁量原则应当是在遵循前述宏观原则的前提下,反映量刑活动自身特殊规律并对量刑活动有直接指导作用,以便引导法官适当行使自由裁量权的基本准则。刑罚裁量原则的确定,最终都落实到对法官自由裁量权的直接引导上。

刑罚裁量就是要通过类似案件类似处理以贯彻刑法适用平等原则和罪责刑相适应原则;通过区分不同案情、区分不同被告人的不同情况进行刑罚裁量来落实刑罚个别化原则、罪责刑相适应原则。因此,刑罚裁量的原则应当包括同等原则、差别原则、综合评判原则、有利被告人原则。[3]

---

[1] 我国有部分学者将此原则进行刑罚化改造后作为刑罚裁量的原则,变成"以犯罪事实为依据,以刑法规定为准绳"或类似表述。参见罗平:《我国刑法的量刑原则》,载《红旗》1979年第9期;高铭暄、马克昌主编:《刑法学》,北京大学出版社、高等教育出版社2011年版,第251—253页。

[2] 我国关于刑罚裁量原则的观点较多,林林总总不下二十种观点(参见胡学相:《量刑的基本理论研究》,武汉大学出版社1997年版,第23—24页)。张明楷教授也在其新版《刑法学》中直接将罪责刑相适应原则作为量刑原则(参见张明楷:《刑法学》,法律出版社2011年版,第491—492页)。笔者认为,如果将刑法基本原则、刑事诉讼原则、刑事政策原则照搬到作为刑罚裁量的原则,就没有专门讨论刑罚裁量原则的必要,因为量刑作为刑事审判的一项活动,当然要遵循刑事诉讼以及刑事政策的原则,刑罚裁量是由刑法加以规定的,刑法基本原则自然适用于刑罚裁量。但这些宏观原则对于刑罚裁量来说,过于抽象,无法对刑罚裁量发挥直接的指导作用。

[3] 最高人民法院《人民法院量刑指导意见(试行)》确定的量刑原则有依法量刑原则、罪责刑相适应原则、宽严相济原则、量刑均衡原则。参见高贵君主编:《〈人民法院量刑指导意见〉、〈关于规范量刑程序若干问题的意见〉理解与适用》,中国法制出版社2011年版,第26—28页。

(一) 同等原则

同等原则即是应当对类似情况进行类似的刑法评价,并在是否适用刑罚、适用什么刑罚以及刑罚如何执行等方面给予类似对待。同等原则主要是为了贯彻刑罚裁量在不同的时间阶段、不同的区域范围、级别不同的法院之间甚至不同罪名的案件之间刑罚裁量的相对稳定性。[①] 同等原则的内容主要包括两个方面:一是是否类似情况的判断,二是类似对待的确定。

类似情况的判断实际上是对犯罪社会危害性的判断,由于社会危害性是一个抽象的概念,因此该判断应当通过对犯罪性质、危害后果、作案手段、罪后态度等多个内容进行考察后得出。[②]

类似对待的确定,意味着法官在确定适用的刑罚时,应当综合考虑刑种、刑度、附加刑、刑罚的执行方式等多个方面,以便对类似情况的犯罪分子在剥夺权利的类型、剥夺权利的强度、剥夺权利的多寡、剥夺权利的方式等方面大致一样的对待。

(二) 差别原则

差别原则实际上是同等原则的另一个方面,也即对待案情不同、被告人情况不同的案件应当进行区分,并在确定适用的刑罚时给予不同的对待。差别原则实际上在刑法规定中得到体现,我国《刑法》第 63 条第 2 款规定:"犯罪分子虽然不具有本法规定的减轻处罚情节,但是根据案件的特殊情况,经最高人民法院核准,也可以在法定刑以下判处刑罚。"这里所称的"案件的特殊情况",实际上就是强调在刑罚裁量时应当区分不同的案情、区分被告人的不同情况。差别原则主要是在刑罚裁量过程中贯彻"罪责刑相适应原则"。与同等原则一样,差别原则的内容也主要包括两个方面:一是案情不同、被告人情况不同的判断;二是不同对待的确定。

案情不同、被告人情况不同的判断,要求既要考虑犯罪性质、危害后果、作案手段、罪后态度等案件客观事实,同时也要考虑被告人作案背景、一贯表现、认罪悔罪态度、再犯可能性等主体事实。

不同对待的确定,要求刑罚裁量时,在同时考虑具体犯罪案情的差别和实现刑罚个别化需要的前提下,对案情不同、被告人情况不同的犯罪分子在剥夺权利的类型、剥夺权利的强度、剥夺权利的多寡、剥夺权利的方式等方面进行区别对待。

[①] 不同性质的案件之间实际上也需要一个类似情况的大致判断,比如对盗窃 1 万元的判处 3 年有期徒刑,对故意导致他人受轻伤的判处 3 年有期徒刑,尽管罪名性质不同,但既然都判处 3 年有期徒刑,应当有给予相同刑罚的基本理由。只是,目前刑法学界对这一问题很少关注,司法实践中法官对此问题也无法解答。

[②] 这些考察内容也属于综合评判原则评判的内容。

（三）综合评判原则

综合评判原则，包括两个方面的内容：一是在对犯罪进行评价时，应当结合犯罪的事实、犯罪的性质、情节和对于社会的危害程度等方面全面进行，不能仅局限于某一个方面；二是在对是否适用刑罚、适用什么刑罚以及刑罚的执行等进行确定时，应当全面考虑案件客观事实和被告人主体事实，兼顾民众意愿、家庭需要等社会因素。

（四）有利被告人原则

有利被告人原则，是指当刑法适用上遇有暂时"解释不清"的疑难时，应该做出有利于被告人的选择。[①] 主要在两种情况下发挥指导作用以引导法官自由裁量权的行使：其一，影响量刑的事实不清、证据不足的场合；其二，法律规定含义不清或者存在法律漏洞的场合。

在刑罚裁量时，如果对量刑有影响的事实不清或者证据不足的，应当按照有利于被告人原则，做出有利于被告人的刑罚裁量。比如，对于被告人受贿的数额究竟是多少，因为被告人供述与证人证言不一致而导致认定困难的，应当按照有利被告人原则确定受贿数额，并据此适用刑罚。

法律规定含义不清，是指因为法律条文用语含混可能导致多种理解的情形，在刑罚裁量时，应当做出有利于被告人的判决。比如，不满18周岁的人犯罪的不构成累犯，对于这一规定，既可以理解为前罪实施时行为人不满18周岁，也可以理解为前后两罪实施时，行为人均不满18周岁。按照有利被告人原则，就应当理解为前罪实施时行为人不满18周岁。

存在法律漏洞，是指法律没有对特定的刑罚裁量进行规定或者虽有规定但法律的规定与立法目的相悖等情形。如我国《刑法》第49条规定审判的时候怀孕的妇女不适用死刑，而没有限制妇女是如何怀孕的，如果某妇女在羁押期间与监管人员勾搭成奸导致怀孕，按照有利被告人的原则，也不能对其适用死刑。再如最高人民法院《关于适用财产刑若干问题的规定》第3条第2款规定："一人犯数罪依法同时并处罚金和没收财产的，应当合并执行；但并处没收全部财产的，只执行没收财产刑。"而实际上，由于受被告人财产状况和罚金执行制度的影响，没收全部财产有时比罚金更轻，这一规定明显与罪刑相适应原则相悖。[②] 在这种情况下，按照有利被告人原则，仍应对被告人适用没收财产刑，而不能改处罚金。

有利被告人原则的适用范围只能是影响量刑的事实不清、证据不足的场合以及法律规定含义不清或者存在法律漏洞的场合，而不能不加限制地适用于所

[①] 参见邱兴隆：《有利被告论探究——以实体刑法为视角》，载《中国法学》2004年第6期，第146—154页。

[②] 参见王飞跃：《我国财产刑与刑法基本原则的背离及其完善》，载《华东政法学院学报》2003年第5期，第50—59页。

有案件的刑罚裁量。特别需要注意的是,对于刑法虽然没有明文规定,但按照刑法理论应当从重处罚的情形,不仅不能适用有利被告人原则,相反,还要做出不利于被告人的判决。主要包括:其一,在牵连犯、吸收犯等场合,就不能按照有利被告人原则,选择轻罪予以量刑,而只能从一重罪处断。其二,在法条竞合的场合,应当择一重罪处断。如行为人冒充国家工作人员招摇撞骗,骗得数额特别巨大的财产,则既可以成立招摇撞骗罪,也可以成立诈骗罪,应当按照诈骗罪对被告人判处相应刑罚,而不能按照有利被告人原则按照招摇撞骗罪判处刑罚。其三,在特别规定与一般规定不一致时,应当适用特别规定。如累犯应当从重处罚一般不能突破法定刑的上限或者刑种的限制,但在盗窃罪中,按照有关司法解释,累犯属于"其他严重情节""其他特别严重情节"的情形,这一特别规定可能导致适用更重的法定刑幅度或者刑种。在此种情形下,就不能适用有利被告人原则,而应当按照该特别规定量刑。其四,在法定刑的适用条件中有多种并存条件的,如果行为人的行为满足其中的某一条件,则应当按照这一条件适用重的法定刑幅度。如最高人民法院《关于审理伪造货币等案件具体应用法律若干问题的解释》第1条规定:"伪造货币的总面额在2000元以上不满3万元或者币量在200张(枚)以上不足3000张(枚)的,……",就涉及货币面额与货币数量两种数量标准;《关于办理侵犯知识产权刑事案件具体应用法律若干问题的解释》对假冒注册商标罪就规定了非法经营数额和违法所得数额;《关于审理非法出版物刑事案件具体应用法律若干问题的解释》对传播淫秽物品牟利罪就设定了"人次""场次"等多种数量标准;等等。在这些案件的查处中,如果能够明确各种方式的具体数量的,就应当遵循择重规则,则只要哪一方面满足适用重的法定刑幅度的条件,就选择该条件适用重的法定刑。其五,对于同种数罪,不能适用数罪并罚。数罪并罚制度因为吸收原则以及限制加重原则的适用,其刑罚结果对于犯有数罪的人往往有利。而对于同种数罪,如数个故意杀人、数个抢劫的,如果适用数罪并罚中的限制加重原则,则适用无期徒刑或者死刑的可能性不大,如果不适用数罪并罚则被告人被判处无期徒刑或者死刑的可能性很大。在此种情形下,就不能适用有利被告人原则,按照数罪来处罚。

三、刑罚裁量的方法

(一) 刑罚裁量方法的概念与内容

刑罚裁量的方法是指法院依照刑法的有关规定,在决定是否对被告人适用刑罚、适用何种刑罚以及适用多大严厉程度的刑罚时所采用的方式、手段及所遵循的步骤。刑罚裁量的方法包括具体犯罪社会危害性程度的评价方法、具体犯罪社会危害性评价结果与刑罚的对应关系、刑罚裁量的具体步骤、刑罚裁量的辅助工具等等。

具体犯罪社会危害性程度的评价方法,是指对每一个具体犯罪按照什么标准、采用何种方式确定其社会危害性程度。刑罚裁量的前提是应当对犯罪的社会危害性程度有准确的判断,缺乏对犯罪的社会危害性程度的判断进行的刑罚裁量,必然导致量刑偏差。

具体犯罪社会危害性评价结果与刑罚的对应关系,是指社会危害性评价结果是对应于特定强度的刑罚还是对应于特定幅度的刑罚,也就是所谓的"点的理论"与"幅的理论"。①

刑罚裁量的辅助工具,是指在刑罚裁量过程中,法官适用刑罚时所运用的特定科技设备。如运用特定的量刑软件来帮助法官进行刑罚裁量。

刑罚裁量步骤,是指在具体案件中对被告人进行刑罚裁量时,应当按照什么先后顺序进行。对典型一罪②的主刑进行裁量的步骤应当为:(1)根据案件基本事实确定被告人罪行对应的法定刑幅度。所谓案件基本事实,是指量刑情节以外影响定罪量刑的所有事实,既包括犯罪构成基本事实,也包括影响量刑幅度适用条件的事实,除此还包括不属于量刑情节,但对于案件的量刑有影响的事实。(2)如果确定的法定刑幅度包含几个主刑的,综合评判案件客观事实和被告人主体事实,同时结合刑法总则关于某些刑种对特定对象的排除适用规定,如对怀孕的妇女不能适用死刑,确定应当适用的刑种。(3)如果该确定的刑种还有裁量空间的,综合评判案件客观事实和被告人主体事实,确定应当适用的基础刑量③。

司法实践中具体案件的刑罚裁量步骤也存在一些变异情况:(1)免予刑事处罚的刑罚裁量步骤。如果被告人案件事实对应的法定刑幅度为该罪最低的法定刑幅度,在完成典型一罪主刑裁量的第一个步骤后,可以结合被告人主体事实和客观案情,判断是否符合我国《刑法》第37条的规定,决定是否免于刑事处罚。(2)缓刑的刑罚裁量步骤。在完成典型一罪主刑裁量的三个步骤后,对被

---

① 参见周光权:《量刑基准研究》,载《中国法学》1999年第5期,第127—138页。
② 此处的典型一罪,是指被告人被指控犯有一个罪行,且没有任何法定、酌定情节的案件。
③ 对此有的称为量刑的"基准点","基准点的确定,应以对社会危害大小起主要作用的因素为依据",这个"主要因素"应当限定为"危害行为",量刑基准可能是一个"点"也可能是一个"幅度"。(参见周光权:《量刑基准研究》,载《中国法学》1999年第5期,第127—138页。)最高人民法院《人民法院量刑指导意见(试行)》使用的是"基准刑"概念,基准刑是在不考虑各种法定和酌定量刑情节的前提下,根据基本犯罪事实的既遂状态所应判处的刑罚。(参见高贵君主编:《〈人民法院量刑指导意见〉、〈关于规范量刑程序若干问题的意见〉理解与适用》,中国法制出版社2011年版,第5页。)"基础刑量"与"基本刑"的含义相当,与量刑"基准点"有一定区别,因为量刑基准点是由危害行为决定的,而"基础刑量"是由案件客观事实和被告人主体事实综合决定的。基准刑概念的最大特色在于提出了"既遂状态",这一概念既有合理之处,也有弊端,比如,在故意杀人犯罪预备的场合,先要假设被害人已被杀死来确定基准刑,再按照犯罪预备等情节来调节基准刑,将人为地使得量刑活动复杂化,并且假设某一行为已既遂,以虚拟的事实来确定基准刑,可能导致量刑不公。

告人的主体事实和案件客观情况进行综合评判,判断是否符合刑法关于缓刑适用的规定,如确定对其适用缓刑,再确定缓刑考验期。(3) 具有量刑情节的刑罚裁量步骤。在完成典型一罪主刑裁量的三个步骤后,确定量刑情节的"影响度",该影响度既体现为对多功能情节在具体案件中"具体功能"①的确定,也包括单功能情节或者对多功能情节的具体"功能"确定后该具体"功能"的"影响能力"。然后用这种"影响度"来确定对"基础刑量"的影响结果。如果有多个情节的,先对每一情节各自确定其"影响度",然后综合评价多个情节的"整体影响度",最后用"整体影响度"来确定"基础刑量"的影响结果,即"情节后刑量"。(4) 数罪并罚的刑罚裁量步骤。首先,按照典型一罪的刑罚裁量步骤完成每一犯罪的"基础刑量";如果每一犯罪均有各自的量刑情节的,按照具有量刑情节的刑罚裁量步骤完成"情节后刑量";然后将每一犯罪的"情节后刑量"按照数罪并罚的原则和规则,确定"并罚刑量",并确定适用于全案的一个情节的"影响度"或者多个情节的"整体影响度"②;最后确定"情节后并罚刑量"。

在典型一罪的主刑裁量中,"基础刑量"即为宣告刑;在具有量刑情节的刑罚裁量步骤中,"情节后刑量"为宣告刑;在没有影响全案刑罚裁量的情节的数罪并罚中,"并罚刑量"为宣告刑;有影响全案刑罚裁量的情节的数罪并罚中,"情节后并罚刑量"为宣告刑。如果具体案件符合我国《刑法》第 63 条第 2 款规定的,应当在前述每一拟定为宣告刑的刑量的基础上,再根据具体情况减轻处罚,减轻后的刑量为宣告刑,当然,这种裁量必须报经最高人民法院核准。

附加刑的裁量参照主刑的裁量步骤进行。

(二) 刑罚裁量应该注意的问题

在刑罚裁量过程中,需要注意以下问题:

(1) 法定刑的选择。

法定刑的选择,主要从以下几种情形考量:

第一,对于只有一个量刑幅度的,该量刑幅度即为法定刑幅度。当然,如果该量刑幅度有几个刑种的,还存在刑种的选择问题。

第二,如果有几个量刑幅度且明确规定了不同量刑幅度的适用条件的,应先确定具体案件中被告人具有适用哪一量刑幅度的具体条件,根据该具体条件来确定量刑幅度也即法定刑。如贪污罪按照行为人贪污的数额来确定量刑幅度,

---

① 所谓"具体功能",是指多功能情节在具体案件中的经法官确定适用的功能,如对从犯,法律规定可以从轻、减轻或者免除处罚,如果法官对某一具体案件的从犯确定减轻处罚,该"减轻"功能就是"从犯"这一情节在该案件中的"具体功能"。

② 在一人犯有数罪的案件中,有时被告人只有影响单独一罪的情节,如某一犯罪的自首,该自首只影响该罪的刑罚裁量;有时被告人既有影响单独一罪的情节,又有影响全案刑罚裁量的情节,如立功。我们认为,影响全案的情节应当在确定"并罚刑量"后再考虑其"影响度"或者"整体影响度"。

行为人的贪污数额符合哪一量刑幅度的条件则确定该量刑幅度为该案被告人的法定刑。

第三,如果刑法对某罪规定了几个量刑幅度,但每一量刑幅度的适用条件为"情节严重""情节特别严重"而较为抽象的,或者对新型的行为没有规定具体的适用条件的,则应当遵循参照规则、同等规则与差别规则来确定法定刑。所谓参照规则,是指可以参照类似罪名或者类似行为的相关量刑幅度适用条件来确定该罪的量刑幅度适用条件。如对于新型的毒品没有具体标准的,可以根据其化学元素以及对人体的危害,参照海洛因或者鸦片的标准执行。所谓同等规则与差别规则,是指根据为大众所认同的同类犯罪的生效判决确定的刑罚幅度适用条件,对生效判决的社会危害性与现有案件的社会危害性进行对比,找出相同之处与差别所在,以体现类似案件类似处理、不同案件差别对待,适当地确定量刑幅度的适用条件。当然,不论是参照规则还是同等规则与差别规则,都有赖法官自由裁量权的正确行使。

第四,如果一个量刑幅度内包含了数个刑种,则应当根据罪名的不同,按照"由轻到重规则为原则、由重到轻规则为例外"的原则进行选择。所谓由轻到重规则为原则,是指对于大多数犯罪,首先应当考虑选择轻的刑种,只有在该罪的基本犯罪事实与构成该罪的起刑点有较大差别时,才考虑选择更重的刑种。比如对于一般的盗窃犯罪,应当首先考虑适用单处罚金,只有在犯罪的基本犯罪事实反映的社会危害性超出起刑点较大时,才按步骤先后考虑适用管制或者拘役或者3年以下有期徒刑。所谓由重到轻规则为例外,是指对于少数性质特别严重的犯罪,应当先考虑适用重的刑种,只有在具体犯罪的基本犯罪事实反映的社会危害性与该种罪名的典型犯罪具有较大差别时,才按步骤先后考虑较轻的刑种。如故意杀人的,应当先考虑适用死刑,只有在具体案件的基本犯罪事实反映的社会危害性与典型的故意杀人罪有较大差别时,才先后考虑适用无期徒刑或者10年以上有期徒刑。当然,这种类型的犯罪应当严格限制,只有故意杀人、绑架致人死亡或者故意杀害被绑架人等个别罪名才能适用这一规则。

(2)基础刑量的确定。

如果在选择刑种后还有裁量空间的,就存在确定基础刑量的问题。所谓有裁量空间,是指该刑种具有可分割性的特点,可以通过数量的方式体现该刑种内部惩罚的严厉性强度的差别,具体包括有期徒刑、拘役、管制、没收财产[①]、罚金、剥夺政治权利。对于基础刑量的确定,应当执行由轻到重规则。所谓由轻到重

---

① 没收财产刑看似不具有可分割性,但由于没收财产刑既包括没收全部财产,也包括没收部分财产,并且司法实践中往往将没收部分财产确定为特定的数额,因此,没收财产刑也是具有可分割性的刑种。

规则,是指在对被告人确定基础刑量时,首先应当考虑选择法定刑幅度中的最低刑,只有在该罪的基本犯罪事实与适用该量刑幅度的基本条件有较大差别时,才考虑选择更重的刑量。比如对于盗窃数额巨大财物的盗窃犯罪,应当首先考虑适用3年有期徒刑,只有在犯罪的基本犯罪事实反映的社会危害性超出适用该量刑幅度的基本条件较大时,才按步骤先后考虑适用更长的有期徒刑。

(3)量刑情节影响度的确定。

量刑情节的影响度,是指从宽情节或者从重情节对刑种或者基础刑量的影响程度。构成量刑情节影响度的因素既包括刑种的严厉程度或者基础刑量的严厉性强度,也包括量刑情节本身的影响能力。量刑情节的影响度是量刑情节影响刑种或者基础刑量的结果或者程度。如对同为死刑的两个案件,一般立功的影响度显然要弱于重大立功的影响度;同为具有一般立功情节的两个案件,该情节对死刑的影响度显然要弱于对有期徒刑的影响度。因此,在确定量刑情节的影响度时,应当在结合刑种或者基础刑量的基础上,根据量刑情节的影响能力予以确定。而确立量刑情节的影响能力,则需要构建整个量刑情节影响能力的序列体系,以规范量刑情节对刑种或者基础刑量的影响度。

具体而言,从宽量刑情节对刑种的影响既可能在同一量刑幅度范围内,也可能跨越两个量刑幅度。前者也即如果某一量刑幅度有数个刑种,在选择了某一不具有分割性的刑种后,该量刑情节既可能影响该刑种的执行方式,也可能改变原来选定的刑种。如在故意杀人案件中,根据基本犯罪事实选定被告人应当判处死刑,但由于该被告人具有两个重大立功情节,则对该被告人可以适用无期徒刑。在另一故意杀人案件中,根据基本犯罪事实选定被告人应当判处死刑,但由于该被告人具有一个重大立功情节,则对该被告人可以适用死刑缓期二年执行。后者如在盗窃数额特别巨大的财物的案件中,对被告人在适用有关情节前可能适用无期徒刑,但被告人具有10个重大立功并且具有自首、退赃等情节,则对其可以在3年以下有期徒刑中选择合适的刑罚。在可分割性刑种的情形下,从宽量刑情节一般只在该法定刑幅度内影响基础刑量,如果从宽量刑情节的数量多且影响能力大的,可以跨越该量刑幅度而影响刑种的选择。如盗窃案件中,行为人的基础刑量为4年有期徒刑,由于其具有3个重大立功且具有自首情节,则对其可以适用拘役。

从重量刑情节对于刑种的影响只能限制在同一量刑幅度范围内,不能跨越量刑幅度,否则即变成加重情节了。从重量刑情节在同一量刑幅度内,可以导致选择更重的刑种或者更为严厉的执行方式。当然,对于该刑种刑量加重的程度,既取决于该情节的影响能力,也取决于基础刑量的强度,如果该情节的影响能力小且基础刑量的强度高的,则该情节对基础刑量的影响度小甚至可以忽略不计,相反,如果该情节的影响能力大且基础刑量的强度低的,则该情节可能影响基础刑量的影响度大。比如，在故意杀人案件中，根据被告人的基本犯罪事实，为被告人选择的是无期徒刑，由于其为累犯，则可以选择死刑缓期二年执行。如果根据被告人的基本犯罪事实，为被告人选择的是死刑缓期二年执行，由于其为累犯，则可以选择死刑立即执行。

第二节　刑罚裁量情节

刑罚裁量情节①又称量刑情节，是由刑法规定或者法官酌定的，犯罪构成要件事实以外法官据以对犯罪分子从轻、减轻、免除处罚或者从重处罚的主客观事实。我国《刑法》第 62 条规定："犯罪分子具有本法规定的从重、从轻处罚情节的，应当在法定刑的限度内判处刑罚。"第 63 条第 1 款规定："犯罪分子具有本法规定的减轻处罚情节，应当在法定刑以下判处刑罚。"

一、刑罚裁量情节的类型

我国的量刑情节非常庞杂，可以根据不同的标准对其分类：根据是由刑事法律明确规定还是由法官根据具体案情确定的，量刑情节可以划分为法定情节和酌定情节；根据法官适用情节有否自由裁量权，量刑情节可以划分为命令情节和授权情节；根据情节影响量刑的功能多寡，量刑情节可以划分为单功能情节和多功能情节；根据情节影响量刑的性质，量刑情节可以划分为从宽情节和从严情节。我国刑法学界对情节还从不同的角度进行分类，如总则情节与分则情节，罪前情节、罪中情节和罪后情节，等等。②

（一）法定情节与酌定情节

法定情节是指由刑事法律明确规定的情节，包括刑法规定的情节、刑事司法解释规定的情节③；酌定情节是由法官根据案件具体情况，在法定情节之外确定的影响刑罚裁量的主客观事实。

刑法总则中规定的法定情节是能够适用于所有犯罪的情节，如自首、立功、犯罪中止、累犯，等等；分则中规定的法定情节是仅能适用于特定具体犯罪的情节，如犯诬告陷害罪的国家机关工作人员这一主体情节（我国《刑法》第 243 条第 2 款）。

---

① 一般认为，我国刑法中的情节包括定罪情节和量刑情节。定罪情节是影响行为的社会危害性程度并对该行为的罪与非罪评判产生直接影响的主客观事实。如刑法对很多犯罪的成立设定了"情节严重""情节恶劣"的要求，此处的情节就是定罪情节。这里仅讨论量刑情节。
② 参见马克昌主编：《刑罚通论》，武汉大学出版社 1999 年版，第 331—339 页。
③ 有学者认为司法解释规定的情节属于酌定情节，参见张明楷：《刑法学》，法律出版社 2016 年版，第 556 页，注 18。但是在中国司法体制下，某一情节由司法解释加以规定后，法官就必须依照该解释的规定适用，因而应当属于法定情节。

酌定情节由法官根据案件具体情况确定,但酌定情节的确定并非法官随心所欲,而是受制于案件具体情况以及司法实践的惯例或者通常做法。酌定情节一般包括犯罪动机(如出于治病需要而盗窃)、犯罪对象(如抢劫残疾人)、犯罪手段(杀人碎尸)、罪后态度(如积极赔偿被害人损失)、一贯表现(如一贯遵纪守法)。

(二) 命令情节与授权情节

由于酌定情节是由法官根据案情确定的,法官有裁量权,因而命令情节和授权情节的分类仅对法定情节有意义。命令情节是指法律规定法官在裁量刑罚时必须适用的法定情节。命令情节在法律规定中均冠以"应当"字样,如我国《刑法》第 17 条第 3 款规定:已满 14 周岁不满 18 周岁的人犯罪,应当从轻或者减轻处罚。授权情节是指法官可以结合案情依据法律规定确定是否适用的法定情节,如我国《刑法》第 67 条规定:对于自首的犯罪分子,可以从轻或者减轻处罚。授权情节的适用与否虽由法官确定,但法官必须结合案件具体情况进行确定。

(三) 单功能情节与多功能情节

单功能情节是指某一情节只具有一种影响量刑功能的情节,而多功能情节是指某一情节具有两种以上影响量刑功能的情节。单功能情节主要为从重处罚情节,如我国《刑法》第 65 条规定:累犯应当从重处罚。也有部分从轻、减轻或者免除处罚情节,如我国《刑法》第 55 条第 2 款规定:对于中止犯,没有造成损害的,应当免除处罚。

多功能情节均为从宽情节,即多功能情节影响量刑的功能包括从轻、减轻、免除处罚三个不同层次,有的情节同时具备从轻、减轻、免除处罚三种功能,如从犯;有的情节具有从轻、减轻或者减轻、免除处罚两个功能,前者如立功,后者如重大立功。多功能情节的具体功能确定,法官有一定的裁量权,但必须结合具体案情进行确定。

二、刑罚裁量情节的适用

我国刑法对于量刑情节如何适用,没有做出明确规定。司法实践中在适用量刑情节时,应当注意下列问题。

(一) 酌定情节及其作用的确定

酌定情节的适用涉及两个问题,一是酌定情节如何确定,二是酌定情节的作用如何确定。

在解决酌情情节的确定这一问题之前,首先得明确酌定情节是仅指影响基础刑量(即基准刑)的事实,还是也包括影响法定刑幅度选择的事实。这一问题又可称之为酌定情节的性质范围,也即酌定情节是仅指在法定刑幅度内发挥作用而未由法律明确规定的事实,还是也包括影响法定刑幅度确定而未由法律明确规定的事实。由于法定情节是由法律明文规定的,因而其只有在确定法定刑

幅度后才对基础刑量或者基准刑发生影响。理论上对酌定量刑情节的性质范围存在较大分歧,具体包括两个方面:

第一,影响法定刑幅度选择的事实是否属于犯罪构成要件。由于量刑情节应当是犯罪构成事实以外的其他影响犯罪社会危害性大小的事实,如果认为影响法定刑幅度选择的事实属于犯罪构成要件,则其应当在确定基础刑量或者基准刑时发挥作用,而不能在确定基础刑量或者基准刑后再对量刑发生影响。对此有两种观点,一种观点认为,作为减轻或者加重处罚的依据从而影响法定刑幅度选择的事实,属于法定刑升格或降格处罚的条件,不是犯罪构成要件。另一种观点则认为,普通的犯罪必须具备的要件属于犯罪构成要件,加重的犯罪构成必须具备的要件也同样是构成要件,因而影响法定刑升格适用的情节不是普通的犯罪构成要件,但属于加重犯罪构成必须具备的构成要件。[①] 这两种观点对该事实之于确定法定刑幅度作用的认识是一致的,即都是为了确定在哪一法定刑幅度内量刑。只是该两种观点可能导致量刑步骤的差别,如果认为其属于犯罪构成事实,则在确定基础刑量或者量刑起点时就应当予以考虑,就不属于量刑情节;而如果认为其不属于犯罪构成事实,又可能导致两种不同的理解:一种理解认为,除作为犯罪成立必要条件的"情节恶劣""情节严重"的事实外,作为确定法定刑幅度的"情节较轻""情节严重""情节恶劣""情节特别恶劣"等也包括了酌定情节。[②] 另一种理解认为,基准刑是由基本犯罪构成事实以及其他影响犯罪构成的犯罪数额、犯罪次数、犯罪后果等犯罪事实确定的,量刑情节只是在确定基准刑后再对基准刑进行调节。[③] 由此可以推断,影响法定刑幅度选择的事实,不属于量刑情节。因而法律未明文规定而由法官在具体案件中根据具体情况确定的影响法定刑幅度选择的事实,不属于酌定量刑情节。本书认为,作为酌定量刑情节,由于法律没有明文规定,只能在遵循罪刑法定原则的基础上,通过法官的自由裁量权予以解决。虽然作为法定刑幅度适用条件的模糊规定如"情节严重""情节恶劣""情节较轻"等,有时候也需要法官发挥自由裁量权予以确定,但相比而言,作为酌定情节适用中法官的自由裁量权更大。因此,应当对作为酌定情节的法官自由裁量权在酌定情节的范围上以及酌定情节的作用上进行必要的限定,以保证法官自由裁量权的行使不至于违背罪刑法定原则。而由于确定法定刑幅度选择的事实对量刑的结果影响很大,因而不宜置入酌定情节内予以考虑。

第二,酌定情节应当包括哪些情形。一般认为,常见的酌定情节包括犯罪的

[①] 参见林亚刚、袁雪:《酌定量刑情节若干问题研究》,载《法学评论》2008年第6期,第18—21页。
[②] 参见许利飞:《略论酌定量刑情节》,载《国家检察官学院学报》1999年第3期,第7—11页。
[③] 参见高贵君主编:《〈人民法院量刑指导意见〉、〈关于规范量刑程序若干问题的意见〉理解与适用》,中国法制出版社2011年版,第39—41页。

手段、犯罪的时空及环境条件、犯罪的对象、犯罪造成的结果、犯罪的目的与动机、犯罪后的态度、犯罪人的一贯表现、前科、犯罪人因犯罪造成的损失等。① 不过常见的酌定情节并不等同于酌定情节，因为酌定情节是一种客观事实，即便没有被司法实践总结出来，并不意味着其不存在，也不应将其排除在酌定情节之外。因此，凡是刑法没有规定的存在于案件事实当中，能够反映行为的社会危害性和人身危险性的情况，都可以视为酌定情节。② 由于案件的复杂情况以及随着社会的发展新出现的影响社会危害性及人身危险性评价的情况并不定性，而仍然需要法官自由裁量权在刑罚裁量过程中的适当运用，酌定情节存在的合理性在于弥补罪刑法定原则的机械性或者立法者认识能力的局限性，因此，那种"酌定情节法定化"的主张③并不妥当。不能通过酌定情节法定化的方式窒息法官在酌定情节的确定过程中的创造力，而只能通过汇集典型案例④或者给予相应指导原则的方式，引导法律行使自由裁量权。

酌定情节的确定应当遵循三个规则：一是数量限制规则。即在被告人具有反映其社会危害性或者人身危险性的特殊情况的情形下，对一个被告人一个案件中的酌定情节一般只能确定一个，最多不宜超过两个。理由在于，同一案件中同一被告人即便具有反映其社会危害性或者人身危险性的诸多特殊情况，但法律没有将这些情况设定为法定情节，说明其作用还未得到人们的普遍认同，就不能过多运用在量刑中。如果酌定情节确定过多，法官的自由裁量权就可能凌驾于法律之上从而违背罪刑法定原则。二是必要性规则。即对被告人具有充分体现其社会危害性或者人身危险性的某一特殊情况，而现有的法律规定（包括法定刑幅度的适用条件以及法定情节）又无法包括该被告人的情况，则确有确定为酌定情节的必要。法官在将该特殊性确定为酌定情节后应当在量刑理由中予以充分说明。三是类似性规则。如果该特殊情况虽然仅出现在该案件中，但以后的案件中还可能出现，或者与法定情节在反映社会危害性及人身危险性方面具有原理的相通性，不能由构成犯罪的基本事实以及法定刑幅度的适用条件所涵括，法律就不能过于考虑个案的特殊性。

酌定情节对量刑作用的确定则应遵循两个规则：一是一般情况下，酌定情节的作用应当小于法定情节。因为法律既然对某些情况规定为法定情节，意味着其在行为社会危害性评判中有着重要的地位，并且已经得到法律认可，就应当在司法中贯彻遵循和执行。而酌定情节的地位既然还没有在法律上予以规定，就

---

① 参见张明楷：《刑法学》，法律出版社 2016 年版，第 590—591 页。
② 参见房清侠：《酌定情节的学理研究》，载《法学家》2001 年第 5 期，第 17—22 页。
③ 参见肖敏：《论酌定情节法定化》，载《西南民族大学学报（人文社科版）》2007 年第 10 期，第 118—122 页。
④ 参见房清侠：《酌定情节的学理研究》，载《法学家》2001 年第 5 期，第 17—22 页。

意味着其地位还没有得到法律的认可,就不能将其作用过度放大,如果过度放大甚至超过法定情节的地位,就一定程度上背离了法律的规定。二是酌定情节一般只能在法定刑幅度内发挥作用,而不能因为被告人具有酌定情节就超过法定刑幅度的限制予以减轻处罚。我国《刑法》第63条第2款的规定虽然导致不具有法定减轻处罚也可以在法定刑以下判处刑罚,但必须经最高人民法院核准,这就意味着法官在适用酌定情节时并非可以随意突破法定刑幅度的限制,即不能通过自由裁量权依据酌定情节对被告人予以减轻处罚。

(二) 多功能情节功能的确定

多功能情节由于具有两种以上影响量刑的功能,因而在具体个案中应当由法官根据案情选择其中的一个功能予以确定。法官在确定多功能情节中的某一具体功能时,应当综合该情节的影响能力以及基础刑量予以确定,也即一方面,应当考虑该情节的独立价值,如一般立功的情形下,既可以从轻处罚也可以减轻处罚,具体应当从轻还是减轻处罚,首先应当考虑该一般立功对社会的贡献大小,同为一般立功,对社会贡献大的,其价值自然大于对社会贡献小的,在其他条件相同的情形下,独立价值不同的两个情节对量刑的影响也应当有所区别。另一方面,应当考虑基础刑量(或者基准刑)的轻重,基础刑量重的,意味着对其改变应当有较大的推动力,该推动力就取决于情节的独立价值。在综合这两个方面的情况后,法官再据以确定多功能情节在具体个案中的具体功能。

(三) 授权情节的适用

授权情节亦称可以型情节,对授权情节之于量刑的影响,应当遵循"影响量刑为原则、不影响量刑为例外"的原则,也即一般情形下,授权情节均应当在刑罚裁量过程中对量刑产生影响,只有在具有特殊情况的情形下,授权情节才能不影响刑罚裁量。何谓特殊情况,则应当结合案件的整体情况以及被告人具有该情节的特殊情形综合考虑。当案件的整体情况足以适当地对被告人进行刑罚裁量时,该情节可以不对被告人的刑罚适用产生影响;但如果即使根据案件的整体情况不足以对被告人适当地量刑,即应当考虑授权情节之时,由于被告人具有该情节与法律规定该情节的适用条件相背离时,也可以在认定该情节成立时不适用该情节调整基础刑量或者基准刑。如被告人为了规避法律而自首的,虽然法律没有规定真诚悔罪为自首成立的必要要件,但法官在认定自首成立的同时,应当在刑罚裁量时不考虑该情节。

(四) 多种情节并存时,量刑情节作用的确定

当一个案件具有多个情节时,应采取同向相加、逆向相减的做法。也即如果具有多个性质相同的情节,如均为从重情节或者均为从宽情节,先确定每一个情节的影响力,再将多个情节的影响力相加后进行综合认定;如果具有数个性质相反的情节,即同时具有从重情节和从宽情节,应当先分别确定每一情节的影响

力,然后将性质相反情节的影响力予以抵消后,再综合确定该数个情节的整体影响力。

(五)数罪并罚时量刑情节的适用

数罪并罚中的情节适用包括两种情况,一种是适用于数罪中具体个罪的情节,如数罪中某一个罪的自首;另一种是适用于全案的情节,如立功。对于适用于数罪中具体个案的情节,学界的观点较为统一。对适用于全案的情节应当如何在数罪并罚中适用,《人民法院量刑指导意见》第2条第5项规定,应先用各个量刑情节调节个罪的基准刑,确定个罪所应判处的刑罚,再依法数罪并罚,决定执行的刑罚。如被告人犯故意杀人罪应当判处15年有期徒刑,另犯故意伤害罪应判处12年有期徒刑,其具有立功情节,应当先分别从轻处罚,也即将故意杀人罪按照立功情节从轻判处确定刑罚为13年,再将故意伤害罪按照立功情节从轻判处确定刑罚为10年,然后在13年以上20年以下确定应当执行的刑罚。但这种适用主张显然不妥,因为行为人所犯的罪行越多,其适用于全案情节的作用就越大,而导致量刑明显不公。假设被告人甲犯有2个罪,被告人乙犯有5个罪,甲乙均具有价值相同的重大立功情节,按照这种主张,甲所犯的2个罪均可以减轻或者免除处罚,乙所犯的5个罪也均可以减轻或者免除处罚,势必导致同一情节在乙案中的作用远远大于甲案。

当然,在数罪并罚后再用适用于全案的情节影响数罪并罚后决定执行的刑量,应当充分考虑数罪并罚的总和刑量,因为如果不考虑数罪的总和刑量,就会导致一罪中的情节与数罪中的相同情节的作用相差悬殊。

第三节 累　　犯

累犯具有多重含义,有时候指的是特定类型的犯罪分子,有时候指的是刑罚裁量制度。前者是指因故意犯罪被判处一定刑罚,在刑罚执行完毕或赦免以后,又故意实施一定犯罪行为且符合法定特别条件的犯罪人;后者是指刑法规定的作为刑罚裁量的对属于累犯的犯罪分子予以从重处罚的一种制度。累犯制度包括两个要素:其一是累犯的成立条件,即成立累犯必须具有的各种要素;其二是累犯的法律后果,即刑法规定的对符合累犯成立条件的犯罪分子进行刑罚裁量时的特定要求。

一、累犯的成立条件

我国刑法中累犯包括一般累犯和特殊累犯,两种类型累犯的成立条件既有共同点又有差别。

(一) 一般累犯

根据我国《刑法》第 65 条的规定,一般累犯,是指因故意犯罪被判处有期徒刑以上刑罚,在刑罚执行完毕或赦免以后,在 5 年内再犯应当判处有期徒刑以上刑罚之罪的犯罪分子。对于一般累犯,应当从重处罚,但是过失犯罪和不满 18 周岁的人犯罪的除外。一般累犯的成立要件包括:

(1) 主体条件,构成一般累犯的主体仅在年龄方面有特定要求,即犯罪行为实施时已满 18 周岁,在其他方面均无限制。

按照刑法规定,不满 18 周岁的人实施犯罪行为被判刑后,即使符合一般累犯成立的其他条件,因其不符合一般累犯成立的主体条件,而不成立累犯。但在理解这一规定时,应当注意以下几点:其一,不满 18 周岁是指实施前罪时行为人不满 18 周岁。因而如果行为人在实施前罪时不满 18 周岁,即使实施后罪符合成立一般累犯的其他条件,因为不具备成立一般累犯的主体条件,因而不成立一般累犯。其二,对同一犯罪行为①的持续时间跨越行为人 18 周岁生日日期的,应当以已满 18 周岁对待为原则、以未满 18 周岁对待为例外:同一犯罪行为的持续时间跨越行为人 18 周岁生日日期的,原则上应当认为其实施该犯罪行为时已满 18 周岁;特殊情形下可以按照未满 18 周岁对待。这里的特殊情形是指行为人已满 18 周岁后对保持同一犯罪行为的持续的可责难性可以忽略不计的情形,如在继续犯的场合,行为人已满 18 周岁以后不法行为持续的时间十分短暂的;在接续犯的场合,致使危害结果发生的行为主要由不满 18 周岁以前实施的举动组成的;在集合犯、牵连犯、吸收犯等场合,已满 18 周岁以后实施的犯罪行为如果单独评价时可以免予刑罚处罚的。其三,行为人 18 周岁前后多次实施触犯同一罪名的数个行为,除上述连续犯、持续犯、集合犯、牵连犯、吸收犯等情形外,还存在行为人 18 周岁前后多次实施触犯同一罪名的数个行为,按照一罪处理的三种情形:第一种情形是行为人 18 周岁前后多次实施同一类型的行为,这些行为单独评价都不构成犯罪,但按照法律的规定进行整体评价又构成犯罪的,其中又包括三种形式:一是将 18 周岁前及 18 周岁后实施的多次行为分段评价均不构成犯罪,而需将 18 周岁前后实施的行为结合进行整体评价才构成犯罪的,如行为人属于多次盗窃构成犯罪的,其中有一次盗窃行为发生在 18 周岁以前,有两次盗窃行为发生在 18 周岁以后;二是行为人 18 周岁前实施的多次行为进行整体评价构成犯罪,而 18 周岁后实施的行为进行整体评价不构成犯罪的,如行为人属于多次盗窃构成犯罪的,其中有三次盗窃行为发生在 18 周岁以前,有一次

---

① 这里的同一行为是从法律后果的角度进行归类的,因为实际上只有继续犯、接续犯才属于客观意义上的同一行为,集合犯、连续犯、牵连犯在客观意义上涉及数个犯罪行为,只是按照法律的规定或者在处理时作为一个犯罪行为对待。

盗窃行为发生在18周岁以后;三是行为人18周岁前实施的行为进行整体评价不构成犯罪,而18周岁以后实施的数次行为进行整体评价构成犯罪的,如行为人属于多次盗窃构成犯罪的,其中有一次盗窃行为发生在18周岁以前,有三次盗窃行为发生在18周岁以后。第二种情形是行为人18周岁前后实施的多次行为中,都存在单独评价既有构成犯罪的也有单独评价不构成犯罪的;第三种情形是行为人18周岁前后实施的多次行为中,所有行为单独评价均构成犯罪的。① 对前述问题,应当分别对待:除第一种情形中的第一、第二种形式应当认定为犯罪时不满18周岁以外,其余的都应当认定为已满18周岁。理由是,虽然行为人在18周岁前后实施的数个行为按照一个罪名处理,但即便不考虑行为人18周岁前实施的行为,对其18周岁后实施的行为进行评价也构成犯罪的,就应当认定其属于犯罪时已满18周岁。

  对于单位是否可以成立一般累犯,我国刑法学界存在肯定说和否定说之争,肯定说认为单位在第一次犯罪后,完全可能再次犯罪,而单位也存在不知悔改的情况,因而具有特定的人身危险性,当然可以成立单位累犯。否定说认为,根据我国刑法的规定,只能对单位适用罚金刑,单位不可能符合构成一般累犯的刑度条件,而且由于单位人员可能变动,尽管均以同一单位名义实施犯罪,但实施前后两罪的单位直接责任人员或者直接负责的主管人员不同时,自然人不成立累犯,单位也就不能成立累犯。② 我国还有观点认为,基于《刑法》第356条"因走私、贩卖、运输、制造、非法持有毒品被判过刑,又犯本节规定之罪的,从重处罚"之规定,可以认为现行刑法典实际上已经部分肯定了单位累犯。③ 我们认为,单位不能成立累犯,理由是:其一,根据《刑法》第30条的规定,单位犯罪承担刑事责任以刑法明文规定为必要,这一总则规定是一项原则,不仅适用于犯罪的认定,而且也应适用于刑罚的裁量。既然刑法未明确规定单位可以成立累犯,单位再次实施犯罪就不能认定为累犯。其二,单位犯罪承担刑事责任的自然人主体不一定相同,在自然人主体不同的情形下,认定单位成立累犯并以此为依据从重处罚实施后罪的自然人,有违罪责自负原则。其三,单位作为虚拟主体,本身并无所谓人身危险性而言。单位再次实施犯罪的,其人身危险性均可归结为对单位犯罪应当承担刑事责任的自然人。

  附带指出,如果自然人因为单位犯罪被判处一定刑罚,其在刑罚执行完毕或者赦免以后,在特定期限内再实施犯罪(不论是否单位犯罪)符合累犯成立条件

---

  ① 这里的单独评价构成犯罪的数个行为,是指不属于连续犯、持续犯、集合犯、牵连犯、吸收犯等情形,但又按照同一罪名予以处罚的情形。如行为人前后多次实施盗窃犯罪,每次盗窃行为均单独构成犯罪又不属于连续犯的,应当将其盗窃数额予以累计,按照累计数额予以处罚。
  ② 参见沙君俊、刘孟骐:《论法人累犯》,载《人民检察》1997年第4期,第22—24页。
  ③ 参见赵秉志主编:《刑罚总论问题探索》,法律出版社2003年版,第336页。

的,应当认定为累犯。

(2) 罪质条件,即前罪和后罪必须都是故意犯罪。如果前罪和后罪之一为过失犯罪,或者前者和后者都是过失犯罪时,不能成立累犯。

不过,对这里的"犯罪",是仅指在中国领域内实施的犯罪,还是也包括在中国领域外实施的犯罪[①],学界的看法不太一致,主要有三种观点:一是否定说,该说认为累犯中所指的"犯罪"必须均发生在我国领域内,如果前罪发生在我国领域外,即使符合累犯的成立条件,也不成立累犯。二是肯定说,该说认为行为人是否因为犯罪被判处刑罚是一种事实,而不应考虑其触犯的是哪个国家的刑法,因此,不论前罪发生在我国领域内还是领域外,只要符合我国刑法规定的累犯成立条件,就应当认定为累犯。三是区分说。该说认为行为人实施的前罪应否作为累犯判断的"前罪"对待,取决于行为人实施的前罪是否也触犯了我国刑法、我国是否承认外国判决及判决执行的效力,如果我国承认外国的判决及判决执行的效力,则属于我国关于累犯中的"前罪"。[②] 对于这一问题,本书赞同区分说,也即行为人在外国实施犯罪并受到刑罚处罚的,是否属于累犯中的"前罪",主要取决于按照我国刑法的规定,应否承担刑事责任。如果按照我国刑法的规定应当承担刑事责任的,就应当作为"前罪"对待。理由在于:其一,按照我国《刑法》第10条的规定,对发生在我国领域外但按照我国刑法的规定应当承担刑事责任的犯罪,既可以追究其刑事责任,也可以放弃追究。在放弃追究的情形下也并非否认其行为的犯罪性质。对于业已经过外国法院确认的犯罪行为,即便我国放弃追究其刑事责任,但通过适当的程序承认其效力,就应当属于累犯中的"前罪"。其二,行为人在经过刑罚处罚后,依然在一定时期内实施犯罪行为,表明其具有较大的人身危险性,在再次实施犯罪时应当在刑罚的强度方面予以适当体现。其三,行为人的"前罪"应当是一个事实状态,而不论该事实发生在哪一法域,当然这一事实状态需要取得我国的承认。顺便指出,在认定行为人实施的犯罪行为属于"前罪"后,还应当考虑其受到的刑罚处罚是否与我国刑法中规定的有期徒刑这一刑种的严厉性程度相当,以判断行为人被判处的刑罚严厉性程度是否类似于我国刑法中规定的"有期徒刑"。

(3) 刑度条件,即前罪与后罪都应当是被判处有期徒刑以上刑罚的犯罪。如果前罪和后罪其中之一所判处刑罚的严厉程度低于有期徒刑,或者前罪和后罪所判处刑罚的严厉程度均低于有期徒刑则均不成立累犯。所谓被判处有期徒刑以上的刑罚,是指犯罪分子之前罪实际被判处严厉程度在有期徒刑之上的刑罚,包括有期徒刑、无期徒刑和死刑缓期执行。所谓应当判处有期徒刑以上的刑

---

① 参见赵秉志主编:《刑罚总论问题探索》,法律出版社2003年版,第357页。
② 参见赵秉志主编:《当代刑法学》,中国政法大学出版社2009年版,第362页。

罚,是指根据犯罪分子实施后罪的具体情况,其实际应当被判处刑罚的严厉程度在有期徒刑之上,包括有期徒刑、无期徒刑和死刑;并且后罪应当被判处的刑罚,不是该罪的法定刑,而是指该犯罪分子的宣告刑,并且是在对累犯这一情节进行评价前的宣告刑。

(4)时间条件,后罪发生在前罪刑罚执行完毕或赦免以后5年之内。所谓刑罚执行完毕,是指因前罪被判处的主刑执行完毕。附加刑是否已执行完毕,不影响累犯的认定。所谓赦免,是指特赦减免。

在判断行为人实施犯罪是否构成累犯时,应当综合把握前述四个条件。若行为人的后罪在前罪的刑罚执行期间实施,应适用数罪并罚,而不构成累犯;若行为人在前罪的刑罚执行完毕或者赦免5年以后实施犯罪,也不构成累犯。被判处有期徒刑宣告缓刑的犯罪分子,如果在缓刑期满后又犯罪,不构成累犯,因为缓刑期满原判刑罚就不再执行,而不是已经执行完毕,不符合累犯的成立条件;被判有期徒刑宣告缓刑的犯罪分子,如果在缓刑考验期内又犯新罪,应当撤销缓刑,适用数罪并罚,同样不构成累犯。被假释的犯罪分子,如果在假释考验期内又犯新罪,则应当撤销假释,适用数罪并罚,不构成累犯;被假释的犯罪分子,如果在假释考验期满5年内又犯新罪,则成立累犯,因为假释期满,则视为原判刑罚已经执行完毕,符合累犯的构成条件;被假释的犯罪分子,如果在假释考验期5年以后犯罪,同样不构成累犯,原因在于超过了成立累犯的时间条件。

(二)特殊累犯

根据我国《刑法》第66条的规定,特殊累犯是指危害国家安全罪、恐怖活动犯罪、黑社会性质的组织犯罪的犯罪分子,刑罚执行完毕或赦免以后,在任何时候再犯上述任一类罪的,都以累犯论处。① 特殊累犯的成立要件为:

(1)前罪与后罪均为危害国家安全罪、恐怖活动犯罪、黑社会性质的组织犯罪。对此,需要注意的是,前后罪并不要求是同一性质的类罪。而在认定恐怖活动犯罪、黑社会性质的组织犯罪具体包括的罪名时,应当把握以下几点:首先,恐怖活动犯罪或者黑社会性质的组织犯罪虽然都是一类犯罪,但我国刑法并没有对其具体罪名予以明确,因而在理解这两类犯罪包括的具体罪名时,既要满足打击该两类犯罪的需要,同时也不能将该两类罪的范围予以过度扩张,将行为人实施的所有犯罪都纳入这两类罪的范围。其次,对属于恐怖活动犯罪组织、黑社会

---

① 我国刑法学界对《刑法》第356条的规定的理解存在争议,有的认为根据这一规定,我国的特殊累犯还包括毒品累犯(参见赵秉志主编:《刑罚总论问题探索》,法律出版社2003年版,第360页);有的认为刑法的这一规定应当理解为"毒品再犯"。我们认为,这一规定宜理解为毒品再犯,因为:第一,累犯是刑法总则规定的刑罚裁量制度之一,分则中的具体规定不宜上升为总则性的制度。并且这一规定与刑法总则关于特殊累犯的规定还存在一定差别,刑法总则规定的特殊累犯,要求前罪是一类罪,而不是几个具体罪名。而《刑法》第356条规定的只是走私、贩卖、运输、制造、非法持有毒品罪这几个具体罪名。第二,累犯不能适用缓刑和假释,但对于毒品再犯,则没有不能适用缓刑或者不能假释的明确规定。

性质组织成员的犯罪分子,只要其实施的犯罪行为与该组织的整体活动有关联,均应认定为恐怖活动犯罪或者黑社会性质的组织犯罪,也即要坚持"整体"原则;一方面只要行为人代表恐怖活动犯罪组织或者黑社会性质组织整体实施的行为,即便该犯罪行为本身不具有恐怖活动犯罪的特征或者黑社会性质的组织的特征,也应当认定为这两类犯罪。如行为人接受恐怖活动犯罪组织或者黑社会性质组织的安排,实施针对特定的个别被害人实施的故意伤害或者盗窃犯罪,也应当认定为这两类犯罪。因为即便是针对个别被害人实施的侵害行为,由于这些行为可以纳入恐怖活动犯罪组织或者黑社会性质组织犯罪活动的整体,就应当认定为这两类犯罪。与此相反,如果行为人虽然具有恐怖活动犯罪组织或者黑社会性质的组织成员的身份,但如果其实施的行为与这两类组织的整体活动不相关联的,如为了个人目的单独实施的盗窃、伤害等行为,不能认定为这两类犯罪,当然其具备这两类组织成员的身份,其组织、领导或者参加行为本身也属于这两类犯罪中的一种犯罪。再次,对不属于恐怖活动犯罪组织、黑社会性质组织的犯罪分子,只有在其实施的行为与恐怖活动犯罪组织或者黑社会性质组织的成立、维系、发展等有关联,或者与这两类组织实施的具有恐怖活动或者黑社会性质组织之特征的犯罪行为时,才能认定为这两类犯罪,也即要坚持"关联"原则。如果行为人虽然参与了两类组织的某一单个行为,该行为也属于两类组织的整体活动,但如果该单个具体行为本身不具有恐怖犯罪的特征或者黑社会性质犯罪的特征,就不能认定为这两类犯罪。如甲为某黑社会性质组织的成员,该组织为了训练成员的胆量,安排甲实施伤害乙的行为,丙不属于该黑社会性质组织的成员,如果其与甲一起参与了该伤害行为,由于该伤害行为本身不具有黑社会性质组织犯罪的特征,就不能认定丙的行为属于黑社会性质组织犯罪。当然,甲实施的伤害行为应当认定为黑社会性质组织犯罪。

（2）后罪在前罪的刑罚执行完毕后或者赦免以后实施。如果在前罪刑罚执行期间实施新的危害国家安全罪、恐怖活动犯罪、黑社会性质的组织犯罪的,应按照数罪并罚的规定处理。

由此可见,特殊累犯的成立要件与一般累犯有较大差别:第一,特殊累犯的成立要件没有时间条件,对后罪的实施与前罪刑罚的执行或者赦免的相距时间不作限制。第二,对前罪被判处的刑罚和后罪应当被判处的刑罚,不作刑种的限制。当然,如果前罪被免予刑事处罚的,其后任何时候再实施危害国家安全罪、恐怖活动犯罪、黑社会性质的组织犯罪的,不成立特殊累犯。第三,成立特殊累犯对前后罪的类罪性质进行了限制,而成立一般累犯对犯罪行为的类罪性质不作限制。

二、累犯的法律后果

累犯的法律后果有三种:第一,根据我国《刑法》第 65、66 条的规定,对累犯应当从重处罚。第二,根据我国《刑法》第 74 条的规定,对于累犯不得适用缓刑。第三,根据我国《刑法》第 81 条第 2 款的规定,对累犯不得适用假释。

第四节 自首、坦白与立功

一、自首

根据我国《刑法》第 67 条第 1 款与第 2 款的规定,我国自首制度分为一般自首与特别自首两种。①

(一)一般自首

一般自首,是指犯罪分子在犯罪以后自动投案,如实供述自己罪行的行为。成立一般自首必须具备自动投案和如实供述自己的罪行两个条件。

1. 自动投案

自动投案,是指实施犯罪的行为人,在其犯罪行为被发觉或者被查处之前,向有关机关或个人承认自己实施了犯罪,并愿意将自己置于有关机关或个人的控制之下,等待进一步交代犯罪事实、接受有关机关查处的行为。自动投案是自首成立的前提条件,应当从以下几个方面把握:

第一,投案时间。成立自动投案,有时间的限制,即必须在其犯罪行为被发觉或者被查处之前投案。根据最高人民法院《关于处理自首和立功具体应用法律若干问题的解释》(以下简称《自首立功解释》),最高人民法院、最高人民检察院《关于办理职务犯罪案件认定自首、立功等量刑情节若干问题的意见(法发[2009]13 号)》(以下简称《自首立功意见》)的规定以及最高人民法院《关于处理自首和立功若干具体问题的意见》(以下简称《具体意见》),结合司法实践中的现实情况,"在其犯罪行为被查处之前"主要包括如下情形:(1)犯罪事实尚未被司法机关发觉时投案。(2)犯罪事实虽被发觉,但犯罪嫌疑人尚未被发觉时投案。(3)犯罪事实和犯罪嫌疑人都被发觉,但犯罪嫌疑人尚未受到调查谈话、讯问、未被采取强制措施时投案。(4)罪行尚未被有关部门、司法机关发觉,仅因形迹可疑,被有关组织或者司法机关盘问、教育后,主动交代自己罪行的,应

---

① 有观点将我国《刑法》第 67 条第 2 款规定的自首称为准自首,而将我国《刑法》第 164 条第 3 款、第 390 条第 2 款及 392 条第 3 款规定的关于对实施行贿犯罪的行为人在被追诉前主动交代行贿行为的,予以减轻处罚或者免除处罚等规定,称为特别自首。参见赵秉志主编:《刑罚总论问题探索》,法律出版社 2003 年版,第 421 页。

当视为自动投案,但有关部门、司法机关在其身上、随身携带的物品、驾乘的交通工具等处发现与犯罪有关的物品的,不能认定为自动投案。(5)犯罪后逃跑,在被通缉、追捕的过程中,主动投案的[①]。(6)经查实确已准备投案,或者正在投案途中,被办案机关抓获或者控制的。但笔者认为这一认定的范围过窄,因为不仅公安机关可以行使侦查权,检察、监察、纪检等机关也在行使查办案件的权力,因此即使不是被公安机关抓获,但确已准备投案或者正在投案途中,而被检察、监察、纪检等机关控制的,也应当认定为在法定的时间投案。(7)犯罪后主动报案,虽未表明自己是作案人,但没有逃离现场,在司法机关询问时交代自己罪行的。(8)明知他人报案而在现场等待,抓捕时无拒捕行为,供认犯罪事实的。(9)在司法机关未确定犯罪嫌疑人,尚在一般性排查询问时主动交代自己罪行的。(10)因特定违法行为被采取劳动教养、行政拘留、司法拘留、强制隔离戒毒等行政、司法强制措施期间,主动向执行机关交代尚未被掌握的犯罪行为的。此外,对于其他符合立法本意的情形,也应当视为自动投案。

对于自诉案件如何适用投案时间的要求,有观点认为,自诉案件的投案时间应当为在被害人或其代理人、近亲属起诉之前;或者在被害人起诉后人民法院采取强制措施之前。[②] 我们不赞同这一观点,因为自诉案件包括三种不同的类型,对不同类型的自诉案件适用一个标准,不太合理。如对于告诉才处理的案件,行为人并不知道被害人是否会告诉,如果被害人不告诉的,行为人就无需承担刑事责任,在行为人不能确定被害人是否告诉的情形下,期待其向有关司法机关或者被害人自首,不符合常理。而对于公安、检察机关作出不予追究的书面决定的案件,将投案的时间推延至人民法院采取强制措施之前,也不合理。因为这些案件本来是要追究行为人刑事责任的,只是因为公安、检察机关作出不予追究的书面决定而导致无法追究其刑事责任。对于这些应当启动公诉而被迫通过自诉追究行为人刑事责任的案件,其投案时间就不能放得过宽,而应当区分如下情况,分别对待:其一,对于被害人有证据证明被告人侵犯自己人身、财产权利的行为应当依法追究刑事责任,而公安机关或者人民检察院作出不予追究书面决定的案件,被害人提起自诉的,行为人在此之前没有主动向有关机关投案的,而只是按照法院的通知参加诉讼的,不能认定为自动投案。因为这些案件本来属于司法机关应当查处的案件,而由于公安机关或者人民检察院不予追究被告人的刑事责任,才导致被害人提起自诉,行为人在接受法院通知后参加诉讼活动的,并没有表明其有接受有关机关查处的意愿,就不能认定为自动投案。其二,被害人有

[①] 此种情形下,虽然行为人的犯罪行为已被查处,但该查处程序因为行为人的逃跑行为而中断,对行为人的抓捕查处又得启动新的程序。

[②] 参见竹怀军、陆国东:《论自诉案件自首的认定》,载《法律适用》2004年第5期,第57—58页。

证据证明的轻微刑事案件,具体包括我国《刑法》第 234 条第 1 款规定的故意伤害案,第 245 条规定的非法侵入住宅案,第 252 条规定的侵犯通信自由案,第 258 条规定的重婚案,第 261 条规定的遗弃案,《刑法》第 3 章第 1 节规定的生产、销售伪劣商品案(但是严重危害社会秩序和国家利益的除外),《刑法》第 3 章第 7 节规定的侵犯知识产权案(但是严重危害社会秩序和国家利益除外),《刑法》第 4 章、第 5 章规定的且对被告人可能判处 3 年有期徒刑以下刑罚的案件,被害人提出自诉后,行为人按照法院的通知参加诉讼的,不能认定为自动投案。其三,对于告诉才处理的案件,具体包括我国《刑法》第 246 条规定的侮辱、诽谤案(但是严重危害社会秩序和国家利益的除外),第 257 条第 1 款规定的暴力干涉婚姻自由案,第 260 条第 1 款规定的虐待案,第 270 条规定的侵占案,由于这些案件以被害人提起诉讼为追究行为人刑事责任的前提,因而如果行为人是在接到法院的应诉通知后才确切知道被害人要求追究其刑事责任的,行为人主动到法院表明自愿接受查处的,或者因为行为人欠缺法律知识,到公安、检察机关或者向所在单位、基层组织或者有关负责人员投案的,应当认定为符合自动投案的时间条件。

第二,投案形式。投案形式涉及以何种方式投案才成立自动投案的问题。根据《自首立功解释》的规定,投案形式包括:一是亲自投案,是指行为人本人亲自去有关机关投案。二是委托投案,是指行为人特殊情况下委托他人投案,即《自首立功解释》规定的"犯罪嫌疑人因病、伤或者为了减轻犯罪后果,委托他人先代为投案"。三是信电投案,即犯罪嫌疑人因病、伤或者为了减轻犯罪后果,以信函、电话、手机短信、电子邮件等方式投案。四是陪同投案,是指行为人并非出于犯罪嫌疑人主动,而是在亲友或他人的规劝陪同下投案,或者公安机关通知犯罪嫌疑人的亲友或亲友主动报案后,亲友送往有关机关投案的。五是待捕投案,是指行为犯罪后主动报案,虽未表明自己是作案人,但没有逃离现场,在司法机关询问时交代自己罪行的,或者明知他人报案而在现场等待,抓捕时无拒捕行为,供认犯罪事实的。六是配合投案,是指行为人接到有关司法机关、纪检部门等说明有关情况的通知后,有逃避查处的时间和机会而没有逃避查处,而是按照有关部门通知的时间到指定地点接受调查、讯问的①。在委托投案、信电投案两种形式下,还需要行为人自愿置于有关机关的控制之下。如果虽然委托他人投案或者以信电方式投案,但如果随后又逃避查处的,不能认定为自动投案。

第三,投案意愿。投案意愿是指行为人对有关机关查处其犯罪行为的主观态度,《具体意见》概括为"主动性"和"自愿性"。但根据《自首立功解释》的规定,投案意愿包括两种情形:一种是本人自愿,即自己愿意接受有关机关控制并

---

① 对于这种投案形式,法律没有明确规定,我们认为这种情形也属于一种投案形式。

对其犯罪事实进行查处。大多数自首都属于这一情形;另一种是行为人不反对,即尽管行为人本人不是自愿接受有关机关控制并对犯罪进行查处,但其不明确反对。所谓"并非出于犯罪嫌疑人主动,而是经亲友规劝陪同投案的"以及"公安机关通知犯罪嫌疑人的亲友,或者亲友主动报案后,将犯罪嫌疑人送去投案的"就属于这种情形。而与此相反,犯罪嫌疑人被亲友采用捆绑等手段送到司法机关,或者在亲友带领侦查人员前来抓捕的,则不能认定为自动投案。

下列情形下,因为行为人缺乏投案意愿,不能认定为自动投案:其一,犯罪嫌疑人自动投案后又逃跑的,不能认定为自首。其二,行为人并没有自动投案的意愿,而只是到司法机关进行咨询或者了解有关情况的,不能认定为自动投案。因为自动投案决不是仅指行为人到过有关机关,还要求行为人自愿接受有关机关对自己以及自己涉嫌犯罪的事实进行查处,要求对自己与涉嫌犯罪的事实之间的关系向有关机关进行必要的说明。如果并没有对自己和涉嫌犯罪的事实之间关系进行说明,则表明其并没有自愿置于有关机关控制和查处的意愿。其三,对于亲友已经报案,但行为人并没有到案,而后行为人被有关机关抓获的,也不能认定为自动投案。尽管《自首立功解释》将亲友陪同行为人投案或者将行为人送交司法机关投案的情形视为自动投案,但以行为人顺从亲友的行为为必要,如果行为人的亲友报案后,行为人并不配合到案,甚至逃避查处的,表明行为人并没有接受有关机关对其犯罪行为予以查处的意愿,就不能认定为自动投案。其四,行为人举报他人涉嫌违法犯罪的行为后,在接受调查时被发现有犯罪事实的,或者在有关机关查处他人违反犯罪案件的时候作为证人接受询问时被发现有犯罪事实的,一般也不能认定为自动投案。司法实践中,有些行为人举报了他人涉嫌违法犯罪的行为,作为证人或者受害人接受有关机关的询问、谈话,或者因为有关机关查处他人违反犯罪案件时作为证人,在接受询问、谈话的过程中被发现有犯罪事实后而被采取强制措施的,由于其并没有将自己的犯罪行为交于有关机关查处的意愿,一般情况下也不能认定为自动投案。但如果行为人主动如实陈述自己涉嫌犯罪的事实的,而不是被发现有犯罪事实的,则应当视为自动投案。

第四,投案处所。自动投案,行为人必须到特定的处所进行。按照有关规定,投案处所主要包括三类:一是司法机关,即公安机关、检察机关、人民法院,当然也应包括其他有权查处犯罪行为的机关,如国家安全部门、海关缉私部门、纪检监察部门等;二是行为人所在单位或者基层组织;三是有关负责人所在的处所,如到单位负责人家里或者基层组织负责人家里投案。有观点认为,对于自诉案件,行为人也可以向被害人或者其近亲属投案。[①] 我们认为,对于告诉才处理

---

① 参见竹怀军、陆国东:《论自诉案件自首的认定》,载《法律适用》2004年第5期,第57—58页。

的案件以及被害人有证据证明的轻微刑事案件,自诉人不知道具体行为人的,行为人可以向被害人投案。对于被害人有证据证明对被告人侵犯自己人身、财产权利的行为应当依法追究刑事责任,而公安机关或者人民检察院作出不予追究书面决定的案件,主张可以向被害人(或者其近亲属)投案,则不太合理,因为一方面行为人向被害人投案不符合这类案件的特点,公安机关或者人民检察院之所以作出不予追究的书面决定,很大程度上就是因为被害人否认犯罪事实,如果其承认犯罪事实并愿意承担刑事责任,公安机关或者人民检察院就不可能作出不予追究的书面决定,另一方面这类案件本来属于典型的公诉案件,因而其投案处所应当按照公诉案件的投案处所对待,而不能因为是自诉案件而改变其投案处所。

对于第二种情形的适用,容易出现这样的问题:行为人已经向所在单位、基层组织或者有关负责人员投案,但有关单位或者负责人员并没有及时报告司法机关进行查处,一段时间后司法机关对行为人予以查处的,应否认定为自动投案?对此,我们认为,只要行为人已经向所在单位、基层组织或者有关负责人员投案,没有逃避查处的,就表明行为人自愿接受有关机关的查处,一般情况下应当认定为自动投案。但如果有关单位或者负责人员没有及时报告司法机关进行查处,经历较长时间比如一个月的,而行为人也一直没有向有权机关投案的,就不能认定为自动投案。对于视为自动投案的,主要是在行为人因为情况紧急来不及向司法机关投案或者因为法律知识欠缺不知道哪一机关有权查处的情形下,向所在单位、基层组织或者有关负责人员投案,如果行为人具有足够的时间向司法机关投案或者有足够的时间了解有权查处案件的机关,在所在单位、基层组织或者有关负责人员没有及时报告司法机关的情形下,就应当再次向有权查处的司法机关投案。当然,究竟经过多长时间才不能认定为自动投案,最好由权威司法机关予以明确。

2. 如实供述自己的罪行

所谓"如实供述自己的罪行",是指行为人自动投案后,如实交代自己的主要犯罪事实。如实供述自己的罪行,应当理解为对案件事实的交代符合客观实际,而不包括其本人对案件性质的分析、判断。最高人民法院2004年3月26日在《关于被告人对行为性质的辩解是否影响自首成立问题的批复》也指出:"被告人对行为性质的辩解不影响自首的成立。"司法实践中,考虑到犯罪人由于作案时间、地点、环境的特殊或者因生理、心理上的原因,往往难以当即做出全面供述或者准确供述,只要求其能供述主要犯罪事实即可。[①] 具体而言,主要有以下三种表现:一是在犯罪人和犯罪事实均已被发现的情况下,只要承认自己是某一

[①] 参见马克昌主编:《中国刑事政策学》,武汉大学出版社1992年版,第502页。

特定犯罪的行为人即可成立自首;二是在犯罪事实已被发现,犯罪人尚未被发现的情况下,犯罪分子只要承认自己实施了某一特定犯罪即可;三是在犯罪事实尚未被发现之前,犯罪分子只要承认自己实施了何种犯罪即可。[1]《具体意见》指出:除供述自己的主要犯罪事实外,还应包括姓名、年龄、职业、住址、前科等情况。犯罪嫌疑人供述的身份等情况与真实情况虽有差别,但不影响定罪量刑的,应认定为如实供述自己的罪行。犯罪嫌疑人自动投案后隐瞒自己的真实身份等情况,影响对其定罪量刑的,不能认定为如实供述自己的罪行。

《自首立功解释》规定了几种特殊情况的自首认定:(1)犯罪嫌疑人自动投案如实供述自己的罪行后又翻供的,不能认定为自首;但在一审判决前又能如实供述的,应当认定为自首;(2)犯有数罪的犯罪嫌疑人仅如实供述所犯数罪中部分犯罪的,只对如实供述部分犯罪的行为,认定为自首;(3)共同犯罪案件中的犯罪嫌疑人,除如实供述自己的罪行,还应供述所知的同案犯,主犯则应当供述自己所知其他同案犯的共同犯罪事实,才能认定为自首。

在判断是否属于"如实供述自己的罪行"时,应当注意以下几点:

第一,供述应当及时。所谓"及时",是指一般情况下,行为人应当在第一次接受讯问时就向司法机关交代犯罪事实,特定情况下因为客观原因而不能在第一次接受讯问时交代的,在条件成熟时才做交代。如果第一次讯问未作交代不是因为客观原因导致的,而是意图在司法机关掌握其犯罪事实或者收集相应的证据后才做交代的,不能认定为"如实供述"。所谓特殊情况主要包括五种情形:一是犯罪事实的交代需要记忆唤醒的,在回忆清楚后交代。有些犯罪行为的实施时间距离投案时间较远,行为人对犯罪事实的一些具体细节暂时无法清晰回忆,应当允许其在回忆清楚后才做交代。二是犯罪事实的交代需要相应证据提示的,在具备提示证据时才做交代。有些犯罪的具体事实行为人无法全部记忆,如账簿,行为人只有在查看、核对其他证据后才能对犯罪事实做交代的,应当允许得到相应证据提示后才做交代。当然,在这种情形下,行为人应当主动提供具有提示作用的证据或者提供收集这些证据的线索。三是犯罪事实的交代需要做表达准备的,在给予足够的准备时间后才做交代。如案情复杂,涉及很多人、很多事情,需要在理清思路后才能准确表达的,允许做好表达准备后才做交代。四是犯罪事实的交代需要相应物质条件的,在物质条件齐备后才做交代。如犯罪事实的交代需要凭借特定设备演示、或者需要专门的技术人员如翻译人员配合才能交代的,在司法机关提供了相应的物质条件后才做交代。五是犯罪事实的交代需要行为人身体恢复健康才能进行的,在其身体恢复健康后才做交代。如行为人投案后因突发疾病或者精神出现障碍而影响表达的,允许其在身体恢

---

[1] 参见赵秉志主编:《新刑法教程》,中国人民大学出版社1997年版,第334—335页。

复健康后再做交代。因此,不能将"及时"仅仅理解为行为人应当在第一次讯问时就如实交代,而不考虑刑事案件的复杂性以及行为人当即交代的条件是否成熟。

第二,"如实"的判断。① 供述是否"如实"涉及应当依据哪一参照物对供述进行判断。对"如实"的判断依据,存在主观说和客观说之别。客观说认为,如实供述要求投案人对自己犯罪事实的供述与客观存在的犯罪事实基本上一致,但不需要与所有的犯罪细节完全吻合。② 主观说认为,"如实"是指犯罪人对自己犯罪事实的表述与自己所记忆的犯罪事实相一致。在认定"如实"时强调犯罪人的供述与客观事实相一致可能有失偏颇。实践中,犯罪人出于真诚悔悟的动机,按照自己的记忆对案件的主要事实进行陈述,但与案件客观事实有重大出入,这种情况也应当承认其供述的"如实"性。所以,"如实"供述首先是指供述符合犯罪人的记忆;其次,才是符合案件的客观事实。③

除非行为人有意做虚假供述,行为人对其罪行的供述涉及三个过程:认识过程,记忆过程,表达过程。在认识过程中,行为人对客观事实的认识是在其认识能力范围内、在其认识环境制约下形成的。所谓认识能力,是指行为人的视觉、听觉、触觉、嗅觉等对外观世界的感受能力。所谓认识环境,是指行为人在其实施或者参与实施犯罪行为的过程中,影响行为人对客观事实进行认识的客观条件。如行为人在深夜可能无法看清被害人的面容。在记忆过程中,行为人对客观事实认识的保存是在其记忆能力影响下的一种状态。记忆保存既受制于行为人一贯的记忆能力,也受制于其实施犯罪时的记忆条件。如行为人在醉酒的情形下,记忆效果会弱于一般情形。表达过程,也就是行为人的供述,是行为人以其表达能力将其对客观事实的记忆保存进行的描述。因此,除非行为人有意做虚假供述,行为人的供述是受其认识能力、认识环境、记忆保存、表达能力等多种因素影响下对客观事实的叙述。

因此,尽管犯罪事实是客观存在的,但不能以是否与客观事实相符来认定行为人的供述是否"如实"。故而,客观说是存在局限性的。行为人对其罪行的供述,属于刑事诉讼中的一种证据,即被告人供述。但在认定行为人是否"如实供述自己的罪行"时,显然并不等同于刑事诉讼中过程中对被告人供述这一证据所进行的审查判断。对证据的审查判断应当从客观性、关联性、合法性三个方面进行,因而在判断某一证据能否作为认定某一事实的依据时,客观性确实是非常重要的一个内容。但作为自首成立的一个要件,"如实"的认定,由于行为人对

---

① 参见王飞跃:《自首制度中"如实供述"的理解与认定》,载《湘潭大学学报(哲学社会科学版)》2009年第5期,第47—51页。
② 参见赵秉志主编:《刑罚总论问题探索》,法律出版社2003年版,第420页。
③ 参见张明楷、黎宏、周光权:《刑法新问题探究》,清华大学出版社2003年版,第119页。

事实的叙述受制于前述认识能力等多种因素的制约,很难还原客观事实,甚至与客观事实相去甚远,因而与证据的审查判断存在重大差别。

因此,在判断是否"如实"时,应当主张主观说。即便行为人的供述与整个案件证据证明的事实不一致,但结合行为人的表达意愿、表达能力、记忆保存以及表达程度,能够断定行为人确实是根据自己的记忆保存对案件事实做足够描述时,应当认定为"如实供述"。① 行为人的表达意愿是认定"如实"的前提,如果行为人不愿意表达,当然不能认定为"如实"。行为人的表达能力是认定"如实"的一个条件,如果行为人尽管尽力表达,但囿于其表达能力,无法充分、全面表达其对犯罪事实的记忆保存的,不影响"如实"的认定。记忆保存是认定"如实"的核心,行为人对犯罪事实的描述与其记忆保存一致(记忆保存必然受行为人认识能力和认识环境的影响),就是"如实";相反,行为人在其记忆保存之外,另外编造有关犯罪事实的,即有意做虚假供述的,势必影响对犯罪事实的查处和证据的收集,不能认定为"如实"。行为人的表达程度也影响到"如实"的认定。表达程度与表达意愿有一定的重合,行为人愿意表达,自然能将记忆保存做完全表达,行为人对记忆保存有所保留,即表达一部分、保留一部分不表达,影响到"如实"的认定。② 行为人的自首应当尽可能有利于司法机关查处犯罪,而是否有利于犯罪查处,主要包括对犯罪事实的查明以及犯罪证据的收集。因此,行为人供述的表达程度主要从两个方面来把握:一方面,行为人的供述应当"尽可能"有利于司法机关查处犯罪,即在其记忆保存的基础上,尽可能多地提供有关事实信息和证据线索。另一方面,行为人在其记忆保存的基础上,对犯罪事实的描述只要足够有利于司法机关对犯罪事实的查明以及对犯罪证据的收集就可以了,并不一定将犯罪的所有情况事无巨细地全盘托出。

(二) 特别自首

特别自首,是指被采取强制措施的犯罪嫌疑人、被告人和正在服刑的罪犯,如实供述司法机关还未掌握的本人的其他罪行的行为。成立特别自首必须具备

---

① 有观点认为,当有证据证明犯罪人的确是按照自己的记忆对案件的主要事实进行陈述的,即便供述与客观事实不一致,仍然应当认定为如实供述。(参见沙云飞:《自首认定中"如实供述"要件的理解与适用》,载《法治论丛》2008 年第 6 期,第 37—40 页)对这一观点中的"有证据证明",我们并不赞同。因为这意味着行为人需要提供证据证明自己的供述为什么与客观事实不一致。当行为人的供述与客观事实不一致时,能否认定为如实供述是法官的裁判问题,法官可以结合前文中有关影响行为人供述的几个因素综合判断行为人确实是按照自己的记忆供述还是有意做虚假供述,有证据证明行为人确实是按照自己的记忆供述当然更好。即便没有证据,结合影响行为人供述的几个因素,只要行为人不是有意做虚假供述的,也应认定为"如实"。

② 目前关于供述内容的多少与"如实"认定之间的关系,主要有两种观点:一种观点认为,"如实供述自己的罪行"要求行为人将其所知道的全部犯罪事实向司法机关交代;另一种观点认为,如果由于主客观因素的影响,投案人只能交代主要或基本犯罪事实,即能据以确定犯罪性质,就应认定为"如实"供述。参见袁江华:《刑事审判视角下自首认定的若干问题探讨》,载《法律适用》2006 年第 3 期,第 73—78 页。

以下条件：

（1）主体条件。成立特别自首的主体必须是被采取强制措施的犯罪嫌疑人、被告人和正在服刑的罪犯。如果属于"因特定违法行为被采取劳动教养、行政拘留、司法拘留、强制隔离戒毒等行政、司法强制措施期间，主动向执行机关交代尚未被掌握的犯罪行为的"，按照《具体意见》的规定，属于自动投案，其主动交代犯罪事实的，构成一般自首，不属于特别自首。在单位自首的案件中，直接负责的主管人员和直接责任人员未自动投案，但如实交代自己知道的犯罪事实的，按照《自首立功意见》的规定，可以视为自首，也即成立特别自首。

（2）时间条件。成立特别自首必须是在司法机关掌握其他罪行有关情况之前，如果司法机关已经掌握了其他罪行的有关情况，不能成立特别自首。

（3）罪行条件。供述的内容必须是司法机关尚未掌握的其他罪行。《自首立功解释》第2条规定，被采取强制措施的犯罪嫌疑人、被告人和已宣判的罪犯，如实供述司法机关尚未掌握的罪行，与司法机关已掌握的或者判决确定的罪行属于不同种罪行的，以自首论。《自首立功意见》对此规定做了补充："办案机关所掌握线索针对的犯罪事实不成立，在此范围外犯罪分子交代同种罪行的"，也应当以自首论，也即成立特别自首。

对于如何理解"司法机关尚未掌握"，《具体意见》指出：犯罪嫌疑人、被告人在被采取强制措施期间，向司法机关主动如实供述本人的其他罪行，该罪行能否认定为司法机关已掌握，应根据不同情形区别对待。如果该罪行已被通缉，一般应以该司法机关是否在通缉令发布范围内作出判断，不在通缉令发布范围内的，应认定为还未掌握，在通缉令发布范围内的，应视为已掌握；如果该罪行已录入全国公安信息网络在逃人员信息数据库，应视为已掌握。如果该罪行未被通缉、也未录入全国公安信息网络在逃人员信息数据库，应以该司法机关是否已实际掌握该罪行为标准。

对于如何理解"不同种罪行"，《具体意见》指出：犯罪嫌疑人、被告人在被采取强制措施期间如实供述本人其他罪行，该罪行与司法机关已掌握的罪行属同种罪行还是不同种罪行，一般应以罪名区分。虽然如实供述的其他罪行的罪名与司法机关已掌握犯罪的罪名不同，但如实供述的其他犯罪与司法机关已掌握的犯罪属选择性罪名或者在法律、事实上密切关联，如因受贿被采取强制措施后，又交代因受贿为他人谋取利益行为，构成滥用职权罪的，应认定为同种罪行。

（三）单位自首

《自首立功意见》首次确定了单位自首制度：单位犯罪案件中，单位集体决定或者单位负责人决定而自动投案，如实交代单位犯罪事实的，或者单位直接负责的主管人员自动投案，如实交代单位犯罪事实的，应当认定为单位自首。单位自首的，直接负责的主管人员和直接责任人员未自动投案，但如实交代自己知道的犯罪事实的,可以视为自首;拒不交代自己知道的犯罪事实或者逃避法律追究的,不应当认定为自首。单位没有自首,直接责任人员自动投案并如实交代自己知道的犯罪事实的,对该直接责任人员应当认定为自首。

在认定单位自首时,除了必须适用自然人一般自首或者特殊自首中除主体以外的其他要件外,还应当把握以下几点:

(1) 主体条件。按照《自首立功意见》的规定,成立单位自首的,有三类主体:第一类是单位集体决定,也即以单位名义自首;第二类是单位负责人,也即单位的法定代表人,没有法定代表人的,应当是能够代表单位的其他负责人;第三类是单位直接负责的主管人员。因此,如果不是前述三类主体自首,而仅仅是单位的直接责任人员自动投案并如实供述犯罪事实的,就不能认定为单位自首,而只能认定为该直接责任人员自首。

(2) 自动投案。单位自首的,必须是符合单位自首主体条件的三类主体自动投案。在单位集体决定或者单位负责人决定自动投案的情形下,并不要求单位直接负责的主管人员和直接责任人员自动投案。也即在单位集体决定或者单位负责人决定自动投案的情形下,单位直接负责的主管人员和直接责任人员成立自首不要求具备自动投案的要件,只要具备如实交代自己知道的犯罪事实的要件,就可以成立自首。

(3) 如实交代单位犯罪事实。如实交代犯罪事实,是指不仅要交代单位的犯罪事实,还要交代所了解的单位直接负责的主管人员和直接责任人员在实施该单位犯罪中的犯罪事实。

(四) 自首的法律后果

根据我国《刑法》第 67 条的规定,对具有自首情节的,可以从轻或者减轻处罚。其中,犯罪较轻的,可以免除处罚。《自首立功意见》进一步规定:对于具有自首情节的犯罪分子,应当根据犯罪的事实、性质、情节和对于社会的危害程度,结合自动投案的动机、阶段、客观环境,交代犯罪事实的完整性、稳定性以及悔罪表现等具体情节,依法决定是否从轻、减轻或者免除处罚以及从轻、减轻处罚的幅度。

《具体意见》对自首的从宽处罚进行了更为详尽的规定:(1) 对具有自首情节的被告人是否从宽处罚、从宽处罚的幅度,应当考虑其犯罪事实、犯罪性质、犯罪情节、危害后果、社会影响、被告人的主观恶性和人身危险性等,还应考虑投案的主动性、供述的及时性和稳定性等。(2) 具有自首情节的,一般应依法从轻、减轻处罚;犯罪情节较轻的,可以免除处罚。(3) 类似情况下,对具有自首情节的被告人的从宽幅度要适当宽于具有立功情节的被告人。(4) 虽然具有自首或者立功情节,但犯罪情节特别恶劣、犯罪后果特别严重、被告人主观恶性深、人身危险性大,或者在犯罪前即为规避法律、逃避处罚而准备自首、立功的,可以不从宽处罚。(5) 对于被告人具有自首、立功情节，同时又有累犯、毒品再犯等法定从重处罚情节的，既要考虑自首、立功的具体情节，又要考虑被告人的主观恶性、人身危险性等因素，综合分析判断，确定从宽或者从严处罚。累犯的前罪为非暴力犯罪的，一般可以从宽处罚，前罪为暴力犯罪或者前、后罪为同类犯罪的，可以不从宽处罚。(6) 在共同犯罪案件中，对具有自首、立功情节的被告人的处罚，应注意共同犯罪人以及首要分子、主犯、从犯之间的量刑平衡。

二、坦白

所谓坦白，是指犯罪嫌疑人在没有自动投案且不符合特别自首的情形下，如实供述自己罪行的行为。我国《刑法》第67条第3款规定，犯罪嫌疑人虽不具有前两款规定的自首情节，但是如实供述自己罪行的，可以从轻处罚；因其如实供述自己罪行，避免特别严重后果发生的，可以减轻处罚。这就是《刑法修正案（八）》通过修正《刑法》第67条新增设的有关坦白的规定。

坦白的成立条件包括：(1) 没有自动投案。坦白，只能发生在被动归案后，而不能发生在自动投案后。坦白只能成立在办案机关调查谈话、讯问、采取调查措施或者强制措施期间，犯罪分子如实交代办案机关掌握的线索所针对的事实的情形。(2) 如实供述自己罪行。如何理解和认定"如实供述自己罪行"，可以参照自首的相关条件进行判断。下列情况均应认定为如实供述：办案机关掌握部分犯罪事实，犯罪分子交代了同种其他犯罪事实的；办案机关掌握的证据不充分，犯罪分子如实交代有助于收集定案证据的；办案机关仅掌握小部分犯罪事实，犯罪分子交代了大部分未被掌握的同种犯罪事实的；犯罪分子交代了大部分未被掌握的同种犯罪事实的或者如实交代对于定案证据的收集有重要作用的；犯罪嫌疑人被亲友采用捆绑等手段送到司法机关，或者在亲友带领侦查人员前来抓捕时无拒捕行为，并如实供认犯罪事实的，或者虽然在亲友带领侦查人员前来抓捕时有拒捕行为，但到案后如实供述犯罪事实的；被通缉的犯罪嫌疑人如实交代通缉令发布范围内的事实或者录入全国公安信息网络在逃人员信息数据库的事实；犯罪嫌疑人、被告人被采取强制措施期间供述同种罪行的。需特别注意的是，如果因翻供而不被认定为自首，但在二审期间又如实供述的，二审期间应认定为有坦白情节。

坦白与自首区别的关键在于是否自动投案，或者如实供述的是否司法机关已经掌握的其他罪行。一般自首是犯罪人自动投案后，如实供述自己的罪行；准自首是如实供述司法机关还未掌握的本人其他罪行的；而坦白则表现为被动归案后如实供述自己的罪行。

对于具有如实供述情节的犯罪人，可以从轻处罚；因其如实供述自己罪行，避免特别严重后果发生的，可以减轻处罚。

三、立功

(一) 立功的概念与成立条件

根据我国《刑法》第 68 条和相关司法解释的规定,所谓立功①,是指犯罪分子在进入刑事诉讼程序后至对其犯罪做出的裁判生效前,检举、揭发他人犯罪行为经查证属实,或者提供侦破其他案件的重要线索经查证属实,或者阻止他人犯罪活动,或者协助司法机关抓捕其他犯罪嫌疑人,或者具有其他有利于国家和社会的突出表现。成立立功必须具备如下要件:

(1) 主体条件。

主体条件包括两个方面的含义:第一,必须是犯罪分子本人实施的行为。如果不是犯罪分子本人实施的行为,不能认定为立功。《自首立功意见》规定:"立功必须是犯罪分子本人实施的行为。""为使犯罪分子得到从轻处理,犯罪分子的亲友直接向有关机关揭发他人犯罪行为,提供侦破其他案件的重要线索,或者协助司法机关抓捕其他犯罪嫌疑人的,不应当认定为犯罪分子的立功表现。"《具体意见》规定:犯罪分子亲友为使犯罪分子"立功",向司法机关提供他人犯罪线索、协助抓捕犯罪嫌疑人的,不能认定为犯罪分子有立功表现。第二,必须是特定阶段的犯罪分子。并非所有的犯罪分子都可以成立立功,只有其犯罪行为已经进入刑事诉讼并且对其犯罪尚未作出生效裁判前的犯罪嫌疑人、被告人,才属于狭义立功的主体。②

(2) 时间条件。

立功的时间是指立功表现发生的时间。立功表现发生的时间,只能是犯罪分子在进入刑事诉讼程序后到对其犯罪作出的裁判生效前之间的期间。"进入刑事诉讼程序"③包括侦查机关通知其接受讯问、对其直接采取强制措施或者自诉案件中受理法院向行为人送达诉讼文书等情形,这些情形足以说明其犯罪行为已纳入刑事诉讼的范围。《自首立功解释》第 5 条规定立功的时间开始于"犯

---

① 我国刑法中的立功有广义和狭义之分。广义的立功既包括刑罚裁量制度中的立功,也包括刑罚执行制度中的立功。刑罚执行制度中的立功又包括三种类型,即《刑法》第 50 条规定的死缓犯的"立功"、第 78 条规定的减刑犯的"立功"和第 449 条规定的"戴罪立功"。狭义的立功仅指第 68 条规定的与自首、累犯、数罪并罚、缓刑并列的作为刑罚裁量制度的立功。这里仅讨论狭义的立功。

② 如果司法机关尚未发觉其犯罪行为,行为人具有检举、揭发他人犯罪等情形的,不属于立功,这些行为的性质应当评价为一般公民行使宪法赋予的权利的行为。在服刑中的罪犯具有检举、揭发他人犯罪等情形的,属于减刑、假释制度中所规定的立功。当然,如果服刑的罪犯又犯新罪或者发现其有漏罪,其新罪或者漏罪进入刑事诉讼程序后至对其新罪或者漏罪作出生效裁判前,其具有检举、揭发他人犯罪等情形的,属于狭义的立功。

③ 需要说明的是,我国目前普遍存在纪检部门对贪腐案件开展调查,这时尚未进入严格的刑事诉讼程序。不过行为人被纪检部门控制后,如果发现其有犯罪事实,纪检部门会适时移交司法机关,由于纪检部门的调查与司法机关侦查具有前后承接性,因而纪检部门的介入应当解释为进入刑事诉讼程序。

罪分子到案后",这一表述不太恰当,因为在自诉案件中,行为人收到受理法院送达的诉讼文书,就说明案件已经进入刑事诉讼程序①,而不利于认定自诉案件中被告人的立功。

(3) 行为条件。

立功行为必须是对国家和社会有积极意义的行为。根据我国《刑法》第68条与有关司法解释的规定,立功行为包括以下几种:

第一,检举、揭发他人犯罪行为,包括共同犯罪案件中的犯罪分子揭发同案犯共同犯罪以外的其他犯罪。检举、揭发他人犯罪行为,应当包括两个方面的内容:一是确定犯罪事实的内容,如果司法部门不知道某一或某些犯罪行为发生过,立功主体提供有关信息足以说明某一或某些犯罪行为发生的;二是确定实施犯罪的行为人的内容,如果司法机关知道某一或者某些犯罪行为发生,但是不知道具体的实施犯罪的行为人的,立功主体提供确定犯罪行为实施人的信息。②

第二,提供侦破其他案件的重要线索,是指向有关部门提供足以对某一或者某些犯罪案件立案侦查的线索,或者提供虽已立案但侦查开展困难的案件得以顺利进行的线索,或者提供能够发现更多犯罪事实的线索,或者提供收集更多证明犯罪成立的证据的线索等情形。当然,如果司法机关虽已掌握了侦破某一案件的足够信息但尚未侦查终结,犯罪分子提供了与司法机关掌握的信息内容相同或者重叠的内容,从鼓励犯罪分子立功的刑事政策角度出发,只要该线索属于前述情形中的任一情形,也应当认定为提供侦破其他案件的重要线索。

第三,阻止他人犯罪活动,是指犯罪分子发现他人准备或正在实施犯罪行为而加以阻止或者随同他人一同阻止或者通过报案等方式使得犯罪活动无法继续。③

第四,协助司法机关抓捕其他犯罪嫌疑人,包括同案犯。所谓协助是指对司法机关抓捕其他犯罪嫌疑人以积极推动,包括对犯罪嫌疑人抓捕后扭送至司法机关、提供犯罪嫌疑人的藏匿地点或者活动情况、指认犯罪嫌疑人、为司法机关抓捕犯罪嫌疑人带路或者提供有利于抓捕犯罪嫌疑人的其他重要信息。《具体意见》对"协助司法机关抓捕其他犯罪嫌疑人"的具体情形进行了列举:按照司法机关的安排,以打电话、发信息等方式将其他犯罪嫌疑人(包括同案犯)约至指定地点的;按照司法机关的安排,当场指认、辨认其他犯罪嫌疑人(包括同案

---

① 《自首立功解释》使用的"到案"一词,我们理解为行为人已经受到司法机关的控制,如被采取强制措施,而行为人在自诉案件中收到诉讼文书,还不足以说明其业已受到司法机关的控制。

② 提供某一犯罪行为系何人实施,同时又属于提供侦破其他案件的重要线索,是一种竞合。

③ 当然,通过报案的方式阻止他人犯罪活动的继续,同时又属于提供侦破其他案件的重要线索,是一种竞合。

犯)的;带领侦查人员抓获其他犯罪嫌疑人(包括同案犯)的;提供司法机关尚未掌握的其他案件犯罪嫌疑人的联络方式、藏匿地址的;等等。并列举了下列不属于"协助司法机关抓捕其他犯罪嫌疑人"的具体情形:犯罪分子提供同案犯姓名、住址、体貌特征等基本情况,或者提供犯罪前、犯罪中掌握、使用的同案犯联络方式、藏匿地址,司法机关据此抓捕同案犯的,不能认定为协助司法机关抓捕同案犯。

第五,具有其他有利于国家和社会突出表现的行为。

(4) 有效性条件。

立功的有效性包括两个方面:

第一,立功行为应当有益于国家和社会。根据《自首立功意见》的规定,下列情形可以认定为有益于国家和社会:据以立功的他人罪行材料应当指明具体犯罪事实;据以立功的线索或者协助行为对于侦破案件或者抓捕犯罪嫌疑人要有实际作用。但犯罪分子揭发他人犯罪行为时没有指明具体犯罪事实的,揭发的犯罪事实与查实的犯罪事实不具有关联性的,提供的线索或者协助行为对于其他案件的侦破或者其他犯罪嫌疑人的抓捕不具有实际作用的,不能认定为立功表现。

对不同的立功行为,有效性的具体认定也有所不同:

一是检举、揭发他人犯罪行为的,检举、揭发的内容必须客观真实并且较为具体,如果仅泛泛地指出发生过某一或者某些刑事案件,没有涉及具体的实施犯罪的行为人的相关信息的,或者提供的信息无法确定某一犯罪事实发生的,检举、揭发不具有有效性。

二是提供侦破其他案件的重要线索的,所提供的线索必须对于案件的侦破具有实际作用,具体指:根据该线索,有关部门足以立案侦查,或者促使已经立案但侦查开展困难的案件得以顺利进行,或者能够发现更多的犯罪事实,或者能够收集更多的证明犯罪成立的证据等情形。

三是阻止他人犯罪活动的,应当导致他人的犯罪活动无法继续或者被害人的利益得到有效保护。[①]

四是协助司法机关抓捕其他犯罪嫌疑人包括同案犯的,应当对司法机关抓捕其他犯罪嫌疑人包括同案犯的行动有积极推动作用。当然,如果虽对司法机关抓捕犯罪嫌疑人提供了一定的帮助,但由于其他原因如其他犯罪嫌疑人反抓捕能力特别强而未能抓捕成功的,也应认定为协助司法机关抓捕其他犯罪嫌

[①] 一般情况下,导致他人犯罪活动无法继续能够有效保护被害人的合法权益,但二者并不等同。有时,他人的犯罪活动并未得到阻止而实施完毕,但被害人的合法权益还是能够得到有效保护,如立功主体虽阻止抢夺行为人实施抢夺,但抢夺行为人还是将抢夺行为实施完毕,而后立功主体立即又从抢夺行为人处将抢得的财物追回,被害人的合法权益得到了保护。

疑人。

五是其他有利于国家和社会突出表现的，必须有赖于有关机构出具的证明或者评估结论证明确实对国家和社会有利。

第二，实施该行为没有违反相关规定。根据有关司法解释规定，据以立功的线索、材料来源有下列情形之一的，应当视为违反了相关规定，不能认定为立功：一是本人通过贿买、暴力、胁迫等非法手段或者被羁押后与律师、亲友会见过程中违反监管规定等非法途径获取他人犯罪线索并"检举揭发"的；二是本人因原担任的查禁犯罪等职务活动中掌握的获取的，或者从负有查办犯罪、监管职责的国家工作人员处获取的他人犯罪线索予以检举揭发的；三是他人违反监管规定向犯罪分子提供的；四是负有查禁犯罪活动职责的国家机关工作人员或者其他国家工作人员利用职务便利提供的。

（5）查证属实条件。

查证属实，是指立功的确认必须要有关机关提供相关证明材料并且须由法院通过审理程序加以确认。根据相关司法解释，犯罪分子揭发他人犯罪行为，提供侦破其他案件重要线索的，必须经查证属实，才能认定为立功。审查是否构成立功，不仅要审查办案机关的说明材料，还要审查有关事实和证据以及与案件定性处罚相关的法律文书，如立案决定书、逮捕决定书、侦查终结报告、起诉意见书、起诉书或者判决书等。

其一，查证的程序。被告人在一、二审审理期间检举揭发他人犯罪行为或者提供侦破其他案件的重要线索，人民法院经审查认为该线索内容具体、指向明确的，应及时移交有关人民检察院或者公安机关依法处理；侦查机关出具材料，表明在3个月内还不能查证并抓获被检举揭发的人，或者不能查实的，人民法院审理案件可不再等待查证结果；人民法院经审查认为证明被告人自首、立功的材料不规范、不全面，应当由检察机关、侦查机关予以完善或者提供补充材料；关于立功的证据材料在被告人被指控的犯罪一、二审审理时已形成的，应当经庭审质证。

其二，审查的内容。人民法院审查的立功证据材料，一般应包括被告人检举揭发材料及证明其来源的材料、司法机关的调查核实材料、被检举揭发人的供述等。被检举揭发案件已立案、侦破，被检举揭发人被采取强制措施、公诉或者审判的，还应审查相关的法律文书。证据材料应加盖接收被告人检举揭发材料的单位的印章，并有接收人员签名。

其三，确定查证是否属实的依据。根据被告人检举揭发破获的他人犯罪案件，如果已有审判结果，应当依据判决确认的事实认定是否查证属实；如果被检举揭发的他人犯罪案件尚未进入审判程序，可以依据侦查机关提供的书面查证情况认定是否查证属实。

其四,特殊情况的处理。被告人检举揭发他人犯罪行为或者提供侦破其他案件的重要线索经查证不属实,又重复提供同一线索,且没有提出新的证据材料的,可以不再查证。

(二) 立功的等次

我国刑法并没有规定一般立功和重大立功的区分标准。但相关司法解释对一般立功和重大立功的区分标准进行了规定。根据《自首立功解释》第7条规定,犯罪分子有检举、揭发他人重大犯罪行为,经查证属实;提供侦破其他重大案件的重要线索,经查证属实;阻止他人重大犯罪活动;协助司法机关抓捕其他重大犯罪嫌疑人(包括同案犯);对国家和社会有其他重大贡献等表现的,应当认定为有重大立功表现。而所谓"重大犯罪""重大案件""重大犯罪嫌疑人",则有如下三个标准:一是案件性质标准。只能犯罪嫌疑人、被告人可能被判处无期徒刑以上刑罚的案件。二是影响范围标准。只能是在本省、直辖市或者全国范围内有较大影响等情形的案件。也就是说,他人犯罪虽然不会判处无期徒刑以上刑罚,但如果在本省、直辖市或者全国范围内有较大影响的,也成立重大立功。三是重大贡献标准。在上述两个标准适用范围之外,其他对国家和社会有重大贡献等表现的,也应成立重大立功。这三个标准是一般立功与重大立功认定的依据,不过三个标准均存在一定的缺陷,应当予以完善。①

(三) 立功的法律后果

根据我国《刑法》第68条以及相关司法解释的规定,对于立功应当按照以下原则予以处理:

对于具有立功情节的犯罪分子,应当根据犯罪的事实、性质、情节和对社会的危害程度,结合立功表现所起作用的大小、所破获案件的罪行轻重、所抓获犯罪嫌疑人可能判处的法定刑以及立功的时机等具体情节,依法决定是否从轻、减轻或者免除处罚以及从轻、减轻处罚的幅度。对于有一般立功表现的,可以从轻或者减轻处罚;有重大立功表现的,可以减轻或者免除处罚。

具有自首或者立功情节的,一般应依法从轻、减轻处罚;犯罪情节较轻的,可以免除处罚。类似情况下,对具有自首情节的被告人的从宽幅度要适当宽于具有立功情节的被告人。

对具有立功情节的被告人是否从宽处罚、从宽处罚的幅度,应当考虑其犯罪事实、犯罪性质、犯罪情节、危害后果、社会影响、被告人的主观恶性和人身危险性等。还应考虑检举揭发罪行的轻重、被检举揭发的人可能或者已经被判处的刑罚、提供的线索对侦破案件或者协助抓捕其他犯罪嫌疑人所起作用的大小等。

虽然具有立功情节,但犯罪情节特别恶劣、犯罪后果特别严重、被告人主观

---

① 参见王飞跃:《论立功等次认定标准》,载《政治与法律》2010年第8期,第83—91页。

恶性深、人身危险性大，或者在犯罪前即为规避法律、逃避处罚而立功的，可以不从宽处罚；对于被告人具有立功情节，同时又有累犯等法定从重处罚情节的，既要考虑立功的具体情节，又要考虑被告人的主观恶性、人身危险性等因素，综合分析判断，确定从宽或者从严处罚。累犯的前罪为非暴力犯罪的，一般可以从宽处罚，前罪为暴力犯罪或者前、后罪为同类犯罪的，可以不从宽处罚。

在共同犯罪案件中，对具有立功情节的被告人的处罚，应注意共同犯罪人以及首要分子、主犯、从犯之间的量刑平衡。犯罪集团的首要分子、共同犯罪的主犯检举揭发或者协助司法机关抓捕同案地位、作用较次的犯罪分子的，从宽处罚与否应当从严掌握，如果从轻处罚可能导致全案量刑失衡的，一般不从轻处罚；如果检举揭发或者协助司法机关抓捕的是其他案件中罪行同样严重的犯罪分子，一般应依法从宽处罚。对于犯罪集团的一般成员、共同犯罪的从犯立功的，特别是协助抓捕首要分子、主犯的，应当充分体现刑事政策，依法从宽处罚。

第五节　数 罪 并 罚

一、数罪并罚的概念与适用条件

根据我国《刑法》第69条、第70条和第71条的规定，我国的数罪并罚制度，是指人民法院对判决宣告前一人犯数罪，或者判决宣告后刑罚执行完毕前发现漏罪或又犯新罪的，在分别定罪量刑后，按照一定的原则及方法，决定其应当执行的刑罚制度。① 数罪并罚制度只能在符合一定条件时才能适用，其适用条件如下：

（1）罪数条件。数罪并罚制度只有在一人犯数罪时才能适用，没有数罪也就没有并罚的必要。这里所称的"数罪"，是指按照法律规定和刑法理论，行为人的行为能够认定为符合两个以上独立犯罪构成要件的情形。数罪的判断，必须同时结合刑法理论上的罪数理论和刑法规定进行，比如对牵连犯，即便有符合法律规定的数个犯罪构成，也只认定为一罪；而某些情形下，行为人的行为按照刑法理论成立数罪，如拐卖妇女的过程中奸淫被拐卖的妇女的，实际上成立拐卖妇女罪和强奸罪，但《刑法》第240条将奸淫被拐卖的妇女作为拐卖妇女的加重情节，就不能认定为两个犯罪。

（2）时间条件。数罪并罚只有在特定时间范围内才能适用。按照刑法的规

---

① 我国不少教科书在界定数罪并罚制度时，表述为"法定的并罚原则及刑期计算方法"或者"法定原则与方法"等（参见高铭暄、马克昌主编：《刑法学》，北京大学出版社、高等教育出版社2011年版，第281—282页；张明楷：《刑法学》，法律出版社2016年版，第600页）。笔者认为这样表述不科学，因为尽管我国《刑法》第69条有"除判处死刑和无期徒刑的以外"的规定，但并未明确规定数罪并罚中的吸收原则；并且"刑期计算方法"也只涉及有期徒刑的刑期计算，并不能适用于其他刑罚的并罚。

定,具体而言,以下三种情形下可适用数罪并罚:第一,判决宣告以前一人犯有数罪;第二,判决宣告以后,刑罚执行完毕以前,发现漏罪;第三,判决宣告后,刑罚执行完毕前,被判刑的犯罪分子又犯新罪;第四,被宣告缓刑或假释的犯罪分子在缓刑或假释考验期内又犯新罪或发现其有漏罪。因此,刑罚执行完毕后发现有应当追诉的漏罪、或者又犯罪的,不适用数罪并罚。

二、数罪并罚的原则

数罪并罚原则,是指对一人所犯数罪在分别定罪量刑后,在确定应当执行刑罚时应当遵循的基本规则。各国刑法所采用的数罪并罚原则,归纳起来主要有以下几种:

(1)并科原则,亦称累加或合并原则。即对数罪分别定罪量刑,然后将数罪中各罪的刑罚相加,将刑罚的总和确定为应执行的刑罚。

(2)吸收原则。即对数罪分别定罪量刑,将判处的数个刑罚中严厉程度最重的刑罚确定为应执行的刑罚,判处的其他刑罚不再执行,也就是说其他严厉程度相对较轻的刑罚被最重的刑罚所吸收。

(3)限制加重原则。即对数罪分别定罪量刑,在判处的数个刑罚中严厉程度最重的刑罚的基础上,参考判处的其他刑罚,再适当增加最重刑罚的严厉程度并确定为应执行的刑罚。

(4)折衷原则,又称为混合原则①。即不单一采取吸收原则、并科原则或限制加重原则,而是根据不同情况,以某一原则为主兼采其他原则,以确定应当执行的刑罚。采取折衷原则可以避免单纯采用一种原则而产生的缺陷,使各原则能够相互补充,适用于不同的情形,更好地发挥数罪并罚制度的价值。

由于并科原则、吸收原则、限制加重原则既有其优点也有其缺陷,目前各国大多采用折衷原则。

三、我国刑法中数罪并罚的原则

根据《刑法》第69条的规定,我国刑法对数罪并罚采用的是折衷原则,即根据不同情况分别采用吸收、限制加重和并科原则:

(1)吸收原则。判决宣告的数个主刑中有数个死刑或者最重刑为死刑的,则应决定只执行一个死刑,其他死刑或低于死刑的主刑不再执行。判决宣告数个无期徒刑或最重刑为无期徒刑,则应决定只执行一个无期徒刑,其他无期徒刑

---

① 参见张明楷:《刑法学》,法律出版社2016年版,第601页。

或低于无期徒刑的其他主刑不再执行。① 判决宣告的数罪中有有期徒刑和拘役的,执行有期徒刑,拘役不再执行。

（2）限制加重原则。当判决宣告的数个主刑为有期徒刑、拘役、管制的时候,采用限制加重:① 判决宣告的数个主刑均为有期徒刑的,应当在总和刑期以下,数刑中最高刑期以上,酌情决定执行的刑期,其中总和刑期不满 35 年的,最高不能超过 20 年,总和刑期在 35 年以上的,最高不超过 25 年；② 判决宣告的数个主刑为拘役的,应当在总和刑期以下,数刑中最高刑期以上,酌情决定执行的刑期,但最高不能超过 1 年；③ 判决宣告的数个主刑为管制的,应当在总和刑期以下,数刑中最高刑期以上,酌情决定执行的刑期,但最高不能超过 3 年。这里的加重只是某一刑种内期限的增长,不包括刑种严厉程度的升格,即:不得将同种有期徒刑合并升格为无期徒刑,更不得升格为死刑；不得将数个拘役合并升格为有期徒刑,也不得将数个管制合并升格为拘役或有期徒刑。

（3）并科原则。在分别适用吸收原则、限制加重原则确定应当执行的主刑后,附加刑应当随同确定应当执行的主刑一并执行。

不过,在确定应当执行的附加刑时,实际上也分别适用吸收或者并科原则。根据我国《刑法》第 69 条第 3 款及《关于适用财产刑若干问题的规定》第 3 条等规定,在适用罚金刑时,如果有数个罚金的,应当按照数个罚金数额的总和确定应当执行的罚金刑数额；对于判处没收全部财产,同时判处罚金刑的,应当决定执行没收全部财产,不再执行罚金刑。另外,如果行为人已经被判处剥夺政治权利终身的,其被判处的其他期限的剥夺政治权利不再执行,也被剥夺政治权利终身所吸收。

四、数罪并罚时自由刑的刑期确定

如果数罪中被告人被判处一个或数个无期徒刑,还被判处有期徒刑、拘役、管制等其他有期自由刑的,按照吸收原则,应当决定执行无期徒刑。对于有期自由刑的并罚,根据我国《刑法》第 69 条、第 70 条、第 71 条的规定,在判处有期徒刑、拘役、管制时,不同情况下具体刑期的确定有不同的具体规则:

（一）通常规则

通常规则适用于判决宣告以前一人所犯数罪的并罚,直接按照《刑法》第 69 条的规定,确定应当执行的刑罚。

（二）先并后减规则

先并后减规则适用于刑罚执行期间发现漏罪的数罪并罚,也即按照《刑法》

---

① 应当注意的是,我国《刑法》第 69 条并没有对无期徒刑、死刑吸收其他主刑进行明确规定。只是按照我国刑法理论界的通说,这一规定包含了这一意思。

第 70 条的规定,对新发现的漏罪作出判决,把前后两个判决所判处的刑罚,依照第 69 条的规定,决定执行的刑罚。已经执行的刑期,应当计算在新判决的刑期以内。也就是说,适用数罪并罚确定应当执行的刑罚后,将已经执行的刑期从确定执行的刑期中扣除,剩余的刑期为需要继续执行的刑期。

(三) 先减后并规则

先减后并规则适用于刑罚执行期间又犯新罪的数罪并罚,也即按照《刑法》第 71 条的规定,对新罪作出判决,把前罪没有执行的刑罚和后罪所判处的刑罚,依照第 69 条的规定,决定执行的刑罚。例如,甲因犯抢劫罪被判处 15 年有期徒刑,在刑罚执行了 4 年后又犯故意伤害罪,法院以甲犯故意伤害罪判处甲有期徒刑 10 年。在适用数罪并罚确定其应当执行的刑罚时,先将 15 年减 4 年,得 11 年,再将 11 年和故意伤害罪判处的 10 年,依照第 69 条的规定,决定执行的刑罚。这种情形下,甲实际被执行的刑罚可能超过 20 年。

在适用前述规则时,还应当注意以下几种情况:

第一,刑满释放后发现数个漏罪的,应当对新发现的数个漏罪分别定罪量刑后,然后将各自判处的刑罚与前罪判处的刑罚,依照第 69 条的规定进行合并处罚。

第二,判决宣告以后,尚未交付执行前,发现犯罪分子还有其他罪没有处理的,应当按照第 70 条的规定进行数罪并罚。

第三,判决宣告以后,刑罚执行完毕以前,被判刑的犯罪分子不仅犯有新罪,同时发现犯罪分子有漏罪的,应当对漏判之罪所判处的刑罚与原判决判处的刑罚进行并罚,确定执行的刑罚,再按照先减后并的方法,确定原罪与漏罪的剩余刑期,最后将剩余刑期与新罪的刑期按照第 69 条的规定,确定应当执行的刑罚。例如,甲因犯抢劫罪被判处 15 年有期徒刑,在刑罚执行了 4 年后又犯故意伤害罪,同时发现其有漏罪盗窃罪,法院以甲犯故意伤害罪判处甲有期徒刑 10 年、犯有盗窃罪判处甲有期徒刑 5 年。在适用数罪并罚确定其应当执行的刑罚时,先将抢劫罪的 15 年与盗窃罪的 5 年合并,假如确定执行 18 年,再用 18 年减 4 年等于 14 年,再将 14 年和故意伤害罪判处的 10 年,依照第 69 条的规定,决定执行的刑罚。

第四,判决宣告以后刑罚执行完毕以前,又犯数个新罪的,应当先对数个新罪分别定罪量刑,然后将原判刑期减去执行刑期得到剩余刑期,最后将原判的剩余刑期与各新罪判处的刑罚即数个宣告刑与前罪剩余刑期并罚。举例说明,甲因犯抢劫罪被判处 15 年有期徒刑,在刑罚执行了 4 年后又犯故意伤害罪、盗窃罪,法院以甲犯故意伤害罪判处甲有期徒刑 10 年、犯有盗窃罪判处甲有期徒刑 5 年。在确定应当执行的刑罚时,先用 15 年减 4 年等于 11 年,再将抢劫罪剩余的 11 年、故意伤害罪的 10 年、盗窃罪的 5 年,按照第 69 条的规定,确定应当执行的刑期。

五、适用数罪并罚的几个问题

（一）数罪并罚修改后有期徒刑的执行时间

由于我国现行《刑法》第 69 条是《刑法修正案（八）》修订后的条款，其实施日期从 2011 年 5 月 1 日开始，因而对 2011 年 5 月 1 日以后的案件适用数罪并罚时，应当按照下列情形分别处理：

第一，对于 2011 年 5 月 1 日以后发现漏罪的，如果数罪的总和刑期超过 35 年的，决定执行的刑罚时，不能超过 20 年，也即执行原来《刑法》第 69 条的规定。理由是按照从旧兼从轻原则，漏罪发生在该修订条文正式施行之前，由于原来《刑法》第 69 条的规定有利于被告人，而应当执行原来的规定。

第二，对于 2011 年 5 月 1 日以后实施新罪或者实施新罪又同时发现有漏罪的，由于新罪实施于该修订条文正式施行之后，对于此类案件适用数罪并罚时，应当执行修订后条文的规定。即如果数罪的总和刑期超过 35 年的，决定执行的刑罚时，不能超过 25 年。

（二）附加刑的并罚原则

尽管我国《刑法》第 69 条第 3 款对附加刑的并罚作出了"数罪中有判处附加刑的，附加刑仍需执行，其中附加刑种类相同的，合并执行。种类不同的，分别执行"的规定，最高人民法院《关于适用财产刑若干问题的规定》第 3 条等规定也涉及附加刑的并罚，但由于现行法律规定未明确数罪并罚的原则，对数罪并罚时附加刑的并罚原则存在较大分歧。本书认为，在决定应当执行的附加刑时，应当遵循下列原则：

（1）并科原则。并科原则适用于被判处几个不同种类附加刑的情形，根据《刑法》第 69 条第 3 款的规定，例如被告人被判处罚金、剥夺政治权利的，应当分别执行。

（2）吸收原则。吸收原则适用于被告人被判处有没收全部财产和剥夺政治权利终身的情形，也即如果被告人被判处没收全部财产的同时，还因为其他犯罪被判处没收部分财产或者罚金刑的，没收部分财产和罚金均被没收全部财产吸收。如果被告人被判处剥夺政治权利终身的同时，还因为其他犯罪被判处一定期限的剥夺政治权利的，只决定执行一个剥夺政治权利终身。

（3）限制加重原则。限制加重原则适用于行为人被判处数个没收部分财产、同时被判处没收部分财产和罚金、被判处数个罚金以及被判处数个一定期限的剥夺政治权利的情形。分别论述如下：

其一，行为人被判处数个没收部分财产的，决定执行的没收财产刑应当在其中最重的没收部分财产和没收该被告人全部财产之间，确定一个合适的额度直至没收全部财产。在此种情形下,既可以为被告人保留部分财产,也可以判决没收全部财产。由于我国刑法对没收部分财产和没收全部财产的条件未作明确规定,而是由法官行使自由裁量权,因而法官如果将数个没收部分财产合并为没收全部财产,既不属于刑种的升格,也没有违反刑法的规定。

其二,行为人同时被判处没收部分财产和罚金的,决定执行的财产刑应当在其中最重的财产刑(既可能是没收部分财产,也可能是罚金,有时候罚金要重于没收部分财产)和没收该被告人全部财产之间,确定一个合适的额度直至没收全部财产。由于没收财产刑的具体额度由法官通过自由裁量加以确定,当没收部分财产和罚金的总和超过被告人的全部财产时,决定执行没收全部财产刑符合法律规定。

其三,行为人被判处数个罚金刑的,应当在数个罚金刑中最重的罚金刑和罚金总和之间确定一个具体的数额。但由于罚金的总和可能超过被告人的全部财产,因而最后决定执行的罚金刑可能还要重于没收全部财产,这是我国现行刑法中的一个立法失误。① 对此种情形,为弥补立法失误,应当这样处理:如果刑法规定对某一犯罪在罚金刑和没收财产刑之间可以选科,且如果判处罚金后数个罚金的总和超过被告人全部财产的,法官将该可以选科罚金或者没收财产的犯罪判决没收全部财产,其他的罚金刑被该没收全部财产吸收,只成立一个没收全部财产;如果按照刑法规定,被告人的所有犯罪中没有可以判处没收全部财产的,则只能判处一定数额的罚金,即便在决定执行的罚金数额超过被告人全部财产的情形下,也不能判处没收全部财产,否则就会违背法律规定。

(三)羁押期限折抵与有期自由刑并罚

被告人在判决前先行羁押的,如果在判决时有数个犯罪而确定了应当执行的有期自由刑期限时,先行羁押的期间应当在决定执行的刑期中按照法律规定予以折抵。当犯罪人在刑罚执行过程中因为发现漏罪或者实施新罪而需要折抵时,应当遵循先行羁押期限从确定执行的刑期中予以折抵这一原则。比如,犯罪人在判决前先行羁押6个月,在刑罚执行过程中发现漏罪,将前一判决的刑罚与发现的漏罪应当判处的刑罚按照前述数罪并罚的原则确定应当执行的刑罚,将先行羁押的6个月期限与已经执行的刑期从决定执行的刑罚中予以扣除。对于犯罪人在刑罚执行过程中,又犯新罪而需要判处刑罚的,对于新罪与原判刑罚按照先减后并原则确定执行的刑期没有争议,但对于先行羁押的期间是否也应当适用先减后并原则有两种观点:一种观点认为,犯罪人先行羁押的期限应当与已经执行的刑期一同适用先减后并原则,如犯罪人先行羁押6个月,原判6年,

---

① 参见王飞跃:《我国财产刑与刑法基本原则的背离及其完善》,载《华东政法学院学报》2003年第5期,第50—59页。

执行1年后又犯新罪被判处3年,应当是6-0.5-1=4.5,再将4.5年与3年相加后在4.5年与7.5年之间判处一个适当的刑期。一种观点认为,犯罪人先行羁押的期限不能适用先减后并原则,如犯罪人先行羁押6个月,原判6年,执行1年后又犯新罪被判处3年,则应当是6-1=5,再将5年与3年相加后在5年与8年之间判处一个适当的刑期,确定应当执行的刑期后,再将确定执行的刑期中扣除先行羁押的6个月。我们赞同第一种观点,也即先行羁押的期限应当与已经执行的刑期一同适用先减后并原则,理由是:为了防止犯罪人再次实施犯罪,立法者在设定数罪并罚制度时设定特定的不利于犯罪人的原则也即先减后并原则,既然已经执行的刑期都应当先扣除再并罚,先行羁押的期限自然也应当先扣除再并罚,只有这样才能真正实现立法者设定这一制度的目的。

第六节 缓 刑

一、缓刑的概念与适用条件

缓刑,是指对被判处拘役或者3年以下有期徒刑的犯罪分子,根据其犯罪情节和悔罪表现等情况足以反映其没有再犯罪的危险并且暂缓执行其刑罚对所居住社区没有重大不良影响的情形下,暂缓执行对其判处的刑罚并确定一定期限的考验期,如果该犯罪分子在考验期内没有出现撤销暂缓执行对其判处刑罚的事由,原判刑罚不再执行的制度。我国的缓刑制度根据是否应当适用,可以分为选择适用和应当适用两类。选择适用和应当适用的区别在于适用对象的差别,在符合缓刑适用条件的情形下,对于不满18周岁的人、怀孕的妇女和已满75周岁的人,应当适用缓刑;对前述三种类型的被告人以外,可以适用缓刑,是否适用由法官发挥自由裁量权予以确定。

根据我国刑法的规定,适用缓刑必须具备如下条件:

(1)刑度条件。缓刑只能适用于被判处特定刑罚的犯罪分子,根据《刑法》第72条的规定,只有被判处拘役或者3年以下有期徒刑的犯罪分子,才可能适用缓刑。

(2)对象条件。根据《刑法》第74条的规定,对累犯及犯罪集团的首要分子不能适用缓刑。如果被告人属于累犯或者犯罪集团的首要分子,则一律不得适用缓刑。换言之,适用缓刑的被告人必须具备不属于累犯或者犯罪集团的首要分子的对象条件。

(3)实质条件。只有在其犯罪情节较轻且具有悔罪表现的情形下同时结合被告人的其他情况,足以反映其"没有再犯罪的危险"以及"宣告缓刑对所居住社区没有重大不良影响"的情形下,才可以对符合对象条件的犯罪分子适用缓刑。尽管刑法并未规定被判处的拘役、3年以下有期徒刑是犯一罪应当判处的刑罚还是犯数罪确定应当执行的刑罚,犯罪分子犯的是一罪还是数罪不影响缓刑的适用,但被告人犯有数罪的,一般可以认定为其不具有"犯罪情节较轻"这一作为判断"没有再犯罪的危险"以及"宣告缓刑对所居住社区没有重大不良影响"的事实根据。

所谓犯罪情节较轻,是指综合犯罪事实有关的各种情况,如犯罪性质、主观罪过、动机、犯罪对象、作案手段等诸事实状况,反映被告人犯罪的社会危害性不大;所谓悔罪表现,指犯罪分子犯罪后的认罪态度好、积极主动退赃、在押期间遵守监管法规制度情况良好等事实状况。这是判断犯罪人"没有再犯罪的危险"的主要依据,也即如果被告人的犯罪情节较轻并且有悔罪表现的,一般应当认定其没有再犯罪的危险;相反,如果其犯罪情节较重或者没有悔罪表现的,则一般应当认定其有再犯罪的危险而不能适用缓刑。

所谓宣告缓刑对所居住社区没有重大不良影响,是指对犯罪分子适用缓刑不会导致所居住社区的民众产生不安全感、也不会对司法公正的信念发生动摇、不会激化该社区的矛盾、不会导致刑罚所具有的一般预防功能在该社区受到阻碍。下列情形下,一般应当认定宣告缓刑对所居住社区有重大不良影响:

第一,如果对该犯罪分子适用缓刑会导致该社区民众产生不安全感的。如果该犯罪分子一贯气焰嚣张、偷鸡摸狗、为人霸道,对其犯罪后又适用缓刑,则民众可能产生不安全感。

第二,如果对该犯罪分子适用缓刑,可能动摇民众对司法公正信念的。例如,如果同类型的犯罪行为在该社区较多,且其他犯罪分子甚至犯罪情节更轻的犯罪分子都没有适用缓刑,而对该犯罪分子适用缓刑的,则可能动摇民众对于司法公正的信念。

第三,如果对该犯罪分子适用缓刑,可能激发该社区的社会矛盾的。例如,如果该犯罪分子实施的犯罪行为是触犯社区居住的大多数民众的合法权益的,对其适用缓刑则可能激化该社区的矛盾。再如,如果该犯罪分子的犯罪行为涉及该区域少数民族的风俗习惯,对其适用缓刑可能激化民族矛盾的。

第四,如果对该犯罪分子适用缓刑,可能阻碍刑罚的一般预防功能发挥作用的。如一旦一些社会不稳定分子看到对该犯罪分子适用缓刑,会产生刑罚并不具有不可避免性而纷纷效仿的。

犯罪情节较轻、有悔罪表现也是判断"宣告缓刑对所居住社区没有重大不良影响"的主要依据,但不是唯一依据,其他因素如犯罪分子的一贯表现、该犯罪分子所居住社区的社会治安状况、该社区的民俗习惯等等,都应当作为"宣告缓刑对所居住社区没有重大不良影响"的判断依据。

二、缓刑的执行

(一) 缓刑的考验期限

根据我国《刑法》第 73 条的规定,拘役的缓刑考验期限为原判刑期以上 1 年以下,但是不能少于 2 个月。有期徒刑的缓刑考验期限为原判刑期以上 5 年以下,但是不能少于 1 年。缓刑考验期限,从判决确定之日起计算。所谓判决确定之日,是指判决发生法律效力之日,判决以前先行羁押的时间,不能折抵缓刑考验期。

(二) 缓刑的执行内容

1. 社区矫正①

根据我国《刑法》第 76 条的规定,被宣告缓刑的犯罪分子,在缓刑考验期内,依法实行社区矫正。

所谓社区矫正,是指以刑罚执行、罪犯监管为手段,以矫正罪犯心理、行为并帮助解决生活就业等困难为内容,以促使罪犯复归社会为目的的刑事司法行为。社区矫正不是独立的刑罚方法,更不属于独立的刑种。

有学者指出,社区矫正的执法主体是公安机关,而工作主体是司法行政机关。② 但公安机关不宜作为社区矫正的执行主体,主要理由有:一是公安机关承担了繁重的治安任务、预防侦查犯罪任务等工作内容而无力执行社区矫正。③ 二是公安机关作为社区矫正执行主体,会导致社区矫正的功能与公安机关查禁犯罪的职能相冲突。由于大多数社区服刑罪犯的犯罪行为均由当地的公安机关立案侦查,社区服刑人员一定程度上就会对当地公安机关、公安人员有惧怕心理或者怀有敌意。三是当地公安机关因为查处了社区服刑人员的犯罪行为,也可能对这些人员抱有成见,再将当地公安机关作为社区矫正的执行主体,很难在公安机关和社区服刑人员之间建立起信任、友好的关系,不利于社区矫正这一非监禁刑执行方式发挥其应有的功能。

因此,将司法行政机关设定为社区矫正的执行主体为妥。当然,司法行政机关作为社区矫正的执行主体,并非完全改变了刑法关于管制犯、假释犯、缓刑犯、监外执行犯以及剥夺政治权利犯罪分子中刑罚的执行主体,如剥夺游行示威的权利应由公安机关执行,监外执行的刑罚执行主体仍为监狱。

对于社区矫正的执行内容,而应当根据罪犯的类型,区分不同的阶段,按照三个级别实施分别处遇:

---

① 这里的社区矫正是从刑法适用的总体来讨论的,而非单纯从缓刑单一适用社区矫正来讨论。
② 参见吴宗宪:《论社区矫正立法与刑法修正案》,载《中国司法》2009 年第 3 期。
③ 参见王顺安:《社区矫正的法律问题》,载《政法论坛》2004 年第 3 期,第 102—109 页。

一级处遇,主要以监管为内容,这一级别的处遇主要适用于监外执行的罪犯及假释考验期初期阶段的罪犯,由于监外执行的罪犯仅因为不适于在监狱执行而在狱外执行,而假释往往因为犯有较重的犯罪在刑罚执行过程中有悔罪表现、没有再犯罪危险而被附条件地提前释放,他们对于社会安定的威胁相对较高,因而对其监管力度应当相应提高。

二级处遇,主要以行为、心理矫正为主并辅以相应权利的限制或者剥夺为内容,这一级别的处遇适用于管制犯、剥夺政治权利罪犯、缓刑犯的前期阶段以及假释犯考验期的中期阶段。

三级处遇,主要以解决生活就业等困难为主并辅以行为、心理矫正为内容,这一级别的处遇适用于管制犯、剥夺政治权利罪犯、缓刑犯的后期阶段以及假释犯考验期的后期阶段。

如果监外执行罪犯的余刑在监外执行期限内的,可根据监外执行罪犯的阶段分别按照前述后两个阶段确定相应的处遇。对于监外执行期满尚需收监执行的罪犯,则无需实行解决就业困难等矫正内容。

2. 履行法定义务

根据我国《刑法》第 75 条的规定,被适用缓刑的犯罪分子应当履行下列义务:第一,遵守法律、法规,服从监督;第二,按照考察机关的规定报告自己的活动情况;第三,遵守考察机关关于会客的规定;第四,离开所居住的市、县或者迁居,应当报考察机关批准。

3. 遵守禁止令

根据我国《刑法》第 72 条第 2 款的规定,法院在宣告犯罪分子缓刑时,可以根据犯罪情况,同时禁止犯罪分子在缓刑考验期内从事特定活动,进入特定区域、场所,接触特定的人。被适用禁止令的犯罪分子,应当遵守禁止令的特定要求。当然,没有被适用禁止令的犯罪分子,则无需遵守禁止令的要求。

对于该规定涉及的禁止令的内容——"从事特定活动""进入特定区域、场所"以及"接触特定的人",并非在每一个具体案件中都得同时禁止,而应当根据犯罪分子的具体情况分别处理,既可以同时选择其中的三项予以禁止,也可以选择其中的两项予以禁止,还可以仅禁止其中的一项。

4. 执行附加刑

根据我国《刑法》第 72 条第 3 款的规定,被宣告缓刑的犯罪分子,如果被判处附加刑,附加刑仍须执行。当然,如果犯罪分子未被判处附加刑的,就无需执行附加刑。

三、缓刑的法律后果

根据我国《刑法》第 76 条、第 77 条的规定,缓刑的法律后果有下列三种情形：

(1) 对宣告缓刑的犯罪分子，在缓刑考验期限内，依法实行社区矫正，如果没有《刑法》第 77 条规定的情形，缓刑考验期满，原判的刑罚不再执行，并应当公开予以宣告。

(2) 被宣告缓刑的犯罪分子，在缓刑考验期内犯新罪或者发现判决宣告前还有其他罪没有判决的，应当撤销缓刑，对新犯的罪或者发现的罪作出判决，把前罪和后罪所判处的刑罚，依照《刑法》第 69 条的规定，决定执行的刑罚。

(3) 被宣告缓刑的犯罪分子，在缓刑考验期内，违反法律、行政法规或者国务院有关部门关于缓刑的监督管理规定，或者违反人民法院判决中的禁止令，情节严重的，应当撤销缓刑，执行原判刑罚。

四、战时缓刑

根据我国《刑法》第 449 条的规定，所谓战时缓刑，是指在战时，对被判处 3 年以下有期徒刑没有现实危险的犯罪军人，暂缓其刑罚执行，允许其戴罪立功，确有立功表现时，可以撤销原判刑罚，不以犯罪论处的制度。适用战时缓刑须具备以下条件：

(1) 时间条件。战时缓刑适用的时间是战时，非战时当然不能适用战时缓刑。所谓战时，根据我国《刑法》第 451 条的规定，是指国家宣布进入战争状态、部队受领作战任务或者遭敌突然袭击时；部队执行戒严任务或者处置突发暴力事件时，以战时论。

(2) 对象条件。战时缓刑适用的对象只能是被判处 3 年以下有期徒刑的犯罪军人。同时，我国《刑法》第 74 条"对于累犯，不适用缓刑"的规定，同样适用于战时缓刑。

(3) 实质条件。战时缓刑适用的实质条件是在战争条件下宣告缓刑没有现实危险。关于宣告战时缓刑是否具有现实危险，应根据犯罪军人所犯罪行的性质、情节以及犯罪军人认罪、悔罪的态度、平时的一贯表现等加以确定。

战时缓刑没有缓刑考验期，考验的内容为犯罪军人是否具有立功表现，其法律后果是在犯罪军人确有立功表现的条件下，不仅撤销原判刑罚，而且还不以犯罪论处，即罪与刑同时消灭。

第十八章 刑罚的执行

第一节 刑罚执行概说

一、刑罚执行的概念和特征

刑罚执行,亦称行刑,是指法定机关依据生效裁判、结合法律规定剥夺或者限制罪犯特定权益的行为,以及根据法律的规定就裁判所确定的刑罚内容予以变更的行为。刑罚执行具有如下特征:

第一,刑罚执行的主体为法定机关。根据我国刑法及其他相应法律的规定,我国刑罚的执行机关包括公安机关、司法行政机关、法院。其中公安机关负责管制、拘役、剥夺政治权利、驱逐出境以及余刑在三个月以下有期徒刑的执行(看守所);司法行政机关(监狱、未成年人管教所)负责死刑缓期二年、无期徒刑、有期徒刑的执行;法院负责死刑、没收财产、罚金的执行。在刑罚的变更过程中,监狱、公安机关有提出减刑、假释建议的权力,法院有决定减刑、假释以及对罚金裁定予以减少或者免除的权力。

第二,刑罚执行的依据为生效裁判以及法律规定。刑罚必须在生效裁判作出后才能付诸实施,刑事裁判的生效是刑罚执行的先决条件;生效判决只是确定了刑罚的种类以及特定刑种的强度如没收财产的多少、罚金数额的大小以及刑期的长短等等,刑罚的具体内容和执行方式必须按照法律的规定进行执行,如在我国,死刑只能通过枪决或者注射的方式执行。

第三,刑罚执行的内容是对罪犯特定权益的剥夺或限制。首先,刑罚执行的内容只能针对罪犯本人,不能限制或者剥夺他人的权益;其次,刑罚执行的内容是罪犯的特定权益。刑罚的种类决定了刑罚执行指向权益的类型;最后,刑罚执行针对罪犯的特定权益予以剥夺或限制。剥夺和限制体现了刑罚执行强度的不同,如同为自由刑,管制的执行就只是对罪犯人身自由的限制,而拘役或者有期徒刑的执行则是对罪犯人身自由的剥夺。

二、刑罚执行的原则

刑罚执行的原则是指刑罚执行过程中应当贯彻的基本准则。对刑罚执行的原则,我国刑法学界有不同的观点,有的认为刑罚执行的原则就是惩罚与改造相结合的原则①,有的认为刑罚执行的原则包括人道主义原则、法律主义原则和个别化原则②。本书认为刑罚执行的原则包括法定原则、同等原则、人道原则和个别化原则。

(一) 法定原则

刑罚执行的法定原则是指刑罚执行机关必须根据法律的规定和生效法律文书所确定的内容执行刑罚。一方面,刑罚执行必须遵循法律的规定,执行机关不能超越法律规定执行刑罚,如在执行剥夺政治权利时,不能剥夺罪犯的通信自由;刑罚执行必须严格依照生效法律文书进行,刑罚执行的开始、刑罚执行的终结、刑罚的变更等等都必须严格以生效法律文书为依据。另一方面,刑罚执行必须保障罪犯所享有的法定权利,依照法律规定,罪犯在刑罚执行过程中依法享有的申诉权、受教育权等法定权利,这些法定权利在刑罚执行过程中应当得到刑罚执行机关的保障,执行机关不得随意剥夺或者限制。

(二) 同等原则

所谓同等原则,是指依据生效裁判和法律规定,在剥夺或者限制罪犯相同类型的权益时,其内容及方式应当相同;同类罪犯所享有的法定权利和待遇应当得到同样的保障。

在罪犯权益的剥夺或者限制方面贯彻同等原则,包括两个方面:第一,不同执行机关执行相同刑罚应当一致。同为有期徒刑的执行,不能因为执行机关分别为监狱、未成年人管教所或者看守所,而在罪犯人身自由的剥夺方面出现本质差别。第二,剥夺或者限制相同权益时其强度、方式等应当类似。如在有期徒刑的执行中,除剥夺人身自由的强度及方式类似外,对于参加劳动的强度、时间等方面也应保持大致的平衡。

在罪犯法定权利的保障方面贯彻同等原则,包括三个方面:其一,保障罪犯法定权利的内容和范围应当一致,如对于被判处拘役的罪犯,应当同等保护其获得劳动报酬的权利、回家探亲的权利;其二,在罪犯行使权利的条件方面,应当给予相同的保障;其三,对相同罪犯的处遇方面应当给予相同的对待。

(三) 人道原则

人道原则是指在刑罚执行的过程中,应当尊重和保障人权,体现人道主义。刑罚虽具有惩罚性,但惩罚必须限定在不突破人道原则的底线内实施。在刑罚执行过程中贯彻人道原则,包括以下几个方面:第一,刑罚的执行方式应当人道。我国现有刑罚体系中没有不人道的刑种,符合《国际人权公约》关于不得对任何人加以酷刑、不人道的刑罚的规定。但在刑罚的执行方式上不得违反人道原则。

---

① 参见陈兴良:《刑法哲学》,中国人民大学出版社2017年版,第813页。
② 参见马克昌:《比较刑法原理》,武汉大学出版社2002年版,第918—919页。

如不得体罚、侮辱罪犯,应当保护罪犯的隐私权,不得强迫罪犯过度劳动,等等。第二,罪犯在刑罚执行过程中应当享有最基本的人道待遇,如应当保障罪犯具有最基本的生活条件,保障罪犯在患病时享有就医、休息的权利,等等。

(四) 个别化原则

个别化原则是指刑罚执行在贯彻法定原则、同等原则的前提下,刑罚执行应当尽可能结合罪犯的年龄、性别、生理状况等个人特征进行。刑罚执行个别化是刑罚得以顺利执行、刑罚目的得以实现的需要。由于法律的规定具有抽象性,刑罚的设置及其执行也不可避免地遮蔽了众多受刑人的个体差异,但在每一具体罪犯的刑罚执行过程中,受刑人的个体差异应当得到一定程度的考虑。个别化原则包括以下几个方面:其一,刑罚执行应当结合罪犯的生理、心理、教育程度、生活工作经历等相关个人特征,以实现特殊预防。国家对罪犯执行刑罚,目的在于预防其再次犯罪。因此,在符合法律规定的前提下,应当结合罪犯的某些个人特征采用适宜消除罪犯再犯可能性的刑罚执行方式以及刑罚执行措施。其二,刑罚执行应当结合罪犯的受刑能力及受刑特征,使其认罪服法。一方面,刑罚执行应当考虑罪犯的受刑能力或者受刑人的适罚性,避免刑罚无效或者过度的现象,避免罪犯对刑罚执行产生蔑视或者对国家和社会产生对抗与怨恨。就刑罚执行"无效"而言,正如学者指出的那样:"如果施刑者施加的刑罚'痛苦'并没有为受刑者主体所体认……没有受刑者主体感受痛苦的心理体味,要实现设计为通过惩罚使受痛苦的刑罚的使命,是不可想象的。"[①]就刑罚执行"过度"而言,如果刑罚执行导致罪犯不堪忍受,将会导致其对国家与社会产生对抗与怨恨。另一方面,刑罚执行在不违背法律规定的基础上,应当顺应罪犯的受刑特征,用尽可能少的刑罚执行成本产生尽可能大的刑罚执行效果。每一罪犯对刑罚执行的强度、方式等在感受与体认方面可能呈现不同的特征,在能够产生相同效果的情形下,尽可能选择执行成本小的方式执行刑罚。其三,刑罚执行应当结合罪犯的个体特征,尽可能避免产生附随的惩罚。刑罚的执行当然要体现刑罚惩罚的性质,但由于某一惩罚的实现可能对罪犯产生其他连带的惩罚,如对于已婚罪犯来说,对其适用自由刑在惩罚其本人的同时,必然影响到其与配偶、子女的关系,这些连带的惩罚应当尽可能避免。其四,刑罚执行过程中,应当尽可能结合罪犯的个人情况,充分利用刑罚以外的其他措施配合刑罚执行实现特殊预防的目的。

在刑罚执行过程中贯彻个别化原则,应当注意以下两个方面:第一,个别化原则的贯彻以坚持法定原则、同等原则为前提。尽管个别化原则与法定原则、同等原则均为刑罚执行的原则,但个别化原则的贯彻不能以突破法定原则和同等

---

① 陈兴良:《刑法适用总论》(下卷),法律出版社1999年版,第296页。该论者在该著作的2017年修订版本中并未作此论述。

原则的要求为必要,不能以刑罚执行的个别化为由为罪犯提供法外特权的空间。第二,个别化原则的贯彻必须严格限定在有利实现特殊预防目的的范围内进行。每一罪犯都有区别于其他罪犯的个人情况,但刑罚执行的个别化并非刑罚执行的个人化,更非刑罚执行的特殊化。刑罚执行个别化的目的应当限定在有利实现特殊预防的范围内,否则不仅可能破坏刑罚执行的法定原则、同等原则,还可能被作为侵犯罪犯权利的借口。

第二节 减 刑

一、减刑的概念和特征

所谓减刑,是指对被判处管制、拘役、有期徒刑、无期徒刑、死刑缓期执行的罪犯①,如果其在执行期间认真遵守监规,接受教育改造,确有悔改或者立功表现,依法定程序对其尚未执行完毕的刑罚予以减轻或免除,以及对于判处罚金的罪犯因遭遇不能抗拒的灾祸缴纳罚金确有困难的裁定予以减免的制度。减刑具有以下特征:

(1)减刑是一种刑罚执行制度,是根据罪犯在服刑期间的悔罪表现而依法减轻或免除其尚未执行完毕的刑罚,并不是对原判量刑的改变,并不改变原判的罪与刑的效力,是一种刑罚执行的变更措施。

(2)减刑的实质是对罪犯尚未执行完毕的刑罚予以减轻或者免除,而不是减轻原判刑罚。以自由刑为例,因为人民法院对罪犯宣告刑罚时,罪犯往往已经羁押了一段时期,这段时期要计入执行刑期而不再执行,而罪犯往往还要服刑一定时间以后才能获得减刑,因而减刑所减轻的是人民法院对罪犯的宣告刑减去已经执行部分的刑罚后剩余的刑罚。

(3)减刑的主体是刑罚执行机关。一般要由监狱或看守所等刑罚执行机关提出减刑建议书,由中级或者高级人民法院裁定是否减刑。

(4)具备法定条件的,才能予以减刑,且减刑具有程度限制。

二、减刑的条件

减刑的条件是指罪犯在刑罚执行期间,减轻其尚未执行的刑罚所需具备的

---

① 我国刑法学界的主流观点认为减刑的对象不包括死刑缓期执行的罪犯(参见赵秉志主编:《当代刑法学》,中国政法大学出版社2009年版,第393页)。我们认为,死刑缓期执行的罪犯以及被判处罚金的罪犯也应纳入减刑的对象范围,因为实际上死刑缓期执行的罪犯同样存在减刑的问题;并且《刑法修正案(八)》第78条第2款关于减刑的总量限制时,明确将死刑缓期执行的罪犯也进行了规定。因而,死刑缓期执行的罪犯应当纳入减刑的对象范围。此外,按照我国《刑法》第53条的规定,对于被判处罚金的罪犯,同样可以适用减刑。

要件。根据我国《刑法》第 78 条的规定,减刑的条件如下:

(一) 减刑的对象条件

减刑适用于被判处管制、拘役、有期徒刑、无期徒刑、死刑缓期执行的罪犯以及被判处罚金的罪犯①,只有刑种的限制,没有刑期、犯罪性质、罪过形式等方面的限制。这些罪犯必须处于刑罚执行过程中,因为减刑的主要目的是鼓励罪犯加快改造,争取早日回归社会,在判决确定以前,被告人并不确定就是罪犯,还谈不上刑罚的执行及减刑问题,刑罚执行完毕以后,罪犯已刑满释放,也谈不上减刑问题。对于罚金的减免,则主要是出于人道主义的考虑,予以减免。

(二) 减刑的实质条件

减刑的实质条件是罪犯在服刑期间必须认真遵守监规,接受教育改造,确有悔改表现或者有立功表现。对既没有悔改表现又没有立功表现者不能减刑,否则就违背了减刑制度的宗旨和规定。减刑分为可以减刑和应当减刑两种:

(1) 可以减刑。即如果没有特殊情况,一般要予以减刑。其条件是罪犯在服刑期间认真遵守监规,接受教育改造,确有悔改或者立功表现。悔改或者立功表现不需同时具备,只需具备其一即可;具备条件之一的即可减刑,但不是必须减刑。根据最高人民法院《关于办理减刑、假释案件具体应用法律若干问题的规定》(以下简称《减刑假释规定》),确有悔改表现是指同时具备以下四个条件:认罪服法;认真遵守监规、接受教育改造;积极参加政治、文化、技术学习;积极参加劳动、完成生产任务。立功表现是指具有下列情形之一者:检举、揭发监内外犯罪活动,或者提供重要的破案线索,经查证属实的;阻止他人犯罪活动的;在生产、科研中进行技术革新,成绩突出的;在抢险救灾或者排除重大事故中表现积极的;有其他有利于国家和社会的突出事迹的。②

在对罪犯正确适用可以减刑这种情形时,应当注意以下几点:

第一,罪犯不断申诉,不能一概认定其不认罪服法。认罪服法,是指罪犯在

---

① 最高人民法院《关于办理减刑假释案件具体应用法律若干问题的规定》第 5 条规定:对判处拘役或者 3 年以下有期徒刑、宣告缓刑的犯罪分子,一般不适用减刑。如果在缓刑考验期间有重大立功表现的,可以参照《刑法》第 78 条的规定,予以减刑,同时相应的缩减其缓刑考验期限。减刑后实际执行的刑期不能少于原判刑期的 1/2,相应缩减的缓刑考验期限不能低于减刑后实际执行的刑期。判处拘役的缓刑考验期限不能少于 2 个月,判处有期徒刑的缓刑考验期限不能少于 1 年。有观点据此认为,我国减刑的对象已经扩大了(参见赵秉志主编:《当代刑法学》,中国政法大学出版社 2009 年版,第 393 页)。本书认为,这并非减刑对象范围的扩大,因为适用缓刑的罪犯必须是判处 3 年以下有期徒刑或者拘役的罪犯,缓刑本身并非独立的刑种,因而不能理解为减刑对象的扩大。

② 司法实践中,不少法院以罪犯没有缴纳罚金作为否定罪犯具有悔改表现的理由而不予减刑。对此,学界有两种观点,一种观点认为,罪犯没有缴纳罚金不应作为不予减刑的理由。参见李忠诚:《未缴罚金不应阻却自由刑的减刑——兼谈罚金刑执行的对策》,载《人民检察》2005 年第 4 期。另一种观点认为,应当将缴纳罚金作为减刑的前提条件。参见应秀良:《以罚金缴纳作为减刑条件的制度思考》,载《法律适用》2007 年第 1 期。

被执行所判刑罚之后，能承认自己的犯罪事实，服从人民法院的判决、裁定，充分认识自己的罪行给被害人、给社会造成的危害，充分认识劳动改造的必要性，自觉接受教育改造。申诉是因为罪犯认为判决存在事实错误或者事实不清、证据不足、定性错误、适用法律错误、量刑畸重等原因之一或者多种原因，而提出重新审理的请求。一般情况下，罪犯不断申诉，说明其并不认同对其判决，因而和认罪服法的要求具有一定的对立性。但也不能因为罪犯申诉，一概不认定其认罪服法，而应当结合不同情形，分别对待：一是对于经过说服教育后，不再申诉且自觉接受教育改造的，应当认定为认罪服法。二是对于罪犯对于法律的认识、理解错误而不断申诉的，应当就其存在认识错误的法律问题进行专门讲解、解释，或者为其提供一定的书籍、资料或者专家意见，如果其能够纠正其关于法律的错误且能够自觉接受改造的，可以认定为认罪服法。相反，对于经过大量解释、劝说或者提供相应的机会后，固执己见不服从判决的，则不能认定为认罪服法。三是如果因为法律的具体规定存在缺陷而导致某些案件的处理不公平的，即便罪犯不断申诉，但在其他方面表现较好的，也应当认定其认罪服法。四是认为案件的事实不清或者证据不足而提出申诉的，可以审查其提出申诉的理由和证据，如果确实存在一定的问题，即便因为种种原因不能再审立案，在其他方面表现较好的，也应当认定为认罪服法。五是对于罪犯的申诉没有任何理由而滥用申诉权利的，就不能认定为认罪服法。

对于认罪服法的认定，本书认为应当有说服教育前置的程序，也即不论是哪种情形，应当对罪犯进行必要的说服教育，只有在经历了这一程序后，才能根据前述不同情形分别处理。

第二，判断罪犯是否积极参加劳动、完成生产任务，应当结合罪犯个人的劳动能力进行。司法实践中，罪犯在服刑中必须参加劳动改造，完成特定的生产任务。但由于罪犯服刑场所的不同而导致劳动内容存在差异，以及罪犯自身劳动能力的差别在具体劳动任务的完成方面可能相差悬殊，所以，对于罪犯是否属于积极参加劳动、完成生产任务，应当以罪犯个人的劳动能力为基础，主要从其劳动态度方面进行评判。而不能不顾罪犯的劳动能力，按照统一的标准对所有的罪犯进行评判。

第三，对罪犯是否具有悔改表现，应当进行综合判断。按照《减刑假释规定》，认定罪犯具有悔改表现，必须同时具备"认罪服法；认真遵守监规、接受教育改造；积极参加政治、文化、技术学习；积极参加劳动、完成生产任务"四个条件。在判断罪犯是否具有悔改表现时，我们认为应当遵循如下原则：一是综合评判原则。综合评判原则是指对罪犯是否具有悔改表现的判断，应当结合其各个方面进行综合判断，不能因为罪犯在哪一个方面存在缺陷，就实行"一票否决"。二是整体评判原则。整体评判原则，是指对罪犯是否具有悔改表现的判断，应当考虑其整个过程的表现,不能因为罪犯在某一个阶段有一定程度的反复,就否定其具有悔改表现。三是相对评判原则。相对评判原则应当从两个方面进行理解,一方面是指罪犯是否具有悔改表现,要和一起服刑的其他罪犯进行比较,如果尽管在悔改表现的四个条件方面存在一定的缺陷,但在所有服刑的罪犯中表现突出的,也应当认定为具有悔改表现;另一方面是指罪犯是否具有悔改表现,要和罪犯以前的表现进行比较,如果尽管在悔改表现的四个条件方面存在一定的缺陷,但和该罪犯以前服刑的表现进行比较,其进步较为显著的,也应当认定为具有悔改表现。之所以要遵循比较原则,是因为减刑是一种激励机制,主要目的在于鼓励罪犯积极接受改造。

(2)应当减刑。即只要具备法定事由,就应对其减刑。其条件是罪犯在服刑期间认真遵守监规,接受教育改造并且具有重大立功表现。这样规定是为了鼓励罪犯在服刑期间认真接受教育改造,为社会多做贡献,争取立功减刑。重大立功,是指具有下列情形之一者:阻止他人重大犯罪活动的;检举监狱内外重大犯罪活动,经查证属实的;有发明创造或者重大技术革新的;在日常生产、生活中舍己救人的;在抗御自然灾害或者排除重大事故中,有突出表现的;对国家和社会有其他重大贡献的。

其中,阻止他人重大犯罪活动,是指罪犯在服刑期间发现他人正在进行重大犯罪活动而予以制止。阻止的是重大犯罪活动还是一般犯罪活动,是重大立功与一般立功的区别,也是对罪犯考虑可以减刑还是应当减刑的区别。这里的重大犯罪,一般是指被告人可能被判处无期徒刑以上刑罚,或者案件在本省、自治区、直辖市或者全国范围内有较大影响等情形。检举监狱内外重大犯罪活动,是指罪犯在服刑期间,发现他人在监狱内正在进行重大犯罪活动而予以告发,或获知他人在监狱外有重大犯罪活动的线索而予以揭发。这种检举揭发只有经查证属实,才能认为具有重大立功表现。发明创造,是指科学技术方面的创造;重大技术革新,是指能够带来重大经济效益或社会效益的技术革新成果。在日常生产、生活中舍己救人,是指在他人的人身遭受严重危险的情况下,奋不顾身抢救他人。关于重大立功的认定,可以参见立功制度的相关内容。

(三)减刑的限度条件

适用减刑要有一定的限度,包括减刑总量的限度、减刑起始时间及间隔的要求、减刑幅度的限度三个方面。之所以要对减刑予以限制,主要原因有:一是维护人民法院判决的权威性和稳定性,不能减得过多,也不能随时减刑,更不能频繁减刑;二是要有利于对罪犯的教育改造,如果减刑太多、减刑过早或者减刑过于频繁,不仅会使刑罚丧失严肃性,而且也起不到激励罪犯积极改造的作用;三是保持刑罚一般预防效果的需要,减得太多、减刑过早或者减刑过于频繁,也会减弱刑罚的一般预防效果。

1. 总量限度

减刑以后实际执行的刑期,判处管制、拘役、有期徒刑的,不能少于原判刑期的 1/2,其起始时间应当从判决执行之日起计算,判决执行以前先行羁押的,羁押 1 日折抵刑期 1 日;判处无期徒刑的,不能少于 13 年,其起始时间应当自无期徒刑判决确定之日起计算,不包括判决以前对罪犯已经羁押的日期;对判处死刑缓期执行的累犯以及因故意杀人、强奸、抢劫、放火、投放危险物质或者有组织的暴力性犯罪被判处死刑缓期执行的犯罪分子,缓期执行期满后依法减为无期徒刑的,不能少于 25 年,缓期执行期满后依法减为 25 年有期徒刑的,不能少于 20 年。

《减刑假释规定》第 4 条规定,在有期徒刑罪犯减刑时,对附加剥夺政治权利的刑期可以酌减。酌减后剥夺政治权利的期限,最短不得少于 1 年。

对判处拘役或者 3 年以下有期徒刑以及宣告缓刑的犯罪分子,一般不适用减刑。但如果缓刑犯在缓刑考验期间确有重大立功表现的,可以参照《刑法》第 78 条的规定,予以减刑,同时相应的缩减其缓刑考验期限。减刑后实际执行的刑期不能少于原判刑期的 1/2,相应缩减的缓刑考验期限不能低于减刑后实际执行的刑期。判处拘役的缓刑考验期限不能少于 2 个月,判处有期徒刑的缓刑考验期限不能少于 1 年。

2. 起始时间及间隔要求

罪犯并非任何时候都可以予以减刑,而应当遵循法律关于减刑起始时间及间隔的要求。

有期徒刑罪犯的减刑起始时间和间隔时间为:(1)被判处 5 年以上有期徒刑的罪犯,一般在执行一年半以上方可减刑,两次减刑之间一般应当间隔一年以上。(2)被判处 10 年以上有期徒刑的罪犯,一次减 2 年至 3 年有期徒刑之后,再减刑时,其间隔时间一般不得少于 2 年。(3)被判处不满 5 年有期徒刑的罪犯,可以比照上述规定,适当缩短起始和间隔时间。(4)确有重大立功表现的,可以不受上述减刑起始和间隔时间的限制。

无期徒刑罪犯在刑罚执行期间,如果确有悔改表现的,或者有立功表现的,服刑两年以后,可以减刑。无期徒刑罪犯在刑罚执行期间又犯罪,被判处有期徒刑以下刑罚的,自新罪判决确定之日起一般在两年之内不予减刑;对新罪判处无期徒刑的,减刑的起始时间要适当延长。

3. 幅度限度

对有期徒刑罪犯在刑罚执行期间,符合减刑条件的减刑幅度为:(1)被判处 10 年以下有期徒刑的罪犯,如果确有悔改表现的,或者有立功表现的,一般一次减刑不超过 1 年有期徒刑;如果确有悔改表现并有立功表现,或者有重大立功表现的,一般一次减刑不超过两年有期徒刑。(3)被判处 10 年以上有期徒刑的罪犯,如果悔改表现突出的,或者有立功表现的,一次减刑不得超过两年有期徒刑;如果悔改表现突出并有立功表现,或者有重大立功表现的,一次减刑不得超过3年有期徒刑。

对无期徒刑罪犯的减刑幅度为:对确有悔改或者有立功表现的,一般可以减为 18 年以上 20 年以下有期徒刑;对有重大立功表现的,可以减为 13 年以上 18 年以下有期徒刑。①

(四) 特殊的减刑

特殊的减刑,是指对于特定的罪犯,根据其情况,在不符合一般减刑的条件下,可以予以减刑以体现对特殊罪犯的人道主义的减刑制度。包括对未成年、老年及身体残疾罪犯的减刑及对罚金的减刑两种。

1. 对未成年、老年及身体残疾罪犯的减刑

对于具有特殊情况的罪犯,其减刑的条件可以适当放宽。《减刑假释规定》指出:对犯罪时未成年的罪犯以及老年和身体残疾(不含自伤致残)罪犯的减刑,在掌握标准上可以比照健康的成年罪犯依法适度放宽。未成年罪犯只要能认罪服法,遵守监规,积极参加学习、劳动的,即可视为确有悔改表现而予以减刑,其减刑的幅度也可以适当放宽,间隔的时间也可以相应缩短;对老年和身体残疾(不含自伤致残)罪犯的减刑,则应当主要注重其悔罪的实际表现。

2. 对罚金的减刑

对罚金的减免,并不考虑罪犯的悔罪表现以及是否具有立功表现。② 我国《刑法》第 53 条规定,对于罚金的减免,必须是罪犯因遭遇不能抗拒的灾祸缴纳罚金确有困难的。最高人民法院《关于适用财产刑若干问题的规定》将"罪犯因遭遇不能抗拒的灾祸缴纳罚金确有困难的"解释为:主要是指因遭受火灾、水灾、地震等灾祸而丧失财产,罪犯因重病、伤残等而丧失劳动能力,或者需要罪犯抚养的近亲属患有重病,需支付巨额医药费等,确实没有财产可供执行的情形。

三、减刑的撤销

对于减刑能否撤销的问题,学界有人主张建立减刑撤销制度,还有学者提出减刑应当附加考验期,在考验期满后,才能生效。③ 这是减刑制度的完善问题。在现有法律框架内,减刑也存在应当予以撤销的问题。

---

① 由于《刑法修正案(八)》将无期徒刑的减刑总量限定为不能少于 13 年,因而对于判处无期徒刑后有重大立功表现的罪犯,不能第一次就减为 13 年。当然,究竟应当减多少,还有待新的司法解释进一步规范。

② 笔者认为将有悔改表现或者立功表现的罪犯排除在罚金刑的减刑对象范围之外,并不合理。参见王飞跃:《附加刑变更之完善》,载《法学杂志》2002 年第 2 期,第 54—55 页。

③ 参见王志刚:《我国减刑程序之反思与完善》,载《湖北社会科学》2009 年第 7 期,第 168—172 页。

（一）原判死缓或者无期徒刑改判有期徒刑后减刑的撤销

最高人民法院的一些批复和答复就原判无期徒刑或者死刑缓期二年执行经过一次或者数次减刑后，原判决改判后，应当撤销减刑裁定的问题进行了规定。这些批复和答复有1989年最高人民法院《关于对无期徒刑犯减刑后又改判，原减刑裁定应否撤销问题的批复》、1992年最高人民法院研究室《关于死缓犯和无期徒刑犯经几次减刑后又改判原减刑裁定是否均应撤销问题的电话答复》、1994年最高人民法院研究室《关于对无期徒刑犯减刑后原审法院发现原判决确有错误予以改判，原减刑裁定应如何适用法律条款予以撤销问题的答复》。

这些批复、答复的精神基本一致：对于原判死缓或者无期徒刑的罪犯，由服刑地的高级人民法院依法裁定减刑后，原审人民法院发现原判决确有错误，并按照审判监督程序改为有期徒刑的，应当由罪犯服刑地的高级人民法院裁定撤销原减刑裁定。① 对于这一规定我们不持异议，但问题是，罪犯原有减刑裁定撤销后，新判决将刑罚改为有期徒刑，应否重新就原来的减刑事由作出裁定呢？如果撤销原来减刑的裁定而又没有任何补救措施的话，意味着罪犯原来的悔改表现均归于消灭，可能会导致司法不公。举例说明，假设甲因犯贪污罪被判处无期徒刑，经过三次减刑后，已减为13年有期徒刑，后其原判决经过审判监督程序，改为13年有期徒刑。如果仅仅撤销原有减刑裁定，意味着甲以前服刑期间的悔改表现及立功表现均归于消灭，对甲显然不公。我们认为，此种情形下，应当区分情况分别对待：第一，如果新判决对罪犯判处有期徒刑后，其符合减刑条件的，可以予以减刑；第二，如果新判决对罪犯判处有期徒刑后，不符合减刑条件的，应当由监狱根据其原来减刑的事由，重新向中级人民法院以原有一次或者数次事由提请一次或者数次减刑请求。其减刑的间隔期均以原判决执行开始时及原来减刑的间隔期予以确定；其减刑的幅度依照法律的相关规定按照新判决的内容进行，予以一次或者数次减刑。还以甲案为例，如果甲于2000年被判处无期徒刑，2003年减为17年有期徒刑，2006年减为15年有期徒刑，2008年减为13年有期徒刑，2010年甲案经审判监督程序改判为13年有期徒刑。在撤销甲的三次减刑裁定的同时，如果甲符合假释的实质条件，即予以假释；如果甲不符合假释的实质条件，应当重新依照2003年、2006年、2008年的事由重新对其予以减刑，其减刑的幅度按照新判决的内容依照法律规定进行确定。

（二）减刑后发现漏罪或者又犯新罪中减刑的撤销

罪犯经过一次或者数次减刑后，又发现漏罪或者又犯新罪的，涉及原减刑裁定应否撤销，以及如何适用数罪并罚的问题。

---

① 参见郭竹梅：《减刑不可撤销的例外与数罪并罚分析》，载《人民检察》2009年第5期，第55—57页。

对于罪犯减刑后发现漏罪的,有观点认为不应撤销减刑裁定,应当将减刑后的余刑与漏罪判处的刑罚按照法律的规定予以并罚。对于减刑裁定生效前又犯新罪的,应当撤销减刑裁定,将新罪与原罪刑罚予以并罚。对于减刑裁定生效后又犯新罪的,不能撤销减刑裁定,应当将原罪的余刑与新罪的刑罚予以并罚。①在现有法律框架内,我们赞同这一观点。与此同时,我们认为不论是减刑裁定生效后实施新罪,还是在减刑裁定生效前实施新罪,在数罪并罚时应当对其适当从重处罚,也即在数罪中最高刑以上总和刑期以下确定应当执行的刑罚时,适当选择重的刑罚。因为罪犯没有悔改表现且又实施新罪,就应当在量刑时通过适用重刑予以否定。

第三节 假 释

一、假释的概念

所谓假释,是指对被判处有期徒刑或者无期徒刑的罪犯,如果其在刑罚执行期间,认真遵守监规,接受教育改造,确有悔改表现,没有再犯罪的危险的,而将其附条件地提前释放的一种刑罚执行制度。

二、假释的条件

假释的条件是指对罪犯适用假释所应具备的法定条件,根据我国刑法和有关司法解释的规定,适用假释应具备如下条件②:

(一)对象条件

假释的对象是被判处有期徒刑或无期徒刑的罪犯。对死缓犯依法减为无期徒刑或有期徒刑后,也可适用假释。因此,只要罪犯的刑期是有期徒刑或无期徒刑,不管其依据是原判决、裁定还是减刑裁定,都可适用假释,我国《刑法》第81条规定中的"被判处"应理解为被法院判处徒刑和被法院裁定减刑为徒刑。对其他刑种不能适用假释。

对累犯以及因故意杀人、强奸、抢劫、绑架、放火、投放危险物质或者有组织的暴力性犯罪被判处10年以上有期徒刑、无期徒刑的犯罪分子,一律不能适用

---

① 参见郭竹梅:《减刑不可撤销的例外与数罪并罚分析》,载《人民检察》2009年第5期,第55—57页。
② 近些年来,因为我国假释率仅为2%左右,不少学者提出应当放宽假释条件,增大假释比率。参见周国文:《论无期徒刑减刑后的假释考验期——一个合理性解释》,载《现代法学》2005年第5期,第148—155页。还有学者就减刑与假释适用条件进行对比,指出我国目前减刑的条件过于宽松、假释的条件过于严厉,因而应当进行严格减刑条件、放宽假释条件的改革。参见但伟、丁星渝、陆向前:《论我国减刑、假释制度的立法完善》,载《法律适用》2005年第4期,第32—35页。

假释:第一,不管对累犯所判处的是什么刑种与刑期,对累犯均不得假释。这是因为累犯已经执行过刑罚又犯罪,从其人身危险性来看,适用假释难以预防其再次犯罪。第二,因故意杀人、强奸、抢劫、绑架、放火、投放危险物质或者有组织的暴力性犯罪被判处10年以上有期徒刑、无期徒刑的犯罪分子,不得假释。"暴力性犯罪"除了上述列举的几种犯罪外,还包括其他对人身行使有形力的犯罪,如故意伤害、武装叛乱、武装暴乱、劫持航空器等罪。如果犯罪分子所犯的不是有组织的暴力性犯罪,或者虽然是有组织的暴力性犯罪但所判处的刑罚低于10年有期徒刑的,仍然可以假释。第三,因犯"有组织的暴力性犯罪"被判处死刑缓期二年执行的,即使后来被减为无期徒刑或者有期徒刑,仍不得假释。第四,对于被判处10年以上有期徒刑、无期徒刑的暴力性犯罪分子,即使减刑后其刑期低于10年有期徒刑,也不得假释。刑法这样规定,是考虑到上述严重暴力性犯罪的社会危害性严重、行为人的人身危险性严重,适用假释不利于防止其再次犯罪。

(二) 实质条件

假释的实质条件是,罪犯在服刑期间必须认真遵守监规,接受教育改造,确有悔改表现,没有再犯罪的危险以及对所居住的社区没有重大不良影响。如果没有悔改表现,或者虽有悔改表现,但假释后仍有再犯罪危险的,或者假释后对所居住社区有重大不良影响的,则不能予以假释。

没有再犯罪的危险,应当结合其服刑及悔罪表现以及其人身危险性进行综合判断。一般情况下,应当考虑如下几个方面:

第一,是否有悔罪表现。可以综合以下四个方面进行总和评价:是否认罪服法;是否认真遵守监规、接受教育改造;是否积极参加政治、文化、技术学习;是否积极参加劳动、完成生产任务。

第二,是否有再犯能力。一般情况下,对于老年犯、身患重病以及身体残疾的罪犯,可以认定为没有再犯能力。

第三,是否有再犯的危险倾向。一般情况下,可以结合罪犯实施犯罪的性质(如是否为暴力犯罪)、是否具有维持生计的必要能力、是否具有必要的生活来源、是否有必要的监督管制人员及监督管制场所等主客观各个方面进行综合评判。

对于罪犯假释后是否对所居住的社区有重大不良影响,可以参照缓刑中的相关内容。

在假释的实质条件上,对未成年犯和老残犯可以放宽。具体来说,对犯罪时未成年的罪犯,在掌握标准上可以比照成年罪犯依法适度放宽,未成年罪犯如能认罪服法,遵守监规,积极参加学习、劳动,即可视为确有悔改表现,如果假释后没有再犯罪危险的,就可以假释;对老年和身体残疾(不含自伤致残)的罪犯,应当主要注重其悔罪的实际表现,除我国《刑法》第81条第2款规定的情形之外,对确有悔罪表现,丧失作案能力或者生活不能自理,假释后生活确有着落的老残犯,可以依法予以假释。

(三) 刑期条件

罪犯必须已经实际执行了一定的刑期,才能予以假释,因为只有实际执行了一定的刑期,才能考察罪犯是否确有悔改表现、假释后没有再犯罪的危险。

被判处有期徒刑的罪犯,实际执行原判刑期 1/2 以上,才可以假释,其实际执行的刑期,应当自判决执行之日起计算,判决执行以前先行羁押的,羁押 1 日折抵刑期 1 日,实际上即是从罪犯被羁押之日起计算。被判处无期徒刑的罪犯,实际执行 13 年以上,才可以假释,其实际执行的刑期,应当自无期徒刑判决确定之日起计算,不包括判决确定之前对罪犯的羁押日期。对被判处无期徒刑的罪犯减为有期徒刑后再假释的,仍应以无期徒刑为准计算实际执行期,即应当自无期徒刑判决确定之日起实际执行不得少于 13 年,不包括判决确定之前先行羁押的日期。对死缓犯经过一次或几次减刑后再假释的,其实际执行的刑期不得少于 20 年,其实际执行的刑期,应当自死缓二年期满之第二日起计算,这 20 年不包括死缓考验期的二年以及死缓判决确定之前已经羁押的日期。简言之,对原判有期徒刑罪犯的假释,其实际执行刑期不得少于原判刑期的 1/2 减去判决以前先行羁押的日期,对原判死缓减为有期徒刑或无期徒刑以及原判无期徒刑减为有期徒刑罪犯的假释,其实际执行刑期起算则自死缓二年考验期满之日或无期徒刑判决确定之日起计算,不得扣除判决确定之前先行羁押的日期。

如果有特殊情况,经最高人民法院批准,可以不受上述执行刑期的限制。根据《减刑假释规定》第 11 条,所谓特殊情况,一般是指有国家政治、国防、外交等方面特殊需要的情况。单位或部门的生产或科研需要、犯罪分子家人生活困难等都不能认定为"特殊情况",不能成为不受执行刑期限制而予假释的条件和理由。

关于减刑后再假释的间隔时间。根据《减刑假释规定》第 17 条,罪犯减刑后又假释的间隔时间,一般为 1 年;对一次减 2 年或者 3 年有期徒刑后,又适用假释的,其间隔时间不得少于 2 年。

三、假释的执行

假释是附条件的提前释放,所附条件即犯罪分子在一定期限内应当遵守一定条件。这里的一定期限就是对假释罪犯依法在考验期限内实行社区矫正。

(一) 考验期限

对于假释的罪犯,在一定期限内予以考验,主要是考查其是否已经改造良好,是否没有再犯罪的危险。根据我国《刑法》的规定,有期徒刑的假释考验期限,为没有执行完毕的刑期;无期徒刑的假释考验期限,为 10 年。假释考验期限,从假释确定之日起计算。

（二）社区矫正

根据我国《刑法》第 85 条的规定,对假释的罪犯,在考验期内依法实行社区矫正。对于社区矫正的具体内容,参见缓刑部分关于社区矫正的讨论。其在考验期内应当履行法定义务。根据我国《刑法》第 84 条的规定,被适用假释的犯罪分子,应当遵守下列规定:(1) 遵守法律、行政法规,服从监督;(2) 按照监督机关的规定报告自己的活动情况;(3) 遵守监督机关关于会客的规定;(4) 离开所居住的市、县或者迁居,应当报经监督机关批准。

对于被假释的犯罪分子,如果其在假释考验期限内,遵守了上述规定,没有再犯新罪,没有发现判决宣告以前有漏罪,也没有违反法律、行政法规或者国务院公安部门有关假释的监督管理规定,假释考验期满,就认为原判刑罚已经执行完毕,并公开予以宣告。

四、假释的撤销

如果被假释的罪犯在考验期限内没有遵守相关规定或出现了法定事由,就应当撤销假释。根据我国《刑法》第 86 条的规定,撤销假释包括三种情况:

(1) 被假释的犯罪分子,在假释考验期限内犯新罪的,应当撤销假释,按照我国《刑法》第 71 条规定的先减后并的方法实行并罚。假释后所经过的考验期,不得计算在新判决决定的刑期之内。只要是在假释考验期内犯新罪,即使在经过了假释考验期限以后才被发现,也应当撤销假释,按照先减后并的方法实行并罚。

(2) 在假释考验期限内,发现被假释的犯罪分子在判决宣告以前还有其他罪没有判决的,应当撤销假释,按照我国《刑法》第 70 条规定的先并后减的方法实行并罚,已经执行的刑期,应当计算在新判决决定的刑期以内,但假释后所经过的考验期,不得计算在新判决决定的刑期以内。但是,如果在假释考验期满后,才发现被假释的犯罪分子在判决宣告以前还有其他罪没有判决的,则不能撤销假释,只能对新发现的犯罪另行侦查、起诉、审判,不得与前罪并罚。

(3) 被假释的犯罪分子,在假释考验期限内,有违反我国法律、行政法规或者国务院有关部门关于假释的监督管理规定的行为,尚未构成新的犯罪的,应当依照法定程序撤销假释,收监执行未执行完毕的刑罚。

第十九章 刑罚的消灭

第一节 刑罚消灭概说

一、刑罚消灭的概念

刑罚消灭,是指由于法定或事实的原因,致使国家对犯罪人的具体刑罚权归于消灭。对犯罪人而言,刑罚消灭意味着刑事责任的终结;对国家而言,刑罚消灭则意味着国家求刑权、量刑权和行刑权的消灭。刑罚消灭具有以下特征:

(1) 刑罚消灭以行为人的行为构成犯罪为前提。刑罚消灭必须以应当或者已经适用刑罚为前提条件,如果不存在这个前提条件,刑罚消灭就无从谈起。而无论是应当适用刑罚还是已经适用刑罚,都以犯罪的存在为前提。所以,行为构成犯罪是刑罚消灭的必要前提。

(2) 刑罚消灭的本质是国家对犯罪人具体刑罚权的消灭。刑罚权是指国家设定和运用刑罚的权力,按照权力内容构成和运行方式的不同,可分为制刑权、求刑权、量刑权和行刑权。由于制刑权由立法机关行使,不针对具体的犯罪人,因此,刑罚消灭不能是制刑权的消灭,而只能是求刑权、量刑权和行刑权的消灭。具体而言,对应当适用刑罚的犯罪人,如果出现刑罚消灭事由,那么刑罚消灭意味着求刑权的消灭;对司法机关已经开始行使求刑权的犯罪人,如果出现刑罚消灭事由,那么刑罚消灭意味着求刑权的消灭;对正在执行刑罚的犯罪人,如果出现刑罚消灭事由,那么刑罚消灭意味着行刑权的消灭。

(3) 刑罚消灭是由于法定的或者事实的原因引起的。刑罚消灭是一种结果,这种结果必然由一定的原因或事由引起,引起刑罚消灭的原因有两类:一类是法定原因,即法律规定的引起刑罚消灭的原因,如超过追诉时效,虽然司法机关事实上能够行使刑罚权,但法律规定不能对其行使刑罚权;另一类是事实原因,即客观发生的事实使刑罚归于消灭,如正在追诉的犯罪人死亡,由于追诉的对象不存在,当然地导致求刑权的消灭。

二、刑罚消灭的事由

刑罚消灭既有法定原因也有事实原因。从我国法律规定的情况来看,刑罚消灭的法定原因大体有:(1) 超过诉讼时效的;(2) 经特赦免除刑罚的。(3) 告诉才处理的犯罪,没有告诉或者撤回告诉的;(4) 被判处罚金的犯罪人由于遭遇不能抗拒的灾祸等原因缴纳确有困难的,可以酌情减少或者免除;(5)缓刑、假释考验期满的;(6)其他法定事由。从事实上看,刑罚消灭的事实原因主要有犯罪人死亡、刑罚执行完毕等。由于以上事由有些显而易见,有些在本书其他章节已作论述,因此在此仅探讨时效和赦免这两种法定刑罚消灭事由。

第二节 时 效

一、时效的概念和种类

（一）时效的概念

时效完成是刑罚消灭的重要制度之一。刑法上的时效,是指刑事法律规定的、国家对犯罪人追究刑事责任和执行刑罚的有效期限。在有效期限内,国家如果不行使刑事追诉权和刑罚执行权,这些权力即归于消灭,对犯罪人就不能再追诉或者执行刑罚。

关于规定时效制度的根据,理论上有改善推测说、证据湮灭说与准受刑说、规范感情缓和说、尊重事实状态说等不同学说[1]。但我们认为,不能片面地认识时效制度的根据,而应当综合起来看,具体而言,规定时效制度的根据在于:(1)符合刑罚的目的。一个人犯罪后,经过一定期限虽未被追诉或未被执行刑罚,但没有再犯新罪,据此可推断其已悔改,不致再危害社会,在这种情况下,已经实现了特别预防的目的,失去追诉或行刑的意义,因此没必要再予追诉或者执行刑罚。(2)符合刑罚的效益性原则。犯罪案件发生后,经过一定期限没有审理和追诉,时过境迁,证据失散,侦查、起诉、审判难以顺利进行,如果司法机关为陈年旧案拖累,势必影响现行案件的办理,妨碍对犯罪的及时打击,因此,设立时效制度,有利于司法审判机关集中精力审理现行案件,符合效益性原则。(3)有利于社会稳定。犯罪后经过一定的时期,因犯罪破坏的某一社会秩序以及失衡的公众心理已经得到恢复,如再重新追究旧案,重提积怨,容易引发新的不安定因素,不利于社会稳定。

（二）时效的种类

时效分为追诉时效和行刑时效。

追诉时效,是指刑事法律规定的,对犯罪分子追究刑事责任的有效期限的制度。在追诉期限内,司法机关或者有告诉权的人有权追究犯罪人的刑事责任;超过法定追诉期限,司法机关或有告诉权的人不得再对犯罪人进行追诉,已经追诉的,应撤销案件或不起诉,或终止审判。从中不难看出,追诉时效与求刑权、量刑

---

[1] 参见张明楷:《刑法学》,法律出版社2016年版,第648页。

权有关,在追诉期限内,司法机关及有告诉权的人具有求刑权或者量刑权,如果超过追诉时效,其求刑权、量刑权即告消灭,刑罚相应地消灭。

行刑时效,是指刑事法律规定的,对被判处刑罚的人执行刑罚的有效期限的制度。犯罪人被科处刑罚后,只有在行刑时效期内,刑罚执行机关才有权对犯罪人执行所判处的刑罚。如果在行刑时效期间内,所判处的刑罚未执行,便不能再对犯罪人执行所判处的刑罚。由此不难看出,行刑时效与刑罚权中的执行权相关,只有在行刑时效内,刑罚执行机关才有执行刑罚的权力,如果超过行刑时效,那么刑罚执行机关则丧失刑罚执行权,刑罚随之消灭。

从各国刑法规定来看,一般而言,大多数国家既规定了追诉时效,又规定了行刑时效。我国刑法只规定了追诉时效,对行刑时效未作规定。

二、我国的追诉时效及其适用

(一) 我国的追诉时效的期限

根据我国《刑法》第87条的规定,犯罪经过下列期限不再追诉:(1) 法定最高刑不满5年有期徒刑的,经过5年;(2) 法定最高刑为5年以上不满10年有期徒刑的,经过10年;(3) 法定最高刑为10年以上有期徒刑的,经过15年;(4) 法定最高刑为无期徒刑、死刑的,经过20年。如果20年以后认为必须追诉的,须报请最高人民检察院核准。

从上述规定来看,追诉时效的期限长短是以犯罪的法定最高刑为标准来确定,法定最高刑高的,那么追诉时效期限就长,法定最高刑低的,那么追诉时效期限就短,这充分说明了追诉时效期限是以犯罪的社会危害性程度为根据的。这是因为,犯罪的法定最高刑是由罪行轻重来决定的,罪行轻,刑罚轻,相应地,法定最高刑也低;罪行重,刑罚重,相应地,法定最高刑也高。一种犯罪的罪行可能达到的最重程度越高,法律规定的最高法定刑就越高。因此,追诉时效期限以最高法定刑来确定,是以犯罪的社会危害性程度为依据的,是罪责刑相适应原则的具体体现。

应当注意的是,追诉时效期限以法定最高刑为标准,但确定具体犯罪的追诉时效期限时,不能简单地将法定最高刑理解为犯罪人所触犯之罪名的法定最高刑,而应当根据行为人犯罪的性质、情节,分别适用刑法分则规定的相应条款或量刑幅度,按其法定最高刑计算:(1) 在只规定一个量刑幅度的条文中,应依照该条文的法定最高刑确定追诉时效期限。例如,根据我国《刑法》第258条规定,犯重婚罪的,处2年以下有期徒刑或者拘役。这里,2年有期徒刑是重婚罪的最高法定刑。(2) 在一个条文中规定有两个以上不同的量刑幅度的,应按与其罪行相对应的条款的法定最高刑确定其追诉时效期限。例如,根据我国《刑法》第232条规定,犯故意杀人罪的,处死刑、无期徒刑或者10年以上有期徒刑;

情节较轻的,处 3 年以上 10 年以下有期徒刑。这里,死刑就是普通故意杀人罪最高法定刑,10 年有期徒刑就是"情节较轻的"故意杀人罪的最高法定刑。(3) 如果所犯罪行的刑罚,分别规定在不同的条款时,应按其罪行应当适用的条款的法定最高刑确定其追诉时效的期限。例如,根据我国《刑法》第 114 条的规定,犯爆炸罪,尚未造成严重后果的,处 3 年以上 10 年以下有期徒刑;根据我国《刑法》第 115 条规定,犯爆炸罪,致人重伤、死亡或者使公私财产遭受重大损失,处 10 年以上有期徒刑、无期徒刑或者死刑。如果行为人所犯爆炸罪符合我国《刑法》第 114 条的规定时,那么法定最高刑为 10 年有期徒刑,应按此来确定其追诉时效;如果符合我国《刑法》第 115 条的规定时,那么法定最高刑为死刑,应按此来确定其追诉时效。

追诉时效期限的规定有例外情形,即如果法定最高刑为无期徒刑、死刑,20 年以后认为必须追诉的,须报请最高人民检察院核准。这种例外必须符合三个条件:(1) 法定最高刑必须为无期徒刑、死刑。(2) 必须是"认为必须追诉的"犯罪。对此不能随意扩大化,应当限于那些罪行特别严重,犯罪人再犯罪可能性特别大,所造成的社会影响极大、经过 20 年以后仍没被社会遗忘的一些重大犯罪。(3) 必须经最高人民检察院核准。

为了促进国家和平统一,最高人民法院与最高人民检察院先后于 1988 年 3 月 14 日和 1988 年 9 月 7 日就去台人员(包括犯罪后去台湾地区或者其他地区和国家的人员)去台前的犯罪追诉问题宣布了两个公告,这两个公告现在仍然有效。其主要内容是:(1) 去台人员在中华人民共和国成立前在中国大陆犯有罪行的,根据刑法关于追诉时效规定的精神,对其当时所犯罪行不再追诉。(2) 对去台人员在中华人民共和国成立后、犯罪地地方人民政权建立前所犯罪行,不再追诉。(3) 去台人员在中华人民共和国成立后,犯罪地地方人民政权建立前犯有罪行,并连续或继续到当地人民政权建立后,追诉期限从犯罪行为终了之日起计算。凡超过追诉时效期限的,不再追诉。

(二) 我国的追诉时效的计算

根据我国《刑法》第 88 条、第 89 条的规定,追诉期限的计算可以分为以下情况:

1. 一般犯罪追诉期限的计算

这里所说的一般犯罪,是指没有连续或者继续犯罪状态的犯罪。这类犯罪的"追诉期限从犯罪之日起计算。"对于"犯罪之日"的含义,理论上有不同说法。有的认为是指犯罪成立之日,有的认为是犯罪行为实施之日,有的认为是犯罪行为发生之日,有的认为是犯罪行为完成之日,还有的认为是犯罪行为停止之日。本书认为,犯罪之日应是指犯罪成立之日。由于刑法对不同种类和形态的犯罪所规定的构成要件不同,因而其犯罪成立之日的计算标准亦相应不同:(1) 行为犯,应从犯罪行为实施之日起计算。(2)危险犯,应从实施危险行为产生危险状态之日起计算。(3)预备犯,应从预备犯罪之日起计算。(4)中止犯,应当分情况予以确定:如果是在着手实行犯罪后中止犯罪,应从犯罪行为实施之日起计算;如果在预备阶段中止犯罪,则应从犯罪中止成立之日起计算。(5)未遂犯,应从犯罪未遂成立之日起计算。(6)共同犯罪,以整体共同犯罪行为得以实施之日起计算。(7)结果犯,应从犯罪结果发生之日起计算。结果加重犯,应从加重结果发生之日起计算。

上述只是解决了计算追诉期限起始时间的问题,还需要注意的是计算追诉期限的终点问题,也就是说,我国《刑法》第87条所说的"不再追诉"的期限是从犯罪成立之日起到什么时候止。理论上有观点认为,追诉不只是起诉的含义,而是包括了侦查、起诉、审判的全过程,因此,追诉期限应从犯罪之日计算到审判之日为止。换言之,只有在审判之日还没有超过追诉的,才能追诉。[①] 本书认为,虽然"追诉"不只是起诉的含义,包括了侦查、起诉、审判的全过程,但在此应作狭义的理解,应限于立案侦查时,否则有可能出现在立案侦查时有刑罚权而在提起公诉或者审判时没有刑罚权的情况。

2. 连续犯和继续犯追诉期限的计算

根据我国《刑法》第89条后段规定:"犯罪行为有连续或者继续状态的,追诉时效从犯罪行为终了之日起计算。"由此可见,连续犯和继续犯追诉期限的计算起始时间标准为"犯罪行为终了之日"。

犯罪行为有连续状态的,属于连续犯;犯罪行为有继续状态的,属于继续犯或者持续犯。由于连续犯和继续犯的具体特征不同,各自的"犯罪行为终了之日"也不同。连续犯以连续实施数个相同行为为目的,每一个行为都可单独构成犯罪。所以,连续犯的犯罪行为终了之日,就是指最后一个犯罪行为成立之日。继续犯,是指一个犯罪行为在一定时间内处于持续状态。因此,继续犯的犯罪行为终了之日就是持续状态结束之日。

(三)追诉时效的中断

追诉时效中断,是指在追诉时效进行期间,因发生法律规定的事由,使已经经过的时效期间归于失效,追诉期限从法律规定事由发生之日起重新开始计算的制度。追诉时效中断制度是为了防止犯罪人利用时效制度逃避罪责、继续犯罪而设立的。

我国《刑法》第89条第2款规定:"在追诉期限内又犯罪的,前罪追诉的期限从犯后罪之日起计算。"这一规定表明,我国追诉时效中断是以犯罪人在追诉期限内又犯罪为条件的,只要在追诉期限内又犯罪的,不论新罪的性质和刑罚轻

[①] 参见张明楷:《刑法学》,法律出版社2016年版,第651页。

重如何，前罪的追诉期限便中断，其追诉期限从犯后罪之日起重新计算。所谓犯后罪之日，即后罪成立之日。例如，行为人在2010年1月1日犯一般情节的故意伤害罪，法定最高刑为3年有期徒刑，但行为人在2014年1月1日又犯了一般情节的放火罪。那么，在此情况下，行为人所犯的故意伤害罪的追诉期限因实施放火罪而中断，其追诉期限从2014年1月1日起重新计算，也就是说，行为人所犯故意伤害罪的追诉期限至2019年1月2日才结束。

刑法规定追诉时效中断的原因在于，行为人在前罪的追诉时效期限内又犯新罪，表明行为人并没有悔改之意，仍然具有较大的人身危险性，在此情况下不予追诉，与刑罚预防犯罪的目的不相符合，因此需要从犯后罪之日起重新计算。

（四）追诉时效的延长

追诉时效延长，是指在追诉时效进行期间，由于发生了法律规定的事由，致使追诉期限延伸的制度。根据我国《刑法》第88条的规定，我国追诉时效延长分为两种情况：

（1）司法程序启动后的延长。我国《刑法》第88条第1款规定："在人民检察院、公安机关、国家安全机关立案侦查或者人民法院受理案件以后，犯罪人逃避侦查或者审判的，不受追诉期限的限制。"根据这一规定，此种情况下追诉时效的延长应当具备以下条件：第一，人民检察院、公安机关、国家安全机关已经立案侦查或者人民法院已经受理了案件。对于"立案侦查"，理论上有两种不同的理解：一种观点将"立案侦查"解释为立案并侦查，在他们看来，如果只有立案而没有开始侦查的，就不存在追诉时效延长的问题；另一种观点将"立案侦查"解释为立案。本书赞成后一种观点，因为立案后行为人也可能实施逃避侦查的行为，从有利于追诉犯罪的角度出发，将"立案侦查"解释为立案较为恰当。"人民法院已经受理案件"，是指人民法院已经接受了自诉人的自诉案件或者人民检察院提起的公诉案件。第二，犯罪人逃避侦查或者审判。所谓"逃避侦查或者审判"，应限于积极地逃跑或者藏匿，致使侦查或者审判无法进行的行为。如果行为人并没有逃跑或者藏匿，只是实施一些阻碍侦查或者审判的毁灭、伪造证据等行为，不能视为"犯罪人逃避侦查或者审判"，不能适用追诉时效的延长。

（2）被害人控告后的延长。我国《刑法》第88条第2款规定："被害人在追诉期限内提出控告，人民法院、人民检察院、公安机关应当立案而不予立案的，不受追诉期限的限制。"根据此规定，此种情况下追诉时效的延长应当具备以下条件：第一，被害人在追诉期限内已经向人民法院、人民检察院、公安机关提出了控告。这里的"被害人"包括受到犯罪侵害的公民个人和法人。控告可以是书面的，也可以是口头的。值得探讨的问题是，受理控告的人民法院、人民检察院、公安机关是否必须具有管辖权呢？本书认为法律上并没有做此规定，而且要求被害人准确地向有管辖权的人民法院、人民检察院、公安机关提出控告也是不符合情理的,因此,这里的人民法院、人民检察院、公安机关并不要求是具有管辖权的人民法院、人民检察院、公安机关。第二,人民法院、人民检察院、公安机关应当立案而不予立案的。"应当立案",是指根据刑法的规定,被控告人的行为已经构成犯罪,并且应当对其进行立案侦查或者受理案件。

第三节 赦　　免

一、赦免的概念和种类

赦免,是指国家宣告对犯罪人免除其罪、免除其刑的法律制度。赦免制度通常由宪法加以规定,一般不在刑法中规定。赦免的具体时间和对象由国家元首或最高国家权力机关以政令形式颁布,在我国由最高人民法院执行。所以,赦免制度不是一项刑罚制度。但是,由于赦免的对象是犯罪人,其结果是免除或减轻罪与刑,导致追诉权和行刑权都归于消灭,而且赦免命令又由司法机关执行,所以,各国都把它纳入刑罚消灭理论加以研究。在刑法理论上,根据赦免的具体表现形式的不同,通常把赦免分为大赦和特赦两种:

大赦,是指国家对某一时期内犯有一定罪行的不特定犯罪人免予追诉和免除刑罚执行的制度。大赦的对象既可能是国家某一时期的各种犯罪人,也可能是某一地区的全体犯罪人,还可能是某一类或者某一事件的全体犯罪人。大赦的效力涉及罪和刑两方面,它不仅免除刑罚的执行,而且使犯罪也归于消灭,即既赦罪,也赦刑,经过大赦之人,其刑事责任完全归于消灭。尚未追诉的,不再追诉;已经追诉的,撤销追诉;已受罪刑宣告的,宣告归于无效,不再执行。

特赦,是指国家对特定的犯罪人免除执行全部或部分刑罚的制度。特赦的对象是较为特定的犯罪人。特赦的效力只限于刑,只是免除其全部或者部分刑罚的执行,而不免除其有罪宣告,即只赦刑,不赦罪。

特赦与大赦虽然都属于赦免的范畴,但两者仍然具有较大的区别,其区别表现在:(1)特赦的对象是特定的;而大赦对象是不特定的。(2)特赦仅赦刑而不赦罪;大赦既赦刑又赦罪。(3)特赦后再犯罪则有可能构成累犯;而大赦后行为人再犯罪没有累犯问题。

我国1954年《宪法》对大赦和特赦都进行了规定,并将大赦的决定权赋予全国人民代表大会,特赦的决定权赋予全国人民代表大会常务委员会,大赦令和特赦令均由国家主席发布。1975年《宪法》、1978年《宪法》和现行《宪法》都只有特赦的规定,而没有规定大赦。因此,我国《刑法》第65条和第66条所说的"赦免"都是指特赦。根据我国现行《宪法》第67条和第80条的规定,特赦经全国人大常委会决定,由国家主席发布特赦令。

二、我国的特赦及其特点

新中国成立以来,我国共实行了 9 次特赦:第一次是 1959 年在中华人民共和国成立 10 周年庆典前夕,对在押的确已改恶从善的蒋介石集团和伪满洲国战争罪犯、反革命犯和普通刑事犯实行特赦。第二次、第三次特赦分别于 1960 年 11 月 19 日、1961 年 12 月 16 日实行,都是对确实改恶从善的蒋介石集团和伪满洲国罪犯进行特赦。第四次、第五次、第六次特赦分别于 1963 年 3 月 30 日、1964 年 12 月 12 日、1966 年 3 月 29 日实行,在特赦对象上增加了伪蒙疆自治政府的战争罪犯,其他内容与前几次相同。第七次特赦是于 1975 年 3 月 17 日实行,主要是对经过较长时间关押和改造的全部战争罪犯实行特赦。时隔 40 年,为纪念中国人民抗日战争暨世界反法西斯战争胜利 70 周年,体现依法治国理念和人道主义精神,第十二届全国人民代表大会常务委员会第十六次会议通过了《关于特赦部分服刑罪犯的决定》,于 2015 年 8 月 29 日颁布特赦令,即第八次特赦,主要是对依据 2015 年 1 月 1 日前人民法院作出的生效判决正在服刑,释放后不具有现实社会危险性的下列罪犯实行特赦:"一、参加过中国人民抗日战争、中国人民解放战争的;二、中华人民共和国成立以后,参加过保卫国家主权、安全和领土完整对外作战的,但犯贪污受贿犯罪、故意杀人、强奸、抢劫、绑架、放火、爆炸、投放危险物质或者有组织的暴力性犯罪,黑社会性质的组织犯罪,危害国家安全犯罪,恐怖活动犯罪的,有组织犯罪的主犯以及累犯除外;三、年满七十五周岁、身体严重残疾且生活不能自理的;四、犯罪的时候不满十八周岁,被判处三年以下有期徒刑或者剩余刑期在一年以下的,但犯故意杀人、强奸等严重暴力性犯罪、恐怖活动犯罪、贩卖毒品犯罪的除外。"

为庆祝中华人民共和国成立 70 周年,体现依法治国理念和人道主义精神,第十三届全国人民代表大会常务委员会第十一次会议通过了《关于在中华人民共和国成立七十周年之际对部分服刑罪犯予以特赦的决定》,于 2019 年 6 月 29 日颁布特赦令,即第九次特赦,主要是对依据 2019 年 1 月 1 日前人民法院作出的生效判决正在服刑的下列罪犯实行特赦:"一、参加过中国人民抗日战争、中国人民解放战争的;二、中华人民共和国成立以后,参加过保卫国家主权、安全和领土完整对外作战的;三、中华人民共和国成立以后,为国家重大工程建设做过较大贡献并获得省部级以上'劳动模范''先进工作者''五一劳动奖章'等荣誉称号的;四、曾系现役军人并获得个人一等功以上奖励的;五、因防卫过当或者避险过当,被判处三年以下有期徒刑或者剩余刑期在一年以下的;六、年满七十五周岁、身体严重残疾且生活不能自理的;七、犯罪的时候不满十八周岁,被判处三年以下有期徒刑或者剩余刑期在一年以下的;八、丧偶且有未成年子女或者有身体严重残疾、生活不能自理的子女,确需本人抚养的女性,被判处三年以下有期徒刑或者剩余刑期在一年以下的;九、被裁定假释已执行五分之一以上假释考验期的,或者被判处管制的。上述九类对象中,具有以下情形之一的,不得特赦:(一)第二、三、四、七、八、九类对象中系贪污受贿犯罪,军人违反职责犯罪,故意杀人、强奸、抢劫、绑架、放火、爆炸、投放危险物质或者有组织的暴力性犯罪、黑社会性质的组织犯罪,贩卖毒品犯罪,危害国家安全犯罪,恐怖活动犯罪的罪犯,其他有组织犯罪的主犯,累犯的;(二)第二、三、四、九类对象中剩余刑期在十年以上的和仍处于无期徒刑、死刑缓期执行期间的;(三)曾经被特赦又因犯罪被判处刑罚的;(四)不认罪悔改的;(五)经评估具有现实社会危险性的。"

从以上九次特赦情况看,虽然每次特赦存在一定差别,但仍存在下列共同特征:(1)特赦对象是符合一定条件的部分犯罪人,而不是对某类罪犯全部实行特赦,更不是对个人实行特赦。(2)特赦的条件是罪犯必须关押和改造一定的时间且在服刑的过程中确有改恶从善的表现,释放后不具有现实社会危险性。对尚未宣告刑罚或者刑罚虽已宣告但尚未开始执行的罪犯,或者虽然执行了一定的刑期但没有改恶从善表现的,或者释放后具有现实社会危险性的,不予赦免。(3)特赦的效力只及于刑罚,不及于罪行,而且对符合赦免条件的罪犯,有些并非一律释放,而是根据其罪行的轻重和悔改表现予以区别对待,罪行较轻因而所判刑罚轻的,予以释放;罪行重因而所判刑罚重的,只予以减轻处罚。(4)特赦的程序一般由党中央或国务院提出建议,经全国人民代表大会常务委员会审议决定,并授权最高人民法院和高级人民法院执行,在设有国家主席期间,由国家主席发布特赦令。

第一版后记

由我主编的《刑法分论》与《刑法总论》分开作为两本书出版，完全是一个意外。从2010年9月北京大学出版社的编辑和我联系开始着手编写一本刑法学教材起，到现在三年多过去，书稿总算交付给出版社。在交付之后，几位编辑通过排版，发现整本书稿文字作为一本书过多，不便于学生使用，建议分为两本，所以说这两本书的产生完全是一个意外。当然这种将刑法学教科书分为总论与分论并非没有意义。在我国，刑法修改往往更多地集中于分则，总则的修改到目前还仅仅出现在《刑法修正案（八）》（即使唯一的这次对刑法总则的修订，也有不少学者认为全国人大常委会的刑法修订权应该不涉及刑法总则性条文，对于这些条文的修改应该是刑事立法权的任务）。因而将来修订刑法教科书，如果不涉及观点的修正与内容的补充，而是因为刑法条文的修改需要重新诠释，那就仅仅修订刑法分论了，而无须因为刑法分论的修改导致刑法总论部分也随之重复印刷一次，从而减少资源浪费，相应地也减轻了使用者的负担。

本书的作者既有来自中南大学、湖南大学、湘潭大学、中南林业科技大学、湖南工业大学、湖南商学院等湖南省各主要高校的刑法学教师，也有来自中国人民大学、云南大学、苏州大学等全国各地知名高校的几位刑法学教师，这样既具有一些地方特色，也具有一定的全国普遍性，从而避免了教材编写者过度地域化的问题。本书作者都具有法学博士学位，有的长期从事刑法学教学与研究工作，有的具有长年海外刑法学学习与研究的经历，有的还有过刑事司法实务工作经历，诸位作者的这些不同经历为本书的撰写增添了不少特色，也相信这本凝聚了作者不少心血的教材的出版一定会为刑法学教学与研究事业发挥出有益的作用。

本书的编写分工（按撰写章节先后排名）如下：

黄明儒（湘潭大学法学院教授、法学博士），撰写导言、第六章、第七章；

冷必元（湖南工业大学法学院院长助理、法学博士），撰写第一章；

刘期湘（湖南商学院法学院副教授、法学博士），撰写第二章、第三章；

蒋兰香（中南林业科技大学法学院副院长、教授、法学博士），撰写第四章、第八章；

付立庆（中国人民大学法学院副教授、法学博士），撰写第五章；

高巍（云南大学法学院院长助理、教授、法学博士），撰写第九章；

张永江（湘潭大学法学院副教授、法学博士），撰写第十章、第十二章；

王昭武（苏州大学法学院副教授、法学博士），撰写第十一章；

王奎(湘潭大学法学院副教授、法学博士),撰写第十三章;

王飞跃(中南大学法学院教授、法学博士、中南大学出版社社长),撰写第十四章、第十五章、第十七章、第十八章;

彭辅顺(湖南大学法学院副教授、法学博士),撰写第十六章、第十九章。

在此需要予以说明的是,本书的编写大纲由主编拟订,然后征求各位作者的意见并通过出版社审议后确定,再交由各位作者编写。在各位作者完成撰稿后,由主编与副主编一起进行了统稿并由主编最后定稿。为尊重各位作者的写作风格,除非是格式规范统一的需要或者字数限制的因素,在统稿的过程中基本没有对作者的基本观点与文字表达方式进行修改。而教科书的统稿是一项系统工程,由于水平有限,难免出现一些疏漏或者瑕疵。当然这些问题的出现责任应该由主编承担,并恳请读者诸君不吝批评指正。北京大学出版社对本书的出版给予了大力支持,出版社的编辑张昕先生与责任编辑李昭在本书的编辑方面付出了辛勤的劳动,在此一并致以诚挚的感谢!

黄明儒

2013 年 12 月 15 日

第二版后记

由我主编的《刑法总论》与《刑法分论》于2014年在北京大学出版社出版后,我国刑法典又修订了几次,而且《刑法修正案(九)》对刑法总则与分则条文进行了大幅度修改,因而有必要对这套教材进行修订。由于本人的拖沓,导致我于2018年才做完修订和校对工作。本书由湘潭大学、中国人民大学、云南大学、中南林业科技大学、湖南大学、湖南工业大学、湖南商学院等高校的刑法学教师合作完成。为了保证本次修订工作的顺利进行,我特意邀请来自湖南科技大学法学与公共管理学院的邱帅萍副教授加盟,专职负责有关文献与增补内容的修订与撰写。

本书以法学及非法学专业的本科生为读者对象,同时也可以供法学专业研究生参考使用,对于司法工作者、法学理论工作者和其他刑法学爱好者也具有一定的参考价值,希望本教材的修订出版能为刑法学教学与研究事业发挥有益而实际的作用。

《刑法总论》编写的具体分工如下(以撰写章节先后为序):

黄明儒(湘潭大学法学院教授、法学博士),撰写导论和第六章、第七章。

冷必元(湖南工业大学法学院副院长、副教授、法学博士),撰写第一章;

刘期湘(湖南商学院法学与公共管理学院院长、教授、法学博士),撰写第二章、第三章;

蒋兰香(中南林业科技大学法学院教授、法学博士),撰写第四章、第八章;

付立庆(中国人民大学法学院教授、法学博士),撰写第五章;

高巍(云南大学法学院院长、教授、法学博士),撰写第九章;

张永江(湘潭大学法学院副教授、法学博士),撰写第十章、第十二章;

王昭武(云南大学法学院教授、法学博士),撰写第十一章;

王奎(湘潭大学法学院副教授、法学博士),撰写第十三章;

王飞跃(中南林业科技大学法学院教授、法学博士,中南大学出版社社长),撰写第十四章、第十五章、第十七章、第十八章;

彭辅顺(湖南大学法学院副教授、法学博士),撰写第十六章、第十九章;

邱帅萍(湖南科技大学法学与公共管理学院副院长、副教授、法学博士),负责本教材具体修订事宜及有关增补内容的撰写。

本教材由主编拟订编写大纲,在征求各位作者的意见并通过出版社审议后,再交由各位作者编写。由主编与副主编一起进行统稿并由主编最后定稿。需要说明的是,考虑到原作者的工作繁忙,这次修订工作并没有劳烦每位原作者一一参与。本书的修订主要体现了《刑法修正案(九)》《刑法修正案(十)》以及最新的立法解释与司法解释的状况与变化;同时,编者对原先出现的一些技术性谬误与疏漏进行了纠正。对于其中仍有可能存在的种种不足,依然恳请各位学界同人与读者诸君不吝批评与指正。北京大学出版社对本书的出版给予了大力支持,《刑法总论》原责任编辑李昭女士与接任编辑毕苗苗先生在本书的编校方面也付出了辛勤的劳动,在此一并致以诚挚的感谢。

黄明儒
2019 年 2 月 14 日